Ffocws ar y Gyfraith

Cydnabyddiaeth

Hoffai'r awdur ddiolch i bawb yn Causeway Press, yn enwedig Steve Lancaster. Diolch i Denise Kilgallon, Melanie Lanser a Nick Price am eu sylwadau defnyddiol. Yn bennaf oll, diolch i Nikki, am ei chariad a'i chefnogaeth.

Golygydd yn Causeway Press	Steve Lancaster
Cynllun y tudalennau	Caroline Waring-Collins (Waring Collins Ltd)
Tarddiad y graffigwaith	Derek Baker (Waring Collins Ltd)
Graffigwaith	Derek Baker / Tim Button (Waring Collins Ltd)
Cartwnau	Brick, Andrew Wright

Cydnabyddiaeth lluniau

Berridge, Clive 87, 94(t), 145, 156; BFI 71(dd); Brick 2, 5, 9, 16, 77, 80(dd), 85, 128(t), 133(t), 176, 195; *Economist* 32; Getty Images 7, 25, 63, 68(g); ILEX 153; *Labour Research* 160; PA Photos 11, 12(tch), 18, 27, 38, 44 (tch), 55 (gdd), 58, 61 (ch), 64, 65, 71(ch), 101, 107, 109, 115, 117, 133(g), 140, 168, 172(pob un), 179, 181, 182, 197, 207; Photodisc 91(pob un), 97 (pob un), 116, 136(pob un), 201(pob un), 205; *Punch* 185; Rex Features 22, 44(tdd), 49, 51, 52, 53, 55(tch), 60, 62, 68(t), 75, 80(ch), 81, 121, 150; 154, 166; Topham Picturepoint 12(gdd), 28, 35, 40, 94(g), 104, 105, 128(g), 135, 138, 143, 149, 152, 159, 170, 177, 180, 184, 188, 191, 193, 206; Wright, Andrew 102.

© Simon Jackson
Cyhoeddwyd y cyfieithiad hwn o OCR LAW IN FOCUS AS LEVEL Argraffiad 01 drwy drefniant â Pearson Education Limited.

Argraffiad Cymraeg © Siân Owen & Siân Eleri Richards
Noddwyd gan Lywodraeth Cynulliad Cymru
Cyhoeddwyd dan nawdd Cynllun Adnoddau Addysgu a Dysgu CBAC

ISBN 978-1-905617-35-7
Cyfieithwyd gan Siân Owen
Golygwyd gan Siân Eleri Richards
Cysodwyd gan Andy Dark
Printiwyd gan Hartleywilprint

Cyhoeddwyd gan UWIC Press
UWIC, Heol Cyncoed, Caerdydd CF23 6XD
cgrove@uwic.ac.uk
029 2041 6515

Cynnwys

vi

1.1 Beth a olygwn wrth 'cyfraith'?

Ystyr cyfreithiau ydy rheolau y mae gofyn i gymdeithas, neu'r boblogaeth gyfan, eu dilyn. Nid yw cyfreithiau yr un peth â rheolau cymdeithasol, fodd bynnag. Petaech chi'n gwrthod golchi'ch gwallt neu'n gwisgo'r un sanau am wythnos, byddech yn torri rheolau cymdeithasol ond nid y gyfraith. Does neb yn mynd o flaen eu gwell i'r llys am wisgo sanau drewllyd. Ni fyddech yn galw rhai rheolau cymdeithasol yn gyfreithiau, felly. Dyma ddiffiniad gwell: ystyr cyfreithiau yw rheolau cymdeithasol sy'n cael eu gorfodi gan y llysoedd. Pan dorrir rheolau cyfreithiol, mae'n bosibl y bydd y wladwriaeth, drwy gyfrwng cyfundrefn y llysoedd, naill ai'n cosbi rhywun (yn achos cyfraith trosedd) neu'n gofyn bod person arall yn gwneud iawn am hynny (yn achos cyfraith sifil).

1.2 Moesoldeb a chyfiawnder

Os yw'r gyfraith yn ymwneud â rheolau, yna byddem yn disgwyl i gymdeithas farnu bod torri'r rheolau hyn yn ddrwg ar ryw ystyr. Hynny yw, byddem yn disgwyl bod y mwyafrif o bobl o'r farn bod torri'r gyfraith yn anfoesol. Mae'r gyfraith a moesoldeb yn perthyn i'w gilydd. Er enghraifft, mae cyflawni llofruddiaeth yn ddrwg ac yn erbyn y gyfraith. Fodd bynnag, nid yw'r berthynas rhwng y gyfraith a moesoldeb bob amser mor syml ag y mae'r enghraifft hon yn ei awgrymu.

Mae'r term '**moesoldeb**' yn cyfeirio at egwyddorion sy'n ceisio gwahaniaethu rhwng syniadau yn ymwneud â da neu ddrwg. Yn y gymdeithas Orllewinol, mae moesoldeb a chyfreithiau yn tynnu ar y traddodiad Cristnogol. Mae'r ffydd Gristnogol yn cynnig set glir o syniadau am dda a drwg. Mae'n werth nodi bod cyfraith Cymru a Lloegr yn tarddu'n wreiddiol o gyfreithiau a luniwyd gan awdurdodau'r eglwys. Ar un adeg ym Mhrydain roedd bron pawb yn grefyddol iawn. Nid yw hynny'n wir bellach. O ganlyniad, mae'r gyfraith erbyn hyn yn tynnu ar draddodiadau a gwerthoedd eraill.

Weithiau, mae rhai adrannau o'r gymdeithas yn ystyried bod y gyfraith yn anfoesol ac eraill yn credu ei bod yn gwbl dderbyniol. Er enghraifft, mae llawer o Gristnogion yn gryf yn erbyn erthylu. Fodd bynnag, hyd at bwynt, mae'r gyfraith yn caniatáu erthylu. Mae cefnogwyr yn dadlau y byddai'n anghywir i farnu bod erthyliad yn anghyfreithlon dan unrhyw amgylchiadau gan y byddai hynny'n gwrthod hawl sylfaenol merched i wneud eu penderfyniadau eu hunain ynglŷn â'u bywydau

Nid yw'r gyfraith yn gwbl sefydlog. Mae'n newid fel mae'r gymdeithas yn newid a'r syniadau am dda a drwg yn newid. Ar ben hynny, ar unrhyw un adeg mae setiau o gredoau moesol yn cystadlu â'i gilydd, ac felly ceir syniadau gwahanol am yr hyn y dylai'r gyfraith ei olygu. Yn weithredol, felly, nid yr un peth yw'r gyfraith a moesoldeb, er eu bod yn gorgyffwrdd yn aml.

Mae **cyfiawnder** yn ymwneud â thegwch ac â thrin pawb yn gydradd. Ai'r un peth yw cyfraith a chyfiawnder? Mae hawlyddion a diffynyddion, erlynyddion a'r sawl a gyhuddwyd, oll yn mynnu eu bod yn ceisio cyfiawnder gan y llysoedd. Yn aml, yr hyn maen nhw'n ei olygu yw eu bod yn awyddus i'r llys dderbyn eu fersiwn hwy o'r ffeithiau yn lle fersiwn yr ochr arall. A yw'r gyfraith bob amser yn sicrhau cyfiawnder? Mae hwn yn fater mwy cymhleth, ac fe'i trafodir ym Mlwch 1.1.

Blwch 1.1 *A yw'r gyfraith bob amser yn rhoi cyfiawnder?*

Yn ddi-os, mae rhai cyfreithiau'n ceisio darparu cyfiawnder yn yr ystyr eu bod nhw'n ceisio sicrhau bod pawb yn cael eu trin yn deg. Er enghraifft, cyn pasio'r Ddeddf Gwahaniaethu ar sail Rhyw ym 1975, ni allai ymgeisydd am swydd a wrthodwyd ar sail rhyw yn unig wneud unrhyw beth am hynny. Roedd y Ddeddf - cyfraith newydd - yn rhoi'r hawl i ferched (a dynion) dderbyn iawndal gan gyflogwyr mewn achosion o'r fath. Mae'r gyfraith hon, fel nifer o rai eraill, yn ceisio sicrhau bod pawb yn cael eu trin yn deg.

I gymryd enghraifft arall, mae gan heddlu'r DU hawliau sylweddol i arestio a chadw troseddwyr dan amheuaeth dan Ddeddf yr Heddlu a Thystiolaeth Droseddol 1984 (neu 'PACE' fel y'i gelwir yn aml). Ar yr un pryd, gall y llysoedd ddiystyru cyffesion a darnau eraill o dystiolaeth a dderbyniwyd, i bob golwg, drwy dorri cod ymarfer PACE yn ymwneud â thriniaeth pobl dan amheuaeth. Bwriad y rheol hon yw rhwystro'r heddlu rhag derbyn cyffes mewn dull annheg (gweler Uned 12 am fwy o fanylion). Ar y naill law, felly, mae'r gyfraith yn rhoi grymoedd fel y gellir dod â phobl dan amheuaeth gerbron eu gwell. Ar y llaw arall, mae'n ceisio sicrhau bod pobl yn derbyn prawf teg. Pwrpas sylfaenol y gyfraith, hynny yw, yw darparu cyfiawnder.

Ond a ddefnyddir y gyfraith bob amser i ddarparu cyfiawnder? Mewn rhai achosion, mae'n amlwg nad yw hynny'n wir. Yn yr Almaen Natsïaidd, defnyddiwyd y gyfundrefn gyfreithiol, gan gynnwys y llysoedd, i erlid yr Iddewon. Yn Ne Affrica yng nghyfnod apartheid, roedd y gyfundrefn a orfodwyd gan y gyfraith yn rhwystro pobl ddu rhag derbyn yr un hawliau â phobl wyn. Wrth ystyried yr enghreifftiau eithafol hyn, gellid credu bod y gyfraith a'r gyfundrefn gyfreithiol yng Nghymru a Lloegr yn deg i bawb. Nid yw hynny'n wir bob amser, fodd bynnag. Mae'n bosibl dadlau nad ydy rhai cyfreithiau yn ddigonol i sicrhau cyfiawnder. Gellir ystyried, gyda pheth cyfiawnhad, bod eraill yn gwbl annheg. Mae'r gyfraith a chyfiawnder, fel cyfraith a moesoldeb, yn gorgyffwrdd o bryd i'w gilydd, ond nid yr un peth ydynt mewn gwirionedd.

Mae'r llyfr hwn yn cynnwys trafodaeth o'r meysydd hynny lle mae angen diwygio'r gyfraith a phrosesau'r gyfundrefn gyfreithiol. Weithiau mae angen diwygio am fod cyfreithiau penodol yn rhy anodd i'w gorfodi, yn rhy gymhleth neu'n rhy amwys i gyflawni eu nod yn effeithiol. Mewn achosion eraill, gellir cwestiynu'r gyfraith oherwydd anghyfiawnderau cydnabyddedig. Mae'r tair enghraifft ganlynol yn dangos hyn:

1. Roedd ffigurau'r Swyddfa Gartref ar gyfer 2002 yn dangos bod pobl ddu ym Mhrydain yn debygol o gael eu hatal a'u chwilio gan yr heddlu wyth gwaith gymaint â phobl wyn. A ddylid adolygu'r grymoedd a ganiateir i'r heddlu gan y gyfraith? Trafodir hyn yn Uned 12.

2. Er bod cyfreithwyr llwyddiannus yn gallu codi hyd at £400 yr awr am eu gwaith, mae'r cwynion yn erbyn y gwasanaeth cyfreithiol yn cynyddu o hyd. Yn ôl arolwg a wnaed yn 2001, dywedodd 60% o'r bobl a holwyd fod eu cyfreithiwr wedi gwneud camgymeriad sylfaenol a fyddai wedi gallu bod yn ddifrifol. A oes angen diwygio'r proffesiwn cyfreithiol ei hun? Trafodir hyn yn Uned 18.

3. Mae deddfwriaeth ddiweddar wedi caniatáu i'r llywodraeth gyfyngu ar y swm o arian a glustnodir i helpu pobl ar incwm isel dalu'r codi o costau cyfreithiol sy'n codi o ddwyn achos llys. Bellach mae categorïau cyfan o achosion y tu hwnt i gymorth y gyfundrefn cymorth cyfreithiol. Mae hyn yn golygu nad ydy rhai hawlyddion posibl yn cael cyfiawnder, pa mor gryf bynnag yw eu hachos. A yw'r ddeddfwriaeth hon yn dderbyniol? Trafodir hyn yn Uned 23.

Gweithgaredd 1.1

Dychmygwch eich bod chi wedi cyfarfod dyn bach gwyrdd o'r blaned Mawrth wrth gerdded adref. Rydych chi'n dechrau sgwrsio. Pan glywa'r dyn o Fawrth eich bod chi'n astudio'r gyfraith, mae o mewn penbleth. Mae'n amlwg nad yw cysyniad o'r fath yn bodoli ar y blaned Mawrth. Esboniwch wrtho'n fyr beth yw ystyr y term. (6)

1.3 Pa fath o gyfreithiau sy'n bodoli?

Gellir dosbarthu cyfraith y Deyrnas Unedig mewn amryw o ffyrdd. Dyma dair ohonynt:

● drwy ei rhannu'n gyfraith sifil a chyfraith trosedd
● drwy ei rhannu'n gyfraith breifat a chyfraith gyhoeddus
● drwy restru ffynonellau amrywiol y gyfraith – y lleoedd o ble y daw'r gyfraith.

Nid yw'r llyfr hwn yn anelu at archwilio pob rheol gyfreithiol a ategir gan y llys, ond mae'n ddefnyddiol i ddeall y ddwy ffordd gyntaf o ddosbarthu'r gyfraith, ac i allu gwahaniaethu'n gyffredinol rhwng gwahanol fathau o gyfraith. Mae Blwch 1.2 yn crynhoi gwahanol gategorïau'r gyfraith.

Blwch 1.2 *Gwahanol gategorïau'r gyfraith*

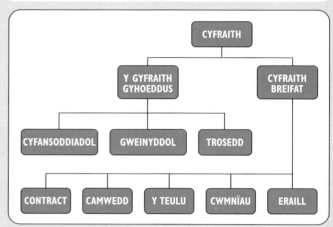

Fel rheol, dosberthir y gyfraith yn ôl y categorïau a welir yn y diagram

Cyfraith sifil a chyfraith trosedd

Mae cyfraith sifil yn ymwneud â meysydd cyfraith amrywiol, ac mae pob un ohonynt yn gweithredu mewn ffordd wahanol. Dyma nhw:

● contract (cyfraith cytundebau cyfreithiol rhwymedig)
● camwedd (term a ddefnyddir ar gyfer camweddau sifil ac eithrio contract – esgeuluster yw'r pwysicaf ohonynt)
● olyniaeth (cyfraith sy'n ymwneud ag ewyllysiau a materion perthynol)
● cyfraith y teulu (sy'n cynnwys ysgaru a chyfreithiau sy'n ymwneud â phlant, megis mabwysiadu)
● cyfraith cwmnïau
● eraill.

Mae cyfraith trosedd yn ymwneud ag ystod eang o droseddau (llofruddiaeth, dynladdiad, ymosod, lladrad ac eraill), ond mae gan y rheolau cyfreithiol sy'n ymwneud â phob un ohonynt lawer yn gyffredin, felly gellir eu hystyried fel un categori, rhywbeth nad yw'n bosibl yn achos cyfraith sifil.

1.4 Cyfraith sifil

Wrth ddelio ag achosion cyfraith sifil, mae'r llysoedd yn ceisio datrys dadleuon rhwng dau barti yn hytrach na chosbi pobl am droseddu. Nid yw hyn yn golygu nad yw cyfraith sifil yn ymwneud â cham, dim ond bod y math yma o drosedd yn cael ei thrin yn wahanol gan y gyfundrefn gyfreithiol.

Swyddogaeth y llys yw ceisio penderfynu, drwy gymhwyso'r gyfraith, pa un o ddwy ochr yr anghydfod sy'n gywir. Os yw'r llys yn barnu o blaid y person a ddaeth â'r achos i'r llys (yr hawlydd), mae'n gorchymyn i'r diffynnydd wneud rhywbeth er lles yr hawlydd. Gan amlaf, rhaid talu iawndal – sef swm o arian sy'n gwneud yn iawn am y cam. Mae'n bwysig nodi bod achos cyfreithiol yn dod gerbron y llysoedd sifil dim ond os yw rhywun yn dwyn achos ar ôl dioddef colled. Mae achos troseddol, ar y llaw arall, yn ymwneud ag erlyniad gan y wladwriaeth drwy gyfrwng yr heddlu a'r llysoedd. Anaml iawn y bydd dioddefwyr troseddau yn dwyn achos llys (mae dioddefwr yn gallu dwyn erlyniad preifat, ond anaml iawn y bydd hynny'n digwydd).

Contract

Cytundeb cyfreithiol rhwymedig yw contract. Hynny yw, mae'n gytundeb y bydd y gyfraith yn ei orfodi. Mae contractau'n rhan o fywyd bob dydd. Mae gan bawb sy'n dal swydd gontract â'i gyflogwr. Rhaid i bawb sy'n gyrru car fod yn berchen ar gontract yswiriant, sef cytundeb rhwng y cwmni yswiriant a pherchennog y cerbyd. Mae hyd yn oed prynu rhywbeth mewn siop yn creu contract, pa mor fach bynnag fo'r peth a brynir. Gellir trefnu contract ar bapur neu ar lafar. Mae'n anghywir credu mai dim ond contractau ysgrifenedig sy'n gyfreithiol rwymol.

Beth a olygwn wrth ddweud 'bydd y gyfraith yn gorfodi'? Lle mae contract yn bodoli, mae'n bosibl y bydd un o'r ddau barti sy'n rhan o'r cytundeb yn dwyn achos llys os yw'n ymddangos bod y llall wedi torri'r cytundeb mewn rhyw ffordd. Nid yw pob anghydfod sy'n ymwneud â chontractau yn mynd gerbron y llys, fodd bynnag, a hynny am fod achosion o'r fath yn gostus ac yn hir.

Ni ellir gorfodi pob cytundeb yn ôl y gyfraith. Er enghraifft, os cytunwch i fynd i'r sinema gyda'ch ffrind, ac yna'n tynnu'n ôl, mae'n amlwg nad yw eich ffrind yn gallu dwyn achos cyfreithiol yn eich erbyn. Ond sut mae'r gyfraith yn gwahaniaethu rhwng cytundebau cyfreithiol rhwymedig a chytundebau o fathau eraill? Mae Blwch 1.3 yn dangos bod pedair elfen hanfodol.

Fel rheol, mae contractau'n rhoi hawliau i un o'r partïon(er enghraifft i'r prynwr a'r gwerthwr) yn unig. Gall hyn greu problemau. Er enghraifft, os yw person yn derbyn rhywbeth

Blwch 1.3 *Elfennau hanfodol ar gyfer llunio contract dilys*

Cynnig a derbyn
Os yw un person yn gwneud cynnig ac un arall yn derbyn, mae'n amlwg bod cytundeb yn bodoli.

Cydnabyddiaeth
Rhaid i'r ddwy ochr roi rhywbeth o werth – er enghraifft, arian yn gyfnewid am nwyddau. Y term technegol am hyn yw 'rhoi cydnabyddiaeth'.

Bwriad i rwymo'n gyfreithiol
Un o'r pethau sy'n peri nad yw cytundeb i fynd i'r sinema yn gontract yw'r ffaith nad yw'r naill berson na'r llall yn meddwl am funud, 'os na fyddi di'n troi i fyny, bydda' i'n gofyn i fy nghyfreithiwr am gyngor'.

Gallu cynhenid
Lle mae'r tair elfen eisoes yn bodoli, mae'r gyfraith yn barnu bod cytundebau yn ymwneud â phlant, pobl ag anhwylder meddwl a (weithiau) cwmnïau yn wahanol i gontractau eraill.

Gweithgaredd 1.2

(a) Rhowch bedair enghraifft o gontract. (2 farc yr un)

(b) Dywedwch a oes contract cyfreithiol yn bodoli yn y sefyllfaoedd canlynol:

- **Mae Elin Jones yn mynd i wylio gêm bêl-droed y Brif Gynghrair gyda'i ffrindiau.**

- **Mae mam Elin yn addo y bydd hi'n benthyg ei char iddi os bydd Elin yn torri'r lawnt yn gyfnewid am hynny. (4 marc yr un)**

fel anrheg, y prynwr ei hun yn unig sydd â'r hawliau cyfreithiol yn erbyn y gwerthwr os oes nam ar y nwyddau.

Camwedd

Mae camwedd yn ymdrin â nifer o gamweddau sifil ac eithrio tor-contract. Y camwedd pwysicaf yw esgeuluster.

Sefydlwyd cyfraith fodern esgeuluster yn sgil achos *Donoghue v Stevenson (1932)* - gweler yr Astudiaeth Achos ar ddiwedd Uned 8. Aeth Ms Donoghue i gaffi yn Paisley gyda'i ffrind. Prynodd ei ffrind botel o ddiod sinsir iddi (mewn potel gwydr lliw, fel nad oedd modd gweld y cynnwys). Ar ôl yfed y rhan fwyaf o'r botel, tywalltodd y gweddill i mewn i'w gwydr. Er mawr ddychryn iddi, gwelodd Ms Donoghue falwoden a oedd wedi pydru yn ei diod. Yn ddiweddarach, aeth yn sâl.

Er nad oedd gan Ms Donoghue hawliau contractol, gyda'r caffi na chwaith wneuthurwr y ddiod sinsir, gan ei bod hi wedi derbyn y ddiod fel rhodd, dadleuwyd ar ei rhan bod y gwneuthurwr ar fai ac y dylai, felly, dalu iawndal. Aeth yr achos yr holl ffordd i Dŷ'r Arglwyddi, llys apêl pwysicaf y Deyrnas Unedig. Barnodd yr Arglwyddi o blaid Donoghue. Creodd yr Arglwydd Atkin y cysyniad o **ddyletswydd gofal**. Dyma ddyfyniad enwog o'i ddyfarniad:

'Rhaid i chi gymryd gofal rhesymol i ymatal rhag gweithredoedd ac anweithredoedd y gallech ragweld yn rhesymol y gallant niweidio'ch cymdogion.'

Aeth ymlaen i ddweud, i bob pwrpas, mai ystyr 'eich cymydog' yw unrhyw un a fyddai'n cael eu heffeithio'n uniongyrchol gan eich gweithred ac mae'n ddyletswydd arnoch, wrth weithredu, i ystyried y posibilrwydd o niwed personol neu ddifrod i eiddo. Yn syml, roedd yr Arglwydd Atkin yn dweud bod esgeuluster sy'n arwain at niwed neu ddifrod yn gallu arwain at hawlio iawndal. Heddiw, mae'r rheol syml a chyffredinol hon yn golygu bod ceisiadau di-rif am iawndal. Rhaid i yrwyr ceir, meddygon a chyflogwyr, ymhlith eraill, gymryd camau rhesymol i osgoi peri niwed i eraill. Mae hyn yn wir hyd yn oed os nad oes perthynas gontractol yn bodoli.

Mae rhestr o gamweddau eraill ym Mlwch 1.4.

Blwch 1.4 *Camweddau ac eithrio esgeuluster*

1. Niwsans

Mae niwsans yn cynnwys y sefyllfaoedd hynny lle mae sefyllfa barhaol yn achosi problemau. Un enghraifft gyffredin yw pan fydd llwch a sŵn ffatri yn effeithio ar iechyd a llonyddwch bywydau trigolion lleol.

2. Difenwi

Os cyhuddir rhywun ar gam o fod wedi gwneud neu ddweud rhywbeth a fydd yn niweidio'u henw da, gallant ddwyn achos yng nghamwedd difenwi, fel arfer yn erbyn y cyfryngau.

3. Ymosod

Er mai trosedd yw ymosod, gall fod hefyd yn achos hawlio iawndaliadau yn y llysoedd sifil.

4. Tresmasu

Camwedd yn unig yw tresmasu, er bod llawer o ffermwyr yn awyddus iddo gael ei gyfrif yn drosedd. Os cyflawnir lladrad neu ddifrod bwriadol i eiddo, mae hynny'n fater arall.

1.5 Cyfraith Trosedd

Yn ystod achosion trosedd cynhelir ymchwiliad i weld a yw person wedi cyflawni trosedd. Er bod gan y llys yr hawl i orchymyn i'r troseddwr dalu iawndal i'r dioddefwr am ei golled, nid dyma bwrpas achos trosedd yn y bôn. Fel rheol, cosbir neu 'ddedfrydir' diffynyddion a geir yn euog. Nid pob troseddwr sy'n mynd i'r carchar, o bell ffordd. Mewn gwirionedd, lleiafrif yn unig sy'n mynd i'r carchar. Rhaid i'r mwyafrif o droseddwyr naill ai gyflawni rhyw fath o ddedfryd yn y gymuned neu dalu dirwy.

Nid yw achos trosedd yn ymwneud â datrys anghydfodau. Mae'n galluogi'r wladwriaeth, drwy gyfrwng yr heddlu a'r llysoedd, i ymchwilio er mwyn darganfod a dorrwyd cyfraith trosedd ac yna gosbi'r troseddwr, os oes rhaid.

Er gwaetha'r hyn a ddywed rhai papurau, nid yw'r DU yn llawn llofruddwyr, treiswyr a phedoffilyddion. Mae cynifer â 95% o achosion trosedd yn ymwneud â throseddau cymharol fach, er enghraifft troseddau'n ymwneud â gyrru, ymddygiad afreolus, dwyn ar raddfa fach, ymosod ar raddfa fach ac yn y blaen. Bydd ynadon, sef gwirfoddolwyr rhan-amser, di-dâl, yn gwrando ar yr achosion. Mae troseddau difrifol megis llofruddiaeth, trais a 'GBH' (niwed corfforol difrifol), yn parhau i fod yn anarferol. Fe'u clywir gan farnwr a rheithgor mewn llysoedd gwahanol i'r rhai a ddefnyddir ar gyfer achosion sifil.

1.6 Cyfraith breifat a chyhoeddus

Mae cyfraith breifat yr un peth â chyfraith sifil. Mae cyfraith gyfansoddiadol a chyfraith weinyddol, sy'n ymwneud â natur a grymoedd y wladwriaeth, ynghyd â chyfraith trosedd, yn ffurfio cyfraith gyhoeddus.

Crynodeb ●●●

1. Beth a olygwn wrth 'cyfraith'?

2. A yw'r gyfraith yn darparu cyfiawnder bob tro?

3. Beth yw'r mathau gwahanol o gyfraith?

4. Beth yw'r gwahaniaeth rhwng cyfraith sifil a chyfraith trosedd?

5. Beth yw'r gwahaniaeth rhwng cyfraith gyhoeddus a chyfraith breifat?

Astudiaeth achos · Y gyfraith ar waith

Eitem A *Y Gyfraith yn Afghanistan*

Roedd Shazia, 13 oed, yn y chwrcwd ar y llawr yng Ngharchar Taleithiol Kabul, carchar llwm i ferched. Pan fyddai oedolion yn bresennol, byddai'n brathu ei hewinedd ac yn tynnu ar ei sgarff ddu, a guddiai ei hwyneb a'i llygaid brown. Ei throsedd oedd rhedeg i ffwrdd o'r gŵr canol oed y gorfodwyd iddi ei briodi. Mae'r carchar yn llawn merched yn eu harddegau a gyhuddwyd o droseddau, yn amrywio o ddisgyn mewn cariad i odinebu, o adael rhieni llym i weithred o ffoi rhag gwŷr ymosodol. Ni cheir dienyddiadau Talibanaidd mwyach, ond mae'r gyfraith Islamaidd a thraddodiadau diwylliannol anhyblyg yn parhau yn Afghanistan. Mae'r wlad yn parhau i ddibynnu ar gyfraith Islamaidd sy'n dyddio'n ôl i'r 7fed ganrif.

Addaswyd o'r *Chicago Tribune*, 28 Ebrill 2002.

Eitem B *Diwrnod ym mywyd Sam Jones*

SHW MAE, SIÂN, BETH AM GINIO?

CRASH

YSBYTY A+E

YCH... DWI'N TEIMLO'N SÂL...

THE POST — GWRAIG YN MALU'R CAR WRTH FWYTA BAR SIOCLED

Prynodd Sam Jones far siocled yn y siop bapurau. Wrth yrru a bwyta'r siocled ar yr un pryd, atebodd ei ffôn symudol. Siân ei gariad oedd yno. Addawodd brynu pryd o fwyd iddi mewn bwyty y diwrnod wedyn. Funud yn ddiweddarach, tarodd gefn y car o'i flaen, gan niweidio'r gyrrwr arall a difetha'r ddau gar. Cafodd Sam ddod allan o'r ysbyty yr un diwrnod, ond yn ddiweddarach aeth yn sâl oherwydd gwenwyn bwyd difrifol. O ganlyniad, ni allai fynd â Siân am bryd o fwyd. Y bar siocled oedd achos y salwch. Mae Siân yn cael sioc o weld bod y papur lleol wedi ei henwi hi fel y gyrrwr, am fod Sam yn gyrru ei char hi.

Cwestiynau

(a) Gan ddefnyddio Eitem A, esboniwch y gwahaniaeth rhwng y gyfraith, moesoldeb a chyfiawnder. (10)

(b) Edrychwch ar Eitem B.
   i)   Nodwch achosion llys sifil a throseddol posibl. Esboniwch sut fath o gyfraith a ddefnyddir ym mhob achos. Yn achos achosion sifil, byddwch mor benodol â phosibl. (10)
   ii) Esboniwch pwy fyddai'r diffynnydd a'r hawlydd (mewn achosion sifil) a phwy fyddai'r erlyniad a'r diffynnydd (mewn achosion troseddol). (8)

Y cyfansoddiad a sofraniaeth y senedd

2.1 Beth a olygir gan 'cyfansoddiad'?

Yn aml iawn, bydd gan glybiau gyfansoddiad ysgrifenedig. Llyfr rheolau yw hwn sy'n dangos sut bydd y clwb yn gweithredu – pa mor aml y cynhelir cyfarfodydd, y dull o gynnal y cyfarfodydd ac yn y blaen. Mae cyfansoddiad yn gweithredu mewn ffordd debyg yn achos cyfundrefnau cyfreithiol a llywodraethau. Set o egwyddorion sy'n pennu natur a grymoedd y llywodraeth yw'r cyfansoddiad. Mae cyfansoddiadau'n dangos:

- grymoedd llywodraeth o fewn gwladwriaeth
- y berthynas rhwng gwahanol rannau'r wladwriaeth
- y berthynas rhwng y llywodraeth a'r dinesydd.

Mae'r DU yn anghyffredin am nad oes ganddi gyfansoddiad ysgrifenedig. Mae Blwch 2.1 yn dangos bod gan y cyfansoddiad Prydeinig chwe phrif ffynhonnell.

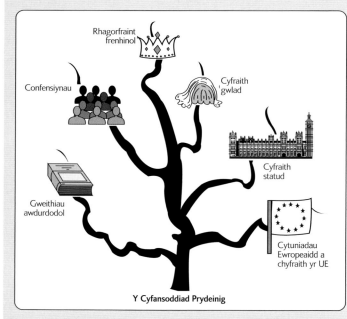

Blwch 2.1 *Ffynonellau'r cyfansoddiad Prydeinig*

Rhagorfraint frenhinol

Confensiynau

Cyfraith y gwlad

Gweithiau awdurdodol

Cyfraith statud

Cytuniadau Ewropeaidd a chyfraith yr UE

Y Cyfansoddiad Prydeinig

Mae'r diagram hwn yn dangos ffynonellau'r cyfansoddiad Prydeinig.

1. Cyfraith gwlad

Cyfraith gwlad yw cyfraith a wnaed gan farnwyr – gweler Uned 8. Yn ychwanegol at wneud cyfraith ar adegau prin, mae gan farnwyr y swyddogaeth gyfansoddiadol bwysig o adolygu cyfreithlondeb gweithredoedd y llywodraeth pan fo anghydfod rhwng dinasyddion a'r llywodraeth. Gelwir hyn yn adolygiad barnwrol (gweler isod).

2. Deddfau Seneddol neu 'statudau'

Trafodir Deddfau Seneddol (statudau) yn fanwl yn Uned 3. Drwy basio Deddfau, mae'r Senedd yn defnyddio ei swyddogaeth fel awdurdod llunio cyfraith pwysicaf y Deyrnas Unedig. Dros gyfnod o amser, cafodd rhai statudau arwyddocâd arbennig am eu bod yn cynnwys rheolau sy'n ymwneud â hawliau a dyletswyddau'r dinesydd neu â sut y dylid trefnu llywodraeth y wlad. Mae Deddf Habeas Corpus 1679 yn enghraifft o statud gydag arwyddocâd cyfansoddiadol am ei bod yn caniatáu i'r sawl a garcharwyd hawlio achos teg. Enghreifftiau eraill yw Deddfau'r Senedd 1911 a 1949 (gweler Uned 3).

3. Confensiynau

Mae traddodiadau o'r enw 'confensiynau', na chawsant eu cofnodi ond sy'n hir sefydlog, yn elfen arall o gyfansoddiad y DU. Mae'n arwyddocaol nad oes gan gonfensiynau rym cyfreithiol. Un enghraifft o gonfensiwn yw'r rheol sy'n nodi y bydd y brenin neu'r frenhines bob amser yn cydsynio i Ddeddfau'r Senedd (dyma ffordd foneddigaidd o ddweud na all y brenin neu'r frenhines atal ewyllys y Senedd).

4. Gweithiau awdurdodol

Gweithiau awdurdodol yw'r nifer fach o lyfrau cyfraith gyfansoddiadol a ystyrir yn ddatganiadau awdurdodol o'r cyfansoddiad. Mae *An Introduction to the Study of the Law of the Constitution* gan A.V. Dicey, a gyhoeddwyd yn gyntaf yn 1885, yn un enghraifft bwysig. Er nad oes gan y gweithiau hyn safle cyfreithiol, mae cyfeirio atynt yn werthfawr wrth geisio datrys anghytundebau yn ymwneud â'r cyfansoddiad.

5. Rhagorfraint frenhinol

Rhagorfraint frenhinol yw'r enw a roddir i freintiau a grymoedd penodol sydd gan y brenin neu'r frenhines o hyd, yn dyddio o'r cyfnod cyn i'r Senedd ddod yn hollalluog neu'n 'sofran'. Erbyn heddiw, mae'r Prif Weinidog a'r llywodraeth yn defnyddio'r cyfan, bron, o'r grymoedd hyn ar ran y frenhines. Mae'r rhagorfraint frenhinol yn arwyddocaol iawn gan ei bod yn caniatáu i'r llywodraeth weithredu dan rai amgylchiadau heb gynnal pleidlais yn y Senedd. Mae'r rhagorfraint frenhinol yn cynnwys y gallu i:

- gyhoeddi rhyfel
- gwneud cytundebau
- meddiannu neu ildio tiriogaeth
- rhoi gorchmynion i'r Lluoedd Arfog
- rheoli'r gwasanaeth sifil
- gwneud unrhyw beth sy'n angenrheidiol i amddiffyn y deyrnas.

6. Cytuniadau'r Undeb Ewropeaidd

Mae bod yn aelod o'r Undeb Ewropeaidd (UE) yn golygu bod pob aelod-wladwriaeth yn gorfod dilyn cyfraith yr UE, a'i bod yn bwysicach na chyfraith ddomestig. Mae hyn yn golygu bod y cytuniadau Ewropeaidd a lofnodwyd gan lywodraeth Prydain (sail cyfraith yr UE) yn ffynhonnell bwysig i'r cyfansoddiad Prydeinig.

2.2 Egwyddorion cyfansoddiadol

Mae tair egwyddor yn sail i'r cyfansoddiad. Dyma nhw:

- didoli grymoedd
- rheolaeth y gyfraith
- goruchafiaeth y Senedd.

1. Didoli grymoedd

Mae syniadau Montesquieu (athronydd Ffrengig o'r 18fed ganrif) wedi dylanwadu'n fawr ar ffurf cyfansoddiad y DU. Dywedodd y gellid rhannu holl rymoedd y wladwriaeth yn dri math:

1. **Y weithrediaeth** - y llywodraeth a'r sawl sy'n cymryd rhan yng ngweinyddu'r llywodraeth (gweision sifil), yn ogystal â sefydliadau fel yr heddlu.
2. **Y ddeddfwrfa** - y grŵp sy'n llunio deddfau. Ym Mhrydain, y Senedd sy'n llunio Deddfau Seneddol, a elwir hefyd yn 'statudau'.
3. **Y farnwriaeth** - barnwyr, sy'n datrys anghydfodau cyfreithiol ac yn gorfodi cyfreithiau.

Ym marn Montesquieu, roedd hi'n hanfodol bod person neu grŵp gwahanol yn arfer naill ai grymoedd deddfwriaethol, gweithredol neu farnwrol. Gelwir hyn yn 'egwyddor gwahaniad grymoedd'. Pwrpas y fath egwyddor yw osgoi rhoi'r grym i gyd yn nwylo un person neu grŵp.

O fewn cyfansoddiad lle mae gwahaniad pendant rhwng y grymoedd, mae'r weithrediaeth, y ddeddfwrfa a'r farnwriaeth yn annibynnol ar ei gilydd ac, o ganlyniad, yn gallu gweithredu fel ataliadau ar ei gilydd er budd dinasyddion. Heb rym gormodol, ni allant ormesu'r bobl. Er enghraifft, ym Mhrydain mae gan weinidogion y llywodraeth rymoedd a ddiffinnir gan y Senedd yn unig. Gall unrhyw un ofyn i'r llysoedd atal y llywodraeth rhag gweithredu y tu hwnt i'w grymoedd. Gwneir hyn drwy gyfrwng proses a elwir yn 'adolygiad barnwrol' (gweler Uned 16, Adran 16.3). Gall dinasyddion wneud ceisiadau am adolygiad barnwrol mewn perthynas ag achosion difrifol yn ymwneud â bywyd neu farwolaeth neu ddigwyddiadau cyffredin. Ym 1999 yn unig, gwnaed mwy na chwe mil o geisiadau am adolygiad barnwrol yn erbyn adrannau'r llywodraeth.

2. Rheolaeth cyfraith

Mae ufudd-dod dinasyddion a chyrff gwladwriaethol i'r gyfraith sefydledig yn rhan hanfodol o ddidoli grymoedd (gweler Blwch 2.2). Mae egwyddor 'rheolaeth cyfraith' yn cynnwys tair elfen:

1. Ni ddylai'r wladwriaeth gosbi neb oni bai eu bod nhw wedi torri'r gyfraith.
2. Dylai'r un cyfreithiau fod yn berthnasol i swyddogion yn ogystal â phobl gyffredin.
3. Ni phenderfynir hawliau'r unigolyn gan y weithrediaeth, fe'u penderfynir o ganlyniad i benderfyniadau'r farnwriaeth annibynnol a wnaed mewn achosion unigol.

Blwch 2.2 *Gogledd Iwerddon a rheolaeth cyfraith*

Bydd beirniaid cyfansoddiad y DU yn cyfeirio'n aml at fethiant rheolaeth cyfraith yng Ngogledd Iwerddon. Ystyriwyd bod carcharu terfysgwyr tybiedig heb eu cyhuddo o drosedd (polisi 'caethiwedigaeth') a'r polisi o 'saethu i ladd' fel y'i gelwir yn enghreifftiau o dorri rheolaeth cyfraith. Dyma lun o Frank McGlade, Gweriniaethwr, yn dod adref. Fe'i arestiwyd yn Awst 1971 a'i 'gaethiwo' (cadw yn y carchar heb gael ei gyhuddo) cyn ei ryddhau yn Ebrill 1972.

3. Goruchafiaeth y Senedd

Weithiau, gelwir y syniad hwn o oruchafiaeth y Senedd yn 'sofraniaeth seneddol'. Mae hyn yn golygu mai'r Senedd yw ffynhonnell bwysicaf cyfraith Cymru a Lloegr. Mae goruchafiaeth y Senedd yn cynnwys nifer o elfennau.

Gweithgaredd 2.1

R. v. Secretary of State for the Home Office, ex parte Simms (1999)

Roedd y ceisyddion yn y carchar, wedi'u cael yn euog o lofruddiaeth. Honnent eu bod yn ddieuog, gan ymladd am ryddfarniad. Aeth rhai newyddiadurwyr i'w gweld yn y carchar, yn awyddus i roi cyhoeddusrwydd i'r ymgyrch. Pan ddaeth hyn i'w sylw, gwrthododd awdurdodau'r carchar adael i'r newyddiadurwyr weld y carcharorion, gan weithredu o fewn rheoliadau eang iawn a bennwyd gan yr Ysgrifennydd Gwladol. Gwnaeth y carcharorion gais i'r Uchel Lys. Un rhan o'u dadl oedd bod yr Ysgrifennydd Gwladol, Jack Straw, yn mynd y tu hwnt i'w rymoedd statudol drwy greu rheolau ynglŷn ag ymweliadau'r wasg. Caniataodd yr Uchel Lys orchymyn llys i'r carcharorion, ond fe'i gwrth-drowyd gan y Llys Apêl. Yn dilyn apêl arall, dyfarnodd Tŷ'r Arglwyddi o blaid y carcharorion.

(a) Esboniwch pam fod yr achos hwn yn enghraifft o ddidoli grymoedd. (4)

b) Beth yw'r enw a roddir i'r cais gwreiddiol a wnaed gan y carcharorion i'r Uchel Lys? (2)

c) O ble mae'r Ysgrifennydd Cartref yn derbyn ei awdurdod, yn y pen draw, mewn achos o'r fath? (2)

Yn gyntaf, er bod y llysoedd yn gallu llunio cyfraith, ac yn gwneud hynny (gweler Uned 8), yn anad dim rhaid iddynt gymhwyso'r cyfreithiau a luniwyd gan y Senedd. Er mai hwy oedd prif lunwyr cyfreithiau yn hanesyddol, nid yw'r llysoedd wedi gwneud hynny ers amser maith. Pa mor sefydledig bynnag yw cyfraith gwlad (cyfraith a luniwyd gan farnwr), os yw'r Senedd yn pasio Deddf Seneddol sy'n newid cyfraith gwlad, rhaid i farnwyr gymhwyso'r Ddeddf wrth benderfynu achosion, hyd yn oed os nad ydynt yn credu ei bod yn 'gyfraith dda' nac yn well na'r hen gyfraith gwlad.

Yn ail, o bryd i'w gilydd bydd y Senedd yn rhoi'r hawl i bobl eraill, megis gweinidogion y llywodraeth neu awdurdodau lleol, lunio cyfreithiau gorfodol. Gelwir y cyfreithiau hyn yn 'ddeddfwriaeth ddirprwyedig' (gweler Uned 5). Nid yw hyn yn effeithio ar oruchafiaeth y Senedd gan fod y Senedd yn gallu newid neu atal yr hawl gyfreithiol i lunio cyfraith ac am fod Deddf Seneddol yn gallu newid neu ddileu'r cyfreithiau unigol a grëwyd gan y sawl a gafodd y grym hwnnw gan y Senedd.

Yn drydydd, yn ddamcaniaethol o leiaf, mae'r Senedd yn cael llunio cyfreithiau 'drwg'. Pe bai Deddf Seneddol yn cael ei phasio sy'n mynnu bod pob mam-gu yn cael ei chrogi, ei diberfeddu a'i rhannu'n bedair rhan am brynu bara brith, byddai'n rhaid i'r llysoedd a'r heddlu roi'r gyfraith ar waith. Mae'r ffaith nad yw'r Senedd yn rhwym o greu cyfreithiau sy'n glynu wrth unrhyw syniad penodol o dda a drwg yn rhan allweddol, yn ddamcaniaethol, o oruchafiaeth y senedd. Yn achos llawer o wledydd eraill,

mae'r Senedd yn rhwym o gydymffurfio ag egwyddorion sylfaenol hawliau dynol, sy'n ymddangos mewn dogfen ar wahân (a elwir yn Fesur Hawliau). Er enghraifft, mae gan UDA Fesur Hawliau sy'n caniatáu i'r llys wrthod cyfreithiau a'u galw'n 'anghyfansoddiadol'. Yn yr un modd, mae rhai gwledydd wedi mabwysiadu Confensiwn Ewropaidd ar Hawliau Dynol fel rhan o'u cyfansoddiad. Unwaith eto, mae hyn yn golygu bod rhaid i unrhyw gyfreithiau a lunnir gydymffurfio â'r egwyddorion cyffredinol a geir yno. Er gwaethaf Deddf Hawliau Dynol 1998, nid yw hyn yn wir ym Mhrydain (gweler Uned 4).

Yn bedwerydd, nid yw'r Senedd yn gallu rhwymo'i hun. Etholir Tŷ'r Cyffredin o leiaf unwaith bob pum mlynedd, ac felly mae'r corff o bobl sy'n penderfynu'r gyfraith yn newid yn gyson. Fel rhan o'r cyfansoddiad, mae modd diddymu (trechu drwy bleidlais) unrhyw Ddeddf a basiwyd, naill ai gan yr un Senedd neu gan unrhyw Senedd ddilynol.

Cyfyngiadau ar oruchafiaeth y Senedd

Mae'r syniad o Senedd hollalluog yn annilys, i raddau, mewn tair ffordd:

1. Mae'r cytuniadau rhyngwladol sy'n rhwymo'r DU o ganlyniad i'w haelodaeth o'r Undeb Ewropeaidd (UE) yn golygu bod cyfraith yr UE yn cael blaenoriaeth dros Ddeddfau Seneddol yn achos sawl math ar gyfraith sifil, yn enwedig y rhai hynny sy'n ymwneud â busnes, masnach a chyflogaeth. Ar ben hyn, mae Deddf Cymunedau Ewrop 1972 yn gwneud datganiad eglur ynglŷn ag ildio sofraniaeth i Ewrop (gweler Uned 7).

2. Mae Tŷ'r Cyffredin yn pennu pa Ddeddfau Seneddol a dderbynnir, i bob pwrpas. Rheolir Tŷ'r Cyffredin gan y blaid sydd â'r nifer mwyaf o seddau yn y Tŷ. Gan mai'r blaid hon sy'n ffurfio'r llywodraeth, mae'r Senedd yn tueddu i gael ei rheoli gan y llywodraeth os bydd gan y llywodraeth fwyafrif sylweddol yn Nhŷ'r Cyffredin.

3. Mae creu cynulliadau cenedlaethol yng Nghymru, yr Alban a Gogledd Iwerddon yn arwydd bod grym yn cael ei drosglwyddo a bod gan y Senedd lai o sofraniaeth o fewn y Deyrnas Unedig.

Crynodeb ●●●

1. Beth yw ffynonellau cyfansoddiad y DU?

2. Ym mha ffordd mae cysyniad didoli grymoedd yn amddiffyn dinasyddion?

3. Beth yw ystyr 'rheolaeth cyfraith'?

4. Beth yw canlyniadau sofraniaeth y Senedd?

5. A yw sofraniaeth y Senedd yn realiti, yn hollol?

Astudiaeth achos   Y Cyfansoddiad Prydeinig

Eitem A *Sofraniaeth y Senedd*

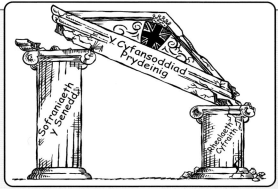

Yn ôl Dicey, awdur *An Introduction to the Study of the Law of the Constitution* (un o'r 'gweithiau awdurdodol' a nodwyd uchod) a gyhoeddwyd yn 1867, sofraniaeth y Senedd a rheolaeth y gyfraith yw 'dau biler' y cyfansoddiad Prydeinig. Y Senedd yw'r prif gorff sydd â'r gallu i lunio cyfreithiau ac yn yr ystyr hwn mae ganddi **sofraniaeth gyfreithiol**. Fodd bynnag, yn ôl Dicey, gan mai'r bobl oedd yn gyfrifol am ethol Aelodau'r Senedd, ganddynt hwy yr oedd y grym i benderfynu ar bolisi, ac felly **sofraniaeth wleidyddol**. Oherwydd confensiwn cyfansoddiadol cyfrifoldeb gweinidogion (yr egwyddor bod gweinidogion yn atebol i'r Senedd am weithredoedd y llywodraeth), daw'r weithrediaeth dan ddylanwad yr etholaeth hefyd. Mae'r cartŵn uchod yn awgrymu mai sofraniaeth seneddol yw'r piler pwysicaf.

Mae Arglwydd Bingham, uwch-farnwr, yn amau dilysrwydd cred Dicey mewn sofraniaeth seneddol. Ar y naill law, mae'n derbyn bod y Senedd wedi bod yn gyfrifol am gymryd camau sylweddol tuag at amddiffyn hawliau a rhyddid dynol. Mae enghreifftiau cymharol ddiweddar yn cynnwys amddiffyn hawliau troseddwyr dan amheuaeth a rhoi terfynau ar garchariad heb brawf dan Ddeddf yr Heddlu a Thystiolaeth Droseddol 1984, statudau yn ceisio gwahardd gwahaniaethu ar sail rhyw a hil, a chyflwyno cymorth cyfreithiol. Ar y llaw arall, medd Bingham, rhaid i lywodraeth aros yn boblogaidd os yw am gadw ei grym. O ganlyniad, mae llywodraethau'n tueddu i ganolbwyntio ar fesurau sy'n ceisio ennill cefnogaeth y mwyafrif ac yn dangos llai o ddiddordeb mewn materion sy'n achosi pryder i'r lleiafrifoedd. Wrth edrych yn ôl, mae'n bosibl gweld pa grwpiau a fu'n amhoblogaidd, rhai na thalodd y Senedd fawr o sylw i'w hawliau a'u rhyddid. Mae sipsiwn, mewnfudwyr, ceiswyr lloches, cleifion â nam meddyliol a mamau di-briod oll yn enghreifftiau o hyn. Mae Bingham yn dadlau bod gan bob un o'r grwpiau hyn achos i gredu nad yw Senedd sofran wedi gwneud popeth i amddiffyn eu hawliau.

Eitem B Y *Cyfansoddiad Prydeinig*

Gellid ystyried bod ein trefniant cyfansoddiadol yn un rhyfedd, o fewn cyfundrefn sydd i bob golwg wedi'i hymrwymo i ddidoli grymoedd. Mae'r corff deddfu a'r adran weithredol yn nwylo nid yn unig yr un blaid, ond yr un bobl. Yn achos democratiaethau Gorllewinol eraill, nid yw hyn yn wir. Yn UDA, er enghraifft, mae'r weithrediaeth, dan arweiniad Arlywydd a etholwyd ar wahân, yn cynnwys pobl wahanol i'r ddeddfwrfa etholedig (er bod yr Arlywydd fel rheol yn aelod o un o'r ddwy blaid wleidyddol fawr sy'n dal seddau yn y corff deddfu). O fewn y gyfundrefn Brydeinig, gellid dweud bod 'goruchafiaeth y blaid wleidyddol sy'n dal y mwyafrif o seddau Tŷ'r Cyffredin' yn ddisgrifiad teg o oruchafiaeth y Senedd.

Addaswyd o yr Arglwydd Bingham o Cornhill, 'The Way We Live Now: Human Rights in the New Millennium', *Web Journal of Current Legal Issues*, Cyf. 1, 1998 a'r *Chicago Tribune*, 28 Ebrill 2002.

Cwestiynau

(a)   Edrychwch ar Eitem A.
  i)   Esboniwch pam fod barn Dicey yn argyhoeddi. (2)
  ii) Esboniwch yn fyr beth a olygir gan 'rheolaeth cyfraith' a pham fod rheolaeth cyfraith yn hanfodol ar gyfer didoli grymoedd. (4)
  iii) Beth yw 'confensiwn cyfansoddiadol'? (2)
  iv) Beth yw amheuon Bingham ynglŷn â sofraniaeth seneddol? (4)
  v)   Ym mha ffordd mae Bingham yn pledio achos Mesur Hawliau i'r DU? (4)

(b)   Gan ddefnyddio Eitemau A a B a rhannau eraill o'r uned, rhowch ddadleuon o blaid ac yn erbyn y syniad nad y Senedd, mewn gwirionedd, yw'r prif gorff sy'n llunio cyfraith o fewn y Deyrnas Unedig. (12)

3.1 Beth yw'r Senedd?

Blwch 3.1 *Y Senedd*

Mae'r ffotograff hwn yn dangos y Senedd yn San Steffan, Llundain.

Y Senedd yw prif luniwr deddfau'r DU – ei 'deddfwrfa' (gweler Uned 2). Mae modd olrhain y Senedd yn ôl i'r 11eg ganrif pan chwiliai brenhinoedd Sacsonaidd am gyngor y 'Witangemot' (y gair Eingl-Sacsoneg yn golygu 'cynulliad y doeth'). Heddiw, mae'r Senedd yn cynnwys Tŷ'r Cyffredin a Thŷ'r Arglwyddi. Lleolir y ddau Dŷ yn San Steffan, Llundain (gweler Blwch 3.1). Mae lle i ddadlau, er hynny, a fu'r Senedd erioed yn fan lle clywir doethineb. Nod yr uned hon, fodd bynnag, yw esbonio beth yw'r Senedd, a'r modd mae'n llunio cyfreithiau.

Mae'r Llywodraeth a'r Senedd yn ddau beth gwahanol, ac ni ddylid cymysgu'r ddau derm. Mae'r Llywodraeth – y weithrediaeth – yn cynnwys gweinidogion sy'n derbyn cymorth gweision sifil. Fel rheol, mae'r gweinidogion yn Aelodau Seneddol neu'n arglwyddi (Aelodau o Dŷ'r Arglwyddi).

Mae barnwyr yn llunio rhai cyfreithiau ('cyfraith gwlad' – gweler Uned 8), ond mae'r Senedd yn llunio llawer mwy, ac mae'r gyfraith hon yn cael blaenoriaeth dros gyfraith a wneir gan farnwyr. Yr enw ar gyfraith ddrafft a gyflwynir i'r Senedd yw 'Mesur'. Gelwir cyfraith a basiwyd gan y Senedd ac a dderbyniodd Gydsyniad Brenhinol yn 'Ddeddf' neu 'statud'.

Mae gwefan Senedd y DU yn disgrifio pedair prif swyddogaeth y Senedd:

- ystyried cynigion sy'n ymwneud â chyfraith newydd
- sicrhau, drwy bleidleisio o blaid trethiant, bod modd parhau â gwaith y llywodraeth.
- archwilio polisi a gweinyddiaeth y llywodraeth, gan gynnwys cynigion yn ymwneud â gwario
- dadlau am faterion pwysig y dydd.

3.2 Mathau o Ddeddfau

Gellir gwahaniaethu rhwng Deddfau Seneddol ar sail eu swyddogaeth. Mae rhai'n cyflwyno rheolau cyfreithiol newydd sbon, ond mae eraill yn ymdrin â chyfraith sydd eisoes yn bod. Mae deddfwriaeth yn perthyn i un o bedwar categori.

1. Deddfwriaeth wreiddiol
Ystyr deddfwriaeth wreiddiol yw cyfraith newydd sbon.

2. Deddfwriaeth gydgrynhoi
Unig bwrpas deddfwriaeth gydgrynhoi yw dwyn cyfreithiau sy'n ymddangos o fewn nifer o Ddeddfau at ei gilydd er mwyn sicrhau y gellir cael hyd iddynt mewn un man. Ni newidir y gyfraith o gwbl. Er enghraifft, casglodd Deddf Cwmnïau 1985 nifer o Ddeddfau Cwmnïau a luniwyd yn y 37 mlynedd flaenorol at ei gilydd dan un Ddeddf.

3. Deddfwriaeth godeiddio
Mae deddfwriaeth godeiddio yn dod â Deddfau at ei gilydd yn yr un modd ag y gwna deddfwriaeth gydgrynhoi, ond mae hefyd yn ymgorffori cyfraith gwlad o fewn statud. Mae Deddf Gwerthu Nwyddau 1979, sy'n ymwneud â chontractau ar gyfer prynu a gwerthu nwyddau, yn enghraifft bwysig o Ddeddf godeiddio.

4. Deddfwriaeth ddiwygio
Mae deddfwriaeth ddiwygio yn newid Deddf sydd eisoes yn bod. Gall effaith y newidiadau hyn fod yn gymharol ddibwys, neu gallent beri newidiadau mawr i'r Ddeddf bresennol.

3.3 Tŷ'r Cyffredin

Tŷ'r Cyffredin (gweler Blwch 3.2) yw'r mwyaf pwerus a phwysig o'r Ddau Dŷ sy'n ffurfio'r Senedd. Am fod y boblogaeth gyffredinol yn ethol Aelodau Seneddol, bernir bod Tŷ'r Cyffredin yn rhan hanfodol o wladwriaeth ddemocrataidd. Gan ei fod yn ystyried gweithredoedd y llywodraeth ac yn dadlau ei gynigion ar gyfer cyfreithiau newydd, mae'n gweithredu, mewn theori, ar ran yr etholwyr.

I bob pwrpas, crëir Deddfau Seneddol yn ôl ewyllys mwyafrif yn Nhŷ'r Cyffredin. Mae'r Comisiwn Ffiniau yn pennu nifer yr Aelodau Seneddol. Pan gynhaliwyd etholiad cyffredinol 2001, 659 oedd nifer yr Aelodau Seneddol. Mae pob Aelod Seneddol yn cynrychioli etholaeth (ardal) benodol. Cynhelir etholiadau cyffredinol o leiaf unwaith bob pum mlynedd. Os bydd AS yn ymddiswyddo neu'n marw yn ystod oes Senedd, cynhelir is-etholiad er mwyn llenwi ei le neu ei lle.

Ers canrifoedd, bu'r mwyafrif o Aelodau Seneddol Tŷ'r Cyffredin yn perthyn i un o ddwy blaid wleidyddol bwysig.

Blwch 3.2 *Tŷ'r Cyffredin*

Mae'r llun hwn yn dangos cyn-Arweinydd Tŷ'r Cyffredin, Robin Cook, wrth y blwch dogfennau yn Nhŷ'r Cyffredin yn 2002.

Yn y 19eg ganrif, y Blaid Geidwadol a'r Blaid Ryddfrydol oedd y ddwy brif blaid. Er y 1930au, daeth y Blaid Lafur i'r amlwg gan gymryd lle'r Blaid Ryddfrydol.

Fel rheol, y blaid gyda'r mwyafrif o seddau yn Nhŷ'r Cyffredin sy'n ffurfio'r llywodraeth. Bydd arweinydd y blaid honno yn derbyn gwahoddiad gan y brenin neu'r frenhines i ddod yn Brif Weinidog. Yna mae'r Prif Weinidog yn apwyntio Cabinet (grŵp o weinidogion profiadol) a gweinidogion eraill, llai profiadol. Gelwir y blaid â'r nifer mwyaf o seddau yn Nhŷ'r Cyffredin, ac eithrio'r blaid fuddugol, yn 'Wrthblaid Swyddogol'. Bydd arweinydd yr wrthblaid yn apwyntio 'cabinet yr wrthblaid' (grŵp o ddarpar weinidogion profiadol) a gweinidogion eraill, llai profiadol, o fewn yr wrthblaid. Gelwir y gweinidogion hynny nad oes ganddynt swyddi gweinidogaethol o fewn y llywodraeth na'r wrthblaid yn 'Aelodau meinciau cefn' am eu bod yn eistedd y tu ôl i weinidogion a gweinidogion yr wrthblaid ym meinciau blaen Tŷ'r Cyffredin.

3.4 Tŷ'r Arglwyddi

Fel Tŷ'r Cyffredin, mae Tŷ'r Arglwyddi (gweler Blwch 3.3) yn trafod ac yn pleidleisio o blaid neu yn erbyn Mesurau. Yn 2002, ni châi'r arglwyddi eu hethol na'u talu (roedd y llywodraeth yn ystyried cynlluniau i ddiwygio Tŷ'r Arglwyddi). Ar y cyfan, bydd Tŷ'r Arglwyddi yn gweithredu yn y fath fodd fel ei fod yn ategu gwaith Tŷ'r Cyffredin yn hytrach na gweithredu yn ei erbyn. Mae'n adolygu cynigion ar gyfer deddfwriaeth ac yn archwilio gwaith y llywodraeth. Mae llawer o'r newidiadau a wneir gan yr Arglwyddi i Fesur yn ceisio'i dacluso a sicrhau ei fod yn gyfraith ymarferol. Tŷ'r Cyffredin yw prif ysgogwr y mwyafrif o Ddeddfau yn yr ystyr ei bod hi'n bwysicach ennill cefnogaeth Tŷ'r Cyffredin

wrth gyflwyno Mesur na chefnogaeth Tŷ'r Arglwyddi. I bob pwrpas, gwnaed Tŷ'r Arglwyddi yn israddol i Dŷ'r Cyffredin gan Ddeddfau'r Senedd 1911 a 1949, gan eu bod yn caniatáu i Dŷ'r Cyffredin ddiystyru Tŷ'r Arglwyddi os yw'n gwrthwynebu Mesurau. Ar un adeg, roedd gan Dŷ'r Arglwyddi'r gallu i gael gwared ar Fesurau drwy bleidlais (gweler Adran 3.9 isod).

Yn dilyn hynt Deddf Tŷ'r Arglwyddi yn Nhachwedd 1999, newidiwyd cyfansoddiad y Tŷ. Cyn y Ddeddf, roedd nifer o'r arglwyddi yn arglwyddi etifeddol - arglwyddi a etifeddodd eu safle o'u teulu. Yn wir, bu'r arglwyddi etifeddol yn mynychu Tŷ'r Arglwyddi ers 700 mlynedd. Yn dilyn y Ddeddf, fodd bynnag, torrwyd nifer yr arglwyddi etifeddol i 92. O ganlyniad, wedi Tachwedd 1999, yr arglwyddi am oes - arglwyddi a apwyntiwyd i fod yn Aelodau Tŷ'r Arglwyddi am oes (ond heb allu cyflwyno'u teitl i'w plant) – oedd mwyafrif Aelodau Tŷ'r Arglwyddi. Yn Ebrill 2001, roedd 561 o'r arglwyddi'n arglwyddi am oes, o blith cyfanswm o 679. Roedd llawer ohonynt yn gyn-Aelodau Seneddol. Apwyntiwyd arglwyddi am oes yn wreiddiol dan Ddeddf Arglwyddi am Oes 1958. Yn ychwanegol at y 92 o arglwyddi etifeddol a'r arglwyddi am oes, mae 26 o esgobion Eglwys Loegr yn eistedd yn Nhŷ'r Arglwyddi ac apwyntir nifer bychan o uwch-farnwyr

Blwch 3.3 *Tŷ'r Arglwyddi*

Mae'r llun hwn yn dangos Tŷ'r Arglwyddi yn cyfarfod.

(Arglwyddi Cyfraith) i Dŷ'r Arglwyddi i eistedd ar y Pwyllgor Barnwrol - llys apêl pwysicaf y DU. Yn ogystal, mae gan Arglwyddi Cyfraith yr hawl i gyfrannu at ddadleuon am Fesurau a materion seneddol eraill.

Ail gam y diwygio

Bwriadwyd Deddf Tŷ'r Arglwyddi 1999 fel cam cyntaf proses ddiwygio Tŷ'r Arglwyddi.

Yn 1999, hefyd, apwyntiodd y llywodraeth Gomisiwn Brenhinol ar Ddiwygio Tŷ'r Arglwyddi, dan arweiniad yr arglwydd Ceidwadol, yr Arglwydd Wakeham, i gynnig argymhellion ar gyfer ail gam diwygio Tŷ'r Arglwyddi. Cyhoeddodd y comisiwn ei adroddiad yn Ionawr 2000. Cyflwynodd Adroddiad Wakeham 132 o gynigion eang eu cwmpas yn ymwneud â recriwtio arglwyddi a gwneud newidiadau i weithdrefnau'r Tŷ.

Yn Nhachwedd 2001, cyhoeddodd y llywodraeth Bapur Gwyn yn datgan ei chynlluniau ar gyfer ail gam, sef cam terfynol, y broses ddiwygio. Ar y cyfan, roedd y cynlluniau yn dilyn argymhellion Adroddiad Wakeham. Roedd y prif gynigion yn ymwneud â chyfansoddiad y Tŷ newydd.

Gweithgaredd 3.1

Cyfansoddiad Tŷ'r Arglwyddi

Os yw grym arglwyddi etifeddol yn anghyfreithlon am na chafodd sêl bendith cytundeb democrataidd, yna mae'n rhaid bod yr un peth yn wir am rym arglwyddi apwyntiedig. Mae anhawster yn codi, fodd bynnag, am fod ail siambr a reolir gan bobl apwyntiedig yn rhy gyfleus i'w ddileu. Ac eto, gyda rhai eithriadau amlwg, mae'r apwyntiadau i Dŷ'r Arglwyddi i bob golwg yn rhestr hir o'r dianrhydeddus. Mae'r sawl sy'n cael eu hurddo am oes yn cynnwys pobl a gyflawnodd 'gwasanaethau gwleidyddol' (stwffio pocedi eu plaid), 'gwasanaethau i greu cyfoeth' (stwffio'u pocedi eu hunain), neu 'wasanaethau cyhoeddus' (stwffio'r gweddill ohonom ni). Mae Deddf Tŷ'r Arglwyddi 1999 wedi creu sefydliad enfawr sy'n cynnwys Aelodau a apwyntiwyd o ganlyniad i gymhellion gwleidyddol, ac sy'n arddel cysylltiadau agos â'r llywodraeth. Felly sut ddylem ei newid? A ddylem annog y llywodraeth i sefydlu ail dŷ etholedig mor fuan â phosibl? Mae perygl y bydd hyn yn creu corff arall sy'n gwneud penderfyniadau, a fydd yn cystadlu â'r cyntaf, yn hytrach na siambr adolygu effeithiol.

Addaswyd o *The Guardian*, 29 Gorffennaf 1997 ac 8 Tachwedd 2001.

(a) Sut cafodd Tŷ'r Arglwyddi ei ddiwygio yn 1999? Awgrymwch pam y gwnaed hyn. (4)

b) Rhowch grynodeb o'r dadleuon o blaid ac yn erbyn creu ail siambr newydd sy'n cynnwys arglwyddi apwyntiedig. (4)

Roedd yr argymhellion yn cynnwys:

- cael gwared ar yr arglwyddi etifeddol a oedd yn parhau i eistedd yn Nhŷ'r Arglwyddi

- ethol 20% o aelodau'r Tŷ yn uniongyrchol – yn ôl cynrychiolaeth gyfrannol mewn etholaethau mawr, rhanbarthol gyda nifer o aelodau

- apwyntio 80% o'r Tŷ.

Fodd bynnag, ni chafodd y Papur Gwyn hwn groeso gan ASau Llafur, gan fod llawer ohonynt o'r farn y dylid ethol mwy o lawer nag 20% o'r ail siambr. Sefydlodd y llywodraeth Gyd-bwyllgor y ddau Dŷ ym mis Mai 2002 i ystyried y mater ymhellach.

3.5 Dylanwadau ar y Senedd

Mae gan lywodraeth y dydd fwyafrif yn Nhŷ'r Cyffredin, ac felly mae ganddo fwy o ddylanwad na neb arall ar y cyfreithiau a wneir gan y Senedd. Mae'r mwyafrif o ddeddfwriaethau yn deillio o gynlluniau'r llywodraeth. Er hyn, mae grwpiau eraill yn dylanwadu'n fawr ar y llywodraeth – er enghraifft:

1. Yr Undeb Ewropeaidd – mae bod yn Aelod o'r UE yn golygu bod rhaid cytuno i ymgorffori cyfarwyddebau Ewrop o fewn deddfwriaeth (gweler Uned 7, Adran 7.1).

2. Y cyrff hynny sy'n gyfrifol am awgrymu diwygiadau ymarferol i'r gyfraith bresennol (gweler Uned 11).

3. Y grwpiau hynny a elwir yn garfannau pwyso, sy'n cynrychioli buddiannau penodol – er enghraifft, cyrff sy'n cyflogi ac ymgyrchwyr dros yr amgylchedd (gweler hefyd Uned 11).

3.6 Mathau o Fesurau

Mae tri math o Fesur.

1. Mesurau Preifat

Dyma Fesurau sy'n ymwneud ag ardal neu sefydliad penodol, neu ran arbennig o'r boblogaeth, yn hytrach na'r wlad gyfan. Ychydig iawn o Fesurau preifat a basiwyd yn ystod y degawdau diwethaf. Yn y 19eg ganrif fe'u defnyddiwyd yn amlach, er enghraifft i ganiatáu adeiladu Camlas Longau Manceinion a phrosiectau mawr eraill a fyddai wedi bod yn ormod i gynghorau lleol eu cyflawni heb gymorth.

2. Mesurau Cyhoeddus

Mae'r mwyafrif helaeth o Fesurau sy'n mynd drwy'r Senedd yn ymwneud â'r cyhoedd yn gyffredinol. Mae'r mwyafrif o Fesurau cyhoeddus yn cael eu cyflwyno gan y llywodraeth, ac felly'n cael eu disgrifio fel 'Mesurau'r llywodraeth'.

3. Mesurau Aelodau Preifat

Mesurau a gyflwynwyd gan Aelodau Seneddol y meinciau cefn yw Mesurau Aelodau Preifat. Treulir tua 10% o amser Tŷ'r Cyffredin ar y math hwn o Fesur. Mae sawl ffordd o gyflwyno Mesurau Aelodau Preifat i'r Senedd, ond fel rheol tynnir tocynnau *ballot* bob 12 mis. Mae Aelodau Seneddol sy'n dymuno cyflwyno Mesur Aelod Preifat yn gallu cynnig eu henwau ar gyfer tynnu'r tocyn, ac yna tynnir 20 enw.

Ni threulir llawer o amser yn trafod y Mesurau hyn, ac felly nid ydynt yn debygol iawn o droi'n Ddeddfau. Fodd bynnag, crëwyd nifer o statudau pwysig o ganlyniad i Fesurau Aelodau Preifat, er enghraifft Deddf Erthylu 1967, a gyfreithlonodd erthylu yn y Deyrnas Unedig.

3.7 Papurau Gwyrdd a Gwyn

Cyn i'r llywodraeth ddrafftio a chyflwyno Mesur i'r Senedd, yn aml ceir cyfnod o ymgynghori. Mae sefydliadau proffesiynol, cyrff sy'n cyflogi, undebau llafur ac elusennau oll yn enghreifftiau o'r math o sefydliadau a allai roi barn ar rinweddau neu ddiffygion cyfreithiau arfaethedig. Yn aml, bydd grwpiau o bobl sy'n ymgyrchu dros faterion penodol yn mynd ati i 'lobïo' (ceisio dylanwadu ar) Aelodau Seneddol er mwyn eu perswadio i gefnogi newidiadau i'r gyfraith. Mae Greenpeace ac Age Concern yn enghreifftiau o garfannau pwyso.

Mae'n bosibl y bydd y llywodraeth yn cyhoeddi Papur Gwyrdd fel rhan o'r broses ymgynghori. Yn y papur hwn, mae'r llywodraeth yn esbonio'i rhesymau dros greu cyfreithiau newydd ac yn gwneud cynigion bras ynglŷn â ffurf y cyfreithiau newydd. Gofynnir am ymateb i'r Papur Gwyrdd. Weithiau mae'r ymatebion a geir yn y cyfnod o ymgynghori yn newid barn y llywodraeth am ffurf y cyfreithiau newydd.

Yn ddiweddarach, cyhoeddir Papur Gwyn, yn cynnwys cynigion manylach am y gyfraith. Fwy na thebyg, bydd y dull a ddefnyddir mewn Papur Gwyn yr un fath â'r un a ddefnyddir ar gyfer Mesur. Un enghraifft yw'r Papur Gwyn Justice for All (a gyhoeddwyd yn 2002) a gyflwynodd newidiadau arwyddocaol i'r ffordd mae llysoedd trosedd yn gweithredu (gweler Uned 13).

Mae'r iaith a ddefnyddir mewn Mesurau'n sych ac yn fanwl gywir am fod rhaid cael sicrwydd a chywirdeb wrth ymdrin â'r gyfraith. Ar y llaw arall, adroddiadau ffurfiol yn trafod materion ac yn cynnwys crynodeb o gynigion yw'r Papurau Gwyrdd a Gwyn. Maent yn haws i bobl heb unrhyw fath o hyfforddiant cyfreithiol eu darllen. Ni cheir Papurau Gwyrdd a Gwyn ar gyfer pob Mesur. Yn aml yn ystod y blynyddoedd diwethaf, defnyddiwyd papurau ymgynghorol llai ffurfiol yn hytrach na Phapurau Gwyrdd.

Unwaith y bydd y cyfnod ymgynghori ar ben, bydd

Mesur yn cael ei ddrafftio a'i gyflwyno i'r Senedd.

3.8 O Fesur i Ddeddf Seneddol

Rhaid i fesur fynd drwy nifer o gamau yn Nhŷ'r Cyffredin a Thŷ'r Arglwyddi cyn derbyn y Cydsyniad Brenhinol a throi'n gyfraith (gweler Blwch 3.4). Gellir lansio Mesurau yn y naill Dŷ neu'r llall, ond fel arfer bydd Mesurau sy'n debyg o greu anghytundebau mawr rhwng Aelodau Seneddol yn dechrau yn Nhŷ'r Cyffredin. Rhaid i Fesurau yn ymwneud â newidiadau i drethi neu wariant cyhoeddus gael eu lansio yn Nhŷ'r Cyffredin.

Mae'r camau'n debyg iawn yn y ddau Dŷ. Rhaid cofio, os nad yw Mesur yn llwyddo i ennill pleidlais fwyafrifol yn un o'r ddau Dŷ, ni fydd yn troi'n gyfraith oni bai bod ymgais arall i fynd drwy'r gwahanol gamau yn y Senedd yn ddiweddarach.

Blwch 3.4 *Hynt Mesur drwy'r Senedd*

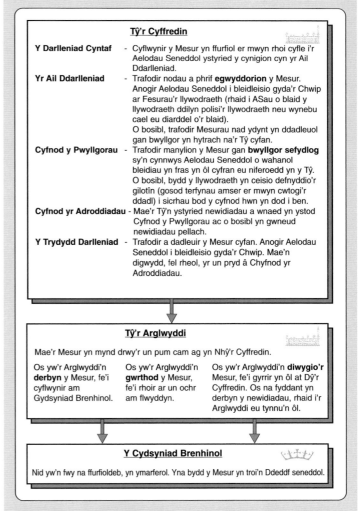

Mae'r diagram hwn yn dangos y camau angenrheidiol y bydd rhaid i Fesur fynd trwyddynt cyn troi'n Ddeddf.

Y Darlleniad Cyntaf

Ffurfioldeb byr yn unig yw'r Darlleniad Cyntaf. Darllenir enw a phrif nodau'r Mesur. Fel rheol ni chynhelir dadl ond ceir pleidlais i weld a yw'r Tŷ'n fodlon mynd ymlaen at y cam nesaf.

Yr Ail Ddarlleniad

Ceir dadl hir. Mae gweinidog y llywodraeth o'r adran sy'n gyfrifol am y mater yn cychwyn ar y ddadl (er enghraifft, bydd y Gweinidog Addysg yn siarad yn gyntaf ar gychwyn Ail Ddarlleniad Mesur sy'n ymwneud ag ysgolion neu golegau). Amlinellir prif egwyddorion y gyfraith arfaethedig newydd, a cheir crynodeb o'r cymalau pwysicaf. Yna, bydd gweinidog yr wrthblaid yn ymateb. Yn ystod y ddadl ddilynol, bydd Aelodau Seneddol eraill yn cael cyfle i ymateb. Yna cynhelir pleidlais i weld a ddylai'r Mesur symud ymlaen.

Pan fydd Mesurau cyhoeddus yn cyfeirio'n benodol at yr Alban neu Gymru, bydd y drefn yn wahanol, o bosibl. Bydd Pwyllgorau Mawr yr Alban neu Gymru'n ystyried egwyddorion y Mesur, a bydd yr Ail Ddarlleniad yn bleidlais ffurfiol, heb unrhyw ddadlau.

Cyfnod y Pwyllgorau (Tŷ'r Cyffredin)

Os yw'r bleidlais a gynhaliwyd yn ystod yr Ail Ddarlleniad wedi pasio'r Mesur, yna bydd 'pwyllgor sefydlog' o Aelodau Seneddol pob plaid yn craffu arno'n fanwl. Mae maint y pwyllgorau'n amrywio o 16 i 50 AS. Ar ôl dadansoddi geiriad pob cymal yn y Mesur a bwriad y newid arfaethedig i'r gyfraith, efallai y bydd y pwyllgor yn gwneud newidiadau. Yn achos Mesurau o bwys cyfansoddiadol a Mesurau'n ymwneud â threthu (Mesurau Cyllid), bydd y Tŷ cyfan yn gweithredu fel pwyllgor yn ystod y cam hwn.

Cyfnod y Pwyllgorau (Tŷ'r Arglwyddi)

Yn Nhŷ'r Arglwyddi, ni cheir pwyllgorau sefydlog. Yn dilyn Ail Ddarlleniad Mesur, mae gan bob arglwydd yr hawl i edrych yn fanwl ar y Mesur. Fel yn achos Tŷ'r Cyffredin, mae Cam y Pwyllgor yn Nhŷ'r Arglwyddi yn ymwneud â chraffu'n fanwl ar y Mesur.

Cyfnod yr Adroddiadau

Wedi hyn, bydd y Mesur yn dychwelyd i Dŷ'r Cyffredin, lle ystyrir y newidiadau a awgrymwyd yn ystod Cam y Pwyllgor. Mae gan bob AS yr hawl i siarad yn ystod y ddadl, a chynhelir pleidlais i dderbyn neu wrthod pob diwygiad. Un o swyddogaethau Cyfnod yr Adroddiadau yw galluogi Tŷ'r Cyffredin i sicrhau nad yw nifer fach Aelodau Seneddol y pwyllgor wedi newid y Mesur fel na fyddai'n ennill pleidlais y Tŷ cyfan. Swyddogaeth arall yw caniatáu rhywfaint o amser ar gyfer trafodaeth ar ôl yr Ail Ddarlleniad, gan y bydd Aelodau Seneddol unigol, o bosibl, wedi newid eu meddyliau ac yn teimlo'n wahanol

ynglŷn â'r hyn y dylai'r gyfraith fod.

Trydydd Darlleniad

Yn aml, bydd y Trydydd Darlleniad yn digwydd yn syth ar ôl Cyfnod yr Adroddiadau. Adolygir fersiwn derfynol y Mesur. Ni ellir gwneud newidiadau mawr mwyach. Fel rheol, mae'r Trydydd Darlleniad yn gyflym. Ni chynhelir pleidlais yn Nhŷ'r Cyffredin oni bai bod lleiafswm o chwe AS yn gofyn am hynny. Os yw'r bleidlais derfynol hon o blaid derbyn y Mesur, bydd yn symud ymlaen i Dŷ arall y Senedd ac yna'n derbyn y Cydsyniad Brenhinol.

Y Cydsyniad Brenhinol

Pan fydd Mesur wedi mynd drwy'r pum cam yn y ddau Dŷ, bydd yn derbyn y Cydsyniad Brenhinol (cymeradwyaeth) gan y brenin neu'r frenhines. Ffurfioldeb yw hyn. Nid yw brenin na brenhines wedi gwrthod rhoi llofnod oddi ar gyfnod y Frenhines Anne yn 1707. O fewn democratiaeth fodern, prin y gallai'r frenhiniaeth barhau i weithredu fel y mae pe bai'n dechrau gwrthod rhoi'r Cydsyniad Brenhinol.

Bron yn ddieithriad, bydd Mesurau'n troi'n Ddeddfau dros gyfnod o sawl mis. Fodd bynnag, bu adegau pan gydnabuwyd yr angen am frys gan bob plaid, a phasiwyd Deddf o fewn diwrnod. Er enghraifft, yn ystod argyfyngau cenedlaethol mae'n bosibl y bydd rhaid caniatáu mwy o rym i'r llywodraeth nag sydd ganddi'n barod.

3.9 Mesurau a gwrthodiad Tŷ'r Arglwyddi

Os diwygir Mesur gan Dŷ'r Arglwyddi, rhaid ei yrru'n ôl at Dŷ'r Cyffredin er mwyn i'r aelodau ystyried y diwygiadau. O bosibl, bydd yr Aelodau Seneddol a'r llywodraeth yn fodlon cytuno â'r newidiadau hyn, sydd gan amlaf yn fân newidiadau. Fodd bynnag, mae'n bosibl y bydd mwyafrif yn Nhŷ'r Arglwyddi yn pleidleisio yn erbyn Mesur cyfan. Dan Ddeddfau'r Senedd 1911 a 1949, yn achos Mesur Cyhoeddus byddai pleidlais o'r fath yn arafu'r Mesur yn unig. Gall Mesur Cyhoeddus a wrthodwyd gan Dŷ'r Arglwyddi ddychwelyd at Dŷ'r Cyffredin a mynd trwy bob cam eto. Nid oes rhaid cael cytundeb Tŷ'r Arglwyddi.

Dylid nodi, fodd bynnag, fod gan Dŷ'r Arglwyddi'r grym i fod yn ddraenen yn ystlys llywodraeth. Mae amser yn pwyso o hyd wrth lunio cyfreithiau, ac nid yw gweinidogion yn awyddus i dreulio gormod o amser y Senedd yn trafod Mesur. Anaml iawn y bydd Tŷ'r Arglwyddi'n pleidleisio yn erbyn Mesur gan y llywodraeth. O bryd i'w gilydd, fodd bynnag, bydd arglwyddi'n gorfodi'r llywodraeth i newid ei syniadau drwy ddangos eu bwriad i bleidleisio yn erbyn Mesur.

Gweithgaredd 3.2

Pwyllgorau sefydlog

Y peth mwyaf dychrynllyd ynghylch Tŷ'r Cyffredin yw'r ffordd y gwneir cyfreithiau. Os hoffech chi weld beth sy'n digwydd, ymunwch â phwyllgor sefydlog. Ar ôl cynhyrchu Mesur bydd rhaid ei amddiffyn a'i yrru trwy Gyfnod y Pwyllgorau. Mae gan y llywodraeth fwyafrif ar y pwyllgor hwnnw ac mae'n dewis ei aelodau. Nid yw'n dewis aelodau sy'n debygol o greu problemau – ond yn hytrach yn mynd ati'n benodol i greu mwyafrif dof a fydd yn siŵr o amddiffyn y Mesur a'i gludo trwy'r broses heb ei feirniadu. Ac yna, yn ôl y gweinidogion 'mae'r Senedd wedi penderfynu'. Nid wyf yn dychryn yn hawdd, ond cefais fy nychryn yn achos yr hyn a ddaeth yn Ddeddf Addysg 1993. Treuliodd aelodau'r llywodraeth a weithiai ar y Mesur eu

Pwyllgor Sefydlog y Mesur Nawdd Cymdeithasol yn sesiwn seneddol 1997-98	
Cyfarfodydd y pwyllgor	14
Diwygiadau a wnaed i'r Mesur	131
Diwygiadau gan weinidog a basiwyd	131
Diwygiadau a gynigiwyd gan feincwyr cefn y llywodraeth	0
Diwygiadau a gynigiwyd gan Aelodau Seneddol yr wrthblaid	173
Diwygiadau gan yr wrthblaid a basiwyd	0
Pleidleisiau ar ddiwygiadau'r wrthblaid	10
Oriau a dreuliwyd gan y pwyllgor mewn trafodaeth	28 awr 27 mun

Mae'r tabl hwn yn dangos gwaith y Pwyllgor Sefydlog ar Fesur Nawdd Cymdeithasol yn sesiwn seneddol 1997-98.

hamser yn ystod cyfarfodydd y pwyllgor yn ysgrifennu cardiau Nadolig. Dyma sut mae pwyllgor sefydlog yn craffu'n fanwl ar ddeddfwriaeth. Mae pobl yn cadw allan o'r ystafell, ac eithrio pan fydd pleidleisiau hanfodol. Gofynnir i Aelodau Seneddol y llywodraeth aros yn dawel fel y gall Mesur symud ymlaen mor gyflym â phosibl. Mae'r wrthblaid yn mabwysiadu'r dacteg a elwir yn 'oedi' – sef siarad am unrhyw beth sydd mewn rhyw ffordd yn gysylltiedig â'r Mesur, gan obeithio'n ofer y gellir ennill budd gwleidyddol. Mae David Butler wedi disgrifio Cyfnod y Pwyllgorau fel 'marathon ofer'. Mae'n cyfeirio at bwyllgor sefydlog a gyfarfu am ddeufis ar gyfer 35 sesiwn wahanol am gyfanswm o 120 awr. Ac eto, treuliwyd 35 awr yn trafod y ddau gymal cyntaf, ac ar ôl trafod dim ond 17 o'r 129 cymal, gweithredwyd y fwyell, gan olygu na chafodd y mwyafrif o fanylion y Mesur eu harchwilio o gwbl. Cynhaliwyd 173 pleidlais yn ystod Cyfnod y Pwyllgorau ac wrth gwrs, enillodd y llywodraeth bob un. Yr un yw hanes pob darn pwysig o ddeddfwriaeth. Dyma pam fod ein deddfwriaeth mor wael. Mae'r sefyllfa'n un ddychrynllyd.

Addaswyd o Wright, Tony, 'Does Parliament work?', *Talking Politics*, Cyf. 9.3, Gwanwyn 1997 (pan ysgrifennwyd hwn, Tony Wright oedd AS Llafur Cannock a Burntwood) a Swyddfa Wybodaeth Tŷ'r Cyffredin, 5 Tachwedd 1998.

a) Beth yw swyddogaeth dybiedig pwyllgorau sefydlog? (3)

b) Crynhowch anfanteision system y pwyllgorau sefydlog. (8)

3.10 Yr Alban, Gogledd Iwerddon a Chymru

Ers blynyddoedd, trafodwyd i ba raddau y dylai Senedd San Steffan ddeddfu ar ran y rhannau hynny o'r DU sydd y tu allan i Loegr. Mae'r sawl sydd o blaid datganoli'n awyddus i weld y grym yn symud i ffwrdd o San Steffan. Yn 1997-98 gwnaed newidiadau cyfansoddiadol sylweddol. Yn dilyn refferenda yn yr Alban (1997), Cymru (1997) a Gogledd Iwerddon (1998) trosglwyddodd y Senedd rywfaint o'i grym i gynulliadau newydd.

Dan Ddeddf yr Alban 1998, derbyniodd Senedd yr Alban newydd y grym i lunio deddfwriaeth ar ystod eang o faterion (mae cyfreithiau a wnaed gan Senedd yr Alban yn effeithio ar yr Alban yn unig). Fodd bynnag, mae rhai meysydd pwysig yn dod dan reolaeth Senedd San Steffan o hyd, gan gynnwys masnach a diwydiant, materion tramor ac amddiffyn. Yn sgil Deddf Gogledd Iwerddon 1998, crewyd perthynas debyg rhwng Senedd San Steffan a Chynulliad newydd Gogledd Iwerddon.

Yng Nghymru, mae'r sefyllfa'n wahanol. Yn sgil Deddf Llywodraeth Cymru 1998 crewyd Cynulliad Cymreig heb y grym i greu deddfwriaeth gynradd (h.y. deddfau sy'n

effeithio ar Gymru'n unig). Fodd bynnag, gall Cynulliad Cymru lunio deddfwriaeth ddirprwyedig neu 'is-ddeddfwriaeth' (rheoliadau a wnaed dan Ddeddfau Seneddol a fodolai eisoes – gweler Uned 5). Mae'r is-ddeddfwriaeth a wneir gan Gynulliad Cymru yn effeithio ar Gymru'n unig.

Crynodeb ●●●

1. Beth yw'r gwahaniaeth rhwng y Senedd a'r llywodraeth?

2. Beth yw'r gwahaniaethau rhwng Tŷ'r Cyffredin a Thŷ'r Arglwyddi?

3. Beth yw Papur Gwyn?

4. Yn ystod pa gamau o hynt Mesur trwy'r Senedd y ceir dadleuon hir, a pha gamau sydd i bob golwg yn ffurfiol, heb fawr o ddadlau?

5. Pa Dŷ Seneddol sy'n israddol?

6. Beth oedd effaith Deddfau'r Senedd 1911 a 1949?

Astudiaeth achos)○(*Gwneud cyfreithiau*

Eitem A *Barn y cartwnydd Brick am y Senedd*

Yr enw ar y cartŵn hwn yw 'Theatr y Senedd'. Fe'i gwnaed yn 1999. Mae pwyllgorau dethol yn cynnwys aelodau'r meinciau cefn. Eu gwaith yw edrych yn fanwl ar bolisi a gweinyddiaeth y llywodraeth. Mae pwyllgorau dethol adrannol yn archwilio gwaith adrannau penodol (er enghraifft mae Pwyllgor Dethol Masnach a

Diwydiant yn edrych ar waith yr Adran Masnach a Diwydiant). Mae pwyllgorau dethol anadrannol yn edrych ar feysydd penodol gweithgaredd llywodraethol (er enghraifft, mae'r Pwyllgor Cyfrifon Cyhoeddus yn gwirio cyfrifon y llywodraeth).

Eitem B *Barn Andrew Adonis*

Mae Andrew Adonis yn dadlau bod y Senedd yn cyflawni swyddogaeth archwiliol bwysig a atgyfnerthwyd yn y blynyddoedd diwethaf gan ddatblygiad y system bwyllgor (yn Nhŷ'r Cyffredin a hefyd Tŷ'r Arglwyddi) a gan ymddangosiad cenhedlaeth newydd o Aelodau Seneddol llawn amser yn arddel barn annibynnol. Yn ei farn ef, yr hyn sy'n peri bod y Senedd yn gweithredu'n effeithiol yw'r ffaith bod llywodraeth yn digwydd drwy'r Senedd, er nad yw'n llywodraethu ei hunan. O ganlyniad, gall pwyllgorau seneddol archwilio gwaith y llywodraeth, a gall pleidleiswyr cyffredin, drwy gyfrwng y teledu, graffu ar ymddygiad a gweithgareddau'r llywodraeth a'r Senedd. Mae Adonis yn nodi bod arolygiadau o agweddau cymdeithasol yn dangos, er gwaethaf y sinigiaeth gyffredinol a deimlir tuag at wleidyddion, bod pobl yn fwy parod i geisio dylanwadu ar benderfyniadau ac yn teimlo'n fwy abl i wneud hynny. Ffocysir y gweithgaredd hwn ar y Senedd ac mae hyn yn awgrymu bod swyddogaeth y Senedd yn un bwysig. Er hyn, mae Adonis yn derbyn bod y cyhoedd yn gyffredinol yn anfodlon iawn â safon cynrychiolaeth seneddol a llywodraeth, a bod llai o lywodraethu o hyd yn digwydd drwy gyfrwng y Senedd o ganlyniad i ddylanwad cynyddol sefydliadau Ewrop.

Eitem C   *Barn Tony Wright*

Mae Tony Wright yn honni nad yw'r Senedd yn bodoli o gwbl mewn gwirionedd. Mae'n nodi bod AS Llafur wedi gwneud sylw'n ddiweddar nad yw archwilio a gwella deddfwriaeth y llywodraeth yn rhan o waith yr wrthblaid. Nid yw'n rhan o waith Aelodau meinciau cefn y llywodraeth ychwaith. Felly, gofynna, pwy sy'n gyfrifol am y gwaith? Neb, yw ei ateb plaen. Nid yw'r Senedd yn bodoli fel cyfangorff o gwbl. Yr hyn sy'n bodoli yw llywodraeth a gwrthblaid - yn ymroi i ymgyrch etholiadol barhaus yn y Siambr ac yn ystafelloedd pwyllgor Tŷ'r Cyffredin. Unig reolau'r gêm yw'r rhai y cytunwyd arnynt gan y chwaraewyr eu hunain ac a hwyluswyd drwy gyfrwng 'sianelau arferol' rheolwyr y pleidiau. Nid oes neb yno i siarad ar ran y cyhoedd, nac ychwaith i awgrymu nad yw'r hunanreoleiddio cysurus hwn er budd y bobl. Yn ôl Wright, mae'r llywodraeth a'r Wrthblaid yn cynllwynio i osgoi diwygio'r system, gan fod y ddwy blaid yn elwa ohoni. Y cyhoedd yn unig sydd ar eu colled.

Eitem Ch   *Detholiadau o Ddeddf Trwyddedu (Pobl Ifainc) 2000*

Licensing (Young Persons) Act 2000

Be it enacted by the Queen's most Excellent Majesty, by and with the advice and consent of the Lords Spiritual and Temporal, and Commons, in this present Parliament assembled, and by the authority of the same, as follows:

Amendment of Part XII of the Licensing Act 1964.

   1. For Section 169 of the Licensing Act 1964 (serving or delivering intoxicating liquor to or for consumption by persons under 18) there shall be substituted the following sections-

Sale of intoxicating liquor to a person under 18.

   169A.   (1) A person shall be guilty of an offence if, in licensed premises, he sells intoxicating liquor to a person under eighteen.

   (2) It is a defence for a person charged with an offence under sub-section (1) of this section, where he is charged by reason of his own act, to prove that he had no reason to suspect that the person was under eighteen.

   (3) It is a defence for a person charged with an offence under sub-section (1) of this section, where he is charged by reason of the act or default of some other person, to prove that he exercised all due diligence to avoid the commission of an offence under that sub-section.

   (4) Subsection (1) of this section has effect subject to Section 169D of this Act.

Mae'r Ddeddf hon yn gwneud darpariaethau mewn perthynas â gwerthiant ac yfed gwirod meddwol i bobl dan 18 oed, ac at bwrpasau cysylltiedig. Derbyniodd y Cydsyniad Brenhinol ar 23 Tachwedd 2000.

Addaswyd o David Roberts (gol.), *British Politics in Focus* (Ail Argraffiad), Causeway Press, 1999 a www.open.gov.uk

Cwestiynau

(a)   Gan ddefnyddio Eitemau A a B, esboniwch beth a olygir wrth 'craffu'. Sut mae'r Senedd yn archwilio'r llywodraeth? (4)

(b)   Gan ddefnyddio Eitemau A-C a'ch gwybodaeth chi'ch hun, esboniwch pam y gellid dadlau nad yw archwilio a gwella deddfwriaeth yn rhan o waith yr wrthblaid. (3)

(c)   Beth yw'r dadleuon o blaid ac yn erbyn y syniad bod ffilmio'r Senedd ar gyfer y teledu yn tynnu ei sylw oddi ar y gwaith difrifol o archwilio cynigion ar gyfer cyfraith newydd? (6)

(ch) i) Pa fath o Ddeddf a ddangosir yn Eitem Ch?
      ii) Fel yn achos pob Deddf, cyfeirir at y brenin neu'r frenhines ar ddechrau'r testun. Beth yw swyddogaeth y frenhiniaeth o fewn y broses seneddol? (4)

(d)   Pam fod Papurau Gwyrdd a Gwyn yn bwysig i'r sawl sydd â diddordeb mewn Mesurau arfaethedig? (3)

(dd) 'Nid oes gan y Senedd fawr o ddylanwad ar y broses o greu deddfwriaeth. Dim ond stamp rwber yw Tŷ'r Cyffredin.' Gan ddefnyddio Eitemau A-Ch, dadleuwch o blaid ac yn erbyn y safbwynt hwn. (12)

4.1 Beth yw 'hawliau dynol'?

Blwch 4.1 *Araith gan Nelson Mandela yn 1953*

Bu Nelson Mandela yn y carchar yn Ne Affrica, gwlad dan ormes cyfundrefn apartheid, am 27 mlynedd cyn cael ei ryddhau yn 1990. Yn 1994, fe'i etholwyd yn Arlywydd De Affrica, a oedd bellach yn wlad rydd dan reolaeth ddemocrataidd. Tynnwyd y llun hwn ym mis Medi 1998.

Byth oddi ar 1912, yn eu cartrefi a'u bröydd, mewn cyfarfodydd taleithiol a chenedlaethol, ar drenau a bysiau, yn y ffatrïoedd a'r ffermydd, mewn dinasoedd, pentrefi, trefi sianti, ysgolion a charchardai, mae pobl Affrica wedi trafod drwgweithredoedd cywilyddus y sawl sy'n rheoli'r wlad. Ar hyd y blynyddoedd, maent wedi condemnio tlodi affwysol y bobl, y cyflogau isel, y prinder dybryd o dir, yr ecsbloetiaeth annynol a'r polisi sy'n caniatáu i bobl wyn dra-arglwyddiaethu…Bellach, mae'r hen ddulliau o annog gweithredu torfol drwy gynnal cyfarfodydd cyhoeddus torfol, a chyhoeddi datganiadau yn y wasg a thaflenni yn galw ar y bobl i weithredu yn beryglus iawn ac yn anodd eu rhoi ar waith yn effeithiol. Nid yw'r awdurdodau yn barod iawn i ganiatáu cyfarfod dan nawdd yr ANC [Cyngres Genedlaethol Affrica], prin iawn yw'r papurau newydd sy'n barod i gyhoeddi datganiadau cyhoeddus sy'n beirniadu polisïau'r llywodraeth yn agored a phrin y byddai unrhyw wasg argraffu yn cytuno i argraffu taflenni sy'n galw ar weithwyr i weithredu'n ddiwydiannol rhag cael eu herlyn dan y Ddeddf Atal Comiwnyddiaeth a mesurau tebyg.

Rhan o anerchiad arlywyddol Nelson Mandela, 'No Easy Walk to Freedom', a roddwyd gerbron Cyngres Genedlaethol Affrica yn 1953.

Pan lefarodd Nelson Mandela y geiriau a ddyfynnir ym Mlwch 4.1 yn 1953, roedd yn byw yn Ne Affrica a oedd dan gyfundrefn apartheid, sef gwladwriaeth hiliol iawn lle gwrthodwyd caniatáu hawliau dynol sylfaenol, er enghraifft yr hawl i wrthdystio neu bleidleisio, i'r mwyafrif o bobl oherwydd lliw eu croen. Yn Ne Affrica, roedd apartheid yn golygu bod gan bobl wyn hawliau, ond nid pobl ddu.

Heddiw, ym Mhrydain, mae'n hawdd cymryd y ffaith nad ydym yn byw mewn cymdeithas felly yn ganiataol. Hawdd iawn fyddai ystyried bod hawliau dynol yn rhywbeth haniaethol, rhywbeth y dylai eraill frwydro drostynt, rhywbeth a fu'n elfen annatod o fywyd trigolion Prydain erioed, ac a fydd felly am byth. Ac eto, dim ond canrif yn ôl, nid oedd gan y mwyafrif o bobl Prydain yr hyn a ystyrir erbyn heddiw yn hawl ddynol sylfaenol, gan nad oedd gan y mwyafrif o'r boblogaeth (pob merch a'r mwyafrif o ddynion) yr hawl i bleidleisio.

Erbyn heddiw, tueddwn i feddwl bod y rhyddid hwn - a elwir fel rheol yn 'iawnderau sifil' neu 'hawliau dynol' - yn rhan hanfodol o gymdeithas ddemocrataidd. Mae gwahanol gyfundrefnau cyfreithiol yn amrywio o ran lefel y cydnabyddiaeth a roddir i hawliau sifil, ond mae pob gwladwriaeth ddemocrataidd yn cydnabod y canlynol i ryw raddau:

- **y rhyddid i lefaru**, sy'n cynnwys y wasg a'r cyfryngau darlledu nad ydynt dan reolaeth, neu'n cael eu hatal gan y llywodraeth
- rhyddid crefyddol neu'r **rhyddid i gredu**
- y rhyddid i gyfarfod ag eraill, er enghraifft mewn undebau llafur neu bleidiau gwleidyddol, a elwir hefyd yn **rhyddid i ymgynnull**
- **rhyddid i wrthdystio'n heddychlon**
- **rhyddid o garchariad** neu unrhyw gosb arall os na thorrwyd cyfraith neu gyfraith gyfiawn
- **yr hawl i gael achos teg**.

Gweithgaredd 4.1

Hawliau Dynol a De Affrica dan gyfundrefn apartheid

Edrychwch ar y dyfyniad o araith Mandela ym Mlwch 4.1 ac eglurwch pa rai o blith yr hawliau dynol a enwir uchod a wrthodwyd i bobl ddu yn Ne Affrica. (10)

Ledled y byd, mae gan nifer fawr o wledydd ddogfen gyfansoddiadol arbennig, sef **Mesur Hawliau**, yn nodi iawnderau sifil. Ni all y llywodraeth genedlaethol na'r

Senedd ddileu'r hawliau a roddir i'r bobl gan ddogfennau o'r fath, a rhaid i'r llysoedd eu gorfodi gan fod yr hawliau a ragnodir gan Fesur Hawliau yn bwysicach nag unrhyw gyfraith arfaethedig a allai wrthdaro â hwy. Er enghraifft, ers i UDA ennill eu hannibyniaeth dros 200 mlynedd yn ôl, bu'n bosibl herio cyfreithiau a gweithgareddau'r llywodraeth ar sail y ffaith eu bod yn 'anghyfansoddiadol' am eu bod yn torri un o'r diwygiadau arbennig a ychwanegwyd at gyfansoddiad yr Unol Daleithiau. Mae'r diwygiadau hyn yn ffurfio Mesur Hawliau UDA.

Mae Prydain yn eithriad ymhlith y democratiaethau am nad oes ganddi gyfansoddiad ysgrifenedig na Mesur Hawliau sy'n amddiffyn hawliau unigolion. Ym Mhrydain, hyd at 1998, pan basiwyd y Ddeddf Hawliau Dynol (gweler isod), yn draddodiadol, ystyriwyd bod iawnderau sifil yn **rhyddid gweddilliol**. Hynny yw, ystyriai'r llysoedd bod gan bobl y rhyddid i wneud unrhyw beth nad oedd yn cael ei atal gan y gyfraith. Roedd y Senedd yn gyfrifol am gyfyngu ar ryddid unigolion dim ond pan oedd hynny er budd y cyhoedd yn gyffredinol. Er enghraifft, gellid cyfyngu ar ryddid pan ystyriwyd bod hynny'n sicrhau trefn gyhoeddus neu ddiogelwch y genedl. Fel arall, gallai'r bobl fyw ac ymddwyn fel y mynnent. Gellid atal unrhyw ymgais anghyfreithlon i gyfyngu ar ryddid drwy droi at y llysoedd am rwymedigaethau, a ddatblygwyd fel rhan o gyfraith gyffredin y wlad. Yng Ngweithgaredd 4.2, ceir enghraifft

o'r modd y cyfyngir ar ryddid gweddilliol.

Fel yn achos llawer o gyfreithiau eraill sy'n cyfyngu ar iawnderau sifil, nid oes rhesymeg gyffredinol yn cysylltu'r casgliad o egwyddorion a statudau cyfraith gwlad sy'n nodi ffiniau'r rhyddid i ddatgan barn. Datblygwyd cyfreithiau sy'n cyfyngu ar iawnderau sifil dros gyfnod hir, er mwyn diwallu anghenion cymdeithas, yn debyg i feysydd eraill y gyfraith. Mae gan bawb ryddid llwyr, ac eithrio yn yr achosion hynny lle mae'r wladwriaeth yn barnu bod rheswm da dros gyfyngu ar y rhyddid hwnnw. Ond a ydy hyn yn ddigon da? Beth os defnyddir y gyfraith i amddiffyn buddiannau'r llywodraeth yn hytrach na'r gymdeithas yn gyffredinol? Yn benodol, beirniadwyd y llywodraeth yn gyson am ei defnydd o'r Ddeddf Cyfrinachau Swyddogol. Un o'r achosion diweddar mwyaf dadleuol, mewn perthynas â'r Ddeddf, oedd achos Clive Ponting yn 1985. Roedd Ponting yn was sifil yn y Weinyddiaeth Amddiffyn. Ar ôl darganfod bod y llywodraeth wedi camarwain Tŷ'r Cyffredin ynglŷn ag amgylchiadau suddo un o longau'r Ariannin, y General Belgrano, yn ystod rhyfel Ynysoedd y Malfinas, rhoddodd yr wybodaeth hon i AS Llafur. Pan erlynwyd Ponting dan Ddeddf Cyfrinachau Swyddogol 1911, y farn oedd bod y llywodraeth yn ceisio osgoi embaras yn hytrach nag amddiffyn y genedl (yn y diwedd, cafodd ei ryddhau gan reithgor).

Dadleuir yn aml mai un ffordd o atgyfnerthu hawliau

Gweithgaredd 4.2 — Rhyddid gweddilliol – y rhyddid i fynegi

Ym Mhrydain, mae'r gyfraith yn cyfyngu ar y rhyddid i lefaru neu i fynegi, am nifer o resymau:

1. Rhaid i bob sinema gael ei drwyddedu gan awdurdod lleol a gellir gosod amodau penodol yn y drwydded. Fel rheol, fodd bynnag, caniateir trwydded os bydd pob ffilm a ddangosir gan y sinema wedi cael caniatâd y Bwrdd Dosbarthu Ffilmiau Prydeinig i gael ei dangos i'r cyhoedd (h.y. wedi derbyn tystysgrif megis 'U' neu '18'). Pwrpas y gyfundrefn trwyddedu ffilmiau mewn sinema yw atal cylchrediad pornograffi caled neu ddeunydd arall a allai tramgwyddo, ac i amddiffyn plant.

2. Dan Ddeddf Cyfrinachau Swyddogol 1989, gosodwyd cyfyngiadau llym ar y rhyddid i gyhoeddi gwybodaeth yn ymwneud â'r gwasanaethau diogelwch, amddiffyn a chysylltiadau tramor.

3. Mae Deddf Dirmygu Llys 1981 yn atal cyhoeddi unrhyw ddeunydd a allai greu rhagfarn mewn achos llys. Os bydd rheithgor wedi darllen manylion yr achos mewn papur newydd a hynny cyn yr achos, gallai olygu na fyddai'r sawl a gyhuddwyd yn cael achos teg.

4. Mae difenwi yn golygu gwneud datganiad sy'n niweidio enw da'r ceisydd ym meddyliau pobl synhwyrol. Gallai papur newydd neu gwmni teledu fod ynghlwm wrth achos difenwi os cyhoeddant hanesion y teimlir eu bod

yn anwir. Mae difenwi yn fater troseddol a sifil yn ôl cyfraith gwlad a statud.

5. Yn olaf, defnyddir Deddf Cyhoeddiadau Masweddus 1959 i sicrhau nad yw pornograffi nac unrhyw ddeunydd arall sy'n debygol o 'lygru' ar gael yn hawdd, Yn ychwanegol at hyn, mae Deddf Amddiffyn Plant 1978 yn gwahardd ffotograffau anweddus o bawb dan 16 oed.

(a) O ystyried yr uchod, beth a olygir gan y term 'rhyddid gweddilliol'? (4)

(b) Awgrymwch pam fod angen cyfyngu ar ryddid, o bosibl, yn y sefyllfaoedd canlynol:

● **Mae'r BBC yn bwriadu darlledu rhaglen am awyren ryfel newydd.**

● **Mae papur newydd yn cyhoeddi erthygl yn honni bod gwleidydd wedi bod yn cyfarfod â chariad er ei fod/ei bod yn briod.**

● **Cynhelir gwrthdystiad heddychlon ar lain galed traffordd.**

● **Mae'r heddlu'n awyddus i holi lleidr arfog sydd dan amheuaeth. (4 marc yr un)**

dynol yw drwy ymgorffori'r Confensiwn Ewropeaidd ar Hawliau Dynol yng nghyfraith y Deyrnas Unedig. Gwnaed hyn, yn fras, gan Ddeddf Hawliau Dynol 1998.

4.2 Y Confensiwn Ewropeaidd ar Hawliau Dynol (ECHR)

Cytuniad rhyngwladol yw'r Confensiwn Ewropeaidd ar Hawliau Dynol (ECHR), sy'n cynnwys 66 erthygl a phum protocol, yn diffinio, yng ngeiriau cyflwyniad y cytuniad:

'Sawl Rhyddid Sylfaenol sy'n sail i gyfiawnder a heddwch yn y byd ac a gynhelir orau gan ddemocratiaeth wleidyddol effeithiol ar y naill law, a chan ddealltwriaeth gyffredinol ac ufudd-dod i'r hawliau dynol sy'n eu cynnal ar y llall.'

Mewn gwledydd Ewropeaidd eraill, mabwysiadwyd yr ECHR fel rhan o'r gyfraith ddomestig, gan ei droi'n Fesur Hawliau i bob pwrpas. Prydain oedd y wlad gyntaf i lofnodi'r ECHR, ac, ers 1966, mae dinasyddion Prydain wedi gallu dwyn eu cwynion gerbron Llys Hawliau Dynol Strasbwrg. Hyd yn ddiweddar, fodd bynnag, nid oedd yr ECHR yn rhan o gyfraith ddomestig y DU.

Llofnododd Prydain ac aelodau eraill Cyngor Ewrop yr ECHR yn 1950. Daeth yr ECHR i fod oherwydd penderfyniad i sicrhau nad oedd yr erchyllterau a brofwyd gan bobl gyffredin Ewrop yn ystod yr Ail Ryfel Byd yn digwydd eto. Nid yn unig yr oedd yr ECHR yn traethu hawliau dinasyddion Ewrop, ond roedd hefyd yn sefydlu Comisiwn Hawliau Dynol a Llys Hawliau Dynol Ewrop i'w gweithredu (yn 1998, cyfunwyd y Comisiwn â'r Llys).

Dylid nodi bod Cyngor Ewrop a'r Llys Hawliau Dynol yn sefydliadau cwbl ar wahân i'r rhai sy'n bodoli o fewn yr Undeb Ewropeaidd, a drafodir yn Uned 6. Dylid nodi hefyd nad yw'r hawliau a draethir yn yr ECHR yn absoliwt. Er enghraifft, mae'r cytuniad yn hyblyg ynglŷn â hawliau gwladwriaethau i gyfyngu ar ryddid yn achos materion yn ymwneud â diogelwch y wladwriaeth neu drefn gyhoeddus. Mae Blwch 4.2 yn crynhoi cynnwys yr ECHR.

4.3 Llys Hawliau Dynol Ewrop

Mae Llys Hawliau Dynol Ewrop yn cyfarfod yn Strasbwrg ac yn bodoli er mwyn ymdrin ag achosion o dor-cyfraith yr ECHR. Ym mis Mai 2001, roedd gan y Llys 41 o farnwyr - un i gynrychioli pob aelod-wladwriaeth o Gyngor Ewrop. Mae Cyngor Ewrop yn eu hethol i'w swydd am gyfnod o chwe blynedd. Yn y blynyddoedd diwethaf, mae gwaith y Llys wedi cynyddu'n sylweddol. Bu'n rhaid i'r Llys ddelio â saith achos yn 1981; 119 oedd y nifer yn 1997.

Blwch 4.2 *Yr ECHR*

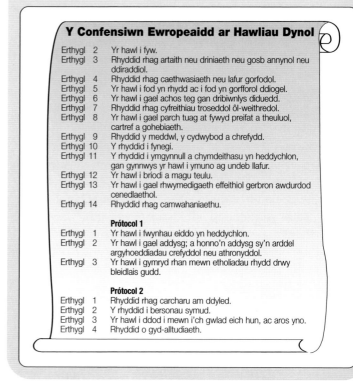

Y Confensiwn Ewropeaidd ar Hawliau Dynol

Erthygl	2	Yr hawl i fyw.
Erthygl	3	Rhyddid rhag artaith neu driniaeth neu gosb annynol neu ddiraddiol.
Erthygl	4	Rhyddid rhag caethwasiaeth neu lafur gorfodol.
Erthygl	5	Yr hawl i fod yn rhydd ac i fod yn gorfforol ddiogel.
Erthygl	6	Yr hawl i gael achos teg gan dribiwnlys diduedd.
Erthygl	7	Rhyddid rhag cyfreithiau troseddol ôl-weithredol.
Erthygl	8	Yr hawl i gael parch tuag at fywyd preifat a theuluol, cartref a gohebiaeth.
Erthygl	9	Rhyddid y meddwl, y cydwybod a chrefydd.
Erthygl	10	Y rhyddid i fynegi.
Erthygl	11	Y rhyddid i ymgynnull a chymdeithasu yn heddychlon, gan gynnwys yr hawl i ymuno ag undeb llafur.
Erthygl	12	Yr hawl i briodi a magu teulu.
Erthygl	13	Yr hawl i gael rhwymedigaeth effeithiol gerbron awdurdod cenedlaethol.
Erthygl	14	Rhyddid rhag camwahaniaethu.

Prótocol 1

Erthygl	1	Yr hawl i fwynhau eiddo yn heddychlon.
Erthygl	2	Yr hawl i gael addysg; a honno'n addysg sy'n arddel argyhoeddiadau crefyddol neu athronyddol.
Erthygl	3	Yr hawl i gymryd rhan mewn etholiadau rhydd drwy bleidlais gudd.

Prótocol 2

Erthygl	1	Rhyddid rhag carcharu am ddyled.
Erthygl	2	Y rhyddid i bersonau symud.
Erthygl	3	Yr hawl i ddod i mewn i'ch gwlad eich hun, ac aros yno.
Erthygl	4	Rhyddid o gyd-alltudiaeth.

Mae gan y Llys y grym i wrando ar achosion dim ond pan fethodd pob gweithdrefn wladwriaethol. Hynny yw, byddai'n rhaid i ddinesydd o'r DU apelio yn y modd arferol cyn troi at y Llys Hawliau Dynol. Mae'r Llys yn ystyried achosion yn erbyn awdurdod cyhoeddus, megis llys barn neu adran o'r llywodraeth, yn unig. Nid oes ganddo rym i glywed achosion yn erbyn unigolion neu sefydliad preifat. Ni all y Llys newid penderfyniadau llys cenedlaethol. Yn yr ystyr hwn, nid yw'n llys apêl.

Gall Llys Hawliau Dynol Ewrop ddyfarnu iawndal i hawlwyr. Yn wahanol i lys cenedlaethol, fodd bynnag, ni all orfodi ei benderfyniadau drwy orchmynion llys. Fodd bynnag, os bydd y Llys yn barnu bod gwladwriaeth wedi torri cyfraith yr ECHR, fel rheol, bydd y wladwriaeth honno'n newid ei chyfraith. Dyma rai o gyfreithiau'r DU a newidiwyd o ganlyniad i benderfyniadau'r Llys Hawliau Dynol:

- Deddf Dirmygu Llys 1981
- Deddf Rhyng-gipio Negeseuon 1985.

4.4 Deddf Hawliau Dynol 1998

Cynyddodd y galw i ymgorffori'r ECHR o fewn cyfundrefn gyfreithiol Cymru a Lloegr yn rhannol oherwydd pryderon am nifer yr achosion lle'r oedd y DU yn torri cyfraith yr ECHR. Yn 1993, er enghraifft, dadleuodd Arglwydd

Bingham, a oedd yn Arglwydd Brif Ustus (pennaeth Adran Droseddau'r Llys Apêl) ar y pryd:

'Amharwyd ar allu barnwyr Cymru a Lloegr i amddiffyn hawliau dynol gan fethiant y naill lywodraeth ar ôl y llall dros flynyddoedd maith i ymgorffori'r Confensiwn Ewropeaidd ar Hawliau Dynol yng nghyfraith y DU.' (*Law Quarterly Review*, 1993, t.109)

Addawodd y Blaid Lafur ymgorffori'r ECHR ac, yn 1998, pasiwyd y Ddeddf Hawliau Dynol (HRA). Ni ddaeth y Ddeddf yn weithredol hyd fis Hydref 2000, er mwyn i'r llywodraeth, y llysoedd a phroffesiwn y gyfraith allu paratoi'n llawn ar gyfer newid mor sylweddol i'r gyfundrefn gyfreithiol. Nid yw'r Ddeddf yn defnyddio'r Confensiwn Ewropeaidd i greu Mesur Hawliau i'r DU, ond mae'n galluogi barnwyr y DU i ystyried deddfwriaeth a gweithredoedd awdurdodau cyhoeddus yng ngoleuni'r ECHR. Erbyn hyn, nid oes rhaid troi at Lys Hawliau Dynol Ewrop yn Strasbwrg i orfodi'r hawliau hyn. Dyma rai o ddarpariaethau allweddol y Ddeddf:

1. Rhaid i'r llysoedd ddarllen deddfwriaeth a'i rhoi ar waith mewn modd sy'n gyson â'r ECHR

Mae hyn yn golygu bod rhaid darllen Deddfau yng ngoleuni'r ECHR. Mae hyn yn wir yn achos Deddfau Seneddol a hefyd deddfwriaeth ddirprwyedig (gweler Uned 5). Yn hanfodol, fodd bynnag, os bydd y llysoedd yn barnu bod cyfreithiau'n gwrthdaro â'r ECHR, **byddant yn parhau i fod yn ddilys**. Mae egwyddor gyfansoddiadol sofraniaeth y Senedd - sef bod y Senedd yn rhydd i wneud pa gyfreithiau bynnag a fyn (gweler Uned 3) - yn parhau i fod.

2. Gall yr uwch-lysoedd wneud datganiad o anghysondeb â'r ECHR

Gall yr Uchel Lys, y Llys Apêl a Thŷ'r Arglwyddi ddatgan bod deddfwriaeth a deddfwriaeth ddirprwyedig i'w gweld yn mynd yn erbyn yr ECHR. Yna, rhaid i'r Senedd benderfynu a ddylid newid y gyfraith honno neu beidio. Ni all y llysoedd ddileu Deddf, ond gallant dynnu sylw'r llywodraeth a'r Senedd at broblemau.

3. Rhaid i'r llysoedd ystyried penderfyniadau Llys Hawliau Dynol Ewrop

Mae hyn yn wir yn achos pob llys a thribiwnlys, ac nid yr uwch-lysoedd yn unig. Erbyn hyn, rhaid adolygu maes newydd cyfan o gyfraith achosion cyn dyfarnu.

4. Rhaid i achosion awdurdodau cyhoeddus fod yn gyson â'r ECHR

Gall aelodau'r cyhoedd ddwyn achos yn erbyn ysgolion, ysbytai, cynghorau lleol ac adrannau'r llywodraeth. Bydd gan y llysoedd yr hawl i ddyfarnu iawndal (digollediad) pan fydd erthygl wedi'i thorri. Nid yw'r Senedd yn cyfrif fel awdurdod cyhoeddus dan yr HRA, er bod y llysoedd eu hunain yn awdurdodau cyhoeddus.

5. Mae trefn yn bodoli lle gall Gweinidog gyhoeddi ymlaen llaw na fydd yr ECHR yn effeithio ar Fesur penodol

Dan y Ddeddf Hawliau Dynol, os yw'r Senedd yn dymuno gwneud hynny, gall basio deddfwriaeth sy'n mynd yn groes i'r ECHR yn fwriadol, ond rhaid iddi ddatgan ei bwriad i wneud hynny yn gyhoeddus.

6. Mae cyfreithiau sy'n amddiffyn hawliau dynol sydd eisoes yn bodoli yn parhau mewn grym

Nid yw'r Ddeddf Hawliau Dynol yn dileu hawliau statudol neu gyfraith gwlad a sy'n bodoli eisoes yng nghyfraith y DU. Mae'r rhain yn parhau mewn grym, ochr yn ochr â'r ECHR.

4.5 A fydd Deddf Hawliau Dynol 1998 yn cryfhau iawnderau sifil yn y DU?

Mae'n amlwg bod y Ddeddf Hawliau Dynol yn cynrychioli ffordd newydd o edrych ar iawnderau sifil yng nghyfraith y Deyrnas Unedig. Mae gofyn ystyried a yw Deddf Hawliau Dynol 1998 yn cryfhau iawnderau sifil yn y DU. Dyma'r dadleuon o blaid y Ddeddf:

1. Hawliau unigolion yw'r man cychwyn, ac nid y rhesymau dros gyfyngu arnynt

Nid oes gofyn i'r llysoedd orfodi cyfraith sy'n cyfyngu'n ormodol ar ryddid yn ôl diffiniad yr ECHR heb ei chwestiynu.

2. Gan fod y llysoedd yn gallu monitro deddfwriaeth a gweithredoedd awdurdodau cyhoeddus yn unol â'r ECHR, bydd y Senedd a sefydliadau megis yr heddlu yn tueddu i fod yn fwy ymwybodol o'r angen i barchu hawliau dynol nag y buont yn y gorffennol

Os bydd awdurdod cyhoeddus yn gweithredu heb ystyried yr HRA, gall hyn arwain at achos llys annifyr iawn a thalu iawndal i'r sawl a dramgwyddwyd.

3. Mae'n haws i unigolion orfodi eu hawliau

Cyn i Ddeddf Hawliau Dynol 1998 ddod i rym, yn aml, byddai'n rhaid mynd at y Llys Hawliau Dynol Ewrop yn Strasbwrg i gael dyfarniad llys. Mae modd gwneud hyn o hyd, ond mae dwyn achos yn yr Uchel Lys yn ffordd llawer rhatach a haws o orfodi hawliau dynol dan yr ECHR.

Mae rhai beirniaid yn dadlau nad yw'r Ddeddf Hawliau Dynol yn mynd yn ddigon pell. Dyma'r ddadl:

1. Gall y Senedd greu cyfreithiau sy'n torri'r ECHR o hyd

Mae sofraniaeth y Senedd yn parhau. Nid yw'r ECHR wedi derbyn statws lawn Mesur Hawliau, sy'n rhwymo'r awdurdodau sy'n deddfu yn gyfan gwbl.

2. Ni all y llysoedd wneud mwy na datgan bod deddfwriaeth yn anghyson

Byddai wedi bod yn bosibl rhoi mwy o rym i'r llysoedd, i'w galluogi i gael gwared ar ddeddfwriaeth anghyson, ond ni wnaed hynny.

3. Gall llywodraeth ddewis datgan yn gyhoeddus bod Mesur penodol yn mynd yn groes yn fwriadol i'r ECHR, pa bryd bynnag y bydd hynny'n gyfleus iddi

Gall llywodraeth wneud hyn, hyd yn oed os na ellir ei gyfiawnhau.

Crynodeb

1. Sut yr ymdriniwyd â hawliau dynol o fewn y DU cyn 1998?

2. Pam y gellid ystyried bod creu Mesur Hawliau yn well na'r hyn a ddigwyddai cyn 1998?

3. Beth yw'r Confensiwn Ewropeaidd ar Hawliau Dynol?

4. A yw Deddf Hawliau Dynol 1998 yn ymgorffori'r ECHR yn llawn o fewn cyfraith Cymru a Lloegr?

Astudiaeth achos   Y Ddeddf Hawliau Dynol

Eitem A   Y Ddeddf Hawliau Dynol (HRA)

Llys Hawliau Dynol Ewrop yn Strasbwrg.

Yn 1997, methodd cais Arglwydd Cluskey i wrthwynebu taith y Ddeddf Hawliau Dynol arfaethedig drwy Dŷ'r Arglwyddi, a hynny ar y sail y byddai'r Ddeddf yn sicrhau 'rhwydd hynt i wallgofiaid, cur pen i farnwyr a deddfwyr, ac elw mawr i gyfreithwyr'. Er gwaethaf y ffaith bod un dyn wedi bygwth dwyn achos llys yn erbyn ei gyngor lleol am beidio â chasglu ei fin sbwriel, ni fu llif o achosion anobeithiol oddi ar sefydlu'r HRA. Mae pob hawl a ddiogelir dan yr ECHR eisoes yn rhan o gyfraith gwlad. Ac ers 1966, bu'n bosibl dwyn achos gerbron Llys Hawliau Dynol Ewrop yn Strasbwrg. Wedi pasio'r HRA, fodd bynnag, nid oes rhaid aros deng mlynedd i gael ymweld â Llys Ewrop. Mae llysoedd y DU, a fu ers sawl blwyddyn yn cyfeirio at yr ECHR wrth ystyried achosion hawliau dynol, yn gallu gweithredu erthyglau'r confensiwn yn llawn.

Eitem B *Effaith yr HRA*

Yn ystod y tri mis wedi gweithredu'r HRA, dim ond 168 o achosion yn ymwneud â materion hawliau dynol a ddygwyd gerbron Llys y Goron (lle gwrandewir ar droseddau mwy difrifol). Mae hyn yn golygu llai na hanner 1% o achosion Llys y Goron. Rhwng 2 Hydref 2000 a 31 Ionawr 2001, roedd 277 o 2,491 o achosion y Llys Apêl (yr Adran Droseddau) yn cynnwys pwyntiau yn ymwneud â hawliau dynol. Heb os, mae'r llysoedd trosedd wedi bod yn ofalus wrth ddelio â dadleuon hawliau dynol. Yn gyffredinol, ystyrir bod cyfraith gwlad yn gyson â'r ECHR ac y dylai'r llysoedd apêl ddelio ag unrhyw ddiffygion. Mae'r llysoedd yn gwneud eu gorau i ddehongli deddfwriaeth mewn modd sy'n dangos ei bod yn gyson â'r ECHR, hyd yn oed os bydd rhaid ymestyn ystyr cyffredin geiriau Deddf o bryd i'w gilydd. Ym mis Mawrth 2001, datganodd y Twrnai Cyffredinol:

> 'Deliwyd â'r mwyafrif helaeth o'r heriau y gorfu i erlynyddion eu hwynebu yn eu gwaith hyd yma - ac mae hi'n gynnar eto - yn Llys y Goron neu Lys yr Ynadon, a dyfarnwyd o blaid yr erlyniad.'

Proffwydodd rhai cyfreithwyr y byddai'r HRA yn effeithio'n fawr ar y llysoedd. I bob golwg, nid yw hynny wedi digwydd hyd yma. Er i nifer yr achosion sy'n cynnwys ystyriaeth o'r ECHR gan lysoedd y DU godi'n sylweddol yn y 12 mis cyntaf wedi'r HRA, dim ond dau ohonynt a achosodd ddatganiad o anghysondeb.

Addaswyd o *The Times*, 3 Hydref 2000 a Bobb-Semple, C., 'Recent human rights developments in criminal litigation', *Student Law Review*, Cyf. 33, Haf 2001.

Cwestiynau

(a) i) Gan ddefnyddio Eitem A, cynigiwch ddadleuon o blaid y syniad bod y Ddeddf Hawliau Dynol yn cynrychioli dilyniant naturiol yn hytrach na chwyldro cyfreithiol. (4)

ii) A yw'r llysoedd yn 'awdurdod cyhoeddus' o dan y Ddeddf Hawliau Dynol? Beth yw goblygiadau hyn? (5)

iii) Sut y gallai unigolyn weithredu'r gyfraith pan dorrwyd cyfraith y Confensiwn Ewropeaidd ar Hawliau Dynol yn y cyfnod cyn pasio'r Ddeddf Hawliau Dynol yn 1998 ac ar ôl rhoi'r Ddeddf Hawliau Dynol ar waith yn 2000? (10)

(b) Gan ddefnyddio Eitem B, esboniwch beth fu effaith y Ddeddf Hawliau Dynol ar benderfyniadau'r llysoedd. (8)

5.1 Beth yw 'deddfwriaeth ddirprwyedig'?

Ystyr deddfwriaeth ddirprwyedig neu is-ddeddfwriaeth yw cyfreithiau a grëwyd dan awdurdod y Senedd ond nid gan y Senedd. Mae rhai Deddfau seneddol yn sefydlu egwyddorion cyffredinol yn hytrach na chyfreithiau manwl. Mae'r Ddeddf yn nodi gan bwy y mae'r grym i wneud cyfreithiau pellach, mwy manwl, a maint y grym hwnnw. Yr enw ar y math yma o Ddeddf yw Deddf Alluogi, neu Ddeddf Wreiddiol. Mae sawl ffurf ar ddeddfwriaeth ddirprwyedig - gweler Blwch 5.1.

Blwch 5.1 *Mathau o ddeddfwriaeth ddirprwyedig*

Offerynnau statudol

Gwnaed gan:	Gweinidogion y llywodraeth
Enghreifftiau o'u defnydd:	Eang – i gynorthwyo adrannau'r llywodraeth

Gorchmynion y Cyfrin Gyngor

Gwnaed gan:	Y Frenhines a'r Cyfrin Gyngor
Enghreifftiau o'u defnydd:	Ar gyfer argyfyngau, pan nad yw'r Senedd yn cwrdd Trosglwyddo grym rhwng Gweinidogion

Is-ddeddfau

Gwnaed gan:	Awdurdodau lleol a chorfforaethau cyhoeddus
Enghreifftiau o'u defnydd:	Gwella ymddangosiad ardaloedd lleol Sicrhau diogelwch lleoliad penodol

---

Offerynnau statudol

Yn aml, gelwir offerynnau statudol (OSau) yn 'rheoliadau'. Mae'r Senedd yn rhoi'r pŵer i Weinidogion y llywodraeth allu creu offerynnau statudol mewn perthynas â gwaith yr adrannau. Un enghraifft gyffredin o'r defnydd a wneir o OSau yw pan osodir terfynau amser, dirwyon neu ffioedd. Pe bai'r Ddeddf Wreiddiol yn nodi'r rhain, byddai'n rhaid eu diweddaru yn gyson - o ganlyniad i chwyddiant, er enghraifft. Heb OSau, byddai'n rhaid creu Deddf newydd sbon bob tro y byddai angen codi maint ffi.

Roedd *R v Secretary of State for the Home Department, ex parte Simms (1999)* yn enghraifft o'r defnydd a wnaed gan yr Ysgrifennydd Gwladol o reoliadau er mwyn rheoli ymweliadau â charcharorion (gweler Uned 2, Gweithgaredd 2.1). Mae *R v Secretary of State for Social Security, ex parte Joint Council for the Welfare of Immigrants (1996)*, a drafodir isod, yn enghraifft arall o'r

defnydd a wneir o offerynnau statudol.

Gorchmynion y Cyfrin Gyngor

Y Cyfrin Gyngor sy'n llunio Gorchmynion y Cyfrin Gyngor, ac fe'u llofnodir gan y frenhines. Pwrpas y Cyfrin Gyngor, sy'n cynnwys Gweinidogion y Cabinet presennol a rhai blaenorol, ynghyd â gwleidyddion hŷn eraill, yw cynghori'r frenhines. Adrannau'r llywodraeth sy'n drafftio Gorchmynion y Cyfrin Gyngor. Yn debyg i offerynnau statudol, mae'r grym i greu Gorchmynion y Cyfrin Gyngor yn deillio o Ddeddf seneddol.

Defnyddir Gorchmynion y Cyfrin Gyngor at sawl pwrpas, ond gan amlaf pan nad yw offerynnau statudol yn briodol. Er enghraifft, defnyddir Gorchmynion y Cyfrin Gyngor i drosglwyddo cyfrifoldebau rhwng adrannau'r llywodraeth. Er enghraifft, fe'u defnyddiwyd i drosglwyddo grym o weinidogion llywodraeth y DU i gynulliadau datganoledig Cymru, yr Alban a Gogledd Iwerddon. Nid yw'r Senedd yn cyfarfod drwy'r flwyddyn, ac felly mae Gorchmynion y Cyfrin Gyngor yn ddefnyddiol pan fydd argyfwng, gan ei bod yn haws galw'r Cyfrin Gyngor (grŵp cymharol fach) ynghyd nag ailgynnull y Senedd. Hefyd, defnyddir Gorchmynion y Cyfrin Gyngor i ddwyn Deddfau seneddol i rym.

Is-ddeddfau

Gwneir is-ddeddfau gan awdurdodau lleol (er enghraifft cynghorau sir) i ddelio â materion yn eu hardal hwy. Maent yn berthnasol i'r ardal honno yn unig. Er enghraifft, gall is-ddeddf bennu rheolau yn ymwneud â'r defnydd o lwybrau troed mewn ardal benodol. Yn ogystal, mae gan rai corfforaethau cyhoeddus (sefydliadau a reolir gan y llywodraeth) y grym statudol i lunio is-ddeddfau. Er enghraifft, mae gan reolau diogelwch system y London Underground yn Llundain rym cyfreithiol am eu bod yn is-ddeddfau.

5.2 Pam y defnyddir deddfwriaeth ddirprwyedig?

Er nad yw deddfwriaeth ddirprwyedig yn cael yr un sylw gan y cyfryngau â Deddfau seneddol, mae'n rhan bwysig iawn o lunio deddfau. Crëir tua 3,000 offeryn statudol bob blwyddyn. Mae gan ddeddfwriaeth ddirprwyedig nifer o fanteision, o'i chymharu â Deddfau.

1. Amser

Er bod y Senedd wedi creu Deddf o fewn 24 awr o bryd i'w gilydd, anaml iawn y bydd hyn yn digwydd. Mae trefnau seneddol yn feichus ac yn gymhleth. Ar ben hynny, nid yw'r Senedd yn cwrdd drwy gydol y flwyddyn. Ar yr un pryd, mae pwysau mawr ar y Senedd, yn aml, i gyflawni rhaglen ddeddfu'r llywodraeth. Drwy ddefnyddio deddfwriaeth ddirprwyedig, gellir rhoi trefn ar fanylion diwygio cyfreithiol yn ddiweddarach, er mwyn caniatáu i ASau ganolbwyntio ar ystyried Mesurau newydd.

2. Hyblygrwydd

Nid yn unig y gellir rhoi deddfwriaeth ddirprwyedig ar waith yn gyflymach na Deddf, ond hefyd gellir ei newid yn gyflymach os bydd amgylchiadau annisgwyl yn codi. Rhaid cael Deddf arall i ddiddymu (cael gwared ar) Ddeddf sy'n bodoli eisoes, ac unwaith eto, mae honno'n debygol o fod yn broses hir.

3. Yr angen am wybodaeth leol neu arbenigol

Mae is-ddeddfau yn gallu gwneud defnydd o wybodaeth leol neu arbenigol. Mae cynghorwyr lleol yn adnabod eu hardaloedd lleol. Yn yr un modd, mae'r peirianyddion a'r gweithwyr proffesiynol eraill sy'n gweithio ar system drafnidiaeth danddaearol Llundain yn deall mwy nag ASau am faterion diogelwch sy'n ymwneud â'r cyhoedd.

Gweithgaredd 5.1

Llwybr cyhoeddus

Awgrymwch pa fath o gyfraith sydd fwyaf tebygol o gael ei defnyddio yn y sefyllfaoedd canlynol, gan roi rhesymau dros eu defnyddio:

(a) **Trosglwyddo cyfrifoldeb dros ddatblygu rhyngwladol o'r Swyddfa Dramor i weinidogaeth newydd sbon. (4)**

b) **Cyfraith yn newid cyfeiriad llwybr troed. (4)**

c) **Cyfreithiau yn delio â storio cemegau peryglus. (4)**

ch) **Cynyddu'r uchafgosb am yrru'n rhy gyflym. (4)**

d) **Trosedd newydd sbon, er mwyn atal 'stelcwyr'. (4)**

5.3 Rheoli deddfwriaeth ddirprwyedig

Mae deddfwriaeth ddirprwyedig yn cael ei rheoli a'i monitro mewn amryw ffordd, er mwyn sicrhau nad yw'r gallu i greu deddfau a ddirprwywyd gan y Senedd yn cael ei ddefnyddio mewn ffordd amhriodol – gweler Blwch 5.2.

Dyma'r prif ddulliau a ddefnyddir i reoli a monitro.

1. Deddfwriaeth

Gall y Senedd ddirymu deddfwriaeth ddirprwyedig neu basio Deddf ar yr un pwnc.

Blwch 5.2 *Rheolaeth gan y Senedd*

1. **Deddfwriaeth**
   Gall y Senedd ddirymu deddfwriaeth ddirprwyedig neu basio Deddf ar yr un pwnc.

2. **Y weithdrefn negyddol**
   Bydd OS yn dod yn gyfraith **ONI BAI** i'r Senedd bleidleisio yn ei erbyn.

3. **Y weithdrefn gadarnhaol**
   Bydd OS yn dod yn gyfraith **OS** bydd y Senedd yn cytuno â hynny.

4. **Y Pwyllgor Craffu**
   Mae'r Pwyllgor Craffu yn chwilio am OSau trafferthus.

5. **Pwyllgorau Sefydlog ar ddeddfwriaeth ddirprwyedig**
   Mae pwyllgorau sefydlog ar ddeddfwriaeth ddirprwyedig yn ystyried OSau, fel nad oes raid i Dŷ'r Cyffredin cyfan wneud hynny.

2. Y weithdrefn negyddol

Gellir diddymu rhywfaint o ddeddfwriaeth ddirprwyedig os bydd y naill Dŷ neu'r llall yn pasio cynnig i ddirymu o fewn nifer penodol o ddyddiau (40 diwrnod, fel rheol). Gelwir cynnig o'r math hwn yn 'ddeisyfiad'. Fel rheol, cynhelir dadl os bydd yr Wrthblaid Swyddogol yn cyflwyno cynnig gerbron y Senedd, ond nid yw hynny'n arferol pan geir cynnig gan Aelod cyffredin o'r meinciau cefn. Os na cheir cynnig, neu os nad yw'r cynnig yn llwyddo, bydd y ddeddfwriaeth ddirprwyedig yn troi'n gyfraith. Mae'r mwyafrif o Ddeddfau Gwreiddiol yn nodi bod rhaid defnyddio'r weithdrefn negyddol wrth ddelio â deddfwriaeth ddirprwyedig.

3. Y weithdrefn gadarnhaol

Mae'r weithdrefn gadarnhaol yn llai cyffredin na'r weithdrefn negyddol. Yn ôl telerau rhai Deddfau Galluogi, rhaid i'r ddau Dŷ dderbyn y ddeddfwriaeth ddirprwyedig (neu Dŷ'r Cyffredin yn unig, yn achos materion cyllidol) o fewn nifer penodol o ddyddiau. Gall y naill Dŷ neu'r llall ei gwrthod. Dim ond ar ôl i'r Senedd ei hystyried y gall deddfwriaeth ddirprwyedig droi'n gyfraith, ac oherwydd hyn mae'r weithdrefn hon yn caniatáu rheolaeth lymach na'r hyn a geir wrth ddefnyddio'r weithdrefn negyddol, gan fod y Senedd yn ystyried y ddeddfwriaeth ddirprwyedig bob tro, yn hytrach nag o dan rai amgylchiadau yn unig.

4. Y Pwyllgor Craffu

Mae'r cyd-bwyllgor hwn yn cynnwys aelodau o ddau Dŷ'r Senedd, ac yn gwrando ar dystiolaeth adrannau'r llywodraeth am OSau. Ni all y pwyllgor ystyried a yw'r ddeddfwriaeth ddirprwyedig yn gyfraith dda neu ddrwg, ond gall argymell bod y Senedd yn adolygu OSau pan fydd o'r farn fod:

- y ddeddfwriaeth wedi mynd y tu hwnt i awdurdod y Ddeddf Wreiddiol
- grymoedd a roddwyd i weinidogion wedi cael eu defnyddio mewn modd annisgwyl
- y drafftio'n wallus (nid yw'r OS wedi'i eirio'n gywir)
- rhaid esbonio'r offeryn ymhellach.

5. Pwyllgorau sefydlog ar ddeddfwriaeth ddirprwyedig

Yn wreiddiol, sefydlwyd pwyllgorau sefydlog ar ddeddfwriaeth ddirprwyedig i leihau pwysau amser ar Dŷ'r Cyffredin. Fel rheol, mae gan bwyllgorau sefydlog 17 o aelodau. Er mai dim ond aelodau'r pwyllgor sy'n cael pleidleisio, gall unrhyw aelod fynychu'r cyfarfodydd a siarad. Bydd gweinidog yn dwyn OSau i sylw pwyllgorau, os bydd a Tŷ cyfan yn caniatáu hynny, fel y gall y Senedd graffu ar ddeddfwriaeth ddirprwyedig heb i'r Tŷ orfod treulio amser yn gwneud hynny.

5.4 Rheolaeth y llysoedd

Gellir herio dilysrwydd deddfwriaeth ddirprwyedig yn y llysoedd. Gellir defnyddio proses yr **adolygiad barnwrol** i wneud hynny (gweler hefyd Unedau 16, Adran 16.3). Fel arall, gall godi mewn achos sifil rhwng dau barti. O bosibl, bydd gofyn i'r llysoedd ystyried a yw deddfwriaeth ddirprwyedig yn *ultra vires* (h.y. y tu hwnt i'r grym neu'r awdurdod cyfreithiol).

1. Ultra vires o ran gweithdrefn

Mae *ultra vires o ran gweithdrefn* yn ymwneud â chwyn nad yw'r gweithdrefnau a nodwyd yn y Ddeddf Alluogi wedi cael eu dilyn. Er enghraifft, o bryd i'w gilydd mae'r llysoedd wedi barnu bod Gorchmynion y Cyfrin-Gyngor ac OSau yn annilys, lle nas ymgynghorwyd mewn ffordd briodol â phartïon gwahanol yn gyntaf, er bod hynny'n ofyniad statudol.

2. Ultra vires o ran sylwedd

Mae *ultra vires o ran sylwedd* yn digwydd pan fydd y rheolau a luniwyd dan Ddeddf Alluogi yn mynd y tu hwnt i'r grym a ddirprwywyd gan y Senedd. Nid y ffordd y llunnir deddfwriaeth ddirprwyedig a drafodir yma, ond yn hytrach a yw'r Ddeddf Alluogi yn caniatáu'r ddeddfwriaeth ddirprwyedig yn y lle cyntaf.

Ceir ail fath o **ultra vires o ran sylwedd**, sef afresymoldeb dan yr egwyddor a sefydlwyd yn *Associated Provincial Picture Houses v Wednesbury Corporation*

(1948). Os yw'n amlwg bod rheolau'n anghyfiawn, i'r graddau na fyddai unrhyw gorff rhesymol wedi eu creu, gall y llysoedd farnu eu bod yn annilys. Un enghraifft fyddai rheoliadau newydd sy'n effeithio'n uniongyrchol ar y gweinidog a'u creodd ac yn hyrwyddo buddiannau personol.

Gorchmynion uchelfreiniol mewn achosion o adolygiad barnwrol

Ystyr rhwymedigaethau yw'r gorchmynion llys y gellir eu rhoi pan fydd llys wedi barnu achos. Dyfarnir y rhwymedigaethau arferol, sef iawndal, gwaharddeb a datganiad mewn achosion o adolygiad barnwrol (gweler Uned 16, Adran 16.3). Yn ogystal, caniateir disgresiwn i roi gorchmynion o fath arall, a elwir yn orchmynion uchelfreiniol. Mae tri math ar orchymyn uchelfreiniol.

1. Certiorari

Mae'r gorchymyn hwn yn diddymu penderfyniad *ultra vires*. Er enghraifft, gellid ei ddefnyddio i wrthdroi penderfyniad awdurdod lleol i ganiatáu adeiladu McDonalds gyrru-trwodd newydd. Wrth gwrs, ni ellid gwneud hyn ac eithrio pan fydd yr awdurdod lleol wedi gweithredu yn *ultra vires*.

2. Mandamus

Dyma orchymyn i wneud rhywbeth. Er enghraifft, os bydd llys sy'n is ei statws na'r Uchel Lys wedi gwrthod gwrando ar achos, a hynny yn amhriodol, gellid rhoi gorchymyn *mandamus*. Nid yw'n anarferol ceisio *certiori* ynghyd â *mandamus*.

3. Gwaharddiad

Defnyddir gorchymyn gwahardd er mwyn rhwystro rhywbeth rhag digwydd yn y dyfodol. Er enghraifft, gallai gorchymyn gwahardd alluogi ymgeisydd i rwystro tribiwnlys rhag gwrando ar achos sydd y tu allan i'w rymoedd. Pan fydd cynlluniau corff cyhoeddus yn hysbys ymlaen llaw, mae gorchymyn gwahardd yn caniatáu i'r llysoedd atal ymddygiad anghyfreithlon cyn iddo ddigwydd.

Dylid pwysleisio bod pob un o'r tri gorchymyn hwn yn ôl disgresiwn y barnwr. Hynny yw, hyd yn oed os enillir achos o adolygiad barnwrol, efallai y bydd y llys yn teimlo mai'r unig beth priodol i'w wneud yw dyfarnu iawndal. Er enghraifft, os oes cyfundrefn apelio ar gael na chafodd ei defnyddio, bydd y llys yn tueddu i beidio â defnyddio gorchymyn uchelfreiniol.

5.5 Ymgynghori

Yn aml, ni ellir defnyddio'r grymoedd i ddeddfu'n ddirprwyol a grëwyd gan Ddeddf ac eithrio ar ôl ymgynghori â sefydliadau neu bersonau a enwir yn y Ddeddf honno. Er enghraifft, mae adran 114 o Ddeddf

Dysgu a Sgiliau 2000 yn rhoi'r grym i'r Ysgrifennydd Gwladol dros Addysg ddarparu neu sicrhau darparu gwasanaethau y mae ef yn meddwl y byddant yn annog, yn galluogi neu'n cynorthwyo cyfranogiad effeithiol gan bobl ifainc i addysg neu hyfforddiant. Fodd bynnag, mae adran 115 yn ei gwneud yn ofynnol ar yr Ysgrifennydd Gwladol i ymgynghori gydag ystod o gyrff, gan gynnwys awdurdod lleol, awdurdod iechyd, yr heddlu, ymddiriedolaethau meddyg teulu ac eraill cyn gwneud trefniadau o'r fath.

Nid oes gan y sawl sy'n rhan o ymgynghoriadau o'r fath y grym i fynnu newidiadau i gynigion y llywodraeth. Fodd bynnag, weithiau bydd dadleuon effeithiol yn erbyn pwyntiau penodol yn peri bod geiriad rheolau yn cael ei newid.

5.6 A yw deddfwriaeth ddirprwyedig yn creu problemau?

1. Diffyg ymwneud democrataidd ac ymwybyddiaeth gyhoeddus

Gwneir nifer sylweddol o gyfreithiau bob blwyddyn gan weision sifil yn hytrach nag Aelodau Seneddol etholedig. Mae deddfwriaeth ddirprwyedig yn ffordd ddefnyddiol o osgoi treulio amser y Senedd yn trafod materion cymharol

ddibwys, fel y soniwyd eisoes. Fodd bynnag, ar adegau, beirniadwyd y llywodraeth am gyflwyno cyfreithiau newydd pwysig drwy gyfrwng deddfwriaeth ddirprwyedig heb gynnal trafodaeth seneddol briodol. Mae hyn yn arbennig o wir pan fydd Deddf yn rhoi grymoedd eang iawn i Weinidog ddefnyddio disgresiwn. O bryd i'w gilydd, cyfeiriwyd at y defnydd o'r grymoedd hyn fel dull y llywodraeth o osgoi atebolrwydd seneddol a democrataidd.

Yn ail, nid yw'r cyhoedd bob amser yn ymwybodol o fodolaeth deddfwriaeth ddirprwyedig. O leiaf bydd trafodaeth seneddol lawn yn derbyn rhywfaint o sylw'r cyfryngau. Gall OSau a Gorchmynion y Cyfrin Gyngor a ystyriwyd yn fyr gan Bwyllgor Sefydlog Deddfwriaeth Ddirprwyedig effeithio ar bobl sy'n gwbl anymwybodol o'r newid i'r gyfraith sydd ar fin dod.

Pan fydd gan weinidogion rymoedd i ddefnyddio disgresiwn, mewn realiti, mae'n bosibl y bydd gweision sifil yn defnyddio'r grymoedd hynny a'r gweinidogion yn rhoi eu sêl bendith iddynt. Rhaid ethol Gweinidogion fel Aelodau Seneddol bob pum mlynedd. Nid yw hynny'n wir yn achos y gweision sifil cymharol dienw, sy'n gweithio'n barhaol i lywodraethau.

2. Diffyg goruchwyliaeth effeithiol

Bydd adolygiad barnwrol yn digwydd dim ond pan fydd

Gweithgaredd 5.2

R v Secretary of State for Social Security, ex parte Joint Council for the Welfare of Immigrants (1996)

Dinasyddion un wlad sy'n ceisio byw mewn gwlad arall am eu bod yn cael eu herlid am eu daliadau gwleidyddol neu'n wynebu perygl o fath arall yw ceiswyr lloches. Mae'r DU yn derbyn nifer sylweddol o geisiadau gan geiswyr lloches bob blwyddyn. Creodd Deddf Lloches a Mewnfudo 1993 reolau ar gyfer penderfynu ynghylch ceisiadau am loches a dulliau o apelio. Yn ogystal, nododd y gall ceiswyr lloches hawlio budd-daliadau nawdd cymdeithasol wrth ddisgwyl yn y DU am wrandawiad eu hachos.

Yn 1993, roedd y Llywodraeth Geidwadol yn pryderu bod llawer o geiswyr lloches yn chwilio am safon byw uwch na'r hyn a gaent yn eu

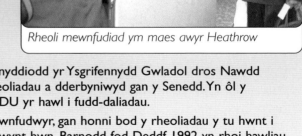

Rheoli mewnfudiad ym maes awyr Heathrow

gwlad eu hunain yn hytrach na rhyddid rhag erledigaeth. O ganlyniad, defnyddiodd yr Ysgrifennydd Gwladol dros Nawdd Cymdeithasol ei rym, dan Ddeddf Nawdd Cymdeithasol 1992, i lunio rheoliadau a dderbyniwyd gan y Senedd. Yn ôl y rheoliadau hyn, bellach nid oedd gan y sawl a geisiai loches ar ôl dod i'r DU yr hawl i fudd-daliadau.

Dygwyd achos ar gyfer adolygiad barnwrol gan y Cyd-gyngor er Lles Mewnfudwyr, gan honni bod y rheoliadau y tu hwnt i delerau Deddf Nawdd Cymdeithasol 1992. Cytunodd y Llys Apêl â'r safbwynt hwn. Barnodd fod Deddf 1992 yn rhoi hawliau cyfreithiol newydd i geiswyr lloches, yn caniatáu ystyriaeth i'w ceisiadau am loches. Ni allai rheoliadau syml (yn hytrach na Deddf newydd) ddileu'r hawliau hyn. Ac eto, dyna oedd effaith cymryd yr hawl i gael arian i fyw oddi ar geiswyr lloches, wrth ddisgwyl am eu gwrandawiad. Barnodd y Llys Apêl na allai'r Senedd fod wedi bwriadu, pan basiwyd Deddf 1992, rhoi'r grym i'r Ysgrifennydd Gwladol dynnu hawliau statudol diweddarach yn ôl. Roedd y rheoliadau'n *ultra vires*.

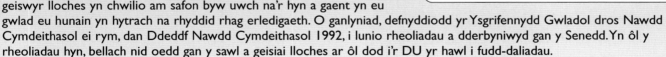

(a) A yw'r achos hwn yn enghraifft o *ultra vires* o ran sylwedd neu o ran gweithdrefn? (2)

(b) Pa fath o orchymyn y gellid ei geisio mewn achos o'r math hwn? (3)

(c) Pam fyddai'n bosibl ystyried bod yr achos hwn yn ymosodiad gan y llysoedd ar rym y ddeddfwrfa? (4)

gan unigolyn yr adnoddau a'r penderfyniad i herio cyfraith benodol. Hefyd, os bydd gan weinidog neu barti arall hawl eang i ddefnyddio disgresiwn dan Ddeddf Alluogi, fel rheol nid yw'r llysoedd yn gallu herio'r cyfreithiau a grëwyd. Gall barnwyr gwestiynu deddfwriaeth ddirprwyedig dim ond pan fydd, i bob golwg, y tu allan i'r fframwaith a grëwyd gan y Ddeddf, ac nid am ei bod yn ymddangos fel petai'r llywodraeth wedi camddefnyddio ei grym, neu wedi ymddwyn yn amhriodol mewn ffordd arall.

Bernid weithiau bod dulliau'r Senedd o reoli yn peri problemau. Gwnaed nifer o feirniadaethau gan Bwyllgor Dethol Tŷ'r Cyffredin ar Weithdrefnau mewn adroddiad a gyhoeddwyd yn 2000. Nododd y pwyllgor:

> 'Wrth ddyfeisio system effeithiol o graffu ar ddeddfwriaeth ddirprwyedig, y cwestiwn allweddol yw sut orau i dargedu adnoddau amser ac arbenigedd y Senedd, sydd eisoes dan bwysau. Cytunir yn gyffredinol nad yw'r adnoddau hynny'n cael eu targedu'n effeithiol ar hyn o bryd.'

Dadleuwyd nad oedd offerynnau statudol yn cael eu darllen yn ddigon manwl. Mae'r system bresennol yn gweithredu ar y sail bod OSau gyda'r weithdrefn gadarnhaol yn fwy haeddiannol o drafodaeth na'r rhai gyda'r weithdrefn negyddol. Mewn gwirionedd, mae rhai offerynnau negyddol yn delio â materion pwysig, a rhai offerynnau cadarnhaol yn ymdrin â materion dibwys nad ydynt yn bynciau dadleuol. O ganlyniad, nododd y pwyllgor dethol, bydd amser ac arbenigedd aelodau ASau yn cael eu gwastraffu, yn aml, pan fyddant yn mynychu pwyllgorau deddfwriaeth ddirprwyedig i ystyried offerynnau cadarnhaol dibwys, gan gyfarfod weithiau am rai munudau yn unig, tra bod newidiadau sylweddol i'r gyfraith, o bosibl, yn mynd drwy'r Senedd heb gael eu nodi na'u trafod am iddynt gael eu cynnwys mewn offerynnau negyddol. (HC 48 o 1999-2000 para. 11).

Crynodeb

1. Beth yw'r gwahaniaethau rhwng y tri math o ddeddfwriaeth ddirprwyedig?
2. Sut y rheolir deddfwriaeth ddirprwyedig?
3. Pam na fydd adolygiad barnwrol yn rhwystro rheoliadau annymunol rhag digwydd bob amser?
4. Beth yw'r problemau a achosir gan graffu seneddol ar ddeddfwriaeth ddirprwyedig?

Astudiaeth achos — Deddfwriaeth ddirprwyedig

Eitem A   Yr Arglwyddi ac archwiliad deddfwriaeth ddirprwyedig

Cytundeb yw Confensiwn Salisbury a wnaed yn 1945 rhwng Tŷ'r Arglwyddi a Thŷ'r Cyffredin, yn nodi na fyddai'r Arglwyddi'n trechu ymrwymiadau maniffesto'r blaid lywodraethol. Byth oddi ar hynny, bu'r cytundeb yn berthnasol i Fesurau a deddfwriaeth ddirprwyedig fel ei gilydd. Fodd bynnag, un o argymhellion Comisiwn Brenhinol Wakeham ar Ddiwygio Tŷ'r Arglwyddi oedd y dylid gosod Confensiwn Salisbury i'r naill ochr fel y gallai Tŷ'r Arglwyddi ehangu ei rôl o ran archwilio is-ddeddfwriaeth. Ar yr un pryd, cynigiwyd y gallai pleidlais gadarnhaol yn Nhŷ'r Cyffredin wrthod unrhyw bleidlais a wnaed yn yr ail siambr newydd. Awgrymodd Adroddiad Wakeham y byddai hynny'n cynnig modd i Dŷ'r Arglwyddi oedi a dangos ei bryder ynghylch offerynnau statudol penodol. Datganodd y 'dylai

Arglwydd Wakeham a ddewiswyd fel cadeirydd y Comisiwn a sefydlwyd gan y llywodraeth yn 1999 i archwilio diwygio Tŷ'r Arglwyddi.

Tŷ'r Cyffredin gael y gair olaf, ond byddai'n rhaid iddo dalu sylw llawn i bryderon yr ail siambr, ymatebion gweinidogion a barn y cyhoedd.' Mewn darlith gyhoeddus, dywedodd Arglwydd Strathclyde, Arweinydd y Ceidwadwyr yn Nhŷ'r Arglwyddi: 'Gan fod is-ddeddfwriaeth mor bwysig a chymhleth erbyn hyn, yn ddiau mae'n bryd i'r ddau Dŷ ystyried ei ddiwygio.'

Eitem B *Offerynnau statudol*

Cyfreithiau a wneir gan weision sifil yw offerynnau statudol. Bydd gweinidog, ond fel rheol nid yr Ysgrifennydd Gwladol (y gweinidog uchaf mewn adran y llywodraeth), yn edrych arnynt ac yn eu derbyn, ond gwneir y penderfyniadau hanfodol am yr hyn y dylid ei gynnwys yn y rheoliadau, yr amseru, ac a ddylid eu gwneud o gwbl, gan weision sifil yn y Weinyddiaeth. Fel dinasyddion, mae'n bosibl y byddem yn gwrthwynebu petai ein AS yn treulio gormod o amser ar Orchymyn Pysgodfa Cocos Moryd y Tafwys 1994 neu Reoliadau Pobi a Gwneud Selsig (Nadolig a'r Flwyddyn Newydd) 1985. Mae cyfreithiau o'r math hwn yn ymwneud â materion nad ydynt yn ddadleuol, yn wahanol i faterion megis diogelwch a hylendid bwyd. Maent wedi'u seilio ar gyngor gwyddonol, ac, mewn nifer o achosion, ni fyddai neb yn dadlau na ddylent fodoli. Mae'r materion sy'n destun rheoliadau eraill yn derbyn llawer o sylw – megis Gorchymyn Sierra Leone sancsiynau y CU 1997 yn gwahardd gwerthu arfau i Sierra Leone, neu Reoliad Esgyrn Cig Eidion 1997 a waharddodd gwerthu cig eidion ar yr asgwrn. Ac mae nifer o faterion pwysig eraill – megis dedfrydu troseddwyr – nad ydynt yn cyrraedd tudalennau blaen y papurau newydd.

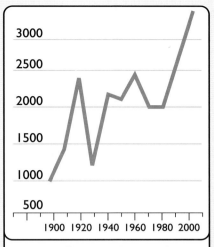

Mae'r graff hwn yn dangos nifer yr offerynnau statudol a basiwyd gan y Senedd yn y blynyddoedd rhwng 1900 a 2000.

Y broblem yw nad oes modd cyhoeddi'r dewisiadau cyfunol a wneir ar ein rhan bob dydd. Mae materion megis penderfynu pa ddarnau o ddeddfwriaeth dedfrydu troseddau y dylid eu gweithredu, a ddylid dileu deddfwriaeth sy'n camwahaniaethu, er enghraifft, sy'n rhwystro merched rhag ymuno â'r gwasanaeth tân neu i ba raddau y dylem roi'r naill gyfarwyddeb UE neu'r llall ar waith oll yn rhan o fywyd bob dydd y Weinyddiaeth. Ac eto, caiff rheoliadau o'r fath eu creu bron yn ddiarwybod i'r cyhoedd, ac ychydig iawn o graffu a wneir arnynt gan y Senedd neu'r cyfryngau. Mae nifer o resymau pam nad yw pynciau o'r fath yn cael eu codi gan weinidogion, y cyfryngau, radio neu'r teledu. Weithiau mae'r rhesymau hynny'n rhai technegol. Ar yr olwg gyntaf, gall ymddangos fel petaent yn effeithio ar ychydig iawn o bobl. Fel arall, gall eu bod yn ymwneud â materion a fydd yn digwydd yn y dyfodol pell. Ond unwaith y byddant yn y llyfr statud, nid yw'n hawdd eu dileu. Er enghraifft, mae Gorchymyn Gwiwerod Llwyd (Gwahardd eu Mewnforio a'u Cadw) 1937 yn parhau mewn grym yn dechnegol, gan olygu y dylai unrhyw un sy'n gweld gwiwer lwyd ar eu tir ddweud hynny wrth adran briodol y llywodraeth). Mae hyn yn codi cwestiwn. A yw'r holl benderfyniadau a wneir ar ein rhan gan weision sifil yn derbyn ystyriaeth ddigonol?

Addaswyd o *Report of the Royal Commission on the Reform of the House of Lords 2000*, *The Times*, 1 Rhagfyr 1999 a *The Guardian*, 19 Ionawr 2001.

Cwestiynau

(a) Pa ddadleuon, yn gysylltiedig â goruchafiaeth y Senedd, y gellid eu defnyddio yn erbyn y cynnig a wnaed gan Gomisiwn Wakeham, a amlinellwyd yn Eitem A? (6)

(b) Gan ddefnyddio Eitem A, awgrymwch pam fod Comisiwn Wakeham yn dadlau o blaid y weithdrefn gadarnhaol, yn hytrach na'r weithdrefn negyddol. (6)

(c) Yn eich barn chi, a fyddai llywodraeth gyda lleiafrif bach yn Nhŷ'r Cyffredin yn awyddus iawn i gyfyngu ar y defnydd a wneir o ddeddfwriaeth ddirprwyedig? Esboniwch eich ateb. (4)

(ch) Gan ddefnyddio Eitem B, awgrymwch pryd y gellid cyfiawnhau defnyddio deddfwriaeth ddirprwyedig, a phryd na ellid gwneud hynny. (6)

(d) A oes rheswm dros ddadlau y byddai'n well lobïo'r Senedd i wella neu gael gwared ar offeryn statudol yn fuan ar ôl drafftio'r offeryn? (3)

6.1 Beth yw'r Undeb Ewropeaidd?

Os agorwch unrhyw bapur newydd Prydeinig, byddwch yn siŵr o ddod o hyd i gyfeiriad at yr Undeb Ewropeaidd. Ond beth yn union yw'r Undeb Ewropeaidd a sut mae cyfraith Ewrop yn cael ei llunio? Mae'r uned hon yn ateb y cwestiynau hyn.

Grŵp o genhedloedd a ymrwymodd i'w gilydd drwy lofnodi cytuniadau yw'r Undeb Ewropeaidd. Enw'r cytuniad a sefydlodd yr UE - neu Gymuned Economaidd Ewrop (CEE) fel y'i gelwid yn wreiddiol - oedd Cytuniad Rhufain. Llofnodwyd y cytuniad hwn gan chwe aelod gwreiddiol CEE ym mis Mawrth 1957 (sefydlwyd CEE yn ffurfiol ar 1 Ionawr 1958). Erbyn 2002, roedd nifer aelodau'r UE wedi cynyddu o chwech i bymtheg (gweler Blwch 6.1). Nid oedd Prydain yn un o aelodau gwreiddiol yr UE. Ymunodd â CEE yn 1973.

Blwch 6.1 *Aelodau'r UE*

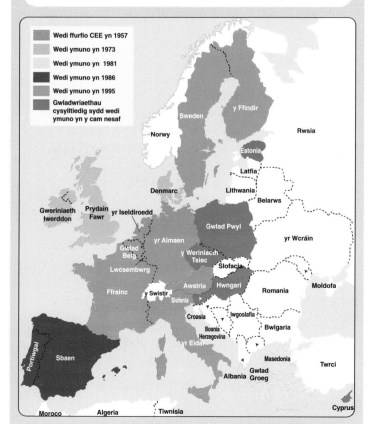

Mae'r map hwn yn dangos esblygiad yr UE. Mae'n dangos aelod-wladwriaethau'r UE hyd at 2005 a dyddiadau'u ymuno. Yn 2003, gwnaed cynlluniau ar gyfer ehangu ymhellach. Roedd 12 gwlad arall wedi gwneud cais i ymuno. O blith y 12, cytunwyd mewn egwyddor y dylid caniatáu i chwech ohonynt ymuno yn y cam cyntaf. Dangosir y chwe gwladwriaeth 'gysylltiedig' hyn ar y map hefyd.

Cyfraith Ewrop

Mae'n rhaid i'r aelod-wladwriaethau barchu pob un o'r cyfreithiau a wneir gan yr UE. Mae corff cyfraith Ewrop yn tyfu, a bydd yn parhau i dyfu. Gan mai nod creu cyfreithiau Ewropeaidd newydd yw harmoneiddio (cysoni neu safoni) cyfreithiau gwahanol aelod-wladwriaethau, mae'n anorfod na fydd rhai o gyfreithiau'r UE yn plesio rhai o'r aelod-wladwriaethau. Hyd yn oed os nad ydynt yn eu hoffi, fodd bynnag, rhaid i bob aelod-wladwriaeth ufuddhau i gyfreithiau'r UE. Yn achos aelodau'r UE, nid llywodraethau cenedlaethol yn unig sy'n gwneud cyfreithiau o fewn eu tiriogaethau erbyn hyn.

6.2 Y sefydliadau – golwg cyffredinol

Gwneir penderfyniadau'r UE gan bedwar prif sefydliad – Cyngor y Gweinidogion, Comisiwn Ewrop, Senedd Ewrop, a Llys Barn Ewrop. Edrychir yn fanwl ar bob un o'r rhain isod, ond ceir crynodeb o rôl pob un ym Mlwch 6.2.

Blwch 6.2 *Pedwar prif sefydliad yr UE*

1. Comisiwn Ewrop
Y Comisiwn yw biwrocratiaeth barhaol yr UE. Mae'n cynnwys comisiynwyr a apwyntiwyd gan aelod-wladwriaethau a gweision sifil. Mae comisiynwyr yn llunio cynigion ar gyfer cyfreithiau newydd ac yn sicrhau bod aelod-wladwriaethau yn dilyn cyfreithiau'r UE sy'n bod eisoes. Gwaith y comisiynwyr yw gweithredu er budd yr UE fel un corff.

2. Cyngor y Gweinidogion
Cyngor y Gweinidogion (y 'Cyngor') yw corff deddfu pwysicaf yr UE. Ei waith yw trafod a derbyn (neu wrthod) cynigion a luniwyd gan y Comisiwn.

3. Senedd Ewrop
Mae dinasyddion pob aelod-wladwriaeth yn ethol Aelodau o Senedd Ewrop (ASE). Mewn sawl maes cyfreithiol, rhaid i'r Cyngor dderbyn cytundeb Senedd Ewrop (SE) cyn y gellir creu cyfreithiau newydd. Mewn meysydd eraill o'r gyfraith, rhaid ymgynghori â SE yn ystod y broses o wneud cyfreithiau.

4. Llys Barn Ewrop
Gwaith Llys Barn Ewrop (LlBE) yw dehongli cyfraith Ewrop. Mae gan 15 barnwr y llys y grym i benderfynu ar achosion sy'n ymwneud â thor-cyfraith yr UE neu i ddatrys anghytundebau ynglŷn â sut i ddehongli cyfraith Ewrop.

6.3 Comisiwn Ewrop

Y Comisiwn, mwy nag unrhyw sefydliad arall, yw'r peiriant sy'n gyrru'r UE. Y Comisiwn yw'r corff sy'n llunio cynigion ar gyfer cyfreithiau Ewropeaidd newydd. Yna, bydd y cynigion hyn yn mynd drwy broses ymgynghori gymhleth cyn cael eu derbyn neu eu gwrthod gan y Cyngor yn y pen draw. Mewn blwyddyn arferol, bydd y Comisiwn yn gosod tua 700 o gynigion ar gyfer cyfreithiau newydd o flaen y Cyngor.

Mae'n bwysig nodi mai'r Comisiwn yn unig a all lunio cynigion ar gyfer cyfreithiau Ewropeaidd newydd. Gall y Cyngor a SE ofyn i'r Comisiwn lunio cynigion, ond ni allant wneud hynny eu hunain.

Comisiynwyr a gweision sifil

Ni etholir aelodau'r Comisiwn; fe'u dewisir gan bob aelod-wladwriaeth. Bydd pob aelod-wladwriaeth yn dewis un neu ddau gomisiynydd, gan ddibynnu ar faint poblogaeth y wladwriaeth. Ar ddechrau 2002, roedd 20 comisiynydd, pob un wedi'i apwyntio am gyfnod o bum mlynedd. Mae'r Comisiwn yn cyflogi tua 15,000 o staff. Er bod hyn yn ymddangos yn llawer, mae'n llai na'r nifer a gyflogir i weithio mewn llywodraeth leol o fewn dinas o faint canolig nodweddiadol. Lleolir y Comisiwn ym Mrwsel a hefyd yn Lwcsembwrg.

Rhaid i gomisiynwyr a gweision sifil sy'n gweithio i'r Comisiwn feddwl a gweithredu'n annibynnol ar eu gwreiddiau cenedlaethol ac er budd yr UE fel un corff.

Pwerau eraill

Yn ogystal â llunio cynigion ar gyfer cyfreithiau Ewropeaidd newydd, mae'r Comisiwn yn cyhoeddi rheoliadau (gweler Uned 7, Adran 7.1). Mae gan y rheoliadau hyn rym cyfraith. Er enghraifft, bob blwyddyn mae'r Comisiwn yn cyhoeddi rheoliadau sy'n ymwneud â phrisiau nwyddau a gynhyrchir gan ffermwyr yr UE.

Yn ogystal, mae'r Comisiwn yn gyfrifol am sicrhau bod pob aelod-wladwriaeth yn dilyn cyfraith yr UE. Os yw'n amau bod aelod-wladwriaeth yn torri cyfreithiau'r UE, gall y Comisiwn roi'r achos gerbron Llys Barn Ewrop (gweler isod). Mae gan y Comisiwn nifer o swyddogaethau eraill hefyd, gan gynnwys trafod â gwladwriaethau sy'n dymuno ymuno â'r UE a rheoli cyllid yr UE (sef y cynllun gwario).

6.4 Cyngor y Gweinidogion

Mae Cyngor y Gweinidogion (y Cyngor) yn penderfynu a ddylai'r cynigion a luniwyd gan y Comisiwn droi'n gyfraith. Mae Senedd Ewrop wedi dod yn rhan o lunio cyfreithiau yn y blynyddoedd diwethaf (gweler isod), ond, yn y pen draw, y Cyngor sy'n derbyn neu'n gwrthod cynigion.

Nid yw'r Cyngor yn un cyngor mewn gwirionedd. Mae'n gyngor sy'n cynnwys gweinidogion y llywodraeth o bob aelod-wladwriaeth, ac felly mae ei aelodaeth yn newid. Er enghraifft, pan fydd y Cyngor yn cyfarfod i drafod trafnidiaeth, bydd gweinidogion sy'n gyfrifol am

drafnidiaeth yn mynychu'r cyfarfod. Bob chwe mis, bydd gwladwriaeth wahanol yn gweithredu fel Llywyddiaeth y Cyngor.

Mewn gwirionedd, mae **Cyngor Ewrop**, lle mae Penaethiaid Gwladwriaethau (h.y. Arlywyddion a Phrif Weinidogion) yn cyfarfod, yn gorff ar wahân. Mae Cyngor Ewrop yn cyfarfod ddwywaith y flwyddyn i drafod materion pwysig a pholisi tymor hir.

Etholir y gweinidogion sy'n mynychu'r Cyngor gan boblogaethau eu gwledydd eu hunain ac yn aml byddant yn gweithredu er lles eu gwledydd eu hunain yn bennaf.

Y weithdrefn bleidleisio

Wrth drafod cynigion y Comisiwn ar gyfer cyfreithiau newydd, bydd y Cyngor yn eu derbyn fel ag y maent neu'n gwneud newidiadau iddynt. Ar brydiau, fodd bynnag, mae'r Cyngor yn gwrthod cynigion yn llwyr. Mae'r weithdrefn bleidleisio a ddefnyddir gan y Cyngor yn dibynnu ar y mater dan sylw. Defnyddir tair gweithdrefn wahanol. Rhaid cael unfrydedd wrth drafod rhai materion (rhaid i bob gwladwriaeth gytuno). Defnyddir mwyafrif syml er mwyn

---

Gweithgaredd 6.1

Pleidleisio mwyafrif amodol

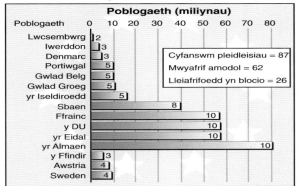

Mae'r siart bar hwn yn dangos nifer pleidleisiau pob aelod-wladwriaeth yng Nghyngor y Gweinidogion yn 2002. Wedi 1998, roedd angen 62 o bleidleisiau ar gyfer sicrhau mwyafrif amodol. Gallai 26 (neu fwy) o bleidleisiau flocio mesur, felly – sef lleiafrif o ddwy wladwriaeth fawr a naill ai Sbaen neu ddwy wladwriaeth fach.

Wedi'i addasu o Hayes-Renshaw, F., 'Council of Ministers' yn *Politics Review*, Cyf. 7.2, Chwefror 1998.

(a) **Pam fod y system bleidleisio mwyafrif amodol yn cael ei defnyddio ar gyfer y mwyafrif o faterion, yn eich barn chi? (3)**

(b) **A ydych yn credu bod y system bleidleisio amodol yn fanteisiol i aelod-wladwriaethau bach? Esboniwch eich ateb. (4)**

(c) **Dadleuwch o blaid ac yn erbyn y farn mai pleidleisio amodol yw'r unig system bleidleisio y dylai'r Cyngor ei defnyddio. (6)**

gwneud penderfyniad ar faterion eraill (mae gan bob gwladwriaeth un bleidlais a derbynnir barn y mwyafrif). Gwneir penderfyniad ar y mwyafrif o faterion, fodd bynnag, drwy gyfrwng pleidleisio mwyafrif amodol, lle mae nifer pleidleisiau gwlad yn dibynnu ar ei maint cymharol.

COREPER

Mae Pwyllgor y Cynrychiolwyr Parhaol (COREPER) yn cynorthwyo'r Cyngor drwy wneud llawer o'r gwaith paratoadol o ddydd i ddydd. Mae COREPER yn cynnwys uwch-weision sifil o'r aelod-wladwriaethau. Mae ei aelodau'n gweithio ym Mrwsel. Drwy weithio'n llawn amser ar gynigion y Comisiwn, mae'r gweision sifil hyn yn sicrhau bod parhad i'w gwaith, rhywbeth na all gweinidogion y llywodraeth ei wneud. Yn aml, bydd y Cyngor yn gwneud dim mwy na rhoi sêl bendith ar benderfyniadau COREPER.

6.5 Senedd Ewrop

Lleolir Senedd Ewrop (SE) yn Strasbwrg. Ers 1979, etholwyd Aelodau Senedd Ewrop (ASEau) yn uniongyrchol bob pum mlynedd. Cododd nifer yr ASEau o 518 yn 1979 i 626 yn 1999. Mae hyn yn adlewyrchu twf yr UE.

Er nad oes gan SE y grym i wneud cyfreithiau (gan y Cyngor mae'r grym hwnnw), mae'n cymryd rhan yn y broses o lunio cyfreithiau mewn un o ddwy ffordd.

1. Y drefn gydweithredu

Mae'r drefn gydweithredu yn caniatáu i'r Senedd awgrymu newidiadau i gynigion y Comisiwn, ond nid oes rhaid i'r Cyngor dderbyn y newidiadau hyn (er y gall wneud hynny os yw'n dymuno).

2. Y drefn gydbenderfynu

Yn ôl y drefn gydbenderfynu, rhaid i'r Senedd a'r Cyngor ill dau gytuno ar gynigion y Comisiwn. Ni ellir creu cyfreithiau heb gytundeb y Senedd. Mae'r drefn hon yn golygu y gall y Senedd orfodi'r Cyngor i dderbyn newidiadau i gynigion yn gyson, gan y byddai'r Senedd yn gallu rhwystro'r cynnig rhag mynd yn gyfraith pe bai'r Cyngor yn gwrthod derbyn y newid.

Yn ôl Cytuniad Amsterdam 1997, gellid defnyddio'r drefn gydbenderfynu ym mhob maes o gyfraith yr UE ac eithrio'r meysydd hynny sy'n ymwneud ag undeb economaidd ac ariannol. Y bwriad oedd rhoi mwy o ran i'r Senedd yn y broses o wneud cyfreithiau.

Pwerau eraill

Yn ogystal, mae gan y Senedd y pŵer i nacáu cyllideb flynyddol yr UE a gyflwynir gan y Comisiwn a phŵer i geryddu'r Comisiwn (gall y Senedd ofyn i'r Comisiwn

Gweithgaredd 6.2

Y drefn benderfynu

Mae'r cartŵn hwn yn cyfleu'r farn bod Senedd Ewrop yn ddibwrpas ac yn ddi-rym. Ond pa mor gywir yw'r farn hon?

Yn siambr ddadlau enfawr, hanner crwn Senedd Ewrop (SE) yn Strasbwrg, mae Neil Kinnock, un o ddau gomisiynydd Prydain, yn rhoi tystiolaeth. Mae llawer mwy o gyfieithwyr mewn bythau o amgylch y neuadd na'r hanner dwsin, fwy neu lai, o ASEau sy'n bresennol. Gallai'r olygfa hon awgrymu i'r gwyliwr cyffredin y gred gyffredinol bod Senedd Ewrop yn ddibwrpas ac yn ddi-rym. Ond mae'r syniad hwn yn hen-ffasiwn, os bu'n wir erioed. Mae'r Senedd yn fwy grymus o lawer nag y tybia'r mwyafrif o drigolion yr UE. Er enghraifft, yr wythnos diwethaf, rhoddodd y Senedd ei sêl bendith ar ddeddfwriaeth a fyddai'n cael gwared ar y gwaharddiad ar gynnyrch newydd sy'n cynnwys organeddau wedi'u haddasu'n enetig. Yn ogystal, rhwystrodd fesurau a fyddai'n peri ei bod yn haws trosfeddiannu cwmnïau, er dicter y Comisiwn. Mae'r Senedd yn gallu gwneud hyn am fod ganddi bwerau 'cydbenderfynu'. Cyn iddi gael y pwerau hyn, gellid anwybyddu ei barn. Nid oedd ganddi fawr ddim pŵer na hygrededd. Nod Cytuniad Maastricht (a gyflwynodd y drefn gydbenderfynu yn 1993) a Chytuniad Amsterdam (a'i ymestynnodd yn 1997) oedd rhoi mwy o hygrededd a phŵer i'r Senedd.

Wedi'i addasu o *The Economist*, 24 Chwefror 2001.

(a) Disgrifiwch rôl SE ym mhroses llunio cyfreithiau'r UE. (3)

(b) Esboniwch pam fod cyflwyno'r drefn gydbenderfynu'n ddatblygiad pwysig. (5)

cyfan dynnu'n ôl os bydd dwy ran o dair yn pleidleisio o blaid hynny). Yn ogystal, rhaid i'r Senedd roi ei sêl bendith ar apwyntiad pob comisiynydd a phob cytuniad rhyngwladol a lofnodir.

6.6 Llys Barn Ewrop (LIBE)

Ni ddylid drysu rhwng Llys Barn Ewrop (LIBE) a Llys Hawliau Dynol Ewrop. Mae Llys Hawliau Dynol Ewrop yn llys ar wahân ac fe'i trafodir yn Uned 4, Adran 4.3.

Yn Ionawr 2003, roedd gan Lys Barn Ewrop 15 barnwr, un o bob aelod-wladwriaeth. Ar brydiau, mae'r 15 barnwr yn eistedd (gwrando ar achosion) gyda'i gilydd, ond fel rheol maent yn eistedd mewn grwpiau o bump neu dri, a elwir yn 'siambrau'. Mae naw Adfocad-Cyffredinol yn cynorthwyo'r llys.

Rhaid i'r Llys sicrhau y gweithredir cyfraith yr UE yn gyson ym mhob aelod-wladwriaeth. Er mwyn sicrhau hyn, mae'n gweithredu mewn dwy ffordd. Yn gyntaf, mae ganddo rôl farnwrol. Mae'n gwrando ar achosion sy'n ymwneud ag anghydfodau yn erbyn aelod-wladwriaethau a sefydliadau UE eraill. Yn ail, mae ganddo rôl oruchwyliol. Mae LIBE yn sicrhau bod llysoedd yr aelod-wladwriaethau'n dehongli cyfraith yr UE yn gywir. Rhoddir mwy o fanylion am y ddwy rôl hon isod.

Dylid nodi na ellir herio'r penderfyniadau a wneir gan y Llys mewn unrhyw lys cenedlaethol. Hynny yw, cyfraith Ewrop sy'n cael blaenoriaeth dros gyfraith genedlaethol. Am gyfnod, roedd barnwyr ym Mhrydain yn amharod i dderbyn hyn. Cyhyd ag y bydd Prydain yn aelod o'r UE, fodd bynnag, ni ellir gwadu goruchafiaeth cyfraith a sefydliadau'r UE, beth bynnag fo ymateb aelodau unigol y sefydliad cyfreithiol.

1. Rôl farnwrol LIBE

Os ystyrir bod llywodraeth aelod-wladwriaeth yn torri cyfraith Ewrop, gall y Comisiwn neu aelod-wladwriaethau eraill ei dwyn gerbron Llys Barn Ewrop. Fel rheol, gwneir hyn os nad oes dewis arall. Fel ym mhob achos, ceisir cynnal trafodaeth yn gyntaf, cyn mynd gerbron y llys.

O bryd i'w gilydd, rhaid i'r Comisiwn neu'r Cyngor wynebu Llys pan geir dadlau ynghylch cyfreithlondeb cyfreithiau'r UE. Mae hyn yn digwydd os honnir bod y Comisiwn neu'r Cyngor yn:

- gweithredu y tu hwnt i'w bwerau
- methu â dilyn gweithdrefnau
- gweithredu mewn modd na chaniateir gan y gwahanol gytuniadau.

Gall sefydliad neu aelod-wladwriaeth arall sy'n perthyn i'r UE ddwyn achosion o'r fath. Anaml iawn y bydd unigolion preifat yn dwyn achosion gerbron y Llys.

Gweithgaredd 6.3

EC commission v. UK re: tachographs (1979)

Ym Mhrydain heddiw, rhaid i bob lori gynnwys tacograff.

Dyfais yw tacograff sy'n cael ei ffitio mewn lorïau er mwyn cofnodi'r cyflymder a'r pellter a deithiwyd ganddi. Mae rheoliad gan yr EU yn ei gwneud yn ofynnol ffitio tacograff mewn rhai lorïau. Mae'r heddlu ac awdurdodau eraill yn gallu darllen y tacograff i sicrhau nad yw gyrwyr lorïau yn gweithio mwy na nifer benodol o oriau, a hynny am resymau diogelwch. Ym Mhrydain, roedd y Llywodraeth yn gyndyn i gyflwyno'r gyfraith hon, am ei bod hi o'r farn ei bod yn ormod o faich ar fusnesau. Dygodd y Comisiwn gŵyn yn erbyn Llywodraeth Prydain gerbron Llys Barn Ewrop am beidio â chydymffurfio â'r rheoliad. Dyfarnodd y Llys Barn o blaid y Comisiwn.

(a) Ac eithrio'r Comisiwn, pwy arall fyddai wedi gallu dwyn yr achos hwn? (1)

(b) A oes gan yr uwch-lysoedd apêl yn y DU y pŵer i wrthdroi'r dyfarniad hwn? Esboniwch eich ateb. (3)

(c) Awgrymwch pam y gwnaeth y Comisiwn ddwyn yr achos hwn pan oedd Prydain mor amlwg yn erbyn ymyrryd â'r diwydiant trafnidiaeth. (3)

2. Rôl oruchwylio'r Llys Barn - Erthygl 234

Gwaith y Llys Barn yw sicrhau bod llysoedd yr aelod-wladwriaethau'n dehongli cyfraith yr UE yn gywir. Pan ddaw achos gerbron llys cenedlaethol a thrafodir cyfraith yr UE, dan erthygl 234 (e.234) Cytuniad Rhufain gellir cyfeirio'r achos at y Llys Barn ar gyfer dyfarniad rhagarweiniol. Nid yw hynny'n golygu y bydd Llys Barn Ewrop yn gwrando ar yr achos. Yn hytrach, gofynnir i'r Llys ddyfarnu ar y pwynt o gyfraith yr UE sy'n berthnasol i'r achos. Rhaid i'r barnwr sy'n gwrando ar yr achos yn y llys cenedlaethol ystyried y dyfarniad wrth wneud ei ddyfarniad ei hun. Gellir cymharu dyfarniad rhagarweiniol yn ôl e.234 â phenderfynu gofyn am gyngor arbenigol gan fecanydd ynglŷn â phroblem anodd wrth geisio trwsio'ch car. Rydych chi'n ceisio ei gyngor ac yna'n mynd yn ôl i weithio ar eich car eich hunan. Fodd bynnag, nid oes rhaid derbyn cyngor y mecanydd, ond ni ellir anwybyddu cyngor Llys Barn Ewrop am gyfraith yr UE.

Dylid nodi bod erthygl 234 Cytuniad Rhufain yn erthygl 177 yn wreiddiol, ond newidiwyd y rhifau gan Gytuniad Amsterdam, a lofnodwyd yn 1997.

Lle bydd partïon achos yn anghytuno ar ddehongliad pwynt o gyfraith yr UE, ac os bydd yr achos hwnnw yn cael gwrandawiad gan y llys apêl cenedlaethol pwysicaf (dan gyfraith Cymru a Lloegr, Tŷ'r Arglwyddi), rhaid ei gyfeirio at LBE. Gelwir hyn yn **gyfeiriad gorfodol**. Yn ymarferol, felly, mae e.234 yn cyfyngu ar bwerau Tŷ'r Arglwyddi. Mae gan lysoedd eraill, llai grymus, yr hawl i ddewis. Gallant ddewis penderfynu'r achos eu hunain neu wneud cais am ddyfarniad LIBE. Gelwir hyn yn **gyfeiriad dewisol**.

Nid yw LIBE, felly, yno i alluogi llysoedd Cymru a Lloegr i apelio. Os bydd achos yn dibynnu ar ddehongliad o gyfraith yr UE, bydd e.234 yn darparu system sy'n galluogi'r llysoedd i geisio cymorth er mwyn gwneud y penderfyniad iawn. Y barnwyr sy'n penderfynu p'un ai i ddefnyddio'r system ai peidio (ym mhob llys ond y llys uchaf, fodd bynnag). Wedi i LBE ddyfarnu, gall y llys cenedlaethol benderfynu sut i ddatrys yr anghydfod. Fodd bynnag, mae dyfarniadau yn ôl e.234 yn gyfraith achosion, neu'n gynseiliau (gweler Uned 8, Adran 8.2), a rhaid eu trin fel dyfarniadau sy'n rhwymo achosion diweddarach ledled yr UE.

Cyfeiriadau dewisol

Bu rhywfaint o ddadlau ymhlith barnwyr Cymru a Lloegr am beth amser ynghylch pryd y mae'n briodol i wneud cyfeiriad dewisol. Mae e.234 yn datgan y gall llys wneud cais i LBE lle bo angen er mwyn ei alluogi i farnu. Derbynnir mai ystyr hyn yw na ddylid gwneud cyfeiriad yn ôl e.234 os bydd ansicrwydd ynghylch effaith cyfraith Ewrop mewn perthynas ag achos a gynhelir mewn llys cenedlaethol, ond na fyddai datrys yr ansicrwydd hynny'n effeithio ar y dyfarniad terfynol.

Wrth ddyfarnu achos *Bulmer v Bullinger (1974)* yn y Llys Apêl, nododd Arglwydd Denning yr adegau pan na ddylid gwneud cyfeiriad dewisol:

- pan na fyddai'n pennu'r achos ac y byddai'r angen yn parhau i benderfynu ar faterion cyfreithiol eraill
- pan gaed dyfarniad blaenorol yn ymwneud â'r un achos
- pan fydd y llys yn ystyried bod y pwynt o gyfraith yr UE yn gymharol glir
- pan na phenderfynwyd hyd yma ar ffeithiau'r achos (yn hytrach na'r gyfraith).

Tynnodd Denning sylw at y ffaith bod cyfeirio achos at LBE yn gostus ac yn araf, gan ddweud mai dim ond pan oedd mater yn anodd a phwysig iawn y gellid cyfiawnhau defnyddio LIBE. Mae eraill yn dadlau, fodd bynnag, bod cyfeiriad dewisol yn ôl e.234 yn well na chost ac arafwch gwneud yr apeliadau angenrheidiol er mwyn cyrraedd Tŷ'r Arglwyddi a chael cyfeiriad gorfodol oddi yno.

Mae llysoedd Cymru a Lloegr yn parhau i ddefnyddio canllawiau Bulmer, er bod tueddiad cynyddol i ddefnyddio e.234 yn ddiweddar. Yn *R v International Stock Exchange ex parte Else (1993)*, dywedodd Arglwydd Bingham, yn y Llys Apêl, y dylai llysoedd Cymru a Lloegr benderfynu ar bwyntiau dyrys cyfraith yr UE dim ond pan fyddant yn hyderus bod eu penderfyniad yn gywir ac yn teimlo nad oes angen cymorth Llys Barn Ewrop.

Y Llys Gwrandawiad Cyntaf

Sefydlwyd y Llys Gwrandawiad Cyntaf er mwyn lleihau baich gwaith LIBE, ac felly i leihau maint yr oedi. Mae 'Gwrandawiad Cyntaf' yn golygu nad yw'r achosion a ddaeth o'i flaen wedi bod gerbron llysoedd eraill. Ei rôl yw gwrando ar achosion yn ymwneud ag:

- anghydfodau rhwng cyflogeion sefydliadau Ewrop a'u cyflogwr
- cyfraith cystadlu
- cyfraith gwrth-ddadlwytho
- achosion yn ymwneud â Chytuniad Cymuned Glo a Dur Ewrop.

Mae gan y Llys 12 barnwr sy'n gwrando ar achosion mewn grwpiau o chwech, pedwar neu dri. Gall y Llys Barn ei hun wrando ar apeliadau ynghylch pwynt cyfraith. Er mai llys ar wahân yw'r Llys Gwrandawiad Cyntaf, o'i gymharu â LIBE mae ei rôl yn un gyfyng iawn.

Crynodeb ● ● ●

1. Beth yw rôl (i) Senedd Ewrop, (ii) Cyngor y Gweinidogion, (iii) y Comisiwn a (iv) Llys Barn Ewrop o ran y broses o lunio cyfraith?

2. Beth yw ystyr y term 'pleidleisio mwyafrif amodol'?

3. Beth yw'r gwahaniaeth rhwng y drefn gydweithredu a'r drefn gydbenderfynu?

4. Beth yw pwrpas dyfarniad o dan erthygl 234?

5. Pryd mae dyfarniadau o dan e.234 yn orfodol a phryd maent yn ddewisol?

Astudiaeth achos · *Sirdar v Army Board and Another (1997)*

Sirdar v Army Board and Another (1997)

Un o egwyddorion cyfraith yr UE yw y dylid trin dynion a menywod yn gyfartal. Ym marn llywodraethau Ffrainc, Portiwgal a'r Deyrnas Unedig, roedd cyfraith yr UE yn caniatáu un eithriad i hyn, sef y lluoedd arfog, ac, yn benodol, byddinoedd arfog. Yn 1994 cafodd Ms Sirdar, a fu'n gweithio fel cogydd yn y Fyddin Brydeinig ers 1983, gynnig i symud i'r Môr-filwyr Brenhinol. Yn ddiweddarach, cafodd wybod mai camgymeriad oedd y cynnig ac y byddai'n rhaid ei dynnu'n ôl gan ei bod hi'n fenyw ac felly'n anghymwys. Dygodd Sirdar ei hachos gerbron Tribiwnlys Cyflogaeth yn honni camwahaniaethu ar sail rhyw. Gwnaeth y Tribiwnlys gais i Lys Barn Ewrop am ddyfarniad rhagarweiniol ar nifer o faterion, gan gynnwys eglurhad o erthygl 297 Cytuniad Rhufain (sy'n ymwneud â chamwahaniaethu ar sail rhyw) a cyfarwyddeb berthnasol y Cyngor (mae Uned 7 yn esbonio beth yw cyfarwyddeb). Dyfarnodd y Llys:

Môr-filwyr Brenhinol yn gosod mortar fel rhan o Ymgyrch Byddinoedd ar y cyd gyfunol ym mis Mai 1996.

> Wedi'u hastudio, penderfynwyd nad yw cytuniadau a chyfreithiau eraill yr UE yn caniatáu ystyried bod gwaith yn y lluoedd arfog yn eithriad i egwyddor cydraddoldeb rhywiol, hyd yn oed yn achos byddinoedd arfog. Fodd bynnag, roedd cyfarwyddeb y Cyngor yn caniatáu eithriad i hyn mewn perthynas â materion yn ymwneud â diogelwch y genedl, cyn belled â bod menywod yn cael eu heithrio dim ond lle gellid cyfiawnhau hynny fel rhywbeth priodol ac angenrheidiol.

Mae'r môr-filwyr yn fyddin fach y bwriadwyd iddi fod ar flaen y gad. Rhaid i gogyddion sy'n gweithio i'r fyddin hon hefyd wasanaethu fel comandos rheng flaen. Penodir a hyfforddir pob môr-filwr i wneud hynny. Dyma ail ddyfarniad LIBE, felly:

> Dan yr amgylchiadau hyn, gellid cyfiawnhau, mewn egwyddor, eithrio menywod o rai adrannau o'r lluoedd arfog, megis y Môr-filwyr Prydeinig.

Addaswyd o *The Times*, 27 Hydref 1999.

Cwestiynau

(a) A wnaeth LIBE drin yr achos hwn fel cyfeiriad gorfodol neu gyfeiriad dewisol? Esboniwch eich ateb. (2)

(b) Pe bai'r Tribiwnlys wedi penderfynu ar y materion hyn o gyfraith yr UE heb ddefnyddio cyfeiriad o dan e.234, beth fyddai Ms Sirdar wedi gorfod ei wneud er mwyn ceisio dwyn yr achos i sylw LIBE, yn y gobaith o gael adolygiad? (3)

(c) A fyddai barnwyr gwledydd y tu allan i'r Deyrnas Unedig yn gorfod cyfeirio at y dyfarniad hwn gan LBE wrth benderfynu achosion tebyg? Esboniwch eich ateb. (2)

(ch) A ydych yn meddwl bod y Tribiwnlys Cyflogaeth yn debygol o benderfynu bod Ms Sirdar wedi dioddef camwahaniaethu ar sail rhyw, ar ôl derbyn y dyfarniad hwn o dan e.234? A oedd rhaid iddo wneud hynny? Esboniwch eich ateb. (4)

(d) Dyfarnodd y Llys Barn ar 26 Hydref 1999. 25 Mawrth 1997 oedd dyddiad cyfeiriad y Tribiwnlys Cyflogaeth ato.Trafodwch. (4)

(dd) i) Beth pe bai'r Comisiwn yn penderfynu cyflwyno cyfraith sy'n rhoi'r hawl i fenywod fod yn aelodau o bob uned sy'n brwydro, yn ddieithriad, ledled yr UE? Disgrifiwch yr hyn fyddai'n rhaid digwydd er mwyn i'r syniad hwn droi'n gyfraith. (3)

　　ii) Beth pe bai Senedd Ewrop yn cynnig diwygiadau i gynnig y Comisiwn? Beth fyddai'n digwydd pe bai'r Cyngor yn gwrthod derbyn y diwygiadau hyn? (4)

7.1 Ffynonellau sylfaenol ac eilaidd cyfraith yr UE

Wrth drafod o ble yn union mae'r gyfraith yn dod, mae cyfreithwyr yn siarad am 'ffynonellau'r gyfraith'. Mae dwy ffynhonnell cyfraith yr Undeb Ewropeaidd (UE).

1. Ffynonellau sylfaenol

Cytuniadau yw ffynonellau sylfaenol cyfraith yr UE. Cytundebau ydynt a lofnodir gan Benaethiaid Gwladwriaethauau holl aelod-wladwriaethau'r UE. Maent yn traethu prif egwyddorion a nodau'r UE.

Mae cytuniadau a lofnodir gan aelodau'r UE yn wahanol i gytuniadau rhyngwladol eraill, gan ei fod yn bosibl dwyn achos cyfreithiol yn erbyn aelod-wladwriaeth nad yw'n cydymffurfio â chytuniadau'r UE, a'i gorfodi i gydymffurfio â thelerau'r cytuniad. Nid yw hynny'n wir o reidrwydd yn achos cytuniadau rhyngwladol eraill. Er enghraifft, mae bron pob gwlad yn y byd wedi llofnodi Datganiad Cyffredinol Hawliau Dynol. Mae trydedd erthygl y cytuniad hwn yn datgan bod gan bawb 'yr hawl i fyw, i gael rhyddid a diogelwch personol'. Er gwaethaf hyn, mae llawer o wledydd yn dedfrydu'r gosb eithaf i droseddwyr yn gyson ac yn eu dienyddio, sy'n amlwg yn mynd yn erbyn yr erthygl hon. Er bod gwledydd o'r fath yn torri amodau'r cytuniad, nid oes proses gyfreithiol ar gael i'w gorfodi i gydymffurfio. Yn achos cytuniadau gwahanol yr UE, ar y llaw arall, mae proses o'r fath yn bod. Gellir dwyn llywodraeth aelod-wladwriaeth gerbron Llys Barn Ewrop (LlBE - gweler Uned 6, Adran 6.6).

2. Ffynonellau eilaidd

Mae ffynonellau eilaidd cyfraith yr UE yn cynnwys:

- rheoliadau
- cyfarwyddebau
- penderfyniadau.

Yr hyn sy'n gyffredin rhwng y gwahanol fathau o gyfreithiau yw eu bod oll yn anelu at roi'r egwyddorion cyffredinol a geir yn y cytuniadau ar waith. Yn wahanol i'r cytuniadau, fodd bynnag, nid oes rhaid cael llofnod Penaethiaid y Gwladwriaethau. Fe'u cynigir gan Gomisiwn Ewrop a rhaid cael cymeradwyaeth Cyngor y Gweinidogion a Senedd Ewrop (gweler Uned 6 am wybodaeth am y sefydliadau hyn).

Cytuniadau

Cytuniadau yw ffynhonnell uchaf cyfraith yr UE. Mae Blwch 7.1 yn amlinellu prif ddarpariaethau'r pedwar cytuniad a lofnodwyd rhwng 1957 a 2002.

Drwy lofnodi cytuniad, mae aelod-wladwriaeth yn

Blwch 7.1 *Cytuniadau'r Undeb Ewropeaidd*

1. Cytuniad Rhufain, 1957

Crëir Cymuned Economaidd Ewrop (CEE) gyda'r nod o greu 'undeb agosach fyth rhwng pobloedd Ewrop'. Diddymir rhwystrau masnach a thollau tramor.

2. Cytuniad Maastricht, 1993

Mae CEE yn troi'n Undeb Ewropeaidd (UE). Mae pawb sy'n berchen ar basbort o un o aelod-wladwriaethau'r UE yn dod yn ddinesydd yr UE. Mae gan Senedd Ewrop (SE) bwerau newydd a diwygir sefydliadau UE eraill. Ymrwymir i undeb ariannol (mae rhai gwladwriaethau, gan gynnwys y DU, yn eithrio'i hunain ohono). Crëir hawliau cyflogi.

3. Cytuniad Amsterdam, 1997

Mae gan SE fwy o bwerau (ehangir y drefn gydbenderfynu – gweler Uned 6, Adran 6.5). Bydd cyfreithiau mewnfudo yn gyffredin rhwng gwladwriaethau. Sefydlir darpariaethau hawliau dynol.

4. Cytuniad Nice, 2001

Cytunir ar newidiadau i'r system bleidleisio mwyafrif amodol, paratoad angenrheidiol ar gyfer cynnydd mawr yn nifer yr aelod-wladwriaethau. Cytunir ar y syniad y bydd grwpiau o wledydd yn datblygu ar gyflymderau gwahanol o fewn yr UE.

ymrwymo i greu cyfreithiau newydd sy'n cyd-fynd ag egwyddorion y cytuniad ac yn cyflawni ei nodau. Mae'n wir y gall aelod-wladwriaeth ddewis penderfynu gadael yr UE, ond po hiraf y mae'n aros o fewn yr UE, y mwyaf ymrwymedig ydyw wrth i gyfraith yr UE fynd yn rhan o'i chyfundrefn. Ar ryw bwynt, mae gadael yr UE ymron yn amhosibl yn ymarferol. Dyna'r rheswm pam fod rhwymedigaethau'r cytuniad, 'rheolau'r clwb', yn rhwymo, ac yn ymarferol yr un mor rymus â chyfraith. Heb os, dyma sut mae'r Comisiwn a LlBE yn gweld nid yn unig cytuniadau Ewropeaidd, ond hefyd mathau eraill o gyfraith yr UE.

Cyfarwyddebau

Datganiadau yw cyfarwyddebau sy'n amlinellu'r math o gyfreithiau cenedlaethol y mae angen i aelod-wladwriaethau eu creu er mwyn cwrdd â gofynion cytuniadau. Ceir amlinelliad o ran o gyfarwyddeb ym Mlwch 7.2. Cyhoeddir cyfarwyddebau dan erthygl 249 o Gytuniad Rhufain. Pan gyhoeddir cyfarwyddeb, rhaid i aelod-wladwriaethau basio cyfreithiau sy'n cwrdd â'r meini prawf a nodir yn y gyfarwyddeb erbyn y dyddiad penodol. Gelwir y dyddiad hwn yn 'ddyddiad gweithredu'. Mae cyfarwyddebau'n fwy penodol na chytuniadau, sy'n cynnwys egwyddorion cyffredinol. Maent yn cyfarwyddo aelod-wladwriaethau i basio cyfreithiau sy'n cwrdd â meini prawf penodol, er y gall yr aelod-wladwriaethau eu hunain benderfynu ar ffurf y cyfreithiau. Weithiau, gallant fod yn hyblyg i raddau, a defnyddio'u doethineb, gan olygu bod gwahanol wledydd yn mabwysiadu dulliau gwahanol.

Mae Deddf Gwarchod Defnyddwyr 1987 yn un enghraifft o Ddeddf Seneddol bwysig a basiwyd i gyd-fynd â chyfarwyddeb. O ganlyniad i'r ddeddfwriaeth hon, derbyniodd defnyddwyr hawliau gweithredu newydd grymus yn erbyn gwneuthurwyr cynhyrchion diffygiol.

Enghraifft arall o gyfarwyddeb a ymgorfforwyd yng nghyfraith y DU yw'r Gyfarwyddeb Oriau Gwaith a gyflwynwyd yn 1993. Cyflwynodd y gyfarwyddeb derfynau ar oriau gwaith gweithwyr a chyfnodau gorffwys a hawl i wyliau. Fe'i gweithredwyd drwy Reoliadau Oriau Gwaith 1998.

Rheoliadau

Cyfreithiau manwl sy'n berthnasol i bawb yn yr aelod-wladwriaethau yw rheoliadau. Fe'u cyflwynir dan erthygl 249 o Gytuniad Rhufain. Mae rheoliadau'n 'uniongyrchol gymwys'. Mae hyn yn golygu eu bod yn troi'n gyfraith ar unwaith heb i aelod-wladwriaethau orfod pasio'u cyfreithiau eu hunain er mwyn eu gweithredu. Bu'n rhaid sicrhau bod lorïau penodol yn cario tacograffau o ganlyniad i reoliad yr UE (gweler Uned 6, Gweithgaredd 6.3). Ceir enghraifft arall o reoliad ym Mlwch 7.3.

Blwch 7.2 *Cyfarwyddeb 2000/79/CE*

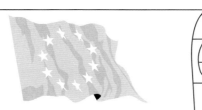

Mae Cyngor yr Undeb Ewropeaidd, mewn perthynas â'r cytuniad a sefydlodd Cymuned Ewrop ac, yn benodol, erthygl 139(2) ohono…wedi mabwysiadu'r gyfarwyddeb hon.

Erthygl 1
Pwrpas y gyfarwyddeb hon yw gweithredu Cytundeb Ewrop ar Drefniadaeth Oriau Gwaith Staff Symudol y Diwydiant Hedfan Sifil a gwblhawyd ar 22 Mawrth 2000…

Erthygl 2
1.Gall aelod-wladwriaethau gynnal y darpariaethau a gyflwynwyd yn y gyfarwyddeb hon, neu gallant gyflwyno darpariaethau mwy ffafriol.

2.Ni fydd gweithredu'r gyfarwyddeb hon, dan unrhyw amodau, yn sail ddigonol ar gyfer cyfiawnhau lleihau lefel gyffredinol unrhyw fesurau i amddiffyn gweithwyr yn y meysydd a gynhwysir yn y gyfarwyddeb hon…

Erthygl 3
Bydd aelod-wladwriaethau yn rhoi ar waith y cyfreithiau, y rheoliadau a'r darpariaethau gweinyddol angenrheidiol i gydymffurfio â'r gyfarwyddeb hon, a hynny heb fod yn hwyrach na 1 Rhagfyr 2003, neu byddant yn sicrhau, erbyn y dyddiad hwnnw fan bellaf, fod y rheolwyr a'r gweithwyr wedi cyflwyno'r mesurau angenrheidiol drwy gytundeb…

Erthygl 4
Daw'r gyfarwyddeb hon i rym ar ddyddiad ei chyhoeddi yng *Nghyfnodolyn Swyddogol Cymunedau Ewrop.*

Erthygl 5
Cyfeirir y gyfarwyddeb hon at yr aelod-wladwriaethau.
Cynhwysir atodiad sy'n dangos testun Cytundeb Ewrop ar Drefniadaeth Oriau Gwaith Staff Symudol y Diwydiant Hedfan Sifil.

Dyfyniad o Gyfarwyddeb y Cyngor 2000/79/EC 27 Tachwedd 2000, sy'n ymwneud â Chytundeb Ewropeaidd ar Drefniadaeth Oriau Gwaith Staff Symudol y Diwydiant Hedfan Sifil

---

Blwch 7.3 *Rheoliad y Comisiwn (CE) Rhif 418/2001*

Mae Comisiwn Cymunedau Ewrop, mewn perthynas â'r Cytuniad a sefydlodd Cymuned Ewrop, mewn perthynas â Chyfarwyddeb y Cyngor 70/524/CEE 23 Tachwedd 1970 sy'n ymwneud ag ychwanegion mewn bwydydd anifeiliaid, fel y diwygiwyd ddiwethaf gan Reoliad y Comisiwn (CE) Rhif 2697/2000 ac yn benodol erthygl 4 ohono…wedi mabwysiadu'r rheoliad hwn.

Erthygl 1
Mae'r paratoadau sy'n perthyn i'r grŵp 'Micro-organebau' a restrir yn Atodiad I i'r rheoliad presennol wedi eu hawdurdodi ar gyfer eu defnyddio fel ychwanegion at ddiben maethu anifeiliaid, a hynny o dan yr amodau a nodir yn yr Atodiad hwnnw.

Erthygl 2
Mae'r paratoadau sy'n perthyn i'r grŵp 'Ensymau' a restrir yn Atodiad II i'r rheoliad presennol wedi'u hawdurdodi ar gyfer eu defnyddio fel ychwanegion at ddiben maethu anifeiliaid, a hynny o dan yr amodau a nodir yn yr Atodiad hwnnw…

Erthygl 4
Daw'r rheoliad hwn i rym ar y diwrnod wedi'r diwrnod cyhoeddi yng Nghyfnodolyn Swyddogol Cymunedau Ewrop. Bydd yn weithredol o 1 Mawrth 2001.

Bydd y rheoliad hwn yn ei gyfanrwydd yn rhwymo ac yn uniongyrchol gymwys ym mhob aelod-wladwriaeth.

Dyfyniad o Reoliad y Comisiwn (CE) Rhif 418/2001 1 Mawrth 2001, sy'n ymwneud ag awdurdodi ychwanegion newydd a'r defnydd o ychwanegion mewn bwydydd anifeiliaid

Penderfyniadau ac argymhellion

Mae penderfyniadau yn gyfreithiau yr UE y mae'n rhaid i aelod-wladwriaethau, unigolion neu sefydliad penodol ufuddhau iddynt, yn hytrach na phob aelod-wladwriaeth neu ddinesydd yr UE. Cyflwynir penderfyniadau dan erthygl 249 o Gytuniad Rhufain ac maent yn rhwymo yn gyfreithiol. Yn dilyn cynigion y Comisiwn, mae'r Cyngor, drwy ymgynghori â Senedd Ewrop (SE), yn pasio penderfyniadau yn debyg iawn i'r ffordd y mae'n pasio cyfarwyddebau a rheoliadau (gweler Uned 6 am fwy o fanylion am y broses llunio cyfreithiau). Er enghraifft, os bydd corfforaeth fawr yn gweithredu mewn ffordd sy'n groes i nodau'r UE ynghylch cystadleuaeth neu fasnach rydd, mae'n bosibl y gwneir penderfyniad sy'n cyfyngu ar ei gweithgareddau.

Yn ogystal, yn ôl erthygl 249, mae'r Comisiwn a'r Cyngor yn rhoi argymhellion a barnau ffurfiol o bryd i'w gilydd. Gallant fod yn ddatganiadau pwysig o farn un o sefydliadau'r UE ar fater penodol, ond nid ydynt yn rhwymo'n yn gyfreithiol.

7.2 Effaith cyfraith yr UE ar y DU

Cyn 1972, roedd gan y DU 'sofraniaeth seneddol' gyflawn. Y Senedd yn unig oedd yn gyfrifol am greu cyfreithiau (gweler Uned 2, Adran 2.2). Yn 1972, fodd bynnag, newidiodd hyn. Derbyniwyd cais llywodraeth y DU i ymuno â'r UE a phasiodd y Senedd Ddeddf Cymunedau Ewrop. Yn ôl y Ddeddf hon, derbyniodd sefydliadau'r UE rywfaint o reolaeth dros greu cyfreithiau. Yn ogystal, cafodd Llys Barn Ewrop (LIBE) y gair olaf ynghylch sut i ddehongli cyfreithiau'r UE. Yn wahanol i lysoedd Prydain, mae LIBE y tu hwnt i reolaeth y Senedd, a'r tu allan i gyfundrefn gyfreithiol Cymru a Lloegr. Drwy ymuno â'r UE, felly, roedd y Senedd yn derbyn y byddai cyfreithiau'n cael eu llunio y tu hwnt i ffiniau cenedlaethol y DU, ac y byddai'n rhaid i'r DU ufuddhau iddynt, hyd yn oed os na fyddai Senedd y DU yn cytuno â'r cyfreithiau hynny. Mae'r Senedd yn parhau i fod yn sofran dim ond yn y meysydd cyfraith hynny sydd y tu hwnt i ddylanwad cyfraith yr UE, er y gallai'r Senedd, yn ddamcaniaethol, basio cyfraith sy'n gwrthdroi Deddf Cymunedau Ewrop 1972, fel y gallai'r DU adael yr UE.

Sefydlwyd yr egwyddor bod cyfraith Ewrop yn cael blaenoriaeth dros gyfraith genedlaethol pe bai gwrthdaro rhwng y ddwy gan Lys Barn Ewrop yn achos *Van Gend en Loos (1963)*. Yn yr achos hwn, ceisiodd llywodraeth yr Iseldiroedd ddadlau, yn aflwyddiannus, nad oedd gan LBE y grym i benderfynu a ddylai cyfraith Ewrop gael blaenoriaeth dros gyfreithiau cenedlaethol a oedd yn ymwneud â thollau tramor.

Hyd nes i achos *R v Secretary of State ex parte Factortame* brofi fel arall (gweler Gweithgaredd 7.1 uchod), dadleuai rhai cyfreithwyr na allai Senedd y DU bennu

Gweithgaredd 7.1

Achos Factortame

Yn y 1980au, cwynodd cwmnïau pysgota Prydeinig fod busnesau Sbaen yn cymryd rhan helaeth o gwota pysgod Prydain drwy gofrestru eu llongau pysgota ym Mhrydain. Ymatebodd llywodraeth y DU drwy gyflwyno Mesur i'r Senedd, a ddaeth yn Ddeddf Llongau Masnach 1988. Yn ôl y Ddeddf hon, dim ond y cychod ar gofrestr newydd a gâi bysgota yn nyfroedd Prydeinig. Yn ymarferol, cychod Prydeinig yn unig a gâi gofrestru.

Gwrthwynebodd Factortame, perchennog rhai o'r cychod o Sbaen, y ddeddfwriaeth hon yn yr Uchel Lys yn 1990 ar y sail ei bod yn torri cyfreithiau masnachol yr UE. Wedi nifer o apeliadau, cyfeiriwyd yr achos at Lys Barn Ewrop. Dyfarniad y Llys oedd bod Deddf 1988 yn torri cyfraith yr UE ac na ellid ei gweithredu yn erbyn y cychod o Sbaen.

Pysgota oddi ar afordir Prydain.

Cyn i'r achos ddod i ben, roedd llynges bysgota Sbaen wedi colli ei hawl i bysgota. Mewn achos diweddarach, *Brasserie du Pécheur SA v Federation of Republic of Germany and R v Secretary of State for Transport, ex parte Factortame Ltd (No. 4) (1996)*, daliodd LIBE bod gan unigolion, dan gyfraith yr UE, yr hawl i gael iawndal gan wladwriaeth mewn sefyllfa o'r fath (mae gan yr achos enw hir am fod yr achos a ddygwyd gerbron LIBE yn ymwneud â dau achos lle trafodwyd yr un cwestiwn cyfreithiol yn ei hanfod. Yr enw ar hyn yw 'achos ar y cyd').

Wedi'i addasu o Dowdle 1994 a *The Times*, 28 Ebrill 1998.

(a) O ystyried achos Factortame, pa gyngor cyfreithiol fyddech chi'n ei roi i unigolyn sydd i bob golwg dan anfantais oherwydd deddfwriaeth y DU sy'n mynd yn groes i Gytuniad Rhufain? (8)

(b) Esboniwch sut mae achos Factortame yn dangos terfynau sofraniaeth y Senedd. (6)

(c) Ymgorfforodd Prydain Gytuniadau Ewropeaidd yn gyfreithiau cenedlaethol yn sgil Deddf Cymunedau Ewrop 1972. Pa ddadleuon y gellid eu defnyddio i gefnogi'r farn na chollwyd sofraniaeth y Senedd yn llwyr mewn materion sy'n amodol ar gyfraith yr UE? (4)

ffiniau i'w grymoedd ei hun, a hynny oherwydd athrawiaeth sofraniaeth y Senedd. Eu dadl oedd na allai'r un Senedd yn San Steffan gyfyngu ar rymoedd Senedd ddiweddarach a dileu ei hawl i wrthod deddfwriaeth. O ganlyniad, pe bai'r Senedd yn pasio cyfraith a âi'n groes i un o gyfreithiau'r UE, a hynny ar ôl i Brydain ymuno â'r UE, byddai'r gyfraith honno'n cael ei derbyn fel ewyllys y Senedd a'i gorfodi yn lle cyfraith yr UE. Dangosodd achos Factortame nad oedd hynny'n wir. Yn sgil yr achos, daeth yn amlwg y byddai'n rhaid gorfodi cyfraith yr UE, ac nid cyfraith y Senedd, pe bai'r Senedd yn pasio cyfraith a âi'n groes i gyfraith yr UE.

Effaith uniongyrchol a chymhwysedd uniongyrchol

Mae cyfreithiau yn rhoi hawliau i grŵp o bobl. Mae'r hawliau hynny'n deillio o'r egwyddorion ar gyfer rheoli cymdeithas y mae'r sawl sy'n llunio'r gyfraith yn awyddus i'w creu. O fewn cyfraith genedlaethol, y llysoedd yw'r mecanwaith y gall unigolion ei ddefnyddio i orfodi'r hawliau hyn. Mae Deddfau Seneddol yn creu hawliau ar gyfer rhai grwpiau, ac fel rheol yn gorfodi rhwymedigaethau ar eraill. Er enghraifft, mae'r Deddfau sy'n darparu o ran iawndal ar gyfer diswyddiadau annheg yn rhoi hawliau i weithwyr ac yn gorfodi rhwymedigaethau ar gyflogwyr.

Yn yr un modd, gall egwyddorion cyfraith yr UE roi hawliau i un grŵp a gorfodi rhwymedigaethau ar un arall. Yn achos cyfraith yr UE, fodd bynnag, nid yw bob amser mor glir a ellir gorfodi hawliau'n awtomatig mewn llysoedd cenedlaethol. Os gellir gorfodi cyfreithiau'r UE mewn llysoedd cenedlaethol yn yr un modd â chyfreithiau cenedlaethol, dywedir eu bod yn **uniongyrchol gymwys**. Mae Cytuniadau a rheoliadau CE ill dau yn uniongyrchol gymwys. Ar y llaw arall, nid yw cyfarwyddebau yn uniongyrchol gymwys am eu bod wedi'u cyfeirio at lywodraethau aelod-wladwriaethau'n unig.

Dangoswyd uchod nad yw cyfarwyddebau'n gyfreithiau, ar un ystyr. Maent yn gyfarwyddiadau i lywodraethau i greu cyfreithiau sy'n cyd-fynd ag egwyddorion cymharol cyffredinol. Mae llywodraethau'n gweithredu cyfarwyddeb drwy greu deddfwriaeth genedlaethol sy'n cydymffurfio â'r gyfarwyddeb o fewn amserlen benodol. Yna gall dinasyddion fynnu hawliau cyfreithiol newydd yn eu llysoedd cenedlaethol. Fodd bynnag, mae problemau yn codi pan nad yw aelod-wladwriaeth benodol yn cytuno â chyfarwyddeb a'i bod naill ai'n oedi cyn ei gweithredu neu'n creu cyfreithiau nad ydynt yn ei gweithredu'n llawn. Mae dwy broblem yn codi yn sgil hyn. Yn gyntaf, i bob golwg, ni all dinasyddion dderbyn yr hawliau cyfreithiol penodol y maent yn eu haeddu. Yn ail, mae awdurdod cyfraith Ewrop yn cael ei wanhau. Er mwyn ymateb i'r problemau hyn, mae Llys Barn Ewrop, dros nifer o flynyddoedd, wedi datblygu'r egwyddor o effaith uniongyrchol.

Beth yw effaith uniongyrchol?

Mae egwyddor effaith uniongyrchol yn caniatáu i hawlydd fynnu'r hawliau cyfreithiol a amlinellir o fewn cyfarwyddeb yr UE yn y llysoedd, er nad yw'r llywodraeth genedlaethol wedi gweithredu'r gyfarwyddeb eto. Gall hawlwyr wneud hyn mewn un o ddwy ffordd (gweler Blwch 7.4). Yn gyntaf, os ydynt yn dwyn achos yn erbyn y llywodraeth am fethu â gweithredu'r gyfarwyddeb, maent yn ceisio dangos bod gan y gyfarwyddeb **effaith uniongyrchol fertigol**. Yn ail, os ydynt yn dwyn achos yn erbyn y person neu'r corff sy'n rhwym o wneud rhywbeth yn ôl y gyfarwyddeb, megis cyflogwr, maent yn ceisio dangos bod gan y gyfarwyddeb **effaith uniongyrchol lorweddol**. Dylid nodi bod y ddau fath o effaith uniongyrchol yn codi dim ond pan nad yw'r llywodraeth wedi creu cyfreithiau priodol o dan y gyfarwyddeb. Os crëwyd cyfreithiau o'r fath, maent yn uniongyrchol gymwys yn y ffordd arferol.

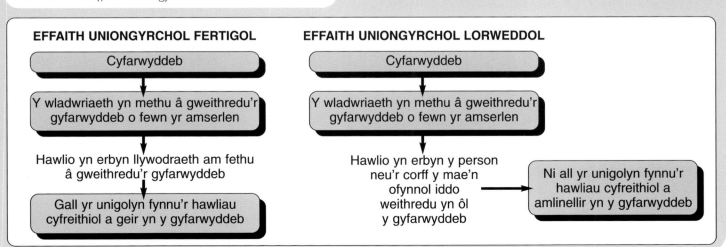

Blwch 7.4 *Effaith uniongyrchol*

EFFAITH UNIONGYRCHOL FERTIGOL

Cyfarwyddeb

Y wladwriaeth yn methu â gweithredu'r gyfarwyddeb o fewn yr amserlen

Hawlio yn erbyn llywodraeth am fethu â gweithredu'r gyfarwyddeb

Gall yr unigolyn fynnu'r hawliau cyfreithiol a geir yn y gyfarwyddeb

EFFAITH UNIONGYRCHOL LORWEDDOL

Cyfarwyddeb

Y wladwriaeth yn methu â gweithredu'r gyfarwyddeb o fewn yr amserlen

Hawlio yn erbyn y person neu'r corff y mae'n ofynnol iddo weithredu yn ôl y gyfarwyddeb

Ni all yr unigolyn fynnu'r hawliau cyfreithiol a amlinellir yn y gyfarwyddeb

7.3 Pryd mae cyfarwyddebau'n cael effaith uniongyrchol?

Cyfarwyddebau ac effaith uniongyrchol fertigol

Dylid nodi nifer o bethau ynglŷn â'r ffordd mae LIBE wedi barnu bod cyfarwyddebau yn cael effaith uniongyrchol fertigol.

1. Rhaid i'r gyfarwyddeb roi hawliau penodol i unigolion

Os yw cyfarwyddeb yn glir, yn fanwl gywir ac yn ddiamod, gall effeithio'n uniongyrchol yn yr ystyr y gall unigolyn ei gorfodi ar y wladwriaeth. Ar y llaw arall, nid yw cyfarwyddeb gymharol amhendant yn cael effaith uniongyrchol fertigol.

Van Duyn v Home Office (1974)

Roedd Van Duyn yn ddinesydd yr Iseldiroedd a oedd hefyd yn aelod o Eglwys Seientoleg, grŵp crefyddol dadleuol yr oedd llywodraeth y DU yn awyddus i'w gadw allan o'r DU oherwydd cyhuddiadau bod Seientolegwyr yn 'pwylltreisio'. Oherwydd hyn, gwrthododd llywodraeth y DU adael i Van Duyn ddod i mewn i'r DU. Heriodd Van Duyn y penderfyniad hwn, gan ddadlau ei fod yn mynd yn groes i erthyglau Cytuniad Rhufain, a oedd yn caniatáu'r rhyddid i unigolion symud rhwng aelod-wladwriaethau. Roedd Cytuniad Rhufain yn caniatáu rhai eithriadau ar sail 'polisi cyhoeddus'. Dadleuai Van Duyn fod un o gyfarwyddebau'r UE a gyflwynwyd yn 1964 yn cyfyngu diffiniad 'polisi cyhoeddus' i faterion a oedd yn codi o ymddygiad personol. Gan nad oedd hi wedi gwneud dim, o ran ei hymddygiad personol, a fyddai'n arwain at gael ei heithrio, dadleuwyd y dylai gael mynediad i'r wlad. Barnodd LIBE y dylai cyfarwyddeb a oedd yn creu hawliau a rhwymedigaethau clir gael effaith uniongyrchol fertigol. Nid oedd yn anodd tybio pa fathau penodol o ymddygiad personol fyddai'n annerbyniol o dan y gyfarwyddeb.

2. Rhoddwyd diffiniad eang i'r term 'llywodraeth'

Er bod y syniad o effaith uniongyrchol fertigol yn cyfyngu ar hawliau gweithredu achosion i fod yn erbyn y wladwriaeth yn unig, mae achosion LIBE wedi dangos nad yw'r Llys yn diffinio 'llywodraeth' fel adran weithredol y wladwriaeth yn unig. Mae'r term 'llywodraeth' yn cynnwys cyrff a ariennir gan y llywodraeth, megis awdurdodau iechyd, ac eraill, er y gallant fod yn annibynnol ar y llywodraeth i raddau, ac er nad ydynt â rhan mewn llunio cyfreithiau.

Marshall v Southampton Health Authority (1986)

Roedd cyflogwr Ms Marshall, dietegydd a weithiai i Awdurdod Iechyd Southampton, yn gofyn iddi ymddeol ar y sail ei bod hi'n hŷn na 60 oed. Fodd bynnag, roedd hi'n awyddus i weithio hyd at 65 oed, fel y gwnâi dynion. Roedd penderfyniad ei chyflogwr, i'w gorfodi i ymddeol, yn gyfreithiol o dan gyfraith Cymru a Lloegr ond yn anghyfreithlon o dan gyfarwyddeb a ddarparai ar gyfer trin dynion a menywod yn gyfartal. Honnai Marshall ei bod hi'n dioddef camwahaniaethu. Cyfeiriodd y llys cenedlaethol yr achos at LBE dan erthygl 234 (gweler Uned 6, Adran 6.6) gan ofyn am gyfarwyddiadau ynghylch sut i ddehongli'r gyfarwyddeb. Barnodd LIBE fod cyfraith Cymru a Lloegr yn mynd yn groes i'r gyfarwyddeb. Barnwyd hefyd bod Marshall, er nad oedd hi'n gofyn i'r llywodraeth ei hun fynnu ei hawliau, yn cael ei chyflogi gan gorff a ariannwyd gan y llywodraeth, ac felly y gallai ddibynnu ar effaith uniongyrchol fertigol gan fod y llywodraeth yn rhwym o ran unigolion a weithiai i gyrff a ariannwyd ganddi.

3. Gall methu â gweithredu cyfarwyddeb arwain at ddirwyon

Yn ogystal, mae LIBE wedi dangos y gall unigolion dderbyn

Lansio ymgyrch farchnata Nwy Prydain.

Foster v British Gas (1990)

Fel yn achos **Marshall v Southampton Health Authority (1986)**, cododd achos **Foster v British Gas (1990)** oherwydd anghydfod dros wahanol oedrannau ymddeol dynion a menywod. Yn yr achos hwn, fodd bynnag, roedd rhaid i LBE benderfynu a ellid ystyried bod Nwy Prydain, corfforaeth a grëwyd gan Ddeddf y llywodraeth, gyda dyletswyddau statudol a oedd yn ymwneud â chyflenwi nwy, yn rhan o'r llywodraeth (dygwyd yr achos hwn cyn i Nwy Prydain gael ei breifateiddio). Barnodd LIBE bod asiantaethau a oedd 'yn ddarostyngedig i awdurdod neu reolaeth y wladwriaeth, neu'n berchen ar bwerau arbennig y tu hwnt i'r pwerau hynny a ddaw o ganlyniad i'r rheolau arferol sy'n bodoli mewn perthnasau rhwng unigolion' yn rhan o'r llywodraeth. Roedd Nwy Prydain yn cwrdd â'r meini prawf hyn, ac, o ganlyniad, gallai Foster ddibynnu ar effaith uniongyrchol fertigol.

(a) Esboniwch y gwahaniaeth rhwng cyfraith y DU a'r UE a oedd mor hanfodol yn yr achos hwn. (4)

(b) Beth yw ystyr effaith uniongyrchol fertigol? Defnyddiwch achos **Foster v British Gas (1990)** i egluro'ch esboniad. (8)

(c) Yn eich barn chi, pam fod LIBE wedi rhoi diffiniad mor eang i'r term 'llywodraeth' yn yr achos hwn? (5)

iawndal gan y llywodraeth genedlaethol os bydd aelod-wladwriaeth yn methu â chreu cyfreithiau o fewn yr amserlen a bennir gan gyfarwyddeb.

Italy v Francovich (1992)

Roedd cyfarwyddeb yn gofyn i aelod-wladwriaethau greu cynllun i helpu gweithwyr cwmnïau a oedd wedi methdalu. Y nod oedd sicrhau bod gweithwyr yn derbyn cyflog gorddyledus gan fod busnesau a oedd ar fin methdalu yn aml yn oedi wrth dalu cyflogau. Ni roddodd llywodraeth yr Eidal y gyfarwyddeb ar waith mewn pryd. Collodd Francovich ei waith pan fethdalodd ei gyflogwr, ac roedd ôl-dâl sylweddol yn ddyledus iddo. Barnodd LIBE bod rhaid i lywodraeth yr Eidal dalu iawndal iddo am fethu â gweithredu'r cynllun.

Fodd bynnag, yn achos **Paola Faccini Dori v Recreb Srl (1995)**, dywedodd LIBE bod rhaid cwrdd â nifer o feini prawf er mwyn sicrhau hawl i iawndal am na roddwyd cyfarwyddeb ar waith:

- rhaid bod y gyfarwyddeb yn un a fwriadwyd ar gyfer rhoi hawliau i unigolion
- rhaid bod natur yr hawliau'n glir o'r gyfarwyddeb
- rhaid bod cysylltiad clir rhwng methiant y wladwriaeth i roi'r gyfarwyddeb ar waith a cholled yr unigolyn.

Cyfarwyddebau ac effaith uniongyrchol lorweddol

Nid yw cyfarwyddebau yn cael effaith uniongyrchol lorweddol, h.y. nid yw cyfarwyddebau na chafodd eu rhoi ar waith yn rhoi hawliau i unigolion yn erbyn neb ac eithrio'r llywodraeth. Yn **Duke v GEC Reliance Ltd (1988)**, ceisiai Ms Duke elwa o'r hawliau yn erbyn camwahaniaethu a nodwyd yn y Gyfarwyddeb Triniaeth Gyfartal. Fodd bynnag, ni allai ddibynnu ar y gyfarwyddeb mewn achos yn erbyn ei chyflogwr gan ei bod hi'n cael ei chyflogi gan fusnes masnachol yn hytrach na'r llywodraeth neu gorff y wladwriaeth.

Yn achos Marleasing **SA v LA Commercial Internacional de Alimentacion (1992)**, barnodd LIBE pe bai unrhyw amwysedd ynghylch cyfraith genedlaethol, y dylai'r llysoedd cenedlaethol ei dehongli, yng ngoleuni'r gyfarwyddeb UE berthnasol, hyd yn oed os na chafodd y gyfarwyddeb ei rhoi ar waith eto.

Cytuniadau ac effaith uniongyrchol

Nid yw pob erthygl mewn cytuniad yn gallu cael effaith uniongyrchol am eu bod yn rhy amhendant i ffurfio sail hawliau neu rwymedigaethau ar gyfer unigolion. Mae erthygl 4 o'r Cytuniad ar Undeb Ewropeaidd ('Cytuniad Maastricht'), a gadarnhawyd yn 1993 yn cynnwys y ddarpariaeth:

'Bydd Cyngor Ewrop yn rhoi'r ysgogiad angenrheidiol i'r Undeb er mwyn ei datblygu, ac yn diffinio'r canllawiau gwleidyddol cyffredinol yn ôl hyn.'

Mae'r problemau sy'n codi o drin y ddarpariaeth hon fel pe bai'n cael effaith uniongyrchol fertigol neu lorweddol yn codi problemau. Byddai'n chwerthinllyd i dybio bod dinesydd yr UE yn gallu dwyn achos llys er mwyn gorfodi aelod-wladwriaeth i roi'r 'ysgogiad angenrheidiol i'r Undeb er mwyn ei datblygu'.

Fodd bynnag, weithiau gall cytuniadau greu hawliau a rhwymedigaethau y gellir eu gorfodi gan y llysoedd, hyd yn oed heb i gyfreithiau newydd, manylach gael eu creu. Sefydlwyd hyn yn achos **Van Gend en Loos (1963)**. Penderfynodd LIBE y gallai darpariaethau cytuniad gael effaith uniongyrchol lorweddol a fertigol:

- pan oeddent yn ddiamod, yn glir ac yn fanwl gywir o ran yr hawliau a'r rhwymedigaethau a grëwyd
- pan na roddwyd disgresiwn i aelod-wladwriaethau ynghylch rhoi'r darpariaethau ar waith.

Felly, pan fo'n glir pa hawliau a rhwymedigaethau a roddir i ddinasyddion yr UE gan ddarpariaeth arbennig cytuniad a phan fo rhaid i bob aelod-wladwriaeth weithredu'r ddarpariaeth, mae gan y ddarpariaeth effaith uniongyrchol.

Effaith uniongyrchol a chyfreithiau eraill yr UE

Nodwyd uchod bod rheoliadau yn gyfreithiau manwl sy'n berthnasol i bawb yn yr aelod-wladwriaethau a'u bod yn 'uniongyrchol gymwys'. Ffordd arall o ddweud hyn yw bod gan reoliadau effaith uniongyrchol fertigol a llorweddol.

Mae penderfyniadau hefyd yn uniongyrchol gymwys. Ar y llaw arall, nid yw argymhellion yn rhwymo yn ôl y gyfraith, ac felly nid oes ganddynt effaith uniongyrchol.

Crynodeb ●●●

1. Beth mae llofnodi cytuniad UE yn ei olygu o safbwynt aelod-wladwriaeth?

2. Esboniwch y gwahaniaeth rhwng cyfarwyddeb a rheoliad.

3. Mewn perthynas â chyfraith yr UE, beth yw penderfyniad?

4. Beth yw cyfraith sy'n 'uniongyrchol gymwys'?

5. Pa fath o gyfreithiau'r UE sy'n 'uniongyrchol gymwys' bob amser?

6. Beth yw'r gwahaniaeth rhwng effaith uniongyrchol fertigol a llorweddol?

7. Pryd fydd cyfarwyddeb yn cael effaith uniongyrchol fertigol?

Astudiaeth achos   Y Cytuniad ar Undeb Ewropeaidd

Erthygl 29 o Gytuniad Amsterdam, 1997

Heb ragfarn i bwerau Cymuned Ewrop, amcan yr Undeb fydd darparu i ddinasyddion lefel uchel o ddiogelwch o fewn ardal o ryddid, diogelwch a chyfiawnder drwy ddatblygu gweithredu ar y cyd ymhlith yr aelod-wladwriaethau ym meysydd cydweithrediad yr heddlu a'r gyfraith, a brwydro yn erbyn hiliaeth a senoffobia.

Cyflawnir yr amcan hwnnw drwy atal a brwydro yn erbyn trosedd, wedi'i drefnu neu fel arall, yn enwedig terfysgaeth, delio mewn personau a throseddau yn erbyn plant, delio mewn cyffuriau ac arfau yn anghyfreithlon, llygredigaeth a thwyll, drwy:

- gydweithredu agosach rhwng yr heddlu, swyddogion tollau ac awdurdodau cymwys eraill o fewn yr aelod-wladwriaethau, yn uniongyrchol a hefyd drwy gyfrwng Swyddfa Heddlu Ewrop (Europol)

- cydweithredu agosach rhwng awdurdodau barnwrol ac awdurdodau cymwys eraill o fewn yr aelod-wladwriaethau

- brasamcan, lle bo angen, o reolau sy'n ymwneud â materion troseddol o fewn yr aelod-wladwriaethau.

Detholiad o fersiwn gydgrynhoi y Cytuniad ar Undeb Ewropeaidd, yn ymgorffori'r newidiadau a wnaed gan Gytuniad Amsterdam.

Cwestiynau

(a) A yw e. 29 yn cael effaith uniongyrchol? Esboniwch eich ateb. (3)

(b) Rhowch enghraifft o gyfarwyddeb a rheoliad y gellid eu cyflwyno ar ôl llofnodi'r cytundeb hwn. (6)

(c) Trafodwch ba fath o fanylion penodol y dylai cyfarwyddebau drafft eu cynnwys i sicrhau eu bod yn cael effaith uniongyrchol fertigol. (6)

8.1 Beth yw 'cyfraith gwlad'?

Mae 'cyfraith gwlad' yn golygu cyfraith a wnaed gan farnwr. O ran cyfraith sifil, prif swyddogaeth barnwyr yw datrys anghydfodau drwy gymhwyso cyfraith sy'n bodoli yn barod. O ran cyfraith trosedd, prif swyddogaeth barnwyr yw arolygu achosion a phenderfynu ar ddedfryd os ceir y diffynnydd yn euog - unwaith eto, drwy gymhwyso cyfreithiau sy'n bodoli eisoes, gan amlaf. Mae llawer o'r gyfraith bresennol y tu hwnt i reolaeth y llysoedd. Mae gan y Senedd a'r Undeb Ewropeaidd lawer mwy o effaith ar y gyfraith bresennol. Pan fydd Deddf Seneddol yn berthnasol i achos, rhaid i farnwr gymhwyso'r Ddeddf. Mae hyn yn wir pa un ai ydy'r barnwr yn credu bod y statud yn arwain at ddatrysiad teg neu dderbyniol o'r achos ai peidio.

Fodd bynnag, mae gan farnwyr y cyfle i greu cyfraith newydd neu newid cyfraith sy'n bodoli eisoes mewn o leiaf ddau amgylchiad:

- os bydd angen penderfynu sut y dylid dehongli iaith ysgrifenedig deddfwriaeth y DU neu'r UE (gweler hefyd Uned 10)
- lle ni cheir deddfwriaeth sy'n berthnasol i'r achos sydd gerbron y llys.

Pan na cheir deddfwriaeth berthnasol, rhaid i'r barnwr benderfynu a ddylid dilyn y penderfyniadau a wnaed gan farnwr mewn achosion blaenorol sy'n cynnwys ffeithiau tebyg, ac, os felly, sut i wneud hynny. Yng ngeiriau'r Arglwydd Simonds, wrth drafod achos *Midland Silicones Ltd v Scruttons Ltd (1962)*, drwy wneud penderfyniadau fel hyn mae barnwyr yn sicrhau bod 'y gyfraith yn cael ei datblygu drwy gymhwyso hen egwyddorion at amgylchiadau newydd'.

8.2 Beth yw 'athrawiaeth cynsail'?

Mae'n bwysig i bwysleisio nad yw barnwyr, wrth wneud penderfyniadau mewn achosion sy'n dangos newid yn y gyfraith, yn dechrau gyda darn glân o bapur. Rhaid iddynt ddilyn rheolau llym a elwir yn 'athrawiaeth cynsail'. Ceir diffiniad o hwn ym Mlwch 8.1.

Ar yr olwg gyntaf, gall ymddangos fod athrawiaeth cynsail yn golygu na fydd cyfraith gwlad yn newid bron byth. Ond byddai'n orsyml i ddweud bod cyfraith gwlad yn broses o gymhwyso ac ailddatgan rheolau cyfraith a luniwyd eisoes mewn ffordd fecanyddol. O bryd i'w gilydd, mae achosion yn codi sydd mor anghyffredin fel nad oes fawr ddim yn bodoli o ran cyfraith achosion. Ar ben hyn, mae barnwyr yn dod o hyd i ddulliau o osgoi cymhwyso cynsail sydd eisoes

---

Blwch 8.1 *Athrawiaeth cynsail*

Cymhwysir cyfraith gwlad at achos drwy edrych ar achosion blaenorol sydd i bob golwg yn cynnwys ffeithiau tebyg. Disgrifir yr achosion hyn fel 'cynseiliau'. Cyfeirir atynt hefyd fel 'awdurdodau'. Os oes modd cymhwyso rheol a grëwyd mewn cynsail i'r achos sydd gerbron barnwr, rhaid iddo ddilyn y rheol honno. Mae barnwyr yn ysgrifennu datganiad, sydd ar brydiau yn faith iawn, yn esbonio'u rhesymu, gan ddweud pam eu bod wedi teimlo'r angen i ddilyn un achos yn hytrach nag un arall a chan wneud sylwadau eraill. Gelwir y datganiad ysgrifenedig hwn yn 'ddyfarniad'. Gall y dyfarniad ei hun droi'n gynsail a gymhwysir i achosion diweddarach. Stare decisis yw'r term Lladin a ddefnyddir am hyn. Ei ystyr yw 'Gadewch i'r penderfyniad sefyll'.

yn bodoli. Nid yw ffeithiau dau achos byth yn union yr un fath. Fel rheol, rhaid i farnwyr benderfynu pa rai o blith nifer o gynseiliau sy'n berthnasol i'r achos presennol. Rhaid **gwahaniaethu** rhwng achosion blaenorol sy'n debyg ond, o safbwynt rhai agweddau hanfodol, yn wahanol, a chynseiliau dilys. Mae'n bosibl y bydd rhai llysoedd yn **uwchfarnu** neu yn **disodli** penderfyniadau llysoedd eraill. Gall un llys **wrthdroi** penderfyniad un arall (gweler Uned 9, Adrannau 9.3 a 9.4 am esboniad pellach o'r termau hyn). Mae'r posibilrwydd o uwchfarnu/ddisodli neu wrthdroi cynsail yn dibynnu ar safle llys o fewn hierarchaeth lem.

Hierarchaeth y llysoedd

Mae'r llysoedd yn perthyn i hierarchaeth lem gyda Thŷ'r Arglwyddi ar y brig. Gall yr is-lysoedd greu cynseiliau ond, yn ddiweddarach, gall un o'r uwch-lysoedd ddisodli neu wrthdroi cynsail a osodwyd gan un o'r is-lysoedd - gweler Gweithgaredd 8.1.

8.3 Canfod rheol achos: ratio decidendi ac obiter dicta

Datganiad o'r hyn yw'r gyfraith mewn perthynas â'r ffeithiau penodol sydd wrth law yw *ratio decidendi* achos. Gelwir yr egwyddor, sef craidd y dyfarniad, yn 'ratio'. Gelwir y pethau eraill a ddywedir yn ystod dyfarniad yn *obiter dicta*.

Disgrifiodd Rupert Cross y *ratio decidendi* fel 'unrhyw reol y mae barnwr yn ei thrin, yn agored neu ymhlyg, fel cam angenrheidiol wrth wneud ei benderfyniad'. Mewn achosion yn y dyfodol pan fydd y ffeithiau yr un fath yn eu hanfod, bydd barnwyr yn rhwym i'r *ratio* yn unig. Mae'n dilyn, felly, na fydd unrhyw drafodaeth o'r gyfraith o fewn dyfarniad nad yw'n gwbl angenrheidiol ar gyfer datrys yr achos - sef yr *obiter dicta* - yn rhwymo barnwyr yn y

Gweithgaredd 8.1

Arglwydd Devlin.

'10% coll'
Arglwydd Devlin

Yn 1979, ysgrifennodd Arglwydd Devlin fod 90% o farnwyr, 90% o'r amser yn cymhwyso cyfraith sy'n bodoli eisoes. Mae ganddo bwynt. Ni ddylid dychmygu bod llawer o farnwyr yn treulio'u diwrnodiau yn myfyrio dros y cwestiwn 'beth yw'r gyfraith mewn gwirionedd?', heb son am 'beth ddylai'r gyfraith fod?'. Nid yw'r gyfraith a ddefnyddir ar gyfer y mwyafrif o achosion yn gymhleth iawn ac mae'r cyfreithwyr sy'n eu trafod yn dadlau dros y ffeithiau, nid y gyfraith. Yn y mwyafrif o achosion, mae'r gyfraith yn glir, wedi bodoli ers amser maith ac yn cael ei chymhwyso'n aml. Mewn achosion llys, fel rheol, trafodir yr hyn a ddigwyddodd, nid beth yw'r gyfraith. Ond, o bryd i'w gilydd mae'r byd cyfreithiol yn sylweddoli y gall cangen benodol o gyfraith gwlad newid, ac mae'n disgwyl am ddyfarniad y llys gyda diddordeb. Mae'n bosibl y bydd achosion sy'n ymwneud â dadleuon am y gyfraith yn mynd i'r llysoedd apêl - y Llys Apêl neu Dŷ'r Arglwyddi. Mae'r mwyafrif o '10% coll' Devlin yn farnwyr ar y lefel hwn. Yn aml, maent yn creu rheolau cyfraith 'newydd'. Ar brydiau, mae'r barnwr yn gweithredu nid yn unig fel canolwr mewn dadl ynglŷn â'r hyn digwyddodd, ond hefyd fel deddfwr. Yn raddol, dros y ddau gan mlynedd diwethaf, mae rôl y llysoedd wrth ddeddfu, yn hytrach na datrys anghydfodau, wedi lleihau. Bellach, y Senedd yw prif ffynhonnell y gyfraith o ran ei goruchafiaeth dros y llysoedd a maint y ddeddfwriaeth y mae'n ei chreu. Er hyn, mewn rhai meysydd pwysig o gyfraith Cymru a Lloegr, ni fu fawr ddim gweithgarwch deddfwriaethol. Mae'r Senedd wedi tueddu i osgoi ymyrryd yn natblygiad y gyfraith mewn perthynas â chontractau, esgeuluster a chyfraith trosedd, er enghraifft. Mae cyfraith gwlad wedi creu llawer o reolau cyfreithiol o fewn y meysydd cyfraith hyn.

Addaswyd o *The Judge* gan Arglwydd Devlin, Gwasg Prifysgol Rhydychen, 1979.

(a) **Pryd mae barnwyr yn gwneud cyfreithiau? (4)**

(b) **Pa farnwyr sy'n creu'r rhan fwyaf o gyfraith gwlad? (2)**

(c) **Rhowch enghreifftiau o feysydd cyfraith a ffurfir ar y cyfan gan gynsail. (3)**

(ch) **Crynhowch sut mae penderfyniadau cyfreithiol yn troi'n rheolau cyfraith gwlad. (4)**

dyfodol, er y bydd yr *obiter dicta* yn dylanwadu ar eu ffordd o feddwl. Dangosir y rhaniad rhwng *ratio* ac *obiter dicta* ym Mlwch 8.2.

Mewn llyfrau cyfraith, mae'n arferol siarad am *ratio* achos penodol fel pe bai'n gwbl amlwg ar unwaith, o fwrw golwg bras dros yr achos, beth oedd effaith dyfarniad penodol ar y gyfraith. Mewn gwirionedd, nid yw hyn yn rhwydd, yn aml. Dim ond dros gyfnod o amser wrth i'r llysoedd gael cyfleoedd i ddehongli dyfarniad a'i

Blwch 8.2 *Home Office v Dorset Yacht Company (1970)*

Cwch hwylio difrodedig.

Mae cyfraith esgeuluster yn cynnwys y cyfrifoldeb cyffredinol i gymryd camau rhesymol er mwyn atal niwed i eraill neu ddifrod i eiddo. Am nifer o flynyddoedd, pennwyd union faint y cyfrifoldeb gan gyfraith gwlad. Yn yr achos esgeuluster pwysig, *Home Office v Dorset Yacht Company (1970)*, dihangodd grŵp o fechgyn o forstal, gan ddistrywio cwch hwylio ar eu hynt. Roedd rhaid i Dŷ'r Arglwyddi benderfynu a oedd gan y swyddogion a oedd yn gyfrifol am y bechgyn unrhyw ddyletswydd tuag at y cyhoedd o ran atal difrod i eiddo. Dyfarnodd Arglwydd Reid bod y swyddogion a'u cyflogwyr yn atebol yn yr achos hwn. Dyma oedd y *ratio*. Fodd bynnag, roedd y dyfarniad hefyd yn cynnwys trafodaeth hir yn ymwneud â'r amgylchiadau pan fyddai neu na fyddai dyletswydd gofal cyffredinol mewn perthynas ag esgeuluster. Yn benodol, dywedodd Reid nad oedd yn bosibl hawlio'r hyn a elwir yn 'golled economaidd' — megis colli elw neu golled ariannol pur arall — yn hytrach na niwed corfforol neu ddifrod i eiddo. Mae'n amlwg bod y sylwadau hyn yn *obiter*, gan fod y colled hwn wedi ymwneud â difrod i eiddo. Er hyn, cafodd sylwadau yr Arglwydd Reid effaith fawr ar sut yr ystyriwyd cyfraith esgeuluster bryd hynny.

gymhwyso at achosion gwahanol y daw'n bosibl i ddweud gydag elfen o sicrwydd beth yn union yw'r egwyddor hanfodol, y *ratio decidendi*, a grëwyd gan y cynsail.

Sut mae dod o hyd i'r ratio decidendi?

Rhaid cadw dau beth mewn cof wrth geisio penderfynu *ratio decidendi* achos penodol. Drwy ystyried y ffactorau hyn gyda'i gilydd, gellir gweld pam fod angen trafod beth yw'r *ratio* a pham, yn aml, nad oes ateb clir i'r cwestiwn.

Yn gyntaf, nid oes gan ddyfarniadau ysgrifenedig benawdau. Nid oes byth pennawd clir yn dweud 'y *ratio decidendi*'. Yn aml, bydd dyfarniadau achosion apêl yn cael eu traddodi mewn dwsin neu fwy o dudalennau, gan gynnwys adolygiad gofalus o faes helaeth o'r gyfraith. O ganlyniad, nid yw bob amser yn glir beth yw'r *ratio* a beth yw'r *obiter*.

Yn ail, mae mwy nag un barnwr yn cymryd rhan mewn achosion apêl bob amser. Gall fod hyd at saith yn Nhŷ'r Arglwyddi. Mae pob un yn debygol o roi dyfarniad ar wahân, gan gynnwys rhesymau gwahanol dros eu penderfyniad a safbwynt gwahanol ar y gyfraith. Pa ddyfarniad sy'n cynnwys y *ratio*? Weithiau, mae barnwyr apêl yn dweud yn unig eu bod yn cytuno â chyd-farnwr.

Pa mor ddylanwadol yw datganiadau obiter dicta?

Yn aml, mae *obiter dicta* yn dylanwadu ar esblygiad y gyfraith ac ni ddylid eu hystyried yn ddibwys am fod y llysoedd wedi'u rhwymo gan y *ratio* yn unig.

Mae'r datganiadau *obiter* pwysicaf yn gwneud sylwadau ynghylch sut y dylid neu y gellid gweld y gyfraith fel ag y mae'n sefyll mewn perthynas â math cyffredinol o achos, ac nid yr achos dan sylw yn unig. Nid yw'r datganiadau hyn yn anhepgor i'r broses o benderfynu achos yn yr ystyr a ddefnyddir gan Rupert Cross uchod. Er hyn, gall *obiter* heddiw droi'n *ratio* yfory pan fydd barnwr yn edmygu'r rhesymeg. Gall hyn ddigwydd mewn un o ddwy ffordd - gweler Blwch 8.3.

> **Blwch 8.3** *Datganiadau obiter yn cael eu trawsnewid yn ratio*
>
> Gall datganiad *obiter* heddiw droi'n *ratio* yfory mewn dwy ffordd. Yn gyntaf, gan mai Tŷ'r Arglwyddi yw'r llys uchaf yng nghyfundrefn gyfreithiol y wladwriaeth, mae datganiadau *obiter* a wneir yn Nhŷ'r Arglwyddi yn cael eu trin fel arwydd o'r hyn a wnâi Arglwyddi'r Gyfraith pe baent yn trafod ffeithiau gwahanol. Mae cyfreithwyr yn darllen yr *obiter dicta* yn nyfarniadau Arglwyddi'r Gyfraith ac yna'n dadlau, pe bai achos penodol yn cael ei gyfeirio at yr Arglwyddi drwy apêl, y byddai'n debygol iawn mai felly y byddant yn dyfarnu. Hynny yw, mae'r datganiadau *obiter* yn troi'n *ratio*. Pan fydd barnwr yn gorfod gwneud penderfyniad anodd drwy ddewis rhwng dwy fersiwn neu fwy o'r hyn yw'r gyfraith, bydd gan y fersiwn sydd wedi'i chefnogi gan ddatganiadau *obiter* mewn uwch-lys fwy o ddylanwad. Dan yr amgylchiadau hyn, gelwir datganiadau obiter yn 'gynseiliau perswadiol'. Mae'n bosibl hefyd y bydd datganiadau *obiter* is-lys yn cael eu hystyried gan, ac yn cael cymeradwyaeth, uwch-lys. Nid yw dadleuon cyfreithiol yn y llysoedd apêl yn ystyried achosion llysoedd apêl yn unig. Os bydd rhyw agwedd ar ffeithiau'r achos yn peri ei fod yn annhebyg i achosion eraill a ddaeth gerbron y llysoedd, mae'n bosibl mai dim ond dyfarniadau'r Uchel Lys fydd ar gael i'w dadansoddi. Gall datganiadau *obiter* mewn is-lysoedd ddylanwadu ar Dŷ'r Arglwyddi neu'r Llys Apêl yn eu cais am ddatganiad 'cywir' o'r gyfraith er mwyn ffurfio *ratio decidendi*.

8.4 Cynsail a hierarchaeth y lysoedd

Mae hierarchaeth lem ymhlith llysoedd Cymru a Lloegr, gyda Llys Barn Ewrop (LIBE) ar y brig a'r Llys Ynadon ar y gwaelod (gweler Unedau 13 ac 16). Mae'r hierarchaeth hon yn bwysig gan fod yr is-lysoedd yn rhwym o ddilyn y cynseiliau a osodir gan yr uwch-lysoedd. Er enghraifft,

rhaid i bob llys ddilyn cynsail a bennir gan LBE gan mai LIBE sydd ar frig yr hierarchaeth. Yn yr un modd, rhaid i bob llys ac eithrio LIBE ddilyn cynsail a bennir gan Dŷ'r Arglwyddi gan mai Tŷ'r Arglwyddi yw'r llys nesaf yn yr hierarchaeth. Gan fod rhaid i'r is-lysoedd ddilyn cynseiliau a bennir gan yr uwch-lysoedd, gelwir cynseiliau a bennir gan uwch-lysoedd yn 'gynseiliau sy'n rhwymo'. Edrychir yn fanwl ar y berthynas rhwng y cynsail a hierarchaeth y llysoedd yng Ngweithgaredd 8.2.

8.5 Llys Barn Ewrop (LIBE)

Mae Llys Barn Ewrop yn derbyn ei awdurdod gan aelod-wladwriaethau'r Undeb Ewropeaidd (UE), ac nid gan gyfraith Cymru a Lloegr yn unig (gweler Uned 6, Adran 6.6). Gan fod y DU yn aelod o'r UE, mae llysoedd y DU yn rhwym o ddilyn penderfyniadau LIBE. Mae rhai meysydd cyfraith, gan gynnwys cyfraith trosedd, yn parhau i fod yn gymharol rydd o ddylanwad cyfraith Ewrop. Yn y meysydd hyn, yn ymarferol, Tŷ'r Arglwyddi yw'r goruchaf lys. Mae LIBE lawer yn fwy parod i ddisodli ei gyn-benderfyniadau ei hun nag ydyw Tŷ'r Arglwyddi.

8.6 Pryd mae Tŷ'r Arglwyddi yn rhwym wrth ei benderfyniadau ei hun?

Bu llawer o drafod ymhlith y farnwriaeth ac academyddion y gyfraith dros rai blynyddoedd ynghylch i ba raddau y dylai Tŷ'r Arglwyddi ystyried ei fod rhwym i'w benderfyniadau ei hun. Gan mai Tŷ'r Arglwyddi yw llys apêl uchaf cyfundrefn wladwriaethol y DU, mae gan y ddadl hon arwyddocâd arbennig. Gall Tŷ'r Arglwyddi ddewis rhwng sicrwydd a hyblygrwydd o fewn y gyfraith.

Y ddadl dros sicrwydd

Beth pe bai Arglwyddi'r Gyfraith yn credu bod rhesymau da dros ddiwygio rhai meysydd penodol o'r gyfraith, heb boeni am gynseiliau hirsefydlog Tŷ'r Arglwyddi? Yna, beth pe bai Arglwyddi'r Gyfraith yn diystyru'r diwygiadau cynharach hyn wrth ddyfarnu, pan ddaw'r cyfle i ddiwygio, gan newid cyfraith gwlad? Gellid dadlau bod yr Arglwyddi wedi creu ansicrwydd ofnadwy o fewn y gyfraith. Dan amgylchiadau o'r fath, gellid dadlau bydd cyfreithwyr yn cael anhawster penderfynu beth yw cyfraith gwlad ar adeg benodol gan fod cynseiliau pwysig yn cael eu creu yn ôl safbwyntiau unigol barnwyr penodol. Mae hynny'n broblem. Er enghraifft, os bydd un cwmni wedi gwneud contract â chwmni arall, mae angen i'r cwmni deimlo'n ffyddiog y gall orfodi'r contract yn y llysoedd os bydd yr ochr arall yn methu â chadw at amodau'r cytundeb. Mae rheolau llym

Gweithgaredd 8.2 Cynseiliau sy'n rhwymo

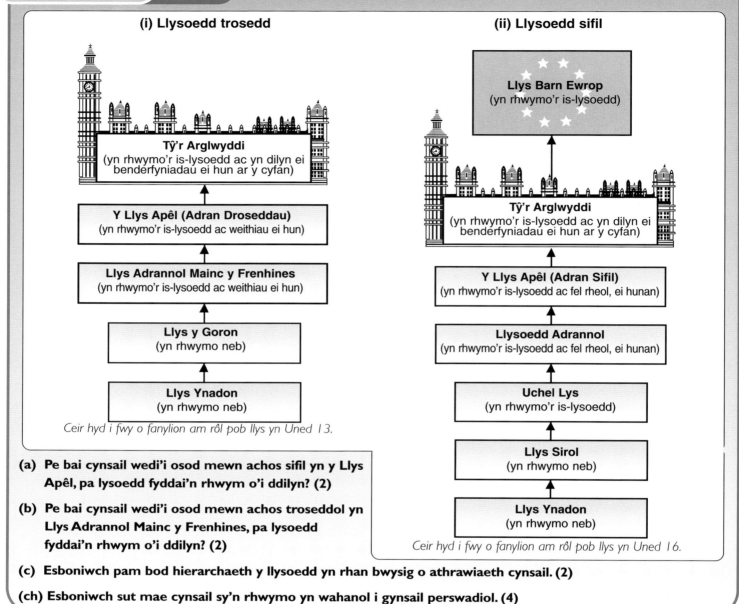

(i) Llysoedd trosedd

Tŷ'r Arglwyddi
(yn rhwymo'r is-lysoedd ac yn dilyn ei benderfyniadau ei hun ar y cyfan)

Y Llys Apêl (Adran Droseddau)
(yn rhwymo'r is-lysoedd ac weithiau ei hun)

Llys Adrannol Mainc y Frenhines
(yn rhwymo'r is-lysoedd ac weithiau ei hun)

Llys y Goron
(yn rhwymo neb)

Llys Ynadon
(yn rhwymo neb)

Ceir hyd i fwy o fanylion am rôl pob llys yn Uned 13.

(ii) Llysoedd sifil

Llys Barn Ewrop
(yn rhwymo'r is-lysoedd)

Tŷ'r Arglwyddi
(yn rhwymo'r is-lysoedd ac yn dilyn ei benderfyniadau ei hun ar y cyfan)

Y Llys Apêl (Adran Sifil)
(yn rhwymo'r is-lysoedd ac fel rheol, ei hunan)

Llysoedd Adrannol
(yn rhwymo'r is-lysoedd ac fel rheol, ei hunan)

Uchel Lys
(yn rhwymo'r is-lysoedd)

Llys Sirol
(yn rhwymo neb)

Llys Ynadon
(yn rhwymo neb)

Ceir hyd i fwy o fanylion am rôl pob llys yn Uned 16.

(a) Pe bai cynsail wedi'i osod mewn achos sifil yn y Llys Apêl, pa lysoedd fyddai'n rhwym o'i ddilyn? (2)

(b) Pe bai cynsail wedi'i osod mewn achos troseddol yn Llys Adrannol Mainc y Frenhines, pa lysoedd fyddai'n rhwym o'i ddilyn? (2)

(c) Esboniwch pam bod hierarchaeth y llysoedd yn rhan bwysig o athrawiaeth cynsail. (2)

(ch) Esboniwch sut mae cynsail sy'n rhwymo yn wahanol i gynsail perswadiol. (4)

cynsail yn gymorth i osgoi ansicrwydd. Gan fod cyfreithwyr yn gwybod beth yw'r cynseiliau, fel rheol, gallant ragweld sut y bydd barnwr yn rhoi'r gyfraith ar waith. Byddai'n well gan gyfreithwyr sicrwydd nac ansicrwydd, felly.

Y ddadl dros hyblygrwydd

Ar y llaw arall, pe bai Tŷ'r Arglwyddi yn rhwym wrth benderfyniadau a wnaed yn y gorffennol, mae'n bosibl na fyddai'r gyfraith yn newid yn ddigon cyflym. Ni fyddai prin neb yn dadlau bod yr egwyddorion moesol a oedd yn sail i gyfraith gwlad y 19eg ganrif yn briodol ar gyfer cymdeithas fodern. Ac eto, oherwydd athrawiaeth cynsail, bu adegau yn y gorffennol agos pan oedd egwyddorion

o'r fath yn parhau mewn cyfraith gwlad. Mae achos **R v R (1991)** yn enghraifft eithafol o'r perygl sy'n bosibl wrth lynu'n dynn wrth y cynsail. Yn yr achos hwn, dywedodd yr Arglwyddi, yn groes i'w penderfyniadau blaenorol, y gallai trais rhywiol o fewn priodas fod yn drosedd. Cyn **R v R (1991)** roedd cyfres o gynseiliau wedi datgan na allai wraig briod wrthod cyfathrach rywiol â'i gŵr. Wrth gwrs, byddai'r mwyafrif o bobl yn cytuno bod yr Arglwyddi'n gwneud y peth iawn drwy newid y gyfraith honno, ond mae'n achos pryder a syndod na newidiwyd y gyfraith cyn 1991 (er y gellid dadlau mai cyfrifoldeb y Senedd, yn hytrach na'r llysoedd, oedd newid y gyfraith).

Yn draddodiadol, bu'n well gan Dŷ'r Arglwyddi sicrwydd

na hyblygrwydd, ond, yn 1966, cyhoeddodd y Tŷ Ddatganiad Ymarfer yn mynegi ei barodrwydd i fod yn fwy hyblyg yn y dyfodol.

8.7 Datganiad Ymarfer 1966

Cyn 1966, gweithredai Tŷ'r Arglwyddi yn y modd a welwyd yn *London Street Tramways v London County Council (1898)*. Yn sgil yr achos hwn, pennwyd bod yr Arglwyddi'n rhwym bob amser o ddilyn ei benderfyniadau ei hun. Yr unig eithriad i hyn oedd yr achosion hynny lle gwnaed penderfyniadau 'mewn camgymeriad' (gelwid hyn yn *'per incuriam'*). Cyfyngwyd ar y syniad o 'gamgymeriad' fel ei fod yn ymwneud â'r achosion hynny lle gwnaed penderfyniad heb gyfeirio at unrhyw ddeddfwriaeth neu gynsail berthnasol. O ganlyniad i *London Street Tramways v London County Council (1898)*, yr unig ffordd y gellid dadwneud cynseiliau mwyaf dadleuol Tŷ'r Arglwyddi oedd drwy gyfrwng deddfwriaeth. Gellid dadlau bod hyn yn gwastraffu amser y Senedd. Yn yr achosion hynny lle crëwyd neu atgyfnerthwyd rheol wael gan yr Arglwyddi, neu yn syml, lle roeddent wedi cymryd cam gwag, dylai fod ganddynt y grym i gywiro hyn o leiaf. Mae hyn yn cyd-fynd â'r syniad bod diwygio'r gyfraith yn sylweddol yn waith i Senedd etholedig.

Yn 1966, fodd bynnag, cyhoeddodd yr Arglwydd Ganghellor y 'Datganiad Ymarfer' - gweler Blwch 8.4. Yn y dyfodol, byddai Tŷ'r Arglwyddi yn cael ymadael â'i benderfyniadau blaenorol lle bo'n briodol.

Datblygiadau ers 1966

Nid yw system gynsail cyfraith gwlad wedi newid llawer ers 1966. Ar y cyfan, mae Arglwyddi'r Gyfraith wedi bod yn ofalus. Defnyddiwyd y Datganiad Ymarfer dim ond ar adegau prin. Mae Alan Paterson, yn *The Law Lords* (1982) yn tynnu sylw at y ffaith fod Arglwydd Reid, mewn achosion gwahanol rhwng 1966 a 1975, wedi dyfeisio saith maen prawf i benderfynu a ddylid defnyddio'r Datganiad Ymarfer:

1. Prin iawn fydd nifer yr achosion pan ddylid defnyddio'r Datganiad Ymarfer.

2. Ni ddylid disodli cynsail pan fyddai hynny'n creu trafferthion annheg i bobl a oedd wedi rhoi trefn ar eu pethau'n gywir, gan gymryd yn ganiataol bod y cynsail yn datgan y gyfraith bresennol.

3. Dylid disodli penderfyniadau sy'n ymwneud â dehongli statudau mewn achosion eithriadol yn unig.

4. (a) ni ddylid disodli cynsail os na all Arglwyddi'r Gyfraith rag-weld beth fyddai canlyniadau anwybyddu'r rheol flaenorol a

   (b) ni ddylid disodli cynsail os byddai'n well diwygio rhan sylweddol o'r gyfraith yn hytrach nag un darn

Blwch 8.4 *Y Datganiad Ymarfer*

Cyhoeddwyd Datganiad Ymarfer 1966 gan Arglwyddi'r Gyfraith. Gellir ei grynhoi fel hyn:

1. Mae'r Arglwyddi'n parhau i gredu bod yr angen i unigolion wybod fwy neu lai beth yw'r gyfraith yn hanfodol. Mae'r system cynseiliau yn gymorth i gyflawni hyn. Ystyrir bod cynsail hefyd yn system dda ar gyfer datblygu'r gyfraith dros gyfnod.

2. Gall glynu'n rhy dynn at yr hyn a benderfynwyd mewn achosion blaenorol arwain at sefyllfa lle nad yw rhai unigolion yn cael cyfiawnder a lle mae'r gyfraith yn newid yn rhy araf. Dylai Tŷ'r Arglwyddi barhau i ystyried ei fod wedi'i rwymo gan ei benderfyniadau ei hun ar y cyfan ond gan symud oddi wrth penderfyniad blaenorol pan fo'n briodol.

3. Ni ddylid newid cyfraith contract, cyfraith eiddo, cyfraith trethi ac yn enwedig cyfraith trosedd heb ystyriaeth ofalus.

4. Mae'r Datganiad Ymarfer yn berthnasol dim ond i rôl cynsail ym mhenderfyniadau'r Arglwyddi. Nid yw'n berthnasol i'r defnydd a wneir o gynsail mewn llysoedd eraill.

bach (y Senedd yn unig ddylai gwneud newidiadau sylweddol i'r gyfraith).

5. Ni ddylid disodli cynsail dim ond am fod Arglwyddi'r Gyfraith yn meddwl bod llys blaenorol wedi camddeall y gyfraith. Dylai fod rheswm arall hefyd.

6. Dylid disodli cynsail os yw'n peri bod y gyfraith yn amwys, fel na all cyfreithwyr gynghori eu cleientiaid ynghylch penderfyniadau'r llys am fater penodol.

7. Dylid disodli cynsail os yw'n amlwg nad yw'n cyd-fynd â chysyniadau modern am gyfiawnder a gwerthoedd cymdeithasol.

Edrychir yn fanylach ar gymhwyso'r Datganiad Ymarfer yng Ngweithgaredd 8.3.

8.8 Pryd mae'r Llys Apêl yn rhwym wrth ei benderfyniadau ei hun?

O fewn y Llys Apêl (yr Adran Droseddau a'r Adran Sifil), fel rheol mae penderfyniadau blaenorol yn rhwymo. Dyma'r rheol a grëwyd gan *Young v Bristol Aeroplane Company Ltd (1944)*. Dyma'r tri eithriad a ganiateid gan yr achos:

- pan fydd penderfyniadau'r Llys Apêl yn anghyson (dan yr amgylchiadau hyn, gall y llys ddewis pa un o'i benderfyniadau blaenorol i'w ddilyn)

Gweithgaredd 8.3

Jones v Secretary of State for Social Services (1972)

Roedd achos **Jones v Secretary of State for Social Services (1972)** yn ymwneud â dehongli deddfwriaeth ynghylch budd-daliadau am anafiadau ac a ddylai Tŷ'r Arglwyddi anwybyddu ei benderfyniad blaenorol yn **Re Dowling (1967)**, dan Ddatganiad Ymarfer 1966. O blith saith Arglwydd Cyfraith, roedd pedwar yn teimlo bod y dyfarniad yn achos Dowling yn anghywir, ond dim ond tri ohonynt oedd yn barod i ddefnyddio'r Datganiad Ymarfer. Roedd Arglwydd Pearson yn un o'r rhai o blaid sicrwydd. Dywedodd fod penderfyniad blaenorol yr Arglwyddi'n dda gan ei fod yn derfynol yn yr ystyr ei fod yn rhoi terfyn ar gyfreitha (h.y. gweithredu cyfreithiol) rhwng y partïon a hefyd yn yr ystyr ei fod yn sefydlu egwyddor a ymgorfforwyd yn y ratio decidendi. Crëwyd 'sylfaen gadarn' ar gyfer trefniadau masnachol, ariannol a chyllidol arni. Dywedodd: 'Ni ddylid gwastraffu'r fantais a geir o derfynoldeb drwy fod yn rhy barod i ddefnyddio'r rhyddid diweddar i symud oddi wrth benderfyniadau diweddar.' Ar y llaw arall, roedd Arglwydd Diplock o blaid disodli'r dyfarniad yn achos Dowling. Er ei fod yn achos diweddar, meddai, nid oedd yn synhwyrol gadael i gamgymeriadau hirsefydlog barhau. Gellid defnyddio deddfwriaeth yn y Senedd i wrthdroi'r penderfyniad ond byddai hynny'n cymryd gormod o amser ac, yn y cyfamser, roedd y sawl a ddioddefai damweiniau yn y gwaith ar eu colled.

(a) **A yw Arglwydd Pearson i'w weld o blaid sicrwydd neu hyblygrwydd o ran gallu'r Arglwyddi i ddeddfu? Esboniwch eich ateb. (4)**

(b) **Pa rai o'r saith maen prawf a nodwyd gan Arglwydd Reid y byddai Arglwydd Pearson wedi eu defnyddio wrth wneud ei benderfyniad, yn eich barn chi? Esboniwch eich ateb. (6)**

(c) **Gan ddefnyddio achos Jones v Secretary of State for Social Services (1972) gwnewch asesiad o effaith y Datganiad Ymarfer ac anawsterau ei gymhwyso. (6)**

- pan fydd modd dehongli bod penderfyniad gan Dŷ'r Arglwyddi yn disodli penderfyniad y Llys Apêl drwy oblygiad
- pan roddwyd penderfyniad blaenorol y Llys Apêl per incuriam.

Yn ogystal, i bob golwg, bu rhai mân-eithriadau eraill i'r rheol yn **Young v Bristol Aeroplane Company Ltd (1944)** a grëwyd o ganlyniad i achosion diweddarach.

Am gyfnod yn ystod y 1960au a'r 1970au, mewn dyfarniadau gwahanol, ceisiodd y Llys Apêl, ac yn benodol Arglwydd Denning, ddisodli'r cyfyngiadau y mae **Young v Bristol Aeroplane Company Ltd (1944)** yn eu creu. Gwelwyd ffrwyth yr ymdrechion hyn yn achos **Davis v Johnson (1978)** - gweler Gweithgaredd 8.4

Ers ymddeoliad Arglwydd Denning, prin iawn fu'r

achosion pan na wnaeth y Llys Apêl ddilyn ei benderfyniadau ei hun. Un ddadl o blaid gadael i'r Arglwyddi benderfynu pryd y dylid anwybyddu cynsail yw'r ffaith bod yr Arglwyddi'n gwrando ar lawer llai o achosion na'r Llys Apêl a'u bod yn farnwyr mwy profiadol. Dylai fedru roi barn ehangach a mwy hirdymor ynglŷn â'r angen am newid cyfraith gwlad. Yn aml, mae'r Llys Apêl yn trafod achosion mwy cyffredin ac mae ganddo fwy o waith. Bydd pawb ond y barnwyr mwyaf profiadol yn eu plith yn cael anhawster trafod achosion i'r un manylder â'r Arglwyddi.

Y Llys Apêl (yr Adran Droseddau)

Mae'r Adran Droseddau hefyd yn rhwym wrth ei phenderfyniadau blaenorol. Mae'r eithriadau yn **Young v Bristol Aeroplane Company Ltd (1944)** yn gymwys. Fodd bynnag, mae un eithriad pwysig arall. Yn **R v Spencer (1985)** dywedodd yr Adran Droseddau nad oedd unrhyw wahaniaeth rhyngddi â'r Adran Sifil mewn perthynas â chynsail, ac eithrio pan fyddai rhyddid person yn y fantol, pan allai wrthod dilyn un o'i phenderfyniadau ei hun.

8.9 Pryd mae llysoedd eraill yn rhwym wrth eu penderfyniadau eu hunain?

Llysoedd Adrannol yr Uchel Lys

Yn yr Uchel Lys, mae tri llys apêl ar wahân a elwir yn Llysoedd Adrannol - Mainc y Frenhines, y Siawnsri a'r Teulu (gweler Uned 16, Adran 16.2). Maent oll yn rhwym gan benderfyniadau'r Llys Apêl, Tŷ'r Arglwyddi a LIBE. Ar y cyfan, mae'r Llysoedd Adrannol yn rhwym wrth eu penderfyniadau eu hunain. Mae'r eithriadau i'r rheol hon yn debyg i'r rhai sy'n gymwys i'r Llys Apêl. Penderfynwyd ar hynny yn **Police Authority for Huddersfield v Watson (1947)**. Yn debyg i Adran Droseddau y Llys Apêl, i bob golwg mae gan Lys Adrannol Mainc y Frenhines fwy o hyblygrwydd o ran disodli ei benderfyniadau ei hun yn achos rhyddid personol - **R v Greater Manchester Coroner ex parte Tal (1985)**.

Yr Uchel Lys

Mae'r Uchel Lys, sy'n gwrando ar achosion sifil pwysicach, yn rhwym gan benderfyniadau'r Llysoedd Adrannol, y Llys Apêl, Tŷ'r Arglwyddi a LIBE. Yn wahanol i'r rhain, fodd bynnag, nid yw'n gorfod dilyn ei benderfyniadau ei hun - **Colchester Estates (Cardiff) v Carlton Industries plc (1984)**.

Llysoedd y Goron, Llysoedd Sirol a'r Llysoedd Ynadon

Gwrandewir ar achosion troseddol mwy difrifol yn Llys y Goron. Mae'r Llys Sirol yn ymwneud â hawliadau sifil am symiau bach o arian. Daw achosion troseddol llai difrifol

Gweithgaredd **8.4** Davis v Johnson (1978)

Yn achos **Davis v Johnson (1978)**, roedd yr apelydd yn ceisio gwahardd ei gŵr treisgar o'r cartref teuluol. Roedd ei gallu i wneud hyn yn dibynnu ar ddehongli Deddf Trais yn y Cartref ac Achosion Priodasol 1976. Nid oedd y Ddeddf yn dangos yn glir a allai gwraig gael gwaharddeb (math o orchymyn llys) yn gwahardd ei gŵr o'r tŷ pan oedd ef yn denant neu'n berchennog ar y tŷ. Yn ôl penderfyniadau blaenorol y Llys Apêl, nid oedd geiriad y Ddeddf yn caniatáu hynny. Roedd tri o'r pum barnwr yn dadlau bod gan y Llys Apêl yr hawl i anwybyddu ei benderfyniadau blaenorol. Aeth Denning yn bellach na neb wrth roi ei ddyfarniad ef. Mynegodd Denning ei deimlad bod y penderfyniadau blaenorol a wnaed gan y Llys Apêl yn anghywir. Hynny yw, roedd y llys wedi gwneud camgymeriad wrth ddehongli'r Ddeddf. Yna gofynnodd a oedd yn rhydd i ddiystyru'r penderfyniadau hyn. Credai y dylai fod gan y Llys Apêl ddisgresiwn. Gofynnodd Denning: 'Beth yw'r ddadl arall? Dywedir, yn achos camgymeriad, nad oes gan y llys hwn ddewis arall ond i barhau â'r camgymeriad a gadael y gwaith o'i gywiro i Dŷ'r Arglwyddi'. Rhoddodd dair dadl rymus dros beidio â gadael i Dŷ'r Arglwyddi wneud hyn:

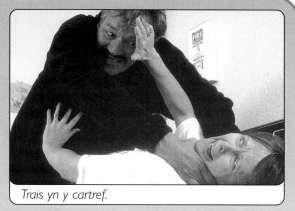

Trais yn y cartref.

- efallai y byddai'n rhaid aros am flynyddoedd maith cyn y deuai achos a roddai gyfle i gywiro'r gyfraith gerbron yr Arglwyddi
- er gwaethaf bodolaeth cynllun cymorth cyfraith y wladwriaeth, ni fyddai gan lawer o bobl ddigon o arian i ddwyn achos gerbron Tŷ'r Arglwyddi
- hyd yn oed pe bai'r achos hwn yn cael ei ddwyn gerbron yr Arglwyddi, byddai misoedd wedi pasio cyn y byddai'r apêl nesaf yn cael gwrandawiad, ac, yn y cyfamser, ni fyddai'r gwragedd hynny a ddioddefai trais yn y cartref yn cael eu hamddiffyn fel y dylent gan y Senedd.

Drwy apêl, aeth yr achos gerbron Tŷ'r Arglwyddi. Er bod Arglwyddi'r Gyfraith yn derbyn safbwynt y Llys Apêl yn yr achos hwn mewn perthynas â'r dehongliad cywir o'r Ddeddf Trais yn y Cartref, roeddent o'r farn fod mwyafrif y Llys Apêl yn anghywir i ymestyn yr eithriadau i'r rheol yn **Young v Bristol Aeroplane Company Ltd (1944)**. Yn ôl Arglwydd Salmon, un rheswm am hynny oedd bod 17 o farnwyr yn y Llys Apêl. Byddai unrhyw hyblygrwydd mewn perthynas â *stare decisis* (gadewch i'r penderfyniad sefyll – gweler Blwch 8.1) yn arwain at nifer fawr o benderfyniadau anghyson, at ansicrwydd ac anhrefn.

(a) Beth yw'r dadleuon dros ganiatáu mwy o hyblygrwydd i'r Llys Apêl o safbwynt dilyn eu penderfyniadau eu hunain? (6)

(b) Beth yw'r dadleuon yn erbyn cymryd cam o'r fath? (6)

---

gerbron yr ynadon, sydd hefyd â'r grym i wrando ar nifer fach o achosion sifil. Mae'r tri llys hyn yn 'lysoedd israddol'. Maent yn rhwym o ddilyn pob un o benderfyniadau'r uwch-lysoedd a restrir uchod. I bob pwrpas ymarferol, nid ydynt yn creu cynseiliau, er y bu rhai eithriadau prin i hyn yn achos Llys y Goron.

Deddf Hawliau Dynol 1998 a'i chynsail

Mae Deddf Hawliau Dynol 1998 (gweler tudalennau 20-23) yn ddatblygiad pwysig yn hanes cynsail. Mae'r Ddeddf yn rhoi'r hawl i bob llys anwybyddu cynsail wrth wneud penderfyniadau ar bwyntiau o dan y Gonfensiwn Ewropeaidd ar Hawliau Dynol (CEHD).

Mae adran 6 y Ddeddf yn ei gwneud yn anghyfreithlon i awdurdod cyhoeddus, gan gynnwys y llysoedd, 'weithredu mewn ffordd sy'n anghymarus â hawl sydd yn y confensiwn'. Hynny yw, rhaid i'r llysoedd weithredu mewn modd nad yw'n mynd yn groes i egwyddorion cyffredinol hawliau dynol a nodir yn y CEHD. Mae adran 2 yn nodi bod rhaid ystyried penderfyniadau Llys Hawliau Dynol Ewrop wrth ddehongli'r hawliau a geir yn y CEHD. Rhaid i lysoedd y DU ddilyn penderfyniadau'r Llys Ewropeaidd hyd

yn oed os yw hynny'n golygu diystyru penderfyniad llys yn y DU a fyddai fel arall wedi bod yn gynsail sy'n rhwymo.

Mae'n amlwg y bydd adran 2 yn cael effaith sylweddol ar athrawiaeth cynsail gan ei fod yn golygu y gallai is-lysoedd wrthod dilyn rhai o benderfyniadau'r uwch-lysoedd. Yn *Re Medicaments (No. 2), Director General of Fair Trading v Proprietary Association of Great Britain (2001)*, gwrthododd y Llys Apêl ddilyn cynsail Tŷ'r Arglwyddi yn achos *R v Gough (1996)* gan ei fod yn gwrthdaro â phenderfyniadau Llys Hawliau Dynol Ewrop. Roedd achos *Medicaments* yn ymwneud â thorri erthygl 2 (yr hawl i gael prawf teg) yn honedig oherwydd rhagfarn tybiedig ar ran aelod o dribiwnlys.

8.10 Adrodd am y gyfraith

Gan fod cyfraith gwlad wedi'i seilio ar ddilyn penderfyniadau blaenorol, mae'n amlwg bod cofnod ysgrifenedig cywir o'r dyfarniadau yn hanfodol. Mae'n syndod, felly, nad oedd cofnodion gair am air, fanwl gywir ar gael hyd 1865. Sefydlwyd *Cyngor Corfforedig Adroddiadau Cyfraith* y flwyddyn honno. Cyhoeddir yr adroddiadau hyn o hyd ac fe'u trefnir yn ôl y llys lle traddodwyd y dyfarniadau. Dylid eu dyfynnu yn y llys yn lle adroddiadau eraill gan fod y barnwyr sy'n ymwneud â'r achos yn gwirio pob adroddiad am ei gywirdeb cyn iddo gael ei gyhoeddi.

Mae adroddiadau cyfreithiol eraill yn cynnwys y gyfres **All England** a'r adroddiadau cyfraith wythnosol, y **Weekly Law Report**, sydd hefyd yn cynnwys dyfarniadau llawn. Mae papurau newydd a chyfnodolion cyfreithiol hefyd yn cyhoeddi adroddiadau cyfreithiol. Fodd bynnag, fel rheol nid ydynt yn ddim mwy na chrynodeb o'r prif bwyntiau lle ceisiodd y lluniwr adroddiadau cyfraith ddewis pwyntiau sydd o ddiddordeb i gyfreithwyr. Er ei fod yn well cael adroddiad llawn, mantais adroddiadau papur newydd a chyfnodolion yw eu bod yn peri bod adroddiad o'r achos yn gallu cael ei ystyried ynghynt.

Mae'n arferol i gyfreithwyr ac academyddion ddefnyddio dyfyniad o achos. Mae'r dyfyniad yn nodi blwyddyn yr achos a ble y gwnaed adroddiad amdano. Gallai hefyd nodi ym mha lys yr oedd y gwrandawiad. Defnyddir byrfoddau pan ddyfynnir achos yn ysgrifenedig. Yn y llyfr hwn, rhoddir y dyfyniad talfyredig yn y tabl achosion. Rhoddir ystyr rhai o'r byrfoddau safonol ym Mlwch 8.5.

Blwch 8.5 *Dyfynnu achosion*

Edrychwch ar y dyfyniad canlynol:

[1990] 2 All ER 88

Mae hwn yn cyfeirio at adroddiadau'r **All England Law Reports** yn 1990. Ceir hyd i'r achos penodol hwn yng nghyfrol 2, ar dudalen 88. Mae byrfoddau eraill a ddefnyddir mewn dyfyniadau yn cynnwys:

ICLR = Cyngor Corfforedig Adroddiadau Cyfraith - **Incorporated Council of Law Reporting**

WLR = Adroddiadau Cyfraith Wythnosol - **Weekly Law Reports**

LR = Adroddiadau Cyfraith y Cyngor Corfforedig - **Incorporated Council Law Reports**

Ch. = Adran y Siawnsri yn yr Uchel Lys - **Chancery Division of the High Court**

QB = Adran Mainc y Frenhines yn yr Uchel Lys - **Queen's Bench Division of the High Court**

HL = Tŷ'r Arglwyddi - **House of Lords**

AC = Achosion Apêl - **Appeal Cases**

Adroddiadau cyfraith a thechnoleg

Mae set o adroddiadau cyfraith y gellir cyfeirio atynt yn cymryd llawer o le ac yn ddrud. Mae gan set gyfan o'r **Law Reports** swyddogol 480,000 o dudalennau ac mae'n llenwi 180 troedfedd o silffoedd. Nid yw'n hawdd i'r sawl sy'n

astudio'r gyfraith gael gafael ar adroddiadau cyfraith ar ffurf brintiedig oni bai bod ganddynt fynediad i lyfrgell cyfraith y brifysgol leol. Dros yr 20 mlynedd ddiwethaf, mae technoleg gwybodaeth wedi cael effaith sylweddol ar adrodd y gyfraith. Mae nifer fach o CD-ROMau yn gallu cynnwys set gyfan o'r **Law Reports** swyddogol. Mae Butterworths, y cyhoeddwr cyfraith, yn cynhyrchu cronfa ddata o'r enw 'Lexis' sy'n cynnwys yr holl achosion a gyhoeddwyd yn y prif adroddiadau ers 1945, ynghyd â nifer fawr o achosion nad ydynt yn destun adroddiad, gan gynnwys trawsgrifiadau achosion Llys Apêl. Mae hyn wedi peri bod cyfreithwyr yn cyfeirio at achosion nad oeddent yn destun adroddiad yn amlach nag erioed wrth ddadlau achos.

Mae Tŷ'r Arglwyddi a'r Llys Apêl wedi mynegi eu hanfodlonrwydd ynglŷn â'r duedd hon sawl gwaith. Yn **Roberts Petroleum Ltd v Bernard Kenny Ltd (1983)**, nododd Arglwydd Diplock reolau cyffredinol er mwyn cyfyngu ar gyfeiriadau at achosion heb eu hadrodd, ac mewn perthynas â'r achos penodol hwn, dywedodd: 'unig ganlyniad y ffaith bod cyfreithwyr yn cyfeirio at y trawsgrifiadau oedd ei fod yn ymestyn hyd y gwrandawiad heb fod angen gwneud hynny'.

Mae'r storfa o adroddiadau achos a geir ar y we fyd-eang hefyd o ddefnydd mawr i gyfreithwyr wrth eu proffes. Mae Butterworths ac eraill wedi cynhyrchu safleoedd tanysgrifio at y diben hwn. Erbyn hyn, gellir cael mynediad am ddim i ddyfarniadau o ganol y 1990au ar nifer o wefannau, gan gynnwys gwefan y Gwasanaeth Llys (www.hmcourts-service.gov.uk/cms/wales) a Thŷ'r Arglwyddi (www.parliament.uk/judicial-work/judicial_work). I'r darllenwyr hynny nad ydynt o fewn cyrraedd llyfrgell cyfraith, mae hon yn ffordd dda o edrych ar enghreifftiau o ddyfarniadau.

8.11 Cyflwyniad i gynsail ar waith

Gellir dangos sut mae cyfraith gwlad yn gweithio drwy ystyried y broses a ddefnyddir gan farnwyr i esbonio eu penderfyniad pan ffurfir cynsail pwysig. Mae McLoughlin v O'Brien and others (1982), a grynhoir yng Ngweithgaredd 8.5, yn achos esgeuluster pwysig o du Tŷ'r Arglwyddi. Mae'n ymwneud â hawliad am ofid meddyliol difrifol a ddioddefwyd gan geisydd pan gafodd pobl eraill eu hanafu'n ddifrifol neu eu lladd gan esgeuluster y diffynnydd. Mae cyfreithwyr yn cyfeirio at achosion o'r fath fel 'achosion sioc i'r nerfau'. Datblygodd yr hawl i ddwyn achosion o'r fath yn raddol yng nghyfraith gwlad dros gyfnod o ryw 50 mlynedd. Mae'r llysoedd apêl wedi bod yn ofalus ynghylch gadael i aelodau o'r cyhoedd sy'n dyst i ddamwain ddifrifol hawlio gan y sawl a achosodd y ddamwain. Y gred yw y gallai hynny roi pwysau ariannol mawr ar ddiffynyddion, gan fod nifer fawr o bobl yn dyst i rai damweiniau. Mae problemau'r meddwl yn hytrach na

Gweithgaredd 8.5 *McLoughlin v O'Brien and others (1982)*

Roedd Ms McLoughlin gartref pan ddaeth tyst i ddamwain ffordd ddifrifol a ddigwyddodd ddwy filltir i ffwrdd i'w drws i adrodd yr hanes. Roedd ei gŵr a'i thri o blant yn y ddamwain. Pan gyrhaeddodd yr ysbyty, gwelodd fod ei theulu mewn poen difrifol ac wedi'u gorchuddio mewn gwaed, olew a mwd. Dywedwyd wrthi fod ei merch wedi marw. Dioddefodd Ms McLoughlin salwch seiciatrig difrifol, hirdymor o ganlyniad i'r profiad hwn. Hawliodd yn erbyn y diffynyddion gan ddadlau bod eu hesgeulustra wedi achosi'r ddamwain ffordd.

Gwnaed apêl i Dŷ'r Arglwyddi. Rhoddodd nifer o Arglwyddi'r Gyfraith ddyfarniad yn yr achos. Weithiau, pan fo barnwyr ac academyddion yn edrych yn ôl dros hen achosion, maent yn penderfynu mai'r dyfarniad a wnaed gan un Arglwydd Cyfraith penodol yw'r 'prif ddyfarniad' - y dyfarniad sy'n pennu bod gan yr achos rym awdurdod. Yn yr achos hwn, rhoddodd Arglwydd Wilberforce y prif ddyfarniad. Adolygodd Arglwydd Wilberforce yr achosion sioc i'r nerfau a fodolai'n barod i weld beth oedd safbwynt y gyfraith a pha gynseiliau y dylid eu dilyn:

Damwain ffordd ddifrifol.

1. Roedd *Bourhill v Young (1943)* yn cydnabod posibilrwydd hawlio am sioc i'r nerfau mewn egwyddor.

2. Ar un adeg, ystyriwyd bod *Dulieu v White and Sons (1901)*, ynghyd â *Hambrook v Stokes Bros (1925)*, yn cyfyngu hawliad am iawndal i sefyllfaoedd lle'r oedd y pleintydd yn ofni anaf personol uniongyrchol. Dywedodd Wilberforce nad oedd yr achosion hyn wedi ennill eu plwyf.

3. Yn *Hambrook v Stokes Bros (1925)* pennwyd bod y pleintydd yn gallu cael iawndal am sioc i'r nerfau dim ond os achoswyd yr anaf i berthynas agos (gŵr neu wraig neu riant neu blentyn). Ar ben hynny, nid oedd atebolrwydd lle clywyd am yr anafiadau drwy gyfathrebu ag eraill, yn hytrach na bod y pleintydd yn dyst i rywbeth.

4. Fodd bynnag, os bydd pleintydd yn cyrraedd y fan a'r lle yn syth ar ôl digwyddiad, fel yn achosion *Boardman v Sanderson (1964) a Benson v Lee (1972)*, mae'n bosibl y gallant ennill iawndal ar gyfer sioc i'r nerfau (addaswyd y rheol yn *Hambrook v Stokes Bros (1925)* felly).

5. Yn *Chadwick v British Railways (1967)* caniatawyd i ddyn a gyrhaeddodd yn syth wedi damwain ddifrifol ennill iawndal ar gyfer sioc i'r nerfau er nad oedd y sawl a anafwyd yn perthyn iddo, ar sail y ffaith ei fod wedi gweithredu fel achubwr.

Wedi iddo ddatgan yr hyn a ystyriai yn safle bresennol y gyfraith mewn perthynas ag achosion sioc i'r nerfau, ystyriodd Arglwydd Wilberforce beth oedd effaith y cynseiliau hyn ar achos Ms McLoughlin. Tynnodd sylw at y ffaith fod ffeithiau *Benson v Lee (1972)* hefyd yn ymwneud â mam a glywodd am yr anafiadau i'w theulu gan rywun arall a welodd y ddamwain. Yn yr achos hwnnw, roedd y fam ganllath i ffwrdd o safle'r ddamwain ac aeth hi yno ar unwaith. Ni allai Wilberforce weld pam y dylid penderfynu'n wahanol yn yr achos hwn. 'A oes gwahaniaeth rhwng y ffaith ei bod hi'n dod o hyd iddynt mewn ambiwlans neu, fel sy'n digwydd yma, mewn ysbyty cyfagos, pan fo'r dystiolaeth yn dangos eu bod yn yr un cyflwr, wedi'u gorchuddio gan olew a mwd, ac mewn gofid oherwydd eu poen?'

Yr hyn sy'n peri bod dyfarniad *McLoughlin v O'Brien and others (1982)* yn nodweddiadol o'r ffordd mae cyfraith gwlad yn gweithredu yw'r broses o chwilio'n rhesymegol drwy gynseiliau blaenorol. Bydd Arglwyddi'r Gyfraith a benderfynodd ganiatáu apêl Ms McLoughlin wedi treulio oriau meithion mewn llyfrgell, yn darllen ac yn ailddarllen dyfarniadau ysgrifenedig barnwyr eraill mewn achosion blaenorol. Ni wnaethant ddyfarnu'r achos heb ystyried achosion eraill.

(a) Beth yw prif ddyfarniad? (2)

(b) Daeth *McLoughlin v O'Brien and others (1982)* gerbron Tŷ'r Arglwyddi yn 1982. Ym mha flwyddyn y cydnabu bod sioc i'r nerfau yn rheswm dros hawlio iawndal am y tro cyntaf? (1)

(c) I bob golwg, pa gynsail y mae Wilberforce yn ei ddilyn yma? A yw'n meddwl bod y cynsail yn sylfaenol wahanol i ffeithiau achos Ms McLoughlin? (6)

(ch) Gan ddefnyddio'r cynseiliau yn ymwneud â sioc i'r nerfau, esboniwch sut y byddech chi, fel **Arglwydd Cyfraith**, yn dyfarnu'r ddau achos isod. Nodwch eich dyfarniad ac a fyddech yn dilyn, yn gwahaniaethu neu'n disodli'r awdurdodau perthnasol:

A. Roedd Ms Jones yn ei chartref yng Nghasnewydd pan ddaeth plismon i ddweud wrthi fod ei mab wedi'i anafu'n ddifrifol mewn damwain rheilffordd ym Mangor yr wythnos flaenorol. Teithiodd i'r gogledd i'w weld yn yr ysbyty. Yna hawliodd am sioc i'r nerfau gan y cwmni rheilffordd a oedd yn esgeulus.

B. Roedd Mr Williams yn teithio adref ar ôl treulio'r Nadolig gyda'i rieni. Ar y ffordd, daeth ar draws damwain ddifrifol iawn a oedd newydd ddigwydd. Roedd un o'r ddau gerbyd a fu'n rhan o'r ddamwain yn gar bach a oedd wedi cael ei wasgu fel na allai'r gyrrwr, nad oedd ar fai, ddod ohono. Rhoddodd Mr Williams gymorth cyntaf sylfaenol i'r gyrrwr, a oedd wedi colli llawer o waed ac a aeth yn anymwybodol yn gyflym. Pan gyrhaeddodd adref, dioddefodd Mr Williams, dyn sensitif iawn, iselder ysbryd a hunllefau am rai misoedd. Hawliodd yn erbyn y gyrrwr arall a oedd yn gyfrifol am y ddamwain. (10)

niwed corfforol hefyd yn achosi problemau o ran tystiolaeth. Mae'n bosibl y gellid ffugio symptomau o ofid difrifol, a hyd yn oed pan fo hawliadau o'r fath yn ddilys, mae'n anodd penderfynu ar faint yr iawndal sy'n briodol.

8.12 Esblygiad cyfraith gwlad

Mae rheolau cyfraith gwlad yn esblygu'n araf. Gall y Senedd benderfynu cael gwared yn llwyr ar gyfreithiau a luniwyd yn y gorffennol, ac mae'n gwneud hynny'n aml. Ar y llaw arall, mae barnwyr cyfraith gwlad yn ymrwymo'u hunain i gymhwyso neu addasu'r hyn a wnaed gynt ac yn gwrthdroi'r rheolau hynny dim ond o dan amgylchiadau eithriadol.

Mae barnwyr yn ymwybodol o ffactorau eraill sydd y tu hwnt i'r angen i fod yn deg wrth ddatrys achos unigol. I raddau, maent yn ystyried y pethau hyn, ond mae'r ystyriaethau hyn yn peri eu bod yn gyndyn o newid y gyfraith bresennol yn sylweddol. Mae'r ystyriaethau yn cynnwys:

1. Yr angen am sicrwydd yn y gyfraith
Os bydd y llysoedd yn trin achosion yn yr un modd, bydd hynny o gymorth i bobl sydd angen trefnu materion yn ôl y gyfraith bresennol.

2. Rôl y Senedd
Pan ddaw'r cyfle i wneud hynny, yn aml mae'r llysoedd yn amharod i greu cyfreithiau newydd, gan gredu bod hynny'n fater i'r Senedd, sef corff a etholwyd yn ddemocrataidd.

3. Dadleuon polisi
Weithiau mae'r llysoedd yn gyndyn o greu 'seiliau achos' (sef rheswm dros hawlio yn y llys). Un enghraifft o hyn yw

eu bod ofn gormod o gyfreitha - yr hyn a elwir y ddadl yn erbyn agor 'y llifddorau'. Mae hyn yn arbennig o wir yn achos cyfraith esgeuluster. Mae angen i'r llysoedd gydbwyso hawliau'r sawl a anafwyd o ganlyniad i weithredoedd diofal, gyda'r perygl o greu sefyllfa lle mae toreth o hawliadau dibwys neu ffug yn cael eu dwyn ger eu bron. Mae datblygiad araf y gyfraith mewn perthynas ag achosion sioc i'r nerfau, a drafodwyd yng Ngweithgaredd 8.5, yn enghraifft o hyn.

Nid yw hyn yn golygu nad yw cyfraith gwlad yn gallu ymdrin ag anghenion cymdeithas gan newid gyda chymdeithas. Bu rhai barnwyr cyfraith gwlad, megis Arglwydd Atkin a sefydlodd cyfraith fodern esgeuluster, yn gyfrifol am ddatblygiadau arloesol pwysig. Fodd bynnag, mae cyfraith gwlad yn newid yn araf, fesul cam, o'i chymharu â llunio cyfraith drwy ddeddfwriaeth.

Crynodeb ● ● ●

1. Beth yw athrawiaeth cynsail a pham ei bod yn bwysig?

2. Beth yw swyddogaeth ratio decidendi ac obiter dicta mewn perthynas â chreu cynsail?

3. Beth yw cynseiliau sy'n rhwymo a sut maent yn cael eu pennu?

4. Beth yw arwyddocâd Datganiad Ymarfer 1966?

5. Pryd mae'r llysoedd yn rhwym o ddilyn eu penderfyniadau eu hunain?

6. Pam fod barnwyr yn gyndyn o newid y gyfraith?

Astudiaeth achos — Donoghue v Stevenson (1932)

Donoghue v Stevenson (1932)

Mae *Donoghue v Stevenson (1932)*) yn gynsail pwysig, a elwir yn achos carreg milltir yng nghamwedd esgeuluster. Creodd fecanwaith eang a oedd yn galluogi cyfraith gwlad i ddigolledu'r sawl a ddioddefodd golled neu anaf oherwydd bai eraill. Seiliwyd hyn ar y syniad o ddyletswydd gofal cyffredinol tuag at eraill.

Mae ffeithiau *Donoghue v Stevenson (1932)* yn syml. Aeth Ms Donoghue i gaffi gyda ffrind, a brynodd ddiod sinsir a hufen iâ iddi. Agorodd perchennog y caffi'r ddiod sinsir gan arllwys rywfaint o'r cynnwys i wydr. Nid oedd modd gweld cynnwys y botel, gan nad oedd yn dryloyw. Pan arllwysodd Ms Donoghue weddill y ddiod i'w gwydr, daeth malwoden a oedd wedi pydru'n rhannol allan o'r botel. O ganlyniad, aeth Ms Donoghue yn sâl.

Pan mae rhywun yn prynu rhywbeth, mae cyfraith contract yn berthnasol. Os na chyflawnir gofynion y contract, bydd y llysoedd yn caniatáu iawndal i'r person a fu ar eu colled. Fodd bynnag, mae'r hawl i ddwyn achos am iawndal mewn perthynas â thor-contract yn eiddo i bartïon y contract yn unig, sef y prynwr a'r gwerthwr. Nid oedd Ms Donoghue yn un o bartïon y contract, gan nad hi oedd wedi prynu'r ddiod. A oedd unrhyw ffordd arall y gallai ennill iawndal am ei salwch, o ystyried esgeuluster tebygol y gwneuthurwr?

(drosodd)

Donoghue v Stevenson (1932) *(parhad)*

Rhoddodd Arglwydd Atkin y prif ddyfarniad yn Nhŷ'r Arglwyddi. Nododd fod cyfraith esgeuluster yn dameidiog iawn. Roedd y llysoedd wedi dyfarnu pob achos yn unigol wrth iddo godi. Roedd cyfraith gwlad yn gofyn bod pleintyddion yn cymhwyso eu hachosion i ddosbarthiad cyfyng a manwl. Nid oedd achos Ms Donoghue yn cyd-fynd â'r mathau o esgeuluster a fodolai eisoes.

Credai Arglwydd Atkin ei fod yn anffodus nad oedd dyletswydd gofal eang a chyffredinol yn bodoli. Aeth ati i geisio diffinio dyletswydd o'r fath. Ond oherwydd ei safle o fewn cyfraith gwlad, roedd angen iddo fynegi ei ddiwygiad o gyfraith esgeuluster yn iaith cynsail. Yn ei ddyfarniad, dywedodd: 'Ac eto rhaid bod y ddyletswydd sy'n gyffredin i bob achos lle sefydlir atebolrwydd wedi'i seilio'n rhesymegol ar ryw elfen sy'n gyffredin i'r achosion lle canfyddir bod y ddyletswydd yn bodoli'.

Dyfarnodd Arglwydd Atkin bod gan wneuthurwyr cynhyrchion nad oedd modd eu harchwilio cyn eu defnyddio ddyletswydd gofal tuag at y sawl y gellid disgwyl y byddant yn defnyddio'u cynnyrch. Dyna'r cyfan oedd ei angen i benderfynu'r achos.

Fodd bynnag, datganodd Arglwydd Atkin ei brawf cyffredinol hefyd, a elwir bellach yn 'prawf cymydog', i benderfynu pryd y gallai dyletswydd gofal godi mewn achosion gwahanol. Ysgrifennodd: 'Rhaid i chi gymryd gofal rhesymol i osgoi gweithredoedd neu anweithredoedd y gallech ei rag-weld yn rhesymol y byddent yn peri niwed i'ch cymydog. Pwy felly yw fy nghymydog? Ymddengys mai'r ateb yw y personau hynny y mae fy ngweithred yn effeithio arnynt mewn ffordd mor uniongyrchol fel y dylwn, yn ôl rheswm, sylweddoli mai dyna fyddai'r arnynt effaith wrth ystyried y gweithredoedd neu'r anweithredoedd dan sylw'. Hynny yw, mae gan bawb ddyletswydd i osgoi niweidio'r sawl y gellid ystyried yn rhesymol y'i niweidir gan ddiffyg gofal.

Gellir dweud mai'r datganiad byr hwn sydd wrth wraidd cyfraith fodern esgeuluster, ond fe'i gwnaed o fewn trafodaeth am y gyfraith nad oedd yn angenrheidiol ar gyfer dyfarnu achos penodol. Cymhwyswyd prawf Arglwydd Atkin i nifer fawr o achosion ers 1932, yn amrywio o esgeuluster meddygol, i ddamweiniau car cyffredin, damweiniau yn y gwaith a hyd yn oed trychineb Stadiwm Hillsborough.

Cwestiynau

(a) Beth yw ystyr y term 'esgeuluster'? (2)

(b) Esboniwch pam fod *Donoghue v Stevenson (1932)* yn achos carreg milltir yng nghyfraith esgeuluster. (5)

(c) Pa broblem a nodwyd gan Arglwydd Atkin yng nghyfraith esgeuluster ar y pryd? (4)

(ch) Pa rai o'r canlynol y gellir eu galw'n *ratio* Donoghue?

    1. Gall pobl sy'n sâl ar ôl yfed diod sinsir a halogwyd drwy esgeuluster gael iawndal gan y gwneuthurwr.

    2. Gall pobl sy'n sâl ar ôl yfed unrhyw ddiodydd a halogwyd drwy esgeuluster gael iawndal gan y gwneuthurwr.

    3. Mae gan wneuthurwyr ddyletswydd gofal tuag at bawb y gellid disgwyl y byddant yn defnyddio'u cynnyrch, yn enwedig pan nad oes modd archwilio'r cynnyrch yn gyntaf.

Esboniwch sut y daethoch o hyd i'ch ateb. (2)

(d) A oedd prawf cymydog Arglwydd Atkin yn *Donoghue* yn rhan o'r *ratio* neu'r *obiter dicta*? (2)

(dd) Yr unig ran o achos sy'n gweithredu fel cynsail sy'n rhwymo yw'r *ratio*. Rhowch resymau yn esbonio pam fod yr *obiter dicta* yn bwysig er hyn. (8)

(e) A oedd Arglwydd Atkin yn cadw'n gaeth at athrawiaeth cynsail? Trafodwch. (8)

9.1 Cynseiliau gwreiddiol

Ystyr cynsail gwreiddiol yw un a grëwyd lle nad oedd y llysoedd wedi gorfod penderfynu'r pwynt cyfraith hwnnw o'r blaen a lle nad oes deddfwriaeth berthnasol ar gael. Gan nad oes cynseiliau cynharach ar gael i gyfeirio atynt, mae'r barnwyr yn archwilio achosion sy'n ymddangos fel y rhai agosaf mewn egwyddor ac yn eu cymhwyso. Gelwir hyn yn 'rhesymu drwy gydweddu'. Gan fod system cynseiliau wedi bodoli ers canrifoedd, mae cynseiliau gwreiddiol go iawn yn brin.

Yn hanesyddol, ystyriwyd bod datgan cyfraith gwlad mewn sefyllfaoedd cwbl newydd yn fater o 'ddarganfod' y gyfraith. Seiliwyd y traddodiad hwnnw yng nghyfraith Cymru a Lloegr ar y syniad nad yw barnwyr yn creu cyfraith ond yn datgan yr hyn a fu erioed. O ystyried yr amrywiaeth eang o weithgarwch dynol, ni fyddai'r un cyfreithiwr heddiw yn tybio bod cynseiliau yn ddim byd arall ond barnwyr yn llunio cyfreithiau, ac ni honnir bellach eu bod yn gyfraith gwlad.

9.2 Cynsail sy'n rhwymo a chynsail perswadiol

Mae cynsail sy'n rhwymo yn un y mae'n rhaid i farnwyr ei ddilyn. Pan fo'r llysoedd yn ystyried a ddylent ddilyn cynsail, rhaid ateb dau gwestiwn. Yn gyntaf, a yw ffeithiau'r cynsail yn ddigon tebyg? Yn ail, a oedd y llys a greodd y cynsail yn uwch yn yr hierarchaeth? Os yw'r ateb i'r ddau gwestiwn yn gadarnhaol, nid oes amheuaeth bod y cynsail yn rhwymo. Os daw'r cynsail gan lys sydd ar yr un lefel, o bosibl nid yw mor rhwydd penderfynu a yw'n rhwymo (gweler Uned 8, Adrannau 8.6 i 8.9).

Nid oes **rhaid** i farnwr ddilyn cynsail perswadiol, ond mae'r dyfarniad yn amlwg yn ddylanwadol gan ei fod yn cynnig canllaw defnyddiol i'w ddilyn. Mae nifer o gategorïau gwahanol o gynseiliau perswadiol:

1. Dyfarniadau a wnaed gan lysoedd sy'n is yn yr hierarchaeth
Yn arbennig, ni fu'n anarferol i Dŷ'r Arglwyddi ddilyn penderfyniadau a wnaed gan y Llys Apêl.

2. Datganiadau a wnaed drwy obiter dicta
Yn *Wilson (1996)*, defnyddiodd dyn gyllell boeth i frandio llythrennau cyntaf ei enw ar gorff ei wraig. Amddiffynnodd ei hun drwy honni bod ei wraig wedi cydsynio. A allai hyn fod yn dderbyniol yn gyfreithiol? Yn y Llys Apêl, defnyddiodd y barnwr ddatganiadau *obiter* am datŵio o ddyfarniad yr Arglwyddi yn achos **Brown (1994)**. Trafodir yr achosion hyn yn yr Astudiaeth Achos ar ddiwedd yr

uned hon.

3. Penderfyniadau Pwyllgor Barnwrol y Cyfrin Gyngor
Mae'r Pwyllgor Barnwrol yn cynnwys barnwyr o Dŷ'r Arglwyddi. Mae'n dyfarnu achosion o wledydd y Gymanwlad sy'n parhau i ddefnyddio'r Arglwyddi fel llys apêl terfynol. Gan nad yw'r dyfarniadau'n ymwneud â chyfraith y DU, nid ydynt yn rhwymo llysoedd y DU. Er hynny, ar brydiau, dilynir y dyfarniadau hyn ac fe'u hymgorfforir yng nghyfraith Cymru a Lloegr.

4. Dyfarniadau anghydsyniol
Fel rheol, bydd tri barnwr yn gwrando ar achosion yn y Llys Apêl. Gall fod dau ohonynt yn cydsynio ond un yn anghydweld. Gan fod penderfyniad mwyafrifol, crëir cynsail. Fodd bynnag, mae'n bosibl y bydd yn well gan yr Arglwyddi benderfyniad y barnwr oedd yn anghydsynio a byddant yn disodli penderfyniad y Llys Apêl.

5. Penderfyniadau'r llysoedd mewn gwledydd eraill
Mae llysoedd Canada, Awstralia, Seland Newydd a gwledydd eraill hefyd yn defnyddio cyfundrefn cyfraith gwlad sy'n debyg i un Cymru a Lloegr. Pan nad oes cynsail yn bodoli, gall penderfyniadau'r llysoedd hyn fod yn berswadiol.

9.3 Gwahaniaethu achosion – osgoi'r cynsail

Mae *ratio* achos penodol yn rhwymo llys sy'n gwrando ar achos gyda'r un ffeithiau yn eu hanfod. Rhaid i'r llys ddilyn y cynsail. Mae'n dilyn felly nad oes rhaid dilyn achos blaenorol os bydd y barnwr yn gallu dangos bod ffeithiau'r achos yn debyg mewn rhai agweddau ond yn wahanol mewn agweddau pwysig eraill. Gelwir hyn yn wahaniaethu achos. Mae gwahaniaethu yn golygu penderfynu ar y gwahaniaethau ffeithiol sylfaenol sydd rhwng achosion.

Weithiau, gellir gwahaniaethu achos yn rhwydd ac mewn ffordd resymegol nad oes modd dadlau â hi. Ar adegau eraill, gall y gwahaniaethu ymddangos yn ffug. Mewn achos o'r math hwn, mae barnwr yn ceisio osgoi cynsail sydd, i bob golwg, yn achosi problemau. Er mwyn gwneud hyn, mae'r barnwr yn pwysleisio arwyddocâd gwahaniaethau ffeithiol penodol (gweler Blwch 9.1).

Ceir esiampl o wahaniaethu yn y ddau achos a geir ym Mlwch 9.2, sy'n ymwneud â cham-adnabod mewn perthynas â chontract i werthu. Mae cyfraith contract yn peri bod contract yn ddi-rym (h.y. heb effaith yn gyfreithiol) mewn amgylchiadau penodol lle gwnaed camgymeriad. Canlyniad hyn fel rheol yw bod gan y gwerthwr yr hawl i dderbyn y nwyddau yn ôl. Yn y ddau

Blwch 9.1 *Gwahaniaethu achosion*

Mae gwiwerod coch mewn perygl o ddiflannu. Mae'n drosedd i'w lladd. Sut fyddech chi'n esbonio'r gwahaniaeth rhwng y ddau achos isod?

A. Mae X yn lladd gwiwer goch gyda dryll.

B. Mae Y yn lladd gwiwer lwyd gyda dryll hela.

Mae dau wahaniaeth rhwng y digwyddiadau hyn. Yn gyntaf, yn (A) lleddir gwiwer goch ac yn (B) lleddir gwiwer lwyd. Yn ail, yn (A) defnyddir dryll ac yn (B) defnyddir dryll hela. Er hyn, dim ond un gwahaniaeth sy'n bwysig i'r ffeithiau. Mae'n amlwg bod X wedi cyflawni trosedd ond nid yw Y wedi gwneud hynny. Os gallwch ddeall yr enghraifft syml hon, gallwch ddechrau gweld sut mae barnwr, mewn achosion mwy cymhleth yn gallu canfod gwahaniaethau pwysig rhwng achosion gyda ffeithiau sy'n ymddangos yn debyg. Mae'r gwahaniaethau a ganfyddir yn anoddach eu gweld, ond yr un yw'r egwyddor.

achos, gwnaed y camgymeriad o ganlyniad i dwyll. Yn y sefyllfa hon, lle mae'r prynwr gwreiddiol wedi gwerthu nwyddau ymlaen i ail brynwr ac yna wedi diflannu, mae'n bosibl y bydd rhaid i'r ail brynwr anffodus ddychwelyd nwyddau y mae'n credu eu bod yn eiddo iddo ef, heb fawr o obaith cael arian amdanynt.

9.4 Disodli a gwrthdroi penderfyniadau

Mae disodli'n digwydd pan ofynnir i lys adolygu cynsail a grëwyd gan lys ar lefel is yn yr hierarchaeth i weld a yw'n gyfraith gywir. Mae gan Lys Barn Ewrop a Thŷ'r Arglwyddi y grym i ddisodli eu penderfyniadau blaenorol hefyd, hyd yn oed os ydynt bellach yn gynseiliau cydnabyddedig (er bod yr Arglwyddi'n gyndyn, yn aml, i ddisodli ei hun - gweler Uned 8, Adrannau 8.6 ac 8.7).

Mae *Pepper v Hart (1993)* yn enghraifft o ddisodli. Roedd yr achos hwn yn gofyn a ellid penderfynu beth oedd gwir ystyr geiriau a ddefnyddiwyd mewn deddfwriaeth drwy edrych ar y cofnod ysgrifenedig o drafodion y Senedd (h.y. y cyhoeddiad a elwir yn 'Hansard'). Yn *Davis v Johnson (1979)* dyfarnodd yr Arglwyddi na ddylid defnyddio *Hansard*. Yn *Pepper v Hart*

Blwch 9.2 *Enghreifftiau o wahaniaethu achosion*

(i) Cundy v Lindsay (1878)

Ysgrifennodd dyn o'r enw Blenkarn at Cundy o 37 Wood Street, Cheapside i archebu nwyddau a llofnododd ei enw fel ei fod yn edrych fel 'Blenkiron & Co.', sef cwmni a oedd hefyd wedi'i leoli yn Wood Street. Roedd Cundy'n gyfarwydd â'r cwmni ac yn ei ystyried yn gwsmer dibynadwy. Llwyddodd Blenkarn i dwyllo Cundy gan wneud iddo gredu ei fod yn rhywun arall. Prynwyd y nwyddau ar gredyd ac fe'u hailwerthwyd gan Blenkarn i Lindsay. Ni thalod Blenkarn yr arian a oedd yn ddyledus i Cundy. Fodd bynnag, dyfarnodd y llys fod y contract yn ddi-rym o ganlyniad i'r camgymeriad rhesymol a wnaed mewn perthynas â phwy oedd y prynwr. Yn ymarferol, felly, nid oedd contract yn bodoli rhwng Blenkarn a Cundy. Oherwydd hyn, roedd rhaid i Lindsay ddychwelyd y nwyddau at Cundy.

(ii) Phillips v Brooks (1919)

Aeth dyn i mewn i siop emwaith a dewis nifer o eitemau. Bwriadai dalu gyda siec. Dywedodd y gwerthwr y byddai'r nwyddau'n cyrraedd dim ond wedi i'r siec glirio. Dywedodd y dyn (gan dwyllo) mai ef oedd Syr George Bullough, dyn adnabyddus, uchel ei barch a chyfoethog. Rhoddodd ei gyfeiriad. Ar ôl sicrhau mai dyna oedd cyfeiriad Syr George, gadawodd y gwerthwr i'r prynwr fynd â'r nwyddau o'r siop. Gwrthodwyd y siec ond yn y cyfamser, gwystlodd y dyn y gemau. Ceisiodd y gemydd eu hadennill o'r siop wystlo.

Unwaith eto, roedd rhaid i'r llys benderfynu a oedd y contract rhwng 'Syr George' a'r gemydd yn ddi-rym oherwydd camadnabod. Penderfynodd y llys nad oedd y contract yn ddi-rym. Sut wnaeth y llys yn *Phillips v Brooks (1919)* wahaniaethu achos *Cundy v Lindsay (1878)*? Ar yr olwg gyntaf, roedd y ffeithiau'n ymddangos yn debyg iawn. Gwahaniaethwyd ar y sail bod yr achos cyntaf yn ymwneud â chamgymeriad ynghylch y gallu i dalu yn hytrach na phwy oedd y prynwr. Yn achos trafodiad sy'n digwydd wyneb yn wyneb, dyfarnodd y llys y dylid cymryd yn ganiataol bod y person yn bwriadu gwerthu i'r person o'i flaen. Yn achos *Cundy v Lindsay (1878)* gwnaed y trafodiad drwy ohebiaeth yn unig. Er

bod ffeithiau'r ddau achos yn debyg iawn, canfu'r llys wahaniaeth pwysig a effeithiodd ar ei benderfyniad. Yn yr ail achos, gallai'r llys wahaniaethu'r cynsail blaenorol.

Siop emwaith.

(1993) fodd bynnag, aethant ati i ddisodli eu penderfyniad, gan ddweud y gellid ei ganiatáu (gweler Uned 10, Adran 10.4).

Ceir enghraifft arall o Dŷ'r Arglwyddi yn disodli ei benderfyniadau blaenorol mewn dau achos sy'n gwrthdaro: *Murphy v Brentwood District Council (1990)* ac *Anns v London Borough of Merton (1978)*. Maent yn ymwneud â'r prawf cywir i benderfynu a ddylid caniatáu hawliad am esgeuluster. Roedd y ddau achos yn trafod a ddylai cyngor lleol fod yn atebol am fod yn esgeulus drwy fethu â sicrhau bod adeiladwr yn cadw at reoliadau adeiladu (mae cynghorau yn gorfod gwneud hyn yn ôl y gyfraith). Yn y ddau achos, roedd sylfeini diffygiol wedi effeithio ar werth adeilad. Daeth hyn i'r amlwg dim ond wedi i'r adeiladwyr werthu adeiladau i'r ceiswyr.

Wrth gwrs, yr adeiladwyr oedd ar fai yn bennaf. Ond a allai'r prynwyr hawlio yn erbyn y cyngor hefyd? Gellid dadlau y byddai hyn yn rhesymol gan y byddai cyngor yn y sefyllfa hon yn gallu rhagweld beth fyddai canlyniad methu â sylweddoli bod adeiladwr yn gwneud gwaith gwael. Ar y llaw arall, gellid dadlau bod hyn yn rhoi gormod o bwysau ar gynghorau ac yn agor y drws i hawliadau cyfreithiol mwy eithafol.

Yn *Anns v London Borough of Merton (1978)*, dyfarnodd Tŷ'r Arglwyddi fod y cyngor lleol yn atebol i brynwr y tŷ ac y dylai dalu iawndal. Roedd hwn yn newid pwysig yng nghyfraith esgeuluster. Yn *Murphy v Brentwood District Council (1990)*, bu i'r llys a oedd yn cynnwys saith aelod ddisodli dyfarniad *Anns v London Borough of Merton (1978)*, yn rhannol am ei fod yn credu bod cyfraith esgeuluster wedi'i defnyddio mewn ffordd rhy eang yn yr achos blaenorol. O ganlyniad i ddyfarniad *Murphy v Brentwood District Council (1990)*, roedd cyfraith esgeuluster unwaith eto yn debycach i'w ffurf wreiddiol.

Defnyddir y term **gwrthdroi** mewn perthynas ag apeliadau o fewn yr un achos. Er bod y llysoedd apêl yn aml yn cymeradwyo'r datganiadau a wneir mewn is-lysoedd, mae'n amlwg bod gwrthdroi dyfarniadau 'anghywir' yn ystod apêl yn rhan bwysig o'u gwaith. Pan geir dwy farn wrthwynebus am y gyfraith, mae'n bosibl y bydd yr Uchel Lys, er enghraifft, yn hoffi un, ond y bydd ei farn yn cael ei ddisodli gan y Llys Apêl, a fydd yn ffafrio'r ddadl arall.

Ceir enghraifft o wrthdroi yn achos *Sweet v Parsley (1970)*. Roedd y diffynnydd, athrawes, yn rhentu tŷ i fyfyrwyr. Nid oedd ganddi gysylltiad â'r myfyrwyr, ac eithrio pan oedd yn casglu'r rhent. Nid oedd yn gwybod eu bod yn defnyddio cyffuriau. Er hyn, cafodd ei heuogfarnu o gymryd rhan wrth reoli adeilad a oedd yn cael ei ddefnyddio ar gyfer ysmygu canabis, a hynny yn groes i

adran 5b o Ddeddf Cyffuriau Peryglus 1965. Cafodd ei heuogfarnu yn Llys y Goron. Pan wnaed apêl, ategodd Llys Adrannol Mainc y Frenhines yr euogfarn. Teimlai'r Llys Adrannol fod geiriad adran 5 yn golygu nad oedd angen meddwl euog na gwybodaeth er mwyn bod yn euog o gyflawni'r drosedd. Apeliodd y diffynnydd i Dŷ'r Arglwyddi.

Caniataodd Tŷ'r Arglwyddi'r apêl. Yn ôl Arglwydd Reid, bu rhagdybiaeth ers canrifoedd nad oedd y Senedd yn bwriadu troi pobl ddi-fai yn droseddwyr a'i bod yn briodol, yn y Ddeddf hon, i ddarllen geiriau i mewn i'r statud yn gofyn am gael meddwl euog. Gwrthododd yr Arglwyddi ddyfarniad y Llys Adrannol ar fater y cyflwr meddwl a oedd yn ofynnol.

9.5 Manteision ac anfanteision cynsail

Ceir crynodeb o fanteision ac anfanteision cynsail ym Mlwch 9.3 ar dudalen 57.

9.6 Barnwyr, llunio cyfraith a diwygio

Er mai'r Senedd yw ffynhonnell bwysicaf cyfraith y DU heddiw o bell ffordd, ac er y gall newid cyfreithiau a grëwyd gan y llysoedd unrhyw bryd, ceir nifer o feysydd cyfraith eang lle bu'r llysoedd yn gyfrifol am greu nifer o'r rheolau cyfreithiol.

1. Mae cyfraith contract yn hanfodol ar gyfer ein cymdeithas heddiw. Fodd bynnag, y mae'n deillio bron yn gyfan gwbl o gyfraith gwlad, ac eithrio yn achos cyfraith yn ymwneud â chontractau cyflogi a rhai elfennau o gyfraith defnyddwyr.

2. Seilir cyfraith trosedd i raddau helaeth ar egwyddorion cyfraith gwlad hefyd. Ceir Deddfau Lladrata manwl, ond y mae'r rhain, hyd yn oed, yn deillio o gyfraith gwlad (maent yn casglu cynseiliau at ei gilydd). Yn ogystal, mae corff mawr o gyfraith achosion y mae'n rhaid cyfeirio ato'n aml er mwyn cymhwyso'r Deddfau Lladrata.

3. Mae cyfraith esgeuluster, ynghyd â meysydd eraill cyfraith camwedd, wedi cael eu datblygu drwy'r llysoedd byth oddi ar ddyfarniad pwysig Arglwydd Atkin yn *Donoghue v Stevenson (1932)* – gweler yr Astudiaeth Achos ar ddiwedd Adran 8.

Fodd bynnag, mae natur gweithredu cyfraith gwlad, sef cymryd yr hyn a fu'n gyfraith yn y gorffennol fel man cychwyn, yn golygu bod diwygio cyfraith gwlad yn broses araf a graddol fel rheol. Yn y pen draw, mae'r penderfyniad ynghylch a fydd y llysoedd yn cyflwyno diwygiadau yn

Blwch 9.3 *Manteision ac anfanteision cynsail*

Manteision

1. Sicrwydd
Yn aml, dadleuir y byddai'r gyfraith yn llai cyson pe bai barnwyr i'w gweld yn creu cyfreithiau ar sail eu barn bersonol eu hunain am yr hyn sy'n gywir ac yn gyfiawn, hyd yn oed os yw'n mynd yn groes i gynsail clir. Yn ogystal, byddai'n anodd rhagweld beth yw ymddygiad cyfreithlon ac anghyfreithlon. Dyna pam fod Arglwyddi'r Gyfraith, yn enwedig, yn tueddu tuag at sicrwydd yn hytrach na diwygio hen gyfreithiau.

2. Cysondeb
Agwedd arall sy'n berthnasol i drin achosion tebyg yn debyg yw bod y llysoedd yn trin unigolion mewn ffordd gyson. Mae'r un rheolau yn berthnasol i bawb.

3. Hyblygrwydd
Fel y nodwyd uchod, nid yw system cynseiliau bob amser yn cyfyngu ar farnwyr. Mae barnwyr llysoedd apêl yn gallu disodli a gwrthdroi dyfarniadau, ac yn gwneud hynny'n aml. Mae gwahaniaethu achosion mewn ffordd greadigol hefyd yn gallu cadw llys rhag cael ei orfodi i ddilyn cynsail y mae'n gyndyn i'w ddefnyddio.

4. Rheolau manwl o'u cymharu â deddfwriaeth
Ni fyddai fawr neb yn awgrymu y dylid cyfnewid deddfwriaeth am gyfraith gwlad. Er hyn, fel ffordd o greu corff o gyfraith sy'n fanwl ac yn gynhwysfawr, mae'n fanteisiol yn yr ystyr bod achosion yn cael eu trafod wrth iddynt godi. Mewn meysydd megis cyfraith contract, nid yw'r Senedd wedi ymyrryd llawer â'r corff o gyfraith gwlad sy'n hir-sefydledig. Mae cyfraith contract Cymru a Lloegr yn uchel ei pharch ymhlith cyfreithwyr tramor.

Er bod y Senedd yn creu Deddfau gan ddefnyddio iaith sy'n ceisio darparu ar gyfer ystod o sefyllfaoedd ffeithiol sydd mor eang â phosibl, ni all yr un Ddeddf ddarparu set gyflawn o reolau ar gyfer pob sefyllfa a allai godi. Ar y llaw arall, mae'r llysoedd mewn sefyllfa i ddehongli deddfwriaeth pan fydd anghydfodau'n codi ac i lenwi'r bylchau lle nad oes darpariaeth statudol ar gael. Ni fyddai'n ymarferol i'r Senedd dreulio amser yn diwygio deddfwriaeth o hyd. Fodd bynnag, gall y llysoedd greu llawer o gyfraith achosion dros gyfnod, a gall hyn helpu i sicrhau bod deddfwriaeth yn fwy eglur ac yn haws ei gweithredu. Mae Deddfau Lladrata 1968 a 1978 yn enghreifftiau o hyn. Gall corff sylweddol o gyfraith achosion esbonio ac egluro ystyr termau penodol a ddefnyddir yn y Deddfau.

Anfanteision

1. Cymhlethdod ac aneglurder
Mewn cymdeithas waraidd, dylai'r gyfraith fod yn hygyrch ac yn ddealladwy. Mae dinasyddion cyffredin yn aml yn credu bod cyfraith gwlad yn anodd ei deall ac yn ddyrys. Mae cannoedd ar filoedd o achosion wedi cael eu dyfarnu. Fel y nodwyd eisoes, gall fod *ratio* dyfarniad yn cuddio o fewn sawl tudalen o drafodaethau a sylwadau. Weithiau, nid yw ysgolheigion cyfreithiol nodedig yn gallu cytuno ynghylch y rhesymu a ddefnyddiwyd i ddyfarnu achos, hyd yn oed wedi i'r barnwr esbonio hyn yn fanwl mewn dyfarniad ysgrifenedig maith. Gall yr un broses o wahaniaethu sy'n caniatáu hyblygrwydd yng nghyfraith gwlad hefyd arwain at ddyfarniadau aneglur sy'n hollti blew. Mae llawer o'r hyn a ddywed barnwyr yn cael ei fynegi mewn jargon cyfreithiol ac iaith sy'n anodd ei deall. O bryd i'w gilydd, bydd angen pori dros gynseiliau hen iawn wedi'u hysgrifennu mewn iaith hynafol. Mae cyfraith contract yn enghraifft dda o hyn. Cyfeirir hyd heddiw mewn testunau cyfreithiol at nifer o achosion llongau hwylio o'r 19eg ganrif megis **Stilk v Myrick (1809)**.

2. Arafwch y newid
Ar adegau, beirniadwyd cyfraith gwlad am fod yn rhy araf i newid mewn ymateb i newidiadau mewn cymdeithas. Mae cynsail barnwrol yn golygu bod barnwyr yn gorfod dilyn cynsail sy'n rhwymo hyd yn oed os ydynt yn credu ei fod yn gyfraith wael. Mae gan Dŷ'r Arglwyddi'r rym i newid cyfraith gwlad ond mae'n tueddu tuag at sicrwydd. Mae cyfraith achosion yn newid dim ond pan fydd rhywun yn dwyn achos gerbron y llysoedd. Fel y nododd Denning yn **Davis v Johnson (1979)**, mae'n bosibl mai dim ond ychydig iawn o achwynwyr sydd ag adnoddau ariannol digonol neu'r penderfyniad i ddwyn achos gerbron yr Arglwyddi. Hyd yn oed os ydynt yn fodlon newid y gyfraith, mae'n bosibl y bydd yr Arglwyddi'n aros yn hir am y cyfle i wneud hynny.

Effaith ôl-weithredol newid cyfraith gwlad
Fel rheol, mae deddfwriaeth yn berthnasol dim ond i ddigwyddiadau wedi iddi ddod i rym, ond mae newidiadau a wnaed gan gyfraith achosion yn berthnasol i ddigwyddiadau cyn i'r gyfraith gael ei newid. Mae hyn yn gallu bod yn annheg. Er enghraifft, mae angen i gwmni fod yn hyderus y bydd y llysoedd yn gorfodi contract.

4. Mae'r system yn annemocrataidd
Pan fydd barnwyr yn diwygio'r gyfraith, nid ydynt yn atebol i'r etholwyr, ond maent yn gwneud newidiadau i reolau cyfreithiol a allai gael effaith fawr ar gymdeithas. Byddai pob barnwr, bron, yn cytuno â sylwadau Arglwydd Scarman yn **Stock v Jones (1978)** bod defnyddio'r Senedd yn ffordd well o greu newidiadau mawr i'r gyfraith.

dibynnu ar nifer fach iawn o farnwyr sy'n cyfarfod yn Nhŷr Arglwyddi ar unrhyw adeg benodol. Nid yw'r barnwyr hyn yn atebol i'r llywodraeth na neb arall. Efallai mai'r pwysau mwyaf sydd arnynt yw'r ymwybyddiaeth:

● y bydd eu penderfyniadau yn ffurfio cyfraith y wlad

● bod cyfreithwyr yn edrych yn fanwl ar eiriau dyfarniad ysgrifenedig ac yn eu tynnu'n ddarnau er mwyn ceisio eu cymhwyso at achosion y dyfodol.

Nid yw'n syndod bod Arglwyddi Cyfraith gwahanol yn arddel syniadau gwahanol am yr hyn y dylent ei gyflawni fel barnwyr a llunwyr cyfraith. Mae rhai yn gyndyn o ymyrryd â rheolau cyfreithiol, hyd yn oed os ydynt yn amau bod deddfau sy'n bodoli yn barod yn annheg neu'n anymarferol. Mae'n well ganddynt beidio â mentro i ymyrryd â chyfraith sefydledig nac i beryglu'r sicrwydd y mae cynifer o farnwyr y gorffennol wedi glynu ato. Efallai hefyd eu bod yn nerfus hefyd am fod newid cyfraith yn gallu cael ôl-effeithiau annisgwyl ac annymunol mewn achosion diweddarach, hyd yn oed os yw'n gyfiawn ar gyfer yr achos dan sylw. Er enghraifft, cyfaddefodd yr Arglwydd Halsbury y gallai 'achosion o galedi unigol godi'

pe bai Arglwyddi'r Gyfraith yn cyfrif eu bod yn rhwym i'w penderfyniadau eu hunain. Fodd bynnag, roedd yn well ganddo hyn nag ansicrwydd 'trychinebus'. Mae barnwyr eraill, megis Arglwydd Denning, yn llai petrus ac yn fwy parod i ystyried bod diwygio a diweddaru'r gyfraith yn rhan anorfod o'u swyddogaeth fel darparwyr cyfiawnder. Mae barnwyr fel y rhain yn fwy tebygol o werthfawrogi cyfiawnder mewn achosion unigol a diwygiadau i'r gyfraith yn fwy na sicrwydd.

Crynodeb ● ● ●

1. Beth yw'r gwahaniaeth rhwng cynsail gwreiddiol, cynsail sy'n rhwymo a chynsail perswadiol?

2. Beth yw ystyr 'gwahaniaethu achos'?

3. Pryd mae cynsail yn cael ei ddisodli neu ei wrthdroi?

4. Beth yw manteision ac anfanteision cadw at gynseiliau?

Astudiaeth achos ◯ Cynsail a'r gyfraith newidiol

Eitem A *Brown (1994)* and *Wilson (1996)*

Mewn achosion o ymosod, dan rai amgylchiadau, gall cydsyniad y 'dioddefwr' fod yn amddiffyniad dilys, gan olygu bod yr ymosodwr yn gallu dadlau na chyflawnwyd trosedd, er i berson arall gael ei anafu. Mewn rhai achosion, meddygon a deintyddion, er enghraifft, mater o synnwyr cyffredin yw cydnabod bod cydsyniad yn amddiffyniad teilwng. Mewn achosion eraill, fodd bynnag, bu'n rhaid i farnwyr ddelio ag ystyriaethau moesol cymhleth. Yn achos *Brown (1994)*, cyflawnodd grŵp o ddynion weithredoedd sadomasocistaidd, gan gynnwys chwipio a gweithgareddau poenus eraill, mewn parti preifat yng nghartref un o'r diffynyddion. Roedd pob un o'r cyfranogwyr yn cydsynio, ac ni chwynodd neb a oedd yn bresennol i'r heddlu. Er hyn, euogfarnwyd y dynion o gyflawni ymosodiadau dan a.47 ac a.20 o Ddeddf Troseddau yn erbyn Personau 1861.

Pan wnaed apêl i Dŷ'r Arglwyddi, cadarnhawyd yr euogfarn. 'Nid wyf yn barod i ddyfeisio amddiffyniad o gydsynio ar gyfer achosion sadomasocistaidd sy'n meithrin ac yn mawrygu creulondeb ac yn arwain at droseddu', meddai Arglwydd Templemann wrth ddyfarnu.

Fodd bynnag, cydnabu Arglwyddi'r Gyfraith a ddyfarnodd yr achos fod amgylchiadau lle'r oedd cydsyniad yn gyfreithlon. Roedd yr amgylchiadau hyn yn cynnwys enwaediad defodol, tatŵio, tyllu'r glust a'r corff, a chwaraeon treisgar fel paffio.

Ystyriwyd y dyfarniad yn un dadleuol. Nid oedd unrhyw dystiolaeth nad oedd y diffynyddion yn ddim byd ond parod i gymryd rhan yn y digwyddiadau. Dadleuai'r sawl a feirniadai'r dyfarniad bod Arglwyddi'r Gyfraith wedi dyfarnu ar y sail eu bod yn anghytuno'n foesol yn hytrach nag ar sail y gyfraith, a'i bod hi'n anodd deall sut, er enghraifft, nad oedd cystadleuwyr mewn cystadleuaeth baffio yn cyflawni trosedd, tra bod yr unigolion a oedd yn rhan o'r achos yn gwneud hynny.

*Yn achos **Brown (1993)** barnai'r Arglwyddi nad oedd y sawl a gymerodd ran yn nhyllu'r corff yn euog o ymosod.*

(trosodd)

Eitem A Brown (1994) and Wilson (1996) (parhad)

Yn *Wilson (1996)*, cyfaddefodd y diffynnydd ei fod wedi defnyddio cyllell boeth i frandio llythrennau cyntaf ei enw ar gorff ei wraig. Cafodd gydsyniad ac anogaeth ei wraig i wneud hynny. Er hyn, pan ddywedodd y meddyg wrth yr heddlu am yr anaf, yn dilyn archwiliad meddygol, euogfarnwyd Wilson o ymosodiad o dan a.47.

Yn y Llys Apêl, dyfarnodd y barnwr, Arglwydd Russell, nad oedd unrhyw gymhariaeth ffeithiol y gellid ei gwneud rhwng hyn â *Brown (1994)*. Roedd Wilson wedi cyflawni math o addurniad corfforol a oedd yr un fath mewn egwyddor â thyllu ffroenau neu dafodau. Dywedodd:

> 'Dylid nodi bod y mater a ardystiwyd ar gyfer yr Arglwyddi yn Brown yn ymwneud â gweithredoedd sadomasocistaidd yn unig.'

Aeth ymlaen:

> 'Yr ydym o'r farn gadarn nad yw er lles y cyhoedd i farnu bod gweithgareddau megis gweithgaredd yr apelydd yn yr apêl hon yn ymddygiad troseddol.'

Eitem B Beirniaid gwahanol, athrawiaethau gwahanol

Mae Michael Zander yn amlygu athrawiaethau gwahanol uwch-farnwyr drwy gymharu'r safbwyntiau a fynegwyd gan Arglwydd Simonds, a eisteddai yn Nhŷ'r Arglwyddi rhwng 1944 a 1962 ac Arglwydd Denning, a fu'n Meistr y Rholiau (barnwr mwyaf profiadol y Llys Apêl) rhwng 1962 a 1982.

Mae'n disgrifio'r sut yr ystyriai Simonds mai ei waith ef oedd amddiffyn y sefyllfa bresennol. Er enghraifft, yn *Midland Silicones Ltd v Scruttons Ltd (1962)*, dywedodd Simonds:

> 'Nid wyf ychwaith am gael fy arwain gan frwdfrydedd anneallus o blaid rhyw fath o gyfiawnder haniaethol i anwybyddu ein dyletswydd gyntaf, sef i weinyddu cyfiawnder yn ôl y gyfraith, a sefydlwyd ar ein cyfer gan Ddeddf Seneddol neu gan awdurdod rhwymedigol cynsail. Datblygir y gyfraith drwy gymhwyso hen egwyddorion at amgylchiadau newydd. Dyna ei hathrylith.'

Ym mhen arall y sbectrwm mae Arglwydd Denning, a ysgrifennodd:

> 'Y gwir yw nad yw'r gyfraith yn sicr. Nid yw'n berthnasol i bob sefyllfa sy'n codi. Dro ar ôl tro, mae ymarferwyr yn gorfod wynebu sefyllfaoedd newydd, lle gellir dyfarnu un ffordd neu'r llall. Ni all neb rag-weld beth yw'r gyfraith hyd nes i'r llysoedd benderfynu arni. Mae'r barnwyr yn llunio cyfraith bob dydd, er ei bod ymron yn heresi i ddweud hynny. Os cydnabyddir y gwirionedd, mae gennym obaith o ddianc rhag llaw farw'r gorffennol a llunio egwyddorion newydd yn fwriadol i gwrdd ag anghenion y presennol.'

Mae Zander yn tynnu sylw at y ffaith na cheisiodd Denning, er gwaethaf ei frwdfrydedd dros ddiwygio, ffurfio egwyddorion i arwain barnwyr ynglŷn â phryd y dylent ymyrryd yng nghyfraith gwlad a phryd na ddylent wneud hynny.

Addaswyd o 'The Reform of Equity' yn Hamson, C.J. (gol.) *Law Reform and Law Making,* 1953 and Zander, M., *The Law Making Process*, Butterworths, 1999.

Cwestiynau

(a) Gan ddefnyddio Eitem A a'ch gwybodaeth eich hun, atebwch y cwestiynau canlynol.
   i) Esboniwch pam na allwch, fel rheol, erlyn eich deintydd am ymosod arnoch. (2)
   ii) I bob golwg, beth a ystyriai'r barnwr L.J. Russell oedd ratio Brown (1993)? A oedd yn rhwymo'r Llys Apêl? (6)
   iii) A yw'n ymddangos yn deg bod Wilson wedi cael ei ryddfarnu ond bod diffynyddion Brown (1993) wedi'u collfarnu? Esboniwch eich ateb. (6)
   iv) Sut wnaeth *obiter dicta* yn Brown (1993) gefnogi dyfarniad y Llys Apêl yn yr achos diweddarach? (4)
   v) A ydych o'r farn fod y Llys Apêl yn gwahaniaethu ar sail gwahaniaethau ffeithiol amlwg a chymharol syml, neu a ydynt yn gwahaniaethu er mwyn osgoi gorfod cymhwyso Brown (1993)? (6)
(b) Gan ddefnyddio Eitem B a'ch gwybodaeth eich hun, atebwch y cwestiynau canlynol.
   i) A fyddai Simonds yn debygol o ddadlau dros ganiatáu i farnwyr ddefnyddio mwy o ddisgresiwn? (4)
   ii) Beth yw'r dadleuon o blaid ac yn erbyn caniatáu i farnwyr fod yn weithredol wrth ddiwygio'r gyfraith? (10)
   iii) Beth, yn eich barn chi, oedd Denning yn ei olygu drwy ddweud 'llaw farw'r gorffennol'? Rhowch enghraifft. (8)

10.1 Cyflwyniad

Mae'r gyfraith yn bodoli ar ffurf geiriau yn unig. Gellir gweithredu'r gyfraith dim ond drwy ddehongli'r geiriau hynny a'u cymhwyso at set benodol o ffeithiau. Mae cyfreithwyr, ac yn benodol barnwyr, yn cael eu cyflogi i wneud hyn. Mae'r uned hon yn archwilio'r amryw reolau y

Gweithgaredd 10.1

Llygredd car.

Pam fod rhaid cael rheolau i ddehongli statudau?

Roedd llywodraeth Noland (lle ffug) yn pryderu'n fawr am y llygredd, y damweiniau a'r sŵn a achosir gan drafnidiaeth yn ei gwlad fach, orlawn. Gan fod mwy a mwy o bobl yn berchen ar geir, penderfynodd y prif weinidog yno bod rhaid gweithredu'n llym. Yn ôl ei chynghorwyr, hen beiriannau ceir hŷn, gwael eu cyflwr ac aneffeithiol o safbwynt tanwydd oedd yn gyfrifol am ran helaeth o'r broblem. Penderfynwyd creu Deddf Seneddol yn tynnu'r hen geir hyn oddi ar y ffordd. Am fod y llywodraeth mor awyddus i ddelio â'r problemau, gwthiodd y ddeddfwriaeth drwy'r Senedd mewn hanner yr amser arferol. Mae adran 1 o Ddeddf Dim Ceir Os Gwelwch yn Dda 2002 yn darllen:

'Bydd defnyddio unrhyw gerbyd modur a wnaed cyn 1 Ionawr 1991 ar ffyrdd cyhoeddus yn drosedd'.

Roedd y gyfraith hon yn amhoblogaidd iawn, yn enwedig gyda'r sawl a oedd yn berchen ar gerbydau hŷn. Daeth Penri Jones o hyd i ateb posibl a allai ddatrys problem y bobl hyn, fodd bynnag. Gwyddai mai peiriant car yw'r darn drutaf, ac felly sefydlodd fusnes yn gwneud ceir pecyn sylfaenol iawn, yn rhad, a werthwyd heb beiriant. Mae'r prynwr yn adeiladu'r car ac yn gallu cynnwys ystod eang o beiriannau o hen geir. Erlynwyd y cwsmeriaid hynny a ddefnyddiodd ceir Penri gyda pheiriannau a wnaed cyn 1991, ynghyd â Penri ei hun, dan adran 1 o Ddeddf Dim Ceir Os Gwelwch yn Dda 2002. Plediodd y diffynyddion yn ddieuog, gan ddadlau ar sail pwynt cyfreithiol yn unig. Eu dadl oedd nad oeddent wedi torri'r gyfraith, ar sail y geiriau a ddefnyddiwyd yn y Ddeddf.

(a) A fydd gwaith y llysoedd yn syml wrth ddehongli geiriad y Ddeddf hon? (2)

(b) Pa ddadleuon fyddech chi'n eu cynnig (i) o blaid yr erlyniad a (ii) o blaid yr amddiffyniad yn yr achos hwn? (4)

(c) Yn ofalus, drafftiwch fersiwn well o adran 1 Deddf Dim Ceir Os Gwelwch yn Dda 2002, gan eirio'r darn yn wahanol, ac mewn modd sy'n cyflawni nod y llywodraeth. (4)

mae'r llysoedd wedi eu datblygu i gynorthwyo'r broses o ddehongli a chymhwyso Deddfau Seneddol (yr enw arall ar Ddeddfau Seneddol yw 'statudau' neu 'ddeddfwriaeth').

Byddwch wedi sylwi bod yr iaith gyfreithiol a ddefnyddiwyd yng Ngweithgaredd 10.1 yn gallu cael ei gwyro. Rhoddwyd ystyr i'r geiriau na allai'r llywodraeth fod wedi ei rhagweld. Yn y Senedd ei hun, mae Cwnsler Seneddol, sef bargyfreithwyr arbenigol, yn dewis y geiriau a ddefnyddir ar gyfer Mesur. Maent yn creu drafft o'r Ddeddf. Yn y Senedd, edrychir yn fanwl ar y geiriau hyn ac o bosibl fe'u newidir cyn i'r Mesur droi'n Ddeddf, ond yn aml mae'n anodd dod o hyd i'r geiriau union gywir.

Er bod y senario ffug yng Ngweithgaredd 10.1 yn annhebygol, mae'n rhoi awgrym o'r math o broblemau gyda geiriau y mae'n rhaid i'r llysoedd eu hwynebu wrth geisio dehongli statudau.

Dyma rai problemau sy'n ymwneud â dehongli statudau:

1. Mae rhai geiriau'n amwys, gyda mwy nag un ystyr, ac nid yw'r llysoedd yn gwybod i sicrwydd pa ystyr i'w defnyddio.

2. Mae diffynyddion yn canfod dulliau o osgoi'r gyfraith na ragwelwyd mohonynt, ac felly nid yw'r geiriau a ddefnyddiwyd yn gymwys iddynt.

3. Nid yw gair yn fanwl gywir bob amser. Er enghraifft, a yw'r term 'cerbyd modur' yng Ngweithgaredd 10.1 yn cynnwys cadeiriau olwynion â modur a cheir trydanol?

4. Camgymeriad syml wrth ddrafftio na sylwyd arno ar y pryd.

5. Gall ystyr geiriau newid dros amser. Er enghraifft, yn adran 28 o Ddeddf Achosion Heddlu'r Dref 1847 roedd y gair 'teithiwr' ('passenger') yn golygu rhywun a deithiai ar droed. Nid dyna'r ystyr a roddir i'r gair yn yr iaith Saesneg fodern.

10.2 Tair rheol sylfaenol dehongli

Diffinio'r tair rheol

Mae tair rheol sylfaenol yn ymwneud â dehongli statudau. Gellir diffinio'r rhain fel hyn:

1. Y rheol lythrennol

Mae hon yn rheol syml. Dylid rhoi yr ystyr gyffredin i eiriau, heb ystyried ai dyna'r ystyr a ddisgwylir. Y rheswm dros hyn yw y byddai'n gyfeiliornus i'r llysoedd ddyfalu beth a olygodd y Senedd pan basiwyd y Ddeddf. Yn *R v Judge of the City of London Court (1982)*, datganodd Arglwydd Esher:

'Os yw geiriau Deddf yn glir, rhaid i chi gadw atynt, er eu bod yn arwain at wrthuni amlwg. Nid mater i'r llys yw penderfynu a yw'r ddeddfwrfa wedi cyflawni gwrthuni.' Ceir dwy enghraifft o'r ffordd y cymhwysir y rheol lythrennol ym Mlwch 10.1.

Blwch10.1 *Y rheol lythrennol yn ymarferol*

(i) *London and North Eastern Railway Co. v Berriman (1946)*

Trên stêm yn y 1940au.

Cafodd gweithiwr rheilffordd ei daro a'i ladd gan drên. Ceisiodd ei weddw hawlio iawndal gan y cwmni rheilffordd. Roedd y Ddeddf Seneddol berthnasol yn caniatáu i weithwyr dderbyn iawndal os oeddent yn 'ailosod neu'n trwsio' traciau rheilffordd. Roedd y dyn a laddwyd wedi bod yn cynnal y traciau a rhoi olew arnynt yn unig. Dyfarnodd y llys na ellid dehongli hyn fel ailosod neu drwsio, ac felly ni allai ei weddw dderbyn iawndal.

(ii) *Mesure v Mesure (1960)*

Dan Ddeddf Achosion Priodasol 1950, roedd yn bosibl ysgaru lle'r oedd un priod wedi cael pum mlynedd o 'driniaeth barhaus' ar gyfer salwch meddwl. Roedd Ms Mesure wedi bod mewn ysbyty meddwl rhwng 1952 a 1959 ac eithrio cyfnod o un wythnos ar ddeg mewn sanatoriwm, lle derbyniodd driniaeth am y diciâu. Dyfarnwyd na ellid caniatáu ysgaru, gan nad oedd y driniaeth ar gyfer iechyd meddwl yn barhaus.

---

2. Y rheol aur

Mae'r rheol aur yn darparu y gellid, dan amgylchiadau eithriadol, ac er mwyn osgoi canlyniad anghyfiawn, newid ystyr geiriau pe bai defnyddio'r rheol lythrennol yn achosi canlyniad o'r fath. Defnyddiwyd y rheol mewn dau fath o achos:

- lle mae geiriau statudau yn amwys ac mae'n anodd gweld pa ystyr sy'n briodol
- lle mae gan eiriau un ystyr yn unig ond y byddai'n gwbl annerbyniol i roi'r ystyr honno iddynt.

Yn *Grey v Pearson (1857)*, rhoddodd y Barnwr Parke un o'r datganiadau cyntaf am y rheol. Esboniodd y dylid cadw ystyr cyffredin a gramadegol geiriau wrth geisio deall ystyr statudau, oni bai bod hynny'n arwain at wrthuni neu anghysondeb. Pe digwyddai hynny, gellid addasu ystyr cyffredin y geiriau er mwyn osgoi'r gwrthuni neu'r anghysondeb. Er hyn, ni ddylai'r addasiad wneud mwy na hyn. Hynny yw, ni ddylid defnyddio'r rheol aur yn ormodol.

Edrychir yn fanwl ar y rheol aur yng Ngweithgaredd 10.2.

Gweithgaredd 10.2

Y rheol aur

(i) *Maddox v Storer (1963)*

Yn ôl Deddf Traffig Ffyrdd 1960, roedd yn drosedd i yrru'n gyflymach na 30mya mewn cerbyd a addaswyd i gario mwy na saith o deithwyr. Yn yr achos hwn, roedd y cerbyd yn fws mini a wnaed yn benodol i gario 11 o bobl, yn hytrach na'i fod wedi cael ei addasu i wneud hynny. Roedd diffiniad geiriadur Rhydychen o'r gair 'addasu' yn defnyddio termau megis 'cymhwyso' a 'gwneud yn addas'. A gyflawnwyd trosedd? A oedd yn bwysig pa un ai oedd y bws wedi'i wneud i gario 11 o bobl neu fod y seddau wedi'u hychwanegu'n hwyrach? Dyfarnodd y llys y gallai 'addaswyd' gynnwys yr ystyr 'addas ar gyfer' at y diben hwn, ac felly drwy ddefnyddio'r rheol aur, yr oedd trosedd wedi'i gyflawni.

(ii) *R v Allen (1872)*

Cyhuddwyd Allen o ddwywreiciaeth. Dan adran 57 o'r Ddeddf Troseddau yn Erbyn Personau 1861, roedd yn drosedd priodi tra oedd priod gwreiddiol rhywun yn parhau'n fyw. Awgrymwyd bod gan y gair 'priodi' ddwy ystyr posibl:

Pâr o oes Fictoria sydd newydd briodi.

- priodi rhywun arall yn gyfreithlon
- perfformio seremoni briodasol ffurfiol.

Pe bai geiriau'r statud yn cael yr ystyr cyntaf ni fyddai neb a oedd eisoes yn briod yn gallu bod yn euog o ddwywreiciaeth oherwydd pan geisient briodi'n gyfreithlon am yr ail dro byddai'n amhosibl iddynt wneud hynny. Dyfarnodd y llys fod hwn yn wrthun, a bod rhaid i'r gair 'priodi' olygu perfformio seremoni briodasol ffurfiol.

(a) Mae *Maddox v Storer* a *R v Allen* yn dangos y ddau gategori lle defnyddir y rheol aur. Esboniwch pa achos sy'n dangos pa gategori. **(8)**

(b) Trafodwch a fyddai wedi bod yn briodol i ddefnyddio'r rheol aur yn *London and North Eastern Railway Co. v Berriman (1946)* - a amlinellwyd ym Mlwch 10.1 uchod. **(4)**

3. Rheol y drygioni

Sefydlwyd y rheol hon am y tro cyntaf yn *Heydon's Case (1854)*. Mae'n caniatáu mwy o ddisgresiwn o lawer i farnwyr na'r ddwy reol arall. Ar ei ffurf gyfredol, mae tri cham i'r rheol:

1. Canfod beth oedd y broblem na ddarparodd y gyfraith ar ei chyfer (diffiniwyd y broblem fel 'y drygioni' yn iaith yr unfed ganrif ar bymtheg yn y dyfarniad gwreiddiol, a dyma'r gair a ddefnyddir gan gyfreithwyr hyd heddiw yn y cyd-destun hwn).

2. Canfod pa 'rwymedi' neu ateb yr oedd y Senedd yn ceisio ei weithredu i ymdrin â'r broblem hon.

3. Gofyn beth oedd y rheswm go iawn dros y rhwymedi hon.

Yna, rhaid i'r barnwr ddehongli'r geiriau yn y fath fodd fel y gall ymdrin â'r broblem a rhoi'r rhwymedi ar waith.

Amlinellir enghraifft o reol y drygioni ym Mlwch 10.2.

Pa un o'r tair rheol dylid ei defnyddio a phryd?

Cyn ystyried gwerth y tair rheol dehongli, mae angen gwneud dau bwynt.

Yn gyntaf, mae'n glir nad oes rhaid i farnwyr ddefnyddio un rheol yn fwy nag un arall. Gallant ddewis pa un o'r rheolau i'w defnyddio, er nad yw'r dewis yn dilyn unrhyw batrwm, yn anffodus. Ni ellir rhagweld pa reol y bydd llys yn ei defnyddio mewn achos penodol. I bob golwg, mae barnwyr yn dewis pa reol i'w defnyddio yn ôl eu safbwynt ynghylch yr union ffiniau rhwng rôl barnwyr o ran llunio cyfraith a rôl y Senedd. Mae'n bosibl yr ystyrir y canlyniad a ddymunir mewn achos penodol wrth wneud y dewis hwn. Gellir disgrifio hyn fel **dull integredig**. Teg yw dweud, fodd bynnag, mai'r rheol lythrennol a ddefnyddiwyd amlaf yn ystod y rhan fwyaf o'r ganrif ddiwethaf.

Yn ail, bu cynnydd cyson yn nylanwad cyfraith yr UE yn ddiweddar, ac mae effaith Deddf Hawliau Dynol 1998 yn golygu bod barnwyr, wrth ddehongli statudau, yn tueddu i osgoi'r tair rheol a nodir uchod gan ddefnyddio, yn lle, yr hyn a elwir yn **ddull pwrpasol**. Mae hwn yn ymwneud ag ysbryd a phwrpas bwriadol deddfwriaeth yn fwy nag union ystyr yr iaith a ddefnyddir mewn deddfwriaeth, ac mae'n caniatáu i farnwyr fynd ymhellach na rheol y drygioni. Mae'r newid hwn yn deillio o'r gwahaniaethau yn y ffordd mae cyfreithiau'r UE a chytuniadau hawliau dynol yn cael eu drafftio a'r ffordd mae llysoedd Ewrop yn ymdrin â dehongli statudau. Trafodir hyn yn fanylach yn ddiweddarach yn yr uned hon.

Blwch 10.2 *Smith v Hughes (1960)*

Mae adran 1(1) o Ddeddf Troseddau ar y Strydoedd 1959 yn datgan:

> 'Bydd putain gyffredin sy'n oedi neu'n cymell mewn stryd neu fan cyhoeddus at bwrpas puteindra yn troseddu.'

Putain yn cymell.

Roedd yr achos hwn yn ymwneud ag apeliadau gan chwe gwraig wahanol yn erbyn erlyniad. Ym mhob achos, roedd y gwragedd mewn adeilad yn ffinio â'r stryd, er enghraifft ar falconi neu wrth ffenestr agored, ac nid ar y stryd ei hun. Fodd bynnag, aethant ati i dynnu sylw dynion drwy alw neu daro'n ysgafn ar y ffenestr a rhoi arwyddion iddynt i ddod i mewn. Roedd hi'n amlwg bod y gwragedd yn cymell ond a oeddent wedi troseddu dan adran 1 o Ddeddf 1959?

Cadarnhawyd yr euogfarnau. Defnyddiodd Arglwydd Parker reol y drygioni. Wrth ddyfarnu, dywedodd:

> 'O'm rhan i, rwyf yn edrych ar y mater drwy ystyried beth yw'r drygioni y mae'r Ddeddf yn anelu ato. Mae pawb yn gwybod mai bwriad y Ddeddf hon oedd glanhau'r strydoedd o lygredd moesol, a galluogi pobl i gerdded ar hyd y strydoedd heb i buteiniaid ymyrryd â hwy neu eu cymell. O edrych ar y mater felly, nid yw o bwys mawr a yw'r butain yn cymell yn y stryd, yn sefyll wrth ddrws neu ar falconi, wrth ffenestr, neu pa un ai yw'r ffenestr hanner ar gau neu'n hanner agored; ym mhob achos, mae'n cymell rhywun sy'n cerdded yn y stryd.'

Mae'n ymddangos felly mai'r drygioni yw puteindra ar y strydoedd. Mae'r Senedd wedi ymateb drwy beri bod puteiniaid sy'n oedi neu'n cymell ar y stryd yn troseddu. Dyma'r 'rhwymedi'. Bwriad y rhwymedi yw atal puteiniaid rhag chwilio am fusnes ar y strydoedd. Gan fod dynion yn cael eu cymell, ni phetrusodd Arglwydd Parker rhag euogfarnu dan adran 1(1).

Gweithgaredd 10.3

Elliott v Grey (1960)

Dan Ddeddf Traffig Ffyrdd 1930, roedd defnyddio car ar y ffordd heb bolisi yswiriant yn drosedd. Er bod ei gerbyd ar y ffordd heb yswiriant, dadleuodd y diffynnydd nad oedd wedi cyflawni trosedd am fod y cerbyd wedi'i jacio a heb fatri. Er hyn, dyfarnodd y llys fod y car yn berygl o'r math yr oedd y Ddeddf wedi'i llunio yn benodol i'w hatal, ac felly bod trosedd wedi'i chyflawni.

Jacio car.

(a) A ddefnyddiwyd y rheol aur neu reol y drygioni yn yr achos hwn? Esboniwch eich ateb. (6)

(b) Pe bai'r rheol lythrennol wedi cael ei defnyddio sut fyddai'r llys wedi dyfarnu'r achos? (4)

(c) A ydych yn cytuno â dull y llys o ddelio â'r achos a'i ddyfarniad terfynol? Esboniwch eich ateb. (4)

10.3 Beth yw gwerth y tair rheol dehongli sylfaenol?

Y rheol lythrennol

Yn aml iawn, ni cheir unrhyw ddadlau ynglŷn â'r rheol lythrennol. Byddai'n syndod pe bai barnwyr yn cael newid ystyr geiriau Deddfau Seneddol at eu defnydd eu hunain, o ystyried bod gan y Senedd oruchafiaeth dros y llysoedd. Er ei bod yn anodd i'r Cwnsler Seneddol gynnwys pob sefyllfa yn y geiriau a ddewisir ar gyfer Deddf, bydd y mwyafrif o sefyllfaoedd yn cael eu cynnwys y rhan fwyaf o'r amser. Pan fydd ystyr y geiriau a ddefnyddir mewn statud yn aneglur neu'n achosi problemau, mae'n agored, wedi'r cyfan, i'r Senedd ddiwygio'r Ddeddf.

Fodd bynnag, mae'r rheol lythrennol wedi cael beirniadaeth lem. Yn sicr, nid yw'n hawdd cefnogi canlyniadau achosion megis **London and North Eastern Railways v Berriman (1946)** – gweler uchod. Yn ei lyfr, *The Law Making Process* (Butterworths 1999), mae Zander yn beirniadu'r rheol lythrennol yn hallt:

'Mae'r barnwr yn rhoi'r gorau i geisio deall y ddogfen ar y darlleniad cyntaf. Yn lle straffaglu i ddeall ei hystyr, mae'n defnyddio'r dehongliad symlaf o'r geiriau dan sylw - heb ystyried a yw'n

gwneud synnwyr yn y cyd-destun penodol hwnnw.' (Zander 1999, t.106)

Roedd dyfarniad anghydsyniol Arglwydd Denning yn **Magor and St. Mellons v Newport Corpn. (1950)** hefyd yn cynnwys nifer o sylwadau a ddangosai ei ddiamynedd gyda dibynnu gormod ar y rheol lythrennol. Dywedodd:

'Nid ydym yn eistedd yma er mwyn tynnu iaith y Senedd a gweinidogion yn ddarnau a'i throi'n ddwli. Peth hawdd yw gwneud hynny, a rhywbeth y mae cyfreithwyr yn ei wneud yn rhy aml. Rydym yn eistedd yma er mwyn canfod bwriad y Senedd a gweinidogion, a gweithredu hwnnw, ac rydym yn gwneud hynny'n well drwy lenwi'r bylchau a gwneud synnwyr o'r deddfiad na thrwy beri ei fod yn agored i ddehongliad dinistriol.'

Y rheol aur

Mae'r rheol aur yn amddiffyn llys sy'n gorfod gwneud dehongliad dyrys rhag dyfarnu'n anghyfiawn gan ei bod yn galluogi'r barnwr i osgoi canlyniadau gwrthun. Er hyn, nid yw'n fawr mwy nag estyniad o'r rheol lythrennol ac felly yn agored i'r un feirniadaeth. Mae'r sawl sy'n defnyddio'r rheol aur ar y cyfan wedi dangos yn glir na ddylid ei dewis yn lle'r rheol lythrennol ac eithrio mewn achosion eithriadol. Ar yr olwg gyntaf, gall ymddangos bod y llys yn mynd y tu hwnt i eiriau'r Ddeddf er mwyn chwilio am ei bwriad pan ddefnyddir y rheol aur. Mewn gwirionedd, ni cheir archwiliad ffeithiol o gefndir y Ddeddf. Mae'r barnwr yn gwneud rhagdybiaethau 'synnwyr cyffredin' yn unig am fwriad y Senedd.

Nid yw'r rheol hon yn glir, ychwaith. Ni fu'n amlwg erioed beth sy'n 'wrthun' a beth sydd ddim. Pa bryd fydd canlyniad dehongliad penodol yn ymddangos mor afresymol fel bod llys yn teimlo y gall beidio â mabwysiadu ystyr blaen? Adroddwyd am nifer fawr o achosion lle'r oedd yn well gan farnwyr ddefnyddio'r rheol lythrennol er ei bod wedi arwain at yr hyn a fyddai'n ymddangos fel canlyniad gwrthun i'r mwyafrif ohonom. Er enghraifft, pam fod y llys wedi anwybyddu'r rheol aur yn **London and North Eastern Railways v Berriman (1946)**?

Rheol y drygioni

Mae rheol y drygioni yn werthfawr am ei bod yn cydnabod nad yw'n ddigonol edrych ar eiriau statud yn unig. Yn aml, mae'n anodd deall iaith heb wybod amgylchiadau neu gyd-destun yr iaith honno. Fel mae Zander yn dangos, nid yw'r ymadrodd 'dysgu gêm i'r plant' yn debygol o gynnwys y gêm gardiau strip pocer. Mae rheol y drygioni'n galluogi barnwyr i ystyried pam fod y Ddeddf yn bodoli wrth ystyried pa ystyr y dylid ei rhoi i eiriau.

Un o broblemau'r rheol hon yw ei hoedran. Pan

ddyfarnwyd *Heydon's Case (1584)* roedd yn arfer cyffredin i esbonio pwrpas Deddf ar y dechrau. Daeth yr arfer hwn i ben yn ddiweddarach. Ar ben hyn, y barnwyr oedd yn drafftio statudau bryd hynny. Ni wnaeth y Senedd fawr mwy na rhoi sêl ei bendith arnynt. Yn 1584, felly, roedd beirniaid yn deall yn iawn beth oedd pwrpas Deddf. Heddiw, y Senedd yw prif ffynhonnell y gyfraith. Mae'r gyfraith, felly, yn cael ei llunio a'i chymhwyso gan ddau grŵp gwahanol. Mae hyn oll yn codi'r cwestiwn i ble y gall barnwyr fynd i ganfod pwrpas Deddf. Beth allant eu defnyddio i'w helpu i'w dehongli? I ddeall yn iawn y modd y mae llysoedd yn dehongli statudau, rhaid ateb y cwestiwn hwnnw.

Gweithgaredd 10.4

Rogers v Dodd (1968)

Roedd yn amod cofrestru bariau coffi dan Ddeddf Corfforaeth Brighton 1966 na ddylai'r bar aros ar agor ar ôl 1.00am. Am 1.40am yn un bar coffi yn Brighton, fodd bynnag, gweinwyd cŵn poeth drwy

Y Lanes yn Brighton yn 1967.

ffenestr agored. Roedd y drws ar glo, a gofynnwyd i'r cwsmeriaid adael cyn 1.00am.

(a) **Pa air neu eiriau yn benodol fyddai'n destun dadl yn y llys? (2)**

(b) **Esboniwch beth fyddai canlyniad cymhwyso (i) y rheol lythrennol, (ii) y rheol aur a (iii) rheol y drygioni yn yr achos hwn. (12)**

(c) **Dywedwch pa reswm fyddai fwyaf priodol yma yn eich barn chi, gan roi rhesymau. (6)**

10.4 Sut y gellir canfod bwriad y Senedd?

Cymhorthion mewnol

Pa ddull bynnag a ddefnyddir, yn aml, gellir canfod cliwiau o ran sut i ddehongli yn y statud ei hun. Gelwir y cliwiau hyn yn gymhorthion mewnol. Mae'r canlynol yn gymhorthion mewnol a ganiateir.

1. Y teitl hir a byr

Yn aml, bydd gan Ddeddf deitl cryno a theitl mwy manwl.

Ers tro, defnyddiwyd y teitl hir i ganfod cliwiau ynghylch geiriau a ddefnyddir yn y Ddeddf.

2. Y rhaglith

Pan fydd un yn bodoli, mae rhaglith yn gweithredu fel cyflwyniad i'r Ddeddf, a gall ddynodi ei phwrpas. Mae Deddf Masnachu Ffwr 2000 yn dechrau gyda'r geiriau canlynol:

'Deddf sy'n gwahardd cadw anifeiliaid yn benodol neu'n bennaf ar gyfer eu lladd am werth eu ffwr; i ddarparu ar gyfer gwneud taliadau mewn perthynas â chau busnesau penodol mewn perthynas â hynny; ac at ddibenion cysylltiedig.'

3. Nodiadau a phenawdau ymylol

Mae nodiadau a phenawdau ymylol yn crynhoi effaith adrannau o'r Ddeddf. Os bydd gan eiriad nodiadau neu benawdau ymylol ystyr croes i eiriad prif gorff y Ddeddf, dylid cadw at eiriad prif gorff y Ddeddf. Ychwanegir nodiadau a phenawdau ymylol pan argraffir y Ddeddf, ac nid yn ystod ei thaith drwy'r Senedd, ac felly nid ydynt yn gwbl ddibynadwy o ran dangos ewyllys y Senedd.

4. Atodlenni

Manylion ychwanegol neu fath o atodiad sy'n rhoi mwy o wybodaeth am brif adrannau'r Ddeddf yw atodlenni. Er enghraifft, sefydlodd adran 1 o Ddeddf Gwasanaethau Post 2000 Gomisiwn Gwasanaethau Post i sicrhau bod gwasanaeth post cyffredinol yn cael ei ddarparu. Mae Atodlen 1 i'r un Ddeddf yn datgan faint o bobl sy'n perthyn i'r comisiwn a sut maent yn cael eu hapwyntio.

5. Adrannau dehongli

Yn aml, mae Deddfau Seneddol yn nodi pa ystyr y dylid ei roi i air neu ymadrodd penodol. Mewn llawer o Ddeddfau, mae adrannau dehongli yn cynnwys rhestri, sydd weithiau'n weddol hir, yn dangos pa ystyron y dylid eu rhoi i eiriau penodol a ddefnyddir yn rhannau eraill o'r Ddeddf.

Rheolau iaith

Mae hyd yn oed y barnwyr hynny sydd o blaid cadw at y rheol lythrennol yn defnyddio nifer o reolau llai sy'n rhoi rhyw fath o drefn ar y dasg o ddehongli. Mae gan y rheolau enwau Lladin, a dyma restr ohonynt:

1. Rheol ejusdem generis

Lle defnyddir geiriau penodol mewn statud, (er enghraifft 'pen, pensil, creon, pen ffelt-tip'), a lle ceir geiriau cyffredinol yn dilyn y geiriau hyn, (er enghraifft 'offeryn ysgrifennu'), diffinnir y geiriau cyffredinol drwy gyfeirio at y rhai penodol. Yn yr enghraifft a nodir yma, ni fyddai sialc yn offeryn ysgrifennu, gan nad yw'n cael ei ddefnyddio i ysgrifennu ar bapur.

Mae achos *Gregory v Fearn (1953)* yn enghraifft o'r

rheol hon. Yn ôl Deddf Cadw'r Saboth 1677, ni châi'r un 'fasnachwr, dyfeisiwr, gweithiwr, labrwr neu unrhyw berson arall o gwbl' weithio ar ddydd Sul. Yn achos *Gregory v Fearn (1953)*, dyfarnodd y Llys Apêl y dylid ystyried y geiriau 'neu unrhyw berson arall o gwbl' yn derm cyffredinol. O ganlyniad, roedd y rheol *ejusdem generis* yn golygu nad oedd y Ddeddf yn berthnasol i werthwyr eiddo (gellid meddwl bod gwerthwyr eiddo yn perthyn i gategori 'masnachwr' ond nid ydynt yn prynu nac yn gwerthu tai, ond yn hytrach yn gweithredu fel asiant rhwng y prynwr a'r gwerthwr).

2. Expressio unius exclusio alterius

Ystyr yr ymadrodd hwn yw 'mae crybwyll un peth yn eithrio pethau eraill'. Pan geir rhestr o eiriau heb eiriau cyffredinol yn ei dilyn, bydd y Ddeddf yn berthnasol dim ond i'r eitemau penodol a grybwyllir. Mae achos *Tempest v Kilner (1846)* yn enghraifft o hyn. Yn yr achos hwn, roedd rhaid i'r llys ystyried a oedd Statud y Twyllau 1677 yn berthnasol i gontract ar gyfer gwerthu stociau a chyfrannau. Nid oedd unrhyw eiriau cyffredinol yn dilyn y rhestr *'goods, wares and merchandise'* yn y Ddeddf. Dyfarnodd y llys nad oedd y statud, felly, yn ymwneud â stociau a chyfrannau.

3. Noscitur a sociis

Mae'r ymadrodd hon yn golygu bod gair yn cael ei adnabod yn ôl y cwmni y mae'n cadw. Effaith y rheol yw bod gair yn cymryd ei ystyr o'r geiriau eraill sy'n ei amgylchynu. Mae achos *Inland Revenue Commissioners v Frere (1965)* yn enghraifft o hyn. Yn yr achos hwn, roedd adran o'r Ddeddf yn cynnwys rheolau ar gyfer 'llog, blwydd-daliadau neu log blynyddol arall' (ystyr 'blwydd-dâl' yw buddsoddiad sy'n rhoi'r hawl i'r buddsoddwr dderbyn cyfres o symiau cyfartal blynyddol). A oedd y gair cyntaf yn cynnwys llog a dalwyd yn fisol neu'n ddyddiol? Dyfarnodd y llys fod presenoldeb y geiriau 'llog blynyddol' yn golygu bod y Ddeddf yn effeithio ar log a dalwyd yn flynyddol yn unig.

Rhagdybiaethau

Bydd y llys yn gwneud rhagdybiaethau penodol am y gyfraith, oni bai bod y Ddeddf berthnasol yn dangos yn glir na ddylid gwneud hynny. Dyma'r prif ragdybiaethau:

1. Rhagdybir y bydd cyfraith gwlad yn gymwys oni bai bod y Ddeddf yn dangos yn glir bod cyfraith gwlad wedi'i newid.

2. Rhagdybir bod yn rhaid i dramgwyddau troseddol fod yn ganlyniad bwriad i gyflawni'r drosedd, ac nid y broses gorfforol o'i chyflawni yn unig - gweler *Sweet v Parsley* yn Uned 9, Adran 9.4.

3. Rhagdybir na fydd y Goron yn gaeth i unrhyw statud, oni bai bod y statud yn mynegi hynny'n benodol.

4. Rhagdybir na ellir cymhwyso deddfwriaeth yn ôl-

Gweithgaredd 10.5

Rheolau iaath

Pêl rygbi.

Ym mhob un o'r cwestiynau isod, esboniwch eich ateb.

(a) Os yw statud yn dweud ei fod yn berthnasol i 'rygbi, pêl-droed, criced, pêl-rwyd, pêl-fas, pêl-fasged, a gemau pêl eraill o'r fath' a fyddech yn disgwyl ei fod hefyd yn berthnasol i snwcer? **(4)**

(b) Os yw statud yn dweud ei fod yn berthnasol i 'griced, pêl-droed, rygbi a gweithgareddau chwaraeon eraill' a fyddech yn disgwyl ei fod yn berthnasol i hwylio? **(4)**

(c) Os yw statud yn dweud ei fod yn berthnasol i 'chwaraeon hoci a rygbi' a fyddech yn disgwyl ei fod yn berthnasol i bêl-rwyd? **(4)**

weithredol. Felly, nid yw Deddf newydd yn newid sefyllfa gyfreithiol pobl mewn perthynas â digwyddiadau cyn dyddiad y Ddeddf.

Cymhorthion allanol

Ceir hyd i gymhorthion allanol ar gyfer dehongli y tu allan i'r Ddeddf ei hun. Derbyniwyd y cymhorthion allanol canlynol:

1. Geiriaduron a gwerslyfrau cyfreithiol

Mae geiriaduron yn gymorth amlwg wrth ddefnyddio'r rheol lythrennol.

2. Statudau eraill

Mae Deddfau cynharach yn gallu olrhain y drygioni y lluniwyd Deddf i ddelio ag ef. Mae Deddf Ddehongli 1978 yn diffinio termau penodol a geir mewn amryw o statudau.

3. Adroddiadau Comisiwn y Gyfraith a chyrff eraill ar gyfer diwygio'r gyfraith

Yn aml, mae ymchwiliad gan un o'r cyrff a sefydlwyd gan y llywodraeth i archwilio opsiynau ar gyfer diwygio'r gyfraith yn rhagflaenu Deddf. Mae'r cyrff hyn yn cynhyrchu adroddiadau am eu canfyddiadau a'u hargymhellion, ac o bosibl bydd y llywodraeth yn eu mabwysiadu mewn Mesur (gweler Uned 11, Adrannau 11.5 i 11.8).

4. Cytuniadau rhyngwladol

Mae'r llysoedd yn rhagdybio na fydd y Senedd yn deddfu mewn unrhyw ffordd a fyddai'n groes i gytuniad a lofnodwyd gan lywodraeth y Deyrnas Unedig.

5. Nodiadau esboniadol

Mae pob Deddf a basiwyd ers 1999 yn cynnwys nodyn esboniadol, sy'n crynhoi prif ddarpariaethau'r Ddeddf ac yn esbonio ei chefndir. Mae adran y llywodraeth sy'n gyfrifol am y ddeddfwriaeth yn ysgrifennu'r nodyn wedi i'r Ddeddf gael ei phasio. Dyma pam y dylid ei ystyried yn gymorth allanol. Er enghraifft, er ei bod yn Ddeddf gymharol fer, mae gan Deddf Masnachu Ffwr 2000 nodyn esboniadol wyth tudalen o hyd. Mae hwn yn esbonio prif bwrpas y Ddeddf ('i wahardd ffarmio ffwr'), yn ogystal â chrynhoi a gwneud sylwadau am yr adrannau gwahanol. Mae hefyd yn datgan lle gellir cael hyd i drafodaeth o'r Mesur yn *Hansard* (gweler isod). Mae'r iaith a ddefnyddir i ysgrifennu nodiadau esboniadol lawer yn fwy darllenadwy na'r iaith a ddefnyddir yn y Deddfau eu hunain. Rhwng 1999 ac Ebrill 2003, nid oedd un achos lle cawsant eu defnyddio. O ganlyniad, nid yw eto'n glir sut y gall barnwyr eu defnyddio.

I ba raddau y gellir defnyddio Hansard fel cymorth allanol?

Mae'n hanfodol bod cymhorthion allanol ar gael ar gyfer defnyddio rheol y drygioni, ond hyd yn gymharol ddiweddar, ni chymeradwywyd defnyddio un cymorth allanol allweddol. Un ffordd amlwg y gall y llysoedd chwilio am fwriad y Senedd wrth basio'r Ddeddf yw drwy edrych yn fanwl ar yr hyn a ddywedwyd yn y Senedd pan ddadleuwyd y Ddeddf fel Mesur. Cedwir cofnodion llawn a manwl o'r dadleuon hyn mewn cyhoeddiad o'r enw *Hansard*. Er hyn, am flynyddoedd maith, derbyniwyd na ellid cyfeirio at *Hansard* wrth geisio dehongli statudau yn gyfreithiol. Efallai bod hyn yn syndod o gofio bod y llysoedd yn cael chwilio am y drygioni yr oedd y Senedd yn ceisio ymdrin ag ef. Ceisiodd Arglwydd Denning herio'r rheol a fynnai na ddylai barnwyr gyfeirio at *Hansard* yn *Davis v Johnson (1979)*. Dywedodd fod chwilio am ystyr Deddf heb gyfeirio at *Hansard* fel ymbalfalu yn y tywyllwch heb gynnau'r golau. Yn ychwanegol, dywedodd:

> 'Ac mae'n amlwg nad oes dim i rwystro barnwr rhag edrych ar y dadleuon hyn ar ei ben ei hun, yn breifat, a chael rhywfaint o arweiniad oddi wrthynt. Er fy mod efallai yn brawychu'r puryddion, rhaid i mi gyfaddef fy mod wedi gwneud hynny o bryd i'w gilydd.'

Yn yr apêl yn Nhŷ'r Arglwyddi, roedd pob un o'r pum Arglwydd Cyfraith a wrandawodd ar yr achos yn anghytuno â Denning. Cynigiodd Arglwydd Scarman ddau reswm pam nad oedd Hansard yn ddeunydd darllen priodol ar gyfer barnwr. Yn gyntaf, nid oedd yr hyn a alwai'n 'drychu a gwanu' dadl bob amser yn esbonio ystyr iaith statudol yn glir. Mae hwn yn ymddangos yn bwynt teg. Nid yw ASau yn ystyried y bydd eu geiriau'n cael eu tynnu'n ddarnau yn ddiweddarach gan farnwyr. Yn ail, nid yw cyfreithwyr yn cael defnyddio Hansard wrth ddadlau achos, ac felly ni ddylid caniatáu i farnwyr wneud hynny. Ychwanegodd Arglwydd Dilhorne na fyddai caniatáu'r defnydd o *Hansard* o gymorth mewn nifer o achosion. Byddai'n cymryd llawer o amser ac yn ychwanegu at gostau cyfreithiol.

Ddegawd, bron, yn ddiweddarach, roedd barn yr Arglwyddi wedi newid. Yn *Pickstone v Freemans plc (1988)* mynegodd yr Arglwyddi eithriadau cyfyng iawn i'r rheol ynglŷn â Hansard. Yna, yn *Pepper v Hart (1993)* aeth Tŷ'r Arglwyddi ymhellach. Dyfarnodd llys arbennig o saith Arglwydd Cyfraith y gellid cyfeirio at ddatganiadau gweinidogion yn y Senedd, lle byddai hynny o gymorth, pan fo deddfwriaeth yn aneglur, yn amwys neu'n arwain at wrthuni. Mae'r dyfarniad hwn yn gadael rhai cwestiynau heb eu hateb. Er enghraifft, sut y gallwn wybod beth sy'n ddigon aneglur, amwys neu wrthun? Roedd Arglwydd Browne-Wilkinson, a roddodd y prif ddyfarniad yn yr achos hwn, yn awyddus i ddangos yn glir na ddylid defnyddio *Hansard* yn ormodol.

> 'Mewn sawl achos, yn wir, y rhan fwyaf, fe gredaf, ni fydd cyfeirio at ddeunyddiau seneddol yn bwrw goleuni ar fater. Ond mewn rhai achosion, gall ddod i'r amlwg bod y Senedd wedi ystyried yr union fater wrth basio'r ddeddfwriaeth.'

Fodd bynnag, ers 1993, mae'r llysoedd wedi dehongli *Pepper v Hart (1993)* mewn ffordd eang. Yn *Warwickshire County Council v Johnson (1993)*, er enghraifft, defnyddiwyd Hansard gan yr Arglwyddi eu hunain, er nad oedd yr iaith statudol yn ymddangos yn amwys iawn.

Beth sydd wedi achosi'r parodrwydd newydd hwn i gyfeirio ar ddadleuon y Senedd? Digwyddodd yn rhannol am fod tueddiad i symud i ffwrdd o dair rheol dehongli statudau a thuag at y dull pwrpasol.

10.5 Y dull pwrpasol

Mae'r dull pwrpasol yn ymwneud â dehongli statudau nid yn unig drwy edrych ar ystyr geiriadurol geiriau ond hefyd drwy ymchwilio i'r rheswm dros greu'r gyfraith a phwrpas y ddeddfwriaeth. Mae hyn yn cynnwys edrych ar gyd-destun creu'r gyfraith. Hynny yw, mae'n ymwneud ag archwilio i weld beth oedd pryderon y llywodraeth a'r Senedd ar adeg creu'r Ddeddf. Mae cymhorthion allanol megis Hansard yn amlwg yn bwysig i'r dull pwrpasol. Mae hyn yn wahanol iawn i rôl draddodiadol barnwyr, lle defnyddir llythyren y gyfraith wrth chwilio am ystyr.

Defnyddiwyd rhywbeth tebyg i'r dull pwrpasol erioed mewn gwledydd lle mae'r gyfraith wedi'i chodeiddio (gweler Uned 11, tudalennau 74 a 77-78). Mewn systemau cyfraith sydd wedi'u codeiddio, mae'r gyfraith yn deillio o ddogfen neu god yn hytrach nag o doreth o achosion a deddfwriaeth fel yn achos cyfraith Cymru a Lloegr. Mae'r cod yn ddatganiad cymharol cyffredinol o egwyddor, wedi'i lunio er mwyn cael ei gymhwyso at ystod eang iawn o sefyllfaoedd ffeithiol. Yn y rhan fwyaf o systemau llys cyfandirol, felly, mae gan farnwyr y grym i nodi ysbryd a phwrpas y gyfraith lle ni cheir esboniad manwl o effaith y gyfraith yn y cod.

Yn gynyddol, mae llysoedd Cymru a Lloegr wedi mabwysiadu'r dull pwrpasol. Yn *IRC v McGuckian (1997)*, nododd Arglwydd Steyn:

> 'Yn ystod y deng mlynedd ar hugain diwethaf, symudwyd i ffwrdd o'r dull llythrennol tuag at ddulliau pwrpasol o ddehongli. Lle nad oes gan ddarpariaeth statudol ystyr amlwg, mae'r pwyslais erbyn hyn ar ddull cyd-destunol sy'n ceisio canfod pwrpas statud ac yn ei roi ar waith.'

A oes unrhyw wahaniaeth rhwng y dull pwrpasol a rheol y drygioni?

Yn eu hanfod, mae'r dull pwrpasol a rheol y drygioni yr un fath. Fodd bynnag, nid oes angen bellach i barhau i esgus chwilio am 'ddrygioni' yn ôl amodau *Heydon's Case (1584)*. Mae'r dull pwrpasol yn caniatáu i farnwyr roi'r gorau i ffuglen hen ffasiwn ac i fod yn agored am y ffaith eu bod yn barod i edrych ar gefndir deddfwriaeth lle bo angen gwneud hynny.

Pwysigrwydd cynyddol cyfraith yr Undeb Ewropeaidd a'r dull pwrpasol

Dan erthygl 234 o Gytuniad Rhufain, Llys Barn Ewrop (LIBE) yw'r llys pwysicaf o ran materion sy'n ymwneud â chyfraith Ewrop (gweler Uned 6, Adran 6.6). Mae adran 3(1) o Ddeddf Cymunedau Ewrop 1972 yn nodi bod angen dyfarnu cwestiynau sy'n ymwneud â dilysrwydd, ystyr neu effaith cyfraith yr UE ar sail dyfarniadau LIBE. Gall y Llys Ewropeaidd gyfeirio at ddogfennau ffurfiol a gynhyrchwyd gan Gyngor Ewrop, ar wahân i'r gyfraith ei hun, sy'n cynnwys arweiniad clir am bwrpas a bwriad y gyfraith. Nid oes dim yng nghyfraith Cymru a Lloegr sy'n cyfateb yn union i'r rhain. Tueddir i lunio cyfreithiau Ewropeaidd mewn termau eang. Rhaid i'r llysoedd ystyried pryd yn union mae deddfau'r UE yn berthnasol neu beidio i sefyllfa benodol, gan nad yw'r cyfreithiau eu hunain (yn wahanol i Ddeddfau Seneddol) yn rhoi'r math hwn o fanylder. Nid yw'n syndod bod LIBE, sy'n cynnwys barnwyr o'r cyfandir ar y cyfan, yn dehongli mewn ffordd Ewropeaidd. Mae dull LIBE o ddehongli'r gyfraith yn un pwrpasol iawn.

Yn anorfod, wrth i faint a phwysigrwydd cyfraith yr UE sy'n dylanwadu ar y DU gynyddu, bu'n rhaid i'r llysoedd addasu eu dull o ddehongli statudau, ac mae'r ffordd y mae LIBE yn dehongli yn sicr o gael effaith ar hyn. Bellach, nid yw'r 'dull llythrennol' yn briodol, o leiaf mewn achosion sy'n ymwneud â chyfraith yr UE.

Deddf Hawliau Dynol 1998 a dehongliad

Mae'r Ddeddf Hawliau Dynol yn galluogi barnwyr y DU i ystyried deddfwriaeth yng ngoleuni'r Confensiwn Ewropeaidd ar Hawliau Dynol (CEHD - gweler Uned 4, Adrannau 4.3 i 4.5). Rhaid i'r llysoedd ddarllen a rhoi deddfwriaeth ar waith mewn modd sy'n cyd-fynd â CEHD. Gall yr Uchel Lys, y Llys Apêl a Thŷ'r Arglwyddi wneud datganiad o anghymarusrwydd â'r confensiwn. Yna rhaid i'r Senedd benderfynu a ddylid diwygio neu ddiddymu (dileu) y ddeddf benodol honno. Ni all y llysoedd gael gwared ar Ddeddf, ond gallant ddweud wrth y llywodraeth a'r Senedd lle mae'r problemau.

Mae hyn yn newid mawr, am nifer o resymau. Am y tro cyntaf, rhaid i lysoedd y DU asesu'n ffurfiol a yw'r Senedd wedi gweithredu yn y ffordd iawn. Nid yw barnwyr yn gallu diwygio'r hyn y mae Deddf Seneddol yn ei ddweud ond, os ydynt yn dehongli rhan o Ddeddf ac yn canfod ei fod yn mynd yn groes i CEHD, rhaid iddynt ddweud yn glir pam fod hyn yn digwydd, yn eu barn hwy. Nid yw'n ddigon i godi ysgwyddau a dweud 'y Senedd sy'n gyfrifol am hyn' erbyn hyn, o leiaf mewn perthynas â'r Ddeddf Hawliau Dynol.

Yn yr un ffordd ag y mae cytuniadau Undeb Ewropeaidd a chyfreithiau eraill wedi cael eu hysgrifennu mewn geiriau eang iawn, gan ddatgan egwyddorion cyffredinol, felly hefyd CEHD. O reidrwydd, mae Llys Hawliau Dynol Ewrop, y mae'n rhaid ystyried ei ddyfarniadau mewn materion sy'n ymwneud â dehongli erthyglau'r cytuniad, yn defnyddio'r dull pwrpasol. Bellach, rhaid i lysoedd y DU feithrin dull mwy eang o ddehongli wrth i nifer cynyddol o achosion hawliau dynol ddod gerbron y llysoedd.

Crynodeb ●●●

1. Beth yw tair rheol sylfaenol dehongli statudau a sut maent yn wahanol i'w gilydd?

2. Beth yw'r gwahaniaeth rhwng dull integredig a dull pwrpasol?

3. Pa anawsterau sy'n codi wrth ddefnyddio tair rheol sylfaenol dehongli statudau?

4. Sut y gellir canfod bwriad y Senedd?

5. Pryd y gellir defnyddio Hansard fel cymorth allanol?

6. Pam fod tueddiad tuag at ddefnyddio'r dull pwrpasol?

Astudiaeth achos) (Dehongli statudau

Eitem A *Bulmer v Bollinger (1974)*

Mae dyfarniad Arglwydd Denning yn yr achos hwn yn cynnwys trafodaeth am safle cyfraith Ewrop yn y DU. O ystyried e.234 (h.y. erthygl 234) ac adran 3(1) o Ddeddf Cymunedau Ewrop 1972, mae Denning yn dadlau bod rhaid i lysoedd Cymru a Lloegr drin dehongli yn yr un ffordd â Llys Ewrop wrth ystyried cyfraith yr UE (trafodir e.234 yn fanwl yn Uned 6, Adran 6.6). Beth mae hyn yn ei olygu?

Poteli seidr Bulmer.

Dylai llysoedd Cymru a Lloegr roi'r gorau i edrych ar eiriau mewn manylder, gan ddadlau union ystyr gramadegol y geiriau hynny. Mae'n cyfeirio at ddyfarniad Llys Ewrop ei hun yn achos *Da Costa (1963)*. 'Rhaid iddynt ddiddwytho o eiriau ac ysbryd y Cytuniad ystyr rheolau'r Gymuned.' Mae Denning yn cydnabod y gallai hyn olygu dod o hyd i fylchau mewn ystyr ond mae'n dweud ei fod yn gyfreithlon i'r barnwr lenwi'r bwlch hwn. Mae'n dweud y dylai'r llysoedd wneud yr hyn y byddai'r sawl a luniodd y cyfreithiau wedi ei wneud pe baent wedi meddwl amdano.

Yn yr un achos, lluniodd Denning ganllawiau a geisiai cyfyngu ar gyfeiriadau o dan erthygl 234 Llys Barn Ewrop. Dadleuodd yn gryf o blaid mabwysiadu dull Ewropeaidd o ddehongli, ond gan ddangos ar yr un pryd anfodlonrwydd i annog defnyddio Llys Ewrop.

Eitem B *Arglwydd Browne-Wilkinson a Hansard fel cymorth i ddehongli*

Yn *Pepper v Hart (1993)*, rhoddodd Arglwydd Browne-Wilkinson y prif ddyfarniad. Ystyriai wrthwynebiadau a fynegwyd gan y Twrnai Cyffredinol yn erbyn defnyddio Hansard a dogfennau seneddol eraill fel cymorth i ddehongli. Yn y crynodeb canlynol o ran o'r dyfarniad, dangosir y gwrthwynebiadau hyn mewn print trwm.

1. **Ni all dinasyddion na chyfreithwyr gael gafael ar ddeunyddiau seneddol na'u deall yn hawdd. Hefyd byddai cost yr ymchwil yn uchel.**

Cydnabu Arglwydd Browne-Wilkinson nad oedd y deunyddiau hyn yn hawdd eu canfod ond eu bod ar gael, er eu bod yn ddrud. Nid oedd y broblem yn un na ellid ei datrys. Yn ogystal, tynnodd sylw at y ffaith nad oedd statudau a deddfwriaeth ddirprwyedig bob amser yn hawdd eu cyrraedd.

2. **Nid yw cyfreithwyr a barnwyr yn gyfarwydd â gweithdrefnau seneddol a byddant yn cael anhawster gwybod pa bwys i'w roi i'r deunyddiau.**

Teimlai Arglwydd Browne-Wilkinson y dylid rhoi pwys dim ond i ddatganiadau clir gan weinidog neu rywun arall a fu'n rhan o'r broses o gyflwyno Mesur. Yn ogystal, pwysleisiodd bwysigrwydd gosod unrhyw ddatganiad a wnaed yn y Senedd am Fesur yn ei gyd-destun. Er enghraifft, a wnaeth y gweinidog newid ei feddwl yn ddiweddarach ar bwynt penodol?

3. **Byddai'r llys yn gorfod treulio amser yn ystyried llawer o ddeunydd seneddol ac yn dadlau'n hir am ei bwysigrwydd, gan olygu bod cyfreitha'n ddrutach.**

Roedd Arglwydd Browne-Wilkinson yn argyhoeddedig na fyddai hyn yn broblem pe bai'r llys yn mynnu mai dim ond deunydd perthnasol iawn o'r fath a nodwyd ym Mhwynt 2 fyddai'n cael ei ddefnyddio ar gyfer dadleuon. Tynnodd sylw at y ffaith nad oedd tystiolaeth o gwynion o'r math hwn yn Awstralia a Seland Newydd, lle bu llacio tebyg ar y rheolau ynghylch deunyddiau seneddol.

Pot pupur.

Eitem C *Pwyllgor Renton*

Cynhyrchodd Pwyllgor Renton ar Baratoi Deddfwriaeth adroddiad yn 1975 yn gwneud nifer fawr o argymhellion o ran gwella'r broses a ddefnyddir gan y Senedd i ddrafftio a chyhoeddi Deddfau. Dyma rai ohonynt:

● dylai deddfwriaeth gynnwys lai o fanylion, a dylid defnyddio arddull gyfandirol symlach

● byddai Deddfau'n elwa o gynnwys enghreifftiau esboniadol, yn dangos i'r llysoedd sut y bwriadwyd dehongli'r gyfraith mewn sefyllfaoedd penodol

● dylid trefnu Deddfau er budd y sawl y maent yn effeithio arnynt

● gallai Deddfau gynnwys testun sy'n esbonio eu pwrpas yn yr un ffordd ag yr oedd statudau hŷn yn cynnwys rhaglith.

Ni roddwyd y mwyafrif o'r argymhellion a wnaed yn yr adroddiad hwn ar waith.

Cwestiynau

(a) Edrychwch ar Eitem A ac atebwch y cwestiynau canlynol.

i) Beth yw enw'r ddau ddull cyferbyniol o ddehongli a drafodwyd gan Denning yn *Bulmer v Bollinger (1974)*? Rhowch grynodeb fer ohonynt yn eich geiriau eich hun. **(6)**

ii) Pa resymau fyddech chi'n eu rhoi dros symud yn raddol o un dull i'r llall mewn perthynas â dehongli cyfraith Cymru a Lloegr? **(6)**

iii) Ar ba sail a phryd y dadleuodd Denning o blaid dull Ewropeaidd o ddehongli mewn perthynas â chyfraith Cymru a Lloegr yn llysoedd Cymru a Lloegr? **(3)**

(b) Edrychwch ar Eitem B a chwblhewch y tasgau canlynol.

i) Mae *Hansard* yn gymorth allanol i ddehongli. Rhowch dair enghraifft arall o gymhorthion allanol. **(6)**

ii) Rhowch dair enghraifft o gymhorthion mewnol. **(6)**

iii) A yw *Pepper v Hart (1993)* yn rhoi'r gorau i'r rheol flaenorol mewn perthynas â Hansard, neu a yw'n addasiad ohoni? **(8)**

iv) Mae AS yr wrthblaid yn rhoi araith hir am bwrpas Mesur seneddol penodol mewn trafodaeth yn Nhŷ'r Cyffredin. Esboniwch pam na fyddai Browne-Wilkinson yn caniatáu i'r araith hon gael ei chynnwys mewn achosion sy'n delio â dehongli'r Ddeddf ddilynol. **(4)**

(c) Edrychwch ar Eitem C a chwblhewch y tasgau canlynol.

i) Pa rai o'r argymhellion hyn sydd bellach wedi'u rhoi ar waith? **(3)**

ii) Awgrymwch pam fod deddfwriaeth gyfandirol yn cynnwys llai o fanylion. **(3)**

iii) Pwy allai elwa pe bai'r argymhellion hyn yn cael eu gweithredu, a sut? Ystyriwch a yw'r cyhoedd yn gallu deall y gyfraith, sicrwydd y gyfraith a chostau cael cynrychiolaeth gyfreithiol mewn achos llys. **(9)**

11.1 Cyflwyniad

Mae Uned 3 yn edrych yn fanwl ar sut y mae Deddfau Seneddol yn cael eu creu. Hynny yw, mae'n esbonio sut mae Mesur yn troi'n Ddeddf. Mae'r uned hon, ar y llaw arall, yn edrych ar gefndir y rhesymau pam fod deddfau'n cael eu cynnig, a'r hyn sy'n dylanwadu ar ddiwygio a newid yn y gyfraith.

Mae un neu fwy o'r canlynol yn penderfynu pa gyfreithiau a grëir gan y Senedd:

- barn y cyhoedd
- pleidiau gwleidyddol
- barnwyr
- y cyfryngau
- carfannau pwyso
- cyrff diwygio'r gyfraith, megis Comisiwn y Gyfraith.

Mae'r grwpiau hyn yn pwyso ar ei gilydd. Er enghraifft, mae pleidiau gwleidyddol yn talu sylw i'r farn a fynegir gan newyddiadurwyr yn y cyfryngau, sydd yn eu tro yn dylanwadu'n fawr ar y farn y cyhoedd.

11.2 Gwleidyddiaeth a newidiadau i'r gyfraith

Yn ystod ymgyrch etholiad cyffredinol, mae pob plaid wleidyddol yn cyhoeddi maniffesto sy'n datgan addewidion etholiadol y blaid (gweler Blwch 11.1). Mae'r maniffesto hwn yn amlinellu'r Mesurau y mae'r blaid yn bwriadu eu gosod gerbron y Senedd.

Blwch 11.1 *Maniffestos pleidiau gwleidyddol*

Mae'r llun hwn yn dangos y maniffestos a gynhyrchwyd gan y tair prif blaid yn ystod ymgyrch etholiad 2001.

Mae cynigion ar gyfer Mesurau - a Mesurau sy'n mynd gerbron y Senedd yn y pen draw - yn perthyn i dri chategori.

Yn gyntaf, byddai'n anghywir i gymryd yn ganiatol bod pob Mesur yn ganlyniad gwleidyddiaeth. Mae rhai Mesurau'n cael sêl bendith pob plaid wleidyddol ac yn mynd drwy'r Senedd heb fawr o wrthwynebiad. Er enghraifft, yn aml, derbynnir cynigion Comisiwn y Gyfraith am welliannau technegol i'r gyfraith gan bob un o'r prif bleidiau.

Mae'r ail gategori yn cynnwys y Mesurau hynny sy'n adlewyrchu pryderon y cyhoedd, lle nad yw teyrngarwch y pleidiau gwleidyddol yn berthnasol. Er enghraifft, pasiwyd Deddf Cŵn Peryglus 1991 o ganlyniad i nifer o ymosodiadau gan gŵn ar blant bach, rhywbeth a dderbyniodd lawer o sylw gan y cyfryngau. Yn yr un modd, rhoddwyd rheoliadau cyfreithiol ar waith yn y diwydiannau bwyd o ganlyniad i'r argyfwng BSE.

Mae'r trydydd categori yn cynnwys y cynigion hynny am Fesurau sy'n codi o ganlyniad i gymhellion gwleidyddol pur. Yn aml, nod cynigion o'r fath yw creu newid sylfaenol yn y gymdeithas. Un enghraifft yw'r ddeddfwriaeth undebau llafur a basiwyd gan lywodraeth Geidwadol rhwng 1979 a 1993. Nod y cyfreithiau hyn oedd gwanhau'r mudiad undebau llafur - rhywbeth a adlewyrchai gred wleidyddol y Blaid Geidwadol (ond nid o reidrwydd cred y prif bleidiau eraill) fod gan yr undebau llafur ormod o rym. Er enghraifft, roedd Deddf Diwygio'r Undebau Llafur a Hawliau Cyflogi 1993 yn ei gwneud hi'n haws i gyflogwyr herio streiciau yn y llysoedd. Roedd hyn yn newid gwleidyddol i'r gyfraith a adlewyrchai safbwyntiau pleidleiswyr Ceidwadol a'u ASau o ran cydbwysedd y grym rhwng cyflogwyr a gweithwyr.

11.3 Barn gyhoeddus a'r cyfryngau

Yn aml, bydd pobl gyffredin sy'n trafod materion cyfoes yn dweud, 'Dylai'r llywodraeth wneud rhywbeth am y peth!' Yn aml, mae 'gwneud rhywbeth' yn golygu newid y gyfraith. Gall fod angen newid oherwydd nifer o ddigwyddiadau bach unigol, neu oherwydd newid hirdymor yng ngwerthoedd a barn y gymdeithas. Un enghraifft yw'r newid i gyfreithiau yn ymwneud â phobl hoyw. Yn y 1950au, roedd cyfathrach rywiol hoyw mewn lle preifat yn drosedd. Heddiw nid yw hynny'n wir, ac mae newidiadau mewn agweddau wedi arwain at ostwng yr oedran y gall pobl hoyw gydsynio o 21 i 18.

Nid oes amheuaeth bod y cyfryngau yn dylanwadu ar sut y mae pobl yn gweld y byd. Fodd bynnag, mae'n anodd gwybod a yw'r cyfryngau yn dylanwadu ar farn pobl neu a ydynt yn gwneud dim mwy nag adlewyrchu barn y bobl. Pa un bynnag sy'n wir, mae sylw'r cyfryngau wedi peri newidiadau i'r gyfraith sawl gwaith. Yn gynyddol, mae pwysau ar gyfer diwygio'r gyfraith yn dilyn dadleuon parhaus gan y cyfryngau dros faterion penodol. Un enghraifft ddiweddar o hyn yw'r dicter dealladwy a gododd o ganlyniad i lofruddiaeth Stephen Lawrence - gweler Blwch 11.2.

Blwch 11.2 *Stephen Lawrence*

Llofruddiwyd Stephen Lawrence gan grŵp o ddynion ifainc gwyn yn 1993. Mynegodd y cyfryngau eu dicter pan fethodd yr heddlu â chynnal ymchwiliad o ddifrif.

Daeth achos Stephen Lawrence yn ffocws beirniadaeth hallt gan y cyfryngau o ddulliau'r heddlu o weithio, a hefyd ei agwedd tuag at bobl dduon ac Asiaidd yn benodol. Yn y diwedd, erlynwyd tri gŵr ifanc yn breifat, ar ganol cyhoeddusrwydd ffyrnig. Fe'u rhyddfarnwyd, er gwaethaf y dystiolaeth yn eu herbyn. Parhaodd y cyfryngau i leisio pryderon ynghylch y modd y cynhaliwyd yr ymchwiliad, gan gwestiynu'r dyfarniad. Dangosodd un papur newydd luniau ac enwau'r prif ddynion a ddrwgdybiwyd dan y pennawd Llofruddwyr.

Mewn ymateb i'r feirniadaeth, lansiodd y llywodraeth ymchwiliad dan arweiniad Syr William Macpherson, barnwr a oedd wedi ymddeol. Roedd adroddiad Macpherson, a gyhoeddwyd ym mis Chwefror 1999, yn feirniadol iawn o Heddlu Llundain, gan ddadlau bod tystiolaeth ar gael o hiliaeth sefydliadol yno. Yn ogystal, awgrymodd yr adroddiad fod angen adolygu'r rheol yn erbyn erlyniad dwbl. Mae'r rheol honno'n golygu na all yr un person gael ei erlyn ddwywaith am yr un drosedd. Gofynnodd Jack Straw, yr Ysgrifennydd Cartref ar y pryd, i Gomisiwn y Gyfraith ymchwilio i weld a ddylid newid y gyfraith. Cynhwysai Mesur Cyfiawnder Troseddol 2002 gymalau a oedd yn caniatáu ail achos dan rai amgylchiadau.

11.4 Carfannau pwyso

Mae carfannau pwyso yn ceisio dylanwadu ar lunio polisi a chyfraith heb geisio ffurfio llywodraeth. Yn debyg i bleidiau gwleidyddol, mae carfannau pwyso yn cynnig

---

Gweithgaredd **11.1**

Erlyniad dwbl

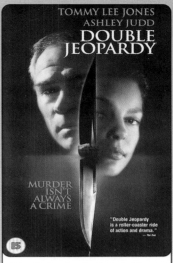

Mae'r rheol erlyniad dwbl wedi bod yn sail i ffilmiau a dramau teledu.

Bu'r rheol yn erbyn erlyniad dwbl yn rhan o gyfraith gwlad Cymru a Lloegr ers 800 mlynedd. Mewn gwirionedd, mae'n rhan o'r rheol sy'n mynnu bod y person dan gyhuddiad yn ddieuog nes profir fel arall. Un ddadl yn erbyn dileu'r rheol yw y byddai rheithgor yr ail achos yn debygol iawn o fod wedi'i ddylanwadu gan wybodaeth am yr achos cyntaf. Yn draddodiadol, derbynnir ei bod yn well gadael i ddiffynyddion euog ddianc rhag cosb na mentro euogfarnu ar gam. Yn ôl darpariaethau Deddf Cyfiawnder Troseddol 2002, gallai'r tri dyn ifanc a ryddfarnwyd o lofruddio Stephen Lawrence wynebu achos llys arall pe bai tystiolaeth 'newydd rymus' ar gael. Yn ogystal, byddai'n rhaid i'r Llys Apêl ystyried a allai'r dynion dderbyn achos teg, o ystyried y cyhoeddusrwydd mawr a roddwyd i'r achos.

Beirniadai Adroddiad Macpherson y rheol yn erbyn erlyniad dwbl. Dywedodd: 'Yr ydym yn awgrymu dim ond y gallai'r fath amddiffyniad diamod arwain at anghyfiawnder o bryd i'w gilydd dan amgylchiadau cyfoes.'

Mae rhai diffynyddion wedi cael eu rhyddhau ond yn ddiweddarach wedi cyffesu eu bod yn euog. Rhyddfarnwyd Ronnie Knight, cyn-ŵr Barbara Windsor, yn 1980 o ladd Alfredo Zomparelli, ond wedyn ysgrifennodd lyfr gan gyffesu ynddo ei fod wedi talu dyn i'w ladd. Yn 2000, honnir bod Freddie Foreman, a fu unwaith yn gysylltiedig â'r efeilliaid, y Krays (troseddwyr adnabyddus), wedi dweud wrth dîm rhaglen ddogfen teledu ei fod wedi cymryd rhan mewn dwy lofruddiaeth ac wedi ei gael yn ddieuog. Enwau'r dynion a laddwyd oedd Frank Mitchell, a elwid y 'Mad Axeman', a Tommy 'Ginger' Marks. Ar ôl cwblhau'r rhaglen ddogfen, dywedwyd wrth Foreman, a fu yn y carchar am 16 mlynedd am gael gwared ar gorff rhywun arall a laddwyd gan y Krays, sef Jack 'The Hat' McVitie, na ellid ei roi ar brawf am yr ail dro.

Addaswyd o *The Daily Telegraph*, 6 Mawrth 2001 a *The Guardian*, 6 Mawrth 2001.

(a) Beth yw'r rheol yn erbyn erlyniad dwbl? (2)

(b) Esboniwch pam a sut y mae'r cyfryngau wedi ceisio dylanwadu ar y gyfraith mewn perthynas â llofruddiaeth. (4)

(c) Pa bryderon allai fodoli ynglŷn â sut y mae'r cyfryngau yn dylanwadu ar (i) ddiwygio'r gyfraith a (ii) gwaith y llysoedd? (8)

polisïau ac yn chwilio am gefnogaeth iddynt. Fodd bynnag, maent yn wahanol i bleidiau gwleidyddol mewn dwy ffordd. Yn gyntaf, nid ydynt fel rheol yn cynnig ymgeiswyr ar gyfer eu hethol ond yn hytrach yn ceisio cyflawni eu nodau drwy roi pwysau ar y sawl sydd eisoes yn y llywodraeth. Yn ail, fel rheol, maent yn canolbwyntio ar ystod fach o faterion, tra bod pleidiau gwleidyddol yn ymwneud â llawer mwy.

Grwpiau gwarchod a hyrwyddo

Mae carfannau pwyso yn amrywio'n fawr o ran eu nodau a'u dulliau o weithredu. Gwahaniaethir yn aml rhwng grwpiau sy'n gwarchod a grwpiau sy'n hyrwyddo. Mae grwpiau sy'n gwarchod - neu 'grwpiau adrannol' - yn ceisio amddiffyn hawliau cyffredin adran benodol o'r gymdeithas. Mae'r rhain yn cynnwys undebau llafur a sefydliadau cyflogwyr. Mae Surfers Against Sewage a Chymdeithas Diabetig Prydain yn enghreifftiau eraill. Yn aml, cyfeirir at grwpiau hyrwyddo fel 'grwpiau dros achos'. Maent yn ceisio hyrwyddo achos nad yw o reidrwydd o fudd proffesiynol nac economaidd uniongyrchol i aelodau'r grŵp. Mae grwpiau amgylcheddol fel Greenpeace a Chyfeillion y Ddaear yn enghreifftiau o grwpiau hyrwyddo. Mae eraill yn cynnwys LIFE, sy'n ceisio newid y gyfraith ar

Gweithgaredd 11.2 — Carfannau pwyso

Grŵp	Nodau	Cefnogwyr (aelodau a/neu roddwyr)	Incwm	Staff*	Cysylltiadau yn y Llywodraeth?**	Yn gweithredu yn uniongyrchol? ***
Siarter 88	Yn ymgyrchu dros gyfansoddiad ysgrifenedig a Mesur Hawliau cadarn.	79,064 o gefnogwyr	£750,000	14 ll.a. 10 gw.	✓	✗
Undeb Prydain er Dileu Bywddyraniad	Yn ymgyrchu i ddod â bridio a defnyddio anifeiliaid ar gyfer arbrofion i ben.	5,000 o aelodau 38,000 o gefnogwyr	£1,210,682	18	✗	✓
Cydffederasiwn Diwydiant Prydain (CBI)	Yn hyrwyddo buddiannau busnes a chyflogwyr.	250,000 o fusnesau	£4,329,000	200	✓	✗
Central Area Leamington Residents Association (CLARA)	Yn ymgyrchu i gadw a gwella tref Leamington Spa a'r ardal amgylchynol.	280 o gartrefi	£840	gw.	✓	✗
Ffederasiwn Ffyrdd Prydain (CBI)	Yn anelu at ganolbwyntio sylw ar dderbyn gwasanaeth gwell gan rwydwaith ffyrdd y DU.	15 cymdeithas fasnach (sy'n cynrychioli 50,000 o gwmnïau) ac 80 aelod busnes unigol	£500,000	9 ll.a.	✓	✗
Earth First!	Yn ymgyrchu yn erbyn distrywio'r amgylchedd.	63 grŵp ymreolaethol	anhysbys	gw.	✗	✓
Liberty	Yn ymgyrchu i amddiffyn ac ymestyn hawliau dynol.	Tua 5,000 o gefnogwyr	£500,000	10 ll.a. 3 rh.a.	✓	✗
Unison	Undeb llafur ar gyfer gweithwyr sector cyhoeddus.	1.3 miliwn o aelodau a rhoddwyr	£100 miliwn	998	✗	✗
Cyfeillion y Ddaear (FoE)	Yn ymgyrchu i amddiffyn a chadw'r amgylchedd.	200,000 o aelodau	£3,509,000	110	✓	✓

* ll.a.= llawn amser rh.a. = rhan amser gw. = gwirfoddolwyr.

** Mae'r golofn hon yn dangos a oes gan grŵp gysylltiadau cyson ag aelodau'r llywodraeth (lleol neu genedlaethol) neu â swyddogion y llywodraeth (lleol neu genedlaethol).

*** Mae'r golofn hon yn dangos a yw grŵp yn defnyddio gweithredu uniongyrchol yn gyson

(a) Gan ddefnyddio'r siart uchod, rhowch enghraifft o grŵp gwarchod, grŵp achos, grŵp mewnol a grŵp allanol. (4)

(b) Rhowch ddadleuon o blaid ac yn erbyn y syniad y gall fod gan garfannau pwyso gyfraniad defnyddiol i'w wneud tuag at greu cynigion ar gyfer deddfau newydd. (6)

erthylu, ac ASH sy'n ceisio sicrhau rheolau llymach o ran hysbysebu tybaco.

Grwpiau mewnol ac allanol

Yn hytrach na dosbarthu carfannau pwyso yn nhermau'r hyn sy'n cymell eu haelodau, mae rhai awduron yn eu dosbarthu yn ôl eu statws a'u strategaethau. Yma, gwahaniaethir rhwng grwpiau 'mewnol' a grwpiau 'allanol'.

Mae grwpiau mewnol, megis y Sefydliad Meddygol Prydeinig (y BMA), yn cael eu hystyried gan y sawl sy'n gwneud penderfyniadau yn grwpiau cyfreithus ac maent felly yn cael eu cynnwys yn y broses ymgynghori. Er enghraifft, gallai grwpiau mewnol gyfarfod yn gyson â gweinidogion neu weision sifil ac, o bosibl, byddant yn derbyn copïau o gynigion arfaethedig y llywodraeth. Mae grwpiau mewnol yn debyg i'w gilydd ar un ystyr. Ar y cyfan, maent yn dilyn rheolau'r 'gêm'. Er enghraifft, maent yn tueddu i barchu gwybodaeth gyfrinachol ac yn tueddu i ymatal rhag ymosod yn gyhoeddus ar y sawl sy'n gwneud penderfyniadau.

Nid oes gan grwpiau allanol, megis Greenpeace, fanteision grwpiau mewnol. Nid oes neb yn ceisio eu cyngor yn ystod o broses o lunio polisi, ac ni allant ddisgwyl siarad â gweinidogion a gweision sifil. Rhaid iddynt weithredu y tu allan i'r broses benderfynu ac, o ganlyniad, mae llai o gyfle ganddynt i ddylanwadu ar ddeddfwriaeth newydd.

Dulliau

Dyma rai o'r dulliau a ddefnyddir gan garfannau pwyso i geisio dylanwadu ar y llywodraeth a'r gyfraith.

1. Creu cysylltiadau ag ASau a phleidiau gwleidyddol

Mae rhai grwpiau'n defnyddio pobl a elwir yn 'lobïwyr' i dynnu sylw ASau at faterion penodol. Mae grwpiau eraill yn ceisio recriwtio ASau fel aelodau. Er enghraifft, mae llawer o ASau Llafur yn cael eu noddi gan undebau llafur.

2. Ennill cefnogaeth y cyhoedd

Weithiau bydd carfannau pwyso yn defnyddio'r cyfryngau neu'r byd hysbysebu i ennill cefnogaeth y cyhoedd. Yn ychwanegol, mae'r gwaith a wneir gan ganghennau lleol yn gallu helpu i ennill cefnogaeth y cyhoedd.

3. Dangos lefelau cefnogaeth

Gall carfannau pwyso, er enghraifft, ddangos lefel eu cefnogaeth ar gyfer mater penodol drwy gasglu enwau ar ddeiseb a'i rhoi i weinidog yn y llywodraeth.

4. Cymryd rhan mewn ymgynghoriadau

Mae'r sawl sy'n penderfynu yn ymgynghori â rhai carfannau pwyso. Mae hyn yn caniatáu iddynt roi tystiolaeth sy'n cefnogi eu safbwynt ar faterion penodol. Er enghraifft, mae Comisiwn y Gyfraith yn ymgynghori â charfannau pwyso perthnasol pan fydd yn ymchwilio i

ddiwygiadau posibl i'r gyfraith (gweler isod). Mae'r llywodraeth Lafur bresennol wedi bod yn awyddus i annog y cyhoedd i ymateb i gynigion y llywodraeth ar gyfer diwygio'r gyfraith drwy gyfrwng y rhyngrwyd, yn ystod cyfnod ymgynghori penodol.

11.5 Comisiwn y Gyfraith

Corff annibynnol a sefydlwyd yn gyntaf yn 1965 gan Ddeddf Seneddol yw Comisiwn y Gyfraith. Ef yw'r corff diwygio'r gyfraith bwysicaf. Fe'i sefydlwyd er mwyn adolygu cyfraith Cymru a Lloegr yn gyson ac i argymell diwygio lle bo angen hynny. Seilir ei gynigion ar gyfer diwygio'r gyfraith ar ymchwil ac ymgynghori. Ymgynghorir ag arbenigwyr perthnasol a'r rhai sy'n cael eu heffeithio gan y diwygiadau. Gwaith Comisiwn y Gyfraith yw cynnal yr ymchwil a'r ymgynghoriadau a llunio cynigion a fydd yn arwain at ddiweddaru a gwella'r gyfraith. Rhoddir y cynigion hyn gerbron y Senedd, ac o bosibl byddant yn troi'n Ddeddfau yn y man.

Mae pum comisiynydd ynghyd â nifer fach o staff, gan gynnwys pedwar neu bum Cwnsler Seneddol (h.y. bargyfreithwyr sydd wedi eu hyfforddi i ddrafftio Mesurau). Apwyntir Cadeirydd y Comisiwn, Barnwr Uchel Lys, am dair blynedd. Mae Comisiwn y Gyfraith yn gweithio ar brosiectau diwygio cyfraith a gymeradwywyd gan y llywodraeth. Mae'r prif feysydd yn cynnwys:

- ymddiriedolaethau
- cyfraith trosedd
- contract
- cyfraith landlord a thenant
- cyfraith trosglwyddo tir
- iawndaliadau.

Sut mae Comisiwn y Gyfraith yn gweithio?

Ar unrhyw un adeg benodol, mae Comisiwn y Gyfraith yn gweithio ar tua 30 o brosiectau. Fel rheol, y cam cyntaf yw astudio'r cyfreithiau sy'n bodoli eisoes a nodi lle mae problemau yn codi. Mae'r cam hwn yn cynnwys astudio cyfraith gwledydd eraill i weld a oes opsiynau ar gyfer newid.

Y cam nesaf yw cyhoeddi papur ymgynghori sy'n:

- nodi beth a gredir yw diffygion y gyfraith
- adolygu'r opsiynau ar gyfer newid
- gofyn am sylwadau.

Cylchredir y papur rhwng cyfreithwyr wrth eu proffes, pobl berthnasol eraill a'r cyfryngau. Mae hefyd ar gael i'r cyhoedd (er enghraifft, fe'i cyhoeddir ar wefan Comisiwn y Gyfraith).

Wedi i'r cyfnod ymgynghori ddod i ben, mae Comisiwn

y Gyfraith yn ystyried y gwahanol ymatebion ac yna'n cynhyrchu adroddiad a yrrir i'r Arglwydd Ganghellor gydag argymhellion terfynol. Fel rheol, mae'r adroddiad yn cynnwys Mesur drafft. Wrth gwrs, er mwyn i'r Mesur droi'n Ddeddf, rhaid i'r Senedd ei drafod a chynnal pleidlais yn y ffordd arferol.

Comisiwn y Gyfraith a chodeiddio

Ym Mhrydain, mae'r gyfraith yn grynswth cymhleth o ddarnau gwahanol o ddeddfwriaeth a chyfraith achosion. Er mwyn deall y gyfraith yn ddigon manwl i allu cynnal achos llys, rhaid cael gafael ar ystod o adroddiadau achos, statudau a deunyddiau eraill. Defnyddiwyd iaith gymhleth i ysgrifennu'r rhain ac mae angen amser a rhywfaint o sgil i gasglu'r holl linynnau ynghyd. Yn y mwyafrif o wledydd eraill, mae meysydd cyfan o'r gyfraith yn cael eu cynnwys mewn dogfen neu god unigol. Mae hyn yn golygu ei fod yn haws i'r cyhoedd ac yn haws, yn ddamcaniaethol, o leiaf, i'r llysoedd ei deall a'i chymhwyso. Yn hytrach na thrawsgyfeirio nifer o ffynonellau cyfreithiol, mae'n haws dod o hyd i ddatganiad cyflawn o'r gyfraith mewn un cod. Fodd bynnag, byddai codeiddio cyfraith Cymru a Lloegr yn golygu bod rhaid newid ac addasu'r gyfraith fel bod modd dod â chyfreithiau a esblygodd mewn ffordd dameidiog dros y canrifoedd yn null traddodiadol Cymru a Lloegr at ei gilydd mewn un lle.

Pan sefydlwyd ef yn wreiddiol yn 1965, roedd gan Gomisiwn y Gyfraith gynlluniau uchelgeisiol ar gyfer codeiddio cyfraith y DU. Cyhoeddwyd y byddai'n dechrau codeiddio cyfraith contract, landlord a thenant, tystiolaeth a theulu. Fwy na 30 mlynedd yn ddiweddarach, nid yw Comisiwn y Gyfraith wedi gwneud llawer o gynnydd o ran cyflawni'r nodau hyn. Yn 1989, cyhoeddodd Comisiwn y Gyfraith God Troseddol drafft ond ni ddaeth unrhyw ran ohono'n ddeddfwriaeth. Dim ond ym maes cyfraith teulu y cafwyd rhywfaint o ddeddfwriaeth o ganlyniad i waith Comisiwn y Gyfraith o ran codeiddio, ond ar ffurf nifer o Ddeddfau yn hytrach nag un cod. Rhoddwyd y gorau i weithio ar godau contract, landlord a thenant a thystiolaeth.

Cydgrynhoi a diddymu

Pwrpas **cydgrynhoi deddfwriaeth** yw dod â chyfreithiau at ei gilydd a fu gynt yn rhan o nifer o Ddeddfau fel y gellir cael hyd iddynt mewn un lle. Ni cheir fawr ddim newid gwirioneddol yn y gyfraith, neu ddim o gwbl. Er enghraifft, yn 1996, cydgrynhowyd y mwyafrif o'r gyfraith yn ymwneud ag addysg yn ddwy Ddeddf o ganlyniad i gynigion Comisiwn y Gyfraith.

Defnyddir **Deddf ddiddymu** i gael gwared ar ddeddfwriaeth sy'n bodoli eisoes. Gan fod y Senedd wedi bod yn llunio Deddfau ers mwy na 750 o flynyddoedd, nid yw'n syndod nad yw rhai ohonynt yn cael eu harfer erbyn

Blwch 11.3 *Hen ddeddfau sy'n parhau mewn grym*

Nid oes dwywaith bod rhai hen Ddeddfau sy'n parhau mewn grym yn rhyfedd. Dyma enghreifftiau.

1. Mae'r gyfreithiol i ddyn basio dŵr yn gyhoeddus cyn belled â'i fod yn gwneud hynny ar olwyn gefn ei gerbyd modur, a bod ei law dde yn cyffwrdd â'r cerbyd.

2. Hyd nes y newidiwyd cyfreithiau masnachu ar y Sul, dim ond moron y gellid eu gwerthu ar ddydd Sul.

3. Codwyd cywilydd ar Gyngor Dinas Caer gan gyfraith leol yn caniatáu saethu Cymry gyda bwa a saeth o fewn muriau'r ddinas ar ôl hanner nos.

hyn. Ers 1965, diddymwyd tua 5,000 o ymddeddfiadau gan Ddeddfau Cyfraith Statud (Diddymiadau) a gynigiwyd gan Gomisiwn y Gyfraith. Mae pob un o'r Deddfau hyn yn cynnwys darpariaethau sy'n diddymu nifer o statudau ar yr un pryd. Fel rheol, mae'r rhain yn mynd drwy'r Senedd heb fawr o drafodaeth, ond cyn hynny ceir ymgynghoriad a drefnwyd gan Gomisiwn y Gyfraith. Mae'r broses hon o 'dacluso' wedi'i hanelu at symleiddio cyfraith statud. Ceir disgrifiad o rai hen Ddeddfau sy'n parhau mewn grym ym Mlwch 11.3.

Faint a gyflawnodd Comisiwn y Gyfraith?

Os mesurir Comisiwn y Gyfraith yn ôl un o'i nodau gwreiddiol, sef codeiddio cyfraith Cymru a Lloegr, ni fu'n llwyddiant. Fodd bynnag, efallai mai codeiddio cyfraith Cymru a Lloegr yw'r broblem, yn hytrach na Chomisiwn y Gyfraith ei hun. Ar ben hynny, nid dyna unig swyddogaeth Comisiwn y Gyfraith. Bu'n llwyddiannus iawn o safbwynt diwygio'r gyfraith yn gyffredinol. Ym mis Hydref 1997, o blith 157 o adroddiadau a gyhoeddwyd gan Gomisiwn y Gyfraith, rhoddwyd 101 ar waith yn rhannol neu'n llwyr. Mae'r llwyddiannau'n cynnwys:

- newidiadau mawr i gyfraith contract, megis Deddf Contract (Hawliau Trydydd Parti) 1999, sy'n galluogi unigolion nad ydynt yn barti i gontract erlyn dan rai amgylchiadau
- diwygio'r gyfraith sy'n ymwneud â chynllwynio yn Neddf Cyfraith Trosedd 1977
- deddfwyd newidiadau pwysig i dramgwyddau trefn gyhoeddus yn Neddf Trefn Gyhoeddus 1986
- Deddf Diwygio Cyfraith Teulu 1987 a gafodd wared ar anfanteision cyfreithiol i blant gordderch
- Deddf Plant 1989 a ddiwygiodd yr holl gyfraith sy'n ymwneud â phlant
- Deddf Camddefnyddio Cyfrifiaduron 1990 a gyflwynodd dramgwyddau troseddol newydd sy'n

ymwneud â chamddefnyddio cyfrifiaduron

● Deddf Cyfraith Teulu 1996 a newidiodd y gyfraith yn ymwneud â thrais yn y cartref ac ysgaru.

Fodd bynnag, yn ystod y 1990au, roedd pryder cynyddol ynghylch y ffaith nad oedd y Senedd yn gweithredu digon yn sgil adroddiadau. Gallai diffyg amser seneddol fod yn rheswm dros hyn. Yn aml, mae'r llywodraeth yn ystyried bod diwygiadau i'r gyfraith sy'n bodoli'n barod yn 'gyfraith cyfreithwyr' ac na ddylai fod yn gymaint o flaenoriaeth â'r cyfreithiau newydd y mae'n dymuno eu creu. Mewn ymateb i ôl-groniad cynyddol adroddiadau Comisiwn y Gyfraith, daeth **dull Jellicoe** yn rhan o Dŷ'r Arglwyddi yn 1994. Mae hyn yn galluogi Pwyllgor Mesurau Cyhoeddus Arbennig yr Arglwyddi i drafod Mesurau nad ydynt yn ddadleuol sy'n ymwneud â diwygio cyfraith sifil. Mae hyn yn golygu y gellir trafod diwygiadau heb gymryd amser Tŷ'r Arglwyddi neu Dŷ'r Cyffredin i gyd. I bob golwg, mae defnyddio dull Jellicoe wedi helpu i leihau'r ôl-groniad o gynigion Comisiwn y Gyfraith.

11.6 Comisiynau Brenhinol

Sefydlir Comisiynau Brenhinol gan y llywodraeth i astudio meysydd penodol o'r gyfraith ac i gynnig diwygiadau. Fe'u sefydlir fel rheol mewn ymateb i ddadlau cyhoeddus. Er bod Comisiwn y Gyfraith yn gorff parhaol, diddymir Comisiynau Brenhinol ar ôl iddynt gwblhau eu gwaith. Yn aml, bydd Comisiynau Brenhinol yn treulio nifer o flynyddoedd yn ymchwilio ac yn adrodd yn ôl. Bwriedir iddynt fod yn annibynnol ar y llywodraeth neu ar bleidiau gwleidyddol. Daw aelodau'r Comisiwn Brenhinol o'r sawl yr ystyrir bod ganddynt arbenigedd mewn maes perthnasol, ac nid y byd cyfreithiol yn unig.

Mae enghreifftiau diweddar yn cynnwys:

● Y Comisiwn Brenhinol ar Gyfiawnder Troseddol a adroddodd yn ôl yn 1993

● Y Comisiwn Brenhinol i Ddiwygio Tŷ'r Arglwyddi a gyhoeddodd ei adroddiad yn Ionawr 2000 (gweler Uned 3, Adran 3.4).

Gweithgaredd 11.3 Diwygio'r Ddeddf Cofrestru Tir

Mae cyfraith newydd yn cael ei dyfeisio i gyflymu system drawsgludo hynafol Cymru a Lloegr. Bydd cymal 8 y Mesur Cyfathrebu Electronig yn caniatáu i ddogfennau sy'n angenrheidiol ar gyfer prynu a gwerthu tŷ gael eu trosglwyddo ar ffurf gyfreithiol rwymol drwy gyfrwng y rhyngrwyd. Ond bydd oedi biwrocrataidd trawsgludo yn cael eu lleihau dim ond wedi i ddiwygiadau sylfaenol gael eu gwneud i Ddeddf Cofrestru Tir 1925. Dan y Ddeddf honno, rhaid cofrestru perchenogaeth tŷ gyda Chofrestrfa Tir y llywodraeth. Mae gwerthu tŷ yn golygu bod rhaid newid y manylion a gedwir yn y Gofrestrfa Tir. Rhoddodd y Comisiynydd Cyfraith Charles Harpum grynodeb o un safbwynt am y Ddeddf Cofrestru Tir, sydd wedi aros yr un fath ers 1925: 'Mae'n ddeddfwriaeth ofnadwy. Mae'n gweithio dim ond am fod staff y Gofrestrfa Tir yn hynod o gall ac effeithlon'. Mae'n creu system sy'n golygu nad yw'r gofrestr bob amser yn dangos pwy yw'r gwir berchennog. Mae oedi rhwng trosglwyddo'r berchenogaeth a'r cofrestru, ac yn ystod yr oedi hwnnw, mae enw'r cyn-berchennog yn parhau i fod ar y gofrestr. Mae hyn yn galluogi pobl anonest i werthu'r un lle ddwywaith. Er bod y Gofrestrfa Tir yn talu iawndal dan yr amgylchiadau hynny, gellid cael gwared ar y risg drwy drosglwyddo a chofrestru ar yr un pryd. Byddai deddfwriaeth a ddrafftiwyd yn fwy effeithiol wedi gallu gwneud hynny 75 mlynedd yn ôl. Bydd y rhyngrwyd yn golygu bod gwneud hyn yn waith syml. Unwaith fydd y gyfraith wedi newid, bydd cyfreithwyr yn gallu gwirio manylion ar y pryd, cyn y gwerthu, i ganfod pwy sydd biau'r tir. Pan fydd y gwaith paratoadol wedi'i wneud, bydd yn bosibl cwblhau manylion prynu tŷ o fewn tuag awr.

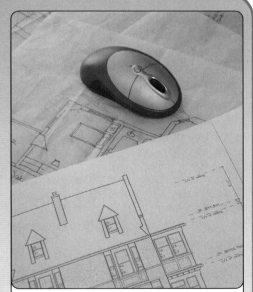

Bydd y Mesur Cyfathrebu Electronig yn caniatáu i ddogfennau sydd eu hangen ar gyfer prynu a gwerthu tŷ gael eu trosglwyddo drwy gyfrwng y rhyngrwyd.

Gwnaeth Comisiwn y Gyfraith argymhellion ym mis Medi 1998 a ddylai olygu bod trawsgludo'n gyflymach ac yn fwy diogel. Mae'r broses ddiwygio'n araf. Ym mis Mai 2000, roedd y ddeddfwriaeth yn cael ei chreu yn y Senedd, a disgwylid y byddai'r broses yn parhau hyd ddiwedd y flwyddyn. Wedi i'r drafft terfynol gael ei gwblhau, byddai ymgynghori pellach. Mae'n bosibl na fydd y Ddeddf newydd yn cyrraedd y llyfr statud am nifer o flynyddoedd.

Addaswyd o *The Guardian*, 27 Mai 2000.

(a) **Pa broblemau y mae diwygiadau arfaethedig Comisiwn y Gyfraith o'r Ddeddf Cofrestru Tir yn ceisio eu datrys? (3)**

(b) **Sut fyddai'r diwygiadau yn cyflawni hyn? (3)**

(c) **Mae rhoi'r cynigion ar waith yn broses araf. A yw hyn yn beth drwg, o reidrwydd? (3)**

(ch) **Gyda phwy allai Comisiwn y Gyfraith ymgynghori mewn perthynas â'r newidiadau a gynigir i'r gyfraith? (3)**

Yn aml, enwir Comisiynau Brenhinol ar ôl y person sy'n eu cadeirio. Er enghraifft, yn aml gelwir y Comisiwn Brenhinol i Ddiwygio Tŷ'r Arglwyddi yn 'Gomisiwn Wakeham' oherwydd ei Gadeirydd, Arglwydd Wakeham.

Mae sinigiaid yn dadlau bod y llywodraeth yn aml yn creu Comisiynau Brenhinol pan nad ydynt yn bwriadu newid y gyfraith ond yn awyddus i roi'r argraff eu bod yn cymryd camau i ymdrin â materion dadleuol. Yn sicr, mae oedi yn aml rhwng dechrau archwilio a chyhoeddi'r adroddiad terfynol; weithiau, mae'r oedi hwn yn caniatáu i'r llywodraeth osgoi cymryd camau y mae'n gyndyn o'u cymryd. Yn ogystal, gall llywodraeth anwybyddu argymhellion Comisiynau Brenhinol. Er enghraifft, penderfynodd y llywodraeth beidio â derbyn y mwyafrif o'r 132 o argymhellion a wnaed gan Gomisiwn Wakeham. Roedd Comisiwn Pearson ar Anafiadau Personol yn enghraifft arall o hyn. Pan sefydlwyd ef, credwyd bod y llywodraeth yn dangos ei pharodrwydd i wneud newidiadau hir-ddisgwyliedig i'r broses o hawlio oherwydd esgeuluster. Mewn gwirionedd, dim ond ychydig iawn o argymhellion Pearson a gyrhaeddodd y llyfr statud.

Ar y llaw arall, roedd Adroddiad y Comisiwn Brenhinol ar Hawliau'r Heddlu 1981 yn gam pwysig tuag at lunio Deddf yr Heddlu a Thystiolaeth Drosedol 1984 (gweler Uned 12 am fwy o wybodaeth am y Ddeddf hon), diwygiad pwysig a chymharol boblogaidd. Yn yr un modd, apwyntiwyd Comisiwn Brenhinol ar Hawliau'r Heddlu yn 1991 dan arweiniad Is-iarll Runciman i ymchwilio i'r ffordd y mae'r gyfundrefn cyfiawnder troseddol yn gweithredu yn dilyn pryder cyhoeddus am gyfres gywilyddus o achosion o gamweinyddu cyfiawnder amlwg (y Birmingham Six, y Guildford Four ac eraill). Rhoddwyd rhai, er nad y cyfan, o gynigion y comisiwn ar waith yn Neddf Cyfiawnder Troseddol 1994. Roedd y rhain yn cynnwys cyfyngiadau ar yr hawl i gadw'n ddistaw ac yn rhoi'r hawl i'r heddlu gymryd samplau ar gyfer profion DNA heb gydsyniad y person dan amheuaeth.

11.7 Y Pwyllgor Adolygu Cyfraith Trosedd

Roedd y Pwyllgor Adolygu Cyfraith Trosedd yn gorff rhan amser a gyfarfu rhwng 1957 a 1984. Roedd ei aelodau'n cynnwys cyfreithwyr ac academyddion.

Prif lwyddiannau'r Pwyllgor oedd Deddfau Lladrata 1968 a 1978. Roedd y Deddfau hyn yn codeiddio'r gyfraith yn ymwneud â lladrata, ac yn cywiro'n sylweddol yr hyn a fu. Mewn gwirionedd, nid oedd y diwygiad hwn yn llwyddiant ysgubol gan fod rhai adrannau o Ddeddf 1968 yn peri dryswch mawr i gyfreithwyr a barnwyr.

Adlewyrchwyd hyn yn y cynnydd mawr o ran nifer yr apeliadau mewn perthynas â phwyntiau'r gyfraith yn ymwneud â lladrata yn y blynyddoedd wedi 1968. Rhan o bwrpas Deddf 1978 oedd cywiro gwendid penodol yn Neddf 1968.

Amddiffynnodd Arglwydd Scarman y Pwyllgor Adolygu Cyfraith Trosedd yn The Times yn 1996 drwy ddweud efallai y byddai deddfwriaeth a ymddangosodd wedi 1984 a ddrafftiwyd yn wael wedi cael ei drafftio'n well pe bai'r pwyllgor ar gael o hyd i helpu'r llywodraeth.

Ni ddylid cymysgu rhwng y Pwyllgor Adolygu Cyfraith Trosedd a'r Comisiwn Adolygu Achosion Troseddol (gweler Uned 13, Adran 13.7).

11.8 Cyrff eraill sy'n diwygio'r gyfraith

Sefydlwyd y Pwyllgor Diwygio'r Gyfraith yn 1952. Mae'n gorff rhan amser sy'n ystyried rhai canghennau o'r gyfraith yn unig. Un enghraifft bwysig o'i ddylanwad yw Deddf Cyfrifoldeb y Meddianwyr 1957 sy'n ymwneud ag atebolrwydd, o ran esgeuluster, y sawl sy'n rheoli tir.

O bryd i'w gilydd, gofynnir i farnwyr ymchwilio i faterion sy'n ymwneud â'r gyfundrefn gyfreithiol. Enghraifft bwysig o hyn yw Pwyllgor Woolf ar Gyfiawnder Sifil, a sefydlwyd gan yr Arglwydd Ganghellor. O ganlyniad i waith y pwyllgor hwn, gwnaed newidiadau ysgubol i'r modd y mae'r Uchel Lys a'r Llys Sirol yn gweithredu (gweler Uned 16, Adrannau 16.4 ac 16.5). Yn ogystal, roedd Deddf Cyflafareddu 1996 (ystyr cyflafareddu yw ffordd o ddatrys dadleuon cyfreithiol y tu allan i'r llysoedd barn) yn ganlyniad i gynigion pwyllgor a sefydlwyd gan yr Adran Diwydiant a Masnach ac a gadeiriwyd gan Arglwydd Ustus Saville.

Crynodeb ● ● ●

1. Sut mae barn gyhoeddus yn dylanwadu ar ddiwygio'r gyfraith?

2. Pa ran y mae'r cyfryngau a charfannau pwyso'n chwarae yn neddfu?

3. Beth yw Comisiwn y Gyfraith?

4. Beth fu llwyddiannau a methiannau Comisiwn y Gyfraith?

5. Ar wahân i Gomisiwn y Gyfraith, pa gyrff eraill sy'n chwarae rhan mewn diwygio'r gyfraith?

Astudiaeth achos — *Asiantaethau diwygio'r gyfraith*

Eitem A *Comisiwn y Gyfraith*

I bob golwg, roedd geiriad statud penodol yn golygu nad oedd deiliad tŷ a oedd wedi rhannu tŷ yn ddwy fflat yn gyfrifol pan ddechreuodd y to ollwng dŵr ac achosi gorlif yn y fflat a werthwyd. Cynigiodd Comisiwn y Gyfraith newidiadau yn 1985. Erbyn 1994, nid oedd dim wedi newid.

Mae gwleidyddion yn hoffi gweithredu mewn ffordd amlwg. Maent yn hoffi Mesurau sy'n ceisio trawsnewid y gyfundrefn addysg neu'n preifateiddio sefydliadau sy'n eiddo i'r wladwriaeth. Mae moderneiddio cyfundrefn gyfreithiol anhrefnus Cymru a Lloegr, fodd bynnag, yn golygu ymwneud â manylion diflas a chymhleth. Ond drwy beidio â moderneiddio, mae'r llywodraeth yn niweidio perchnogion tai, busnesau a dioddefwyr. Mae hefyd yn golygu bod rhaid i'r llywodraeth wario llawer mwy er mwyn gweinyddu'r llysoedd.

Dyfynnwyd yr Anrhydeddus Ustus Brooke, cyn-Gadeirydd Comisiwn y Gyfraith, yn *The Guardian* yn 1994 pan ddywedodd wrth ASau: 'Mae rhannau sylweddol o'n cyfraith droseddol yn warth. Dylent fod yn glir, yn gyson ac yn gydlynol. Yn lle hynny, maent yn aneglur, yn anghyson ac yn ddigyswllt. Nid yw Comisiwn y Gyfraith yn mynd i'r afael ag unrhyw brosiectau diwygio cyfraith oni bai bod y gyfraith berthnasol yn amlwg yn wael. Fel rheol, mae ganddo ormod o ddewis.'

Yng Nghanada, gellir prynu copi o'r cod troseddol am ychydig ddoleri. Ym Mhrydain, mae'r cod troseddol yn gymysgfa anhrefnus o gyfraith achosion a statudau yn dyddio'n ôl 300 mlynedd neu fwy. Dylai fod Comisiwn y Gyfraith wedi codeiddio'r cod troseddol a'i wneud yn fwy eglur. Mae ei aelodau'n cynnwys academyddion a chyfreithwyr sy'n ymgynghori'n eang ac yn osgoi gwleidyddiaeth bleidiol. Mae eu cynigion yn synhwyrol. Ond nid oes digon ohonynt yn troi'n gyfraith.

Er enghraifft, rhwng 1989 a 1993, dim ond un o'r mesurau a roddwyd gan Gomisiwn y Gyfraith gerbron y Senedd a gyflwynwyd gan weinidogion. Roedd y Senedd yn brysur yn cyflwyno treth y pen ac yna'n ei dileu, yn preifateiddio'r Rheilffordd Brydeinig ac yn ystyried gwahanol Fesurau yn ymwneud ag addysg. Efallai bod gwleidyddion yn poeni na fydd diwygio'r gyfraith yn sicrhau lle iddynt ar y teledu. Ond mae angen diwygio - yn enwedig diwygio cyfraith trosedd. Un enghraifft yw achos *Scarlett (1993)*. Roedd Mr Scarlett yn landlord tafarn a ofynnodd i ddyn meddw iawn adael yr adeilad. Dan amgylchiadau o'r fath, caniateir i landlord ddefnyddio grym rhesymol. Gwthiwyd y dyn allan o'r dafarn i mewn i lobi ond disgynnodd i lawr y grisiau, a marw. Collfarnwyd Scarlett o ddynladdiad. Treuliodd bum mis yn y carchar yn disgwyl gwrandawiad apêl, a hynny i bob golwg dim ond oherwydd nad oedd barnwr yr achos yn sicr beth oedd y gyfraith yn y math hwn o achos dynladdiad, ansicrwydd yr oedd y Llys Apêl, i bob golwg, yn ei ystyried yn ddealladwy.

Addaswyd o *The Guardian*, 21 Tachwedd 1994.

Eitem B *A ddylid codeiddio cyfraith Cymru a Lloegr? (i)*

Mae'r cartŵn hwn yn cymharu anhyblygrwydd cyfundrefn gyfreithiol America â hyblygrwydd cyfundrefn gyfreithiol Cymru a Lloegr.

Eitem C   *A ddylid codeiddio cyfraith Cymru a Lloegr? (ii)*

Disgrifiodd yr Athro Hahlo, wrth ysgrifennu yn y *Modern Law Review* yn 1960, sut mae cyfreithwyr gyda phrofiad o weithio mewn systemau cyfraith a oedd wedi'u codeiddio a systemau eraill, wedi teimlo bod materion dadleuol i'w canfod yn y ddau fath, ac nad yw tasg cyfreithiwr o Ffrainc, yr Iseldiroedd neu'r Almaen fawr haws wrth ddadlau pwynt cyfreithiol na thasg cyfreithwyr yng Nghymru a Lloegr. Mae Hahlo yn tynnu sylw at y ffaith fod cyflwyno cod yn cael dwy effaith uniongyrchol. Ar y naill law, byddai'n datrys materion a fu gynt yn aneglur. Ar y llaw arall, byddai'n creu cyfnod hir o ansicrwydd cyfreithiol wrth i union ystyr y cyfreithiau newydd gael eu profi. Wrth i un mater dadleuol ddiflannu, meddai, byddai un neu fwy o rai newydd yn codi. A dim ond ymhen degawdau, wedi i'r cod gael ei gysylltu â chyfraith achosion, y byddai'r hen sicrwydd cyfreithiol yn dychwelyd. Yn ogystal â chorff cynyddol o gyfraith achosion, mae'n dadlau, bydd mwy a mwy o ddeddfwriaeth ddiwygiol, ac yna dyfarniadau yn esbonio'r ddeddfwriaeth ddiwygiol, a diwygiadau o ddiwygiadau.

Dadl arall yn erbyn codeiddio yw bod y gyfraith yn troi'n sefydlog ac yn anhyblyg, ac felly yn methu â newid dros amser mewn ymateb i newidiadau mewn cymdeithas a sefyllfaoedd ffeithiol na ragwelwyd. Mae rhai yn ystyried bod dull cyfraith gwlad o adeiladu'r gyfraith dros gyfnod o amser wrth i achosion newydd ddod gerbron y llysoedd yn dda am ei fod yn hyblyg. Mae'r llysoedd yn dod o hyd i'r ffordd orau o ddehongli a chymhwyso statudau perthnasol ac yn ychwanegu cyfraith achosion fanwl dros gyfnod o amser mewn modd sy'n sicrhau cyfiawnder a thegwch (gweler Uned 9). Byddai'r hyblygrwydd hyn yn diflannu, dadleuir, pe bai system o godau'n cael ei chyflwyno gan fod cod wedi cael ei lunio i gynnwys pob sefyllfa ac 'wedi ei naddu mewn carreg' fwy neu lai. Mae beirniaid y dull hwn yn dadlau y byddai'n anodd iawn ysgrifennu cod cyfraith cynhwysfawr a fyddai'n cyflwyno cyfraith gyfiawn i bob achos bob amser, o gofio'r amrywiaeth eang o ffeithiau sy'n dod gerbron y llysoedd. Lle defnyddir cyfundrefn sydd wedi'i chodeiddio, ni ellir diwygio'r codau cyfraith heb ddefnyddio dull seneddol arbennig. Byddai ei gwneud hi'n rhwyddach i anwybyddu neu ddiwygio'r cod a chreu eithriadau i'r rheol yn difetha'r pwrpas o gael un yn y lle cyntaf, gan y byddai'r gyfraith yn mynd yn dameidiog

Cwestiynau

(a) Defnyddiwch Eitem A a'ch gwybodaeth eich hun i gwblhau'r tasgau canlynol.

   i)   Beth yw pwrpas Comisiwn y Gyfraith? (3)

   ii) Pam fod eglurder a sicrwydd yng nghyfraith trosedd yn arbennig o bwysig? (4)

   iii) Pam nad yw'r Senedd yn gweithredu ar ôl derbyn llawer o gynigion gan Gomisiwn y Gyfraith? (8)

   iv) Seiliwyd Eitem A ar erthygl a ysgrifennwyd yn 1994. Esboniwch y dull gweithredu a gyflwynwyd y flwyddyn honno i sicrhau bod mwy o gynigion Comisiwn y Gyfraith yn cael eu cynnwys yn y llyfr statud. (3)

(b) Defnyddiwch Eitemau A i C a'ch gwybodaeth eich hun i gwblhau'r tasgau canlynol.

   i)   Esboniwch beth a olygir gan y term 'codeiddio'. (4)

   ii) Pam fyddai codeiddio cyfraith Cymru a Lloegr yn gallu datrys y broblem o gyfreithiau troseddol cymhleth? (4)

   iii) Crynhowch y dadleuon o blaid ac yn erbyn codeiddio cyfraith Cymru a Lloegr. (10)

12.1 Beth ddylai hawliau'r heddlu fod?

Meddyliwch pe baech chi wedi cael eich arestio am rywbeth na wnaethoch. Yng ngorsaf yr heddlu mae cwestiynau'n cael eu taflu atoch, a phan rydych yn gwrthod cyfaddef eich bod chi'n euog, mae'r swyddogion yn eich curo ac yn eich gadael gydag anafiadau a chleisiau difrifol. Yn y llys, rydych yn synnu i weld bod rhannau o'r cofnod o'ch cyfweliad yng ngorsaf yr heddlu wedi eu hysgrifennu amser maith wedi'r cyfweliad, ac nid yw rhannau eraill yn wir o gwbl. Mae'r dystiolaeth a gyflwynir gan yr heddlu i'r llys yn dibynnu ar 'gyffes' a wnaed gennych ar ôl dyddiau mewn cell fach iawn yng ngorsaf yr heddlu. Ond rydych chi'n dioddef o glawstroffobia, ac roeddech chi'n barod i ddweud unrhyw beth er mwyn dianc o'r gell. Drwy gydol eich cyfnod yn y ddalfa, nid ydych yn derbyn cyngor cyfreithiol, er i chi ofyn sawl gwaith am gael ffonio'ch cyfreithiwr.

Efallai bod y stori hon yn ymddangos yn annhebygol. Ond seilir popeth a ddisgrifir yma ar ddigwyddiadau yn ystod y 1970au a'r 1980au. Ym mhob un o'r achosion (gweler Blwch 12.1 isod) gwyrdrowyd y gollfarn o ganlyniad i ymddygiad yr heddlu, ond dim ond wedi i'r sawl a oedd wedi protestio eu bod yn ddieuog dreulio blynyddoedd maith yn brwydro o'r carchar. Yn achos y Birmingham Six, a gollfarnwyd ar gam o gymryd rhan yn ymgyrch fomio'r IRA, aeth 16 mlynedd heibio cyn iddynt gael eu rhyddhau.

Efallai bod achosion o'r fath yn ddigwyddiadau unigol. Ond mae pryder o hyd ynghylch camymddygiad yr heddlu a'r methiant i drin pobl dan amheuaeth yn deg. Mae dadl amlwg dros ddefnyddio'r gyfraith i amddiffyn pobl dan amheuaeth sydd, wrth reswm, yn ddieuog nes profir eu bod yn euog rhag cael eu cam-drin.

Ar y llaw arall, gwaith yr heddlu yw atal troseddu, ymchwilio i'r sawl sydd dan amheuaeth o fod wedi cyflawni trosedd a, lle bo hynny'n briodol, eu dwyn gerbron y llysoedd. Nid yw hon yn dasg hawdd. Prin iawn yw'r bobl sy'n cerdded i mewn i orsaf heddlu ac yn cyfaddef eu bod yn euog. Os ydym yn disgwyl i'r heddlu a'r llysoedd ein hamddiffyn rhag trais, dwyn a throseddau eraill, rhaid iddynt gael pwerau cyfreithiol i holi pobl, eu harchwilio, eu harestio ac, os bydd angen, eu cadw yn y ddalfa tra ymchwilir i'r ffeithiau. Heb y cyfreithiau hyn, byddai'r heddlu yn ei chael hi'n anodd iawn i fynd i'r afael â throseddau, am na fyddai ganddynt yr hawl i wneud y pethau hynny.

Mae rhan sylweddol o'r gyfraith sy'n ymwneud â'r maes hwn yn deillio o Ddeddf yr Heddlu a Thystiolaeth Droseddol 1984 ('PACE'). Ceisiodd y Ddeddf hon ddod â chymysgedd gymhleth o ddarpariaethau cyfraith statud a chyfraith gwlad at ei gilydd wrth gyflwyno polisïau pwysig newydd ar yr un pryd, er enghraifft recordio cyfweliadau ar dâp, a chadw cofnodion manwl. Awgrymwyd nifer o fesurau PACE gan Gomisiwn Brenhinol Gweithdrefn Troseddau, a elwid yn 'Gomisiwn Phillips', ac a dreuliodd sawl blwyddyn yn ymchwilio i weithdrefnau'r heddlu. Yn ogystal, mae codau ymarfer manwl a wnaed gan PACE y dylai'r heddlu eu dilyn. Mae'r rhain yn cynnwys:

- Cod A: hawliau i atal ac archwilio
- Cod B: hawliau i chwilio anheddau a meddiannu eiddo
- Cod C: cadw a holi
- Cod D: gweithdrefnau adnabod
- Cod E: recordio cyfweliadau ar dâp.

Yn dilyn cynifer o achosion o gamweinyddu cyfiawnder, sefydlwyd y Comisiwn Brenhinol dros Gyfiawnder Troseddol (Comisiwn Runciman) i ymchwilio i'r modd y mae'r system cyfiawnder troseddol yn gweithredu. Noddodd y Comisiwn ymchwil sylweddol a derbyniodd

Blwch 12.1 *Achosion o Gamweinyddu Cyfiawnder*

Enwau	Cyfnod yn y carchar	Trosedd honedig	Sylwadau
Guildford Four	1974 - 1989	Bomio ar ran yr IRA	Ffugiwyd nodiadau am gyfweliadau'r heddlu.
Birmingham Six	1974 - 1990	Bomio ar ran yr IRA	Honnai'r diffynyddion eu bod wedi cael eu curo yn y ddalfa a thanseiliwyd tystiolaeth wyddonol.
Tottenham Three	1985 - 1986	Llofruddio PC Blakelock	Ffugiwyd datganiad gan dyst a nodiadau'r heddlu.
Bridgewater Four	1979 - 1991	Llofruddio Carl Bridgewater	Cynhaliwyd ymchwiliad dros 10 diwrnod heb adael i'r rhai dan amheuaeth gysylltu â chyfreithiwr, ni roddwyd tystiolaeth ôl-bys i'r amddiffyniad, a ffugiwyd datganiad.

dystiolaeth gan nifer o sefydliadau. Ymgorfforwyd rhai, er nad y cyfan o bell ffordd, o'r argymhellion a wnaed yn ei adroddiad yn 1993 gan y llywodraeth yn Neddf Cyfiawnder Troseddol a Threfn Gyhoeddus 1994 a Deddf Gweithdrefn Drosedol ac Ymchwiliadau 1996. Un o ganlyniadau pwysig Comisiwn Runciman oedd sefydlu'r Comisiwn Adolygu Achosion Troseddol. Mae gan y corff hwn rymoedd arbennig i'w alluogi i yrru achosion i'r Llys Apêl i gael eu hystyried ymhellach (roedd hyn yn arfer bod yn rhan o waith yr Ysgrifennydd Cartref).

12.2 Yr hawl i atal ac archwilio

Blwch 12.2 *Atal ac archwilio*

Swyddogion yr heddlu yn atal ac yn archwilio person dan amheuaeth yn Llundain yn 2000.

Mae archwiliadau'r heddlu ar strydoedd trefi a dinasoedd (gweler Blwch 12.2) yn aml wedi achosi drwgdeimlad rhwng yr heddlu a grwpiau o bobl, yn enwedig dynion ifainc croenddu. Yn aml, teimlant fod yr archwiliadau hyn yn camwahaniaethu ac yn aflonyddu mewn modd annheg. Mae ffigurau'r Swyddfa Gartref ar gyfer 2002 yn dangos bod pobl ddu wyth gwaith yn fwy tebygol o gael eu hatal a'u harchwilio gan yr heddlu na phobl wyn. Yn 1981, o ganlyniad i ymgyrch gan yr heddlu yn erbyn dwyn ar y stryd yn Lambeth, cynhaliwyd bron 1,000 o archwiliadau, y mwyafrif yn ymwneud â dynion ifainc croenddu. Cyhuddwyd llai na 10% ohonynt o droseddu yn y pen draw. Yn ddiweddarach y flwyddyn honno, bu terfysg difrifol yn Brixton (rhan o Lambeth) wrth i'r berthynas rhwng yr heddlu a'r gymuned leol chwerwi.

Archwiliadau a gynhelir dan a.1 PACE (Cod A)
Dan adran 1 o PACE (Cod A), gall cwnstabl archwilio person neu gerbyd mewn man cyhoeddus ar gyfer eitemau a gafodd eu dwyn, arfau bygythiol neu eitemau a ddefnyddiwyd ar gyfer bwrglera lle bo'r heddlu yn amau y byddant yn canfod rhywbeth. Mae'n gyfreithlon i archwilio pobl nad ydynt yn cael eu hamau o fod yn lladron. Gall yr heddlu, felly, archwilio rhywun y maent yn ei amau dim

ond o drafod nwyddau wedi'u dwyn. Mae arfau bygythiol yn cynnwys arfau a luniwyd i achosi niwed yn ogystal ag eitemau eraill (er enghraifft morthwyl) nad yw'n arf mewn gwirionedd ond a gludir at bwrpas achosi niwed i berson.

Beth a olygir gan 'amheuaeth resymol'? Defnyddir yr ymadrodd hwn mewn perthynas â gwahanol adrannau o PACE. Mae'r llysoedd wedi barnu nad yw'n golygu bod rhaid i swyddog yr heddlu feddwl bod rhywun yn euog, dim ond bod y person yn ymddwyn yn y fath fodd fel y byddai person cyffredin yn amheus ynghylch yr hyn y maent yn ei wneud. Yn ôl Cod A, fodd bynnag, nid yw materion megis steil ddillad, oedran, credoau na hil person yn ddigon ynddynt hwy eu hunain i fod yn sail i amheuaeth resymol (gweler Blwch 12.3). Mae ymchwil gan Sanders (*Controlling the Discretion of the Individual Police Officer*, 1993), yn awgrymu bod gwybodaeth am gollfarnau blaenorol, yn ymarferol, yn rheswm cyffredin dros benderfynu archwilio rhywun.

Blwch12.3 *Cod A o PACE*

Yn ôl Cod A, ni all materion megis steil ddillad fod ynddynt hwy eu hunain yn sail amheuaeth resymol i gyfiawnhau atal ac archwilio.

Pan wneir archwiliad o dan a.1, rhaid i'r swyddog gyflwyno'i hun a dweud o ba orsaf heddlu y mae'n dod, yn ogystal ag esbonio'r rheswm dros yr archwiliad. Rhaid i'r swyddog roi manylion ysgrifenedig o'r archwiliad. Gellir defnyddio grym rhesymol, ond ni ddylid gofyn i'r person dynnu unrhyw ddilledyn ac eithrio cot, siaced neu fenig. Yn dilyn un o argymhellion Adroddiad Macpherson, yn 2003, dechreuodd y llywodraeth gyflwyno gofyniad pellach bod rhaid cofnodi ataliadau yn ogystal ag archwiliadau.

Hawliau eraill i atal ac archwilio
Mae Deddfau eraill yn caniatáu i'r heddlu atal ac archwilio mewn perthynas â throseddau penodol. Mae enghreifftiau yn cynnwys:

1. Deddf Camddefnyddio Cyffuriau 1971. Gall yr heddlu archwilio rhywun am gyffuriau rheoledig lle bydd ganddynt sail resymol dros amau.
2. Deddf Cyfraith Troseddol a Threfn Gyhoeddus 1994 a.60. Os bydd uwch-swyddog heddlu yn credu, yn rhesymol, y gallai trais difrifol ddigwydd mewn ardal benodol, gall ddarparu mwy o is-swyddogion gyda chaniatâd ysgrifenedig i atal ac archwilio personau a cherbydau ar hap yn yr ardal honno am hyd at 24 awr. Mae'n bwysig nodi nad oes rhaid i swyddog amau unigolyn cyn ei archwilio unwaith y rhoddir y caniatâd hwn. Dan amgylchiadau o'r fath, gall yr heddlu chwilio am arfau bygythiol neu offer peryglus (ystyr offer peryglus yw offer gyda llafn neu bwynt miniog).
3. Deddf Achlysuron Chwaraeon 1985. Gellir atal ac archwilio pobl cyn iddynt fynd i mewn i gae pêl-droed.

Gweithgaredd 12.1

(a) Mae swyddog heddlu sy'n gwarchod y strydoedd yn hwyr y nos mewn ardal lle ceir llawer o gyffuriau yn gweld dyn ifanc gyda gwallt hir a dillad blêr yn edrych yn hapus iawn. Esboniwch a ydych yn credu y dylai archwilio'r llanc am gyffuriau ai peidio. (5)

(b) Mae'r heddlu wedi clywed gan ffynonellau dibynadwy y bydd gang mawr o eithafwyr adain-dde yn ymosod ar bobl sy'n cymryd rhan mewn gŵyl awyr agored Asiaidd. Mae grŵp o ddynion sydd wedi torri eu gwallt yn fyr iawn yn honni bod yr heddlu yn eu haflonyddu drwy eu hatal a'u harchwilio heb reswm amlwg. A yw'r heddlu'n ymddwyn yn gyfreithlon? (6)

12.3 Pwerau i arestio

Mae arestio yn golygu cadw rhywun yn y ddalfa yn erbyn eu hewyllys os bydd angen (gweler Blwch 12.4). Gweir arestiad pan fydd yr heddlu yn awyddus i gyhuddo rhywun o drosedd neu os na fydd ganddynt ddigon o dystiolaeth i gyhuddo ond maent yn amau'r person hwnnw o fod wedi cyflawni trosedd ac yn dymuno ei gadw yn y ddalfa er mwyn ei holi. Wrth gwrs, mae cael ei arestio yn brofiad cywilyddus a chwithig i'r person hwnnw. Mae'n bwysig, felly, bod gan yr heddlu reswm da dros ei arestio. Mae'n bwysig hefyd bod yr heddlu yn delio â'r broses mewn ffordd sensitif. Gellir gwneud arestiadau gyda neu heb warant ynad. Gellir arestio am nifer o resymau. Trafodir pob un ohonynt isod.

Arestio heb warant ar gyfer trosedd arestiol (a.24 PACE)

Os bydd heddwas yn amau'n rhesymol fod person wedi

Blwch 12.4 *Arestio person dan amheuaeth*

Swyddogion heddlu yn arestio person dan amheuaeth.

cyflawni trosedd arestiol, ei fod ar ganol cyflawni trosedd o'r fath neu ar fin gwneud hynny, gellir ei arestio heb warant. Mae troseddau arestiol yn cynnwys:

- troseddau lle mae'r ddedfryd yn benodedig (ee llofruddio, pan ddedfrydir y troseddwr i garchar am oes yn ddieithriad)
- troseddau lle dedfrydir troseddwr i bum mlynedd neu fwy ar y mwyaf (mae'r categori hwn yn cynnwys lladrata, ymosod gan achosi niwed corfforol, treisio ac ysbeilio)
- troseddau penodol eraill, gan gynnwys troseddau a enwir o fewn Deddf Troseddau Rhywiol 1956.

Mae 'amheuaeth resymol' yn golygu'r un peth â'r hyn a drafodwyd mewn perthynas â phwerau atal ac archwilio. Yn *O'Hara v Chief Constable of the Royal Ulster Constabulary (1996)*, dywedodd Arglwydd Steyn, i bob pwrpas, nad oedd rhaid i'r heddlu gredu bod rheswm amlwg dros erlyn rhywun, dim ond bod digon o sail dros ei amau i gyfiawnhau ymchwilio ymhellach. Yn yr achos hwn hefyd, pan fyddai uwch-swyddog yn dweud wrth is-swyddog i arestio rhywun, dyfarnwyd nad oedd hyn, ynddo'i hun, gyfystyr ag amheuaeth resymol.

Arestio heb warant am unrhyw drosedd (a. 25 PACE)

I ddelio â throseddau anarestiol, mae'n bosibl codi gwŷs yn gofyn i'r person fynd gerbron llys yn hytrach na'u harestio. Fodd bynnag, dan rai amgylchiadau, gall swyddog heddlu arestio rhywun heb warant, hyd yn oed os nad yw'r drosedd yn un arestiol. Dyma'r tri amod cyffredinol ar gyfer arestiad arall:

- nid yw'r heddwas yn gwybod enw a chyfeiriad y person dan amheuaeth, neu mae ganddo/ganddi sail resymol dros gredu bod y manylion a roddwyd yn rhai ffug

- mae gan yr heddwas sail resymol dros gredu bod angen arestio er mwyn cadw'r person rhag niweidio rhywun, niweidio ei hun, difrodi eiddo neu greu rhwystr ar y briffordd
- mae gan y swyddog heddlu sail resymol dros gredu bod angen arestio er mwyn amddiffyn plentyn neu berson arall sy'n agored i niwed rhag y person dan amheuaeth.

Arestio gyda gwarant a gwŷs

Dan Ddeddf Llysoedd Ynadon 1980, mae gan ynad yr hawl i roi gwarant i'r heddlu sy'n eu galluogi i arestio rhywun pan fydd y drosedd yn dod gerbron Llys y Goron neu'n drosedd y gellir ei chosbi drwy garcharu. Bydd rhaid i'r heddlu roi tystiolaeth ysgrifenedig i'r ynad yn dangos bod rheswm dros gyflwyno gwarant.

Yn achos troseddau llai, er enghraifft gyrru'n gyflym a throseddau moduro eraill, gall yr ynad lofnodi gwŷs sy'n gofyn i'r person dan amheuaeth ddod gerbron y llys ar ddiwrnod penodol. Pan gyflwynir gwŷs, nid oes angen arestio. Dadleuodd Comisiwn Brenhinol Phillips dros wneud mwy o ddefnydd o'r gyfundrefn wysio llai ymwthiol mewn perthynas ag achosion ditiol (mwy difrifol). Mewn gwirionedd, mae'r defnydd a wneir o wŷs wedi lleihau'n gyson dros y blynyddoedd diwethaf. Yn 1997, dim ond 8% o bobl dan amheuaeth o gyflawni troseddau ditiol a dderbyniodd gwŷs. Yn 1984, roedd y ffigur yn 22%.

Hawliau arestio eraill

Mae hawliau arestio eraill yn bodoli. Rhoddir braslun ohonynt ym Mlwch 12.5.

Blwch12.5 *Pwerau arestio penodol eraill*

Mae tri phŵer arestio penodol arall:

- arestio heb warant am fethu â mynd i swyddfa'r heddlu pan fo hynny'n amod cael mechnïaeth (PACE a.46a)
- arestio heb warant am fathau penodol o dresmasu a gysylltir â mynychu 'rave' (Deddf Cyfiawnder Troseddol a Threfn Gyhoeddus 1994)
- arestio heb warant am dor-heddwch (dyma un o ychydig bwerau cyfraith gwlad yr heddlu na chafodd ei ymgorffori yn PACE).

Arestiad gan ddinesydd

Gall dinesydd cyffredin arestio rhywun y maent yn ei ddrwgdybio'n rhesymol o fod wrthi'n cyflawni trosedd arestiol, neu rywun y maent yn ei ddrwgdybio'n rhesymol o fod wedi cyflawni trosedd o'r fath. Yn wahanol i'r heddlu, nid oes gan ddinesydd hawl gyfreithiol i arestio person y maent yn tybio eu bod ar fin cyflawni trosedd. Ni all dinesydd arestio neb am drosedd nad yw'n drosedd arestiol.

Sut ddylid arestio?

Lle bo angen hynny, gall yr heddlu a dinasyddion fel ei gilydd ddefnyddio grym rhesymol wrth arestio. Wrth arestio, dylai'r heddlu ddweud wrth y person dan amheuaeth ei fod yn cael ei arestio, a'r rheswm dros yr arestiad. Nid oes rhaid defnyddio geiriau penodol, er bod yr heddlu yn defnyddio ymadrodd safonol yn aml.

Dan a.30 o PACE, dylid hebrwng person a arestiwyd mor fuan â phosibl i swyddfa'r heddlu, oni bai bod rheswm da dros fynd â'r person i rywle arall er mwyn helpu'r ymchwiliad.

Gweithgaredd 12.2

(a) Mae'r heddlu'n cael eu galw i siop emwaith, lle cyhuddir Twm o ddwyn modrwy aur. Mae Twm gyda'i ffrind, Gwen. Mae'r ddau'n gwadu'n bendant eu bod wedi gwneud dim o'i le. Wedi i'r gemydd fynnu iddo weld Twm yn rhoi'r fodrwy yn ei boced, mae'r heddlu'n ei archwilio, ond nid ydynt yn dod o hyd i'r eitem goll. Mae Gwen yn cilwenu. 'Gawn ni fynd nawr, syr?', gofynna.

   i) A ellir arestio Gwen?

   ii) A ellir archwilio Gwen? (6)

(b) Mae PC Jones yn canfod Tim yn paentio dros arwydd 30mya. Pan mae'n gofyn iddo am ei gyfeiriad, mae Tim yn dweud mai Ebenezer yw ei enw a'i fod yn byw yn rhif 13 Heol Cwmscwt. Nid yw PC Jones wedi clywed am y ffordd erioed, ac felly mae hi'n penderfynu arestio Tim. Esboniwch a ydych yn ystyried bod hwn yn arestiad cyfreithlon ai peidio. (6)

(c) Mae Siôn yn dod ar draws Jac yn ymladd dyn arall y tu allan i dafarn. I bob golwg, mae'r ddau ymladdwr yn rhy feddw i wneud llawer o niwed i'w gilydd. Ond mae Siôn yn gwybod bod gan Jac gyllell, ac felly mae'n gafael ym mraich Jac ac yn ei hebrwng i swyddfa'r heddlu rownd y gornel. Mae'n cyhoeddi i'r rhingyll wrth y ddesg ei fod wedi cyflawni arestiad dinesydd. A yw Siôn yn gweithredu'n gyfreithlon? Esboniwch eich ateb. (8)

12.4 Pwerau i gadw a thrin pobl dan amheuaeth

Mae'n weddol amlwg unwaith y bydd person yn gwybod ei fod dan amheuaeth o gyflawni trosedd, y bydd yn ceisio cuddio rhag yr heddlu, yn enwedig pan fo'r drosedd yn un ddifrifol a all arwain at garchar. Dyna pam mae pobl yn cael eu harestio. Cânt eu carcharu dros dro yng ngorsaf yr heddlu tra ymchwilir i'r achos. Mae holi'r person dan amheuaeth tra bo yn y ddalfa yn rhan allweddol o'r ymchwiliad. Dyma gam mwyaf dadleuol y broses droseddol sy'n digwydd cyn yr achos llys. Ni fyddai fawr neb yn dadlau na ddylai fod gan yr heddlu y pŵer i gadw pobl er mwyn ceisio dod o hyd i'r sawl a gyflawnodd y drosedd, ond beth yn union yw'r pwerau hynny, a beth yw hawliau'r person dan amheuaeth? Os cewch eich hun yn eistedd yn un o gelloedd yr heddlu ar ôl cael eich arestio, rydych yn debygol o ofyn y cwestiynau canlynol:

- Pa mor hir oes rhaid i mi aros yma?
- A allaf gysylltu â rhywun i adael iddyn nhw wybod fy mod i yma?
- A allaf gysylltu â chyfreithiwr?
- Beth sy'n digwydd os ydw i'n gwrthod ateb y cwestiynau?

Mae PACE a chyfreithiau eraill yn ateb y cwestiynau hyn.

Swyddog y ddalfa a chofnod y ddalfa

Un amddiffyniad a osodwyd yn ei le gan PACE i ddiogelu pobl dan amheuaeth oedd yr angen am swyddog y ddalfa i fod ar ddyletswydd ym mhob gorsaf heddlu. Pwrpas swyddog y ddalfa yw gweithredu fel person lled-annibynnol sy'n monitro lles y sawl sydd yn y ddalfa ac yn sicrhau bod PACE a'r Codau yn cael eu dilyn. Dylai swyddog y ddalfa fod yn rhingyll neu'n uwch, ac nid yn rhywun a fu'n rhan o'r arestio neu a fydd yn cymryd rhan yn yr ymchwiliad. Mae angen i swyddog y ddalfa gadw cofnod y ddalfa, sy'n cynnwys manylion megis:

- y rheswm am gadw person yn y ddalfa
- pryd y cysylltir â chynghorwyr cyfreithiol
- pryd y darperir prydau bwyd ac ymarfer corff
- pryd y cynhelir cyfweliadau.

Os bydd y person yn honni na chafodd ei drin yn iawn, gellir cyfeirio at gofnod y ddalfa. Mae ymchwil diweddar gan Sanders a Bridges yn awgrymu bod tua 10% o gofnodion y ddalfa yn cael eu ffugio.

Terfynau amser ar gyfer aros yn y ddalfa

Mae Blwch 12.6 yn crynhoi'r terfynau amser ar gyfer cadw person yn y ddalfa. Cyfrifir yr amser hwn o'r amser pan mae'r person yn cyrraedd gorsaf yr heddlu. Pan fydd y person a arestiwyd yn cyrraedd gorsaf yr heddlu, dylid ei ddwyn gerbron swyddog y ddalfa, a fydd yn penderfynu a oes digon o dystiolaeth i'w gyhuddo o drosedd. Os bydd digon o dystiolaeth, fel rheol, rhyddheir y person ar fechnïaeth. Mae cael ei ryddhau ar fechnïaeth yn golygu bod rhaid i'r person ymweld â gorsaf yr heddlu o bryd i'w gilydd a chyflawni amodau penodol eraill (gweler Uned 13 Adran 13.2). Mae'r rhesymau dros gadw'r person yn y

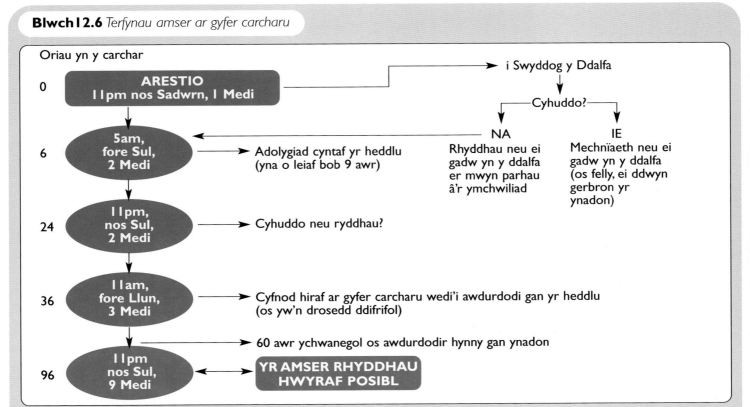

Blwch12.6 *Terfynau amser ar gyfer carcharu*

Oriau yn y carchar

0	**ARESTIO** 11pm nos Sadwrn, 1 Medi
6	5am, fore Sul, 2 Medi → Adolygiad cyntaf yr heddlu (yna o leiaf bob 9 awr)
24	11pm, nos Sul, 2 Medi → Cyhuddo neu ryddhau?
36	11am, fore Llun, 3 Medi → Cyfnod hiraf ar gyfer carcharu wedi'i awdurdodi gan yr heddlu (os yw'n drosedd ddifrifol)
96	11pm nos Sul, 9 Medi → **YR AMSER RHYDDHAU HWYRAF POSIBL**

→ 60 awr ychwanegol os awdurdodir hynny gan ynadon

i Swyddog y Ddalfa

Cyhuddo?

NA — Rhyddhau neu ei gadw yn y ddalfa er mwyn parhau â'r ymchwiliad

IE — Mechnïaeth neu ei gadw yn y ddalfa (os felly, ei ddwyn gerbron yr ynadon)

Mae'r diagram hwn yn dangos terfynau amser carcharu.

ddalfa yn hytrach na'i ryddhau ar fechnïaeth yn cynnwys y canlynol:

- rhoddwyd enw a chyfeiriad ffug
- ni all y person dalu'r fechnïaeth
- amheuir y caiff trosedd arall ei chyflawni tra bydd y person ar fechnïaeth.

Pan fydd yr heddlu yn cadw rhywun yn y ddalfa ar ôl ei gyhuddo, rhaid dwyn y person hwnnw gerbron yr ynadon cyn gynted â phosibl.

Pan benderfynir peidio â chyhuddo, gellir cadw'r person yn y ddalfa er mwyn casglu tystiolaeth (gan gynnwys holi'r person). Fodd bynnag, rhaid i swyddog y ddalfa benderfynu a oes sail dros gadw'r person yn yr orsaf chwe awr ar ôl iddo gyrraedd ac o leiaf bob naw awr wedi hynny. Os nad oes sail dros wneud hyn, rhaid ei ryddhau.

Ar ôl 24 awr, rhaid i'r heddlu benderfynu a ddylid rhyddhau'r person neu ei gyhuddo. Fodd bynnag, os yw'r drosedd yn drosedd arestiol ddifrifol ac mae angen carcharu person er mwyn casglu tystiolaeth, gall yr heddlu ei gadw yn y ddalfa am 12 awr arall, sef 36 awr i gyd. Mae troseddau arestiol difrifol yn cynnwys llofruddio, rhai troseddau treisiol eraill, a delio mewn cyffuriau.

Wedi'r cyfnod o 36 awr, gellir cadw rhywun yn y ddalfa am 60 awr arall os ceir sêl bendith Llys yr Ynadon. Y cyfnod hiraf y gellir cadw person mewn gorsaf heddlu heb ei gyhuddo, felly, yw 96 awr, neu 8 diwrnod. Yn ymarferol, ni chedwir person yn y ddalfa am gyfnod hir yn aml. Ni chedwir y mwyafrif o'r rhai sy'n cael eu harestio yn y ddalfa am fwy na 24 awr.

Gweithgaredd 12.3

Arestiwyd Siân dan amheuaeth o lofruddio. Fe'i hebryngwyd i'w gorsaf heddlu leol, a chyrhaeddodd yno am 10am ar fore Gwener, 13 Mawrth. Wedi iddi gyrraedd, penderfynodd swyddog y ddalfa nad oedd eto digon o dystiolaeth i gyfiawnhau ei chyhuddo. Am 7pm, dangosodd cofnod y ddalfa y cafodd ei hachos ei adolygu am y tro cyntaf, i weld a oedd angen ei chadw yn y ddalfa. Gwnaed hynny bob pum awr wedi hynny. Ar ôl nifer o gyfweliadau, cyhuddwyd Siân o lofruddiaeth ar fore Mawrth, 17 Mawrth am 9am, ac yna fe'i hebryngwyd i Lys yr Ynadon.

Mae Siân yn dymuno gwybod a oedd ei charchariad yn gyfreithlon dan delerau PACE. Esboniwch a oedd yn gyfreithlon ai peidio. (10)

Yr hawl i ddweud wrth rywun am yr arestiad (a.56 PACE)

Yn achos pobl ifainc dan 18 oed sydd dan amheuaeth, rhaid i'r heddlu gysylltu â pherson cyfrifol – rhiant, fel arfer. Rhaid i bawb sy'n cael eu harestio gael y cyfle i ffonio rhywun i ddweud wrthynt ble maent, a hynny cyn gynted â phosibl. Yn ychwanegol at yr hawl i ddweud wrth rywun am yr arestiad, mae Cod C yn datgan y dylid caniatáu i'r person wneud un galwad ffôn arall o hyd rhesymol. Gellir atal yr hawl i wneud galwadau yn achos troseddau arestiol difrifol, pan fydd gan yr heddlu sail resymol dros gredu y gallai arwain at ymgais i guddio tystiolaeth neu achosi niwed i berson arall.

Yr hawl i gael cyngor cyfreithiol (a.58 PACE)

Mae gan berson sy'n cael ei garcharu mewn gorsaf heddlu yr hawl i gyfarfod yn breifat â chynghorydd cyfreithiol. Dan God C, dylai cofnod y ddalfa ddangos bod person wedi cael gwybodaeth am ei hawl i wneud hyn ac a wnaeth fanteisio ar hynny ai peidio. Rhaid arddangos posteri am yr hawl i gyngor cyfreithiol yn glir. Gellir derbyn cyngor cyfreithiol yn rhad ac am ddim dan y cynllun Cyfreithwyr ar Ddyletswydd lle bydd cyfreithwyr ardal benodol yn gweithredu ar sail rota, gan sicrhau eu bod ar gael ddydd a nos i ymweld â phobl sydd dan amheuaeth yng ngorsaf yr heddlu. Yn ymarferol, yn aml, bydd cyfreithiwr dan hyfforddiant neu gynrychiolydd arall nad yw'n gyfreithiwr a gwblhaodd ei hyfforddiant yn cynrychioli cyfreithwyr. Ers 1995, rhaid i bob un sy'n gweithredu fel cynghorydd cyfreithiol mewn gorsaf heddlu gyflawni cwrs hyfforddi sy'n cynnwys arholiad llafar ac ysgrifenedig. Gellir gohirio'r hawl i weld cynghorydd cyfreithiol hyd at 36 awr am yr un rheswm ag y gellir gohirio'r hawl i ddweud wrth rywun am yr arestiad.

Yn ôl ymchwil Brown yn 1993, gofynnodd tua 32% o bobl dan amheuaeth am gael gweld cynghorydd cyfreithiol. Ar gyfer achosion mwy difrifol, sef y rhai hynny sy'n cyrraedd Llys y Goron, tua 50% yw'r ffigur. Mae ymchwil a wnaed gan Lee Bridges a Satnam Choongh (*Improving Police Station Legal Advice, 1998*) yn codi cwestiynau am safon y gwasanaeth a ddarperir gan gynghorwyr cyfreithiol i'r bobl hynny. Un broblem benodol oedd nad oedd cynghorwyr yn aml yn dweud wrth bobl am eu hawliau mewn perthynas â chwestiynu'r heddlu. Gwnaeth Hodgson a McConville ymchwil fanwl i gyngor cyfreithiol yng ngorsaf yr heddlu hefyd, (*Custodial Legal Advice and the Right to Silence, Comisiwn Brenhinol Astudiaeth Ymchwil Cyfiawnder Troseddol Rhif 16, 1993*). Trafodir hwn isod.

Diogelwch ychwanegol ar gyfer pobl ifainc a phobl sy'n dioddef o broblemau'r meddwl

Mae PACE a Cod C yn datgan bod gan bobl ifainc a'r sawl sydd ag anabledd meddwl neu salwch meddwl yr hawl i gael cwmni 'oedolyn priodol' yn ystod cyfweliad. Mae hyn yn cynnwys pobl fel rhiant neu weithiwr cymdeithasol.

Yr hawl i gadw'n ddistaw

Mewn dramâu teledu sy'n ymwneud â throsedd, mae'r troseddwr drwg yn aml yn dewis peidio â siarad wrth gael ei holi gan yr heddlu, gan gilwenu arnynt. Mae'r gwyliwr yn tueddu i ddehongli hyn fel euogrwydd. Ond a all rheithgor go iawn, o wybod na ddewisodd y person ateb cwestiynau'r heddlu, ystyried bod hyn yn dystiolaeth o'i euogrwydd? Ar un adeg, gallai person dan amheuaeth wrthod ateb cwestiynau'r heddlu heb ofni y byddai hyn yn cael ei ddefnyddio yn ei erbyn yn ddiweddarach gan yr erlyniad mewn achos llys, a hynny fel tystiolaeth o'i euogrwydd (gweler Blwch 12.7). Ystyriwyd bod yr hawl i gadw'n ddistaw yn rhan bwysig o'r cysyniad bod pawb sy'n cael ei ddwyn gerbron y llys yn ddieuog nes profir ei euogrwydd. Y ddadl oedd nad oes rhaid i'r diffynnydd brofi ei fod yn ddieuog. Yn hytrach, rhaid i'r erlyniad brofi ei fod yn euog. O ganlyniad, credai cyfreithwyr y diffynnydd fod yr hawl i gadw'n ddistaw yn ffordd syml o osgoi euogfarnau annheg. Y syniad oedd y dylai diffynyddion gadw'n dawel a gorfodi'r erlyniad i brofi eu bod yn euog yn hytrach na chael eu twyllo i gyhuddo eu hunain. Roedd hyn yn berthnasol i dystiolaeth a gyflwynwyd gan y diffynnydd yn y llys ac i unrhyw gwestiynau a ofynnwyd yng ngorsaf yr heddlu.

Blwch 12.7 *7 Yr hawl i gadw'n ddistaw*

Cyn 1994, roedd gan bobl yr hawl i wrthod ateb cwestiynau. Ers 1994, i bob pwrpas, cafwyd gwared ar yr hawl i gadw'n ddistaw.

Yr heddlu yn holi heb arestio

Mae swyddogion yr heddlu yn rhydd i ofyn cwestiynau i unrhyw un mewn man cyhoeddus, ond nid oes rhaid eu hateb. Yn *Rice v Connolly (1966)*, roedd swyddogion yr heddlu yn cerdded trwy ardal lle bu sawl bwrgleraeth. Gwelsant yr apelydd yn ymddwyn yn amheus, a gofynnwyd iddo esbonio ei weithredoedd. Gwrthododd ateb unrhyw gwestiynau, na mynd i orsaf yr heddlu heb gael ei arestio. Cafodd ei arestio am darfu ar waith yr heddlu. Pan wnaed apêl, canfu Llys Adrannol Mainc y Frenhines bod gan berson ddyletswydd gymdeithasol, er nad oedd yn ddyletswydd

gyfreithlon, i ateb cwestiynau'r heddlu (wrth gwrs, rhaid i bobl dan amheuaeth sy'n cael eu harestio fynd i orsaf yr heddlu).

Ymhen amser, dechreuodd rhywrai ofyn a oedd yr amddiffyniadau gwahanol a roddwyd i'r bobl gan PACE yn 1984, ynghyd â'r hawl i gadw'n ddistaw, yn gwneud gwaith yr heddlu o gasglu tystiolaeth yn rhy anodd. Ystyriodd Comisiwn Runciman (a gyhoeddodd ei adroddiad yn 1993) a ddylid newid ychydig ar yr hawl i gadw'n ddistaw, ond penderfynodd yn erbyn hyn.

Er hyn, yn ymarferol diddymodd Deddf Cyfiawnder Troseddol a Threfn Gyhoeddus 1994 (CJPOA) yr hawl i gadw'n ddistaw. Nid yw'r Ddeddf yn golygu y gellir gorfodi pobl dan amheuaeth i ateb cwestiynau. Gallant ddewis i ymatal rhag siarad o hyd. Ond mae'r Ddeddf yn caniatáu i lys ddod i gasgliad priodol o ganlyniad i'r diffyg ateb. Hynny yw, gall rheithgor gredu bod gwrthod ateb cwestiynau'r heddlu yn dynodi euogrwydd (gweler Blwch 12.8 isod). Dan God C, rhaid rhybuddio'r person, wrth iddo gael ei arestio a chyn ei gwestiynu, gan ddefnyddio'r geiriau canlynol:

> "Nid oes rhaid i chi ddweud dim. Ond gallai amharu ar eich amddiffyniad pe baech yn peidio â sôn am rywbeth wrth gael eich cwestiynu yr ydych yn dibynnu arno'n hwyrach yn y llys."

Drwy ddirymu'r hawl i gadw'n ddistaw, a yw Deddf 1994 wedi tanseilio'r cysyniad bod person a gyhuddir o drosedd yn ddieuog nes iddo gael ei brofi'n euog? Er bod *R v Cowan (1995)* yn dangos yn glir nad yw cadw'n dawel wrth gael eich cwestiynu yn ddigon, ynddo'i hun, i brofi euogrwydd (gweler Blwch 12.8), mae'n amlwg ei fod yn fwy peryglus os bydd diffynyddion yn aros yn dawel nag y bu cyn i'r Ddeddf ddod i rym.

Blwch 12.8 *R v Cowan (1995)*

Yn *R v Cowan (1995)* rhoddodd Arglwydd Taylor yn y Llys Apêl gyfarwyddyd y dylai Barnwyr Llys y Goron ei roi i'r rheithgor pan fydd person wedi dewis peidio ag ateb rhai o gwestiynau'r heddlu ar ôl cael ei arestio:

1. Dylai'r barnwr ddweud wrth y rheithgor bod y baich prawf (yr angen i brofi euogrwydd) yn parhau i fod yn nwylo'r erlyniad yn ystod yr achos llys.

2. Rhaid i'r barnwr ddangos yn glir i'r rheithgor bod gan y diffynnydd yr hawl i gadw'n ddistaw. Mae'r hawl i gadw'n ddistaw yn parhau.

3. Nid yw methu â rhoi tystiolaeth yn y ffordd hon yn ddigonol, ynddo'i hun, i ddangos euogrwydd. Rhaid bod tystiolaeth arall o euogrwydd. Ceir datganiad penodol o hynny yn a.38(3) o Ddeddf 1994.

O ganlyniad, rhaid i'r rheithgor fod yn fodlon ar gadernid dadl yr erlyniad cyn dod i gasgliadau ynghylch distawrwydd y person.

Ar y llaw arall, ni ellir dod i gasgliadau croes bob amser yn sgil distawrwydd.

Rv McGarry (Patrick John) (1999)

Dyrnodd y diffynnydd ddyn y tu allan i glwb nos. Cafodd ei rybuddio a'i gwestiynu gan yr heddlu. Rhoddodd McGarry ddatganiad ysgrifenedig byr yn dweud y bu'n amddiffyn ei hun, ond gwrthododd ateb cwestiynau. Dyfarnodd y Llys Apêl y dylai barnwr yr achos fod wedi cyfarwyddo'r rheithgor i beidio â dod i gasgliadau croes am iddo wrthod ateb cwestiynau, gan ei fod wedi cynnwys ffeithiau yn ei nodyn yr oedd wedi dibynnu arnynt yn ei achos.

Eithriad

Ers Deddf Cyfraith Troseddol 1987, bu eithriad nodedig i'r hawl i gadw'n ddistaw. Mewn achosion o dwyll ariannol difrifol, gall methu ag ateb cwestiynau'r heddlu dan rai amgylchiadau fod yn drosedd ynddo'i hun.

Rheolau eraill mewn perthynas â chwestiynu

Yn ôl Cod C, rhaid bod ystafelloedd cyfweld wedi eu goleuo, eu gwresogi a'u hawyru'n ddigonol, a rhaid i'r sawl a ddrwgdybir gael digon o doriadau er mwyn cysgu, cael lluniaeth a phrydau bwyd. Yn ddamcaniaethol, dylai swyddog y ddalfa fonitro'r ffordd y mae cyfweliadau'n cael eu cynnal.

Mae a.60 o PACE yn nodi bod rhaid recordio pob cyfweliad ar dâp cyn ei ysgrifennu i lawr. Gall y cofnodion hyn fod yn rhan allweddol o'r achos llys, yn enwedig pan gyffesir. Pwrpas tapio cyfweliadau yw amddiffyn y sawl sydd dan amheuaeth rhag unrhyw weithredu ymosodol ar ran yr heddlu neu ffugio tystiolaeth. Bu awgrymiadau bod yr heddlu'n osgoi adran 60 yn gyson drwy holi pobl mewn cerbyd ar y ffordd i orsaf yr heddlu.

Archwiliadau, samplau o gyrff ac olion bysedd

Dan a.55 PACE, mae gan yr heddlu y pŵer i gynnal archwiliadau personol fanwl o berson cyn belled â bod uwch-arolygydd yn awdurdodi'r archwiliad sydd â sail resymol dros gredu bod arf neu gyffur wedi ei guddio ar gorff y person. Rhaid i nyrs neu feddyg gynnal yr archwiliad. Ers i Ddeddf CJPOA gael ei phasio, nid yw archwilio'r geg yn cael ei gyfrif yn archwiliad personol fanwl (o bryd i'w gilydd, mae delwyr cyffuriau wedi storio cyffuriau yn eu cegau wrth gael eu harestio).

Mae a.61 o PACE yn caniatáu cymryd olion bysedd pobl dan amheuaeth. Dan a.62, gellir cymryd samplau gwaed, poer neu semen gan berson, er bod rhaid cael cydsyniad dan rai amgylchiadau. Gellir torri gwallt ac ewinedd pobl heb gydsyniad er mwyn cael sampl pan awdurdodir hynny gan uwch-arolygydd. Defnyddir samplau fel hyn o'r corff wrth brofi DNA, rhywbeth a all roi tystiolaeth wyddonol hanfodol.

Profi am gyffuriau

Mae Deddf Cyfiawnder Troseddol a Gwasanaethau Llys 2000 yn rhoi'r pŵer i swyddogion yr heddlu ofyn i bobl yn y ddalfa roi samplau o wrin neu samplau amhersonol at bwrpas profi am gyffuriau. Gallai presenoldeb cyffuriau yn y corff fod yn sail i wrthod mechnïaeth, a gall y person dan amheuaeth sy'n gaeth i gyffuriau gael ei gynghori gan yr heddlu i fynychu cynlluniau sy'n trin dibyniaeth ar gyffuriau.

12.5 Beth sy'n digwydd os bydd yr heddlu'n torri'r rheolau?

Gan fod yr heddlu'n gorfod plismona nhw eu hunain, yn anorfod mae problemau'n codi sy'n ymwneud â thor-cyfraith. Byddai'n syndod pe na bai'r heddlu yn plygu ambell i gyfraith sy'n ymwneud â'u hawliau i sicrhau erlyniad. Fodd bynnag, gall fod nifer o ganlyniadau yn sgil torri cyfreithiau o'r fath:

- mae'n bosibl y bydd tystiolaeth a gafwyd gan yr heddlu drwy dorri'r gyfraith yn cael ei gwahardd o'r llys
- efallai y bydd y person yn dwyn achos sifil er mwyn cael iawndal
- o bosibl, bydd y person yn adrodd eu cwyn yn erbyn yr heddlu i'r Awdurdod Cwynion yn erbyn yr Heddlu.

Gwahardd tystiolaeth

Dan a.76, mae PACE yn mynnu bod rhaid i'r erlyniad brofi y tu hwnt i amheuaeth resymol na chafwyd cyffes o ganlyniad i artaith, triniaeth anynnol neu ddiraddiol arall, trais neu fygwth trais. Pan na all yr erlyniad brofi hyn, ni ellir defnyddio'r gyffes yn y llys. Mae a.78 yn rhoi'r dewis i'r llys wahardd tystiolaeth lle byddai ei derbyn yn cael effaith anffafriol ar yr achos.

Fodd bynnag, nid yw torri PACE neu'r Codau'n golygu bod tystiolaeth yn cael ei gwahardd o reidrwydd. Er enghraifft, yn *R v Alladice (1988)*, ni chafodd y person fynediad i gyngor cyfreithiol. Yn ôl y llys, er bod PACE wedi cael ei dorri, cafodd y person ei gyfweld mewn ffordd resymol ac roedd yn ymwybodol o'i hawliau cyfreithiol. Oherwydd hyn, derbyniwyd y gyffes a wnaeth i'r heddlu fel tystiolaeth.

Achosion sifil

Os bydd yr heddlu yn defnyddio grym afresymol, gellir dwyn achos troseddol am ymosod. Os bydd person yn cael ei arestio'n amhriodol, gallant ddwyn achos sifil am gamarestio yn erbyn yr heddlu yn y llysoedd. Mae achosion sifil eraill posibl, gan gynnwys erlyniad maleisus.

Yr Awdurdod Cwynion yn erbyn yr Heddlu, ac awdurdodau heddlu eraill

Mae'r Awdurdod Cwynion yn erbyn yr Heddlu (y PCA), corff a sefydlwyd fel 'ci gwarchod' annibynnol dan PACE, yn ymateb i gwynion difrifol yn erbyn yr heddlu. Gall ymchwiliadau PCA arwain at achosion troseddol yn erbyn swyddogion yr heddlu neu achosion camymddwyn a allai arwain at ddirwyon, darostyngiad neu gamau disgyblu, gan gynnwys diswyddo. Cynhelir ymchwiliadau i gwynion yn erbyn un heddlu gan heddlu arall. Ers derbyn argymhelliad y PCA, trefnwyd dull cyflym o weithredu i ddelio'n gyflym â swyddogion yr honnir iddynt gyflawni troseddau difrifol. Erbyn hyn, gwrandewir ar achosion o fewn chwe wythnos.

Gweinyddir pob heddlu yn y DU gan awdurdod heddlu gyda'r gwaith o drefnu polisi. Mae'r awdurdod heddlu perthnasol yn delio â mân-gwynion yn erbyn yr heddlu.

Crynodeb

1. Pam ddylai pwerau'r heddlu gael eu cyfyngu?

2. Beth yw PACE a pham ei fod yn bwysig?

3. Pryd gall yr heddlu atal ac archwilio person dan amheuaeth?

4. Pa hawliau arestio sydd gan swyddogion yr heddlu a dinasyddion?

5. Beth yw'r rheolau ynglŷn â charcharu a thrin person sydd dan amheuaeth?

Astudiaeth achos — Pwerau'r heddlu

Eitem A Y Llywodraeth a'r hawl i gadw'n ddistaw

Er bod Comisiwn Brenhinol Phillips wedi adrodd na ddylid newid y gyfraith sy'n ymwneud â'r hawl i gadw'n ddistaw, dywedodd Douglas Hurd, yr Ysgrifennydd Gwladol ar y pryd, mewn darlith yn 1987 i Ffederasiwn yr Heddlu y byddai pobl ddieuog yn elwa mwy drwy ateb cwestiynau'r heddlu'n agored na thrwy gadw'n ddistaw. Ychwanegodd, 'A yw'r ffaith bod troseddwyr profiadol yn gallu gwrthod ateb pob un o gwestiynau'r heddlu, gan wybod na fydd rheithgor yn clywed am hynny, yn hyrwyddo cyfiawnder?' Rhoddodd Michael Howard, a oedd yr Ysgrifennydd Cartref oedd yn gyfrifol am Ddeddf Cyfiawnder Troseddol a Threfn Gyhoeddus 1994 ei safbwynt yn glir yn ei araith i Gynhadledd y Blaid Geidwadol. Dywedodd, 'Mae'r hawl i gadw'n ddistaw yn cael ei hecsbloetio'n ddidrugaredd gan derfysgwyr. Rhaid eu bod yn meddwl ein bod ni'n ffyliaid. Mae'n bryd i ni roi terfyn ar y ffars hwn. Bydd yr hawl i gadw'n ddistaw fondigrybwyll yn cael ei diddymu'.

Llys y Goron Snakesbrook, un o blith nifer o Lysoedd y Goron yng Nghymru a Lloegr.

Eitem B Pobl dan amheuaeth a'r hawl i gadw'n ddistaw

Comisiynodd Gomisiwn Brenhinol Runciman ar Gyfiawnder Troseddol nifer o astudiaethau ymchwil yn edrych ar y ffordd y gweithredai'r gyfundrefn cyfiawnder troseddol yn ymarferol. Cynhaliwyd un o'r rhain gan Jacqueline Hodgson a Michael McConville yn 1993. Edrychwyd ar y berthynas rhwng cyngor cyfreithiol yng ngorsaf yr heddlu a defnydd y person dan amheuaeth o'r hawl i gadw'n ddistaw yn ystod cyfweliad gan yr heddlu. Dros gyfnod o wyth mis, gwrandawodd yr ymchwilwyr ar gynrychiolwyr cyfreithiol yn cynghori pobl dan amheuaeth, gan eu dilyn i mewn i gyfweliadau'r heddlu mewn 180 o achosion. Roedd llawer o'r cynghorwyr cyfreithiol yn glercod, ysgrifenyddion ac yn gyn-swyddogion yr heddlu. Nid oedd y mwyafrif ohonynt wedi derbyn unrhyw addysg gyfreithiol ffurfiol ac nid oeddent wedi derbyn hyfforddiant yn y gwaith na chael profiad ohono. Parhaodd fwy na 50% o ymgynghoriadau preifat am ddeng munud neu lai. Yn achos 70% o'r cyfweliadau, felly, roedd gan y cynghorydd wybodaeth arwynebol am yr achos yn unig ar ddechrau'r cyfweliad. Daeth Hodgson a McConville i'r casgliad bod y cyngor cyfreithiol a dderbyniwyd yng ngorsaf yr heddlu o 'safon wael'. Yn ystod yr ymchwil dim ond 43 o bobl dan amheuaeth a wrthododd ateb rhai cwestiynau a dim ond pedwar a wrthododd ateb unrhyw gwestiynau o gwbl. Y cwestiynau na atebwyd amlaf oedd y rhai oedd yn ymwneud â rhan pobl eraill yn y drosedd. Mewn bron chwarter o'r achosion lle arferwyd yr hawl i gadw'n ddistaw, rhoddodd y bobl dystiolaeth bwysig a oedd yn ddefnyddiol i'r achos heddlu (h.y. atebwyd rhai cwestiynau ganddynt ond nid eraill).

Eitem C *Astudiaeth achos: Bryn*

Mae PC Jones yn arestio Bryn, 15 oed, am ymosod ar hen wraig a dwyn ei bag. Roedd PC Jones wedi clywed ei ringyll yn dweud, 'Dwi'n siŵr bod y llipryn Bryn 'na y tu ôl i hyn, mae o wedi gwneud y math yma o beth o'r blaen'. Mae Bryn yn mynnu ei fod yn ddieuog. Mae Bryn yn cael ei hebrwng i orsaf yr heddlu ac yn cael ffonio ei fam, yna'n cael ei roi mewn cell. Mae ei fam yn dweud, 'Gobeithio y byddan nhw'n dy gosbi di, Bryn, mae'n hen bryd i ti ddysgu gwers'. Dydy hi ddim yn dod i orsaf yr heddlu. Nid yw Bryn yn gweld neb am ddeg awr, ac yna mae PC Jones a'r rhingyll yn ei gyfweld. Mae Bryn yn cwyno mai dim ond cwpanaid o de a hen frechdan gaws y mae wedi ei gael ei fwyta ac yfed ers cyrraedd. Nid yw'n ateb llawer o'u cwestiynau, ond mae'n parhau i fynnu ei fod yn ddieuog. Mae'n aros yn y ddalfa am awr arall ar ôl y cyfweliad. Yna fe'i cyhuddir o wahanol droseddau ac mae'n cael ei ryddhau ar fechnïaeth. Ni ddywedir wrtho ar unrhyw adeg y gallai dderbyn cyngor cyfreithiol. Pan ddaw ei achos gerbron y llys, mae Bryn yn synnu i weld bod gan yr heddlu gyffes ysgrifenedig ganddo. Mae'n honni bod y gyffes hon wedi'i ffugio.

Cwestiynau

(a) Gan ddefnyddio Eitem A, atebwch y cwestiynau canlynol.
   i)   Pam fod rhai pobl yn ystyried bod yr hawl i gadw'n ddistaw yn 'gi gwarchod' pwysig sy'n cadw pobl ddieuog rhag cael eu cyhuddo ar gam? (5)
   ii)   Yn fyr, esboniwch sut newidiodd Deddf Cyfiawnder Troseddol a Threfn Gyhoeddus 1994 y gyfraith mewn perthynas â'r hawl i gadw'n ddistaw. (6)
   iii) Pam y gellid dadlau bod angen y newid hwn yn y gyfraith? (6)

(b) Gan ddefnyddio Eitem B, cwblhewch y tasgau canlynol.
   i)   Esboniwch a yw'r canlyniadau ymchwil hyn yn cefnogi safbwyntiau Hurd a Howard yn Eitem A. (6)
   ii)   Pam sefydlwyd Comisiwn Runciman? (2)
   iii) Pa gamau a gymerwyd ers i Hodgson a McConville gyflawni eu hymchwil i wella safon y cyngor cyfreithiol a roddir i'r sawl a arestir? (4)

(c) Gan ddefnyddio Eitem C, cwblhewch y tasgau canlynol.
   i)   Rhowch gyngor i Bryn ynghylch cyfreithlondeb ei arestiad. (6)
   ii)   Sut dorrwyd y gyfraith mewn perthynas â hyd ei gyfnod yn y ddalfa? Esboniwch yn fyr y gweithdrefnau y dylid bod wedi eu dilyn. (10)
   iii) Pa elfennau eraill o PACE a'r Codau Ymarfer perthnasol a anwybyddwyd gan yr heddlu? (8)
   iv)   Mae mam Bryn wedi tawelu ac yn gweld bod Bryn wedi cael ei drin yn llym ac yn annheg. Pa gyngor fyddech chi'n ei roi i'r teulu mewn perthynas â'r driniaeth a dderbyniodd Bryn? (6)
   v)   Awgrymwch sut y gallai cyfreithiwr yn achos llys Bryn geisio sicrhau nad yw'r 'gyffes' yn cael ei defnyddio yn erbyn Bryn. (8)

13.1 Cyflwyniad

Wedi i berson gael ei gyhuddo o drosedd gan yr heddlu, cynhelir achos naill ai yn y Llys Ynadon neu Lys y Goron. Mae'r uned hon yn edrych yn fanwl ar rôl y llysoedd hyn.

Mae tua 95% o gyhuddiadau o drosedd yn cael eu dwyn gerbron y Llys Ynadon. Mae'r Ynadon yn penderfynu a yw diffynnydd yn euog neu'n ddieuog a'r ddedfryd briodol. Weithiau fe'u gelwir yn 'Ynadon Heddwch' ac fel rheol maent yn farnwyr digyflog, rhan amser sy'n byw yn y gymuned a wasanaethir gan y llys. Er eu bod yn derbyn hyfforddiant, nid ydynt yn gyfreithwyr cymwys. Mewn rhai llysoedd, mae cyfreithwyr proffesiynol a elwir yn Farnwyr Dosbarth hefyd yn gwneud gwaith ynad (mae'r ffaith mai dyma'r enw a roddir hefyd i rai o farnwyr y Llys Sirol yn gallu peri dryswch). Fel rheol, mae Ynadon yn cael cymorth dau arall ar y fainc, gan dderbyn cyngor ar faterion y gyfraith gan gynghorydd cyfreithiol, a elwir hefyd yn glerc. Mae Cadeirydd mainc yn gyfrifol am arwain yr achos, ac yn cael cymorth dau ynad arall, a elwir yn 'asgellwyr'. Mae Barnwyr Dosbarth yn gweithredu ar eu pennau eu hunain, er eu bod yn cael cymorth clerc. Fel rheol, mae cyfreithwyr yn cynrychioli'r diffynnydd mewn Llys Ynadon. Mae cyfreithiwr o Wasanaeth Erlyn y Goron yn cynrychioli'r erlyniad (am drafodaeth bellach o rôl yr ynadon, gweler Uned 22, ac Uned 19).

Mae achosion troseddol mwy difrifol yn cael eu dwyn gerbron Llys y Goron, lle ceir barnwr a rheithgor. Mae'r barnwr, sef cyfreithiwr proffesiynol profiadol a galluog, yn dyfarnu ar faterion cyfreithiol ac yn gyfrifol am sicrhau bod yr achos yn digwydd o fewn y gyfraith ac yn gweinyddu cyfiawnder. Y barnwr hefyd sy'n pennu'r ddedfryd, os bydd y rheithgor yn penderfynu bod y diffynnydd yn euog. Mae'r rheithgor yn cynnwys 12 aelod o'r cyhoedd a ddewiswyd ar hap (gweler Uned 21). Yn Llys y Goron, mae'r eiriolwyr fel rheol yn fargyfreithwyr yn hytrach na chyfreithwyr. Mae Llys y Goron yn amgylchedd llawer mwy ffurfiol a brawychus na'r Llys Ynadon. Mae'r gweithdrefnau'n fwy ffurfiol a chymhleth. Ar y cyfan, bydd achosion yn para'n hirach ac mae'r achos yn ddrutach.

Mae cyhoeddi Adroddiad Auld yn 2001 a Phapur Gwyn y llywodraeth yn 2002 yn awgrymu bod y llywodraeth yn bwriadu gwneud newidiadau sylweddol i'r gyfundrefn cyfiawnder troseddol - gweler Blwch 13.1.

13.2 Mechnïaeth

Mechnïaeth

Wedi iddynt gael eu cyhuddo, rhaid i ddiffynyddion aros am wythnosau cyn mynd gerbron llys. Hyd yn oed pan ddaw'r diwrnod, mae posibilrwydd y bydd yr achos yn

---

Blwch 13.1 *Adroddiad Auld a Phapur Gwyn 2002*

Mae dadl ynghylch barn y boblogaeth gyffredinol o'r llysoedd a'r berthynas rhwng y farn hon a lefel wirioneddol troseddu. Mae'r mwyafrif o bobl yn llawer mwy ymwybodol o waith y llysoedd trosedd na'r llysoedd sifil. Mae'r wasg yn adrodd am droseddau difrifol yn aml. O ganlyniad, mae gan lawer o bobl farn ynghylch pwy sy'n euog a phwy sy'n ddieuog, a beth ddylai'r ddedfryd fod. Oherwydd diddordeb mawr y cyhoedd, mae'n bwysig nid yn unig bod y llysoedd trosedd yn gwneud eu gwaith yn dda ond hefyd bod hynny'n cael ei weld yn amlwg gan bawb. Hynny yw, mae angen i'r llysoedd gyfleu'r negeseuon cywir er mwyn i'r cyhoedd hyderu eu bod yn cyflawni'u gwaith. Ar yr un pryd, mae'r llysoedd yn ceisio cyfleu neges glir i droseddwyr y dyfodol - i rwystro ymddygiad troseddol. Bu problemau gyda'r naill a'r llall. Beth bynnag fo realiti'r sefyllfa, mae'r mwyafrif o bobl yn parhau i gredu bod y llysoedd trosedd yn rhy garedig i droseddwyr, a bod pobl y'u cafwyd yn euog o gyflawni troseddau difrifol yn treulio fawr ddim o amser yn y carchar. O safbwynt atal troseddau pellach, cyhoeddodd y llywodraeth Bapur Gwyn ym mis Gorffennaf 2002 a dynnodd sylw at y ffaith bod y mwyafrif o droseddau yn cael eu cyflawni gan nifer cymharol fach o droseddwyr parhaus ac nad oedd y negeseuon a roddwyd iddynt gan y llysoedd o gymorth. Tynnodd y llywodraeth sylw at nifer o broblemau:

> 'Ychydig iawn o droseddwyr sy'n cael eu dedfrydu; mae gormod o ddiffynyddion yn troseddu ar fechnïaeth; mae'n rhy araf i'w dwyn gerbron y llys; mae gormod o bobl euog sydd heb eu dedfrydu; mae gormod heb gael y ddedfryd sydd ei hangen arnynt ac ar gymdeithas.' (Papur Gwyn *Justice for All*, Gorffennaf 2002).

Mae'r llywodraeth wedi mynegi ei hymrwymiad i wneud diwygiadau pwysig i'r gyfundrefn cyfiawnder troseddol. Ymhlith ei nodau mae 'lleihau troseddu a'r ofn o droseddu a'u costau cymdeithasol ac economaidd' a 'gweinyddu cyfiawnder yn deg ac yn effeithiol i hyrwyddo hyder yn y gyfraith'.

Mae'n debygol y gwneir newidiadau sylweddol i'r fframwaith cyfreithiol y mae'r gyfundrefn cyfiawnder troseddol yn rhan ohoni. Mae'r Papur Gwyn yn dilyn yr Adolygiad o Lysoedd Trosedd eang gan Arglwydd Auld, a elwir yn Adroddiad Auld, a gyhoeddwyd yn 2001. Cydnabu Arglwydd Auld awydd y llywodraeth i ddiwygio. Ar yr un pryd, rhybuddiodd

> 'Ni ddylem fyth ddisgwyl gormod gan y gyfundrefn cyfiawnder troseddol, yn enwedig y llysoedd, fel cyfrwng i wella diffygion cymdeithas.'

Rhoddir mwy o fanylion am Adroddiad Auld a'r Papur Gwyn isod.

cael ei ohirio am ryw reswm. Yn ystod y cyfnod cyn yr achos, rhaid i'r llys benderfynu a ddylai'r diffynnydd gael mechnïaeth neu gael ei gadw yn y ddalfa. Mae Deddf Mechnïaeth 1976 yn dangos beth yw'r gyfraith o ran hawliau'r llys i ganiatáu mechnïaeth.

Mae'r heddlu hefyd yn gwneud penderfyniadau ynghylch mechnïaeth pan fydd y person dan amheuaeth wedi cael ei arestio a'i hebrwng i orsaf heddlu - gweler Uned 12, Adran 12.4.

Y rhagdybiaeth statudol o blaid mechnïaeth ac eithriadau iddi

Creodd Deddf Mechnïaeth 1976 ragdybiaeth statudol o blaid mechnïaeth. Mae hyn yn golygu bod rhaid i'r llys ganiatáu mechnïaeth oni bai ei bod yn amlwg bod un o'r eithriadau a nodir yn y Ddeddf yn berthnasol. Yn hanfodol, rhaid bod gan y llys reswm da dros beidio â chaniatáu rhyddid i ddiffynnydd cyn achos llys. Mae nifer o resymau dros hyn. Yn gyntaf mae rhoi diffynnydd dan glo yn golygu bod person nad yw eto wedi cael ei brofi'n euog yn cael ei garcharu. Mewn nifer o achosion, hyd yn oed os ceir rhywun yn euog, mae'n bosibl na chânt eu carcharu. Yn ail, mae cael ei gadw yn y ddalfa yn cael effaith enbyd ar fywyd y sawl a gyhuddwyd. Gall olygu y bydd yn colli ei swydd. Yn sicr, ni fydd yn cael cysylltu â'i deulu a'i ffrindiau yn y ffordd arferol. Rhwng 1990 a 1994, roedd rhwng 20% a 25% o garcharorion yn garcharorion ar remand ond roeddent yn gyfrifol am fwy na 50% o'r hunanladdiadau a gyflawnwyd yn y carchar. Yn olaf, mae'r broblem ymarferol o garchardai sy'n orlawn.

Fodd bynnag, bu pryder bod gormod o ddiffynyddion yn troseddu tra bônt ar fechnïaeth. Er enghraifft, roedd astudiaeth a gynhaliwyd ym Mryste yn dangos bod mwy na thraean o'r rhai a gyhuddwyd o fwrglera ar fechnïaeth am drosedd arall pan gawsant eu harestio.

Amlinellir y rhesymau dros remandio rhywun yn y ddalfa ym Mlwch 13.2.

Diwygiadau i'r Ddeddf Mechnïaeth

Er mwyn ymateb i bryder y cyhoedd ynglŷn â'r ffaith bod troseddwyr peryglus yn cael mechnïaeth ac yna'n troseddu eto, gwnaed nifer o ddiwygiadau i Ddeddf Mechnïaeth 1976 yn y 1980au a'r 1990au er mwyn ei gwneud yn anoddach i'r llysoedd ganiatáu mechnïaeth mewn achosion penodol.

Dan adran 153 o Ddeddf Cyfiawnder Troseddol 1988, rhaid i lys roi rhesymau dros ganiatáu mechnïaeth mewn perthynas â'r sawl a gyhuddir o lofruddiaeth, dynladdiad neu drais. Dan adran 26 o Ddeddf Cyfiawnder Troseddol a Threfn Gyhoeddus 1994, cafwyd gwared ar y rhagdybiaeth statudol o blaid mechnïaeth mewn perthynas ag unrhyw berson a gyhuddwyd o drosedd sy'n haeddu

---

Blwch 13.2 *Rhesymau dros remandio diffynnydd - eithriadau statudol*

Dan Ddeddf Mechnïaeth 1976, os yw'r drosedd sy'n destun y cyhuddiad yn un y gellir ei chosbi drwy garcharu, gall y llys wrthod mechnïaeth os yw'n credu bod un o'r amodau canlynol yn berthnasol:

- ni fydd y diffynnydd yn ymddangos gerbron y llys
- câi trosedd arall ei chyflawni tra bod y diffynnydd ar fechnïaeth
- byddai rhwystr ar lwybr cyfiawnder
- mae angen cadw diffynnydd yn y ddalfa er ei ddiogelwch ei hun (neu, yn achos person ifanc, er ei les ei hun)
- mae angen mwy o amser i gasglu gwybodaeth am y diffynnydd
- methodd y diffynnydd ag ymddangos gerbron y llys ar ôl cael ei ryddhau ar fechnïaeth mewn achos blaenorol.

Beth ddylai'r llys ei ystyried?

Wrth benderfynu a yw'r diffynnydd yn debygol o ddianc, troseddu eto, neu atal cyfiawnder tra bo ar fechnïaeth, dylai'r llys ystyried:

- natur a difrifoldeb y drosedd
- cymeriad, ymddygiad blaenorol a theulu a chlymau cymunedol y diffynnydd
- ymddygiad y diffynnydd pan fu ar fechnïaeth yn y gorffennol
- cryfder tystiolaeth yr erlyniad.

---

sylw Llys y Goron, a phan ddigwyddodd y drosedd tra oedd y diffynnydd eisoes ar fechnïaeth. Nid yw hyn yn golygu bod rhaid i'r llys wrthod mechnïaeth mewn achosion o'r fath, dim ond nad ydyw'n rhwym o ddilyn y rhagdybiaeth statudol. Dan adran 56 o Ddeddf Trosedd ac Anhrefn 1998 gellir caniatáu mechnïaeth i ddiffynnydd a gyhuddir o lofruddiaeth, ceisio llofruddio, dynladdiad, trais rhywiol neu geisio treisio'n rhywiol dim ond os yw'r llys yn credu bod amgylchiadau eithriadol yn bodoli.

Amodau mechnïaeth

Fel rheol, mae mechnïaeth yn ddibynnol ar gadw amodau penodol. Mae methu â chadw at yr amodau hyn yn golygu y bydd y diffynnydd yn cael ei gadw ar remand. Dyma rai amodau mechnïaeth:

- ymweld â gorsaf heddlu bob dydd neu bob wythnos
- bod â chyfeiriad penodol
- ildio pob pasport
- peidio ag ymweld â mannau penodol.

Ymrwymiadau personol a meichiau

Ystyr ymrwymiad personol yw pan fo'r llys yn gorchymyn bod rhaid i ddiffynnydd dalu swm penodol os bydd yn methu ag ildio i'r llys. Yn ogystal, gall y llys ofyn am feichiau. Ystyr meichiau yw person sy'n addo talu swm penodol os bydd y diffynnydd yn methu ag ymddangos yn y llys pan ofynnir iddo wneud hynny. Mae'r system yn wahanol i'r hyn a geir mewn nifer o wledydd gan nad oes rhaid i'r meichiau dalu arian ymlaen llaw.

Mae'n drosedd i gytuno i ad-dalu meichiau (h.y. byddai diffynnydd yn troseddu pe bai'n cytuno i ad-dalu'r arian i berson pe cytunai'r person hwnnw i fod yn feichiau). Nid yw meichiau, o reidrwydd, yn gorfod talu'r arian os bydd diffynnydd yn methu ag ildio i'r llys, gan ei fod yn bosibl

Gweithgaredd 13.1

(a) Meddyliwch am ddadleuon o blaid ac yn erbyn caniatáu mechnïaeth i bob un o'r diffynyddion canlynol. (6 marc yr un)

Sulinder

Mae Sulinder, 30 oed, yn gyfrifydd. Mae ganddi ŵr, tri o blant a chartref cysurus. Honnir bod Sulinder wedi twyllo un o'i chleientiaid, gan gymryd miloedd o bunnau oddi arno.

Mae Owen, 35 oed, wedi cael ei gollfarnu o siopladrad droeon yn ystod y pum mlynedd diwethaf. Ar hyn o bryd, mae wedi'i gyhuddo o ddwyn pâr o jîns gwerth £30 o siop. Mae Owen yn byw mewn sgwat gyda'i gariad. Mae'n ddi-waith.

Owen

Mae Rhian, 22 oed, wedi cael ei chyhuddo o wthio heroin. Cafodd ei dal gyda maint sylweddol o heroin yng nghefn ei char. Mae'n byw gyda'i rhieni. Mae Rhian wedi gweithio fel ysgrifenyddes i'r un cyflogwr ers gadael yr ysgol yn 16 oed.

Rhian

(b) Gan dybio bod yr ynadon o'r farn y dylid caniatáu mechnïaeth, awgrymwch amodau mechnïaeth priodol ar gyfer pob diffynnydd.

cynnal gwrandawiad i benderfynu a oedd y meichiau ar fai mewn gwirionedd.

13.3 Dull yr achos

Gelwir dewis math priodol o lys ar gyfer achos yn 'pennu dull yr achos'. Gwrandewir ar gyhuddiadau sy'n ymwneud ag oedolion naill ai yn y Llys Ynadon neu yn Llys y Goron. Daw'r mwyafrif o achosion sy'n ymwneud â throseddwyr dan 18 oed gerbron Llysoedd Ieuenctid.

Troseddau ynadol

Ystyr troseddau ynadol yw troseddau llai difrifol y gellir eu dwyn gerbron Llysoedd Ynadon yn unig. Weithiau gelwir achos gerbron ynad yn 'achos diannod'. Mae'r mwyafrif o droseddau ynadol yn droseddau moduro, ond mae mân-ymosodiadau a difrod troseddol hyd at £5,000 hefyd yn droseddau ynadol. Mae gan ynadon bwerau cyfyng o ran dedfrydu. Ni all ynad roi dedfryd o fwy na chwe mis (yn y Papur Gwyn, *Justice for All*, cynigiwyd y dylid newid hyn i 12 mis). Y ddirwy fwyaf a godir yw £5,000. Yn ogystal, mae gan ynadon y pŵer i osod dedfrydau eraill, gan gynnwys un o nifer o ddedfrydau cymunedol (gweler Uned 15 ar gyfer mathau o ddedfryd).

Troseddau ditiol

Ystyr troseddau ditiol yw'r achosion hynny sy'n dod gerbron barnwr a rheithgor yn Llys y Goron. Ditiad yw'r ddogfen ffurfiol sy'n nodi'r cyhuddiad neu gyhuddiadau yn erbyn y diffynnydd. Mae troseddau ditiol yn cynnwys llofruddiaeth, trais rhywiol ac ymosodiadau difrifol. I ddechrau, mae'r achosion hyn yn cael eu dwyn gerbron y Llys Ynadon er mwyn gallu eu trosglwyddo i Lys y Goron.

Troseddau 'neillffordd'

Troseddau neillffordd yw'r rhai y gellir eu dwyn gerbron y Llys Ynadon, ond lle mae gan y diffynnydd yr hawl i ddewis cael achos gerbron rheithgor yn Llys y Goron. Maent yn cynnwys lladrata, bwrglera ac ymosod gan achosi gwir niwed corfforol. Mae nifer o gamau i brosesu troseddau neillffordd. Y cam cyntaf yw gofyn a yw'r diffynnydd yn pledio'n euog neu'n ddieuog. Os bydd y diffynnydd yn pledio'n ddieuog, daw'r achos gerbron y Llys Ynadon yn awtomatig, er bod gan y llys y grym i'w yrru gerbron Llys y Goron pan deimlir na fydd hawliau dedfrydu cyfyngedig yr ynadon yn ddigonol.

Os bydd y diffynnydd yn pledio'n ddieuog, rhaid i'r ynadon benderfynu a yw'n briodol i drosglwyddo'r achos i Lys y Goron ai peidio. Gwneir hyn yn y **gwrandawiad i bennu dull yr achos**. Rhaid i'r llys ystyried y ffactorau canlynol:

● natur yr achos
● a yw'r amgylchiadau'n peri bod y drosedd yn un

arbennig o ddifrifol

- a oes gan yr ynadon hawliau digonol i gosbi'r diffynnydd
- sylwadau a wnaed am ddull yr achos gan yr amddiffyniad a'r erlyniad.

Os bydd y llys yn penderfynu bod achos diannod yn briodol, rhaid gofyn i ddiffynyddion a ydynt yn cytuno â hyn. Os ydynt, gellir cynnal achos diannod. Ar y llaw arall, os bydd diffynnydd yn dymuno defnyddio'i hawl i gael ei brofi gan reithgor, bydd yr ynadon yn symud ymlaen i gam a elwir yn 'draddodi' - rhagarweiniad i achos gerbron Llys y Goron.

Dangosir y broses cyn achos ar ffurf diagram ym Mlwch 13.3.

13.4 Cynigion ar gyfer diwygio mewn perthynas â dull yr achos

1. Mesur Dull yr Achos

Yn 1999, cyflwynodd y llywodraeth **Fesur Cyfiawnder Troseddol (Dull yr Achos)** i Dŷ'r Arglwyddi. Dyma'r gyntaf o ddwy ymgais ddeddfwriaethol aflwyddiannus i gael gwared ar allu'r diffynnydd i ddewis achos gan reithgor mewn achosion neillffordd. Amcangyfrifwyd y byddai hyn yn golygu 12,000 yn llai o achosion Llys y Goron, gan olygu arbedion blynyddol o £105 miliwn. Cynigiwyd y dylai'r llysoedd, ac nid y diffynnydd, benderfynu a ddylai'r diffynnydd wynebu achos gan farnwr a rheithgor, neu gan ynadon. Cafwyd gwrthwynebiad hallt i'r Mesur gan y mwyafrif o weithwyr proffesiynol y gyfraith ym maes trosedd, sefydliadau hawliau sifil a grwpiau lleiafrif ethnig. Methodd ddwy fersiwn y Mesur yn y Senedd ar sail y farn bod hawl hirsefydledig a sylfaenol gan ddinesydd i gael prawf gan reithgor, a bod yr hawl honno i'w gweld dan fygythiad.

2. Adroddiad Auld a Phapur Gwyn 2002

Teimlai Arglwydd Auld fod y gwahaniaethau sylweddol o ran arferion, gweithdrefnau, rheolaeth ac ariannu Llys y Goron a'r Llys Ynadon yn arwain at aneffeithiolrwydd. Cynigiai y dylid disodli'r ddwy gyfundrefn a rhoi llys trosedd unedig gyda thair adran yn eu lle:

1. Byddai Adran y Goron yn debyg i Lys y Goron presennol, ond byddai'n delio gydag achosion ditiol yn unig.

2. Byddai gan yr Adran Ddosbarth farnwr Llys y Goron neu farnwr Dosbarth yn eistedd gyda dau ynad er mwyn gwrando ar achosion neillffordd mwy difrifol. Byddai hwn yn fath o lys newydd sbon.

3. Byddai'r Adran Ynadon yn gweithredu fel y mae'r Llysoedd Ynadon yn ei wneud ar hyn o bryd, ond

Blwch 13.3 Y broses cyn achos

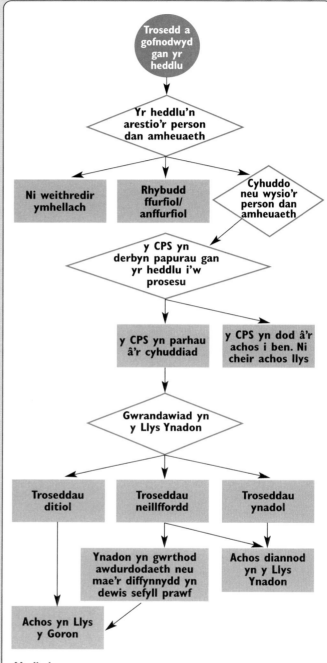

Nodiadau

1. Er bod Gwasanaeth Erlyn y Goron (y CPS) yn delio â'r mwyafrif o erlyniadau, mae'r heddlu'n parhau i erlyn troseddau penodol, tra bod rhai yn cael eu herlyn gan sefydliadau preifat neu asiantaethau'r llywodraeth megis Cyllid y Wlad.

2. Adolygir achos yn gyson, a gellir ei ddwyn i ben ar unrhyw adeg cyn y gwrandawiad yn y Llys Ynadon, neu o bosibl, ni fydd yr erlyniad yn cyflwyno tystiolaeth. Yn ychwanegol, gellir newid y cyhuddiad hyd at benderfyniad terfynol y llys.

3. Gall Ynadon yrru'r achos i Lys y Goron i'w ddedfrydu.

Mae'r diagram hwn yn dangos y gwahanol gamau sy'n digwydd wedi i'r heddlu gofnodi trosedd.

yn gwrando ar achosion ynadol yn unig.

Mabwysiadodd Papur Gwyn 2002, *Justice for All*, gynnig Auld i integreiddio'r ddau lys trosedd. Yn ogystal, cynigiodd ganiatáu i Farnwyr Llys y Goron gynnal achosion yn y Llysoedd Ynadon.

Yn ychwanegol at hyn, argymhellodd Auld y dylid diddymu hawl y diffynnydd i ddewis achos drwy reithgor, ac mai'r ynadon yn unig ddylai benderfynu ar ddull yr achos. Deallai y byddai rhai diffynyddion, megis diffynyddion croenddu ac Asiaidd, yn teimlo eu bod yn fwy tebygol o dderbyn achos teg gan reithgor nag ynadon a oedd bellach 'wedi'u caledu gan achosion', hynny yw, yn araf i gydymdeimlo â diffynyddion oherwydd eu profiad o wrando ar achosion blaenorol. Ond aeth ymlaen i ddweud mai'r ffordd o ddatrys y broblem hon oedd drwy ddelio â 'diffygion yng nghyfiawnder ynadon drwy'r broses o'u dewis, eu hyfforddiant a'r dulliau gweithredu yn y llys', yn hytrach na gadael i ddiffynyddion eu hepgor er mwyn dewis Llys y Goron.

13.5 Achosion traddodi a throsglwyddo

Mae pob achos yn ymddangos gerbron yr ynadon yn gyntaf. Gall hyn fod yn fater o ffurfioldeb, fel cam cyntaf tuag at achos yn Llys y Goron, neu gall fod yn ddechrau achos yn y Llys Ynadon (gweler Blwch 13.4). Mewn rhai achosion neillffordd, mae gan ynadon rôl o ran adolygu cryfder yr achos dros erlyn ac, os bydd yn annigonol, dileu'r angen am achos yn Llys y Goron. Gelwir yr adolygiad cyntaf hwn yn 'draddodi'.

Blwch 13.4 *Crynodeb o awdurdodaeth y Llys Ynadon*

1. Profi achosion ynadol.

2. Profi troseddau neillffordd (oni bai bod y diffynnydd wedi dewis achos yn Llys y Goron).

3. Penderfynu a oes digon o dystiolaeth ar gyfer achos yn Llys y Goron mewn achosion traddodi (troseddau neillffordd yn unig).

4. Cynnal gwrandawiad cyntaf ar gyfer troseddau ditiol.

5. Llofnodi gwarantau i arestio (gweler Uned 12, Adran 12.3).

6. Penderfynu a ddylid caniatáu mechnïaeth i ddiffynyddion.

7. Dwyn achosion gerbron y Llys Ieuenctid (lle nad yw'r diffynyddion yn ieuengach na deng mlydd oed nac yn hynach na 17).

Traddodi cyn 1998

Yn wreiddiol, roedd achosion traddodi yn fath o brawf ar raddfa lai a gynhaliwyd gan yr ynadon cyn pob achos yn Llys y Goron (boed hyn mewn perthynas â throseddau neillffordd neu dditiol) i weld a oedd digon o dystiolaeth i gyfiawnhau cynnal achos. Galwyd tystion i roi tystiolaeth ac roedd yr amddiffyniad a'r erlyniad ill dau yn mynegi eu dadleuon. Roedd gan y llys yr hawl i wrthod cyhuddiadau os teimlwyd nad oedd achos yr erlyniad yn ddigon cryf. Beirniadwyd yr angen am y gwrandawiadau hyn ar sail y ffaith bod y llysoedd yn gorfod treulio gormod o'u hamser yn eu trafod, ac nad oedd yn beth hawdd i dystion fynychu llys am yr ail waith os byddai'r achos yn cyrraedd achos llawn.

Wedi pasio Deddf Cyfiawnder Troseddol 1967, cynhaliwyd y mwyafrif, ond nid y cyfan, o achosion traddodi ar sail datganiadau ysgrifenedig gan dystion yn hytrach na thystiolaeth lafar. Er hyn, cynyddodd y pwysau i hwyluso achosion traddodi ymhellach, yn bennaf er mwyn sicrhau llai o oedi. Gwnaed diwygiadau pellach drwy statud yn 1998.

Heb os, roedd y cyflwyniad llafar, yr 'hen ddull' o drosglwyddo achos o'r Llys Ynadon i Lys y Goron yn cymryd amser ac yn ddrud. Yn ôl astudiaeth a wnaed gan y Swyddfa Gartref yn 1987, roedd yr achosion traddodi ar yr hen ddull yn cymryd mwy nag awr, ar gyfartaledd. Mae traddodi wedi'u seilio ar bapur yn cymryd chwe munud ar gyfartaledd. Ar y llaw arall, os bydd ynadon yn gadael i ormod o achosion tila fynd drwy'r rhwyd, bydd diffynyddion yn gorfod dioddef y straen o aros am gyfnod hir cyn cyrraedd Llys y Goron ac ni fydd y gyfundrefn draddodi yn gwneud yr hyn y dylai ei wneud.

Traddodi heddiw

Dan adran 51 o Ddeddf Trosedd ac Anhrefn 1998, trosglwyddir achosion ditiol bellach yn uniongyrchol i Lys y Goron yn dilyn achosion trosglwyddo byr yn y Llys Ynadon, lle mae'r ynadon yn gwneud dim mwy nag ystyried a ddylid caniatáu mechnïaeth a delio â materion syml eraill. Ni edrychir ymlaen llaw ar y dystiolaeth, fel y gwneir mewn achosion traddodi. Erbyn hyn, cynhelir achosion traddodi iawn mewn perthynas â throseddau neillffordd yn unig. Fodd bynnag, pan gyhuddir rhywun o drosedd dditiol, gallant wneud cais i farnwr Llys y Goron yn gofyn bod y cyhuddiad yn cael ei ddileu. Mae gan y barnwr yr hawl i ddileu achos os bydd yn ymddangos nad oes digon o dystiolaeth i gollfarnu'r sawl dan gyhuddiad.

Yr unig adeg y gall achosion traddodi barhau i fynd yn eu blaen yw pan fydd yr ynadon wedi penderfynu trosglwyddo achos neillffordd i Lys y Goron neu mae'r diffynnydd wedi dewis gwrandawiad yn Llys y Goron.

Nodir ffurf yr achosion hyn yn adran 47 o Ddeddf Gweithdrefn Droseddol ac Ymchwiliadau 1996. Gall yr amddiffyniad herio drwy ofyn a oes digon o dystiolaeth i warantu bod rheithgor yn gwrando ar yr achos. Pan geir her o'r fath, darllenir achos yr erlyniad ar ffurf ysgrifenedig yn y llys. Yna, gall y ddwy ochr roi eu sylwadau ynghylch a ddylid gyrru'r achos i'w brofi gan reithgor. Os bydd yr amddiffyniad yn dewis peidio â herio tystiolaeth yr erlyniad yn y cam traddodi, cyn belled â bod gan y diffynnydd gynrychiolaeth gyfreithiol, nid yw'r ynadon yn darllen datganiadau'r erlyniad. Yn lle hynny, maent yn mynd ati i drosglwyddo'r achos yn ffurfiol i Lys y Goron.

13.6 Achosion yn y Llysoedd Ynadon

Y drefn pan fydd diffynnydd yn pledio'n euog

Nodir trefn y digwyddiadau mewn Llys Ynadon pan fo'r diffynnydd yn pledio'n euog neu'n ddieuog ym Mlwch 13.5 ar dudalen 95.

Llysoedd Ieuenctid

Profir diffynyddion rhwng deg ac 17 mlwydd oed gan ynadon sy'n ymgynnull mewn Llys Ieuenctid arbennig. Mae hyn yn digwydd yn achos troseddau ynadol a throseddau ditiol. Mewn perthynas â llofruddio, cyhuddiadau difrifol iawn eraill a rhai achosion lle cyhuddir

Gweithgaredd 13.2

Nid oes gan unrhyw wlad yn y byd lysoedd sy'n cynnwys ynadon lleyg fel rhai Cymru a Lloegr. Fel rheol, mae ynadon yn ffurfio paneli o dri ac yn gweinyddu'r mwyafrif llethol o gyfiawnder troseddol. Mae'r Llysoedd Ynadon yn delio â 95% o'r holl droseddau a erlynir. Mae ynadon lleyg – tua 30,400 ohonynt – yn delio â 91% o'r gwaith hynny. Mae'r 9% sy'n weddill yn cael eu trin gan nifer lai o Farnwyr Dosbarth (Llysoedd Ynadon). Roedd Adroddiad Auld o blaid ynadon yn gyffredinol ond sylwodd hefyd fod:

'Barnwyr Dosbarth, oherwydd eu gwybodaeth gyfreithiol a'u profiad, ac oherwydd eu bod yn eistedd yn llawn amser ac ar eu pennau eu hunain, lawer yn gyflymach ac, mewn ffyrdd eraill, yn fwy effeithiol nag ynadon, sydd angen ymgynghori ac yn aml yn derbyn cyngor gan glerc y llys.'

Tu mewn i Lys Ynadon (gwaherddir tynnu ffotograffau pan fydd y llys yn cyfarfod).

Mae Barnwyr Dosbarth, meddai Arglwydd Auld, yn ymdrin ag achosion yn fwy cyflym heb amharu ar degwch barnwrol, na chwrteisi cyffredinol.

Argraff arlunydd o olygfa y tu mewn i Lys Ynadon Bow Street ym mis Ionawr 2003. Mae'r person dan amheuaeth, Samir Asli (yr ail o'r dde) yn ymddangos gerbron yr Ynad Timothy Workman. Cyhuddwyd Samir dan y Ddeddf Derfysgaeth.

Mae Adroddiad Auld yn teimlo bod gan yr ynadaeth nifer o gryfderau. Er nad yw ynadon yn gwbl gynrychioladol o'r cymunedau y maent yn dod ohonynt, maent yn creu 'effaith symbolaidd bwysig o gyfranogiad lleyg yn y system, na ddylid ei danbwysleisio'. Mae ynadon yn unigolion sy'n meddwl am les y cyhoedd, ac sydd i raddau yn hyfforddedig, gan arddel rhywfaint o wybodaeth am achosion a phrofiad ohonynt. Nid yw rheithwyr yn wirfoddolwyr. Os dewisir rhywun i wasanaethu ar reithgor, rhaid iddynt wneud hynny yn ôl y gyfraith. Efallai bod ynadon yn agored i gael eu caledu gan achosion mewn ffordd nad ydyw'n digwydd yn achos rheithwyr – ond, ar y llaw arall, maent yn eistedd am ddim ond rhwng 30 a 70 diwrnod y flwyddyn. Mae ganddynt glerc i roi cyngor iddynt am y gyfraith wrth ystyried eu dyfarniad, a rhaid iddynt esbonio eu penderfyniad. Nid yw rheithwyr, ar y llaw arall, yn derbyn hyfforddiant, maent yn gadael y llys i ystyried eu dyfarniad heb bresenoldeb cynghorydd cyfreithiol ac nid oes angen iddynt esbonio eu penderfyniadau.

(a) **Diffiniwch y termau canlynol:** (i) ynad lleyg (ii) Barnwyr Dosbarth (Llysoedd Ynadon). (6)

(b) **Pam fod Barnwyr Dosbarth (Llysoedd Ynadon) yn gallu delio ag achosion yn gyflymach nag ynadon lleyg?** (6)

(c) **Beth yw manteision ynadon o'u cymharu â rheithgor?** (10)

y diffynnydd ar y cyd ag oedolyn, gellir profi'r person ifanc yn Llys y Goron. Mae tri ynad yn gwrando ar achosion yn y Llys Ieuenctid. Rhaid i o leiaf un ohonynt fod yn ddyn ac un yn fenyw. Mae'r tri ohonynt yn cael hyfforddiant arbennig.

Cynlluniwyd Llysoedd Ieuenctid i fod yn llai brawychus a ffurfiol na llysoedd i oedolion. Ar y cyfan, nid yw aelodau'r cyhoedd yn cael gwylio'r achosion, a chyfyngir yn llym ar y wasg. Rhaid i rieni diffynyddion dan 16 oed fynychu'r llys bob amser, ac weithiau gofynnir i rieni rhai sy'n fwy nag 16 oed fynychu'r llys.

Mae gan Lys Ieuenctid hawliau dedfrydu gwahanol i rai

Llys Ynadon arferol. Mae uchafsymiau'r dirwyon yn wahanol (ar hyn o bryd £250 i blentyn dan 14 a £1,000 i blentyn dan 18). Dim ond troseddwyr dros 21 oed sy'n mynd i garchar arferol. Anfonir y rhai rhwng 18 a 21 oed sy'n cael eu dedfrydu i garchar i Sefydliad Troseddwyr Ifainc. Mae dedfrydu troseddwyr dan 18 oed i garchar yn golygu rhoi gorchymyn carcharu a hyffordi iddynt. Caiff rhai troseddwyr ifainc eu hanfon o Lys Ieuenctid at Baneli Troseddwyr Ifainc lleol lle bydd gwirfoddolwyr o'r gymuned yn cyfarfod â'r troseddwr a'i deulu i gytuno ar gynllun gweithredu i ymdrin â'r ymddygiad troseddol a'r rhesymau drosto (gweler Uned 15, Adran 15.8).

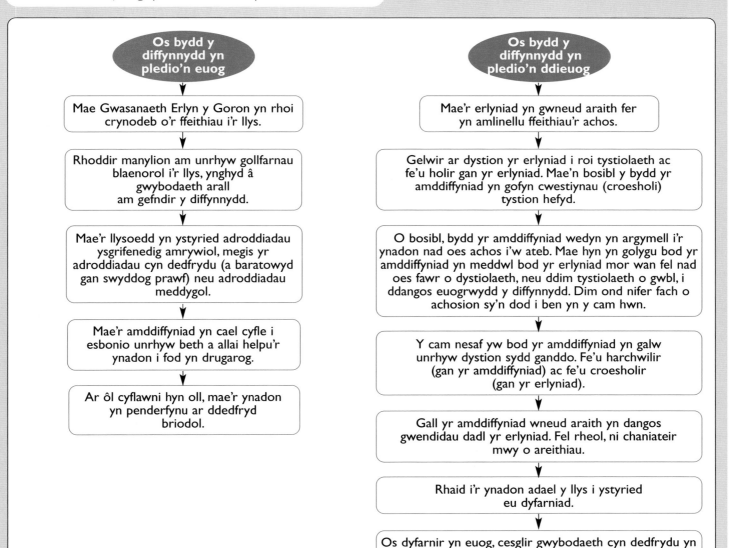

Blwch 13.5 *Trefn digwyddiadau mewn Llys Ynadon*

Os bydd y diffynnydd yn pledio'n euog

- Mae Gwasanaeth Erlyn y Goron yn rhoi crynodeb o'r ffeithiau i'r llys.
- Rhoddir manylion am unrhyw gollfarnau blaenorol i'r llys, ynghyd â gwybodaeth arall am gefndir y diffynnydd.
- Mae'r llysoedd yn ystyried adroddiadau ysgrifenedig amrywiol, megis yr adroddiadau cyn dedfrydu (a baratowyd gan swyddog prawf) neu adroddiadau meddygol.
- Mae'r amddiffyniad yn cael cyfle i esbonio unrhyw beth a allai helpu'r ynadon i fod yn drugarog.
- Ar ôl cyflawni hyn oll, mae'r ynadon yn penderfynu ar ddedfryd briodol.

Os bydd y diffynnydd yn pledio'n ddieuog

- Mae'r erlyniad yn gwneud araith fer yn amlinellu ffeithiau'r achos.
- Gelwir ar dystion yr erlyniad i roi tystiolaeth ac fe'u holir gan yr erlyniad. Mae'n bosibl y bydd yr amddiffyniad yn gofyn cwestiynau (croesholi) tystion hefyd.
- O bosibl, bydd yr amddiffyniad wedyn yn argymell i'r ynadon nad oes achos i'w ateb. Mae hyn yn golygu bod yr amddiffyniad yn meddwl bod yr erlyniad mor wan fel nad oes fawr o dystiolaeth, neu ddim tystiolaeth o gwbl, i ddangos euogrwydd y diffynnydd. Dim ond nifer fach o achosion sy'n dod i ben yn y cam hwn.
- Y cam nesaf yw bod yr amddiffyniad yn galw unrhyw dystion sydd ganddo. Fe'u harchwilir (gan yr amddiffyniad) ac fe'u croesholir (gan yr erlyniad).
- Gall yr amddiffyniad wneud araith yn dangos gwendidau dadl yr erlyniad. Fel rheol, ni chaniateir mwy o areithiau.
- Rhaid i'r ynadon adael y llys i ystyried eu dyfarniad.
- Os dyfarnir yn euog, cesglir gwybodaeth cyn dedfrydu yn yr un ffordd ag a wneir yn achos pledio'n euog.
- Os credir nad yw'r diffynnydd yn euog, wrth reswm, caniateir iddo adael.

Apeliadau o'r Llys Ynadon

Mae dwy ffordd o apelio o'r Llys Ynadon. Mae'r ffordd a ddilynir yn dibynnu ar a yw'r apêl yn ymwneud â phwynt cyfreithiol ('apêl yn ôl achos datganedig') neu a yw am resymau eraill. Nodir y ddwy ffordd isod ym Mlwch 13.6.

Adolygiad barnwrol

Gall yr erlyniad a'r amddiffyniad herio penderfyniad y Llys Ynadon neu Lys y Goron pan fydd yn gweithredu fel llys apeliadol, (h.y. pan fydd wedi gwrando ar apêl gan y Llys Ynadon) drwy apelio at yr Uchel Lys (Llys Adrannol Mainc y Frenhines) am adolygiad barnwrol. Mae hyn yn ymwneud â materion megis a wnaeth y llys weithredu y tu hwnt i'w awdurdod neu a oedd anghysondeb yn y broses benderfynu. Gellir gofyn am adolygiad barnwrol dim ond gyda chaniatâd yr Uchel Lys.

Tŷ'r Arglwyddi

Gellir gwneud apêl bellach i Dŷ'r Arglwyddi dan yr amgylchiadau cyfyng canlynol:

1. Mae'r Llys Adrannol yn ardystio bod y mater yn ymwneud â phwynt cyfreithiol sydd o bwys i'r cyhoedd yn gyffredinol

2. Mae'r Llys Adrannol neu Dŷ'r Arglwyddi yn rhoi caniatâd i apelio gan yr ystyrir bod y pwynt yn un y dylai Tŷ'r Arglwyddi ei ystyried.

Cynigion ar gyfer diwygio

Disgrifiodd Adroddiad Auld y gyfundrefn apelio bresennol a ddefnyddir gan y Llysoedd Ynadon yn 'ddryslyd iawn'. Teimlai Arglwydd Auld fod y nifer fawr o lwybrau apelio yn achosi nifer o reolau diangen am hyd a lled awdurdod pob llys apêl a'r gwahaniaeth rhyngddynt. Argymhellwyd y dylai un llwybr apêl fodoli rhwng y Llys Ynadon a Llys Apêl pob mater troseddol. Byddai hyn yn golygu:

- diddymu'r apêl o'r Llys Ynadon i Lys y Goron drwy ail wrandawiad ac, yn lle hyn, sefydlu apêl i Adran y Goron newydd am wrandawiad gan farnwr unigol yn hytrach na barnwr sy'n eistedd gydag ynadon (fel sy'n digwydd ar hyn o bryd)

- diddymu apeliadau o Lysoedd Ynadon i'r Uchel Lys yn ôl achos datganedig a sefydlu apêl i'r Llys Apêl yn eu lle.

Blwch 13.6 *Apeliadau yn y Llys Ynadon*

1. Apelio i Lys y Goron

Yr amddiffyniad yn unig a all ddefnyddio'r math hwn o apêl. Os plediwyd yn ddieuog yn yr achos gwreiddiol, gall y diffynnydd apelio yn erbyn (a) collfarn a/neu (b) dedfryd. Ar y llaw arall, os plediodd y diffynnydd yn euog, gall apelio dim ond yn erbyn y ddedfryd.

Mae Barnwr Llys y Goron, ynghyd â rhwng dau i bedwar ynad, yn gwrando ar apeliadau o'r math hwn. Os bydd yr apêl yn ymwneud â chollfarn, bydd rhaid cynnal achos arall. Gall Llys y Goron gynnal y gollfarn wreiddiol neu ei gwrthdroi. Pan fydd yr apêl yn ymwneud â dedfryd, gall y llys gynyddu neu leihau hyd y ddedfryd wreiddiol, ond ni ellir ei chynyddu i fwy na'r hyn y byddai'r Llys Ynadon wedi gallu ei ddedfrydu.

Dim ond nifer fach o apeliadau a wneir o'r Llys Ynadon i Lys y Goron. Yn 2000, 14,000 oedd y ffigur. Gall Llys y Goron wneud apêl ychwanegol i'r Llys Apêl. Ceir esboniad o hyn yn yr adran ar apeliadau o Lys y Goron yn Adran 13.7 isod.

2. Apêl i Lys Adrannol Mainc y Frenhines

Mae Barnwyr yr Uchel Lys yn eistedd yn Llys Adrannol Mainc y Frenhines i wrando ar apeliadau yn ôl achos datganedig. Mae'r apeliadau hyn yn wahanol iawn i rai Llys y Goron gan eu bod yn ymwneud â phwyntiau cyfreithiol. Mae gan yr erlyniad a'r amddiffyniad fel ei gilydd yr hawl i apelio, ond nid yw hyn yn digwydd yn aml.

Beth yw 'pwynt cyfreithiol'?

Mewn unrhyw achos troseddol rhaid ateb dau gwestiwn sylfaenol:

1. Pa fathau o ymddygiad a ddiffinnir fel ymddygiad anghyfreithlon?

2. A yw'r diffynnydd wedi ymddwyn mewn un o'r dulliau a ddiffinnir fel ymddygiad anghyfreithlon?

Rhaid deall cyfraith gwlad a'r ddeddfwriaeth sy'n diffinio'r drosedd er mwyn ateb y cwestiwn cyntaf. Mewn llawer o achosion, nid yw hyn yn anodd iawn. Mae'r gyfraith yn nodi categorïau ymddygiad (lladrata, ymosod, niwed troseddol ac yn y blaen) y dylid eu trin fel ymddygiad anghyfreithlon. Os, fel mater o ffaith, y gellir dangos bod ymddygiad y diffynnydd yn perthyn i un o'r categorïau hyn, ceir y diffynnydd yn euog.

Ar y llaw arall, mae'n bosibl y bydd lle i amau a oedd ymddygiad y diffynnydd yn anghyfreithlon mewn gwirionedd. Nid mater o ofyn, 'a wnaeth y diffynnydd wneud hyn?' ydyw, ond yn hytrach, gofynnir, 'a oedd yr ymddygiad hwn yn anghyfreithlon?'. Yn achos apêl yn ôl achos datganedig, gwneir yr apêl am fod un ochr neu'r llall yn teimlo bod yr ynadon wedi gwneud camgymeriad ynghylch y gyfraith.

Dadleuir ar sail y ffeithiau a ganfyddir gan yr ynadon. Dyma a olygir wrth 'yn ôl achos datganedig'. Mae'r Llys Ynadon yn rhoi manylion am y ffeithiau a'u penderfyniad. Mae'r Llys Adrannol yn penderfynu a ddylid cadarnhau neu wrthdroi penderfyniad y Llys Ynadon drwy edrych ar sut y dehonglwyd a chymhwyswyd y gyfraith yn hytrach na'r ffeithiau. Weithiau, ar ôl penderfynu ar ddehongliad gwahanol o'r gyfraith, maent yn gyrru'r achos yn ôl at yr ynadon er mwyn i'r is-lys ailedrych ar yr achos a chymhwyso'r gyfraith yn gywir.

Gweithgaredd 13.3

Esboniwch pa lys neu lysoedd sydd ar hyn o bryd yn gallu gwrando ar apêl gan yr ynadon yn yr achosion canlynol. (6 marc yr un)

Yn achos Sioned am siopladrad, mae ei chyfreithiwr yn argymell ei bod hi'n ystyried gwneud apêl, gan ei bod hi'n ymddangos bod tystion wedi cam-adnabod y troseddwr.

Sioned

Cafodd Gareth ei ryddfarnu o ladrad. Mae Erlyniad y Goron newydd ddarganfod bod Cadeirydd yr ynadon yn ewythr iddo.

Gareth

Mae'r cyfreithiwr sy'n cynrychioli Aled, a gollfarnwyd ar gyhuddiad o 'gael drwy ddichell' dan Ddeddf Lladrata, yn teimlo'n gryf bod y llys wedi camddehongli ystyr adran berthnasol y Ddeddf, gan olygu bod Aled wedi'i gollfarnu ar gam.

Aled

13.7 Achosion yn Llys y Goron

Fel yr esboniwyd uchod, mae Llys y Goron yn gwrando ar bob achos sy'n ymwneud ag achos ditiol a rhai troseddau neillffordd. Mae gan Lys y Goron y pŵer i ganiatáu mechnïaeth yn yr un ffordd â Llysoedd yr Ynadon. Yn ogystal, mae'n gwrando ar apeliadau gan y rhai a gollfarnwyd gan y Llys Ynadon.

Materion cyn yr achos

Cynhelir gwrandawiad rhagarweiniol a elwir yn **wrandawiad ple a chyfarwyddiadau** tua mis cyn yr achos ei hun. Yn y gwrandawiad hwn, gofynnir i ddiffynyddion a ydynt yn pledio'n euog neu'n ddieuog. Os bydd diffynydd yn pledio'n euog, bydd y barnwr, lle bo hynny'n bosibl, yn dedfrydu'r diffynydd ar unwaith. Mae hyn yn osgoi'r

angen i'r diffynnydd aros i'w achos ddod gerbron y llys, rhywbeth a allai gymryd amser sylweddol.

Os bydd y diffynnydd yn pledio'n ddieuog mewn gwrandawiad ple a chyfarwyddiadau, bydd yr erlyniad a'r amddiffyniad yn crynhoi'r hyn a ystyriant yn faterion hanfodol yr achos. Yna gall y barnwr roi cyfarwyddiadau a fydd yn helpu i roi trefn ar yr achos. Er enghraifft, mae'n bosibl y bydd y diffynnydd a'r erlyniad yn cytuno nad oes unrhyw ddadl ynghylch rhywfaint o'r dystiolaeth ac felly nad oes angen i dystion penodol fynychu'r achos. Mae'n amlwg y gall y math hwn o gynllunio helpu i atal gwastraffu amser yn yr achos ei hun. Gellir defnyddio'r amser a arbedir i leihau'r rhestr o achosion sy'n aros am wrandawiad.

Mae ffordd arall o arbed amser gwerthfawr yn y llys. Nid yw'n beth anarferol i'r amddiffyniad a'r erlyniad gyfarfod cyn yr achos i negodi'r posibilrwydd o dynnu cyhuddiad yn ôl yn gyfnewid am gael diffynnydd yn pledio'n euog i gyhuddiad tebyg, ond llai (sydd wrth reswm yn golygu dedfryd ysgafnach). Gelwir hyn yn **bargeinio ple**.

Dan adran 48 o Ddeddf Cyfiawnder Troseddol a Threfn Gyhoeddus 1994, caniateir i'r llys leihau'r ddedfryd y byddai wedi ei dyfarnu drwy ystyried pryd yn union y mynegodd y diffynnydd ei fwriad i bledio'n euog. Mae hyn yn annog diffynnydd i gyffesu ei euogrwydd ynghynt fel nad oes rhaid gwastraffu amser yn paratoi ar gyfer achos llawn.

Gweithdrefn Llys y Goron

Pan fydd diffynnydd yn pledio'n euog, mae'r broses o ddedfrydu'n debyg i'r hyn a ddisgrifiwyd yn yr adran am y Llysoedd Ynadon uchod. Mae penderfyniadau ynglŷn â dedfrydu yn fater i'r barnwr yn unig. Pan fydd y diffynnydd yn pledio'n ddieuog, dilynir y drefn a ddisgrifir ym Mlwch 13.7 ar dudalen 98.

Cynigion ar gyfer diwygio'r gyfundrefn reithgor

Roedd Adroddiad Auld yn beirniadu'r gyfundrefn reithgor yn llym (gweler hefyd Uned 21). Yn ogystal â'r cynigion ynghylch dull yr achos a drafodwyd uchod, gwnaed argymhellion a fyddai'n lleihau'r defnydd a wneir o reithgorau. Un o'r cynigion oedd y dylai fod gan farnwr yr hawl i gyfarwyddo achosion twyll difrifol a chymhleth heb gymorth, yn hytrach na chynnal achos gerbron barnwr a rheithgor. Yn ogystal, argymhellodd Arglwydd Auld y dylai'r diffynnydd allu dewis achos gan farnwr yn unig, heb reithgor, ym mhob achos sydd ar hyn o bryd yn dod gerbron Llys y Goron. Dadleuwyd bod hwn yn cynnig 'trefn symlach a mwy effeithiol, tecach a mwy agored na'r un sydd ar gael mewn llawer o achosion drwy reithgor, gyda'r fantais ychwanegol o ddyfarniad gyda rhesymau

Blwch 13.7 *Gweithdrefn Llys y Goron pan fydd diffynnydd yn pledio'n ddieuog*

Mae aelodau'r rheithgor yn tyngu llw (gweler Uned 21).

↓

Mae'r erlyniad yn gwneud araith agoriadol, yn crynhoi ffeithiau'r achos a pha ddadleuon a gynigir.

↓

Mae tystion yr erlyniad yn rhoi tystiolaeth. Gall yr amddiffyniad groesholi'r tystion hyn.

↓

Pan fydd yr erlyniad wedi datgan ei holl dystiolaeth, caiff yr amddiffyniad wneud cyflwyniad yn dweud nad oes achos yn bodoli. Os bydd y barnwr yn cytuno, bydd yn cyfarwyddo'r rheithgor i ryddfarnu'r diffynnydd.

↓

Os bydd yr achos yn parhau ymhellach na datganiad yr achos gan yr erlynydd (fel sy'n digwydd, gan amlaf), bydd yr amddiffyniad yn gwneud araith agoriadol.

↓

Mae tystion yr amddiffyniad yn rhoi tystiolaeth ac yn cael eu croesholi.

↓

Mae'r erlyniad yn gwneud araith olaf, gan grynhoi'r pwyntiau yn y dystiolaeth sy'n awgrymu bod y diffynnydd yn euog.

↓

Mae'r amddiffyniad yn gwneud araith olaf, gan dynnu sylw at wendidau tystiolaeth yr erlyniad. Mae'n bwysig cofio bod rhaid i'r rheithgor deimlo'n argyhoeddedig bod y diffynnydd wedi cael ei brofi'n euog, a hynny y tu hwnt i bob amheuaeth resymol, er mwyn ei gollfarnu.

↓

Mae'r barnwr yn crynhoi'r achos ar gyfer y rheithgor ac yn esbonio cyfreithiau troseddol perthnasol.

↓

Mae'r rheithgor yn gadael i ystyried ei ddyfarniad ym mhreifatrwydd yr ystafell rheithgor. Nid oes neb arall yn bresennol.

↓

Darllenir dyfarniad y rheithgor i'r llys agored.

↓

Os bydd y rheithgor wedi dyfarnu bod y diffynnydd yn euog, bydd y barnwr yn dedfrydu'r cyhuddedig.

llawn'. Ar hyn o bryd, nid yw rheithgorau yn gorfod datgan y rhesymau dros eu dyfarniad, er y byddai rhaid i farnwr roi rhesymau. Derbyniwyd y ddau gynnig hyn ar

gyfer achos drwy farnwr yn unig mewn egwyddor fel rhan o Bapur Gwyn 2002.

Apeliadau o Lys y Goron – apeliadau gan y diffynnydd

Mae'n bosibl y bydd y diffynnydd yn awyddus i apelio yn erbyn collfarn neu ddedfryd, neu efallai'r ddau. Yn yr achos hwn, rhaid apelio i'r Llys Apêl (Adran Droseddau). Mae'r rheolau i'w gweld yn Neddf Apeliadau Troseddol 1995. Mewn gwirionedd, mae dwy ran i'r broses o apelio. Y cam cyntaf yw cael caniatâd i apelio gan naill ai'r Llys Apêl ei hun neu gan farnwr yr achos. Dim ond os ceir y caniatâd hwn y gellir symud ymlaen i'r ail gam, sef y gwrandawiad apêl.

Caniatâd i apelio

Y rheswm dros gael caniatâd i apelio yw er mwyn atal apeliadau diangen gan ddiffynyddion sy'n fodlon rhoi cynnig ar unrhyw beth, heb fawr o obaith newid y gollfarn na'r ddedfryd. Os bydd y dystiolaeth yn erbyn y diffynnydd yn llethol, gellid ystyried bod apelio yn erbyn collfarn yn gwastraffu amser y llys. Ar y llaw arall, ceir achosion bob amser pan fydd dyfarniad y rheithgor i'w weld yn anfoddhaol, neu pan fydd y barnwr i'w weld yn rhy lym yn ei ddyfarniad. Dan yr amgylchiadau hyn, gall y Llys Apêl ystyried yr achos eto. Pan drafodir caniatâd i apelio gan y Llys Apêl, bydd barnwr unigol yn ystyried y cais yn breifat. Os bydd y barnwr hwn yn gwrthod caniatâd, gellir gwneud cais pellach i Lys Apêl llawn.

Beth yw'r sail ar gyfer caniatáu apêl?

Pan fydd y Llys Apêl wedi gwrando ar apêl a phenderfynu bod y gollfarn neu'r ddedfryd yn anghywir, 'caniateir' yr apêl. Pan deimlir bod y penderfyniad cywir wedi'i wneud, 'gwrthodir' yr apêl.

Mae adran 2 o Ddeddf Apeliadau Troseddol 1995 yn datgan y bydd y Llys Apêl: '(a) yn caniatáu apêl yn erbyn collfarn os cred fod y gollfarn yn anniogel a (b) yn gwrthod apêl o'r fath mewn unrhyw achos arall.'

Dan y gyfraith flaenorol (Deddf Apeliadau Troseddol 1966), gellid caniatáu apêl os ystyrid bod collfarn yn 'anniogel neu'n anfoddhaol', yn hytrach nag anniogel yn unig. Bu llawer o drafodaeth yn ystod hynt Deddf 1995 drwy'r Senedd ynghylch a oedd cael gwared ar y gair 'anfoddhaol' yn lleihau seiliau apêl mewn ffordd annheg. Dadleuai'r llywodraeth nad oedd unrhyw wahaniaeth gwirioneddol rhwng y ddau air a bod defnyddio'r ddau mewn statud yn codi'r posibilrwydd o ddryswch. Mewn gwirionedd, ers i Ddeddf Hawliau Dynol 1998 ddod i rym, mae'r Llys Apêl wedi tueddu i ddehongli'r term 'anniogel' yn eang iawn.

Apeliadau o Lys y Goron – apeliadau gan yr erlyniad

Mae hawl yr erlyniad i apelio yn llawer mwy cyfyng na hawl yr amddiffyniad. Ond mae rhywfaint o le i apelio yn erbyn rhyddfarn neu ddedfryd.

Apelio yn erbyn rhyddfarn

Yn gyffredinol, ni all yr erlyniad apelio yn erbyn dyfarniad o ddieuogrwydd yn Llys y Goron. Mae'r unig eithriad yn codi mewn perthynas ag achosion lle cafwyd rhyddfarn o ganlyniad i'r ffaith bod rhywrai wedi ymyrryd â'r rheithgor, rhywbeth a elwir yn 'cymell rheithgor'. Dyma lle mae'r diffynnydd neu ei gymdeithion yn darganfod ffordd o frawychu neu ddylanwadu mewn rhyw ffordd arall ar aelod o'r rheithgor. Os collfarnwyd am ymyrryd â phenderfyniad rheithgor yn y modd hwn, gall yr erlyniad wneud cais i'r Uchel Lys am gael dileu'r rhyddfarn (ei gosod i'r naill ochr). Os bydd cais o'r fath yn llwyddiannus, gellir ailbrofi'r diffynnydd am yr un drosedd.

Apelio yn erbyn dedfryd

Gall yr erlyniad deimlo bod y ddedfryd yn rhy garedig, ond nid oes ganddo'r hawl i apelio'r mater hwn fel y cyfryw. Fodd bynnag, dan adran 36 o Ddeddf Cyfiawnder Troseddol 1988, gall y Twrnai Cyffredinol wneud cais am ganiatâd i gyfeirio dedfryd rhy garedig at y Llys Apêl (y Twrnai Cyffredinol yw uwch-gynghorydd cyfreithiol y llywodraeth - gweler Uned 19, Adran 19.2). Mae'r hawl hon ar gael ym mhob achos a glywir yn Llys y Goron (ditiol neu neillffordd). Mae Gwasanaeth Erlyn y Goron yn tynnu sylw'r Twrnai Cyffredinol at y mwyafrif o achosion a fydd yn cael eu hystyried. Mae eraill yn dod i'w sylw drwy aelod o'r cyhoedd, perthnasau pryderus y dioddefwr, neu AS.

Apeliadau o'r Llys Apêl i Dŷ'r Arglwyddi

Gall naill ai'r erlyniad neu'r amddiffyniad wneud apêl bellach i Dŷ'r Arglwyddi. Rhaid cael caniatâd i apelio gan naill ai'r Llys Apêl neu Dŷ'r Arglwyddi. Yn ogystal, rhaid i'r Llys Apêl ardystio bod hyn yn ymwneud â phwynt cyfreithiol sydd o bwys cyffredinol i'r cyhoedd. Nid oes hawl i apelio i'r Arglwyddi ar faterion sy'n ymwneud â ffeithiau. Fel rheol, ceir un neu ddwy apêl droseddol bob blwyddyn yn Nhŷ'r Arglwyddi.

Cynigion ar gyfer diwygio'r system apelio

Fel yn achos apeliadau o'r Llys Ynadon, ym marn Arglwydd Auld roedd y llwybrau apêl o Lys y Goron yn rhy gymhleth o lawer. Argymhellodd ddiddymu'r apêl o Lys y Goron i'r Uchel Lys yn ôl achos datganedig a rhoi apêl i'r Llys Apêl yn ei le.

Gweithgaredd 13.4

Pan newidiwyd y gyfraith ar apeliadau diffynyddion o Lys y Goron yn 1996, mynegodd yr Athro Smith, academydd cyfraith trosedd uchel ei barch, ei bryder. Dadleuai y gellid barnu bod collfarn yn ddiogel ond hefyd yn anfoddhaol. Gallai'r Llys Apêl fod yn argyhoeddedig bod diffynnydd mewn achos penodol yn euog, ac felly y gellid barnu bod y gollfarn yn 'ddiogel'. Ond beth pe bai'r heddlu wedi torri darpariaethau Deddf yr Heddlu a Thystiolaeth Droseddol (PACE) 1984, ac wedi cael rhywfaint o dystiolaeth mewn modd amhriodol? Er enghraifft, gallai'r heddlu fod wedi cael cyffes gan y diffynnydd wrth ei holi dan amgylchiadau a dorrai reolau PACE (gweler Uned 12, Adran 12.4). Byddai gwrthod apêl yn erbyn collfarn dan yr amgylchiadau hyn yn annymunol. Byddai'n galluogi'r heddlu i anwybyddu rheolau sy'n helpu i amddiffyn pob diffynnydd rhag anghyfiawnder (er y gellid credu mewn rhai achosion penodol na chyflawnwyd unrhyw anghyfiawnder gan fod y dyfarniad yn gywir).

(a) **Beth oedd sail apêl gan ddiffynnydd o Lys y Goron i'r Llys Apêl cyn 1995?**

(b) **A wnaeth Deddf Apeliadau Troseddau 1995 y sail ar gyfer apelio'n ehangach neu'n gulach ym marn yr Athro Smith? (2)**

(c) **Pa Ddeddf sy'n rheoli hawliau'r heddlu ac, mewn effaith, derbynioldeb tystiolaeth a gasglwyd gan yr heddlu? (2)**

(ch) **Beth yw dadl Smith ynghylch apeliadau lle torrodd yr heddlu'r rheolau o ran y ffordd y mae person dan amheuaeth yn cael ei drin yng ngorsaf yr heddlu? (8)**

13.8 Y Comisiwn Adolygu Achosion Troseddol

Rôl y Comisiwn Adolygu Achosion Troseddol (CCRC) yw adolygu collfarnau'r sawl sy'n credu eu bod wedi eu cael yn euog o drosedd ar gam, neu wedi cael eu dedfrydu ar gam. Weithiau cyfeirir at achosion o'r fath fel 'camweinyddu cyfiawnder'. Gall y Comisiwn chwilio am fwy o wybodaeth am achos ei hun, neu drefnu i eraill ymchwilio drosto.

Beth yw camweinyddu cyfiawnder?

Bu achosion yn y gorffennol pan fu'n rhaid i ddiffynyddion dreulio nifer o flynyddoedd mewn carchar yn protestio eu bod yn ddieuog, gan hawlio drwy'r cyfan bod diffygion mawr yn bodoli yn y ffordd y cynhaliwyd eu hachos neu yn hygrededd y dystiolaeth a gyflwynwyd gan yr erlyniad. Er enghraifft, collfarnwyd y Birmingham Six ar gam am gymryd rhan yn ymgyrch fomio'r IRA. Diddymwyd eu collfarnau ar ôl 16 mlynedd o garchar. Rhoddir manylion am hyn ac am achosion eraill o gamweinyddu cyfiawnder yn Uned 12, Blwch 12.1. Er bod nifer yr achosion o'r fath yn fach, roedd pryder cynyddol yn yr 1980au a'r 1990au nad oedd y gyfundrefn apelio bob amser yn gweithio o blaid cyfiawnder.

Am nifer o flynyddoedd, roedd gan yr Ysgrifennydd Cartref y pŵer i gyfeirio achosion unigol at y Llys Apêl am ystyriaeth bellach. Fodd bynnag, mewn nifer o achosion lle rhyddfarnwyd y diffynnydd yn y pen draw, roedd yr Ysgrifennydd Cartref yn gyndyn iawn o ymarfer ei bŵer. O ystyried bod gan yr Ysgrifennydd Cartref gyfrifoldeb dros bolisi'r heddlu, roedd llawer o'r farn nad oedd y gweinidog llywodraeth hwn yn ddigon annibynnol ar yr erlyniad. Ar ddechrau'r 1990au, adolygodd Comisiwn Runciman y gyfundrefn apelio. Argymhellodd Runciman y dylid sefydlu bwrdd adolygu annibynnol i ystyried achosion posibl o gamweinyddu cyfiawnder. Byddai'r bwrdd adolygu hwn yn arfer yr un hawl â'r hawl a fu gan yr Ysgrifennydd Cartref. Mabwysiadwyd yr argymhelliad hwn gan y llywodraeth yn Neddf Apeliadau Troseddau 1995 a baratôdd y ffordd ar gyfer creu'r comisiwn.

Nid oes gan y comisiwn y pŵer i wrthdroi collfarnau na dedfrydau. Mae'n cyfeirio achosion yn ôl i'r llysoedd yn unig. Gall gyfeirio achos Llys y Goron i'r Llys Apêl neu achos a glywyd yn y Llys Ynadon i Lys y Goron. Gall y comisiwn ystyried achosion lle methodd apêl a wnaed drwy'r broses arferol. Mae gweithwyr ar achosion a staff gweinyddol yn gymorth i 14 aelod y comisiwn. Nid oes gan lawer o aelodau'r comisiwn gefndir cyfreithiol ac felly gellir cyfrif eu bod yn annibynnol ar y farnwriaeth a'r proffesiwn cyfreithiol.

Dechreuodd weithredu ym mis Ionawr 1997. Erbyn mis Mawrth 2001, roedd wedi delio â 3,994 cais. O'r rhain, cyfeiriwyd 124 i'r Llys Apêl. O ganlyniad, diddymwyd 48 collfarn. Yn aml, daeth ymchwiliad y comisiwn o hyd i dystiolaeth newydd a oedd yn bwrw amheuaeth ar y gollfarn.

Achos John Komara

Roedd achos John Komara yn enghraifft o apêl yn erbyn collfarn a ganiatawyd ar ôl cael ei gyfeirio gan y CCRC. Yn 1981, cafodd Komara a'i gyd-ddiffynnydd eu collfarnu o lofruddio John Suffield, rheolwr siop fetio y cyhuddwyd y ddau ddyn o ddwyn ohono. Trywanwyd Suffield 19 gwaith pan wrthododd rhoi rhif gyfrin ei ddiogell i'r ymosodwyr. Gwrthodwyd cais Komara i apelio yn 1983. Yna, gofynnwyd i'r Ysgrifennydd Cartref gyfeirio'r achos at apêl ond methodd ymchwiliad i'r achos â darganfod unrhyw dystiolaeth newydd a fyddai'n sail i'w apêl. Trosglwyddwyd yr achos i'r CCRC yn 1997. Yn ystod ymchwiliad y comisiwn, canfu nad oedd 201 o ddogfennau a fyddai wedi gallu bod o ddefnydd i'r amddiffyniad wedi cael eu rhyddhau gan yr erlyniad. Yn ychwanegol at hyn, rhoddwyd tystiolaeth newydd gan dystion a gymerodd ran mewn rhes adnabod er mwyn cael hyd i Komara yn awgrymu na threfnwyd y rhes adnabod mewn ffordd deg. Ym mis Mawrth 2000, diddymodd y Llys Apêl gollfarn Komara.

Crynodeb

1. Pryd ganiateir neu gwrthodir mechnïaeth?

2. Beth sy'n penderfynu ym mha lys y clywir achos troseddol?

3. Beth yw achosion traddodi ac achosion trosglwyddo?

4. Pa drefn a ddilynir mewn Llys Ynadon a Llys y Goron?

5. Pryd ganiateir apeliadau o Lysoedd Ynadon a Llysoedd y Goron?

6. Beth oedd prif argymhellion Adroddiad Auld a Phapur Gwyn y llywodraeth a gyhoeddwyd yn 2002?

Astudiaeth achos — Papur Gwyn y llywodraeth a gyhoeddwyd yn 2002

Papur Gwyn y llywodraeth yn 2002

Roedd Papur Gwyn y llywodraeth ar gyfiawnder troseddol a gyhoeddwyd yn 2002 yn cynnwys rhai cynigion radicalaidd. Roedd yn cynnwys cynigion i:

- ganiatáu achos drwy farnwr yn unig mewn rhai achosion penodol
- cynyddu hawliau'r erlyniad i apelio
- cyfuno gwaith gweinyddol cefndirol Llys y Goron a'r Llys Ynadon yn un drefn.

Cynnig dadleuol arall oedd cael gwared ar y rheol yn erbyn erlyniad dwbl mewn rhai achosion.

Egwyddor hirsefydledig sy'n dweud na ellir sefyll person ar brawf ddwywaith am yr un drosedd yw'r rheol yn erbyn erlyniad dwbl. Daeth y rheol i sylw'r cyhoedd wedi i'r achos nodedig yn erbyn y dynion a gyhuddwyd o lofruddio Stephen Lawrence, dyn ifanc a laddwyd mewn ymosodiad hiliol yn Llundain yn 1993, ddod i ben (gweler Uned 11, Adran 11.3).

Gofynnodd yr Ysgrifennydd Cartref i Gomisiwn y Gyfraith ystyried a ddylid newid y rheol yn dilyn achos Stephen Lawrence ac eraill tebyg. Argymhellodd Comisiwn y Gyfraith y dylai'r rheol sefyll, ond gellid gwneud eithriadau newydd i'r rheol gyffredinol mewn perthynas ag achosion o lofruddiaeth. Derbyniwyd yr argymhelliad hwn ym Mhapur Gwyn y llywodraeth a gyhoeddwyd yn 2002. Roedd hwn yn cynnwys cynnig i ganiatáu i ddiffynnydd gael ei roi ar brawf yr ail waith: 'mewn achosion difrifol lle daeth tystiolaeth bwysig newydd i'r amlwg'.

Mae dwy ddadl bwysig yn erbyn y fath ddiwygiad. Mae John Wadham, sy'n aelod o garfan pwyso Liberty, yn un o'r rhai sydd wedi dadlau y byddai'n anghywir i orfodi pobl i ddioddef cyfnod yn y carchar tra bônt ar remand, a phwysau ail achos. Y ddadl arall yw y byddai bron yn amhosibl cuddio'r ffaith bod ail achos yn cael ei drefnu rhag rheithgor. Byddai dyddiadau'r digwyddiadau y soniwyd amdanynt ac o bosibl tystiolaeth tystion yn golygu y byddai'r rheithgor yn sylweddoli bod achos arall wedi bod, hyd yn oed os nad oeddent yn gyfarwydd â'r achos drwy adroddiadau cynharach gan y cyfryngau. Byddai hyn yn sicr o greu rhagfarn ac o effeithio ar y broses o gynnal achos teg.

Teyrnged i Stephen Lawrence. Daeth y rheol erlyniad dwbl i sylw'r cyhoedd wedi i dreial y dynion a gyhuddwyd o lofruddio Stephen Lawrence fethu, gan ddod i ben yn ddisymwth. O ganlyniad, cafwyd argymhelliad ym Mhapur Gwyn 2002 y dylid profi diffynyddion yr ail dro mewn 'achosion difrifol iawn'.

Cwestiynau

(a) Beth oedd yr adroddiad a ddylanwadodd ar nifer o'r cynigion ar gyfer cyfraith newydd ym Mhapur Gwyn 2002? (2)

(b) Awgrymwch pam y gallai cyfuno'r Llysoedd Ynadon a Llys y Goron yn un sefydliad fod yn syniad da. (3)

(c) Cynigiwyd y dylid cynyddu hawliau'r erlyniad i apelio. Os rhyddfernir diffynnydd yn y llysoedd trosedd, esboniwch i ba raddau y gall yr erlyniad apelio dan y rheolau presennol. (10)

(ch) Beth yw'r cynigion Papur Gwyn ar gyfer 'caniatáu achos drwy farnwr yn unig'? (8)

(d) Sut y gellid cyfiawnhau cynyddu cynnal achosion drwy farnwr yn unig neu ynadon yn hytrach na rheithgor? (10)

(dd) Rhowch enghreifftiau sy'n dangos pam y gellid ystyried bod Papur Gwyn yn bygwth hawliau diffynyddion. (10)

(e) Rhowch ddau reswm pam y byddai'n annhebygol y caniateid mechnïaeth i ddiffynnydd mewn ail achos pe bai'r rheol yn erbyn erlyniad dwbl yn cael ei diwygio. (8)

Gweithgaredd 14.1

Mae dyn ifanc o'r enw Huw wedi cael anaf drwg yn dilyn ymosodiad a oedd i bob golwg yn ddi-sail. Mae'r ymosodwr, John, yn adnabyddus fel rhywun sy'n gaeth i heroin ac wedi bod yn ddigartref ers tair blynedd. Mae John bellach yn 29 oed, ac roedd ganddo yrfa dda o'i flaen fel pensaer ar un adeg, ond collodd ei swydd a'i gartref pan ddechreuodd cymryd cyffuriau caled yn dilyn damwain car drychinebus pan gollodd ei rieni, ei frawd a'i chwaer. John oedd yr unig un na laddwyd yn y ddamwain, er iddo ddioddef anafiadau. Treuliodd y flwyddyn ganlynol mewn ysbyty seiciatrig, yn dioddef o iselder difrifol.

(a) Gallai'r llysoedd ddedfrydu John i garchar. Beth arall gellid ei wneud? Gwnewch restr o'r mathau o ddedfryd sydd ar gael i'r llysoedd. (4)

(b) Pa fath o ddedfryd ddylai'r llysoedd ei rhoi yn yr achos hwn, yn eich barn chi? (3)

(c) Gan dybio y bydd John yn cael ei gollfarnu, beth yn eich barn chi yw swyddogaeth bwysicaf unrhyw ddedfryd yn yr achos hwn:

- **gwneud i John ddioddef am yr hyn a wnaeth i Huw?**
- **atal John rhag troseddu yn y dyfodol?**
- **amddiffyn cymdeithas rhag person peryglus?**
- **ceisio helpu John i ddod yn aelod defnyddiol o'r gymdeithas?**

Esboniwch a chyfiawnhewch eich ateb. (6)

14.1 Cyflwyniad

Cynhelir achosion troseddol naill ai yn y Llys Ynadon neu, pan fydd y drosedd yn un fwy difrifol, yn Llys y Goron gerbron barnwr a rheithgor. Nes bydd y llys wedi dyfarnu, gelwir y person yr honnir iddo gyflawni'r drosedd yn 'y cyhuddedig' neu 'ddiffynnydd'. Os dyfernir bod y diffynnydd yn euog, fe'i gelwir yn 'droseddwr'. Yna bydd y ffocws yn newid o benderfynu a yw rhywun wedi cyflawni trosedd i benderfynu beth yw'r ddedfryd briodol.

Os bydd y troseddwr wedi torri cyfraith trosedd, efallai y bydd y llys yn gwneud dim mwy na rhybuddio'r troseddwr i ymddwyn yn wahanol yn y dyfodol. Ond mae gan y llysoedd hefyd bwerau i ofyn i droseddwr wneud rhywbeth neu i gyfyngu ar ei ryddid. Er enghraifft, mae'n bosibl y gofynnir iddo dalu dirwy neu gyflawni gwasanaeth cymunedol dan fygythiad cael ei anfon i'r carchar. Esbonnir yr ystod o ddedfrydau posibl yn ddiweddarach, yn Uned 15. Pwrpas yr uned hon yw archwilio nodau ac egwyddorion dedfrydu. Rydym yn cymryd yn ganiataol na fydd ein cymdeithas yn gallu anwybyddu ymddygiad person sy'n ymddwyn mewn ffordd wrthgymdeithasol benodol. Mae cymdeithas a'r gyfraith yn galw'r ymddygiad yn 'drosedd' a rhaid gwneud rhywbeth. Ond pan roddir dedfryd i rywun am dorri'r gyfraith, beth yn union yw'r nod? Mae'n amlwg o Weithgaredd 14.1 bod nifer fawr o atebion posibl i'r cwestiwn hwn. Efallai y dylid trin pobl wahanol mewn ffyrdd gwahanol. Byddai'r mwyafrif o bobl yn cytuno y dylai dedfrydau amrywio i adlewyrchu natur y drosedd yn ogystal â'r unigolyn sy'n cael ei ddedfrydu. Er hyn, mae llawer o le i ddadlau.

Pwy sy'n penderfynu pa ddedfryd sy'n briodol?

Amlinellir y fframwaith gan Ddeddfau Seneddol sy'n rhagnodi pa fath o ddedfrydau a ganiateir ar gyfer trosedd, a beth yw'r ddedfryd leiaf a mwyaf ar gyfer troseddau penodol. Dim ond un ddedfryd sydd ar gyfer rhai troseddau. Er enghraifft rhaid dedfrydu carchar am oes i berson sydd wedi llofruddio. Yn achos y mwyafrif o droseddau, fodd bynnag, gall y llysoedd ddangos disgresiwn ynglŷn â pha ddedfryd yn union a roddir i droseddwr, o fewn y fframwaith a ragnodwyd gan y Senedd. Yn olaf, yn achos carcharu, mae gan y Bwrdd Parôl rôl o ran penderfynu faint o amser yn union y dylai rhywun dreulio yn y carchar. Gall y Bwrdd Parôl argymell fod rhai troseddwyr yn cael eu rhyddhau'n gynnar (gweler Uned 15, Adran 15.4).

14.2 Diffyg hyder yn y gyfundrefn ddedfrydu

Ysgrifennodd Arglwydd McCluskey, ffigur nodedig ym myd cyfraith yr Alban:

> 'Yn y DU, nodwedd fwyaf trawiadol arferion dedfrydu cyfoes yw mai ychydig iawn o sylwebwyr, os neb o gwbl, sy'n credu eu bod yn llwyddo' (*New Law Journal*, 4 Tachwedd 1994).

Nododd Adroddiad Halliday, a gomisiynwyd gan yr Ysgrifennydd Gwladol i ymchwilio i bolisi ac arferion dedfrydu ac a adroddodd yn ôl yn 2001, fod tystiolaeth gref i ddangos mai ychydig o ffydd oedd gan y cyhoedd yn y gyfundrefn ddedfrydu. Beth sydd wedi achosi'r diffyg hyder hwn?

Un mater pwysig yw'r cynnydd trawiadol yn y gyfradd droseddu. Ers diwedd yr Ail Ryfel Byd, mae troseddu wedi cynyddu'n gyflym - gan ddyblu, bron, bob degawd (gweler Blwch 14.1), ffenomen sydd wedi digwydd i'r un graddau yn y mwyafrif o gymdeithasau'r gorllewin dros yr un cyfnod. Mae'r cynnydd parhaus yn y gyfradd droseddu a phryderon y cyhoedd am lefelau trosedd a gallu'r gyfundrefn i ddelio â hyn yn golygu bod un llywodraeth ar ôl y llall wedi gwneud mynd i'r afael â throsedd yn flaenoriaeth. Pan ddaeth y llywodraeth Lafur i rym yn 1997, addawodd y byddai'n 'delio'n llym â throseddu ac â'r rhesymau dros droseddu'. Comisiynodd yr Ysgrifennydd Gwladol Adroddiad Halliday ar Ddedfrydu ac, ym mis Chwefror 2001, cyhoeddodd y llywodraeth Bapur Gwyrdd o'r enw *Criminal Justice: The Way Ahead*. Ar ddechrau'r Papur Gwyrdd, cydnabu bod troseddu wedi bod yn broblem gynyddol o fewn cymdeithas y DU dros y chwarter canrif flaenorol. Nodwyd nifer o ffactorau a gyfrannai at hyn:

- prinder swyddi i ddynion heb sgiliau
- cynnydd mawr yn y defnydd o gyffuriau caled
- cynnydd mawr yn argaeledd nwyddau o werth uchel i ddefnyddwyr
- newid ysgubol yn agweddau pobl.

Un o'r ffeithiau y canolbwyntiodd y Papur Gwyrdd arni oedd tystiolaeth a awgrymai bod tua 10% o'r 1 filiwn o droseddwyr oedd ar waith yn gyfrifol am tua hanner yr holl droseddu.

14.3 Athroniaeth dedfrydu

Mae pum prif ddamcaniaeth neu athroniaeth sy'n ymwneud â dedfrydu. Gellir eu crynhoi fel hyn:

1. **Ad-dalu** - sef ceisio iawndal neu ddial am y cam.
2. **Datgymell** - sef gwneud esiampl o droseddwr er mwyn atal y troseddwr a'r boblogaeth yn gyffredinol rhag cyflawni troseddau.
3. **Adsefydlu** - sef bod y ddedfryd yn anelu at gynorthwyo'r troseddwr i wella'i ymddygiad.
4. **Analluogi** - sef diogelu'r gymdeithas drwy garcharu troseddwyr i'w cadw rhag gwneud cam.
5. **Gwneud iawn** - sef ceisio digolledu'r dioddefwr.

Blwch 14.1 *Troseddau a gofnodwyd gan yr heddlu, 1951-2002*

Graff (i)

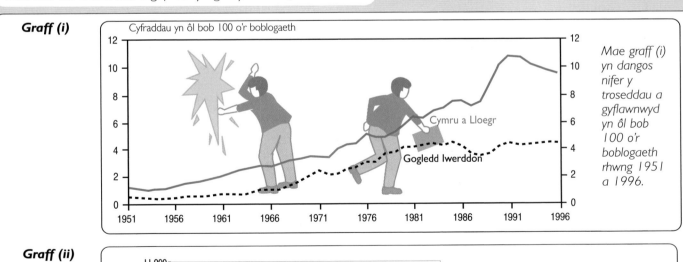

Cyfraddau yn ôl bob 100 o'r boblogaeth

Cymru a Lloegr

Gogledd Iwerddon

Mae graff (i) yn dangos nifer y troseddau a gyflawnwyd yn ôl bob 100 o'r boblogaeth rhwng 1951 a 1996.

Graff (ii)

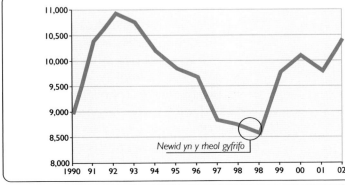

Newid yn y rheol gyfrifo

Mae graff (ii) yn dangos nifer y troseddau treisgar, a throseddau sy'n ymwneud ag eiddo a cherbydau yn ôl bob 100,000 o'r boblogaeth yng Nghymru a Lloegr, 1990-2002.

Ni ddefnyddir un yn unig o'r damcaniaethau hyn yn y llysoedd ar unrhyw adeg benodol; defnyddir pob un ohonynt o ddydd i ddydd. Mae'r ddedfryd a roddir i unigolyn yn dibynnu ar ffactorau megis safbwyntiau barnwr unigol yr achos, cefndir y troseddwr, natur y drosedd a ffeithiau penodol yr achos. Ar unrhyw ddiwrnod penodol, gall un troseddwr gael ei analluogi drwy gael ei garcharu, tra bod un arall yn gwneud gwasanaeth cymunedol gyda'r nod o'i adsefydlu. Er hynny, yn ystod y 50 mlynedd diwethaf mae hanes y gyfundrefn cyfiawnder troseddol wedi dangos newid cyson o un egwyddor ddedfrydu i'r llall, ac yn ôl eto. Weithiau penderfynir mai ad-dalu neu analluogi yw'r nod cyffredinol gorau; weithiau adsefydlu. Mae pob syniad wedi ennill a cholli poblogrwydd ymhlith llunwyr polisi'r llywodraeth. Er enghraifft, rhwng 1991 a 1997, dial oedd egwyddor allweddol dedfrydu. Roedd hyn o ganlyniad i Ddeddf Cyfiawnder Troseddol 1991. Ers Deddf Trosedd (Dedfrydau) 1997, daeth datgymell yn fwy poblogaidd.

14.4 Ad-dalu

Defnyddir y term 'ad-dalu' ('retribution') mewn sawl ystyr. Yn y gorffennol, tueddai i olygu dial neu esbyrdalu (gweler isod). Heddiw, fe'i cysylltir â'r syniad o gosbi'r troseddwr ar sail gofynion cyfiawnder neu, i raddau, eu cosbi fel ffordd o ddangos anghymeradwyaeth y cyhoedd.

Dial

Tan ddiwedd y 19eg ganrif, ystyriwyd mai pwrpas cosbi trosedd, rhywbeth a oedd yn llymach o lawer bryd hynny nag ydyw heddiw (gweler Blwch 14.2), oedd bodloni awydd y dioddefwr am gael dial. Roedd y wladwriaeth yn gweithredu ar ran y dioddefwr a'i deulu er mwyn atal pobl rhag gweinyddu'r gyfraith eu hunain. Yn ogystal, roedd cosb gan y wladwriaeth yn bodloni angen y cyhoedd am ddial.

Esbyrdalu

Mae 'esbyrdalu' yn golygu talu'r gosb am bechu neu wneud cam. Yn hanesyddol, cysylltwyd dedfrydu â chrefydd. Yn yr ystyr hwn, mae ad-dalu yn golygu sicrhau bod y troseddwr yn haeddu maddeuant drwy ddioddef cosb:

> 'Canolbwyntir ar y drosedd a gyflawnwyd; gwneir ymgais i ddechrau o'r newydd.' (Clarkson a Keating, *Criminal Law*, 1998)

Mae rhai yn dadlau bod esboniad seicolegol dros esbyrdalu fel damcaniaeth o gosb sy'n deillio o'r ffordd y magwyd pobl. Mae plant yn disgwyl cael eu cosbi pan fyddant wedi camymddwyn. Maent yn bryderus ac yn euog nes bydd rhywun wedi canfod yr hyn a wnaed ac yn

Blwch 14.2 *Dienyddiad cyhoeddus*

Crogi cyhoeddus yng ngharchar Newgate. Yn 1868 oedd y crogi cyhoeddus olaf. Diddymwyd y gosb eithaf yn 1965.

eu cosbi. Un o broblemau esbyrdalu yw nad yw rhoi cyfraith trosedd ar waith bob amser yn gallu ysgafnhau baich euogrwydd y troseddwr. Nid yw rhai unigolion yn dehongli eu dedfryd fel hyn.

Haeddiant cyfiawn

Mae'r ymadrodd 'haeddiant cyfiawn' yn awgrymu y dylid cosbi troseddwyr yn ôl gofynion cyfiawnder.

Yn ogystal, gellir ystyried bod cosb yn **gondemniad**, sy'n ymwneud â mynegi anghymeradwyaeth y gymdeithas. Roedd llywodraeth Geidwadol ddechrau'r 1990au yn cefnogi'r polisi dedfrydu hwn. Anghytunai Papur Gwyn 1990, *Crime, Justice and Protecting the Public*, â datgymell ac adsefydlu fel dulliau o gyfiawnhau cosbi, ac edrychodd yn fanwl ar fodel haeddiant cyfiawn. Yn unol â'r Papur Gwyn, cyflwynodd Deddf Cyfiawnder Troseddol 1991 reolau dedfrydu newydd y gallai'r llysoedd eu defnyddio. Roedd y rheolau hyn yn cyfyngu ar ddisgresiwn barnwrol ac yn anelu at sicrhau bod gan droseddau penodol ddedfrydau penodol. Y brif nod oedd unffurfiaeth dedfrydu rhwng gwahanol achosion.

Er y gellid credu y byddai haeddiant cyfiawn yn arwain at garcharu troseddwyr am gyfnod hirach, un o fanteision y dull hwn yw bod dedfrydau eithriadol o lym a roddwyd er mwyn atal troseddwyr neu amddiffyn y cyhoedd yn dod yn annerbyniol. Gall ymddangos yn annheg fod y rhai sy'n cael eu carcharu fel datgymhelliad, er enghraifft, yn aros yn y carchar am gyfnod hirach na nifer o droseddwyr eraill a gyflawnodd yr un drosedd cyn hynny. Hynny yw, mae llai o wahaniaeth rhwng dedfrydau pan gyfyngir ar ddisgresiwn y llysoedd.

Mae rhai wedi dadlau bod Deddf Cyfiawnder Troseddol 1991 wedi peri nad yw'r sawl sy'n troseddu'n gyson yn derbyn dedfrydau hirach. Un o argymhellion Adroddiad Halliday yn 2001 oedd y dylid cadw polisi haeddiant cyfiawn, ond gan ei gymhwyso fel y byddai dedfryd yn llymach os oedd troseddwr wedi derbyn digon o gollfarnau blaenorol perthnasol a diweddar.

Sut gallwn wybod beth sy'n 'gyfiawn' wrth ddewis y ddedfryd unffurf? Er enghraifft, os bydd dyn yn dwyn fideo, a fyddai'n derbyn haeddiant cyfiawn pe cymerid y fideo i ffwrdd ohono fel yr unig ddedfryd? Efallai na fyddai, ond beth sy'n briodol? Tri mis yn y carchar? Blwyddyn? Nid yw dedfrydu sy'n cadw'n glòs at ddamcaniaeth haeddiant cyfiawn yn dangos hyn. Mynegodd un awdur ei farn fod:

'Hyd yn oed y fersiynau mwy soffistigedig o haeddiant cyfiawn...yn gwneud inni amau na ellir gwahaniaethu rhwng y syniad o haeddiant cyfiawn ac egwyddor dial, neu'r honiad annymunol bod tramgwyddo ddwywaith rywsut yn gwneud iawn'. (Nicola Lacey, *State Punishment: Political Principles and Community Values*, 1988)

14.5 Datgymell

Yn wahanol i ad-dalu, mae datgymell yn ymwneud ag edrych ar ymddygiad troseddwr yn y dyfodol. Mae'r athrawiaeth hon yn mynnu bod y posibilrwydd o wneud esiampl o droseddwyr yn gallu lleihau trosedd. Mae dwy ffurf ar ddatgymell:

Datgymell unigolion

Gellir atal troseddwyr unigol rhag cyflawni mwy o droseddau drwy gyfrwng y ddedfryd a roddir iddynt. Mae hon yn ddadl dros roi dedfrydau 'llym', yn enwedig ar gyfer troseddwyr ifainc. Cyflwynodd llywodraeth Geidwadol y 1980au y syniad o 'sioc sydyn, siarp' ar gyfer troseddwyr ifainc, er mwyn eu datgymell rhag troseddu eto.

Datgymell yn gyffredinol

Yn ogystal ag atal troseddwr unigol rhag cyflawni troseddau yn y dyfodol, gall ymwybyddiaeth gyhoeddus o'r ddedfryd a roddwyd i'r troseddwr atal darpar-droseddwyr eraill. Dyna egwyddor gyffredinol datgymell. Yn gyntaf, mae lefel y ddedfryd a osodwyd gan y Senedd ar gyfer trosedd benodol yn creu math o ddatgymhelliad parhaus. Mae pawb yn ymwybodol bod troseddu yn gallu arwain at gosb, weithiau cosb lem. Yn ail, pan ystyrir o bryd i'w gilydd bod math penodol o drosedd yn arbennig o beryglus, gall barnwyr gyflwyno dedfrydau llym i wneud esiampl o'r sawl sy'n cael eu dal. Gelwir hyn yn ddedfryd enghreifftiol. Er enghraifft, yn ystod y 1970au a'r 1980au,

Mae wardeniaid yn taflu dillad i'w golchi i garcharorion yn Sefydliad Gywiro Dodge yn Chester, Georgia (UDA) ar ddechrau'r 1970au. Roedd diwrnod y carcharorion yn dechrau gyda'r wawr, a chyn brecwast, roedd rhaid iddynt sgwrio'r barics lle trigent yn lân.

Ar un adeg, roedd y syniad o garchar fel lle ar gyfer adsefydlu yn boblogaidd yn yr Unol Daleithiau, yn enwedig yn ystod hanner cyntaf y 1970au. Fodd bynnag, gydag amser, roedd y gyfradd droseddu yn awgrymu nad oedd hwn yn ddull effeithiol o ddefnyddio'r carchar. Yn ogystal, roedd gwahaniaeth mawr rhwng hyd y carchariadau a ddedfrydwyd am yr un drosedd. Roedd gan farnwyr gwahanol farnau gwahanol ynghylch yr hyn oedd ei angen i wella ymddygiad troseddwyr. Yn raddol, dechreuodd taleithiau unigol (yn UDA, mae rhan helaeth o'r gyfundrefn cyfiawnder troseddol yn cael ei phenderfynu gan seneddau taleithiau unigol) fabwysiadu'r dull haeddiant cyfiawn. Yng Nghalifornia, a ddefnyddiodd y dull hwn i'r eithaf, pennwyd cyfnodau yn y carchar ar dair lefel neu gyfnod yn unig. Y ddedfryd ganol oedd y ddedfryd arferol. Dedfrydwyd cyfnod hirach dan amgylchiadau lle teimlid bod angen dedfryd anarferol o lem, a rhoddwyd dedfryd is dim ond pan deimlid bod lle i fod yn drugarog. Nod y polisi dedfrydu llym hwn oedd ceisio sicrhau unffurfiaeth dedfrydu ac i gyfyngu'n llym ar ddisgresiwn barnwrol. Roedd taleithiau eraill UDA yn caniatáu mwy o ddisgresiwn barnwrol, ond, yn ei hanfod, roedd eu hathroniaeth yr un fath. Dyma'r athroniaeth a fabwysiadwyd o fewn cyfundrefn gyfreithiol Cymru a Lloegr yn gynnar yn y 1990au.

(a) Pa broblemau a welwyd mewn perthynas ag adsefydlu fel sylfaen ar gyfer dedfrydu? (3)

(b) Beth yw ystyr 'haeddiant cyfiawn'? (3)

(c) A yw'r math hwn o ad-dalu yn decach ar unrhyw ystyr na dedfryd datgymell neu adsefydlu? Esboniwch sut y daethoch i'ch casgliad. (6)

ystyriwyd bod hwliganiaeth cefnogwyr pêl-droed yn broblem gynyddol a chyflwynwyd dedfrydau llym er mwyn rhybuddio cefnogwyr pêl-droed treisgar. (Yn *R v Whitton (1985)* cyflwynodd barnwr Llys y Goron ddedfryd oes i hwligan pêl-droed, er i'r Llys Apêl leihau'r ddedfryd yn ddiweddarach i dair blynedd.)

A yw cosbi'n atal troseddwyr?

Yn gyffredinol, mae pobl yn cefnogi'r syniad o ddatgymell. Mae'r syniad y bydd y sawl sy'n ymddwyn yn wrthgymdeithasol yn ailystyried cyn troseddu os yw'n glir y byddant yn dioddef o'i herwydd yn apelio at synnwyr cyffredin. I bob golwg, mae'n rhesymegol i gredu y bydd hyn yn arwain at lai o droseddu. Hefyd, pan fydd y cyhoedd yn gyffredinol yn pryderu am lefelau uwch o ymddygiad penodol, megis troseddu sy'n gysylltiedig â phêl-droed, neu fygio, mae'n bosibl y bydd dedfrydau ataliol yn bodloni awydd y cyhoedd am gael dial. Fodd bynnag, gellir codi pedair dadl yn erbyn ystyried datgymell fel nod dedfrydu.

1. Ystadegau trosedd

Nid yw ystadegau trosedd yn gefnogol i'r syniad o ddatgymell unigolion. Mae tua 50% o droseddwyr y DU yn aildroseddu eto ar ôl eu trosedd gyntaf. Pan grëwyd canolfannau disgyblu 'sioc sydyn, siarp' gan Ddeddf Cyfiawnder Troseddol 1982, ni chawsant fawr o effaith ar nifer y troseddwyr a gâi eu heuogfarnu am yr eildro, a chafwyd gwared arnynt chwe blynedd yn ddiweddarach.

2. Mae cysylltiad rhwng effeithlonrwydd datgymell a thebygolrwydd tybiedig y troseddwr y caiff ef ei ddal

Yn aml, defnyddir Denmarc i ddarlunio'r pwynt hwn. Arestiwyd heddlu cyfan Denmarc gan fyddin yr Almaen oedd yn trigo yno yn ystod yr Ail Ryfel Byd. Gwnaed gwaith arferol yr heddlu gan 'gorfflu gwylio' a ffurfiwyd ar frys. Dechreuodd y gyfradd drosedd gynyddu'n gyflym. Er enghraifft, cododd nifer y lladradau yn Copenhagen o ddeg y mis yn 1943 i dros 100 y mis wedi i'r heddlu gael ei ddatgymalu yn 1944. Cyhoeddodd y llysoedd ddedfrydau llym iawn er mwyn atal hyn rhag digwydd, ond i bob golwg, ni chafodd hyn effaith ar y gyfradd droseddu.

3. O bosibl, nid yw troseddwyr yn oedi i feddwl cyn troseddu

Weithiau mae troseddwr yn penderfynu troseddu ar amrantiad, gan fanteisio ar sefyllfa yn y fan a'r lle. Ystyriwyd y pwynt hwn fel rhan o Bapur Gwyn y llywodraeth a gyhoeddwyd yn 1990:

'Ond cyflawnir llawer o droseddau yn fyrbwyll, pan welir ffenestr neu ddrws agored, ac fe'u cyflawnir gan droseddwyr sy'n byw eu bywydau o un funud i'r nesaf...Mae'n afrealistig i wneud trefniadau dedfrydu gan dybio y bydd y mwyafrif o droseddwyr yn pwyso a mesur y posibiliadau ymlaen llaw ac yn seilio'u hymddygiad ar ymddygiad rhesymol. Yn aml iawn, nid felly y mae.'

4. Mae datgymell yn gyffredinol yn dibynnu ar gyhoeddusrwydd i ddedfrydau enghreifftiol

Pa mor gyflawn yw gwybodaeth y cyhoedd am naill ai'r ystod o ddedfrydau a roddir am droseddau neu'r dedfrydau a roddir am droseddau unigol? A yw'r papurau newyddion yn rhoi cyhoeddusrwydd i ddedfrydau llym neu a ydynt yn tueddu i dynnu sylw at achosion lle mae'r ddedfryd i bob golwg yn rhy ysgafn neu drugarog? Roedd yr ymchwil a ystyriwyd gan Adroddiad Halliday yn dangos:

'nad yw'r cyhoedd yn derbyn digon o wybodaeth am lymder dedfrydau, ac mae'n credu eu bod yn fwy trugarog nag ydynt mewn gwirionedd.'

Gweithgaredd 14.2

Ystyriwch a yw ofn cosb yn debygol o atal unigolion rhag troseddu ym mhob un o'r sefyllfaoedd isod. Ym mhob achos, esboniwch eich ateb.

(1) Byrgler a gollfarnwyd yn y gorffennol, sy'n cerdded heibio cartref moethus mewn stryd dawel o dai, gydag allweddi yn y drws blaen. (4)

(2) Terfysgwr sy'n perthyn i'r IRA Gwirioneddol ac sy'n cynllunio i blannu bom car mewn dinas fawr. (4)

(3) Tad dau o blant, a wahoddir i gymryd rhan mewn cynllwyn i smyglo llwyth mawr o heroin i mewn i'r wlad. (4)

(4) Dyn meddw iawn. (4)

(5) Gwraig sydd wedi dioddef trais gan ei gŵr ers blynyddoedd. Mae'n gwybod bod ei gŵr ar fin ymosod arni ac yn gweld rhes o gyllyll mewn rac sydd o fewn ei chyrraedd. (4)

(6) Person gydag oed meddwl ifanc iawn. (4)

14.6 Adsefydlu

Nod adsefydlu yw gwella ymddygiad troseddwyr a'u hannog i weld sut y gallant ymddwyn yn wahanol yn y dyfodol. Un o ystyron adsefydlu, yn ôl Geiriadur Rhydychen, yw: 'adennill effeithiolrwydd wedi hyfforddiant'. Fel rheol, mae adsefydlu'n ymwneud ag addysg a mathau eraill o gymorth i alluogi'r troseddwr i ddatblygu i fod yn aelod mwy gwerthfawr o gymdeithas. Yn y 18fed ganrif, dadleuai diwygwyr o blaid cyfundrefn gosbi a fyddai'n cyfuno datgymell ac adsefydlu. Ar y pryd, credwyd bod treulio cyfnod hir mewn carchar ar eich pen eich hun, rhywbeth a ystyrir yn ddull llym o gosbi heddiw, yn gyfle i deimlo edifeirwch ac i benderfynu gwella. Nid yw adsefydlu o reidrwydd yn golygu dedfrydau 'hawdd'. Mae Cross yn tynnu sylw at y ffaith bod barnwyr, yn ystod y 1960au, weithiau yn dedfrydu cyfnodau hir yn y carchar dim ond er mwyn caniatáu amser ar gyfer ailhyfforddi.

Mae pobl sy'n beirniadu cyfundrefn carcharau Prydain heddiw yn dangos mai ychydig iawn a wneir i wella ymddygiad troseddwyr yn y carchar. Er hyn, mae gorchmynion adsefydlu cymunedol a gorchmynion cosb gymunedol (gweler Uned 15, Adran 15.7) yn enghreifftiau o ddedfrydau sy'n anelu'n bennaf at dywys y troseddwr i fywyd o barchu cyfreithiau a'i helpu i gadw'n rhydd o helynt. Yn aml, credir bod adsefydlu o fewn y gymuned yn arbennig o briodol ar gyfer troseddwyr iau.

Beirniadaethau adsefydlu

A yw dedfrydau er mwyn adsefydlu wedi llwyddo? Yn 1980 honnodd Bottoms fod:

'Cyfres o adroddiadau ymchwil negyddol wedi awgrymu - gyda rhai eithriadau prin nad ydynt yn amharu fawr ddim ar y casgliad - bod gwahanol fathau o driniaeth yn gwneud fawr ddim gwahaniaeth, neu ddim o gwbl, i gyfraddau ail-gollfarnu troseddwyr.' (Bottoms & Preston, *The Coming Penal Crisis*, 1980)

Y broblem yw bod adsefydlu'n debygol o effeithio ar gyfraddau aildroseddu dim ond os caiff ei ymarfer dros yr hirdymor. Am fod dedfrydu'n fater mor wleidyddol a damcaniaethau'n boblogaidd ac wedyn yn amhoblogaidd wrth i wahanol lywodraethau ddod i rym, mae'n amheus a wnaed unrhyw waith cyson ar adsefydlu yn y DU erioed. Nid oes neb yn awgrymu bod diwygio ymddygiad pob troseddwr yn waith hawdd, mwy nag yr awgrymir bod cael gwared ar dlodi neu ddod â phob rhyfel i ben yn hawdd. Mae'r problemau hyn yn barhaus ac yn hen iawn.

Fodd bynnag, beirniadwyd y model adsefydlu mewn sawl ffordd.

1. Colli urddas dynol

Gallai adsefydlu olygu bod y troseddwr, sydd bellach yn destun arbrofion, yn cael ei drin yn arbennig o lym. Mewn rhai gwledydd, mae triniaeth adsefydlu wedi golygu bod

---

Gweithgaredd 14.3

Mae tua 600 o fechgyn ifainc a dynion yn cael eu cadw yn Sefydliad Troseddwyr Ifainc Stoke Heath (YOI), sir Amwythig. Yn 2000, daeth y carchar i sylw'r cyfryngau pan argymhellodd adroddiad beirniadol gan Arolygwr Carchardai ei Mawrhydi na ddylid cadw neb mewn rhai mannau penodol o'r carchar nes bod yr amgylchiadau yno'n 'weddus ac yn drugarog'. Roedd llawer o'r carcharorion yn teimlo'n anniogel gan fod ymosodiadau a thrais yn digwydd yn gyson drwy'r unedau preswyl. Adroddwyd am 717 anaf i garcharorion o fewn wyth mis - mwy nag yr oedd y Prif Arolygwr wedi eu cofnodi erioed o'r blaen. Mae gan lawer o garcharorion ifanc Stoke Heath afiechydon meddwl, maent wedi bod yn gaeth i gyffuriau ac wedi dysgu eu gwerthoedd ar y stryd. I bob golwg, roeddent yn hyf, yn anaeddfed ac yn ansefydlog. Nododd yr adroddiad:

Mae'r llun hwn yn dagos carcharorion yn Sefydliad Troseddwyr Ifainc Feltham.

'Os gadewch blant dan glo yn eu celloedd am y diwrnod cyfan, bron, bob dydd, maent yn siŵr o deimlo'r angen i fynegi rhwystredigaeth eu blaenlencyndod ar ôl cael eu rhyddhau. Os na roddwch iddynt gyfleoedd da i wneud hyn... byddant yn defnyddio'u hegnïoedd mewn ffyrdd eraill, gan gynnwys yr ymladd a'r brwydro sy'n esbonio llawer o'r anafiadau a gofnodwyd.'

Awgrymai adroddiad yr ACM ateb i'r broblem hon. Dylid sicrhau bod dull o fyw'r troseddwyr yn llawn, yn weithgar a gyda bwriad, fel y ceir mewn sefydliadau eraill, ac yn eu galluogi i ddatblygu a dysgu ymddygiad da yn hytrach nag ymddygiad gwrthgymdeithasol. Cydnabuwyd y byddai angen gwario arian er mwyn gwneud hyn, yn enwedig ar hyfforddiant staff. Gofynnai'r adroddiad:

'Ond beth yw pwrpas gyrru plant a charcharorion ifanc i'r carchar os nad ydym yn bwriadu eu dysgu bod ffordd ddefnyddiol a chyfreithus o fyw eu bywydau, yn y carchar ac wedyn, os cawn ddyfynnu eto o Ddatganiad Cenhadaeth y Gwasanaeth Carcharau?'

O fewn blwyddyn, gwnaed nifer o newidiadau i'r drefn yn Stoke Heath. Roedd cyrsiau ar alcohol, rheoli dicter ac ymwybyddiaeth o ddioddefwyr ar gael, er ei bod hi'n anodd eu darparu ar gyfer pawb a âi drwy'r system. Roedd staff gofal iechyd yn gallu cynnig ystod o driniaethau dadwenwyno a seiliwyd ar anghenion yr unigolyn. Cafodd pob dyn ifanc swyddog 'personol'.

(a) Pa athrawiaeth ddedfrydu y mae'r adroddiad yn ei hargymell, yn ôl pob golwg, fel yr un fwyaf priodol i droseddwyr ifainc? I ba raddau y gweithredwyd yr awgrym hwn? (4)

(b) Rhowch y dadleuon o blaid ac yn erbyn y safbwynt bod adsefydlu'n bwysicach yn achos plant a phobl ifainc na throseddwyr hŷn. (4)

(c) Beth mae bywyd fel carcharor yn Stoke Heath yn ei awgrymu o ran y broblem o gynnig adsefydlu i bobl ifainc drwy eu cloi i fyny gyda throseddwyr ifainc eraill? (2)

troseddwyr yn gorfod dioddef cael electrodau wedi'u plannu yn eu hymennydd. Yn ystod y 1970au bu'n rhaid i bobl a gyflawnodd droseddau'n ymwneud â rhyw ddioddef arbrofion a ddefnyddiai triniaethau cyffuriau hormon. Byddai'r mwyafrif o bobl yn derbyn bod rhaid i droseddwyr ddisgwyl colli rhai o'u hawliau sifil, ond a ellir cyfiawnhau defnyddio bodau dynol ar gyfer arbrofion?

2. Camwahaniaethu'r sawl sydd dan anfantais
Mae Bottoms yn dadlau mai'r sefydliad dosbarth canol sy'n barnu, sy'n credu bod pobl addysgedig a breintiedig yn llai tebygol o fod angen eu diwygio na'r diddysg a'r tlawd.

3. Dedfrydau anghyfiawn
Mae'n bosibl y gall pobl a gafodd eu heuogfarnu mewn achosion llai difrifol gael eu cosbi am gyfnod hirach na'r rhai a gyflawnodd droseddau mwy difrifol lle defnyddiwyd y model adsefydlu. Gellir cadw troseddwr na chredir, yn gywir neu'n anghywir, ei fod wedi gwella o ran ei ymddygiad, yn y carchar nes y bydd ei ddedfryd wedi dirwyn i ben, tra bod person yr ystyrir ei fod wedi gwneud 'gwelliannau' (ond sydd er hynny'n euog o drosedd fwy difrifol) yn cael dedfryd ysgafnach am ei fod yn cael ei ryddhau'n gynnar.

14.7 Analluogi (amddiffyn y cyhoedd)

Mae'n amlwg nad yw troseddwyr sy'n cael eu carcharu, ac felly eu heithrio o gymdeithas yn gyffredinol, yn gallu aildroseddu (neu'n gwneud hynny dim ond o fewn muriau'r carchar). Yn yr ystyr cyfyng hwn, mae analluogi'n effeithiol. Fodd bynnag, mae cadw pobl yn y carchar yn eithriadol o ddrud, ac nid yw cadw carcharorion mewn carchar am oes yn ymarferol. Ers tro byd, ystyriwyd bod carchardai yn fannau lle gallai troseddwyr ddysgu mwy am droseddu, ac felly gellir dadlau eu bod yn gwneud mwy o ddrwg nag o les. Nifer fach o droseddwyr peryglus iawn yn unig sy'n cael eu carcharu am oes.

Mae'n bosibl y gellir dadlau dros symud math penodol o droseddwr difrifol sydd i bob golwg yn debygol iawn o aildroseddu o gyrraedd cymdeithas. Gall hyn fod yn arbennig o wir yn achos troseddwyr treisgar. Fodd bynnag, a allwn fod yn ffyddiog bod rhywun yn beryglus? A yw'n dderbyniol i garcharu rhywun am oes ar sail ei analluogi rhag troseddu eto yn unig? Mae Clarkson a Keating yn dadlau nad yw'n dderbyniol, yn rhannol am nad yw'n hawdd penderfynu a fydd rhywun yn beryglus am byth, ac yn rhannol oherwydd:

> 'Mewn egwyddor, mae'n anghywir i gosbi rhywun am yr hyn y gallent ei wneud yn y dyfodol.'
> (Clarkson & Keating, *Criminal Law*, 1998)

Er hyn, mae Clarkson a Keating o'r farn y gallai analluogi fod yn dderbyniol yn achos pobl sydd wedi dangos dro ar ôl tro nad ydynt yn gallu dysgu gwers yn sgil yr euogfarnau a'r dedfrydau a gafwyd yn y gorffennol.

Nid carcharu yw'r unig ffurf ar analluogi. Mae'n amlwg bod y gosb eithaf yn ffordd effeithiol o analluogi, ond felly hefyd mae gwahardd rhag gyrru a chyfundrefn gyrffiw. Un o fanteision dedfrydau o'r fath yw ei bod hi'n anoddach o lawer i yrrwr peryglus neu hwligan meddw aildroseddu, ond mae'n rhatach na'u gyrru i'r carchar.

14.8 Gwneud iawn

Mae gwneud iawn yn golygu bod rhaid i droseddwyr dalu'n ôl i'r dioddefwr, naill ai'n ariannol neu drwy ryw gyfrwng arall. Dan adran 130 o Ddeddf Pwerau'r Llysoedd Trosedd 2000, rhaid i'r llysoedd roi rhesymau dros beidio â llunio gorchymyn digolledu wrth ddedfrydu. Mae gwneud iawn hefyd yn rhan bwysig o gyfeirio rhywun i'r gyfundrefn Panel Troseddwyr Ifainc (gweler Uned 15, Adran 15.8). Mae dioddefwyr yn cael y cyfle i gyfarfod â'r troseddwr ifanc a threfnu iddynt wneud iawn. Mae gwneud gwaith llafurio fel rhan o orchymyn cosb gymunedol hefyd yn gysylltiedig â'r syniad o ddigolledu cymdeithas, rhywbeth a elwir yn 'adferiad'.

Gellir dadlau nad yw gwneud iawn yn fawr o gosb mewn llysoedd trosedd. Er enghraifft, nid yw dychwelyd gwerth nwyddau neu arian a ladratwyd ynddo'i hun yn golygu bod y troseddwr wedi dioddef colled, ac mae gan ddioddefwyr yr hawl i ddwyn achos sifil mewn camwedd oherwydd eu colled. Fodd bynnag, efallai y dylai'r llysoedd trosedd ddarparu iawndal, gan y byddai hynny'n golygu nad yw'r dioddefwr yn gorfod gwario, poeni a thrafferthu i fynd ar ôl y troseddwr eu hunain.

14.9 A yw cyfraddau ailgollfarnu yn dangos budd cael athrawiaeth ddedfrydu?

Gellir casglu tystiolaeth i ddangos llwyddiant polisïau a luniwyd i gadw pobl rhag troseddu drwy fesur nifer y troseddwyr sy'n aildroseddu. Gelwir person sy'n aildroseddu'n '**atgwympw**r'. Gelwir nifer y bobl o fewn y boblogaeth sy'n aildroseddu yn 'lefel **atgwympo**'. Os yw atgwympo'n is na'r hyn a fu cyn cyflwyno'r polisïau ataliol, yna gellid ystyried bod y polisïau wedi llwyddo. Gellid dadlau bod troseddwyr posibl wedi cael eu hatal gan y dedfrydau y gallent fod wedi'u derbyn. Gellid defnyddio'r un ffordd o fesur llwyddiant polisïau adsefydlu. Os sefydlir polisïau ar gyfer adsefydlu carcharorion, gellid ystyried bod cwymp yn y gyfradd ailgollfarnu'n ganlyniad i hyn.

Fodd bynnag, mae defnyddio'r model syml hwn o achos ac effaith yn codi nifer o broblemau. Ni ellir dibynnu ar ffigurau troseddu fel tystiolaeth ystadegol. Nid yw'r ffigurau ar gyfer troseddu yn dangos y troseddau hynny na chanfuwyd a allai newid wrth i ddulliau gweithredu'r heddlu newid, ac wrth i droseddwyr ddod yn fwy soffistigedig. Yn ogystal, mae'r ddedfryd a roddir i droseddwr yn ddim mwy nag un o blith nifer o ffactorau a fydd yn effeithio ar lefelau troseddu ar unrhyw adeg benodol. Gallai nifer o newidiadau o fewn cymdeithas, er enghraifft lefelau tlodi, gael effaith yn ogystal.

Mae'r sawl sy'n dadlau dros ddial neu amddiffyn y cyhoedd yn pryderu llai am gyfraddau ailgollfarnu. Yma, canolbwyntir ar ddelio â throseddu a gyflawnwyd eisoes, yn hytrach nag effeithio ar ymddygiad troseddwyr y dyfodol.

Crynodeb

1. Pam fod diffyg hyder yn y gyfundrefn ddedfrydu?

2. Beth yw'r pum prif ddamcaniaeth mewn perthynas â dedfrydu, a beth mae pob un yn ceisio'i gyflawni?

3. Beth yw manteision ac anfanteision pob damcaniaeth?

4. Beth yw'r damcaniaethau sy'n sail i bolisi dedfrydu heddiw a sut mae'r polisi wedi newid ers 1991?

5. A yw cyfraddau ailgollfarnu'n dangos budd cael athrawiaeth ddedfrydu?

Astudiaeth achos — Egwyddorion dedfrydu

Eitem A A yw'n werth troseddu yn yr Ynys Werdd?

O bosibl, yr Ynys Werdd yw'r lle gorau yn y byd i fynd i'r carchar. Mae unig garchar yr ynys, Anstalten for Domfaltde (Sefydliad i Garcharorion) yn caniatáu i'w charcharorion deithio i'w swyddi cyflogedig yn Nuuk, prifddinas yr Ynys Werdd, bob dydd. Telir eu cyflogau i mewn i gyfrifon arbennig a weinyddir gan brif warchodwr y carchar, sydd hefyd yn gweithredu fel math o ymgynghorydd ariannol. Mae carcharorion yn derbyn gwerth £40 o arian yr wythnos i'w wario a gallant ofyn am fwy o arian o'u cyfrifon i brynu nwyddau i'w defnyddio. Wedi rhai misoedd yn y carchar, mae carcharorion Anstalten yn aml yn berchen ar beiriannau fideo a wardrob yn llawn dillad newydd. O ddydd Llun hyd ddydd Gwener byddant yn gyrru eu hunain o'r carchar i'w swyddi bob bore ac yn dychwelyd gyda'r nos i'r carchar (gan alw yn y siop fideo, o bosibl, ar y ffordd).

Canolfan Gymunedol Nuuk, prifddinas yr Ynys Werdd, ar adeg etholiadau Tachwedd 2001.

Mae rhai pobl yn yr Ynys Werdd yn meddwl bod carcharorion Anstalten yn byw bywyd sy'n debyg iawn i bawb arall. Mae Jorgen Meyer, Cyfarwyddwr Cyffredinol heddlu'r ynys, yn amddiffyn cyfundrefn carcharu'r Ynys Werdd, fodd bynnag. Mae'n honni bod creulondeb carchardai traddodiadol yn caledu carcharorion fel eu bod yn debygol o aildroseddu. Ychydig yn unig o'r troseddwyr mwyaf difrifol sy'n cael eu dedfrydu gan ynadon i garchar mwy confensiynol yn Nenmarc (mae'r Ynys Werdd yn rhanbarth lled annibynnol o Ddenmarc).

Mae troseddwyr sy'n aildroseddu yr un mor gyffredin yn yr Ynys Werdd ag yn Nenmarc. Fel cyfran o'r boblogaeth, mae nifer y bobl a ddedfrydir i'r carchar yn yr Ynys Werdd yn uwch nag yn Nenmarc. Mae Meyer yn cyfaddef bod:

'trigolion yr Ynys Werdd yn fwyfwy argyhoeddedig o hyd nad yw'r gosb am droseddu ar yr ynys yn ddigonol.'

Addaswyd o 'Greenland calls time on the good life in prison', *Daily Telegraph*, 21 Hydref 2001.

Eitem B *Damcaniaeth Ddyngarol Cosbi*

Disgrifiwyd adsefydlu gan yr awdur, C.S. Lewis, fel 'damcaniaeth ddyngarol'. Yn ôl y ddamcaniaeth hon, roedd cosbi rhywun am eu bod yn haeddu hynny gyfystyr â dial barbaraidd. Mae'r ddamcaniaeth ddyngarol yn awgrymu mai'r unig gymhellion cywir dros gosbi yw datgymell neu adsefydlu. Roedd Lewis yn ysgrifennu yn y 1950au, cyfnod pan gysylltiwyd adsefydlu yn aml â'r syniad bod gan y sawl a droseddai ryw fath o anhwylder meddwl:

> 'Ar yr olwg gyntaf, felly, mae'n ymddangos ein bod ni wedi symud o'r syniad beirniadol a hunangyfiawn o sicrhau bod y drygionus yn derbyn eu haeddiant i'r syniad trugarog...o ofalu am y sawl sy'n dioddef anhwylder seicolegol.'

Beirniadodd Lewis y ddamcaniaeth ddyngarol ar sail y ffaith ei bod yn awgrymu y gellid 'symud troseddwyr o gylch cyfiawnder'. Pan na chymerir dim i ystyriaeth ond yr hyn fydd yn gwella neu atal ymddygiad troseddol, mae'n bosibl na ystyrir bellach bod gan droseddwr hawliau, ac y bydd yn troi'n glaf y gellir arbrofi arno. Fodd bynnag, mae'n bosibl na fydd gan garcharor, yn wahanol i glaf arferol, yr hawl i wrthod triniaeth. Pwrpas yr arbrawf yw ceisio profi effaith ataliol neu adsefydlu gwahanol ddedfrydau. Nid oes modd unioni materion moesol am yr hyn y mae troseddwr yn ei haeddu gydag argymhellion 'arbenigol' sy'n ceisio diwygio ac sy'n seiliedig ar dystiolaeth ystadegol. Mae Lewis yn rhybuddio yn erbyn y perygl y bydd dedfrydau diwygiol neu ataliol yn arwain at drin troseddwyr fel plant neu anifeiliaid nad ydynt yn gwybod yn well. Y cysylltiad rhwng cosb a chyfiawnder, mae Lewis yn dadlau, yw'r cysyniad o 'haeddiant'. Dylid cosbi oedolion ar sail y ffaith eu bod yn gwybod yn well, yn deall beth sy'n gywir ac yn anghywir. Nid yw eu trin yn ôl eu haeddiant yn greulon; eu trin fel bodau dynol ydyw.

Addaswyd o Lewis, C.S. *The Humanitarian Theory of Punishment*, 1953 a 'VI Res Judicatae 224' yn Clarkson & Keating, *Criminal Law*, 1998.

Cwestiynau

(a) Gan ddefnyddio Eitem A, atebwch y cwestiynau canlynol.

   i)   Pa derm y gellid ei roi i rywun sy'n aildroseddu o hyd? (2)

   ii) Esboniwch yr hyn sydd i'w gweld yn brif athrawiaeth dedfrydu yn yr Ynys Werdd. Defnyddiwch ddeunydd Eitem A i gefnogi'ch ateb. (6)

   iii) I bob golwg, a yw'r dull hwn o ddedfrydu'n cael effaith ar lefelau troseddu yn yr Ynys Werdd? (5)

   iv) I ba raddau y mae cyfundrefn ddedfrydu'r Ynys Werdd yn cyflawni nodau dial a datgymell? (10)

   v) Awgrymwch resymau pam fod rhai troseddwyr mwy difrifol yn cael eu gyrru i garchar confensiynol yn Nenmarc. (6)

(b) Gan ddefnyddio Eitem B, cyflawnwch y tasgau canlynol.

   i)   Yn fyr, crynhowch feirniadaeth Lewis o adsefydlu a datgymell. (5)

   ii) Esboniwch y dull dedfrydu y byddai ef yn ei ddewis, i bob golwg. (8)

   iii) Rhowch enghreifftiau o arbrofion adsefydlu 'creulon'. (8)

   iv) A yw adsefydlu o reidrwydd yn golygu trin troseddwyr yn annynol? Rhowch enghreifftiau o ddedfrydau sy'n anelu at adsefydlu ac sy'n rhoi mwy o ryddid nag a geir mewn carchar (darllenwch Uned 15 os byddwch angen cymorth). (6)

   v) A yw defnyddio ystadegau fel tystiolaeth o blaid neu yn erbyn datgymell ac adsefydlu yn codi unrhyw broblemau posibl? (6)

15.1 Dewis dedfryd – y broses ddedfrydu

Pan geir y person cyhuddedig yn euog, pwy sy'n penderfynu beth ddylai'r gosb fod a sut fydd hyn yn cael ei benderfynu? Yn Llys y Goron, os bydd rheithgor yn penderfynu bod rhywun yn euog, y barnwr yn unig sy'n penderfynu ar faint y ddedfryd. Yn y Llys Ynadon, mae'r ynadon yn penderfynu beth fydd y ddedfryd, er y gallant benderfynu rhoi'r achos yn nwylo Llys y Goron i'w ddedfrydu (gwneir hyn pan fo'r ynadon o'r farn bod angen dedfryd lymach na'r hyn y mae ganddynt yr awdurdod i'w roi).

Mae Deddfau Seneddol yn nodi'r mathau o ddedfryd a'r ddedfryd hiraf y gellir ei rhoi am drosedd. O fewn y fframwaith hwn, sut mae'r llysoedd yn penderfynu pa mor drugarog neu lym y dylai'r ddedfryd fod, yn achos troseddwr penodol? Tan 1991, roedd barnwyr yn gwbl ddibynnol ar yr hyn a elwir yn gyfundrefn dariff. Mae hyn yn golygu cyfeirio at ganllawiau bras a sefydlwyd gan y Llys Apêl. Yn y gorffennol, roedd y gyfundrefn yn caniatáu llawer o ddisgresiwn barnwrol. Er bod y gyfundrefn dariff yn weithredol o hyd, ceisiodd Deddf Cyfiawnder Troseddol 1991 sicrhau mwy o gysondeb dedfrydu rhwng barnwyr ac ynadon unigol drwy gyfyngu yn sylweddol ar eu disgresiwn. Gwnaed mwy o newidiadau i'r gyfundrefn gan Ddeddf Troseddau (Dedfrydau) 1997. Erbyn hyn, mae Deddf Cyfiawnder Troseddol 1991 a Deddf Troseddau (Dedfrydau) 1997 wedi'u cydgrynhoi yn un statud gan Ddeddf Pwerau Llysoedd Trosedd 2000.

Y gyfundrefn dariff

Defnyddiwyd y term 'cyfundrefn dariff' yn gyntaf yn 1980 fel rhan o astudiaeth gan David Thomas. Roedd yn disgrifio egwyddorion eang a esblygodd dros gyfnod o amser, yn bennaf drwy ganllawiau a sefydlwyd gan y Llys Apêl ar gyfer yr is-lysoedd. Mae'r Llys Apêl wedi cyflawni'r swyddogaeth hon ers cyfnod maith, ond ers i Ddeddf Trosedd ac Anhrefn droi'n gyfraith yn 1998, bu gan y Llys Apêl ddyletswydd statudol i sefydlu canllawiau o'r fath. Mae'r gyfundrefn dariff yn ymwneud â dedfrydau carcharol, cymunedol ac ariannol.

Seilir y gyfundrefn ar gymesuredd. Hynny yw, dylai pobl gyda chefndiroedd tebyg sy'n cyflawni troseddau tebyg dan amgylchiadau tebyg dderbyn dedfrydau tebyg. Er hyn, mae'r gyfundrefn dariff yn caniatáu llai o bwyslais ar gymesuredd mewn perthynas â throseddwyr mewn rhai categorïau penodol. Yr enw ar hyn yw pasio dedfryd unigol - gweler Blwch 15.1.

Blwch 15.1 *Dedfrydau unigol*

Mae dedfrydau unigol yn cael eu pasio pan fydd y llysoedd yn ceisio delio ag anghenion unigol y troseddwr yn hytrach na darparu dedfryd gymesur yn unig. Mae pedwar prif gategori lle gellir pasio dedfryd unigol.

1. Troseddwyr Ifainc

Yn y gorffennol, o bryd i'w gilydd dedfrydwyd troseddwyr ifainc i gyfnodau hir mewn borstal. Diddymwyd borstaliaid yn 1982. Bellach ceir Sefydliadau Troseddwyr Ifainc (neu YOI) a drafodir isod. Mae dedfryd i dreulio amser mewn sefydliad felly yn enghraifft o ddedfryd unigol i adsefydlu. Hynny yw, canolbwyntir ar ddiwygio yn hytrach na chosbi'r troseddwr.

2. Atgwympwr canolradd

Mae'r term 'atgwympwr' yn golygu rhywun sy'n aildroseddu. Pan fydd gan berson sydd wedi cyrraedd diwedd ei 20au neu ddechrau ei 30au hanes o gyflawni troseddau sy'n mynd yn ôl i'w plentyndod, mae'n bosibl y bydd y llysoedd yn barod i roi cyfnod profiannaeth yn hytrach na charcharu iddo, mewn ymgais i'w annog i newid.

3. Atgwympwyr annigonol

Troseddwyr sydd wedi cyflawni nifer o droseddau cymharol fach dros gyfnod hir o amser ac sydd i bob golwg heb ymateb i gyfnodau yn y carchar yw atgwympwyr annigonol. Unwaith eto, mae'n bosibl y rhoddir dedfryd a gyflawnir yn y gymuned iddynt yn hytrach na chyfnod mewn carchar.

4. Troseddwyr sy'n dioddef salwch meddwl

Lle bo hynny'n briodol, gellir cadw troseddwyr sy'n perthyn i'r categori hwn mewn ysbyty neu roi cyfnod profiannaeth iddynt ar yr amod eu bod yn derbyn triniaeth seiciatrig (trafodir dedfrydu dan Ddeddf Iechyd Meddwl 1983 isod).

Dedfrydau tariff

Os credir nad oes sail dros roi dedfryd unigol, defnyddir gyfundrefn dariff. Mae dau gam i'r gyfundrefn dariff:

- cyfrifo'r ddedfryd dariff cychwynnol

● cymhwyso'r egwyddorion tariff eilaidd.

1. Canfod y tariff cychwynnol

Mae hyn yn golygu canfod y lle iawn ar gyfer y troseddwr o fewn yr ystod y bernir ei bod yn safonol ar gyfer pob math o sefyllfa ffeithiol.

2. Ystyriaethau lliniarol a gwaethygol

Gellir lleihau'r tariff cychwynnol oherwydd ystyriaethau lliniarol, neu ei gynyddu oherwydd ystyriaethau gwaethygol (weithiau fe'u gelwir yn 'egwyddorion tariff eilaidd'). Ystyriaethau lliniarol yw'r rhai sy'n awgrymu cosb llai llym nag y byddai ffeithiau'r achos yn ei awgrymu fel arall. Dyma rai enghreifftiau:

a. Cythruddo - er enghraifft, os bu person a gollfarnwyd o ymosod mewn ffrae mewn tafarn yn destun gwawd neu os bu'n rhaid iddo ddioddef camdriniaeth hiliol, gall hyn olygu bod y ddedfryd a roddir yn llai nag arfer.

b. Ieuenctid neu henaint - er enghraifft, gellid barnu bod troseddwr ifanc wedi cael ei arwain ar gyfeiliorn gan gyd-droseddwr hŷn, ac efallai na fydd hen berson nad yw'n iach yn cael ei yrru i'r carchar gan na allai ddygymod â hynny gystal â pherson ifanc iach.

c. Meddwdod - bydd person sydd fel rheol yn dawel iawn ac sy'n rhoi dyrnaid byrbwyll yn yr wyneb i rywun pan fo dan ddylanwad diod yn cael ystyriaeth wahanol iawn i ymosodiad a fwriadwyd gerbron llaw.

ch. Cymeriad da yn y gorffennol.

d. Agwedd ac ymddygiad ar ôl troseddu - a oedd y troseddwr yn edifarhau? A wnaeth y troseddwr ddigolledu'r dioddefwr o'i wirfodd? A yw'r troseddwr wedi cydweithio â'r heddlu?

dd. Pledio'n euog - mewn ffordd, dyma enghraifft arall o agwedd ac ymddygiad wedi'r drosedd gan fod y diffynnydd sy'n cydnabod euogrwydd yn dechrau sylweddoli, o bosibl, nad oes esgus dros yr hyn a wnaeth.

Gall bodolaeth ystyriaethau gwaethygol beri bod y llys yn rhoi dedfryd lymach. Mae'r Llys Apêl wedi datgan mai'r ffordd gywir o ddelio gydag ystyriaethau gwaethygol yw anwybyddu unrhyw ffactorau lliniarol yn hytrach na rhoi dedfryd lymach na'r tariff cychwynnol ar unwaith.

Dan Ddeddf Cyfiawnder Troseddol a Threfn Gyhoeddus 1994 rhaid trin y ffaith bod trosedd wedi digwydd oherwydd cymhelliad hiliol fel ystyriaeth waethygol. Dyma enghreifftiau eraill o ystyriaethau gwaethygol:

a. Y ffaith fod y dioddefwr yn ifanc neu'n hen iawn, neu'n agored i niwed mewn ffordd arall.

b. Effaith y drosedd ar y dioddefwr, mewn achosion o drais rhywiol - mae pawb sy'n cael eu treisio'n rhywiol yn dioddef gofid a sioc, ond os bydd y dioddefwr yn dioddef niwed seicolegol penodol, bydd y ddedfryd yn llymach.

c. Mewn rhai achosion, yn enwedig troseddau moduro, y defnydd o alcohol a chyffuriau − rhybuddiodd y Llys Apêl ar un adeg y gallai'r rhai a 'grwydrai tafarnau ar olwynion' ddisgwyl dedfrydau llymach am achosi marwolaeth drwy yrru'n ddiofal.

ch. Cosbir trosedd a gynlluniwyd yn ofalus yn llymach nag un a gyflawnwyd yn fyrbwyll.

d. Y ffaith fod trosedd wedi digwydd tra oedd y troseddwr ar fechnïaeth.

dd. Collfarnau blaenorol perthnasol eraill (dyfernir 'perthnasol' yn ôl a oedd y collfarnau ar gyfer yr un math o drosedd).

15.2 Cefndir y troseddwr

Cyn cyflwyno dedfryd, rhaid i'r llys gasglu gwybodaeth ynglŷn â nifer o ffactorau:

1. A oes gan y troseddwr gollfarnau blaenorol?

2. Gwybodaeth gefndirol am amgylchiadau'r troseddwr

Bydd hyn yn cynnwys gwybodaeth am amgylchiadau'r teulu, swydd, ymddygiad ers cyflawni'r drosedd ac yn y blaen. Er mwyn casglu'r wybodaeth hon, mae'r llys yn gwneud cais am **adroddiad cyn dedfrydu (PSR)** gan y gwasanaeth prawf. Mae adroddiad cyn dedfrydu yn dylanwadu ar benderfyniadau megis a ddylid rhoi dedfryd garcharol neu ddedfryd gymunedol.

3. Adroddiadau meddygol

Mae adroddiadau meddygol yn arbennig o bwysig os yw'r llys yn ystyried defnyddio pwerau arbennig i draddodi'r troseddwr i ysbyty meddwl dan Ddeddf Iechyd Meddwl 1983 (gweler isod).

4. Sefyllfa ariannol y troseddwr

Mae sefyllfa ariannol y troseddwr yn arbennig o berthnasol pan fo'r llys yn dymuno gorfodi dirwy.

Y gyfundrefn dariff - esboniad

Yn **R v Billam (1986)**, nododd y Llys Apêl (Adran Droseddau) ganllawiau mewn perthynas â dedfrydau priodol ar gyfer trais rhywiol. Crynhowyd rhai ohonynt ar ffurf tabl ym Mlwch 15.2.

Blwch 15.2 *Canllawiau yn ymwneud â dedfrydau priodol ar gyfer trais rhywiol*

Y tariff cychwynnol

Ac eithrio mewn rhai achosion eithriadol iawn, mae trais rhywiol yn drosedd ddifrifol iawn sy'n cyfiawnhau dedfryd garcharol ar unwaith.

Trais rhywiol a gyflawnir gan oedolyn heb ystyriaethau gwaethygol neu liniarol.. 5 mlynedd

Trais rhywiol a gyflawnir gan ddau ddyn gyda'i gilydd neu yn dilyn herwgipio (neu amgylchiadau eraill amrywiol) .... 8 mlynedd

Mae'r diffynnydd wedi treisio nifer o fenywod... 15 mlynedd

Mae ymddygiad y diffynnydd yn dangos bod ganddo broblemau seicolegol difrifol a'i fod yn debygol o fod yn beryglus
am gyfnod amhenodol...Carchar am oes

Y tariff eilaidd

Rhai ffactorau gwaethygol	Rhai ffactorau lliniarol
Defnyddir mwy o drais na'r hyn oedd ei angen i gyflawni'r trais rhywiol.	Pledio'n euog – yn arbennig o bwysig oherwydd y gofid a achosir i'r dioddefwr yn y llys.
Defnyddir arf i ddychryn neu glwyfo.	Os oedd ymddygiad y dioddefwr wedi'i 'fwriadu i arwain y diffynnydd i gredu y byddai'n cydsynio i gyfathrach rywiol'
Mae gan y diffynnydd gollfarnau blaenorol am drais rhywiol neu droseddau difrifol eraill sy'n ymwneud â thrais neu droseddau rhywiol.	Cymeriad da yn y gorffennol, er bod hyn 'yn berthnasol i raddau yn unig'.
Bydd yr effaith ar y dioddefwr yn arbennig o ddifrifol.	

Gweithgaredd 15.1

Cyhuddwyd Ffred o dreisio Siw yn rhywiol. Mae wedi pledio'n euog. Ni chafodd ei gollfarnu yn y gorffennol am drais rhywiol. Mae'r dystiolaeth yn awgrymu nad yw'n debygol o droseddu eto, a'i fod wedi dangos llawer o edifeirwch. Am sawl mis wedi'r ymosodiad, dioddefodd Siw hunllefau difrifol ac iselder ysbryd. Mae ei meddyg wedi trefnu ei bod yn gadael ei gwaith am rai misoedd.

Awgrymwch ddedfryd briodol ar gyfer Ffred, wedi'i seilio ar ganllawiau'r Llys Apêl 1986. (6)

15.3 Deddf Pwerau Llysoedd Trosedd 2000

Mae Deddf Pwerau Llysoedd Trosedd 2000 yn cydgrynhoi dau ddarn pwysig o ddeddfwriaeth o'r 1990au, sef Deddf Cyfiawnder Troseddol 1991 a Deddf Troseddau (Dedfrydau) 1997

Deddf Cyfiawnder Troseddol 1991

Pasiwyd Deddf Cyfiawnder Troseddol 1991 (y CJA) yn rhannol oherwydd pryder y llywodraeth am y ffaith fod llymder dedfryd yn dibynnu i raddau helaeth ar ba farnwr oedd yn gwrando ar yr achos ac ym mha lys yr oedd y troseddwr yn cael ei brofi. Mewn rhai mannau, roedd y dedfrydau'n garedicach nag oeddent mewn mannau eraill. Nod y ddeddfwriaeth oedd sicrhau bod dedfrydau'n fwy cyson ymhlith y llysoedd na'r hyn a gaed o ganlyniad i'r gyfundrefn dariff a sicrhau bod y llysoedd yn canolbwyntio ar drefnu bod troseddwyr yn derbyn dim mwy na llai na'u haeddiant yn unig. Ceisiai'r Ddeddf sefydlu'r math o addalu a elwid yn 'haeddiant cyfiawn' fel prif nod dedfrydu (gweler Uned 14, Adran 14.4). Gwnaed hyn drwy leihau disgresiwn y barnwyr. Ni ellid pasio dedfrydau llym er mwyn atal trosedd. Rhaid bod y drosedd yn eu cyfiawnhau.

Effaith adran 1(2) yw na ddylid carcharu oni bai bod y drosedd mor ddifrifol fel na ellir cyfiawnhau unrhyw ddedfryd arall. Yn achos troseddwyr treisgar neu rywiol, carchariad yw'r unig ddedfryd a fydd yn amddiffyn y cyhoedd rhag troseddau difrifol.

Mae adran 2(2) o'r Ddeddf yn gwahardd yn benodol ddedfrydau a basiwyd i wneud esiampl o'r troseddwr.

Fodd bynnag, mae bwriad y Ddeddf a'r hyn a ddigwyddodd mewn gwirionedd yn ddau beth gwahanol. Datganodd y Llys Apêl yn *R v Cunningham (1993)* na ddylid dehongli 'difrifoldeb' trosedd o fewn ystyr y Ddeddf heb ystyried unrhyw agwedd arall. Mae hyn, felly, yn galluogi'r llysoedd i ystyried materion eraill. Mae hyn yn codi'r cwestiwn a yw'r gyfundrefn dariff wedi cael ei diwygio mewn gwirionedd. Nododd Adroddiad Halliday, *Making Punishments Work: a Review of the Sentencing Framework for England and Wales*, a gyhoeddwyd yn 2001:

> 'Mae'r gyfraith statud yn dibynnu llawer ar ddisgresiwn, i raddau sy'n arwain, yn anorfod, at anghysondeb.'

Deddf Troseddau (Dedfrydau) 1997

I raddau helaeth, ni ymyrrodd Deddf Troseddau (Dedfrydau) 1997 â fframwaith Deddf Cyfiawnder Troseddol 1991, ond ailgyflwynodd ddatgymell – gan geisio cadw'r troseddwr a'r boblogaeth yn gyffredinol rhag troseddu drwy ddedfrydu – fel polisi llywodraethol. Y prif newid oedd cyflwyno dedfrydau lleiaf ar gyfer y sawl a aildroseddai, mewn perthynas â throseddau rhyw, trais, rhai troseddau cyffuriau a bwrglera.

15.4 Dedfrydau carcharol

Carchar

Ar gyfer troseddwyr dros 21 oed, mae dedfryd garcharol yn golygu mynd i'r carchar (gweler Blwch 15.3). Er bod llawer o bobl ym Mhrydain yn credu nad yw ein cyfundrefn gyfreithiol yn ddigon llym, mae mwy o droseddwyr mewn carchar am oes ym Mhrydain nag yn unrhyw wlad arall yng Ngorllewin Ewrop. Ar ddiwedd 2001, roedd mwy na 68,000 o bobl yn y carchar, sef 51% yn fwy nag yn 1990. Am bob 100,000 o bobl yn y DU, mae 125 yn y carchar. Yn ôl ffigurau ymchwil y Swyddfa Gartref yn 1999, mae hyn yn golygu bod y DU mewn safle canolog ar restr y byd. O fewn yr Undeb Ewropeaidd dim ond Portiwgal sy'n carcharu mwy o droseddwyr. Rwsia sydd â'r nifer fwyaf o bobl yn y carchar yn y byd, sef 685 o bob 100,000 o bobl.

Gweithgaredd 15.2

Adroddiad Halliday – rhai argymhellion yn ymwneud â rhyddhau troseddwyr yn gynnar o'r carchar a'u goruchwylio yn y gymuned

Roedd Adroddiad Halliday, a gyhoeddwyd yn 2001, yn cynnwys adolygiad o bolisi ac arferion dedfrydu a gomisiynwyd gan y llywodraeth cyn iddi ddiwygio'r gyfundrefn cyfiawnder troseddol. Datganodd John Halliday, cadeirydd yr archwiliad, y byddai cost ychwanegol ei ddiwygiadau'n amrywio rhwng £300 miliwn y flwyddyn a £700 miliwn, gan ddibynnu ar y dewis a wnaed rhwng y polisïau 'mwyaf trugarog' neu 'lymaf'. Roedd y costau hyn yn cynnwys ehangu'r rhaglenni adsefydlu a gynhaliwyd gan y gwasanaeth prawf o fewn a'r tu allan i garchar. Dyma rai o argymhellion yr adroddiad:

1. Dylid cadw at yr athrawiaeth 'haeddiant cyfiawn' a fodolai yn barod yn Neddf 1991 ond dylid ei haddasu. Dylid tybio bod llymder dedfryd yn cynyddu yn ôl nifer collfarnau'r troseddwr. Mae'r cynnig hwn yn dangos ffrwyth ymchwil sy'n awgrymu bod tua 10% o'r 1 filiwn neu fwy o droseddwyr sydd ar waith yn gyfrifol am tua hanner y troseddau. Hynny yw, os bydd cnewyllyn bychan o droseddwyr yn derbyn dedfrydau llym, gallai hyn gynyddu effaith cosbi ar ffigurau trosedd.

2. Dylid carcharu dim ond pan na fyddai unrhyw ddedfryd arall yn briodol ar gyfer difrifoldeb y drosedd, gan gadw mewn cof hanes y troseddwr o ran cyflawni troseddau.

3. Dylai'r Swyddfa Gartref sicrhau bod ffigurau ar gael sy'n ymwneud ag effeithiolrwydd gwahanol ddedfrydau a'r cysondeb rhwng gwahanol feysydd. Dylid sicrhau bod barnwyr a chyfreithwyr yn gyfarwydd â'r wybodaeth hon.

4. Dylai dedfrydau o gaethiwed sy'n para llai na 12 mis olygu tri mis yn y carchar, a'r gweddill yn y gymuned dan oruchwyliaeth. Gallai torri'r gorchmynion goruchwylio olygu y bydd y troseddwr yn dychwelyd i'r carchar.

5. Yn achos dedfrydau o fwy na 12 mis, dylid treulio hanner y cyfnod yn y carchar a'r gweddill yn y gymuned, unwaith eto dan oruchwyliaeth ac amodau penodol.

Roedd arbenigwyr ym maes cyfiawnder troseddol yn ofni y byddai cynnydd yn nifer y troseddwyr yn y carchar pe bai'r cynigion hyn yn cael eu gweithredu. Er y byddai llawer llai o fân droseddwyr yn cael eu gyrru i'r carchar 'drwy'r drws blaen' gan y llysoedd, y ddadl oedd y gallent fynd yno 'drwy'r drws cefn' am eu bod yn torri amodau'r gorchmynion cosb gymunedol.

Addaswyd o Adroddiad Halliday, *Making Punishments Work: a Review of the Sentencing Framework for England and Wales*, 2001 a *The Guardian*, 6 Gorffennaf 2001.

(a) Esboniwch beth a olygir gan yr 'athrawiaeth a fodolai yn barod yn Neddf 1991'. **(3)**

(b) Beth oedd y rheswm dros gredu bod angen diwygio'r gyfundrefn dariff yn 1991? **(2)**

(c) Pa awgrymiadau a wneir a fyddai'n sicrhau mwy o gysondeb rhwng dedfrydau a basiwyd gan wahanol farnwyr? **(5)**

(ch) A yw'r cynigion hyn yn pwysleisio carcharu pobl am gyfnodau hir fel cosb neu er mwyn eu diwygio, yn bennaf? **(4)**

Blwch 15.3 *Carchar ym Mhrydain*

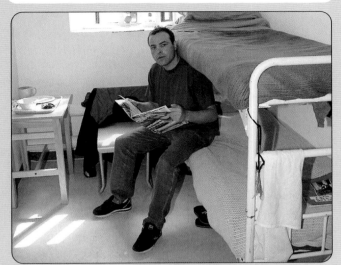

Mae'r llun hwn yn dangos carcharor yng ngharchar Wormwood Scrubs.

A yw carchardai'n rhy gyfforddus neu'n rhy ddidostur?

Bu pryderon am rai blynyddoedd ynghylch amodau byw carchardai, er ei bod yn anodd i'r Gwasanaeth Carchardai fodloni honiadau gwrthwynebus fod carchardai'n rhy gyffyrddus neu'n rhy ddidostur, fel y nododd Prif Arolygydd y Carchardai yn 2000. Nid yw'n syndod bod y carchardai'n orlawn, o gofio'r cynnydd yn nifer y carcharorion. Yn 1999-2000, roedd tua 20% o garcharorion yn rhannu cell a gynlluniwyd ar gyfer un person.

Un o'r beirniadaethau mwyaf difrifol sy'n ymwneud â charchardai, fodd bynnag, yw pan brofir dirywiad yn nisgyblaeth a threfn y carchardai. Mewn rhai carchardai, mewn profion ar hap, bu i gynifer â thraean o garcharorion ddangos ôl defnyddio cyffuriau. Ac yn ystod y blynyddoedd diwethaf, bu nifer o derfysgoedd mewn carchardai, y gwaethaf ohonynt yng Ngharchar Strangeways yn 1990. Yn yr achos olaf, collodd y swyddogion reolaeth yn llwyr, a pharhaodd y terfysg am sawl diwrnod. Yn sgil terfysg Strangeways, gofynnwyd i Arglwydd Woolf gynnal ymchwiliad. Nododd mai gorlenwi oedd un o nodweddion mwyaf distrywiol bywyd mewn carchar. Argymhellodd y dylid cynyddu maint yr amser a dreuliwyd gan garcharorion ar weithgareddau defnyddiol. Bu llawer o ddadlau ynghylch faint sydd wedi newid ers Adroddiad Woolf.

Yn 2000, ysgrifennodd Joe Levenson, aelod o Ymddiriedolaeth Diwygio'r Carchardai, sy'n ymgyrchu ar gyfer newid o fewn carchardai:

'Er bod rhai carchardai yn darparu amgylcheddau diogel ac adeiladol ar gyfer carcharorion, mae

rheswm i bryderu dros nifer y carchardai sy'n orlawn, yn cynnig fawr ddim gweithgarwch defnyddiol i garcharorion ac sy'n beryglus i garcharorion a staff. Hyd nes bydd y carchardai diffygiol hyn yn gwella'n sylweddol, ni fyddant yn effeithiol o ran helpu troseddwyr i gadw rhag troseddu ar ôl cael eu rhyddhau.'

Bob blwyddyn, mae tua 100 o bobl yn cyflawni hunanladdiad yn y carchar.

Y rheolau ynghylch rhyddhau'n gynnar

Mae llawer o droseddwyr yn cael eu rhyddhau o'r carchar yn gynnar. Cyn Deddf Cyfiawnder Troseddol 1991 gallai troseddwr adael y carchar yn gynnar oherwydd ymddygiad da (a elwid yn 'ddilead') neu dan gyfundrefn a elwid yn 'parôl', a oruchwyliwyd gan asiantaeth o'r enw'r Bwrdd Parôl. Dan y gyfundrefn hon, pe bai troseddwr yn aildroseddu ar ôl cael ei ryddhau yn ôl argymhelliad y Bwrdd Parôl ond yn ystod cyfnod y ddedfryd wreiddiol, gallai gael ei ddwyn yn ôl i'r carchar i orffen ei gyfnod yno.

Diddymodd Deddf 1991 ddilead a pharôl, gan eu cyfnewid am y syniad o ryddhau cynnar. Mae rhyddhau cynnar yn gwahaniaethu rhwng dau grŵp:

- y sawl a ddedfrydir am gyfnod hyd at bedair blynedd
- y sawl a ddedfrydir am gyfnod o fwy na phedair blynedd.

1. Y sawl a ddedfrydir i bedair blynedd neu lai

Rhyddheir troseddwyr yn awtomatig ar ôl cyflawni hanner eu cyfnod yn y carchar. Os yw dedfryd y llys yn fwy na blwyddyn, bydd y rhyddhau cynnar 'dan drwydded', sy'n golygu bod y Gwasanaeth Prawf yn monitro ac yn goruchwylio'r troseddwr. Os bydd y troseddwr yn torri amodau'r drwydded, bydd gan y Bwrdd Parôl yr hawl i'w dychwelyd i'r carchar i gwblhau'r ddedfryd wreiddiol.

Pan ryddheir troseddwyr yn gynnar, mae'n bosibl y cânt eu rhyddhau ar yr amod eu bod yn cadw at gyrffiw. Mae hyn yn golygu y disgwylir i droseddwr aros adref yn ystod oriau'r nos. Er bod rhyddhau'n gynnar ar gynllun cyrffiw wedi cael ei feirniadu gan rai, dim ond 5% o garcharorion dan orchmynion cyrffiw a ddychwelodd i'r carchar rhwng 1999 a diwedd 2001, y rhan fwyaf ohonynt am dorri'r cyrffiw yn hytrach nag am gyflawni troseddau eraill.

2. Y sawl a ddedfrydir i fwy na phedair blynedd

Gellir rhyddhau carcharorion a ddedfrydwyd i fwy na phedair blynedd dan drwydded wedi iddynt gyflawni rhwng hanner a dwy ran o dair o'u dedfryd. Mae pryd yn union y rhyddheir y carcharor yn dibynnu ar argymhelliad y Bwrdd Parôl. Os caniateir rhyddhau'n gynnar, bydd y troseddwr dan drwydded nes y bydd wedi cyflawni tri chwarter ei ddedfryd.

Gweithgaredd 15.3

Dedfrydwyd Sam i garchar am oes am gymryd rhan mewn lladrad arfog, pan ymosodwyd ar swyddfa bost. Saethodd Sam ddryll a anafodd un o staff y swyddfa bost yn ddifrifol.

Trafodwch pryd y gellid rhyddhau Sam o'r carchar. Beth fydd yn digwydd os torrir amodau unrhyw drwydded sy'n gysylltiedig â'i ryddhau? (4)

Sam

15.5 Dedfryd ohiriedig a rhyddhad

Dedfrydau gohiriedig

Yn achos dedfrydau o hyd at ddwy flynedd o garchar, gall y llys orchymyn bod y ddedfryd yn cael ei gohirio. Mae hyn yn golygu na fydd y ddedfryd yn weithredol oni bai bod y troseddwr yn cyflawni trosedd arall sy'n haeddu carchar o fewn cyfnod a nodir gan y llys. Rhaid i'r cyfnod

Gweithgaredd 15.4

Cyfaddefodd Doreen Marshall, 69 oed, ei bod wedi malu 45 o dabledi cysgu a'u rhoi ym mwyd Cecilia, ei mam 90 oed. Roedd Cecilia yn byw mewn cartref preswyl yn Luton. Roedd hi'n trochi ei hun yn aml ac wedi bod yn dioddef iselder ysbryd ers blynyddoedd. Er iddi fynd yn anymwybodol oherwydd y tabledi, gwellodd ei chyflwr yn ddiweddarach. Cyhuddwyd Doreen o geisio llofruddio ei mam. Dywedodd wrth yr heddlu ei bod hi'n dymuno i'w mam gysgu ac iddi beidio â gorfod dioddef. Dywedodd hefyd, 'Dwi ddim yn 'difaru. Yr unig beth dwi'n 'difaru yw na wnaeth e lwyddo'.

Dywedodd barnwr yr achos, y Barnwr Rodwell, ei fod yn cytuno bod cyflwr y fam yn 'druenus y tu hwnt i bob crediniaeth', a bod Doreen yn ceisio lladd er tosturi i'w mam. Roedd difrifoldeb y drosedd yn golygu bod rhaid dedfrydu i garchar ond oherwydd amgylchiadau eithriadol, credai'r barnwr y gellid gohirio'r ddedfryd. Rhoddwyd dedfryd o garchar am 12 mis, wedi'i hatal am 2 flynedd.

Addaswyd o *The Independent,* 29 Medi 2001.

(a) **Beth yw ystyriaethau lliniarol? (2)**

(b) **Pa ystyriaethau lliniarol a geir yma? (3)**

(c) **Dan ba amgylchiadau y bydd Doreen Marshall yn treulio amser yn y carchar? (2)**

(ch) **Sut y gellid dadlau yn erbyn y penderfyniad i gyflwyno dedfryd ohiriedig yn yr achos hwn? (6)**

(d) **Pe bai Doreen Marshall wedi derbyn dedfryd o garchar ar unwaith, beth fyddai dyddiad cynharaf ei rhyddhau? (2)**

---

hwn fod rhwng un a dwy flynedd.

Gellid meddwl y byddai'r defnydd o ddedfrydau gohiriedig yn lleihau'r nifer sydd yn y carchar, ond i bob golwg, mae wedi arwain at gynnydd yn y gorffennol. Weithiau defnyddiwyd dedfrydau gohiriedig yn lle dedfryd gymunedol ac felly, os aildroseddai'r troseddwr, fe'i gyrrwyd i'r carchar. Yn ôl a.5 o Ddeddf Cyfiawnder Troseddol 1991, felly, gofynnwyd i'r llys sicrhau na roddwyd dedfryd ohiriedig ac eithrio pan fod amgylchiadau eithriadol yn bodoli ac y byddai'r troseddwr wedi cael ei garcharu fel arall. Ers pasio'r Ddeddf hon, anaml iawn y rhoddwyd dedfrydau gohiriedig.

Rhyddhad

Gall y llys ryddhau person a gafodd ei euogfarnu o drosedd sy'n haeddu carchar. Gall y rhyddhad fod yn ddiamod neu'n amodol. Mae **rhyddhad diamod** yn golygu na chymerir unrhyw gamau o gwbl. Mae'r ddedfryd hon yn briodol pan fo'r troseddwr yn torri'r gyfraith ond na fyddai'r un person rhesymol yn dymuno ei gosbi. Mae **rhyddhad amodol**, ar y llaw arall, yn golygu na chosbir y troseddwr oni bai ei fod yn cyflawni trosedd arall o fewn cyfnod o amser penodol. Pe bai hynny'n digwydd, byddai'r troseddwr yn cael ei ddwyn gerbron y llys unwaith eto ac yn cael dedfryd (yn wahanol i'r ddedfryd ohiriedig, nid yw'r troseddwr yn gwybod beth fydd y gosb). Gellir rhoi rhyddhad amodol i droseddwyr pan fydd amgylchiadau lliniarol amlwg yn bodoli.

15.6 Dedfrydau ariannol

Dirwyon

Gellir rhoi dirwy am unrhyw drosedd, bron. Mae troseddau a glywir yn y Llys Ynadon yn derbyn y ddirwy fwyaf. Nid oes mwyafswm yn Llys y Goron. Un o fanteision dirwy o'i gymharu â charchar yw nad yw'n effeithio ar ragolygon gyrfa'r troseddwr yn yr un ffordd. Mae rhywfaint o dystiolaeth yn awgrymu bod troseddwyr sy'n derbyn dirwyon yn llai tebygol o aildroseddu na throseddwyr sy'n derbyn dedfrydau eraill. I raddau, gall dedfryd amrywio yn ôl yr hyn y mae troseddwr yn ei ennill, gan fod llys yn gallu cymryd hyn i ystyriaeth. Gellir tynnu dirwy o gyflog drwy ddefnyddio 'gorchymyn atal cyflog'.

Rhoddir amlinelliad o orchmynion ariannol eraill ym Mlwch 15.4.

15.7 Dedfrydau cymunedol

Ers sefydlu Deddf Cyfiawnder Troseddol a Gwasanaethau'r Llysoedd 2000, mae dedfrydau yn y gymuned wedi cael enwau newydd.

Blwch 15.4 *Dedfrydau ariannol eraill*

Gorchmynion digolledu

Nod y gorchmynion llys hyn yw sicrhau bod y troseddwr yn digolledu'r dioddefwr am ei drosedd, yn hytrach na thalu'r wladwriaeth. Mae enghreifftiau o orchmynion digolledu'n cynnwys talu arian am anaf neu golled a dychwelyd eiddo a ladratawyd.

Gorchmynion atafaelu

Mae Deddf Elw Troseddau 2002 yn caniatáu i unrhyw elw a wnaed gan droseddwr o ganlyniad i'w drosedd gael ei gymryd oddi ar y diffynnydd wedi iddo gael ei gollfarnu. Pwrpas achosion atafaelu yw adennill y budd ariannol a gafodd y troseddwr o ganlyniad i'w drosedd. Mae'r llys yn cyfrif gwerth y budd hwnnw ac yn gallu gorchymyn y troseddwr i dalu swm cyfatebol. Cynhelir yr achosion yn unol â safon prawf ar gyfer achosion sifil - hy ar sail tebygolrwydd. Mae'r Ddeddf yn cynnwys darpariaethau i sefydlu Asiantaeth Adennill Asedau.

Gorchmynion fforffedu

Defnyddir gorchmynion fforffedu i gipio a dinistrio deunydd anghyfreithlon, er enghraifft cyffuriau.

---

1. Gorchmynion adsefydlu cymunedol (a elwid gynt yn 'brofiannaeth')

Yn achos gorchmynion adsefydlu cymunedol, yn hytrach na chael ei garcharu, mae troseddwr yn gorfod cyfarfod yn gyson â swyddog profiannaeth sydd yno i oruchwylio'r troseddwr a sicrhau nad yw'n aildroseddu. Fel rheol, mae amodau ynghlwm â gorchymyn adsefydlu cymunedol. Er enghraifft, mae'n bosibl y bydd rhaid i'r troseddwr fyw mewn hostel profiannaeth neu wneud gweithgareddau arbennig am hyd at 60 diwrnod, neu dderbyn triniaeth seiciatrig. Gall gorchmynion adsefydlu cymunedol bara o chwe mis hyd at dair blynedd. Pan dorrir amodau, mae gan y swyddog profiannaeth yr hawl i ddychwelyd y troseddwr i'r llys i gael dedfryd arall.

Mae ymchwil Mair a May yn *Offenders on Probation*, 1997, yn awgrymu bod 90% o'r sawl a dderbyniodd gyfnod profiannaeth yn credu ei fod wedi bod o werth, yn aml am eu bod yn teimlo bod gallu siarad â pherson annibynnol yn beth defnyddiol.

2. Gorchmynion cosbi cymunedol (a elwid gynt yn 'wasanaeth cymunedol')

Mae gorchmynion cosbi cymunedol yn gofyn bod y troseddwr yn treulio nifer benodol o oriau'n gweithio heb gyflog er lles y gymuned. Mae'r gwaith a gyflawnir yn cynnwys prosiectau cadwraeth awyr agored a thasgau corfforol eraill. Mae'r Gwasanaeth Prawf yn goruchwylio gorchmynion cosbi cymunedol. Gellir gweithio hyd at 240 awr. Os na fydd troseddwr yn dod i'w gwaith, neu'n torri amodau ei orchymyn mewn modd arall, gall gael ei ddwyn yn ôl i'r llys. Mae gan y llysoedd ystod o rymoedd dan yr amgylchiadau hyn, gan gynnwys pasio dedfryd newydd ar gyfer y drosedd wreiddiol.

3. Gorchmynion cosbi ac adsefydlu cymunedol (a elwid gynt yn 'orchmynion cyfun')

Dan rai amgylchiadau penodol, gall y llysoedd gyfuno gorchmynion adsefydlu cymunedol ag elfen o gosbi. Mae'r gorchymyn hwn, sy'n fwy hyblyg, yn rhoi'r cyfle i roi dedfryd sydd wedi'i theilwra yn fwy ar gyfer yr unigolyn.

4. Gorchmynion cyrffiw

Cyflwynwyd gorchmynion cyrffiw ar ddiwedd y 1990au. Rhaid i'r troseddwr aros gartref neu mewn man arall rhwng oriau penodol, fel rheol wedi i'r haul fachlud. Gorfodir y cyrffiw drwy ddefnyddio dyfais dagio electronig sy'n nodi symudiadau'r troseddwr (gweler Blwch 15.5). Cwmni sector preifat sy'n gyfrifol am fonitro'r cyrffiw. Anaml y bydd y llys yn pasio gorchymyn cyrffiw fel dedfryd ar wahân. Fel rheol, fe'u defnyddir mewn perthynas â charcharorion ar gynllun rhyddhau'n gynnar (gweler Adran 15.4 uchod).

Blwch 15.5 *Tagio electronig*

Mae'r llun hwn o heddwas yn dangos y math o dag electronig y byddai'r cyn-Weinidog Cabinet, Jonathan Aitken, yn ei wisgo. Mae'r tag yn sicrhau y gellir dilyn symudiadau'r troseddwr.

---

5. Gorchmynion triniaeth a phrofi am gyffuriau

Ers i Ddeddf Trosedd ac Anhrefn 1998 ddod yn gyfraith, gellir dedfrydu troseddwyr cyffuriau i hyd at dair blynedd mewn canolfan gyffuriau breswyl neu ddibreswyl. Mae hon yn ddedfryd gymunedol, nid yn ddedfryd garcharol. Rhaid bod y troseddwr yn barod i gymryd rhan yn y driniaeth cyn y gall y llysoedd roi'r ddedfryd hon. Roedd cynlluniau peilot a gynhaliwyd yn 1998 yn tueddu i ddangos bod y gorchymyn yn llwyddo'n aml i wella ymddygiad y sawl a gymerai cyffuriau.

15.8 Dedfrydau ar gyfer troseddwyr iau

Ac eithrio dan amgylchiadau anarferol iawn, mae'r llysoedd yn delio â throseddwyr dros ddeg oed yn unig. Mae Llysoedd Ynadon arbennig o'r enw 'Llysoedd Ieuenctid' yn delio â throseddwyr ifainc. Hyd yn ddiweddar, fe'u gelwid yn 'Llysoedd Plant'. Ni all y llysoedd roi'r mwyafrif o ddedfrydau a roddir i oedolion i bobl ifainc dan 18 oed, ond gellir rhoi dirwy a rhyddhau troseddwyr ifainc dros ddeg oed. Ers 2002, mae llawer o bobl ifainc sy'n wynebu Panel Troseddwyr Ifainc yn derbyn gorchymyn cyfeirio. Mae Panel Troseddwyr Ifainc lleol, yn cynnwys gwirfoddolwyr o bob rhan o'r gymuned, sy'n dyfeisio ac yn llunio cytundeb â'r person ifanc i'w helpu i wneud yn iawn am ei drosedd. Gall hyn gynnwys digolledu'r dioddefwr yn uniongyrchol.

Cyflwynodd Deddf Cyfiawnder Troseddol 1991 elfen o fai ar rieni. Mae gan y llysoedd y grym i ddirwyo rhieni os cyflawnir trosedd arall wedi iddynt gytuno i reoli'u plentyn ar ôl iddo droseddu. Yn ogystal, gellir cyflwyno gorchmynion magu plant, er enghraifft pan fydd angen i rieni fynychu sesiynau arweiniad neu gynghori i'w helpu i newid ymddygiad eu plentyn.

Gorchmynion cadw a hyfforddi

Pan fydd llys yn awyddus i orfodi dedfryd garcharol ar droseddwr llai na 18 oed, fe'u gyrrir i ganolfan arbennig yn hytrach na charchar i oedolion. Fel y gellir disgwyl yn achos y grŵp oedran hwn, rhoddir mwy o bwyslais ar addysg a hyfforddiant nag a geir mewn carchardai. Treulir hanner y ddedfryd mewn caethiwed a hanner dan oruchwyliaeth yn y gymuned.

Sefydliadau Troseddwyr Ifainc

Er bod carchardai ar gael dim ond i bobl 21 oed neu fwy, mae unedau cadw diogel a elwir yn Sefydliadau Troseddwyr Ifainc yn bodoli ar gyfer y rhai sydd rhwng 18 a 20 oed. Nid yw'r ddedfryd uchaf ar gyfer troseddwyr o fewn y grŵp oedran hwn yn wahanol i oedolion eraill ac felly, os bydd angen, gellir trosglwyddo troseddwr ifanc i garchar arferol pan fydd yn 21 oed.

Gorchmynion canolfan presenoldeb

Gweinyddir canolfannau presenoldeb gan y gwasanaeth prawf ac maent yn rhoi hyfforddiant i bawb a yrrir yno. Mae'r ddedfryd hon ar gael i bobl ifainc dan 21 oed. Mae'n bosibl y bydd rhaid i'r troseddwr fynychu'r ganolfan am un neu ddwy awr yr wythnos am gyfnod penodedig.

Gorchmynion cynllun gweithredu

Dan Ddeddf Trosedd ac Anhrefn 1998, crëwyd gorchymyn cymunedol newydd i greu cynlluniau gweithredu ar gyfer pobl ifainc dan 18 oed. Daeth hwn yn sgil Papur Gwyn a ddadleuai dros ddedfryd a gynigiai 'rhaglen fer, ddwys o ymyrraeth gan y gymuned yn cyfuno cosb, adsefydlu a gwneud iawn er mwyn newid ymddygiad troseddol ac atal mwy o drosedd'. Mae'r troseddwr yn cael ei fonitro ac yn gorfod cydymffurfio, dros gyfnod o dri mis, ag amodau'n ymwneud â chyfranogi mewn gweithgareddau penodol, megis gwaith hyfforddi neu wirfoddol, osgoi mannau penodol, mynd i ganolfannau presenoldeb a digolledu.

Gorchmynion goruchwylio

Dan orchmynion goruchwylio, mae pobl ifainc rhwng 10 ac 17 oed yn cael eu goruchwylio gan staff hyfforddedig ar gyfer cael eu hadsefydlu. Mae hon yn ddedfryd debyg i orchmynion adsefydlu cymunedol.

Rhybuddion gan yr heddlu

Gall yr heddlu ddelio â throseddwyr ifainc heb ddwyn yr achos gerbron llys. Lle ceir tystiolaeth bod plentyn wedi troseddu ac mae'r plentyn yn cyfaddef i hynny, gall yr heddlu roi rhybudd ffurfiol a chyfeirio'r troseddwr i Dîm Troseddau'r Ifanc, a fydd yn trefnu bod y plentyn yn cymryd rhan mewn cynllun adsefydlu. Fodd bynnag, dan Ddeddf Trosedd ac Anhrefn 1998, cyfyngir ar y nifer o weithiau y gellir rhoi rhybudd heb i'r troseddwr gael ei ddwyn gerbron y llys. Dylid defnyddio rhybuddion dim ond pan na fyddai erlyniad er budd y cyhoedd.

Gweithgaredd 15.5

Gellir cael hyd at ddwy flynedd o garchar neu ddirwy neu'r ddau am yrru'n beryglus. Blwyddyn yw lleiafswm y gwaharddiad gyrru, a rhaid i'r llys orchymyn bod y troseddwr yn ailsefyll ei brawf gyrru. Fel yn achos pob trosedd lle mae'r llys yn ystyried dedfryd garcharol, gall y llys benderfynu bod dewis arall, yn hytrach na chaethiwed, yn briodol. Mae enghreifftiau o yrru peryglus yn cynnwys anwybyddu goleuadau coch a mynd ar y palmant wrth yrru'n gyflym.

Collfarnwyd Nic, 17 oed, o yrru'n ddiofal pan yrrodd drwy olau coch. Wrth iddo wyro i osgoi cerbyd arall, achosodd gwerth £300 o niwed i ffens a llidiart gardd. Roedd Nic wedi derbyn dau rybudd gan yr heddlu am fân fandaliaeth flwyddyn ynghynt.

(a) Pa ddedfryd(au) fyddai fwyaf priodol? Esboniwch eich ateb. (6)

15.9 Dedfrydau eraill

Yn fyr, dylid nodi dedfrydau eraill y gellir eu defnyddio mewn perthynas ag amgylchiadau penodol neu fathau o drosedd.

Gorchmynion iechyd meddwl

Dan Ddeddf Iechyd Meddwl 1983, pan gyflawnwyd trosedd sy'n haeddu carchar, mae gan y llysoedd yr hawl i orchymyn cadw'r troseddwr mewn ysbyty fel y gall dderbyn triniaeth ar gyfer anhwylder meddwl neu anhwylder seiciatrig. Weithiau gelwir y math hwn o ddedfryd yn 'adrannu', sef term a ddefnyddir am fod nifer o wahanol orchmynion y gellir eu gwneud dan wahanol adrannau'r Ddeddf.

Gorchmynion ymddygiad gwrthgymdeithasol

Dan adran 1 o Ddeddf Trosedd ac Anhrefn 1998, gall yr heddlu neu awdurdod lleol wneud cais i'r Llys Ynadon am orchymyn ymddygiad gwrthgymdeithasol. Mae gan y llys y pŵer i atal rhywun rhag gwneud rhywbeth, er enghraifft mynd i le neu ardal benodol. Gellir cyflwyno gorchmynion ymddygiad gwrthgymdeithasol i bobl o unrhyw oedran, ond maent yn fwy tebygol o gael eu defnyddio yn erbyn pobl ifainc sydd i'w gweld yn aflonyddu neu'n peri gofid i bobl mewn cymdogaeth benodol, er enghraifft drwy fandaliaeth barhaus neu frawychu hen bobl. Gorchmynion sifil yw gorchmynion ymddygiad gwrthgymdeithasol, ond gellir rhoi cosbau troseddol os torrir y gorchmynion hyn.

Gwahardd gyrru

Mae gan y llysoedd yr hawl i wahardd troseddwr rhag gyrru am gyfnod. Fel rheol, dedfrydir cyfnod o 12 mis am droseddu drwy yfed a gyrru am y tro cyntaf.

15.10 Cyfraddau ailgollfarnu

A yw'r gwahanol ddedfrydau'n effeithio ar droseddwyr?

Un ffordd o benderfynu a yw'r gwahanol ddedfrydau'n effeithio ar droseddwyr yw drwy edrych ar y tebygolrwydd y bydd troseddwr yn cael ei gollfarnu am fwy o droseddau. Mae ystadegau'r Swyddfa Gartref o 1994 yn rhoi crynodeb o gyfraddau ailgollfarnu cenedlaethol (gweler Blwch 15.6). Yn achos y sawl a oedd yn dechrau cyflawni dedfrydau cymunedol neu a gafodd eu rhyddhau o garchar yn 1994, cafodd tua hanner eu hailgollfarnu o fewn dwy flynedd. Nid oedd unrhyw wahaniaethau amlwg rhwng cyfraddau ailgollfarnu ar gyfer carcharu ac ar gyfer dedfrydau cymunedol. Ni welwyd unrhyw wahaniaethau sylweddol, ychwaith, pan ddadansoddwyd cyfraddau ailgollfarnu yn ôl y math o ddedfryd yn y gymuned. Mae'r sawl sydd wedi

Blwch 15.6 *Cyfraddau ailgollfarnu*

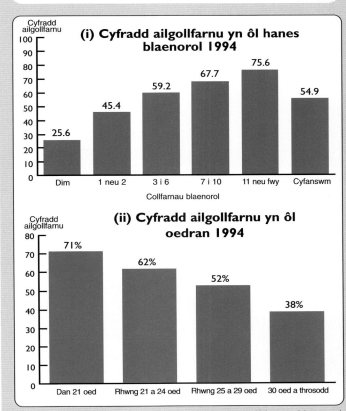

Mae siart (i) yn dangos cyfradd ailgollfarnu yn ôl hanes blaenorol. Mae siart (ii) yn dangos cyfradd ailgollfarnu yn ôl oedran.

troseddu yn barhaus yn aml yn parhau i droseddu. Ailgollfarnwyd dwy ran o dair o'r sawl a gollfarnwyd saith gwaith neu fwy, a hynny o fewn dwy flynedd.

Y ddau ffactor a gysylltir agosaf ag ailgollfarnu yw oedran a rhyw. Cafodd tua 56% o ddynion eu hailgollfarnu, o'u cymharu â 45% o fenywod. Mae problem benodol yn achos troseddwyr iau - ail-gollfarnwyd 70% o droseddwyr dan 21 oed o fewn dwy flynedd. Mae siart (ii) ym Mlwch 15.6 yn dangos ailgollfarnu yn ôl oedran.

Crynodeb ● ● ●

1. Beth yw'r 'gyfundrefn dariff' a sut mae'n gweithio?

2. Beth yw'r ystyriaethau gwaethygol a lliniarol a sut maent yn effeithio ar y math o ddedfryd a roddir?

3. Beth yw Deddf Llysoedd Trosedd 2000?

4. Pa fathau o ddedfrydau a geir yn y gymuned?

5. Sut fath o ddedfrydau ariannol y gellir eu pasio?

6. Sut mae dedfrydu'n wahanol yn achos plant?

Astudiaeth achos ⟩○⟨ *Dedfrydu*

Eitem A *Y broses ddedfrydu*

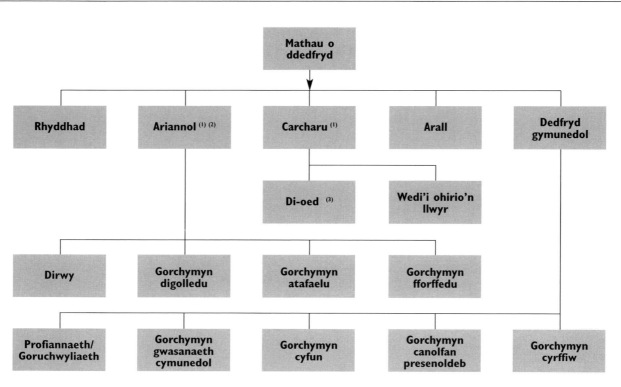

1. *Mae gan y Llys Ynadon a Llys y Goron bwerau gwahanol o ran rhoi cosbau ariannol a charcharu.*
2. *Gall fod yr unig gosb neu'n gysylltiedig â modd arall.*
3. *Gan gynnwys carcharu mewn Sefydliad Troseddwyr Ifainc a charcharu heb ei ohirio.*

Eitem B *Cyflenwi cyffuriau Dosbarth C*

Mae Deddf Camddefnyddio Cyffuriau 1971 yn datgan mai pum mlynedd yn y carchar a/neu ddirwy yw'r gosb fwyaf am gyflenwi cyffuriau dosbarth C (meddal).

Ceir Twm, 30 oed, yn euog o gyflenwi cyffuriau dosbarth C. Cafodd ei gollfarnu sawl gwaith yn y 15 mlynedd ddiwethaf, ac weithiau treuliodd gyfnodau byr yn y carchar. Mae'r adroddiad cyn dedfrydu yn dangos ei fod yn ddigartref ac yn ddi-waith ar hyn o bryd. Plediodd yn ddieuog yn ei achos. Yn dilyn archwiliad gan yr heddlu, canfuwyd fod ganddo lawer o gyffuriau dosbarth C ar y pryd.

Eitem C *Gyrru'n beryglus*

Dan Ddeddf Traffig Ffyrdd 1988, gellir treulio hyd at ddeng mlynedd yn y carchar am achosi marwolaeth drwy yrru'n beryglus (er ei bod hi'n anarferol iawn i dderbyn y gosb fwyaf).

Cafwyd Sioned yn euog o achosi marwolaeth drwy yrru'n beryglus. Gwnaeth hyn drwy yrru 54mya drwy ganol stryd brysur oedd â therfyn cyflymdra 30mya. Digwyddodd y drosedd wedi iddi nosi. Y llynedd, derbyniodd Sioned ddirwy am yrru'n ddiofal.

Eitem Ch *Tyfu canabis*

Chwe mis yn y carchar a/neu ddirwy yw'r ddedfryd fwyaf am dyfu canabis.

Mae Dafydd, 41 oed, yn seiciatrydd ymgynghorol sydd wedi smygu canabis ers dyddiau prifysgol. Ni chafodd ei gollfarnu erioed o'r blaen, a phlediodd yn euog i'r drosedd o dyfu canabis (fe'i tyfodd ar sil ffenestr heulog yn ei gartref).

Planhigyn canabis.

Cwestiynau

(a) Gan ddefnyddio Eitemau A a B, cwblhewch y tasgau canlynol.

  i)   Esboniwch beth a olygir gan adroddiad cyn dedfrydu (3)

  ii) Awgrymwch pa orchymyn (neu orchmynion) y gallai'r llys eu cyflwyno, gan ystyried y gyfundrefn dariff. (6)

(b) Gan ddefnyddio Eitemau A ac Ch, esboniwch a yw dirwy, gorchymyn cymunedol neu ddedfryd garcharu fwyaf priodol yn yr achos hwn yn eich barn chi. (8)

(c) Gan ddefnyddio Eitem C, cwblhewch y tasgau canlynol.

  i)   Esboniwch pa wybodaeth y byddai ei hangen ar y llys cyn pasio dedfryd. (6)

  ii) Esboniwch a oes unrhyw ystyriaethau gwaethygol yn yr achos hwn. (4)

16.1 Sut mae'r llysoedd sifil yn gweithredu?

Beth yw'r meysydd cyfraith o fewn cyfraith sifil?

Er mai ychydig o bobl yn unig sy'n gorfod wynebu achos llys, mae'r gyfraith sifil yn codi fel rhan o fywyd bob dydd. Dyma rai meysydd y mae cyfraith sifil yn delio â hwy:

- ysgaru
- ewyllysiau dadleuol
- hawliadau esgeuluster (enghreifftiau cyffredin yw damweiniau yn y gwaith neu ar y ffyrdd)
- tir ac eiddo
- rheoli contractau.

Achosion contract yw'r rhai mwyaf cyffredin yn y llysoedd sifil. Mae cyfraith contract yn ymwneud â chytundebau y gellir eu gorfodi'n gyfreithiol. Mae nifer fawr o gytundebau yn ymwneud â chyfraith contract. Mae achosion contract a glywir yn y llysoedd sifil yn amrywio o gasgliad syml o ddyledion sy'n ddyledus i gwmni lleol, i anghydfodau cymhleth iawn rhwng corfforaethau enfawr megis cwmnïau olew a banciau.

Ym mha ffordd mae achos sifil yn wahanol i achos troseddol?

Mae nod a chanlyniad achos sifil yn wahanol iawn i rai achos troseddol. Pan gynhelir achos troseddol, cynhelir ymchwiliad ar ran y wladwriaeth i weld a yw'r diffynnydd wedi torri cyfraith trosedd. Os ceir y diffynnydd yn euog, bydd y wladwriaeth yn ei gosbi. Mae'r dioddefwr neu'r dioddefwyr yn cymryd rhan dim ond drwy roi tystiolaeth. Nid ydynt yn elwa o'r broses ac eithrio, efallai, drwy gael y boddhad o weld y cyhuddedig yn cael ei gosbi gan y wladwriaeth. Mae achos sifil yn wahanol - gweler Blwch 16.1.

Y drefn cyn achos llys

Gwneir llawer o waith cyn dyddiad yr achos. Mae'r ddwy ochr yn cyfnewid cyfres o ddogfennau ffurfiol. Gyrrir y cyntaf o'r rhain gan yr hawlydd, i hysbysu'r diffynnydd bod achos yn cael ei ddwyn. Rhaid i'r diffynnydd ymateb i hyn drwy gyflwyno dogfen arall. Cyfnewidir dogfennau sy'n amlinellu'r ffeithiau, sail gyfreithiol yr achos a'r dogfennau y mae'r partïon yn bwriadu eu defnyddio yn y llys. Gall partïon ofyn am gael gweld rhywfaint neu bob un o'r dogfennau hyn fel rhan o broses a elwir yn 'ddatgelu'. Ni ellir defnyddir popeth fel tystiolaeth yn y llys, ac ni ellir codi'r holl dystiolaeth ar unrhyw adeg. Mae nifer o reolau'n bodoli ynglŷn ag a ellir derbyn tystiolaeth yn y llys.

Mae'r broses cyn achos llys yn fwy o beth o lawer na

Blwch 16. *Beth yw achos sifil?*

Ystyr achos sifil yw cystadleuaeth rhwng dau barti (mae parti'n golygu unigolyn, busnes neu sefydliad arall) lle mae'r llysoedd yn datrys unrhyw anghydweld. Ers 1999, gelwir y parti sy'n dwyn yr achos yn 'hawlydd'. Cyn hynny, fe'u gelwid yn 'bleintydd'. Fel rheol, mae'r hawlydd yn ceisio iawn ariannol gan y diffynnydd. Gelwir yr iawn hwn yn **'iawndal'**.

Ar un ystyr, yr hawlydd sydd y tu ôl i bob achos sifil gan ei fod yn gofyn i'r llys roi dyfarniad. Nid yw'r wladwriaeth yn gorfodi cosb ar y sawl sy'n colli'r achos.

Er mwyn i'r llys benderfynu o blaid yr hawlydd, rhaid profi'r ffeithiau sy'n ganolog i ddadl yr hawlydd. Ond mae'r baich prawf mewn achos sifil yn wahanol i un achos troseddol. Mewn achos troseddol, safon y prawf y mae'n rhaid i'r erlyniad ei ddarparu yw 'y tu hwnt i bob amheuaeth resymol'. Yn y bôn, mae hyn yn golygu na allai unrhyw berson rhesymol amau bod y diffynnydd yn euog. Mewn achos sifil, ar y llaw arall, mae'n haws i'r hawlydd brofi ffeithiau. Safon y prawf yw 'gan gydbwyso'r tebygolrwydd'. Hynny yw, os yw'n fwy tebygol na pheidio bod rhywbeth wedi digwydd, mae hynny'n ddigonol.

pharatoi i ymddangos yn y llys. Bydd y ddwy ochr yn awyddus iawn i wybod pa mor gryf yw dadl yr ochr arall, a pha dystiolaeth a gyflwynir i gefnogi ei dadl. Mae hyn yn dod i'r amlwg yn raddol iawn. Enillir a chollir llawer o achosion heb iddynt gyrraedd y llys o gwbl. Mae'r ddwy ochr yn ceisio canfod bwriad yr ochr arall, fel chwaraewyr pocer, gan geisio awgrymu bod eu dadl yn gryfach nag ydyw mewn gwirionedd. Os bydd y dacteg yn llwyddo, mae'n bosibl y bydd yr ochr arall yn cytuno i ddod i drefniant heb fynd i'r llys.

Yn aml, setlir achosion y tu allan i'r llys rywdro yn ystod y misoedd neu'r blynyddoedd cyn iddynt ymddangos gerbron barnwr mewn achos llys. Mae setliad yn golygu naill ai bod y diffynnydd yn gwneud cynnig ariannol a dderbynnir gan yr hawlydd, neu fod yr hawlydd yn cytuno i dderbyn llai nag a hawliwyd yn wreiddiol. Ar y cyfan, gwneir setliad heb fynd i'r llys pan sylweddolir y byddai'n well datrys yr anghydfod heb orfod talu mwy o ffioedd cyfreithiol. Os bydd y diffynnydd yn gwneud taliad i mewn i'r llys yn ffurfiol cyn yr achos llys, mae'r hawlydd yn cymryd risg os gwrthoda'r cynnig hwnnw o arian. Pe bai'r achos yn mynd gerbron y llys a'r llys yn dyfarnu o blaid yr hawlydd ond gan ddyfarnu iawndal sy'n werth llai na'r taliad gwreiddiol i mewn i'r llys, rhaid i'r hawlydd dalu costau'r diffynnydd gan eu dyddio o ddyddiad y taliad i mewn i'r llys.

Cynnal achosion

Mae hyd achos a'i hynt i raddau helaeth yn ganlyniad dewisiadau a wnaed gan yr eiriolwyr gwrthwynebus (cyfreithwyr). Mae cyfundrefn Cymru a Lloegr yn gweithredu ar sail yr hyn a elwir yn '**ddull gwrthwynebu**'. Mae hyn yn golygu bod cyfreithwyr yn rheoli sut y cynhelir yr achos, gyda'r naill a'r llall yn cyflwyno eu dadl, gan wrthwynebu ei gilydd. Mae'r barnwr yno, yn fwy na dim, i wrando ar y dadleuon a gyflwynir ac yna i wneud penderfyniad ar sail y dystiolaeth a gyflwynir fel rhan o'r ddadl.

Mae talu cyfreithwyr i gynnal achos llys yn ddrud. Yn ddamcaniaethol, rhaid i'r ochr sy'n colli'r achos dalu costau cyfreithiol yr ochr arall yn ogystal â'u costau eu hunain. Er hyn, mae rheolau'n bodoli ynghylch pa gostau a ganiateir neu na chaniateir gan y barnwr. Gan gadw mewn cof y gall cost brwydro achos llys fod cymaint â'r iawndal terfynol, mae'n hanfodol deall y rheolau hyn. Gallai methu â deall y rheolau hyn olygu bod yr enillydd ar ei golled. Pan gynhelir achosion llys, rhaid talu ffioedd i'r llys ei hun.

A oes dewisiadau eraill, yn ogystal ag achos llys?

Oherwydd yr amser, y gost ac weithiau'r cywilydd sydd ynghlwm wrth ddwyn achos sifil gerbron llys, nid yw llawer o bobl yn awyddus i ddatrys anghydfod mewn llys. Cynhelir trafodaethau cyn cymryd camau cyfreithiol. Ysgrifennir llythyrau a cheir dadlau. Os na fydd hyn yn datrys yr anghydfod, o bosibl gyrrir llythyr cyfreithiwr yn rhoi rhybudd y gellid cymryd camau cyfreithiol. Yn achos dyledion syml, fel rheol, bydd hyn yn arwain at ddatrysiad. Os nad yw hynny'n digwydd, mae'n bosibl y gellir datrys yr anghydfod os bydd y ddwy ochr yn cytuno i osod y mater gerbron rhywun nad yw'n farnwr. Gelwir hyn yn '**ddull amgen o ddatrys anghydfod**'. Mae cyflafareddu yn un enghraifft gyffredin o hyn. Yn yr achos hwn, gall y person sy'n gweithredu'n breifat yn hytrach na'n gyhoeddus fel 'barnwr' fod yn gyfreithiwr, neu'n rhywun gydag arbenigedd priodol nad yw o fewn y byd cyfreithiol. Er enghraifft, gellir datrys achosion sy'n ymwneud ag adeiladu drwy gyfeirio at gyflafareddwr gyda phrofiad ac arbenigedd cydnabyddedig yn y diwydiant adeiladu. Mae dull amgen o ddatrys anghydfod yn ddewis cost-effeithiol iawn (am fwy o fanylion gweler Uned 17).

Beth rydym yn ei ddymuno gan lysoedd sifil?

Yn y 1990au, cynhaliwyd ymchwiliad pwysig i'r gyfundrefn cyfiawnder sifil gan Arglwydd Woolf. Ffurfiodd ei argymhellion sail y Rheolau'r Weithdrefn Sifil a gyflwynwyd yn 1999 ac a elwir yn aml yn 'ddiwygiadau Woolf'. Ceir amlinelliad o'r safonau y dywedodd Arglwydd Woolf y dylai pob cyfundrefn gyfiawnder sifil eu cyrraedd ym Mlwch 16.2.

Blwch 16.2 *Arglwydd Woolf a safonau'r gyfundrefn gyfiawnder sifil*

Yn ei adroddiad interim a gyhoeddwyd yn 1996, dywedodd Arglwydd Woolf y dylai pob cyfundrefn cyfiawnder sifil gyrraedd y safonau canlynol:

1. **Dylai roi canlyniad cyfiawn.** Hynny yw, dylai'r llys ddarparu datrysiad teg i'r anghydfod.

2. **Dylai drin pobl sy'n dod i'r gyfraith yn deg.** Ni ddylid dangos rhagfarn wrth ddyfarnu'n derfynol nac ychwaith yn y broses a brofir gan y partïon.

3. **Dylai gynnig gweithdrefnau priodol am bris rhesymol.** Os yw dwyn achos llys yn ddrud iawn, dim ond pobl gyfoethog fydd yn gallu defnyddio'r llysoedd. Yn amlwg, nid yw'n dderbyniol mai un adran yn unig o'r gymdeithas sy'n gallu defnyddio'r llysoedd.

4. **Dylai ddelio ag achosion yn rhesymol gyflym.** Mae oedi'n gallu atal cyfiawnder. Er enghraifft, gallai tystion gael anhawster wrth gofio beth yn union ddigwyddodd os bydd gormod o amser wedi bod rhwng cyfnod y digwyddiadau a sbardunodd yr achos llys a'r achos ei hun.

5. **Dylai fod yn ddealladwy i'r sawl sy'n ei defnyddio.** Un feirniadaeth gyson a wneir o gyfreithwyr a barnwyr yw eu bod yn defnyddio jargon cyfreithiol sy'n anodd i bobl gyffredin ei ddeall, a bod rheolau cyfreithiol yn aml yn orgymhleth.

6. **Dylai fod yn ymatebol i anghenion y sawl sy'n ei defnyddio.** Dylai'r llysoedd wasanaethu anghenion y sawl sy'n dwyn anghydfodau ger eu bron. Yn syml, dylai'r llysoedd ddarparu gwasanaeth da i'w 'cwsmeriaid'.

7. **Dylai fod yn effeithiol.** Dylai'r llysoedd gael eu trefnu a'u hariannu'n gywir.

16.2 Llysoedd sifil y gwrandawiad cyntaf

Pa achosion sy'n cychwyn ym mha lys?

Gall achosion sifil ddechrau yn un o dri llys – y Llys Ynadon, y Llysoedd Sirol a'r Uchel Lys. Gelwir llysoedd lle cychwynnir achosion yn 'llysoedd y gwrandawiad cyntaf' (mae rhai achosion sifil yn mynd gerbron tribiwnlysoedd - gweler Uned 17, Adran 17.2). Os cychwynnir achos cyfreithiol, penderfynir pa lys y dylai hawlydd wneud cais iddo gan **awdurdodaeth** (awdurdod cyfreithiol) llysoedd y gwrandawiad cyntaf . Mae awdurdodaeth sifil y Llysoedd Ynadon yn gyfyng. Er enghraifft, gallant wrando ar achosion sy'n ymwneud ag agweddau penodol o'r gyfraith fel mabwysiadu, cynnal plant a thrwyddedu adeiladau lle gwerthir alcohol. Mae'r mwyafrif o achosion sifil yn dechrau mewn Llysoedd Sirol neu'r Uchel Lys. O ganlyniad, bydd yr uned hon yn canolbwyntio'n bennaf ar y Llysoedd Sirol a'r Uchel Lys.

Llysoedd Sirol

Sefydlwyd Llysoedd Sirol yn wreiddiol yn 1846 i ddarparu modd mwy lleol, symlach ac felly rhatach o ddatrys achosion cymharol fach, llai na'r hyn a geir gan yr Uchel Lys. Mae Llysoedd Sirol yn delio â hawliadau contract a chamwedd, ond nid rhai â gwerth uwchlaw £50,000 fel rheol.

Mae 240 o Lysoedd Sirol o amgylch y wlad, gan gynnwys staff o Farnwyr Dosbarth ac uwch-Farnwyr Cylchdaith. Yn achos anghydfodau rhwng defnyddwyr ar raddfa fach, gellir cael gwrandawiad gerbron Barnwr Dosbarth o fewn yr hyn a elwir bellach yn '**drywydd mân-symiau**'. Ar y cyfan, mae Llys y Goron yn delio ag achosion gwerth mwy na £5,000 ond llai na £50,000.

Yr Uchel Lys

Gall yr Uchel Lys wrando ar achosion sy'n perthyn i un o'r categorïau hyn:

- hawliadau oherwydd anaf corfforol gyda gwerth o £50,000 neu fwy
- hawliadau eraill gyda gwerth o fwy na £15,000
- hawliadau lle mae Deddf Seneddol yn gofyn bod achos yn dechrau yn Llys y Goron
- achosion arbenigol penodol.

Apwyntir Barnwyr yr Uchel Lys o blith cyfreithwyr gydag o leiaf ddeng mlynedd o brofiad o weithio yn yr Uchel Lys (gweler Uned 20, Adran 20.2). Gelwir Barnwyr Cynorthwyol yr Uchel Lys sy'n penderfynu materion cyn achosion yn 'Feistri'. Cynhelir yr achosion naill ai yn Llundain neu yn un o 26 canolfan achosion rhanbarthol. Mae dwy elfen i'r Uchel Lys - mae'n llys y gwrandawiad cyntaf ac yn llys apêl. Fel llys gwrandawiad cyntaf, mae gan yr Uchel Lys dair adran. Ceir amlinelliad ohonynt ym Mlwch 16.3 isod.

16.3 Llysoedd apêl sifil

Yr Uchel Lys fel llys apêl

Pan fydd yn eistedd fel llys apêl, rhennir yr Uchel Lys hefyd yn dair adran. Rhoddir amlinelliad o awdurdodaeth y **Llysoedd Adrannol** hyn ym Mlwch 16.4.

Llys Adran Mainc y Frenhines ac adolygiad barnwrol

Gall parti wneud cais i Lys Adran Mainc y Frenhines ymchwilio i benderfyniad adran o'r llywodraeth, awdurdod cyhoeddus arall, awdurdod lleol, is-lys neu dribiwnlys, a'i wrthdroi os bydd angen, os dioddefodd oherwydd y penderfyniad hwnnw. Mae dwy sail ar gyfer adolygiad barnwrol. Un sail yw bod y penderfyniad yn *ultra vires*. Y sail arall yw ei fod yn erbyn rheolau cyfiawnder naturiol (gweler hefyd Unedau 2, 5 ac 17).

Gweneir penderfyniad *ultra vires* os ydyw y tu hwnt i hawl gyfreithiol neu awdurdod y person neu'r corff a'i gwnaeth. Datganwyd hawliau adrannau'r llywodraeth, er enghraifft, o fewn statud neu gyfraith arall. Os bydd yr adran yn ymddwyn mewn ffordd sydd y tu hwnt i'r pwerau diffiniedig hynny, gall unrhyw un a effeithiwyd gan hynny wneud cais am adolygiad barnwrol. Gellir gweld enghraifft o'r ffordd y cymhwysir egwyddor *ultra vires* yn y ffordd mae'r llysoedd yn rheoli deddfwriaeth ddirprwyol. Yn *R v Secretary of State for the Home Department, ex parte*

Blwch 16.3 *Tair adran yr Uchel Lys*

1. Yr Adran Siawnsri

Mae awdurdodaeth y Llys Siawnsri yn cynnwys y canlynol:

- materion amrywiol sy'n ymwneud â chyfraith tir
- y gyfraith mewn perthynas â morgeisi
- gweinyddu arian ac eiddo pobl farw, ac anghydfodau dros ewyllysiau
- methdalu
- cyfraith cwmnïau a phartneriaethau
- cyfraith treth.

2. Yr Adran Deuluol

Mae'r Adran Deuluol yn delio ag achosion sy'n cynnwys y canlynol:

- ysgaru a materion priodasol eraill
- plant gordderch
- mabwysiadu plant.

3. Adran Mainc y Frenhines (QBD)

Adran Mainc y Frenhines yw'r adran gyda'r baich fwyaf o waith. I'r adran hon y daw'r achosion contract a chamwedd. Mae'r adran hefyd yn cynnwys y Morlys, sy'n delio ag achosion morol. Mae Barnwr yr Uchel Lys yn llywyddu dros apeliadau gan dribiwnlysoedd cyflogi yn y Tribiwnlys Apeliadau Cyflogi. Yn dechnegol, nid yw'n rhan o'r Uchel Lys.

Blwch 16.4 *Awdurdodaeth tri Llys Adrannol yr Uchel Lys*

1. Llys yr Adran Siawnsri

Yn y llys apeliadol hwn (h.y. llys apêl), mae un neu ddau Farnwr Siawnsri yn gwrando ar apeliadau gan Gomisiynwyr Cyllid y Wlad (mewn perthynas â chyfraith treth) ac apeliadau Llys Sirol penodol, megis methdalu.

2. Llys yr Adran Deuluol

Yn y llys apêl hwn, mae dau farnwr Uchel Lys yn gwrando ar apeliadau ynglŷn â phenderfyniadau Llysoedd Ynadon a Llysoedd Sirol mewn perthynas â materion cyfraith teulu penodol, llawer ohonynt yn ymwneud â gorchmynion cynhaliaeth.

3. Llys Adran Mainc y Frenhines

Mae dau neu dri Barnwr Uchel Lys yn gwrando ar apeliadau dan yr amgylchiadau canlynol:

- apeliadau ar bwynt cyfreithiol drwy achos datganedig gan y Llys Ynadon a thribiwnlysoedd penodol
- ceisiadau am *habeas corpus* (gorchymyn llys hynafol y gellir ei ganiatáu i bersonau sy'n hawlio eu bod yn cael eu cadw yn y ddalfa'n anghyfreithlon)
- adolygiad barnwrol.

Simms (1999), dyfarnodd y llys fod yr Ysgrifennydd Cartref yn gweithredu y tu hwnt i'r pwerau a roddwyd iddo gan Ddeddf Seneddol pan greodd reolau yn cyfyngu ar ymweliadau newyddiadurwyr â charchardai (gweler Uned 2, Gweithgaredd 2.1 am fanylion yr achos).

Mae dwy **brif reol cyfiawnder naturiol**. Yn gyntaf, ni all neb ddyfarnu achos sy'n gysylltiedig â hwy. Gelwir y rheol hon yn ôl ei henw Lladin, sef '*nemo judex in causa sua*'. Er enghraifft, pe bai ynad yn canfod bod ei gŵr o'i blaen yn y doc ar gyhuddiad o fwrglera, mae'n amlwg na fyddai gadael iddi gymryd rhan yn yr achos yn gymorth i sicrhau cyfiawnder.

Yn ôl ail reol cyfiawnder naturiol, dylid caniatáu i'r ddwy ochr gael dweud eu dweud. Gelwir hyn yn '*audi alterem partem*'. Er enghraifft, yn **Ridge v Baldwin (1964)**, diswyddwyd Ridge, Prif Gwnstabl, gan bwyllgor disgyblu'r heddlu, gan fod barnwr mewn achos wedi beirniadaeth ei ymddygiad (er iddo gael ei ryddfarnu yn yr achos hwnnw). Ni chafodd Ridge y cyfle i amddiffyn ei hun gerbron y pwyllgor disgyblu. Pan wnaed apêl i Dŷ'r Arglwyddi, dyfarnwyd bod hyn yn ymyrryd â chyfiawnder naturiol.

Y Llys Apêl

Nid yw achosion yn dechrau yn y Llys Apêl. Fel yr awgryma'r enw, mae'r llys yn bodoli er mwyn clywed achosion lle mae'r naill ochr neu'r llall yn teimlo bod agwedd ar benderfyniad a wnaed gan is-lys yn ddadleuol. Er bod gan y 35 barnwr sy'n eistedd yn y Llys Apêl tua 1,000 o achosion i ddelio â hwy bob blwyddyn, canran fach iawn yw hon o'r miliynau o achosion llys a ddechreuir.

Gelwir barnwyr y Llys Apêl yn Arglwyddi/Arglwyddesau Ustus Apêl (a dalfyrrir i A.U, neu L.J. mewn adroddiadau cyfraith). Yr uwch-Farnwr Llys Apêl yw Meistr y Rholiau,

sef Syr Anthony Clarke yn 2006.

Gan mai dim ond rai dwsinau o achosion a glywir bob blwyddyn yn Nhŷ'r Arglwyddi, yn aml ystyrir bod penderfyniadau'r Llys Apêl yn pennu beth yw cyfraith gwlad, er mai'r Arglwyddi yw'r llys apêl uchaf.

Tŷ'r Arglwyddi

Tŷ'r Arglwyddi yw llys apêl terfynol y Deyrnas Unedig ar gyfer achosion sifil a throseddol. Dim ond tua 50 achos y flwyddyn a glywir gan yr Arglwyddi Cyfraith (gweler Uned 20, Adran 20.2 am fwy o wybodaeth am yr Arglwyddi Cyfraith neu 'Arglwyddi Apêl Cyffredin' fel y'i gelwir yn ffurfiol). Fel rheol, mae pum Arglwydd Cyfraith yn gwrando ar achos, ond os yw'r achos yn eithriadol o bwysig, gall saith ohonynt wrando. Yn ogystal, mae'r Arglwyddi'n eistedd fel **Pwyllgor Barnwrol y Cyfrin Gyngor**, sef y llys apêl olaf mewn rhai o wledydd y Gymanwlad.

Os dymunir symud apêl o'r Llys Apêl neu'r Llysoedd Adrannol i'r Arglwyddi, rhaid cael caniatâd yr Arglwyddi eu hunain neu'r is-lys. O bryd i'w gilydd, clywir apeliadau 'neidio' o Adrannau'r Uchel Lys, yn ogystal.

Llys Barn Ewrop

Er mai dim ond achosion sy'n ymwneud â chyfraith yr UE y gall Llys Barn Ewrop wrando arnynt, erbyn hyn mae cyfraith yr UE yn ffurfio rhan sylweddol o gorff cyfraith y DU. Yng nghyfraith Ewrop, mae'r Llys yn uwch na Thŷ'r Arglwyddi (ceir mwy o fanylion am Lys Barn Ewrop yn Uned 6, Adran 6.6).

Dangosir strwythur cyffredinol y gyfundrefn llysoedd sifil ym Mlwch 16.5.

Y gyfundrefn apelio

Tan yn gymharol ddiweddar, roedd unrhyw apeliadau a

Blwch16.5 *Strwythur gyffredinol y gyfundrefn llysoedd sifil*

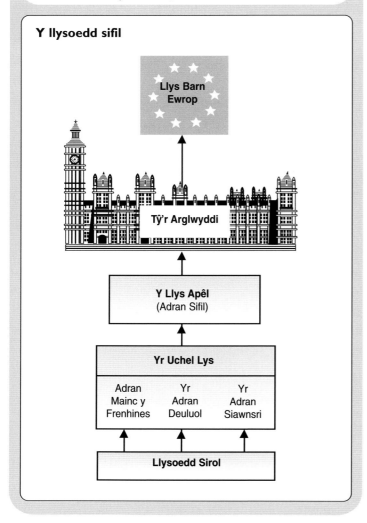

Y llysoedd sifil

Llys Barn Ewrop

Tŷ'r Arglwyddi

Y Llys Apêl
(Adran Sifil)

Yr Uchel Lys

| Adran Mainc y Frenhines | Yr Adran Deuluol | Yr Adran Siawnsri |

Llysoedd Sirol

wnaed o'r Llys Sirol a'r Uchel Lys yn mynd at y Llys Apêl. Yn 1997, cyflwynwyd **Adroddiad Bowman** (adolygiad Adran Sifil y Llys Apêl, dan gadeiryddiaeth Syr Jeffrey Bowman) i'r Arglwydd Ganghellor. Yn ôl yr adroddiad, roedd yr oedi cyn clywed rhai categorïau o apeliadau yn Adran Sifil y Llys Apêl bellach yn annerbyniol. Roedd y Llys Apêl yn cael ceisiadau i wrando ar apeliadau nad oedd yn ddigon pwysig na chymhleth i warantu dyfarniadau gan ddau neu dri o farnwyr hynaf y wlad, ac a fu drwy un neu fwy o lefelau apelio eisoes.

Mewn ymateb i'r adroddiad hwn, newidiwyd y gyfundrefn apeliadau gan Ddeddf Mynediad at Gyfiawnder 1999 a diwygiadau gan yr Arglwydd Ganghellor i'r Rheolau Gweithdrefnau Sifil. Bwriad y diwygiadau hyn oedd sicrhau bod achosion apêl yn cael eu trin ar unwaith ac mewn ffordd a oedd gymesur â'r mater a drafodwyd. Ym mhob achos bron, bellach rhaid cael caniatâd i apelio gan yr is-lys. Yn y gorffennol, nid oedd

hyn yn angenrheidiol ac eithrio pan wnaed apêl i Adran Sifil y Llys Apêl. Erbyn hyn, rhaid cael caniatâd pan ddymunir gwneud apêl i'r Llys Sirol neu'r Uchel Lys. Rhoddir caniatâd dim ond pan fo rheswm da dros wneud hynny. Cyfyngir apeliadau i adolygiadau yn hytrach nag ailwrandawiad llawn.

Mae trywydd yr apêl hefyd wedi'i newid. Y rheol arferol yw y dylai'r apêl fynd at y lefel nesaf o farnwr yn yr hierarchaeth. Hynny yw, bydd apeliadau'n symud o Farnwr Dosbarth i Farnwr Cylchdaith, ac o Farnwr Cylchdaith i Farnwr yn yr Uchel Lys, ac o Farnwr yn yr Uchel Lys i'r Llys Apêl.

Bydd un neu ddau achos yn mynd yn syth o'r Uchel Lys i Dŷ'r Arglwyddi bob blwyddyn, ar ffurf yr hyn a elwir yn '**apeliadau neidio**'. Mae hyn yn digwydd pan gyflawnir tri

Gweithgaredd 16.1

(1) Aeth Jane Osborne i Ysbyty Nunlle flwyddyn yn ôl ar gyfer llawdriniaeth 'gyffredin' er mwyn tynnu ei phendics. Mae hi'n credu bod y llawfeddyg, Dr Ying, wedi gwneud camgymeriad, gan olygu ei bod hi wedi gorfod cymryd cyfnod o salwch o'r gwaith am rai misoedd. Mae Dr Ying yn gwadu ei fod yn gyfrifol. Yn dilyn ymchwiliad yn yr ysbyty, mae cyflogwyr y llawfeddyg hefyd yn gwadu atebolrwydd.

(2) Bu farw Tony Williams o ganser yn ddiweddar. Gadawodd fab, James, na welai'n aml, a chwaer briod, Eileen Brown, a ofalodd amdano am nifer o flynyddoedd yn ystod ei salwch. Dan gyfraith ewyllysiau, pe bai Tony wedi marw heb wneud ewyllys, byddai ei fab yn etifeddu ei holl eiddo. Mae Eileen wedi cyflwyno ewyllys a oedd yn gyfredol, meddai, pan fu farw Tony. Dan delerau'r ewyllys, mae Eileen yn etifeddu eiddo Tony. Mae James wedi darganfod rhywbeth sy'n gwneud iddo amau dilysrwydd yr ewyllys. Y mae wedi cyfarwyddo cyfreithiwr ac mae'n barod i fynd i'r llys i ddadlau'r achos.

(3) Mae John Jones wedi bod yn prynu diesel i'w lori o'i gyfrif gyda Garej Malhi dros y tair blynedd ddiwethaf. Ar ddiwedd bob mis, mae John yn derbyn cyfriflen gan y cwmni, yn dangos faint sy'n ddyledus. Rhaid talu'r swm o fewn 30 diwrnod. Mae Randip Malhi, perchennog Garej Malhi, yn pryderu nad yw'r ddyled wedi cael ei thalu ers tri mis, er gwaethaf nifer o nodiadau atgoffa a llythyr cyfreithiwr. Y swm sy'n ddyledus yw £350.

(4) Mae Cyngor Treflan, cyngor lleol David Morris, wedi gwrthod rhoi caniatâd cynllunio iddo adeiladu estyniad i'w floc swyddfeydd. Yn ei farn ef, ni chafodd ei gais ystyriaeth lawn na theg gan y cyngor.

Ym mhob un o'r sefyllfaoedd uchod, nodwch:

(a) pwy fydd yr hawlydd a phwy fydd y diffynnydd (2)

(b) ym mha lys y mae achos cyfreithiol yn debygol o gael ei lansio. (2)

amod. Yn gyntaf, rhaid i'r ddau barti gytuno. Yn ail, rhaid i farnwr yr achos gwreiddiol ddangos bod yr achos yn ymwneud â phwynt cyfreithiol sydd o bwys cyffredinol i'r cyhoedd. Rhaid bod y pwynt hwn yn gysylltiedig i raddau naill ai gyda dehongli statud neu gyda chynsail lle'r oedd y barnwr yn rhwym i benderfyniad y Llys Apêl neu Dŷ'r Arglwyddi. Yn olaf, rhaid i Dŷ'r Arglwyddi roi ei ganiatâd. Gelwir y caniatâd hwn yn 'ganiatâd i apelio'.

16.4 Problemau gyda'r llysoedd sifil cyn 1999

A fu adeg erioed pan weithredodd y llysoedd yn llwyddiannus?

Ers 1851, bu tua 60 adroddiad ar agweddau o drefniadaeth sifil a threfniadaeth llysoedd sifil Cymru a Lloegr. Yn 1985, nododd yr Adolygiad Cyfiawnder Sifil broblemau mawr o ran hyd yr amser a gymerai i achos gyrraedd y llysoedd. Argymhellwyd mai un ffordd o wella'r gyfundrefn gyfiawnder sifil oedd sianelu mwy o achosion i ffwrdd o'r Uchel Lysoedd arafach a drutach i'r Llysoedd Sirol cyflymach a rhatach. Yn Neddf y Llysoedd a Gwasanaethau Cyfreithiol 1990, cynyddodd y llywodraeth faint yr hawliad y gellid ei lansio yn y Llys Sirol yn sylweddol, a chododd y mwyafswm ar gyfer achosion am fân symiau. Roedd hyn yn golygu bod llawer mwy o achosion yn cychwyn yn y Llysoedd Sirol. Fodd bynnag, ni recriwtiwyd y staff ychwanegol yr oedd eu hangen ar y Llysoedd i ddelio â'r cynnydd yn y gwaith, ac felly cafwyd oedi yn y Llysoedd Sirol yn hytrach na'r Uchel Lys.

Rai blynyddoedd yn ddiweddarach, roedd Adroddiad Woolf, Access to Justice, a gyhoeddwyd yn 1996, yn feirniadol iawn o'r ffordd y gweithredai cyfiawnder sifil yng Nghymru a Lloegr. Pan roddwyd argymhellion Arglwydd Woolf ar waith, achoswyd y newid mwyaf yn y ffordd mae'r llysoedd yn gweithredu ers canrif. Rhoddir braslun o'r problemau a oedd yn peri bod y newidiadau ysgubol hyn yn angenrheidiol ym Mlwch 16.6.

1. Cost ormodol

Nid yw'n afresymol disgwyl y bydd cyfreithwyr yn awyddus i ennill cyflog da. Maent yn weithwyr proffesiynol medrus gyda chyfrifoldebau difrifol. Ond pan delir costau cyfreithiol y ddwy ochr gan yr un sy'n colli, fel y digwydda fel rheol, mae dwyn achos gerbron y llys yn fenter sylweddol. Ucha'n y byd yw'r gost am wasanaethau'r cyfreithiwr, lleiaf awyddus y bydd pobl heb lawer o arian i fynd ag achos i'r llys, pa mor gryf bynnag yw eu hachos. Os bydd costau dwyn achos llys yn hanner gwerth yr hawliad ei hun neu fwy, bydd yr hawlydd yn petruso cyn ceisio adennill yr hyn sy'n ddyledus iddo. Cyn 1999, nid oedd sefyllfa o'r fath yn anarferol. Yn ôl Syr Thomas

Blwch 16.6 *Beirniadaethau Arglwydd Woolf o'r gyfundrefn llysoedd sifil*

Nododd Arglwydd Woolf y problemau canlynol:
- mae dwyn achos llys yn llawer rhy ddrud
- ceir oedi mawr wrth ddwyn achos gerbron llys
- yn rhy aml, mae'r broses wrthwynebus yn arwain at ymddygiad tactegol yn hytrach na chydweithredu rhwng cyfreithwyr sy'n ceisio cyfiawnder
- mae cymhlethdod gweithdrefnau'r llys yn cyfyngu'r gallu i ddefnyddio'r llysoedd ac yn rhoi pwysau diangenraid ar y partïon
- mae gwrandawiadau yn cymryd gormod o amser.

Bingham, cyn-Feistr y Rholiau, cost cyfreitha oedd 'y canser sy'n bwyta calon gweinyddu cyfiawnder'.

Yn ôl arolwg o 281 achos a gynhaliwyd gan gwmni o gyfreithwyr a weithredai ar ran hawlwyr achosion anaf corfforol, cost gyfartalog y 217 achos a oedd o dan £1,000 oedd £836. Yn yr achosion hyn, adenillwyd iawndal o £694 ar gyfartaledd. O ran y 64 achos a oedd dros £1,000, £1,267 oedd y costau ar gyfer iawndal o £1,389 ar gyfartaledd. Yn aml, roedd costau hawliadau cymharol fach yn fwy na gwerth yr hawliad. Pan gynhaliodd Athro Genn arolwg ar gyfer ymchwiliad Woolf, yr achosion esgeuluster meddygol, gyda chostau cyfartalog o £38,252, oedd yr achosion drutaf. Faint o bobl fyddai'n barod i fentro talu cymaint?

2. Oedi

Yn 1994, roedd achosion yn yr Uchel Lys yn para tua 163 wythnos yn Llundain a 189 wythnos y tu allan i Lundain, o lansio'r achos hyd cyrraedd gwrandawiad llys. Yn y Llys Sirol, 80 wythnos oedd y cyfnod cyfatebol. Yn ôl Arglwydd Woolf, roedd y ffigurau hyn yn 'annerbyniol o ran y mwyafrif o achosion'.

Mae oedi cyn cyrraedd y llys yn broblem ychwanegol i bartïon sydd wedi dioddef niwed yn barod (gweler Blwch 16.7). Mae'n oedi'r iawndal sydd o bosibl yn ddyledus iddynt. O ran achosion anaf corfforol, gall hyn olygu dioddef yn ddiangen am na all yr hawlydd fforddio gofal priodol. Gall olygu bod perthnasau'n datgymalu pan fydd y pwysau a'r pryder a achosir gan achos llys na chafodd ei ddatrys yn para am gyfnod hir. Mae'n golygu ei fod yn anoddach i ganfod y ffeithiau gan fod yr atgofion yn pylu a thystion yn diflannu. Gall olygu bod pobl yn derbyn iawndal annigonol am eu bod wedi blino aros neu'n methu â fforddio parhau â'r achos.

Mae oedi yn fwy o gymorth i gynghorwyr cyfreithiol nag

i bartïon yr achos. Mae'n caniatáu i gyfreithwyr ddelio â mwy nag un achos ar unwaith. Mae hyn yn tueddu i greu'r awydd i wneud y lleiafswm o waith dros y cyfnod hiraf posibl, wrth i gyfreithwyr geisio trefnu eu gwaith. Yn ôl tystiolaeth barnwyr i ymchwiliad Woolf, trefnwyd llawer o ohiriadau (gohiriadau achos) er cyfleustra'r cyfreithwyr. Yn amlach na pheidio, byddai oedi yn arwain at gostau uwch.

> **Blwch 16.7** *Problemau'r llysoedd sifil cyn 1999*
>
>
>
> *Golwg y cartwnydd Brick ar gyfundrefn y llysoedd sifil cyn1999.*

3. Problemau gyda'r broses wrthwynebus

Hyd 1999, roedd barnwyr yn dibynnu ar gyfreithwyr i gyflwyno'u tystiolaeth yn y modd a oedd orau yn eu barn hwy. I raddau helaeth, nid oedd yn rhan o waith y barnwr i ymyrryd er mwyn arbed amser ac arian y partïon a frwydrai'r achos.

Yn ôl ymchwiliad Woolf, roedd rhai cyfreithwyr yn defnyddio tactegau ymosodol. Yn gyson, anwybyddwyd rheolau gweithdrefn a fyddai wedi gallu atal tactegau annheg. Yn aml iawn, anwybyddwyd amserlenni'r achos a chyflawnwyd gofynion eraill dim ond os oedd hynny o fantais i un o'r partïon.

Fel y nodwyd uchod, mae'n angenrheidiol bod partïon yn cyfnewid dogfennau fel rhan o'r broses cyn achos. Rhaid i'r dogfennau hynny ddatgan y dadleuon, y ffeithiau a'r gyfraith dan sylw. Cyn 1999, fe'u gelwid yn 'bledïadau'. Pwrpas pledïadau oedd dangos i'r hawlydd a'r diffynnydd beth oedd achos yr ochr arall. Rhaid i hyn ddigwydd er mwyn sicrhau cyfiawnder. Pe na bai gwybodaeth o'r fath yn cael ei chyfnewid, byddai'n anodd penderfynu pa mor gryf yw eich achos neu pa ddadleuon y bydd rhaid eu hateb. Yn aml, yn anffodus, nid oedd pledïadau'n cyfleu digon o wybodaeth. Weithiau, digwyddai hyn oherwydd anghymwyster. Weithiau, roedd yn fwriadol. O ganlyniad,

ni sefydlwyd dadleuon yr achos yn ddigon cynnar, gan arwain at nifer o broblemau, gan gynnwys dryswch ac oedi y gellid bod wedi eu hosgoi.

Mewn nifer o achosion, bydd angen i dystion arbenigol roi tystiolaeth i gefnogi dadleuon un o'r partïon. Er enghraifft, mewn achosion sy'n ymwneud ag esgeuluster, rhaid i feddygon esbonio effaith yr anaf ar yr hawlydd, neu'r rhesymau posibl dros salwch. Beirniadodd ymchwiliad Woolf y ffordd y defnyddir tystion arbenigol, fodd bynnag. Yn hytrach na defnyddio'r arbenigwr i helpu'r llys i ddatrys problemau technegol, roedd oedi'n digwydd oherwydd penderfynolrwydd i ddefnyddio aelodau nodedig y proffesiwn. Rhaid cofio hefyd nad yw tystiolaeth arbenigol yn rhad, yn aml. Er enghraifft, £5,658 oedd ffi gyfartalog tystion arbenigol yn yr achosion esgeuluster meddygol a ystyriwyd. Weithiau tanseiliwyd y dystiolaeth pan ddefnyddiwyd tactegau gorymosodol yn erbyn tystion arbenigol.

4. Cymhlethdod

Roedd y broblem hon amlycaf pan nad oedd parti'n defnyddio cyfreithiwr, ond yr oedd hefyd yn ymwneud â chymhlethdod ymhlith cynghorwyr proffesiynol partïon. Er enghraifft, defnyddiwyd dwy set o reolau gweithdrefn sifil. Yn y Llys Sirol, defnyddiwyd y 'Llyfr Gwyrdd'. Yn yr Uchel Lys a'r Llys Apêl, defnyddiwyd y 'Llyfr Gwyn'.

5. Mae gwrandawiadau'n para'n rhy hir

Yn ei adroddiad interim, nododd Arglwydd Woolf nad oedd yr amcangyfrifon amser a gynigiwyd gan bartïon ac a gadarnhawyd gan y barnwr yn ddigon realistig. Roedd y ffordd hon o weithredu'n wastraffus i bawb. Nid oedd barnwyr yn ymyrryd i wneud y broses yn llai hirwyntog nac i ffocysu'r modd y cyflwynwyd achos, a hynny er mwyn osgoi rhoi rheswm dros apelio.

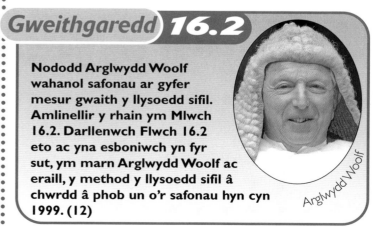

Gweithgaredd 16.2

Nododd Arglwydd Woolf wahanol safonau ar gyfer mesur gwaith y llysoedd sifil. Amlinellir y rhain ym Mlwch 16.2. Darllenwch Flwch 16.2 eto ac yna esboniwch yn fyr sut, ym marn Arglwydd Woolf ac eraill, y method y llysoedd sifil â chwrdd â phob un o'r safonau hyn cyn 1999. (12)

Arglwydd Woolf

16.5 Gweithdrefn bresennol y llys sifil

Mae'r tabl ym Mlwch 16.8 yn amlinellu rhai o'r newidiadau allweddol a wnaed yn y gyfundrefn newydd a gyflwynwyd ym mis Ebrill 1999.

Blwch 16.8 *Newidiadau allweddol i'r gyfundrefn a gyflwynwyd ym mis Ebrill 1999*

Cyn Ebrill 1999	Wedi Ebrill 1999
I raddau helaeth, y partïon sy'n penderfynu sut y cynhelir yr achos, a rôl oddefol sydd gan y barnwr.	Mae'r barnwr yn cymryd rhan weithredol yn rheoli'r achos.
Y pleintydd sy'n penderfynu a glywir yr achos yn y Llys Sirol neu'r Uchel Lys.	Barnwr sy'n penderfynu ble y cynhelir yr achos, ac i ba 'drywydd' y mae'r achos yn perthyn.
Mae angen llenwi ffurflenni cymhleth gwahanol i lansio achos.	Defnyddir ffurflen hawlio 'Rhan 7' yn unig i gychwyn achos.
Ceir rheolau gweithdrefnol gwahanol ar gyfer Llysoedd Sirol a'r Uchel Lys.	Mae gan Lysoedd Sirol a'r Uchel Lys yr un rheol weithdrefnol.
Mae hawliadau hyd at £3,000 yn cael eu trafod yn awtomatig drwy drefn mân-symiau – cyflafareddu'n breifat.	Trefnir trywydd mân-symiau lle bo hynny'n briodol mewn achosion hyd at £5,000 – gwrandawiad cyhoeddus.
Disgrifir person sy'n lansio achos fel 'pleintydd'.	Disgrifir person sy'n dechrau achos fel 'hawlydd'.

Deddf Gweithdrefn Sifil 1997

Mae'r Rheolau Gweithdrefn Sifil yn nodi sut y mae'r llysoedd yn trin achos, o safbwynt ei daith drwy'r camau rhagarweiniol a'r achos ei hun. Fel y nodwyd eisoes, newidiwyd y rheolau hyn yn sylweddol o ganlyniad i argymhellion Adroddiad Woolf. Gwnaed y newidiadau yn 1997. Cyhoeddwyd Adroddiad Woolf ychydig cyn i'r llywodraeth Lafur ddod i rym yn 1997. Bu oedi am gyfnod byr wedi'r etholiad, tra disgwyliai'r llywodraeth am yr adolygiad a gomisiynwyd - yr hyn a elwid yn ddiweddarach yn 'Adroddiad Middleton' - gan obeithio y byddai'n cadarnhau dilysrwydd syniadau Woolf. Ar y cyfan, gwnaeth hynny. O ganlyniad i Adroddiadau Woolf a Middleton, pasiwyd Deddf Gweithdrefn Sifil 1997. Roedd y Ddeddf hon yn cynnwys y diwygiadau canlynol:

- roedd gan farnwyr ddyletswydd newydd i reoli

achosion yn weithredol
- symleiddiwyd ffurflenni hawlio
- cyflwynwyd dull newydd o ddyrannu achosion rhwng y Llys Sirol a'r Uchel Lys
- cyflwynwyd fformiwlâu cyn-cyfreitha (canllawiau) i annog setliad y tu allan i'r llys
- gofynnwyd i farnwyr annog mwy ar ddefnyddio dulliau amgen o ddatrys anghydfod.

Ers 1999, mae gan bartïon lai o reolaeth o lawer dros gyflymdra taith achos drwy'r llysoedd. Bellach, mae gan y llys ddyletswydd gadarnhaol i reoli achosion. Nid oes modd ymestyn neu oedi achos fel y gwnaed yn y gorffennol gan fod gan bob achos ei amserlen ei hun. Mae staff y llys yn defnyddio system gyfrifiadurol i fonitro'r amserlen. Yn yr achosion hynny lle na ddilynwyd yr amserlen, bydd staff y llys yn rhoi'r ffeil i Feistr (yn yr Uchel Lys) neu Farnwr Dosbarth (yn y Llys Sirol) sydd â'r hawl i orfodi gwahanol sancsiynau.

Mae'r dull newydd o sicrhau bod barnwyr yn rheoli achosion yn weithredol hefyd yn cynnwys yr elfennau eraill a nodir ym Mlwch 16.9.

Blwch 16.9 *Y dull newydd o reoli achosion yn weithredol*

Mae'r dull newydd o sicrhau bod barnwyr yn rheoli achosion yn weithredol yn cynnwys:
- annog y partïon i gydweithio wrth gynnal yr achos
- penderfynu pa faterion y mae'n rhaid eu harchwilio'n llawn, a pha rai y gellir eu datrys yn gymharol gyflym
- adolygu a yw manteision posibl cymryd cam yn cyfiawnhau'r gost o'i gymryd
- blaenoriaethu ynghylch pa faterion y dylid eu hystyried yn gyntaf
- penderfynu a ellir rhoi rhywfaint o dystiolaeth dros y ffôn
- helpu'r partïon i ddatrys yr achos (gweler isod)
- annog defnyddio dulliau eraill o ddatrys anghydfodau (gweler isod).

Er bod y gyfundrefn wrthwynebus yn dal i fod, bellach rhaid i farnwyr ymyrryd er mwyn sichau cyfiawnder ym mhob achos.

Y ffurflen hawlio

Un o amcanion diwygiadau Woolf oedd symleiddio ffurflenni llys. Dan yr hen drefn, roedd rhaid cwblhau amrywiaeth o ffurflenni ar ddechrau'r achos, gan ddibynnu ar ba lys a ddefnyddid ar gyfer yr achos. Dan y drefn newydd, un set safonol o ffurflenni sydd ar gyfer y mwyafrif o hawliadau. Rhaid i'r hawlydd lenwi ffurflen hawlio er mwyn cwblhau'r cam cyntaf. Mae'r ffurflen yn crynhoi natur yr hyn y mae'r hawlydd yn ei geisio gan y diffynnydd. Mae'n cael ei gyrru o'r llys i'r diffynnydd drwy gyfrwng post dosbarth cyntaf. Mae'r dyddiad pan dderbynia'r diffynnydd y ffurflen hawlio yn bwysig. Dyma ddyddiad cychwyn yr achos cyfreithiol, er bod yr achos yn debyg o gychwyn fisoedd yn ddiweddarach.

Ffurflen manylion cais

O bosibl, bydd yr hawlydd yn dewis gyrru ffurflen manylion cais gyda'r ffurflen hawlio. Mae'r ddogfen hon yn traethu manylion yr achos, ym marn yr hawlydd. Pan yrrir manylion i'r diffynnydd ar ôl gyrru'r ffurflen hawlio, rhaid eu gyrru o fewn 14 diwrnod wedi gyrru'r ffurflen hawlio.

Y pecyn ymateb

Pan yrrir ffurflen hawlio i'r diffynnydd, bydd yn cynnwys pecyn ymateb yn ogystal. Mae hwn yn cynnwys:

- ffurflen cydnabod y cyflwyno
- ffurflen addefiad
- ffurflen amddiffyn a gwrth-hawliad.

Rhaid i ddiffynnydd sy'n bwriadu amddiffyn achos ymateb o fewn 14 diwrnod wedi derbyn manylion cais. O bosibl, bydd diffynnydd yn dewis anwybyddu'r ffaith fod achos wedi cael ei lansio, ac yn dewis gwneud dim. Os bydd hyn yn digwydd, gall yr hawlydd ofyn am rywbeth a elwir yn ddyfarniad oherwydd methiant. Mae hyn yn golygu bod rhaid i'r diffynnydd dalu'r swm a hawliwyd.

Ar y llaw arall, gall y diffynnydd ddangos ei fod yn bwriadu amddiffyn yr achos drwy yrru ffurflen cydnabod y cyflwyno neu amddiffyniad i'r llys. Mae ffurflen cydnabod y cyflwyno yn grynodeb byr o'r amddiffyniad, ac mae'r amddiffyniad yn rhoi esboniad llawnach. Os gyrrir y cyntaf, bydd gan y diffynnydd 14 diwrnod ychwanegol i yrru'r amddiffyniad. Nid yw datgan eich bod yn gwadu'r cyhuddiadau yn ddigonol i atal dyfarniad oherwydd methiant gan ei fod yn bosibl ystyried mai tacteg i oedi'r broses yw hyn - nid yw'n helpu'r hawlydd i weld i ba raddau y mae'r hawlydd a'r diffynnydd yn anghytuno â'i gilydd.

Defnyddir ffurflen addefiad pan fydd diffynnydd yn cydnabod rhan neu'r cyfan o'r hawliad ac yn cynnig talu iawndal. Os bydd yr hawlydd yn derbyn hyn, bydd yr achos yn dod i ben. Os na fydd yr hawlydd yn ei dderbyn, gall y llys ddewis modd o benderfynu maint yr iawndal, rhywbeth a fydd yn cynnwys, neu ddim yn cynnwys, gwrandawiad mewn llys.

Crynhoir y broses sifil cyn achos ym Mlwch 16.10.

Dyrannu achosion yn 'drywyddau'

Unwaith bydd y llys yn gwybod bod y diffynnydd yn bwriadu amddiffyn achos, mae'r Barnwr Dosbarth (yn y

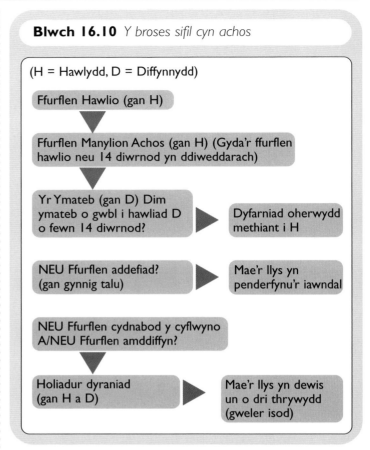

Blwch 16.10 *Y broses sifil cyn achos*

(H = Hawlydd, D = Diffynnydd)

Ffurflen Hawlio (gan H)

↓

Ffurflen Manylion Achos (gan H) (Gyda'r ffurflen hawlio neu 14 diwrnod yn ddiweddarach)

↓

Yr Ymateb (gan D) Dim ymateb o gwbl i hawliad D o fewn 14 diwrnod? → Dyfarniad oherwydd methiant i H

NEU Ffurflen addefiad? (gan gynnig talu) → Mae'r llys yn penderfynu'r iawndal

NEU Ffurflen cydnabod y cyflwyno A/NEU Ffurflen amddiffyn?

↓

Holiadur dyraniad (gan H a D) → Mae'r llys yn dewis un o dri thrywydd (gweler isod)

Llys Sirol) neu'r Meistr (yn yr Uchel Lys) yn gyrru **holiadur dyrannu** at y ddau barti. Defnyddir hwn i helpu penderfynu beth fydd y gweithdrefnau a ddefnyddir yn yr achos llys. Mae'r system o ddewis un o dair cyfundrefn gweithdrefn llys penodol yn un o'r datblygiadau newydd pwysig a gafwyd yn sgil Adroddiad Woolf. Gelwir pob cyfundrefn yn 'drywydd' Mae tri thrywydd posibl y gall barnwr ddewis ohonynt:

- **y trywydd mân-symiau**
- **y dull carlam**
- **yr aml-drywydd.**

Y trywydd mân-symiau

Mae achosion mân-symiau yn achosion syml o werth isel. Y bwriad yw bod y partïon yn gallu cymryd rhan mewn gwrandawiad mân-symiau heb yr angen am gynrychiolaeth gyfreithiol. Mae llawer o achosion mân-symiau yn cael eu datrys o fewn tua hanner awr. Nid oes fawr o wahaniaeth rhwng yr hen ddull (cyn 1999) a'r dull newydd o ddelio â mân-symiau. Barnwr Dosbarth sy'n dyfarnu hawliadau o hyd. Mae iddynt yr un anffurfioldeb ac, yn sylfaenol, ni ellir dyfarnu costau. Fodd bynnag, gwnaed nifer o newidiadau allweddol i'r Rheolau Gweithdrefn Sifil newydd. Amlinellir y newidiadau hyn ym Mlwch 16.11.

Blwch 16.11 *Newidiadau allweddol i'r trywydd mân-symiau*

Dyma'r newidiadau allweddol a wnaed i'r trywydd mân-symiau yn 1999:

1. Cynyddwyd yr awdurdodaeth ar gyfer mân-symiau o £3,000 i £5,000.

2. Ni ddefnyddir y trywydd mân-symiau, yn wahanol i'w ragflaenydd, yn awtomatig ar gyfer hawliadau o faint penodol. Yn hytrach, bydd hawliadau'n cael eu clustnodi ar gyfer y trywydd hwn ar ddiwedd proses benderfynu. Gall partïon gytuno i ddefnyddio'r trywydd hwn hyd yn oed os yw gwerth eu hachos yn fwy na £5,000.

3. Fel rheol cynhelir gwrandawiadau cyhoeddus (yn y gorffennol, roedd y gwrandawiadau'n breifat).

4. Gellir profi'r achos ar bapur, heb wrandawiad, os bydd y partïon yn cytuno.

5. Nid oes rhaid i bartïon fynychu'r gwrandawiad os cyflwynir rhybudd ysgrifenedig yn dweud na fyddant yn gwneud hynny.

6. Gellir defnyddio tyston arbenigol dim ond gyda chaniatâd y llys. Mae hyn yn helpu i gadw costau achos mân-symiau'n is.

Y dull carlam

Mae'r syniad o system dull carlam cymharol rhad yn un o argymhellion allweddol Adroddiad Woolf. Mae'r dull carlam yn anelu at ddarparu cyfundrefn syml a safonol ar gyfer trin achosion 'gwerth canolig' lle dadleuir dros symiau sylweddol o arian. Yn y gorffennol, cynyddodd y math hwn o achos i lefelau ymhell y tu hwnt i'r swm a hawliwyd. Dangosir nodweddion allweddol y dull carlam ym Mlwch 16.12.

Blwch 16.12 *Nodweddion allweddol y dull carlam*

Dyma nodweddion allweddol y dull carlam:

1. Lluniwyd trefniadau safonol cyn achos i sicrhau bod y cam hwn yn llai cymhleth.

2. Os gellir, defnyddir un arbenigwr yn hytrach na chael arbenigwyr ar y ddwy ochr. Mae gan arbenigwyr ddyletswydd glir i helpu'r llys yn gyntaf, yn hytrach nag un ochr neu'r llall.

3. Unwaith y bydd achos wedi cael ei roi ar y rhestr llys ar gyfer gwrandawiad, dylai'r achos ei hun ddigwydd o fewn 30 wythnos. Caniateir uchafswm o un diwrnod yn y llys ar gyfer yr achos ei hun.

Yr aml-drywydd

Yn achos yr aml-drywydd, nid oes un drefn safonol 'oddi ar y silff', tebyg i'r hyn a geir gyda'r mân-symiau a'r trywydd carlam. Yn lle hynny, mae'n rhoi system hyblyg ar gyfer delio ag achosion uwch eu gwerth a mwy cymhleth (rhai dros £15,000). Mae ystod o ddulliau y gall barnwr eu defnyddio i reoli'r achos. Gellir cyfuno'r dulliau hyn i ateb anghenion achosion unigol. Rhaid trafod achosion aml-drywydd am fwy o amser nag achosion eraill. Efallai bod y ffeithiau'n gymhleth neu fod y pwyntiau cyfreithiol yn fwy anghyffredin. Er ei fod yn hysbys y bydd angen mwy o amser i brosesu achos aml-drywydd drwy'r llysoedd nag achosion sy'n perthyn i'r trywyddau eraill, mae'r barnwr yn ceisio llunio amserlen resymol a sicrhau bod y partïon yn cadw iddi gymaint â phosibl.

Mae rhywfaint o hyblygrwydd o ran y rheolau dyrannu. Er enghraifft, os bydd y partïon yn cytuno, gallai achos y disgwylir iddo gael ei dreialu drwy'r aml-drywydd gael ei dreialu yn y dull carlam. Mae Blwch 16.13 yn dangos pa lys a pha drywydd a ddefnyddir ar gyfer achos fel rheol.

Blwch 16.13 *Dyrannu llysoedd a thrywyddau*

Gwerth yr hawliad	Llys/trywydd tebygol
Llai na £5,000	Llys Sirol/mân-symiau
£5,000 hyd £15,000	Llys Sirol/dull carlam
£15,000 hyd £25,000	Llys Sirol/aml-drywydd
£25,000 hyd £50,000	Uchel Lys neu Lys Sirol/aml-drywydd
Mwy na £50,000	Uchel Lys/aml-drywydd

Gweithgaredd 16.3

Edrychwch ar yr achosion a ddisgrifir yng Ngweithgaredd 16.1 ac, ym mhob achos, awgrymwch pa drywydd a ddefnyddir, fwy na thebyg, ar gyfer yr achos a pha wybodaeth, os o gwbl, y byddai ei hangen arnoch i'ch helpu i ddyrannu'r achos. (8)

Canllawiau cyn cyfreitha (PAPau)

Rheolau sy'n gweithredu fel canllawiau y dylai'r partïon eu dilyn yw canllawiau cyn cyfreitha (PAPau). Bwriad y rheolau hyn yw ffocysu'r partïon ar bwysigrwydd ennill setliad heb achos. Yn ôl y rheolau rhaid cyfnewid gwybodaeth yn llawn ac yn gyflym yn fuan (yn lle defnyddio tactegau drwy oedi'n fwriadol sydd yn aml yn nychu'r ochr arall). Gwneir hyn drwy nodi manylion y dystiolaeth y dylid ei chyfnewid a chreu terfynau amser ar gyfer datgelu dogfennau. Yna, gall y ddwy ochr asesu cryfder eu hachos a gweld sut y gellid ei ddatrys. Os nad yw'n bosibl setlo y tu allan i'r llys, o leiaf gall y partïon ddelio â'r achos yn gyflym ac yn effeithiol. Os yw'r partïon yn methu â chydymffurfio â'r canllawiau cyn cyfreitha, gall y barnwr wrthod ymestyn y terfynau amser neu gosbi'r parti sydd ar fai wrth ddyfarnu costau. Ar hyn o bryd, lluniwyd canllawiau cyn cyfreitha ar gyfer achosion esgeuluster meddygol ac anaf corfforol yn unig. Yn y dyfodol, caiff protocolau tebyg eu creu ar gyfer achosion o fathau eraill.

Setlo y tu allan i'r llys

Dan y Rheolau Gweithdrefn Sifil newydd, mae gan bartïon fwy o gymhelliad nag erioed i setlo'u hanghydfod y tu allan i'r llys. Os bydd un ochr wedi gwrthod cynnig rhesymol i setlo ac wedi mynnu mynd i gyfraith, gall y llys ystyried hwnnw wrth benderfynu faint o gostau y dylai'r ochr arall eu talu. Dyma oblygiadau'r rheol hon.

Tybiwch fod diffynnydd achos yn gwneud cynnig rhesymol, sy'n agos at y swm a hawlir, a bod yr hawlydd yn gwrthod y cynnig. Bydd yr hawlydd yn ymwybodol y gallai edifarhau gwneud hynny. Hyd yn oed os bydd y llys yn canfod o blaid yr hawlydd yn y pen draw, ac yn dyfarnu'r iawndal y ceisiwyd amdano yn y lle cyntaf, efallai bydd y barnwr, gan wybod am y cynnig cyntaf, yn lleihau'r costau y gall yr hawlydd eu hadennill gan y diffynnydd. Hynny yw, mae'n bosibl na fydd yr hawlydd yn ennill llawer, neu'n ennill dim byd, drwy fynnu parhau â'r achos llys.

Fodd bynnag, er mwyn gallu ystyried cynigion wrth benderfynu costau, rhaid bod y cynnig wedi bod ar gael am 21 diwrnod. Yn y gorffennol, roedd yn bosibl rhoi pwysau drwy ddweud, fwy neu lai, 'ewch amdani neu byddwch yn colli allan; dim ond am ddiwrnod mae'r cynnig hwn ar gael'. Dan y gyfundrefn newydd, mae amser i ystyried a ddylid derbyn y cynnig neu beidio mewn ffordd fwy synhwyrol.

Defnydd cynyddol o ddulliau amgen o ddatrys anghydfod

Bellach, rhaid i farnwyr wneud mwy i annog partïon i ddatrys anghydfodau gan ddefnyddio dulliau amgen yn lle achos llawn. Trafodir cyflafareddu a dulliau eraill o ddatrys anghydfodau yn Uned 17. Un ffordd o wneud hyn yw drwy roi seibiant i'r partïon, rhywbeth a elwir yn 'ohiriad'.

> ### 16.6 Faint a gyflawnwyd gan y Rheolau Gweithdrefn Sifil newydd?

Mae'n debyg ei fod yn llawer rhy gynnar i ddweud a gyflawnwyd y newidiadau a argymhellwyd gan adroddiad Woolf. Byddai'n syndod pe na bai problemau wrth geisio rhoi newidiadau mor fawr i'r broses sifil ar waith, er gwaethaf yr hyfforddiant sylweddol a drefnwyd cyn i'r rheolau newydd ddod i rym yn 1999.

Er hynny, mae tystiolaeth ar gael yn barod i ddangos bod y diwygiadau wedi cael effaith. Yn 2001, roedd cyfreitha wedi lleihau o 37%. Mae hyn yn dangos bod yr ymgyrch i setlo mwy o achosion y tu allan i'r llys ac i gynyddu'r defnydd o ddulliau amgen o ddatrys anghydfod wedi llwyddo.

Mae rhai barnwyr wedi gwneud sylwadau cyhoeddus am eu profiadau o'r diwygiadau ac mae cwmnïau cyfreithwyr mawr wedi cynnal nifer o arolygon o ddefnyddwyr y llysoedd. Mae'r adborth wedi bod yn gadarnhaol ac yn negyddol.

Adborth cadarnhaol

Roedd rhywfaint o dystiolaeth yn dangos bod mwy o achosion yn cael eu setlo'n gynnar drwy drafodaeth rhwng y partïon neu ddull amgen o ddatrys anghydfod. Yn sgil arolwg cyfreithwyr o fewn cwmnïau'r DU a gynhaliwyd gan Eversheds (cwmni cyfreithwyr mawr) yn 2000, gwelwyd bod 43% o'r sawl a arolygwyd wedi setlo'u hachosion ynghynt wedi i'r rheolau newydd ddod i rym. Roedd llawer yn cytuno bod mwy o gydweithio bellach rhwng y partïon yn ystod y camau paratoadol, a llai o'r diwylliant ymosodol hynny a achosai oedi a chostau uwch.

Adborth negyddol

Mae nifer o sylwebwyr yn credu nad yw'r costau cyfreithiol wedi lleihau. Dyma oedd barn tua hanner y sawl a gymerodd ran yn arolwg Eversheds. Ofnwyd nad oes gan y llysoedd adnoddau digonol na systemau TG priodol i reoli achosion yn effeithiol o fewn ysbryd diwygiadau Woolf. Yn arolwg Eversheds, roedd 44% yn credu nad oedd diffynyddion a hawlwyr yn cael gwell cyfiawnder ers y diwygiadau.

Crynodeb ●●●

1. Beth yw'r gwahaniaeth rhwng achos sifil ac achos troseddol?

2. Beth yw'r 'gweithdrefn cyn achos' a pham ei bod yn bwysig?

3. Pa lysoedd sy'n clywed achosion sifil y gwrandawiad cyntaf a pha rai sy'n clywed apêl?

4. Pa broblemau a wynebai'r llysoedd sifil cyn 1999?

5. Pa gamau a gymerwyd yn 1999 i ddelio â'r problemau a wynebwyd gan lysoedd sifil?

6. Pa mor effeithiol fu'r camau hyn?

Astudiaeth achos   Y llysoedd sifil

Eitem A   *Hamdden Hapus ccc v Aziz Cyf (achos dychmygol)*

Lluniwyd contract rhwng Hamdden Hapus ccc, cwmni cenedlaethol, ac Aziz Cyf., cwmni adeiladwyr mawr a pharchus, i adeiladu canolfan gynadledda ac arddangos yn gysylltiedig â gwesty mawr a oedd yn eiddo i Hamdden Hapus ccc yng ngogledd Lloegr. Y bwriad oedd darparu safle fforddiadwy a fyddai'n galluogi cwmnïau'r ardal i gynnal ffeiriau masnach ac ati. Am na lwyddodd Aziz i gwblhau'r adeilad tan ddeufis wedi'r dyddiad a gytunwyd, mae Hamdden Hapus wedi colli contract gwerth £30,000 am gynhadledd (tynnodd y trefnwyr yn ôl a mynd i safle arall). Gwadodd Aziz gyfrifoldeb am yr oedi, gan honni ei fod wedi digwydd oherwydd y

newidiadau munud olaf i fanyleb yr adeilad a wnaed gan Hamdden Hapus ccc. Ni chytunai Hamdden Hapus ccc ac felly penderfynwyd dwyn achos cyfreithiol yn erbyn Aziz.

Eitem B   *Anghydfodau am ffiniau a chyfryngu*

Yn 1979 dechreuodd achos llys rhwng dau gymydog ynglŷn â llain fach o dir. Daeth i ben 20 mlynedd yn ddiweddarach pan ddaethpwyd o hyd i un o'r partïon yn crogi mewn coedwig. Cynyddodd yr anghydfod ynglŷn â'r ffin, a ddechreuodd pan ychwanegwyd estyniad i gartref teuluol y diffynnydd, i'r fath raddau fel bod y diffynnydd wedi lladd ei hun oherwydd y posibilrwydd y gallai golli ei gartref er mwyn talu costau cyfreithiol o £75,000. Roedd ei gymydog, a fu unwaith yn gyfaill agos i'r teulu, yn wynebu costau o £25,000.

I bob golwg, mae anghydfodau am ffiniau yn gyrru pobl i'r eithaf. Weithiau byddant yn gwario cynilion oes yn ymladd achos dros ddarn o dir a allai fod yn werth dim mwy nag ychydig gannoedd o bunnau. Yn aml, nid yw'r manylion cyfreithiol yn glir, gan sbarduno apeliadau sy'n peri bod y costau'n uwch na gwerth y tir y dadleuir drosto.

Mae'r ffens yn y llun hwn yn dangos y ffin rhwng eiddo un person ac eiddo person arall. Gall anghydfodau am ffiniau arwain at achosion llys, fel yr un a ddisgrifir yma.

Mae dull cyfryngu yn wahanol i gyfreitha, sy'n aml yn peri bod y ddwy ochr yn colli allan. Mae cyfryngu yn digwydd dim ond os bydd y ddau barti'n cytuno. Gall cyfreitha beri bod y ddau barti yn elynion oes, ond mae cyfryngu yn gallu sicrhau perthynas sy'n parhau wedi i'r anghydfod gael ei ddatrys. Mae cyfryngwr niwtral yn gweithredu fel canolwr. Nid yw'n gorfodi ateb fel y gwna barnwr, ond yn hytrach mae'n helpu'r partïon i ganfod ateb y gall y ddwy ochr ei dderbyn. Yn lle cymryd blynyddoedd, gellir datrys achos mewn diwrnod neu lai. Mae'r Barnwr Neil Butter, a sefydlodd y cynllun cyfryngu cyntaf i gael ei gynnal mewn llys ym Mhrydain yn 1996, yn dweud, 'Mae cyfryngu yn gyflym, yn rhad ac yn anffurfiol. Nodwedd amlycaf y broses yw bodlonrwydd sylweddol y defnyddiwr'. Mae'r rheolau llys sifil newydd yn rhoi llawer mwy o rym i farnwyr reoli achosion. Bellach mae ganddynt yr hawl, er enghraifft, i ohirio achos fel y gall y partïon roi cynnig ar gyfryngu neu ffurf arall ar ddatrys anghydfod.

Mae Hazel Genn, Athro Astudiaethau Cyfreithiol-gymdeithasol yng Ngholeg Prifysgol Llundain, wedi gweld achosion sifil yn cael eu datrys drwy gyfryngu. Mae hi'n dweud: 'wedi eistedd drwy gannoedd o oriau o gyfryngu, mi wnaeth argraff arna' i. Mae'n ffordd o gyflymu pethau a gadael i bobl fynd i ffwrdd yn gymharol hapus.

Addaswyd o *The Guardian*, 8 Mehefin 1999.

Cwestiynau

(a) Edrychwch ar Eitem A. Fel cynghorydd cyfreithiol Hamdden Hapus ccc, atebwch y cwestiynau canlynol.

   i)   Faint fydd Hamdden Hapus yn ei hawlio? (1)

   ii) Ym mha lys y dechreuir yr achos ac ar ba drywydd, o bosibl? Sut fydd y barnwr yn cael gafael ar yr wybodaeth a fydd yn ei helpu i wneud y dyraniad?

   iii) Tua faint o amser y bydd ei angen i'r achos gyrraedd y llys? (2)

   iv) Sut fyddai'r barnwr sy'n ymwneud â'r achos hwn yn cyflawni'r ddyletswydd o reoli achos yn weithredol mewn perthynas ag:
   ● osgoi'r angen am dreial? (8)
   ● lleihau unrhyw oedi a allai ddigwydd? (6)

   v)   Pa weithdrefnau cyn-treial y bydd rhaid eu cyflawni cyn y gwrandawiad llys? (10)

   vi) Bellach, mae Aziz Cyf wedi asesu cryfder y dystiolaeth yn eu herbyn, fel y'i nodir ym manylion yr hawliad. Maent yn barod i gynnig £27,000 er mwyn setlo'r achos. Pam fyddai derbyn y cynnig hwn yn fanteisiol i Hamdden Hapus ccc, er nad yw cymaint â'u hawliad gwreiddiol? (8)

(b) Gan ddefnyddio Eitem B, cwblhewch y tasgau canlynol.

   i)   Esboniwch pam fod cyfreitha 'yn aml yn peri bod y ddwy ochr yn colli allan'. (6)

   ii) Beth a olygir wrth 'dull amgen o ddatrys anghydfod'? Pam, yn eich barn chi, fod gan farnwyr heddiw ddyletswydd i annog partïon i geisio datrys eu dadleuon drwy ddull amgen o ddatrys anghydfod? (8)

   iii) Esboniwch pam fod cyflafareddu weithiau'n ddewis gwell nag achos llys a phryd na ddefnyddir cyflafareddu. (6)

17.1 Cyflwyniad

Dechreuodd Mahatma Gandhi (gweler Blwch 17.1) ar ei yrfa fel cyfreithiwr yn Ne Affrica yn ystod y 1890au. Pan gyrhaeddodd yno o India, gweithredodd ar ran un o'r partïon mewn achos cymhleth a hirwyntog rhwng dau fasnachwr. Yn ei hunangofiant, mae Gandhi'n disgrifio sut y dysgodd am 'ymarfer gwirioneddol y gyfraith' yn ystod y cyfnod hwn. Roedd yn poeni bod y ffioedd cyfreithiol yn cynyddu mor gyflym fel y byddent yn peryglu bywoliaeth y masnachwyr, er bod ganddynt fusnesau mawr. Roeddent yn canolbwyntio cymaint ar yr achos fel nad oedd ganddynt amser ar gyfer unrhyw waith arall. Roedd y drwgdeimlad rhwng y ddau ddyn yn cynyddu o hyd. Ni fyddai'r enillydd yn adennill mwy na chyfran o'i gostau cyfreithiol gan yr ochr a gollai o ganlyniad i'r ffordd y trefnwyd rheoliadau'r llys.

'Ni fedrwn oddef hyn', ysgrifennodd Gandhi. Awgrymodd i'w gleient os gellid apwyntio person y byddai'r ddau barti'n gallu ymddiried ynddo i ddatrys yr anghydfod, yna byddai'r achos yn dod i ben yn gyflym. 'Teimlais mai fy nyletswydd oedd bod yn gyfaill i'r ddau barti a dod â hwy at ei gilydd. Gwnes bopeth i annog cyfaddawd… Dysgais fy ngwers gystal fel fy mod wedi treulio llawer o'm hamser yn ystod yr 20 mlynedd a weithiais fel cyfreithiwr yn trefnu cyfaddawdau preifat mewn cannoedd o achosion.'

Mwy na chan mlynedd wedi profiad cyntaf Gandhi o ddull amgen o ddatrys anghydfod, mae'r cymhellion dros osgoi achosion llys yn parhau'r un fath. Mae achos llys yn ddrud, yn hirwyntog ac yn rhywbeth a ddylai fod yn ddewis olaf, ac eithrio i bobl gyfoethog iawn. Mae dulliau eraill o ddatrys anghydfodau sifil yn bodoli.

17.2 Tribiwnlysoedd

Beth yw'r gwahaniaeth rhwng llys a thribiwnlys?

Corff sy'n gwneud gwaith tebyg i lys cyfreithiol ond nad yw'n llys cyfreithiol yw tribiwnlys. Yn y Llys Sirol a'r Uchel Lys clywir ystod eang o achosion, gan gynnwys amrywiaeth fawr o achosion contract ac ysgaru, anghydfodau ynghylch ewyllysiau, hawliadau esgeuluster (mae damweiniau yn y gwaith neu ar y ffyrdd yn enghreifftiau cyffredin o hyn), ac achosion yn ymwneud â thir ac eiddo. Ar y llaw arall, mae tribiwnlysoedd yn fwy arbenigol. Mae pob math arbennig o dribiwnlys yn clywed achos o un math yn unig. Er enghraifft, mae tribiwnlysoedd nawdd cymdeithasol yn delio ag achosion budd-dal yn unig.

Rhaid bod barnwyr yr Uchel Lys a'r Llys Sirol yn uwch-gyfreithwyr profiadol cyn troi'n farnwyr. Er bod cyfreithwyr yn cadeirio rhai tribiwnlysoedd, nid yw'r mwyafrif o bobl sy'n gwneud penderfyniadau ar dribiwnlysoedd yn gyfreithwyr hyfforddedig. Mae llys barn yn amgylchedd ffurfiol iawn lle mae'n rhaid deall nifer o reolau yn ymwneud â gweithdrefn a lle mae cyfreithwyr proffesiynol yn gwisgo wigiau a gynau. Ar y llaw arall, trefnwyd bod tribiwnlysoedd yn llai ffurfiol, fel nad yw person heb gefndir cyfreithiol yn cael ei ddychryn ac yn teimlo na allant siarad drostynt hwy eu hunain. Ni wisgir wigiau a gynau. Fel rheol ni ddyfernir costau cyfreithiol i'r partïon mewn gwrandawiad tribiwnlys.

Yn ddiweddar, edrychwyd yn fanwl ar bob tribiwnlys pan ofynnodd yr Arglwydd Ganghellor i Syr John Leggatt, cyn-Arglwydd Ustus Apeliadau gynnal adolygiad. Roedd **Adroddiad Leggatt**, a gyhoeddwyd yn 2001, yn cynnwys nifer o feirniadaethau difrifol o dribiwnlysoedd y DU ac argymhellion ar gyfer diwygio. Trafodir yr adroddiad ymhellach isod.

Mathau o dribiwnlys

Mae'r uned hon yn ffocysu ar dribiwnlysoedd gweinyddol.

Tribiwnlysoedd gweinyddol yw'r rhai a grëwyd gan Ddeddf Seneddol i adolygu penderfyniadau'r llywodraeth. Crëwyd nifer yn wreiddiol yn y 1940au a'r 1950au pan sefydlwyd y Wladwriaeth Les. Y 'Wladwriaeth Les' yw'r term a ddefnyddir i ddisgrifio'r gofal iechyd, addysg, pensiynau'r wladwriaeth, a'r gwahanol fathau o nawdd cymdeithasol a hawliau cyflogaeth a ddarperir gan y

Blwch 17.1 *Mahatma Gandhi.*

Mahatma Gandhi yn 1900 pan oedd yn gweithio fel cyfreithiwr yn Ne Affrica. Yn ddiweddarach, arweiniodd yr ymgyrch dros annibyniaeth India o'r DU, gan hyrwyddo anghydweithredu di-drais gyda'r trefedigaethwyr.

wladwriaeth. Sefydlwyd tribiwnlysoedd i ddelio ag anghydfodau am hawl. Mae 137 o dribiwnlysoedd gweinyddol heddiw, yn delio gyda dros filiwn o achosion bob blwyddyn. Mae hyn yn fwy o lawer na nifer yr achosion dadleuol dan ofal y Llys Sirol a'r Uchel Lys ynghyd.

Rhestrir rhai tribiwnlysoedd pwysig ym Mlwch 17.2.

Blwch 17.2 *Tribiwnlysoedd gweinyddol pwysig*

- **Tribiwnlysoedd nawdd cymdeithasol** sy'n delio ag apeliadau yn erbyn penderfyniad i wrthod talu mewn perthynas â gwahanol fudd-daliadau
- **Tribiwnlysoedd cyflogi** sy'n delio â nifer o agweddau ar gyfraith gyflogi, megis hawliadau diswyddo anghyfiawn a chamwahaniaethu ar sail rhyw
- **Tribiwnlysoedd rhent** sy'n ymwneud â sefydlu rhenti teg dan y Deddfau Rhent
- **Tribiwnlysoedd apeliadau mewnfudo** sy'n gwrando ar apeliadau yn dilyn penderfyniadau'r Swyddfa Gartref i wrthod caniatáu mynediad i'r Deyrnas Unedig.

Tribiwnlysoedd cyflogi

Mae'n bosibl mai tribiwnlysoedd cyflogi yw'r math mwyaf arwyddocaol o dribiwnlys, ac yn sicr yr un mwyaf adnabyddus. Dan Ddeddf Tribiwnlysoedd Cyflogi 1996, mae ganddynt yr awdurdod i ddelio ag ystod o anghydfodau rhwng cyflogwyr a'r gweithwyr, gan gynnwys diswyddo annheg, camwahaniaethu ar sail rhyw, hil neu anabledd, anghydfodau yn ymwneud â thaliadau mamolaeth a thaliadau diswyddo. Yn aml, mae'r wasg yn adrodd am achosion o daliadau diswyddo annheg a chamwahaniaethu yn y papurau newydd. Yn wahanol i'r mwyafrif o wrandawiadau tribiwnlys eraill, cynhelir gwrandawiadau tribiwnlysoedd cyflogi yn gyhoeddus.

Fe'u cynhelir mewn trefi mawr a dinasoedd. Fel rheol maent â thri aelod. Mae'r Cadeirydd, sy'n arwain ystyriaeth yr achos, wedi'i hyfforddi'n gyfreithiol. Daw un o'r ddau arall o banel o bobl sy'n cynrychioli cyflogwyr, a'r llall o banel a ffurfiwyd o gynrychiolwyr undebau llafur. Nid yw diffyg hyfforddiant cyfreithiol yn anfantais o reidrwydd, gan fod yr aelodau o'r tu allan i'r byd cyfreithiol yn aml yn gallu cynnig profiad ymarferol o faterion cyflogi yn hytrach na'r wybodaeth am ddamcaniaeth gyfreithiol sydd gan y Cadeirydd.

Nid yw rheolau gweithdrefn llys arferol yn berthnasol. Gall partïon gynrychioli eu hunain, er eu bod yn gallu defnyddio cyfreithwyr, bargyfreithwyr neu bobl eraill i'w cynrychioli, ac yn gwneud hynny'n aml. Yn aml, hefyd, bydd undebau llafur yn darparu cynrychiolaeth arbenigol

ar gyfer eu haelodau. Cynhelir gwrandawiadau tribiwnlys mewn ystafelloedd llai ffurfiol nag ystafelloedd llys. Nid yw aelodau tribiwnlys yn eistedd ar lwyfan uwch fel y gwna barnwyr, ac mae'r awyrgylch yn llai brawychus na llys.

Gellir gwneud apeliadau ar benderfyniadau tribiwnlys cyflogi ar bwynt cyfreithiol yn unig. Mae barnwr o'r Uchel Lys yn llywyddu dros apeliadau o dribiwnlysoedd cyflogi yn y **Tribiwnlys Apêl Cyflogi**.

Tribiwnlysoedd mewnol

Mae tribiwnlysoedd mewnol, yn wahanol i dribiwnlysoedd gweinyddol, yn delio â materion sy'n ymwneud â gweithredu mewnol sefydliadau penodol, ac eithrio'r sefydliadau hynny sy'n rhan o'r wladwriaeth. Mae enghreifftiau o dribiwnlysoedd mewnol yn cynnwys pwyllgorau disgyblu'r Gymdeithas Feddygol Brydeinig (y BMA, corff proffesiynol meddygon), Cymdeithas y Cyfreithwyr (corff proffesiynol cyfreithwyr) ac undebau llafur. Er nad yw cyrff o'r fath fel rheol wedi cael eu creu drwy statud ond drwy gytundeb rhwng aelodau'r proffesiwn neu'r undeb, yn aml mae ganddynt rym sylweddol. Er enghraifft, mae gan bwyllgorau disgyblu'r

---

Gweithgaredd 17.1

Nodwch a fyddai'r llysoedd neu dribiwnlys yn delio â'r anghydfodau canlynol. Os tribiwnlys yw eich ateb, nodwch pa un. (4 marc yr un)

Mae Gurpeet wedi cael ei ddiswyddo o'i swydd fel cyfrifydd. Mae'n teimlo nad oes unrhyw sail deg dros y diswyddo.

Gurpeet

Mae John wedi prynu peiriant golchi a dorrodd i lawr ar ôl pythefnos. Mae'r siop a werthodd y peiriant yn mynnu nad oes rhaid iddynt roi iawndal iddo.

John

Mae Siwan, meddyg teulu, wedi cael ei gwahardd rhag gweithio fel meddyg gan y BMA.

Siwan

Gwrthodwyd Budd-dal Tai i Jim.

Jim

BMA a Chymdeithas y Cyfreithwyr yr hawl i atal person rhag parhau i weithio yn y proffesiwn.

Rheoli tribiwnlysoedd

Mae penderfyniadau a gwaith tribiwnlysoedd mewnol a gweinyddol yn cael eu rheoli gan yr Uchel Lys. Gall hyn fod yn gais am adolygiad barnwrol ar sail tor-cyfiawnder naturiol neu fod y tribiwnlys wedi gweithredu yn *ultra vires* (y tu hwnt i'w bwerau) - gweler Uned 16, Adran 16.3.

Mae'r Cyngor ar Dribiwnlysoedd yn dylanwadu ar waith rhai tribiwnlysoedd penodol. Apwyntir aelodau'r Cyngor gan yr Arglwydd Ganghellor. Ymgynghorir â'r Cyngor cyn newid unrhyw reolau gweithdrefn ac mae'n adolygu gwahanol faterion a gyfeirir ato. Fodd bynnag, nid oes gan y Cyngor ar Dribiwnlysoedd fawr o rym gwirioneddol ac ni all wrthdroi penderfyniadau unrhyw dribiwnlys.

Manteision tribiwnlysoedd

Mae gan dribiwnlysoedd bum prif fantais dros lysoedd. Fe'u nodir yn fras ym Mlwch 17.3.

Anfanteision tribiwnlysoedd

Mae gan dribiwnlysoedd bedair prif anfantais. Gellir disgrifio'r rhain fel a ganlyn:

(i) Diffyg tryloywder
Gellid dadlau nad yw gwrandawiadau preifat bob amser yn deg.

(ii) Diffyg annibyniaeth
Yn ôl adroddiad Pwyllgor Franks yn 1957, dylai tribiwnlysoedd fod yn agored, yn deg ac yn ddi-duedd. Mae diffyg tueddd yn golygu gwneud penderfyniadau'n annibynnol heb duedd i ffafrio un ochr neu'r llall. Teimlai Legatt mai annibyniaeth oedd nodwedd bwysicaf cyfundrefn dribiwnlys go iawn, ond roedd yn amlwg bod tribiwnlysoedd gweinyddol yn ddiffygiol yn hyn. Un o argymhellion allweddol Adroddiad Legatt oedd y dylid cael Gwasanaeth Tribiwnlysoedd newydd i gefnogi pob tribiwnlys. Os gweinyddid tribiwnlysoedd gan sefydliad a oedd ar wahân i adrannau llywodraethol ac felly yn gwbl rydd o'u dylanwad, byddent yn fwy di-duedd.

(iii) Nid yw cymorth cyfreithiol ar gael
Er na all dinesydd preifat, o bosibl, fforddio cynrychiolaeth gyfreithiol, mae gan adrannau llywodraethol a chyflogwyr sy'n amddiffyn achosion fynediad i gyngor cyfreithiol a chynrychiolaeth o safon uchel. Ar yr un pryd, nid yw cymorth cyfreithiol ar gael yn achos bron pob gwrandawiad tribiwnlys. A yw hyn yn deg? Cynigiodd Legatt nifer o argymhellion, gan gynnwys:

- dylid ariannu grwpiau cynghori gwirfoddol, megis Canolfannau Cynghori, fel y gallant gynnig cyngor cyfreithiol

---

(i) Maent yn gyflymach na'r llysoedd
Mae'r gyfundrefn gyfreithiol gyffredin yn araf iawn wrth wrando ar achosion a gwneud penderfyniadau. Gall blynyddoedd fynd heibio rhwng dechrau achos cyfreithiol a dyddiad yr achos. Mae tribiwnlysoedd yn llawer cyflymach. Wedi dweud hynny, nododd Adroddiad Leggatt fod oedi cynyddol yn digwydd yn achos tribiwnlysoedd cyflogi. Mae hyn yn digwydd yn rhannol am fod nifer yr hawliadau maent yn delio â hwy wedi cynyddu'n sylweddol yn ystod y blynyddoedd diwethaf.

(ii) Maent yn rhatach ac yn fwy hygyrch
Mae dod ag achos gerbron tribiwnlys yn rhatach o lawer nag achos llys. Nid yw'r sawl sy'n dwyn yr achos mewn perygl o golled ariannol. Fel rheol, ni ddyfernir costau i'r sawl sy'n colli'r achos a dylai fod yn bosibl i lawer o hawlwyr gynrychioli eu hunain. Ni ddyfernir ffi llys mewn perthynas ag achosion mewn tribiwnlysoedd. Mae tribiwnlysoedd hefyd yn rhatach o lawer i'r wladwriaeth gan nad yw aelodau'r tribiwnlys yn cael eu talu cymaint â barnwyr Llys Sirol a'r Uchel Lys. Mae dogfennaeth syml ac absenoldeb y math o reolau gweithdrefn cymhleth sy'n digwydd mewn llysoedd hefyd yn caniatáu mynediad gwell at gyfiawnder, yn ddamcaniaethol o leiaf.

(iii) Maent ag arbenigedd
Fel y nodwyd uchod, mae cael arbenigedd penodol aelodau lleyg tribiwnlys ochr yn ochr ag arbenigedd cyfreithiol mwy cyffredinol y Cadeirydd yn fanteisiol. Er enghraifft, mewn anghydfodau sy'n ymwneud â budd-daliadau i'r anabl neu'r methedig, mae meddygon yn aelodau o'r tribiwnlys.

(iv) Maent yn fwy preifat
Fel rheol, cynhelir tribiwnlysoedd yn breifat, i ffwrdd o sylw digroeso'r wasg a ddaw, weithiau, yn sgil ymddangosiad llys. Mae tribiwnlysoedd cyflogi yn eithriad amlwg i hyn.

(v) Maent yn lleihau pwysau gwaith y llysoedd
Wrth i waith y llysoedd gynyddu, mae'n amlwg y byddai'r gyfundrefn gyfreithiol yn dioddef pe bai llawer o achosion yn cael eu trosglwyddo o dribiwnlysoedd yn ôl i'r llysoedd cyffredin, yn enwedig gan fod y llysoedd mor ddrud i'w cynnal.

- dylid hyfforddi cadeiryddion tribiwnlysoedd i roi cymaint o gymorth ag y gallant i hawlwyr yn gyfreithiol
- mewn achosion cymhleth, lle mae gwir angen cynrychiolaeth gyfreithiol, dylid cynnig cymorth cyfreithiol dim ond fel dewis olaf.

(iv) Mae'n bosibl nad yw tribiwnlys yn hygyrch mewn gwirionedd
Mae'r pwynt hwn yn gysylltiedig â'r ddadl nad yw cymorth

cyfreithiol ar gael. Yn 1979, argymhellodd Comisiwn Brenhinol Gwasanaethau Cyfreithiol y dylid adolygu a symleiddio gweithdrefnau tribiwnlys. Teimlwyd ar y pryd bod y syniad gwreiddiol y byddai tribiwnlysoedd yn hygyrch am fod ymgeiswyr yn gallu cynrychioli eu hunain dan fygythiad. Mwy nag 20 mlynedd yn ddiweddarach, i bob golwg nid oes llawer wedi newid. Dadleuai Leggatt bod tribiwnlysoedd yn gynyddol yn methu darparu cyfundrefn gyfiawnder syml a hygyrch lle gall defnyddwyr gynrychioli eu hunain. Yn ôl yr adroddiad, roedd tribiwnlysoedd llys, yn arbennig, yn graddol droi'r un mor ffurfiol a chymhleth â'r llysoedd yn raddol ac yn llai cyfeillgar i'r defnyddiwr.

17.3 Dulliau amgen o ddatrys anghydfod

Negodi

Y ffordd rataf a chyflymaf o ddatrys anghydfod, wrth gwrs, yw cysylltu â'r ochr arall a chyfathrebu â hwy'n uniongyrchol, mewn ymgais i ddatrys y broblem. Gellir gwneud hyn cyn troi at gyfreithwyr, y llysoedd neu ddulliau eraill o ddatrys anghydfodau. Os nad yw hyn yn llwyddo, gall cyfreithwyr drafod ar ran eu cleientiaid, er po hiraf y mae'r drafodaeth rhwng cyfreithwyr yn parhau, y mwyaf yw'r costau. Gall trafodaeth y tu allan i'r llys hefyd arwain at setliad ar ôl, yn ogystal â chyn, dechrau achos cyfreithiol.

Yn ogystal â thrafodaeth anffurfiol, efallai y bydd partïon yn rhoi cynnig ar fath arall o '**ddull amgen o ddatrys**

Gweithgaredd 17.2

Cymorth cyfreithiol ar gyfer ymgeiswyr tribiwnlys?

Yn yr Alban, mae cymorth cyfreithiol ar gael bellach fel y gall gweithwyr logi cyfreithiwr i'w cynrychioli mewn tribiwnlys mewn achosion a ystyrir yn rhy gymhleth i'r ymgeisydd allu eu cyflwyno'n effeithiol ar ei ben ei hun. Aeth Gweithrediaeth yr Alban ati i achub y blaen ar unrhyw honiadau, dan y Ddeddf Hawliau dynol, na all pobl sy'n methu fforddio talu am gyfreithiwr i'w cynrychioli ddwyn achos effeithiol gerbron tribiwnlys cyflogaeth. Mae'r Ddeddf Hawliau Dynol yn gwneud y Confensiwn Ewropeaidd ar Hawliau Dynol yn rhan o gyfraith y DU (mae erthygl 6 y confensiwn yn nodi'r hawl i gael achos teg). Mae'n edrych yn debyg y bydd ariannu cyhoeddus ar gyfer ceisiadau tribiwnlys cyflogi yn ymestyn i rannau eraill o'r Deyrnas Unedig hefyd. Ar hyn o bryd, yng Nghymru a Lloegr, caniateir cymorth cyfreithiol dim ond pan ellir ennill neu golli achosion sy'n mynd i'r Tribiwnlys Apêl Cyflogi ar bwynt cyfreithiol cymhleth.

Argraff arlunydd o Mary Archer yn rhoi tystiolaeth mewn tribiwnlys cyflogi yn Bury St Edmunds ar 4 Medi 2002. Roedd Jane Williams, a fu'n gynorthwyydd personol Mary Archer am 13 mlynedd, yn hawlio diswyddo annheg.

Mae astudiaeth o hawliadau camwahaniaethu ar sail anabledd mewn tribiwnlysoedd cyflogi yn awgrymu bod ymgeisydd heb gynrychiolaeth gyfreithiol ddwywaith yn fwy tebyg o golli na rhywun sy'n mynd i'r tribiwnlys gyda chyfreithwyr a fydd yn dadlau drostynt.

Un newid a gyhoeddwyd gan y llywodraeth yw y bydd tribiwnlysoedd yn cael pwerau i lunio gorchmynion ar gyfer costau o hyd at £10,000. Mae hyn mewn ymateb i bryderon cyflogwyr bod gweithwyr anfoddog yn gynyddol barod i ddwyn hawliadau afresymol gerbron tribiwnlys, er mwyn bachu ar y cyfle. Mae'r newid yn cefnogi'r ddadl o blaid cymorth cyfreithiol gan y byddai'r perygl o orfod talu bil sylweddol am gyfreithwyr eu cyflogwr pe bai'r tribiwnlys yn dyfarnu yn eu herbyn o bosibl yn ffrwyno ymgeiswyr rhag gwneud hawliad.

Dywedodd Martin Phillips, Cyfarwyddwr Cyfreithiol Lawrite, cwmni sy'n rhedeg gwefan cyngor cyfraith gyflogi:

'Ni cheir llawer o amheuaeth ymhlith cyfreithwyr cyflogi profiadol bod ymgeiswyr pob achos ac eithrio'r achosion symlaf yn llai tebygol o lwyddo heb gynrychiolaeth. Ychydig iawn o ymgeiswyr sydd â'r wybodaeth a'r sgìl i baratoi a chyflwyno eu hachosion yn drylwyr.'

Wedi'i addasu o wybodaeth a ddarparwyd gan Lawrite.

(a) Beth yw trywydd apêl o dribiwnlysoedd cyflogi? **(2)**

(b) Cynigiwch dair dadl dros ddarparu cymorth cyfreithiol i ymgeiswyr tribiwnlys yng Nghymru a Lloegr. **(9)**

(c) Gan ddefnyddio'r deunydd hwn, a rhannau eraill o'r uned, cynigiwch ddwy ddadl yn erbyn darparu cymorth cyfreithiol i ymgeiswyr tribiwnlys yng Nghymru a Lloegr. **(6)**

anghydfod' (DADC). Mae'r term hwn yn cynnwys nifer o ddulliau gwahanol o ddatrys anghydfod sifil drwy drydydd parti niwtral heb droi at y llysoedd:

- mae **cyflafareddu** yn digwydd pan apwyntir person neu bersonau i weithredu mewn modd tebyg i farnwr a datrys anghydfod, ar ôl gwrando ar y ddwy ochr.

- mae **cyfryngu** yn ymwneud â rhywun yn helpu partïon i gyfaddawdu heb orfodi ateb.

- mae **cymodi** yn debyg i gyfryngu ond yn mynd ychydig ymhellach. Gellir gwneud awgrymiadau ynghylch sut y gellid trefnu setliad.

Defnyddiwyd DADC mewn nifer sylweddol o anghydfodau dros y blynyddoedd diwethaf. Mae'r llywodraeth bresennol o'r farn bod DADC yn rhan allweddol o ddiwygio'r gyfundrefn cyfiawnder sifil. Roedd Adroddiad Woolf yn cefnogi'r defnydd o DADC a phan ddaeth y Rheolau Gweithdrefn Sifil newydd i rym yn 1999, roedd gan farnwyr ddyletswydd i annog partïon i setlo y tu allan i'r llys (gweler Uned 16, Adran 16.5). Dyfarnodd y Llys Apêl yn **Dunnett v Railtrack (2002)** y byddai cosbau costau yn cael eu gorfodi os nad oedd y partïon yn rhoi cynnig ar gyfryngu mewn rhai achosion o fathau penodol.

Cyflafareddu

Proses breifat yw cyflafareddu, lle mae person annibynnol a elwir yn 'gyflafareddwr' yn datrys anghydfod drwy wneud penderfyniad sy'n gyfreithiol rwymol. Yn aml, mae cyflafareddwr yn arbenigwr cydnabyddedig ym maes yr anghydfod. Mewn rhai achosion, bydd y cyflafareddwr yn gyfreithiwr. Drwy gytuno i gyflafareddu, fel rheol mae'r partïon yn caniatáu i gyflafareddwr, yn hytrach na barnwr mewn llys barn, benderfynu sut y dylid datrys yr anghydfod. Mae Sefydliad Siartredig y Cyflafareddwyr (SSC) yn arwain y farchnad o ran darparu ar gyfer anghydfodau defnyddwyr drwy gyflafareddu a ffurfiau eraill ar DADC. Mae'r SSC yn gweinyddu cynlluniau ar gyfer Cymdeithas Trefnwyr Teithiau Prydeinig (CTTP, neu ABTA), British Telecom a Consignia, ymhlith eraill. Gall contractau ysgrifenedig rhwng y cwmni a'r defnyddiwr gynnwys cymal datrys anghydfod, sydd rywbeth tebyg i'r un a argymhellwyd gan SSC. Mae cymal safonol SSC yn dweud:

> 'Bydd unrhyw anghydfod neu wahaniaeth sy'n codi o'r contract hwn, neu sy'n gysylltiedig ag ef, yn cael ei ddatrys drwy benodi un cyflafareddwr sy'n dderbyniol i'r ddau barti, neu, os na chytunir ar y cyflafareddwr o fewn pedwar diwrnod ar ddeg, wedi i'r naill barti neu'r llall gyflwyno cais ysgrifenedig i'r parti arall i gytuno ag apwyntiad cyflafareddwr a apwyntir gan Lywydd neu Islywydd Sefydliad Siartredig y Cyflafareddwyr.'

Weithiau bydd y cyflafareddu ar bapur. Hynny yw, mae'r partïon yn cyflwyno'r pwyntiau maent yn awyddus i'w gwneud ar bapur a'u gyrru at y cyflafareddwr heb ymddangos gerbron gwrandawiad. Pan gynhelir gwrandawiad cyflafareddu, bydd y partïon yn cytuno ymhlith ei gilydd a fydd un cyflafareddwr neu sawl un yn gweithredu fel panel i wrando ar yr achos, a gaiff tystiolaeth ei rhoi ar lw neu beidio, a materion eraill yn ymwneud â gweithdrefn.

Er bod Llundain yn ganolfan pwysig ar gyfer cyflafareddu rhyngwladol rhwng cwmnïau, mae'r oedi wrth aros am wrandawiad cyflafareddu yn golygu y gall gymryd cymaint o amser, bron, ag achos llys. Yn ogystal, mae cyfraith cyflafareddu yn cymhlethu o hyd. Oherwydd hyn, pasiwyd Deddf Cyflafareddu 1996, gyda'r bwriad o ddiwygio'r gyfraith a sicrhau bod cyflafareddu'n fwy rhwydd i'r defnyddiwr - gweler Blwch 17.4.

Blwch 17.4 *Deddf Cyflafareddu 1996*

Mae Deddf Cyflafareddu 1996 yn dechrau gyda datganiad y dylai'r partïon fod yn rhydd i gytuno ar sut y dylid datrys eu hanghydfodau ac, er bod y llysoedd yn gallu ymyrryd mewn achosion a ddatrysir drwy gyflafareddu, mae'r amgylchiadau sy'n caniatáu'r fath ymyrraeth yn gyfyngedig. Er bod y Ddeddf yn traethu rheolau sy'n rheoli cyflafareddu, defnyddir y rheolau hyn dim ond pan na fydd y partïon wedi gwneud eu rheolau eu hunain o fewn cytundeb. Hynny yw, os nad ydych yn hoffi rheolau'r Ddeddf Cyflafareddu, gwnewch yn siŵr eich bod yn nodi hynny yn eich contract.

Dan y Ddeddf, pan fydd un parti yn ceisio lansio achos llys, er bod y cytundeb cyflafareddu'n gwahardd hyn, yna gall y parti arall wneud cais i'r llys i ddod â'r cyfreitha hwn i ben. Ar y llaw arall, os bydd y ddau barti'n cytuno, gellir rhoi'r gorau i gyflafareddu er mwyn cychwyn achos llys.

Mae lle i wneud cais am ymyrraeth gan y llysoedd yn ystod cyflafareddu, ond cyfyngir hyn i anghysonderau difrifol. Er enghraifft, gall parti fynd i'r llys pan fydd y cyflafareddwr yn amlwg yn berson anaddas i gynnal y cyflafareddu neu pan fydd wedi gweithredu'n amhriodol yn ystod yr achos. Yn ychwanegol, gall adolygiad barnwrol herio'r cyflafareddu ar unrhyw adeg. Dyma rywbeth na ellir ei newid drwy gontract.

Cyfryngu

Yn achos cyflafareddu, mae'r cyflafareddwr yn gweithredu'n debyg i farnwr. Yn achos cyfryngu, ar y llaw arall, mae cyfryngwr yn helpu'r partïon i ddod o hyd i gyfaddawd heb eu gorfodi i dderbyn ei ddatrysiad. Rôl cyfryngwr yw siarad â'r ddwy ochr a gweithredu fel canolwr niwtral. Mae'r cyfryngwr yn ceisio canfod sut y gall y ddwy ochr gytuno heb gynnig barn ynglŷn â phwy sydd ag achos cryfach. Nid datrys anghydfod yw gwaith y cyfryngwr, ond yn hytrach helpu'r partïon i ganfod ffordd o'i ddatrys. Mae 'achos bychan' yn ddull mwy ffurfiol o gyfryngu mewn anghydfodau masnachol. Mae'r ddwy ochr yn adrodd eu hachos i banel sy'n cynnwys un person o'r naill ochr a'r llall sy'n gwneud penderfyniad, a chynghorydd niwtral. Pan fydd pob dadl wedi cael ei lleisio, bydd y panel yn ceisio penderfynu a'r cynghorydd niwtral yn gweithredu fel cyfryngwr os bydd y ddau aelod arall o'r panel yn methu â chytuno.

Mae cyfryngu'n gost-effeithiol iawn. Gellir datrys anghydfodau masnachol ynghylch dros filiwn o bunnau mewn diwrnod. Wrth i'r oedi gynyddu mewn achosion lle defnyddir cyflafareddu, mae nifer cynyddol o gwmnïau yn troi at gyfryngu. Un fantais yw ei bod yn ffordd gymharol heddychlon o ddatrys anghydfodau, o'i gymharu ag achos llys. Mae'r Barnwr Butter, cefnogwr mawr o'r broses gyfryngu, wedi tynnu sylw at y ffaith bod partïon yn aml yn ysgwyd llaw ac yn gadael gyda'i gilydd ar ddiwedd sesiwn gyfryngu. Gall cyfryngu masnachol hyd yn oed gynnwys cytundeb ynghylch sut y bydd y ddau gwmni sy'n dadlau yn gwneud busnes yn y dyfodol mewn ffordd sy'n osgoi anghydfodau pellach. Nid yw hyn yn rhywbeth sy'n digwydd yn aml mewn llys barn.

Newidiodd Deddf Cyfraith Teulu 1996 gyfraith ysgaru, gan roi'r hawl i lysoedd annog y defnydd o gyfryngu gwirfoddol mewn rhai achosion ysgaru penodol. Cynhaliwyd achosion mewn nifer o ardaloedd cyn lansio'r cynllun yn genedlaethol, fodd bynnag. Roedd canlyniadau'r achosion yn siomedig, gan fod llai na 10% o gyplau yn yr ardaloedd peilot yn barod i ddefnyddio cyfryngu. O blith y rhai a oedd yn fodlon gwneud hynny, datganodd 40%, ar ôl cyfarfod a gynhaliwyd i gyflwyno gwybodaeth ragarweiniol eu bod yn fwy argyhoeddedig o'r angen am gynrychiolaeth gyfreithiol i amddiffyn eu hawliau. Ym Mehefin 1999, cyhoeddodd y llywodraeth ei bod yn rhoi'r gorau i'w chynlluniau ar gyfer cyfryngu mewn achosion llys dan y Ddeddf.

Mae'r newid hwn mewn polisi yn awgrymu un o gyfyngiadau DADC yn gyffredinol a chyfryngu yn benodol. Mae'n bosibl na fydd rhywun sy'n cymryd rhan mewn anghydfod difrifol yn teimlo'n ddigon cryf, nac yn ddigon cryf mewn gwirionedd, i allu manteisio llawer o broses fargeinio cymharol anffurfiol. Mae cyfryngu yn golygu cyfranogi a gwneud penderfyniadau mewn ffordd weithredol iawn. Mae'n bosibl y bydd cyfreithiwr profiadol sy'n gweithredu ar ran parti yn y llysoedd yn fwy tebygol o gyflawni'r hyn mae'r parti yn ei geisio a'i gadw rhag cael ei gam-drin gan wrthwynebwr cryfach.

Cymodi

Mae cymodi'n mynd gam ymhellach na chyfryngu gan fod

Richie Woodall a chyfryngu

Richie Woodall ar ôl gorchfygu Sugar Boy Malinga i ennill pencampwriaeth pwysau uwch ganol WBC y byd yn Telford ar 28 Mawrth 1998.

Roedd Richie Woodall, pencampwr paffio pwysau canol WBC, yn bryderus am fod anghydfod gyda'i hyrwyddwr, Frank Warren, ynghylch ei gontract yn parhau i gael ei drafod yn yr Uchel Lys ychydig wythnosau cyn gornest fawr i amddiffyn ei deitl. Os na chaed datrysiad yn fuan, ni allai'r ornest fynd yn ei blaen. Rhoddodd y llys ei sêl bendith ar ymgais i setlo'r anghydfod y tu allan i'r llys. Trefnwyd cyfryngu gyda chymorth Canolfan Datrys Anghydfodau'n Effeithiol. Gofynnwyd am gymorth y ganolfan ar fore Iau, ac ymhen 24 awr, roedd wedi llwyddo i drefnu man cyfarfod, cyfryngwr a'r dogfennau angenrheidiol.

Er bod y ddwy ochr wedi bod yn dadlau ers misoedd, trefnwyd setliad o fewn diwrnod. Roedd telerau'r setliad yn gyfrinachol, ac felly nid oeddent ar gael i'r wasg. Cyhoeddodd Woodall a Warren ddatganiad i'r wasg ar y cyd, yn datgan: 'Roedd yn bwysig i bawb bod y mater yn cael ei ddatrys yn gyflym. Rydym wedi ysgwyd llaw ac rydym yn edrych ymlaen at ailddechrau ein partneriaeth lwyddiannus'.

(a) Gan ddefnyddio'r deunydd hwn i egluro'ch ateb, esboniwch rai o fanteision cyfryngu. **(6)**

b) Roedd yr Uchel Lys yn barod iawn i gytuno ag ymgais i setlo tu allan i'r llys. Pam fod anogaeth gan y llys yn fwy cyffredin nag y bu ar un adeg? **(2)**

y cyfryngwr yn fwy gweithredol drwy awgrymu sail ar gyfer cyfaddawdu a'r ffordd orau o setlo'r anghydfod. Un o swyddogaethau'r Gwasanaeth Ymgynghorol Cymodi a Chyflafareddu (ACAS) yw ceisio datrys anghydfodau rhwng undebau llafur a chyflogwyr drwy gymodi. Trafodir hyn isod.

Y Gwasanaeth Ymgynghorol Cymodi a Chyflafareddu

Mae ACAS yn cynnig ystod o wasanaethau o ran dull amgen o ddatrys anghydfod ym maes anghydfodau rhwng cyflogwyr a gweithwyr. Er bod ACAS yn cael ei ariannu gan yr Adran Masnach a Diwydiant, nid yw'n adran o'r llywodraeth ac mae'n gwbl annibynnol a di-duedd. Mae'n cyflogi tua 700 o staff, mewn swyddfeydd ledled y DU.

Dan statud, mae ACAS yn cynnig cymodi i'r ddwy ochr mewn hawliadau diswyddo anghyfiawn cyn y gellir dwyn yr hawliad gerbron tribiwnlys cyflogi. Pan gytunir i gymodi, mae'r swyddog cymodi yn cynghori'r partïon ynghylch cryfder eu dadleuon. Mae gan y naill ochr a'r llall yr hawl i wybod beth ddywedodd y parti arall ond, os daw'r achos cais gerbron tribiwnlys yn y pen draw, ni ellir defnyddio'r wybodaeth hon fel tystiolaeth heb ganiatâd y parti perthnasol.

Mae'r cynllun yn llwyddiannus yn yr ystyr bod dwy ran o dair o'r achosion naill ai'n cael eu tynnu'n ôl neu eu setlo drwy gymodi. Ar y llaw arall, dangosodd canlyniadau astudiaeth Dickens yn 1985 bod dyfarndaliadau yn dilyn gwrandawiad tribiwnlys cyflogi yn uwch ar y cyfan na'r rhai a gaed drwy gymodi. Gellir ystyried bod hyn yn dystiolaeth nad oes gan weithwyr yr un grym bargeinio â'u cyflogwyr.

Am fod tribiwnlysoedd cyflogi yn derbyn gormod o waith, mae ACAS wedi cyflwyno cynllun cyflafareddu fel dewis arall i wrandawiad tribiwnlys mewn achosion diswyddo annheg.

Manteision ac anfanteision DADC

Ceir amlinelliad o fanteision DADC ym Mlwch 17.5.

Anfanteision DADC

Mae pum prif anfantais i ddefnyddio DADC.

(i) Grym bargeinio anghyfartal

Gall hyn fod yn broblem arbennig mewn achosion a setlir drwy gyfrwng cyfryngu a chymodi. Er hyn, ni ddylid tybio o reidrwydd y bydd proses yn ymwneud â thrafodaeth anffurfiol yn golygu bod safbwyntiau'n cael eu mynegi mewn ffordd gyfartal. Mewn achosion cyflogaeth ac ysgaru, er enghraifft, mae'n bosibl y bydd un ochr yn gallu dominyddu'r llall - drwy ddulliau teg neu fel arall - a chael eu dymuniad heb orfod ildio llawer. Gall ymddygiad o'r fath adlewyrchu patrymau a fodolai ers tro o fewn perthynas. Mae'n bosibl y byddai cynrychiolaeth gyfreithiol ffurfiol a dadlau 'hyd braich' o gymorth i'r parti 'gwan'.

(ii) Diffyg arbenigedd cyfreithiol

Pan fydd anghydfod yn ymwneud â phwyntiau cyfreithiol cymhleth, nid yw'n debygol y bydd gan gyflafareddwr na chyfryngwr yr un arbenigedd â barnwr (er bod rhai cyflafareddwyr yn gyfreithwyr profiadol).

(iii) Diffyg cyfundrefn gynsail

O bosibl, ni fydd yn hawdd rhagweld canlyniad achos a benderfynwyd drwy gyflafareddu. Nid yw cyflafareddwyr yn creu nac yn rhwym i gynsail.

Dyma fanteision DADC:

(i) Cyflymder

Fel rheol, mae setlo achos drwy gyfrwng DADC yn gyflymach o lawer na mynd drwy'r llysoedd.

(ii) Arbenigedd

Gall cyfryngwr arbenigol ddod o hyd i ddatrysiad rhesymol drwy ddefnyddio gwybodaeth arbenigol am arferion derbyniol a normal o fewn y fasnach neu'r diwydiant dan sylw. Mae barnwr yn llai tebygol o lawer o allu defnyddio gwybodaeth arbenigol o'r fath.

(iii) Preifatrwydd

Mae'n bosibl y bydd yn well gan y partïon osgoi'r cyhoeddusrwydd gwael a sylw'r cyfryngau a geir yn sgil ymddangosiad mewn llys. Pan ddefnyddir DADC, cynhelir gwrandawiadau neu drafodaethau heb bresenoldeb y wasg na'r cyhoedd.

(iv) Gall partïon aros ar delerau da

Mae hyn yn arbennig o wir yn achos cyfryngu a chymodi. Y nod yw dod o hyd i gyfaddawd sy'n dderbyniol i'r ddau barti. Mae achosion llys yn debygol o fod yn llai cyfeillgar, gan fod y barnwr yn y pen draw yn canfod o blaid un ochr neu'r llall, heb geisio chwilio am dir canol.

(v) Cost i'r partïon

Yn rhannol am fod gweithgareddau DADC yn llawer llai ffurfiol ac yn cymryd mwy o amser na'r gyfundrefn llys, mae unrhyw ffurf ar DADC yn ddewis llawer rhatach. Mae'r Ganolfan Datrys Anghydfodau yn datgan mai £86,000 ar gyfartaledd yw arbedion costau'r achosion cyfryngu y mae'n eu trafod. Gall cyflafareddu fod yn ddrud, fodd bynnag. Yn aml, defnyddir cynrychiolwyr cyfreithiol a gall y cyflafareddwr godi ffioedd uchel.

(vi) Cost i'r wladwriaeth

Mae pob achos a ddatrysir drwy DADC yn arbed arian i'r llywodraeth ac yn rhyddhau adnoddau o fewn y gyfundrefn llys.

(iv) Gorfodi'r penderfyniad

Bydd DADC yn llai gwerthfawr os na fydd y 'collwyr' yn fodlon digolledu. I orfodi penderfyniad, bydd rhaid dwyn y mater gerbron y llysoedd. Mae hyn yn creu'r math o gost ac oedi y mae DADC yn ceisio'i osgoi.

(v) Efallai y bydd angen achos llys o hyd

Yn achos cyfryngu a chymodi, mae'n bosibl na fydd cytundeb, er gwaethaf yr holl ymdrech, ac y bydd y partïon yn gorfod mynd gerbron y llys. Mae hyn yn anarferol, fodd bynnag. Er enghraifft, mae'r Canolfan Datrys Anghydfodau yn dweud bod mwy nag 80% o'r achosion y mae'n ymwneud â hwy yn cael eu setlo.

Astudiaeth achos Tribiwnlysoedd a chyflafareddu

Eitem A   *Tribiwnlysoedd apêl nawdd cymdeithasol (TANCoedd)*

Beth yw pwrpas tribiwnlysoedd apêl nawdd cymdeithasol?

Mae'r Asiantaeth Budd-daliadau, rhan o'r Adran Gwaith a Phensiynau, yn delio â thalu ystod eang o fudd-daliadau gan y wladwriaeth, megis Budd-dal Cynnal Incwm, Budd-dal Cynnal Plentyn a Budd-dal Anafiadau Diwydiannol. Mae'r gyfraith sy'n rheoli budd-daliadau'r wladwriaeth yn gymhleth ac yn rhoi rhywfaint o ddisgresiwn i'r Asiantaeth Budd-daliadau. Mae tribiwnlys apêl nawdd cymdeithasol (TANC) yn delio gydag apeliadau gan hawlwyr budd-dal sy'n ymwneud â phenderfyniadau ffurfiol gan gyflogwyr yr Asiantaeth.

Trefnir pob TANC gan y Gwasanaeth Apêl sydd, yn y bôn, yn asiantaeth yr Adran Gwaith a Phensiynau. Mae'r gyfrifol am weinyddu'r TANCoedd: trefnu pryd a ble y gwrandewir ar apeliadau a rhoi cymorth gweinyddol i dribiwnlysoedd.

Pwy sy'n eistedd ar y TANCoedd?

Gall TANC gynnwys un, dau neu dri aelod, gan ddibynnu ar ba fudd-dal y trafodir. Mewn llawer o achosion, mae'r Cadeirydd wedi ei hyfforddi yn y gyfraith, yn wahanol i'r aelodau eraill. Mae'r Arglwydd Ganghellor yn apwyntio pob aelod o'r tribiwnlys. Mae aelodau'n derbyn hyfforddiant ar gyfreithiau perthnasol ac mewn arferion a threfniadaethau tribiwnlys.

Sut beth yw gwrandawiad TANC?

Gall TANCoedd gynnal gwrandawiad gan ddefnyddio dim mwy na'r dogfennau ger eu bron, ond anogir yr hawlydd i ddod fel y gellir holi cwestiynau iddo. Os bydd gwrandawiad llafar, mae'n bosibl y bydd yr hawlydd yn penderfynu dod ar ei ben ei hun, gyda chynrychiolydd, efallai o Ganolfan Gynghori neu sefydliad gwirfoddol arall, neu gyda ffrind.

Mae gan bob TANC glerc, a gyflogir gan y Gwasanaeth Apêl. Nid yw'r clerc yno i wneud penderfyniadau am apeliadau ond i sicrhau bod y gwrandawiad yn cael ei weinyddu'n gywir ac yn rhydd o broblemau. Cynrychiolir yr Asiantaeth Budd-daliadau gan un o'i staff, sef Swyddog Cyflwyno.

Yn ôl rheolau trefniadol, rhaid cynnal gwrandawiadau yn gyhoeddus, ond anaml iawn y bydd aelod o'r cyhoedd yn mynychu'r gwrandawiad, ac efallai y bydd yr hawlydd yn gwneud cais am wrandawiad preifat. Mae ystafelloedd y tribiwnlys yn cynnwys dodrefn swyddfa, ac mae pawb sydd yno'n eistedd o amgylch bwrdd mawr. Mae'r ffordd y mae tribiwnlys yn gwrando apêl yn amrywio yn ôl y budd-dal a drafodir, nifer yr aelodau a'r mater a benderfynir gan y gwrandawiad.

Beth bynnag fo hynt y gwrandawiad, nod y tribiwnlys yw creu lleoliad cymharol anffurfiol lle bydd gan bawb, yn enwedig yr hawlydd, y cyfle i gynnig gwybodaeth a fydd yn rhoi darlun llawn i'r tribiwnlys cyn iddo benderfynu. Yn aml iawn, bydd yr hawlydd yn siarad yn gyntaf, er mwyn esbonio pam ei fod yn credu bod penderfyniad gwreiddiol yr Asiantaeth Budd-daliadau i wrthod talu yn anghywir. Yna, gofynnir i'r Swyddog Cyflwyno esbonio rhesymu'r person a wnaeth y penderfyniad gwreiddiol. Yna bydd gan yr hawlydd gyfle olaf i wneud pwyntiau na thrafodwyd yn barod. Ar ryw bwynt, bydd aelodau'r tribiwnlys yn gofyn cwestiynau.

Mae'r hawlydd yn derbyn penderfyniad ysgrifenedig byr a nodiadau esboniadol. Os bydd yr hawlydd yn anghytuno â'r penderfyniad, gall ofyn am 'Ddatganiad Rhesymau' ysgrifenedig pellach.

Ffynhonnell: gwefan y Gwasanaeth Apêl.

Eitem B *Cyflafareddu a'r diwydiant teithio*

Mae bron pob asiant teithio yn aelod o Gymdeithas Trefnwyr Teithiau Prydain (ABTA). Mae un agwedd o'i haelodaeth yn ymwneud â thelerau ysgrifenedig y gwyliau a werthir, sy'n cynnwys cymal datrys anghydfod a gofynion cyflafareddu.

Dan gynllun cyflafareddu'r gymdeithas, mae mwy na 1,000 o anghydfodau rhwng trefnwyr teithiau a defnyddwyr yn cael eu datrys drwy gyflafareddu bob blwyddyn. Ystyriwch, er enghraifft, fod teithiwr yn gofyn am ystafell gydag ystafell ymolchi *en-suite*, ond yna'n gorfod derbyn ystafell gyda sinc yng nghornel yr ystafell wely a golygfa banoramig o faes parcio aml-lawr. Os na cheir iawndal derbyniol yn sgil trafodaethau â'r trefnwr teithiau, mae'n bosibl y bydd rhaid i'r defnyddiwr droi at gyflafareddu. Llwyddiannus neu beidio, mae'r defnyddiwr (yr hawlydd) a'r cwmni gwyliau (yr atebydd) yn gyfreithiol rhwym o gydsynio â phenderfyniad terfynol y cyflafareddwr, yn amodol ar apêl gan y naill barti neu'r llall.

Sut mae cyflafareddu ABTA yn gweithio?

Cynhelir achosion drwy ddogfennau'n unig. Nid oes gwrandawiad llafar ffurfiol. Mae'r cyflafareddwr yn dyfarnu ar sail y dogfennau a'r dystiolaeth a roddir gan y partïon sy'n rhan o'r anghydfod. Dylai'r partïon ddatgan eu hachos yn glir a dangos pob dogfen ategol berthnasol. Mae'r drefn gyflafareddu'n para tua saith wythnos o'r dyddiad pan dderbyniwyd y cais ar gyfer cyflafareddu. Rhaid talu tâl cofrestru bach o hyd at £164. Gellir dyfarnu iawndal hyd at £15,000. Os bydd hawliad yn methu, nid oes rhaid talu costau cyfreithiol yr ochr arall.

Sefydlwyd y cynllun i alluogi'r partïon i gyflwyno'u hachosion heb orfod chwilio am gymorth cynrychiolwyr cyfreithiol. Yn aml, bydd gan y cwmnïau gwyliau staff cyfreithiol mewnol neu byddant yn cyflogi cyfreithwyr i'w helpu, ond nid yw cyflafareddwyr yn disgwyl bod gan hawlwyr gynrychiolaeth gyfreithiol, er y gallant wneud hynny os ydynt yn dymuno.

Atodlen yr Hawliad a'r dystiolaeth gefnogol (a elwir 'y Bwndel') yw rhan bwysicaf yr achos. Dyma lle ceir datganiad o'r gŵyn yn erbyn y cwmni gwyliau. Mae'r hawlydd yn ceisio profi i'r cyflafareddwr ei fod yn haeddu iawndal. Gellir defnyddio llythyrau, fideos neu ffotograffau i gefnogi hawliad. Mae'r cyflafareddwr yn penderfynu'r achos ar sail dadleuon a thystiolaeth y partïon. Rhaid i'r partïon brofi eu hachosion gan ddefnyddio'r baich prawf o bwyso a mesur y tebygolrwydd gan fodloni'r cyflafareddwr.

Os bydd yr hawlydd yn anfodlon ynghylch canlyniad dyfarniad cyflafareddu ac yn dymuno apelio drwy Sefydliad Siartredig y Cyflafareddwyr, rhaid rhoi datganiad i'r sefydliad yn traethu'r rhesymau pam fod y dyfarniad yn 'un na ddylai'r un cyflafareddwr rhesymol fod wedi ei gyrraedd ar sail y dogfennau a gyflwynwyd'. Mae'r sefydliad yn apwyntio Cyflafareddwr Adolygiad.

Cwestiynau

(a) Gan ddefnyddio Eitem A, cwblhewch y tasgau canlynol

   i) Esboniwch a yw tribiwnlys apêl nawdd cymdeithasol yn dribiwnlys gweinyddol neu fewnol. (2)

   ii) Pam y sefydlwyd tribiwnlysoedd o'r math hwn? (4)

   iii) Yn ôl Pwyllgor Franks yn 1957, roedd amhleidioldeb yn nodwedd hanfodol o dribiwnlys. Esboniwch beth roedd hyn yn ei olygu a gwnewch sylw ynghylch i ba raddau y mae TANCoedd yn ymddangos yn ddi-duedd. (6)

   iv) Sut byddai gweithredu cynigion Adroddiad Leggatt yn newid gweithdrefn TANCoedd? (3)

   v) Mae Edward yn gyn-gasglwr ysbwriel a adawodd yr ysgol yn 16 oed heb gymwysterau ffurfiol. Cafodd ei ddiswyddo bum mlynedd yn ôl ac ers hynny bu'n ddi-waith. Mae'n dibynnu ar wahanol fudd-daliadau gan y wladwriaeth, ac nid oes ganddo fawr ddim cynilion. Ddeufis yn ôl, lleihawyd ei fudd-dâl Cynnal Incwm yn sylweddol. Mae Edward yn teimlo bod y penderfyniad hwn wedi cael ei seilio ar wybodaeth anghywir ond nid yw wedi llwyddo i argyhoeddi'r Asiant Budd-daliadau, ac fe'i gorfodwyd i apelio i Dribiwnlys Apêl. Nid oes Canolfan Gynghori yn ei ardal ef, ac felly bydd Edward yn cynrychioli ei hun.

     Trafodwch beth yw'r problemau posibl a fydd yn wynebu Edward wrth iddo roi ei achos gerbron tribiwnlys. Pa newidiadau i'r gyfundrefn y byddech yn eu hawgrymu ar gyfer delio â'r problemau hyn? (10)

(b) Gan ddefnyddio Eitem B, cwblhewch y tasgau canlynol.

   i) Esboniwch sut, ac eithrio drwy apelio drwy Sefyliad Siartredig y Cyflafareddwyr, y gallai hawlydd gymryd cam pellach mewn ymateb i gyflafareddu sy'n amlwg yn annheg. (2)

   ii) Disgrifiwch elfennau tebyg cyflafareddu (megis yr hyn a geir yn y cynllun ABTA) a chyfreitha. (6)

   iii) Nodwch bedair ffordd y mae cyflafareddu yn wahanol i achos llys. (8)

(t. 141. parhad)

Crynodeb ● ● ●

1. Beth yw'r gwahaniaeth rhwng llys a thribiwnlys?

2. Beth yw manteision ac anfanteision tribiwnlysoedd?

3. Beth yw'r gwahaniaeth rhwng tribiwnlys gweinyddol a thribiwnlys mewnol?

4. Beth yw'r gwahanol fathau o DADC a beth yw'r gwahaniaeth rhyngddynt?

5. Beth yw manteision ac anfanteision DADC?

18.1 Cyflwyniad

Mae dwy brif ran i'r proffesiwn cyfreithiol. Os ydych yn chwilio am gyfreithiwr ar gyfer rhywbeth nad yw'n anghydfod, megis prynu neu werthu tŷ, mae'n debyg y byddwch yn mynd at gyfreithiwr lleol. Gall cyfreithwyr hefyd gynnig cymorth a chyngor mewn perthynas ag anghydfodau sy'n ymwneud â'r gyfraith. Mae bargyfreithwyr, yn fras, yn cynrychioli cleientiaid mewn llysoedd, er nad dyna'u holl waith. Weithiau gelwir bargyfreithwyr yn 'gwnsleriaid'. Mae dau gorff proffesiynol gwahanol yn rheoli'r ddwy gangen. Mae Cyngor y Cyfreithwyr yn rheoli'r cyfreithwyr a Chyngor y Bar yn rheoli bargyfreithwyr.

Yn ogystal â chyfreithwyr a bargyfreithwyr, mae pobl eraill gyda llai o gymwysterau'n darparu gwasanaethau cyfreithiol. Y pwysicaf ohonynt yw'r gweithredwyr cyfreithiol. Mae eraill yn cynnwys trawsgludwyr trwyddedig a pharagyfreithwyr.

18.2 Cyfreithwyr

Beth yw gwaith cyfreithwyr?

Pan fydd cyfreithwyr yn gweithio ar ran cleient yn breifat, maent yn ffurfio contract, cytundeb sy'n gyfreithiol rwymol, gyda'r cleient – i ddarparu gwasanaethau cyfreithiol am ffi. Fodd bynnag, mae hwn yn gontract arbennig lle mae'r cyfreithiwr yn rhwym o weithredu'n broffesiynol, bod yn gwbl onest a gweithredu er lles ei gleient.

Mae cyfreithwyr yn delio ag ystod eang o faterion sy'n ymwneud â chyfraith sifil a throsedd. Gallant weithredu ar ran unigolion, busnesau neu sefydliadau eraill. Ceir braslun o'u gweithgareddau ym Mlwch 18.1.

Ar un adeg, gallai cyfreithwyr ymddangos mewn Llysoedd Ynadon a Llysoedd Sirol yn unig. Yn y blynyddoedd diwethaf, fodd bynnag, cawsant fwy o hawliau i ymddangos yn yr uwch-lysoedd. Er hyn, mae'r syniad traddodiadol bod bargyfreithwyr yn gweithio mewn llysoedd a chyfreithwyr yn gwneud gwaith cyfreithiol y tu allan i ystafell y llys yn gywir, ar y cyfan.

Dull cyfreithwyr o ymarfer

Mae 80,000 o gyfreithwyr yn gweithio yng Nghymru a Lloegr heddiw. Mae cyflog blynyddol cyfreithiwr hyfforddedig yn amrywio rhwng £20,000 neu £30,000 i £400,000 a mwy. Mae'r mwyafrif o gyfreithwyr yn gweithio'n breifat, naill ai ar eu pennau eu hunain neu fel rhan o bartneriaeth. Mae bod yn bartner yn golygu bod yn berson hunangyflogedig a derbyn cyfran o'r elw yn hytrach na chyflog penodol.

Mae partneriaethau'n amrywio'n fawr o ran eu maint. Mae gan rai cwmnïau bach sy'n bodoli mewn tref neu ddinas lai na hanner dwsin o bartneriaid a thîm bach o staff gweinyddol. Mae rhai cwmnïau'n fawr iawn (gweler Blwch 18.2). Er enghraifft, mae gan un cwmni, Clifford Chance, 665 o bartneriaid sy'n gweithio mewn 19 gwlad wahanol. Po fwyaf yw'r cwmni, po fwyaf y tebygolrwydd y bydd cyfreithiwr yn arbenigo mewn math arbennig o waith cyfreithiol. Mewn cwmnïau llai, mae'n bosibl y bydd gwaith partneriaid yn amrywio, er enghraifft ymweld â swyddfa heddlu yn y bore i siarad â chleient a gafodd ei harestio, a pharatoi'r dogfennau angenrheidiol ar gyfer gwerthu tŷ i

Blwch 18.2 *Partneriaethau cyfreithwyr*

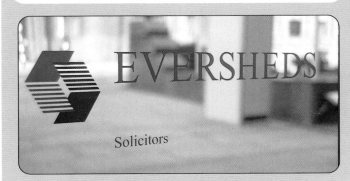

Eversheds yw un o gwmnïau cyfreithiol mwyaf y byd, gyda mwy na 4,000 o staff, a mwy na 2,000 o'r staff hynny yn gynghorwyr cyfreithiol a busnes. Yn ogystal â'i swyddfeydd yn y DU, mae gan Eversheds 17 swyddfa yn Ewrop a thair yn Asia.

gleient arall yn y prynhawn.

Yn hytrach na gweithio drostynt hwy eu hunain, mae rhai cyfreithwyr yn cael eu cyflogi fel cynghorwyr cyfreithiol ar gyfer sefydliadau megis Gwasanaeth Erlyn y Goron (gweler Uned 19), llywodraeth leol neu amrywiaeth o fusnesau masnachol. Wrth i'r gystadleuaeth am waith gynyddu, mae'n well gan gyfreithwyr fod yn weithwyr cyflogedig i gwmni. Yn 1990 roedd 9,147 cyfreithiwr yn gweithio i gwmnïau. Erbyn 2000, roedd y nifer hwn bron wedi dyblu.

Cystadleuaeth gynyddol

Ar un adeg, cyfreithwyr yn unig a gâi eu cyflogi i wneud gwaith trawsgludo. Ond gan fod y mwyafrif o'r gwaith hwn, yn enwedig mewn perthynas ag eiddo preswyl, yn gymharol syml, penderfynodd y llywodraeth nad oedd modd cyfiawnhau'r monopoli mwyach. Y teimlad oedd y gallai eraill wneud y gwaith, gyda'r hyfforddiant priodol. Byddai hyn yn hyrwyddo cystadleuaeth ac yn lleihau'r pris uchel a godwyd gan gyfreithwyr am waith trawsgludo. Yn ôl Deddf Gweinyddu Cyfiawnder 1985 gallai **trawsgludwyr trwyddedig** sefydlu cwmni, yn benodol ar gyfer darparu gwasanaethau cyfreithiol yn y farchnad eiddo. Dan Ddeddf y Llysoedd a Gwasanaethau Cyfreithiol 1990, cafodd banciau a chymdeithasau adeiladu'r hawl i drawsgludo ar ran eu cwsmeriaid hefyd.

Hyd yn ddiweddar, dan reolau Cymdeithas y Cyfreithwyr, gallai cyfreithwyr a gyflogwyd gan gwmnïau weithio ar ran eu cyflogwyr yn unig. Yn 2002, rhoddodd Cymdeithas y Cyfreithwyr ganiatâd i'r RAC fod y sefydliad cyntaf i gynnig gwasanaethau cyfreithiol yn uniongyrchol i'r cyhoedd. Mae cwmnïau mawr megis Tesco a Virgin wedi dangos diddordeb mewn sefydlu 'siopau cyfraith', gan ddefnyddio cyfreithwyr cyflogedig. Gallai hyn fod yn arwydd o newidiadau pellgyrhaeddol o safbwynt natur y proffesiwn cyfreithiol.

I ba raddau y mae gan gyfreithwyr yr hawl i weithredu fel eiriolwyr?

Mae eiriolwr yn siarad ar ran cleient mewn llys barn, ac mae ganddo'r hawl i ymddangos gerbron barnwr. Ers blynyddoedd, bu gan gyfreithwyr yr hawl i ymddangos yn y Llys Ynadon a'r Llysoedd Sirol. Tan 1990 roedd hawliau i ymddangos gerbron yr Uchel Lys a Llys y Goron yn gyfyngedig, fodd bynnag. Er mwyn dechrau achos yn y llysoedd hynny, felly, roedd rhaid talu am wasanaethau cyfreithiwr a bargyfreithiwr hefyd.

Gwnaed y newid mawr cyntaf i'r sefyllfa hon pan basiwyd Deddf y Llysoedd a Gwasanaethau Cyfreithiol 1990. Cafodd cyfreithwyr yr hawl i wneud cais i'r Arglwydd Ganghellor am dystysgrif eiriolaeth er mwyn gallu ymddangos gerbron yr uwch-lysoedd. Er mwyn derbyn tystysgrif, roedd rhaid i'r ymgeisydd ddangos ei

brofiad o eiriolaeth a phasio cwrs byr ar reolau tystiolaeth. Roedd y sawl a ymgeisiai am dystysgrifau eiriolaeth naill ai'n cael eu derbyn neu eu gwrthod gan adran yr Arglwydd Ganghellor.

Yn ôl Deddf Mynediad at Gyfiawnder 1999, mewn egwyddor, roedd gan bob cyfreithiwr hawliau llawn i ymddangos gerbron pob llys, yn amodol ar gyflawni gofynion hyfforddi penodol. Bellach, mae Cymdeithas y Cyfreithwyr a Chyngor y Bar yn delio â darparu tystysgrifau eiriolaeth. Yn ogystal, sefydlodd y Ddeddf drefniadaeth yn galluogi cyrff eraill, megis Sefydliad y Gweithredwyr Cyfreithiol a Gwasanaeth Erlyn y Goron (gweler Uned 19, Adran 19.2) i ganiatáu hawliau i ymddangos gerbron y llys.

> **Blwch 18.3** *Swyddogaeth Cymdeithas y Cyfreithwyr*
>
> Mae Cymdeithas y Cyfreithwyr yn cyflawni'r rolau canlynol:
>
> 1. Er mwyn ymarfer, rhaid bod gan bob cyfreithiwr **Dystysgrif Ymarfer** a gyflwynir gan Gymdeithas y Cyfreithwyr.
>
> 2. Mae Cymdeithas y Cyfreithwyr yn pennu safonau ymddygiad proffesiynol llym y mae'n rhaid i gyfreithwyr eu dilyn. Mae'r safonau hyn yn bodoli er mwyn amddiffyn y cyhoedd. Er enghraifft, os bydd cleient yn rhoi arian i gyfreithiwr i brynu eiddo ar ei ran, neu at bwrpasau eraill, mae rheolau cyfrifo llym yn bodoli sy'n ymwneud â sut y dylai'r cyfreithiwr gofnodi a delio â'r arian hwn.
>
> 3. Os bydd cyfreithiwr yn methu â chwrdd â safonau proffesiynol, mae'n agored i gael ei ddisgyblu gan y Tribiwnlys Disgyblu Cyfreithwyr Cymdeithas y Cyfreithwyr. O bosibl, cymerir eu Tystysgrif Ymarfer oddi arnynt.
>
> 4. Mae Cymdeithas y Cyfreithwyr yn goruchwylio addysg a hyfforddiant proffesiynol cyfreithwyr.
>
> 5. Mae Cymdeithas y Cyfreithwyr hefyd yn darparu cefnogaeth a gwasanaethau i gyfreithwyr, gan weithredu fel cymdeithas sy'n hyrwyddo statws y proffesiwn.

Swyddogaethau Cymdeithas y Cyfreithwyr

Mae cyngor o aelodau etholedig a Llywydd etholedig yn rheoli Cymdeithas y Cyfreithwyr. Mae gan Gymdeithas y Cyfreithwyr nifer o swyddogaethau. Ceir braslun ohonynt ym Mlwch 18.3.

Mynd yn gyfreithiwr

Mae tair ffordd wahanol o fynd yn gyfreithiwr. Dyma'r tri man cychwyn:

- ennill gradd yn y gyfraith
- ennill gradd mewn pwnc nad yw'n ymwneud â'r gyfraith
- mynediad drwy hyfforddi fel gweithredwr cyfreithiol, lle nad oes angen gradd.

Gradd yn y gyfraith

Mae'r gyfraith yn un o'r pynciau mwyaf poblogaidd yn y Brifysgol. Yn y flwyddyn 2000, gwnaeth 82,000 o bobl gais i astudio am radd yn y gyfraith. Ar ôl ennill y radd, gellir gwneud cais am le ar **Gwrs Ymarfer y Gyfraith (LPC)** am flwyddyn - naill ai yn un o ganolfannau hyfforddi Cymdeithas y Cyfreithwyr neu yn un o'r prifysgolion a gafodd ganiatâd i gynnal y cwrs. Mae hwn yn gwrs galwedigaethol. Hynny yw, mae'n ymwneud â hyfforddiant ac yn gysylltiedig â gwaith, tra bod gradd yn y gyfraith yn ymwneud ag astudiaethau academaidd. Er enghraifft, mae myfyrwyr LPC yn cael eu hyfforddi i gynnal trafodaethau, drafftio dogfennau a chyfrifon cyfreithiol.

Mae ffioedd yr LPC yn filoedd o bunnau. Oni bai bod gan fyfyrwyr rieni sy'n gallu fforddio talu eu ffioedd ac unrhyw gostau byw, mae'r flwyddyn LPC yn anodd ei hariannu, gan fod cael grant gan awdurdod lleol bron yn amhosibl, a lle bo grant ar gael, nid yw'n talu am lawer o'r gwariant. Ni ellir cael benthyciad dan gynllun Benthyciadau i Fyfyrwyr ar gyfer astudiaethau y tu hwnt i radd. Gellir astudio ar yr LPC yn rhan amser dros gyfnod o ddwy flynedd, sy'n galluogi myfyrwyr i weithio er mwyn helpu i dalu am y cwrs.

Ar ôl pasio'r LPC, rhaid cael **contract hyfforddi** am ddwy flynedd. Yn ystod y ddwy flynedd, cyflogir yr hyfforddai gan gwmni am gyflog gymharol fach, a bydd yn gweithio dan oruchwyliad cyfreithiwr. Fel arall, gall yr hyfforddai weithio i un o nifer o gymdeithasau eraill sy'n cyflawni gwaith cyfreithiol, megis Gwasanaeth Erlyn y Goron neu awdurdod lleol. Ar ôl cwblhau'r contract hyfforddi yn llwyddiannus, gan gynnwys cyfnod byr o astudio ar **Gwrs Sgiliau Proffesiynol**, gellir derbyn person i Gymdeithas y Cyfreithwyr fel cyfreithiwr cymwys.

Gradd mewn pwnc arall ar wahân i'r gyfraith

Mae'r llwybr hyfforddi yn yr achos hwn yr un fath â llwybr myfyriwr a raddiodd yn y gyfraith ac eithrio bod rhaid i hyfforddeion, cyn cychwyn Cwrs Ymarfer Cyfreithiol, basio'r Arholiad Proffesiynol Cyffredin (y CPE), sy'n golygu cwrs blwyddyn yn delio â meysydd cyfraith penodol (hefyd gellir astudio'r CPE yn rhan amser dros gyfnod o ddwy flynedd).

Cymwysterau Sefydliad Gweithredwyr Cyfreithiol (ILEX)

Mae'n bosibl dod yn gyfreithiwr heb ennill gradd. Mae gweithredwyr cyfreithiol yn gwneud gwaith cyfreithiol bob dydd dan oruchwyliaeth cyfreithiwr. Er bod angen llawer o amser i ennill cymhwyster cyfreithiwr fel hyn, mae swyddogion gweithredol cyfreithiol yn ennill cyflog sylfaenol yn ystod eu cyfnod hyfforddiant. I ddod yn gyfreithiwr drwy ILEX rhaid bod yn fwy na 25 oed, a bod

---

Gweithgaredd 18.1

Mae Angharad yn 16 oed. Mae ganddi ddiddordeb mewn gwaith cyfreithiwr, ond nid yw'n siŵr pa lwybr i'w ddilyn.

(a) Ar gyfer pob llwybr hyfforddi, esboniwch i Angharad pa mor hir y bydd yn cymryd i hyfforddi (gan gymryd yn ganiataol bod pob cwrs gradd yn golygu astudio am dair blynedd, llawn amser). (8)

(b) Nid yw Angharad yn hoffi'r syniad o fynd i ddyled fawr. Gan gofio hyn, rhowch amlinelliad byr o fanteision ac anfanteision y tri llwybr hyfforddi, yn eich barn chi. (4)

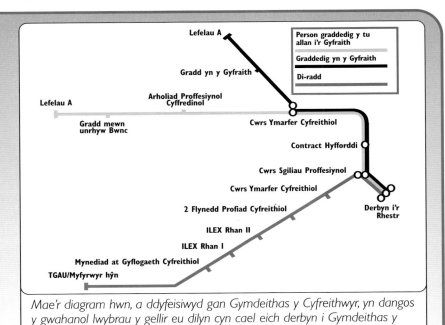

Mae'r diagram hwn, a ddyfeisiwyd gan Gymdeithas y Cyfreithwyr, yn dangos y gwahanol lwybrau y gellir eu dilyn cyn cael eich derbyn i Gymdeithas y Cyfreithwyr fel cyfreithiwr hyfforddedig

yn Gymrawd y Sefydliad, gyda phum mlynedd o brofiad mewn gwaith cyfreithiol. Mae Cymrodyr ILEX yn cael eu hesgusodi o rai rhannau o'r CPE. Fodd bynnag, rhaid astudio o hyd, fel rheol yn rhan amser, ar gyfer rhannau'r CPE nad yw gweithredwyr cyfreithiol yn cael eu heithrio ohonynt. Yn ogystal, rhaid i weithredwyr cyfreithiol basio'r LPC. Mae'r mwyafrif o bobl sy'n dilyn llwybr ILEX yn cael eu heithrio o'r contract hyfforddi cyfreithwyr sy'n para dwy flynedd, ond rhaid iddynt basio'r Cwrs Sgiliau Proffesiynol.

Beirniadaeth o'r broses hyfforddi bresennol

Mae tair prif feirniadaeth o'r broses hyfforddi bresennol. Ceir amlinelliad ohonynt ym Mlwch 18.4.

Blwch 18.4 *Beirniadaeth o'r broses hyfforddi bresennol*

1. Dim ond pobl gymharol gyfoethog sy'n gallu fforddio hyfforddi fel cyfreithiwr

Mae nifer gynyddol o fyfyrwyr ar bob cwrs gradd yn gorfod ymdrechu'n galed i ddod o hyd i arian i dalu am eu gradd. Ar ben hyn, prin fod unrhyw arian o gwbl ar gael gan y llywodraeth i helpu talu costau sylweddol Cwrs Ymarfer Cyfreithiol uwchraddol. Mae hyn yn debygol o rwystro'r myfyrwyr hynny o deuluoedd llai cyfoethog sy'n ystyried gyrfa fel cyfreithiwr.

---

2. Mae cyfreithwyr heb radd yn y gyfraith yn brin o gymwysterau

Mae'n syndod efallai bod cyfreithwyr hyfforddedig heb radd yn y gyfraith yn gorfod astudio dim mwy na chwe maes cyfraith am flwyddyn ar y CPE i gyrraedd yr un man â pherson sydd wedi graddio yn y gyfraith, a fydd wedi astudio'r gyfraith am dair blynedd. A yw hyn yn golygu bod rhai sy'n dechrau gweithio o fewn y proffesiwn yn brin o gymwysterau?

---

3. Mae prinder mawr o gontractau hyfforddi

Ffordd arall o edrych ar hyn yw drwy ddweud bod gormod o fyfyrwyr yn dilyn cyrsiau proffesiynol. Hyd yn oed os bydd hyfforddai yn y gyfraith yn llwyddo yn y coleg, bydd traean neu fwy ohonynt yn cael anhawster mawr i sicrhau contract hyfforddi gyda chwmni o gyfreithwyr. Mae traean o leiaf o'r rhai sy'n pasio'r LPC bob blwyddyn yn wynebu'r broblem hon. Mae'n drist bod myfyrwyr yn mynd i ddyled ac yn treulio llawer o amser yn astudio, ac yna'n darganfod na allant ennill cymhwyster.

Cwynion yn erbyn cyfreithiwr

Nid yw pobl Prydain wedi hoffi cyfreithwyr erioed, ac yn ddiweddar holwyd cwestiynau ynghylch eu proffesiynoliaeth. Yn 2001, cynhaliodd y cylchgrawn defnyddwyr *Which* arolwg o 343 person a oedd wedi defnyddio cyfreithiwr:

- dywedodd 40% nad oeddent wedi derbyn na chwrteisi na pharch
- dywedodd 60% bod eu cyfreithiwr wedi gwneud camgymeriad sylfaenol ac efallai difrifol.

Mae rhai cwynion yn erbyn cyfreithwyr yn ymwneud ag anonestrwydd a chamymddwyn. Er enghraifft, bydd rhai cyfreithwyr yn codi crocbris neu'n camddefnyddio arian yr oeddent yn cadw ar ran cleientiaid. Mae'r mwyafrif o gwynion, fodd bynnag, yn ymwneud â gwasanaethau proffesiynol annigonol. Mae hyn yn cynnwys oedi afresymol, methu â dychwelyd galwadau ffôn neu lythyrau, anwybyddu cyfarwyddiadau a methu â rhoi gwybodaeth i'r cleient. Pan fydd cleient yn teimlo bod ganddynt broblem ddifrifol gyda'u cyfreithwyr, gallant wneud un o dri pheth:

- gallant fynd â'u cwyn at y Swyddfa Goruchwylio Cyfreithwyr
- gallant gwyno i'r Ombwdsman Gwasanaethau Cyfreithiol
- gallant lansio achos llys contract neu esgeuluster mewn llys yn erbyn y cyfreithiwr.

Y Swyddfa Goruchwylio Cyfreithwyr

Sefydlodd Cymdeithas y Cyfreithwyr y Swyddfa Goruchwylio Cyfreithwyr (OSS) yn 1996 i ddelio gyda chwynion am gyfreithwyr ac i reoli eu gwaith. Fe'u crëwyd mewn ymateb i feirniadaethau am effeithiolrwydd ei rhagflaenydd, y Swyddfa Cwynion yn erbyn Cyfreithwyr (a fu hefyd yn rhan o Gymdeithas y Cyfreithwyr). I raddau, mae'r swyddfa'n annibynnol ar Gymdeithas y Cyfreithwyr (mae Cymdeithas y Cyfreithwyr yn darparu arian ond ni all gymryd rhan mewn achosion unigol). Ffordd arall o ddiogelu annibyniaeth Cymdeithas y Cyfreithwyr yw drwy ddefnyddio lleygwyr apwyntiedig wrth lunio polisi.

Mae'r OSS yn ceisio cymodi cwynion. Hynny yw, mae'n helpu cleient tramgwyddedig a'r cyfreithiwr i gytuno. Os na ellir gwneud hyn, mae ganddo'r hawl i leihau biliau, dyfarnu iawndal i'r cleient neu ddisgyblu unrhyw gyfreithiwr.

Mae'r OSS, fel ei rhagflaenydd, wedi ymdrechu i ddelio gyda'r nifer fawr o gwynion y mae'n eu derbyn o fewn amserlen resymol. Mae'r llywodraeth wedi rhybuddio Cymdeithas y Cyfreithwyr y bydd yn gorfod cymryd camau i ddelio gyda hyn ei hun oni bai bod y broblem yn cael ei datrys yn fuan. Yn wir, roedd Deddf Mynediad at Gyfiawnder 1999 yn cynnwys darpariaeth a fyddai'n galluogi'r Arglwydd Ganghellor i apwyntio Comisiynydd Cwynion yn erbyn Gwasanaethau Cyfreithiol.

Yr Ombwdsman Gwasanaethau Cyfreithiol

Creodd Deddf y Llysoedd a Gwasanaethau Cyfreithiol 1990 rôl yr Ombwdsman Gwasanaethau Cyfreithiol (yr LSO). Mae'r LSO yn ymchwilio i'r ffordd mae cyrff proffesiynol sy'n ymwneud â gwasanaethau cyfreithiol yn delio â chwynion. Mae hyn yn cynnwys nid yn unig Cymdeithas y Cyfreithwyr a Chyngor y Bar ond hefyd cyrff eraill megis ILEX a'r Cyngor Trawsgludwyr Trwyddedig. Nid yw'r LSO yn gyfreithiwr ac mae'n gwbl annibynnol ar y proffesiwn cyfreithiol. Ar ôl ymchwilio i gŵyn, gall yr LSO gymryd nifer o gamau:

- gall argymell bod y corff proffesiynol yn ymchwilio i'r gŵyn wreiddiol eto
- gall ofyn i'r corff proffesiynol dalu iawndal i'r hawlydd
- gall ofyn i'r cyfreithiwr sy'n ymwneud â'r achos dalu iawndal i'r cleient.

Achos llys

Seilir y berthynas rhwng cyfreithiwr a chleient ar gontract. Os bydd y cyfreithiwr yn methu â darparu'r gwasanaeth y cytunwyd arno, neu'n ei ddarparu'n rhannol yn unig, fel rheol bydd gan y cleient yr hawl i erlyn. Yn naturiol, mae'r contract yn gweithio'r ddwy ffordd, ac felly gall cyfreithiwr erlyn os na fydd y cleient yn talu ei ffioedd.

Mae gan gyfreithwyr hefyd ddyletswydd gofal tuag at eu cleientiaid, ac felly mae'n bosibl i gleientiaid ddwyn achos esgeuluster lle na chyflawnwyd y ddyletswydd honno. Rhaid i gyfreithwyr sicrhau bod ganddynt yswiriant esgeuluster proffesiynol, er mwyn darparu ar gyfer hyn. Ar un adeg, yr unig eithriad arbennig i'r hawl i erlyn oherwydd esgeuluster oedd mewn perthynas ag eiriolaeth, hynny yw, gwaith sy'n ymwneud ag ymddangos gerbron llys. Fodd bynnag, yn dilyn dyfarniad Tŷ'r Arglwyddi yn **Arthur JS Hall and Co. v Simons and Other Appeals (1998)**, mae'n ymddangos bod yr imiwnedd hwn wedi cael ei dynnu'n ôl ac felly gall cyfreithwyr a bargyfreithwyr fel ei gilydd gael eu herlyn am esgeuluster wrth weithredu ar ran cleient yn y llys (trafodir yr achos hwn ymhellach yn Adran 18.3 isod).

18.3 Bargyfreithwyr

Beth yw gwaith bargyfreithwyr?

Yn 2000, roedd ychydig dros 10,000 o fargyfreithwyr yn ymarfer yng Nghymru a Lloegr, sef llawer llai na nifer y cyfreithwyr. Ym marn y cyhoedd, mae bargyfreithwyr yn gyfreithwyr sy'n gwisgo wigiau ac yn ymddangos yn y llys, ond, mewn gwirionedd, mae bargyfreithwyr yn treulio amser yn gwneud mathau eraill o waith hefyd. Maent yn ymchwilio ac yn ysgrifennu eu barn ar bwynt cyfreithiol penodol pan fydd cyfreithiwr wedi gofyn am eu cyngor. Yn ogystal, maent yn gweithio ar ddogfennau pwysig a elwir yn 'blediadau', y mae'n rhaid eu paratoi ar gyfer achos. Pa waith bynnag a wnânt, disgwylir bod bargyfreithwyr yn cynnal safonau uchel o ran gonestrwydd a didwylledd. Mae ganddynt ddyletswydd bwysig tuag at y llysoedd a chyfiawnder yn ogystal ag at eu cleient.

Ar hyn o bryd, nid yw'n bosibl i hawlydd gyfarwyddo

Gweithgaredd 18.2 — A yw cyfreithwyr yn darparu gwasanaeth da i gwsmeriaid?

Yn 1999, derbyniodd y Swyddfa Goruchwylio Cyfreithwyr (OSS) 23,000 o gwynion heb eu datrys rhwng cyfreithwyr a'u cleientiaid. Ar gyfartaledd, mae hyn yn un gwyn i bob tri chyfreithiwr. I wneud pethau'n waeth, roedd gan yr OSS ôl-groniad o 16,000 o achosion. Mae Ann Abraham, yr Ombwdsman Gwasanaethau Cyfreithiol (LSO), yn feirniadol o'r OSS a chyfreithwyr yn gyffredinol: 'Er bod bron naw allan o 10 person wedi cwyno i'w cyfreithiwr eu hunain cyn cwyno i'r OSS, dywedodd 80% o'r bobl hynny nad oedd eu cyfreithiwr wedi gwneud unrhyw ymdrech i ddatrys y gwyn. Mae Cymdeithas y Cyfreithwyr yn cyfaddef bod ei gallu i amddiffyn y cyhoedd mewn perygl.' Ond dywedodd David McNeill, llefarydd ar ran yr OSS: 'Mae tua 11 miliwn o drafodion cyfreithiol bob blwyddyn. O gofio bod y mwyafrif o bobl yn defnyddio cyfreithwyr ar gyfer trafodion sy'n achosi pwysau emosiynol, megis prynu tŷ ac ewyllysiau, lle mae digon o botensial ar gyfer camddealltwriaeth, mae ein record yn ymddangos yn well o lawer.' Mae Tony Biles, Cadeirydd gweithredol y grŵp defnyddwyr 'Campaign Against Solicitors, Action for Independent Adjudication' yn dweud bod y broblem yn deillio o'r ffaith bod Cymdeithas y Cyfreithwyr, yn y pen draw, yn farnwr ac yn rheithgor ar ei haelodau ei hun. 'Yr unig ateb effeithiol yw cael corff annibynnol', meddai.

Addaswyd o *The Guardian*, 12 Gorffennaf 2000.

Ann Abraham.

(a) **Yn fyr, esboniwch rôl yr OSS. (4)**

(b) **Sut y gellid beirniadu'r OSS? (6)**

(c) **Beth gall cleient sy'n teimlo ei fod wedi cael gwasanaeth gwael ei wneud, ac eithrio cwyno i'r OSS neu gysylltu â'r Ombwdsman Gwasanaethau Cyfreithiol? (3)**

bargyfreithiwr i weithredu ar ei ran. Rhaid i gyfreithiwr wneud hyn ar ran ei gleient. Fodd bynnag, yn y blynyddoedd diwethaf, gwnaed eithriad i'r rheol hon yn achos gweithwyr proffesiynol eraill megis cyfrifyddion a thirfesuryddion. Mae llawer o drafodaeth yn digwydd ynghylch a ddylid ehangu mynediad uniongyrchol ymhellach.

Ni chaniateir i fargyfreithwyr ffurfio partneriaethau, ac eithrio gyda chyfreithwyr mewn gwledydd eraill. Mae bargyfreithwyr yn hunangyflogedig. Fodd bynnag, gallant rannu'r gost o gyflogi staff eraill a chynnal swyddfeydd drwy ffurfio **siambrau**, sef cysylltiad llac sy'n llai na phartneriaeth. Mae pob siambr yn cyflogi clerc, sy'n cymryd rôl allweddol o fewn yn swyddfa. Pan ddaw cyfreithiwr i'r siambr i gynnig achos, bydd yn cysylltu â'r clerc yn gyntaf, a fydd wedyn yn dyrannu'r gwaith rhwng y bargyfreithwyr. Mae'r clerc hefyd yn trafod ffi ar ran y bargyfreithiwr.

Rheol y rheng dacsi – peidiwch byth â gwrthod cleient

Os bydd cyfreithiwr yn gweithio ar ran cleient ac mae'r bargyfreithwyr yn rhydd i gymryd y gwaith, yna ni ddylid gwrthod y gwaith ar sail y ffaith nad yw'r cleient neu natur y gwaith yn dderbyniol. Gelwir hyn yn 'rheol y rheng dacsi'. Os ydych yn chwilio am dacsi, rydych yn mynd am yr un sydd ar flaen y rhes, ar y sail 'y cyntaf i'r felin caiff falu'. Nid oes rhaid gofyn a yw'r gyrrwr yn dymuno mynd â chi i ben eich taith. Mae rhai eithriadau prin i'r rheol hon. Er enghraifft, mae'n amlwg y gall bargyfreithiwr wrthod achos ar sail y ffaith ei fod wedi cymryd gwaith gan gleient arall yn barod.

Uwch-fargyfreithwyr – Cwnsler y Frenhines

Pan fydd bargyfreithiwr wedi bod yn ymarfer am ddeng mlynedd neu fwy gallant wneud cais i'r Arglwydd Ganghellor i ddod yn Gwnsler y Frenhines (CF). Weithiau, gelwir hyn yn 'cael sidan' oherwydd y gynau sidan y mae Cwnsleriaid y Frenhines yn eu gwisgo (gweler Blwch 18.5). Mae cyfreithwyr a fu'n berchen ar dystysgrif eiriolaeth Uchel Lys ers deng mlynedd yn gallu gwneud cais hefyd (mewn ffaith, dim ond cyfran fach iawn o CFiaid sy'n gyfreithwyr). Yn ystod y blynyddoedd diwethaf, apwyntiwyd 70 CF newydd ar gyfartaledd bob blwyddyn. Bu beirniadaeth o'r cyfrinachedd ynghylch dull yr Arglwydd Ganghellor o ddewis, ond ers 1999, rhoddwyd rhesymau i ymgeiswyr aflwyddiannus.

Faint bynnag fo'u profiad, gelwir bargyfreithiwr nad ydynt yn CF yn 'is-gwnsler'. Hyd at 1977, y rheol oedd bod rhaid i fargyfreithiwr gael cymorth is-gwnsler pan ymddangosai yn y llys. Cafwyd gwared ar y rheol yn 1977, ond mewn rhai achosion o hyd, gall dau fargyfreithiwr ymddangos gyda'i gilydd.

Mae'r llun hwn yn dangos CFiaid yn eu wigiau a'u mentyll sidan.

Gall mynd yn CF fod yn bwysig o safbwynt datblygiad proffesiynol, gan fod barnwyr fel rheol yn cael eu dewis o blith bargyfreithwyr sydd wedi dod yn CF. Ac wrth gwrs, gall CFiaid ofyn am ffioedd uwch. Mae enillion blynyddol y CFiaid mwyaf llwyddiannus yn gallu amrywio o £150,000 i £2 filiwn. Yn 2000, mae'n ymddangos bod 26 CF wedi ennill dros £1 filiwn y flwyddyn.

Swyddogaethau Cyngor y Bar

Cyngor y Bar, sy'n cynnwys uwch-aelodau'r proffesiwn, yw corff proffesiynol bargyfreithwyr Cymru a Lloegr. Mae ganddo nifer o wahanol swyddogaethau:

- mae'n delio â'r rheolau sy'n ymwneud â chymwysterau ac ymddygiad bargyfreithwyr
- mae'n delio â chwynion yn erbyn bargyfreithwyr
- mae'n mynegi barn y Bar ar faterion sy'n ymwneud â'r gyfundrefn gyfreithiol sy'n achosi pryder, i'r llywodraeth ac i eraill, ac yn gweithredu fel ffynhonnell wybodaeth am y Bar.

Hyfforddi bargyfreithwyr

Mae tri man cychwyn i fargyfreithwyr, sef:

- gwneud gradd yn y gyfraith
- gwneud gradd mewn pwnc arall
- mynediad fel myfyriwr hŷn, lle nad oes angen gradd.

Mae amodau llym i'r dull olaf o hyfforddi, ac nid oes llawer o bobl yn ymuno â'r Bar drwy'r dull hwn. Fel rheol, rhaid cael gradd dosbarth cyntaf neu ail ddosbarth uwch. Yn debyg i gyfreithwyr, mae'r hyfforddiant yn academaidd ac yn yrfaol ('wrth wneud y gwaith'). Yn ogystal, rhaid i fargyfreithwyr cymwys wneud rhywfaint o hyfforddiant pellach yn ystod y tair blynedd cyntaf ar ôl hyfforddi. Pa lwybr bynnag a ddilynir, rhaid i bob bargyfreithiwr fod yn aelod o **Ysbytai'r Brawdlys** hanesyddol:

- Ysbyty Lincoln
- Y Deml Fewnol

- Y Deml Ganol
- Ysbyty Gray.

Lleolir pob un o'r Ysbytai yn Llundain.

Y rhai sydd wedi graddio yn y gyfraith

Ar ôl ennill gradd, rhaid i'r bargyfreithiwr dan hyfforddiant ymuno ag un o Ysbytai'r Brawdlys a threulio blwyddyn llawn amser neu ddwy flynedd rhan amser yn cyflawni **Cwrs Galwedigaethol y Bar (BVC)**. Gellir astudio yn yr Ysbytai neu un o blith nifer o ganolfannau eraill a gymeradwywyd gan Gyngor y Bar. Oni bai bod myfyrwyr yn gallu fforddio talu eu ffioedd ac unrhyw gostau byw, gall fod yn anodd sicrhau arian i dalu am hyn, gan ei bod bron yn amhosibl cael gafael ar grant gan yr awdurdod lleol, ac, os bydd un ar gael, fel rheol bydd yn talu dim ond am gyfran fach o gyfanswm y gwariant. Nid yw Cynllun Benthyciadau i Fyfyrwyr y llywodraeth yn ariannu'r cwrs. Er bod Cyngor y Bar yn caniatáu rhywfaint o arian ar gyfer grantiau myfyrwyr, ni all y swm a gynigir ariannu mwy na chyfran fach o'r sawl sy'n astudio ar y cwrs. Mae ffioedd y cwrs yn costio hyd at £8,750 y flwyddyn.

Yn ystod y BVC, rhaid i fyfyrwyr dreulio rhywfaint o arian ym mha Ysbyty bynnag y maent wedi ymuno â hi. Tan 1997, roedd hyn yn cynnwys dilyn traddodiad hynafol o giniawa 12 gwaith y flwyddyn yn yr Ysbyty. Pwrpas hyn oedd rhoi cyfle i fyfyrwyr elwa o gysylltu â bargyfreithwyr profiadol, ond, mewn gwirionedd, yr unig bobl eraill yr oeddent yn debygol o gyfarfod â hwy oedd cyd-fyfyrwyr. Roedd y ciniawau'n ychwanegu at gost yr hyfforddiant, yn enwedig i'r sawl a astudiai y tu hwnt i Lundain. Ers 1997, addaswyd y gofyniad hwn ychydig. Mae presenoldeb yn golygu cymryd rhan mewn digwyddiadau addysgol a gall fod ar ffurf pedwar penwythnos, neu chwe diwrnod llawn, yn lle 12 noswaith.

Pwrpas y BVC yw sicrhau bod myfyrwyr sy'n bwriadu gweithio fel bargyfreithwyr yn ennill y sgiliau a'r wybodaeth a fydd yn eu paratoi ar gyfer gweithio o fewn y proffesiwn. Mae'r sgiliau a ddysgir yn cynnwys:

- sut i baratoi achos
- drafftio dogfennau
- sgiliau rhyngbersonol megis cyfweld â chleientiaid ac ymddangos mewn llys.

Yn ogystal, mae myfyrwyr yn astudio rheolau tystiolaeth a moeseg broffesiynol.

Ar ôl pasio'r BVC, y cam nesaf yw sicrhau **disgybledd**, sef ffurf ar brentisiaeth gyda bargyfreithiwr. Mae disgybledd yn para am flwyddyn. Gelwir y bargyfreithiwr sy'n goruchwylio disgybledd yn 'ddisgybl-feistr'. Yn ystod y chwe mis cyntaf, mae disgyblion yn cysgodi eu disgybl-feistr. Yn yr ail chwe mis, gallant ymddangos yn y llys. Mae llawer o gystadleuaeth am nifer cyfyngedig o ddisgybleddau, ond

ers 2003, bu gan bob disgybl yr hawl i wobr flynyddol o ddim llai na £10,000 ac i dderbyn costau teithio rhesymol. Cyn hynny, roedd tâl disgyblion yn aml yn llai o lawer. Yn ogystal, mae Cyngor y Bar yn mynnu bod disgyblion yn mynychu cyrsiau hyfforddi eraill.

Gradd mewn pwnc arall

Rhaid i'r myfyrwyr hynny nad ydynt wedi graddio yn y gyfraith sefyll yr Arholiad Proffesiynol Cyffredinol, yn debyg i gyfreithwyr dan hyfforddiant. Wedi hyn, byddant yn ymuno ag un o Ysbytai'r Brawdlys, yn astudio ar Gwrs Gyrfaol y Bar ac yn dod yn ddisgybl-fargyfreithwyr fel graddedigion yn y gyfraith.

Beirniadaeth o'r gyfundrefn hyfforddi bargyfreithwyr

Mae beirniaid y gyfundrefn bresennol wedi lleisio'r un math o feirniadaethau â'r rhai a godwyd yn erbyn yr hyfforddiant i gyfreithwyr. Rhoddir amlinelliad o'r tair prif feirniadaeth ym Mlwch 18.6.

> **Blwch 18.6** *Beirniadaethau o'r broses hyfforddi bargyfreithwyr*
>
> **1. Dim ond pobl gymharol gyfoethog sy'n gallu ei fforddio**
>
> Mae nifer gynyddol o fyfyrwyr ar gyrsiau gradd yn cael anhawster ariannu eu gradd. Ar ben hynny, nid yw arian ar gael gan y llywodraeth i helpu talu am gost sylweddol ffioedd arholiad y Bar. Mae hyn yn debyg o rwystro pobl o deuluoedd llai cyfoethog sy'n ystyried mynd yn fargyfreithwyr. Ar y llaw arall, mae'r cyflog £10,000 a gyflwynwyd ar gyfer disgybl-fargyfreithwyr yn gam i'r cyfeiriad iawn, gan fod disgyblion wedi ennill ychydig iawn o arian hyd yn ddiweddar.
>
> **2. Nid yw bargyfreithwyr heb radd yn y gyfraith wedi cael digon o hyfforddiant**
>
> Mae'n ymddangos yn rhyfedd fod bargyfreithwyr dan hyfforddiant heb radd yn y gyfraith yn gorfod astudio dim mwy na chwe maes cyfraith am flwyddyn ar y CPE er mwyn cyrraedd yr un man â myfyriwr a raddiodd yn y gyfraith, ar ôl astudio'r gyfraith am fwy na dwy flynedd.
>
> **3. Mae prinder o ddisgybleddau a gwaith o fewn siambrau i hyfforddeion newydd**
>
> Yn ôl Cyngor y Bar, mae cystadleuaeth 'ffyrnig' ar gyfer nifer gyfyng o leoedd i ddisgybl-fargyfreithwyr, cymaint, felly, o gystadleuaeth yn y proffesiwn fel bod llawer o fargyfreithwyr dan hyfforddiant yn cael anhawster ennill bywoliaeth dderbyniol am rai blynyddoedd ar ôl hyfforddi. Yn aml, mae'n anodd ennill lle neu 'denantiaeth' mewn siambrau, er mai dyma'r unig ffordd o gael gwaith.

Cwynion yn erbyn bargyfreithiwr

Gall cwynion yn erbyn bargyfreithiwr ddisgyn i nifer o wahanol gategorïau. Yn gyntaf, mae cwynion sy'n ymwneud â chamymddwyn proffesiynol yn cynnwys elfen o anonestrwydd neu anallu difrifol megis:

- camarwain y llys
- methu â chadw materion sy'n ymwneud â chleient yn gyfrinachol
- gadael achos heb reswm da ar fyr rybudd
- gweithredu yn groes i les pennaf y cleient.

Yn ail, mae cwynion sy'n ymwneud â gwasanaeth gwael yn cynnwys:

- oedi wrth ddelio â phapurau
- gwaith achos o safon isel neu annigonol
- anfoesgarwch difrifol tuag at y cleient.

Ymchwiliad gan Gyngor y Bar

Mae gan Gyngor y Bar drefn gwyno ac mae'n ymchwilio i gwynion am gamymddwyn proffesiynol a gwasanaeth annigonol. Mae ganddo nifer o rymoedd i ddelio â chwynion haeddiannol. Mae'r rhain yn cynnwys gwaharddiad parhaol neu dros dro o'r Bar, dirwy, ad-dalu ffioedd neu iawndal hyd at £5,000. Yn aml, bydd y Comisiynydd Cwynion, nad yw'n gyfreithiwr, yn goruchwylio'r trefnau cwyno ar ran Cyngor y Bar.

Achosion cyfreithiol yn y llysoedd

Pan fydd cyfreithiwr yn cyfarwyddo bargyfreithiwr, mae contract yn bodoli rhwng y bargyfreithiwr a'r cyfreithiwr, ac nid rhwng y bargyfreithiwr a'r cleient. Mae hyn yn golygu na all y cleient erlyn y bargyfreithiwr am dor-contract (er y gallai datblygiadau diweddar yng nghyfraith contract olygu y bydd achos o'r fath yn bosibl yn y dyfodol).

Hyd yn ddiweddar, roedd achos esgeuluster yn erbyn bargyfreithwyr wedi'i gyfyngu i waith cyn achos nad oedd ynghlwm â chynnal achos mewn llys, a hefyd cyngor ysgrifenedig ar bwyntiau cyfreithiol. Penderfynwyd hyn yn *Saif Ali v Sydney Mitchell & Co. (1980)*. Yn dilyn achos *Rondel v Worsley (1967)* sefydlwyd na allai cleient erlyn am esgeuluster proffesiynol o ran gwaith a wnaed gan fargyfreithiwr wrth ymddangos yn y llys. Fodd bynnag, yn dilyn dyfarniad diweddar Tŷ'r Arglwyddi yn *Arthur JS Hall and Co. v Simons and Other Appeals (2000)*, mae'n ymddangos bod yr imiwnedd hwn wedi cael ei ddileu mewn perthynas â chyfreitha sifil a throsedd fel ei gilydd. Yn yr achos hwn, rhoddodd Arglwydd Hoffman y dyfarniad arweiniol, gan ddweud nad oedd polisi cyhoeddus yn mynnu bod eiriolwyr yn imiwn i hawliadau esgeuluster mwyach, yng ngoleuni'r newidiadau a wnaed i'r gyfundrefn gyfreithiol a chyfraith esgeuluster ers 1967.

Yr Ombwdsman Gwasanaethau Cyfreithiol (LSO)

Mae'r LSO yn ymchwilio i'r ffordd y mae cyrff proffesiynol sy'n ymwneud â gwasanaethau cyfreithiol yn delio â

Gweithgaredd 18.3 A fyddech chi'n hoffi cael eich talu hyd at £416 yr awr?

Ers rhai blynyddoedd, mae barnwyr wedi mynegi eu pryderon ynghylch gor-staffio a'r ffioedd uchel a delir i CFiaid mewn achosion maith sy'n ymwneud â throsedd a gofal plant. Rai blynyddoedd yn ôl, mynnodd Tŷ'r Arglwyddi wybod pam fod pedwar CF yn hawlio ffioedd o hyd at £416 yr awr. Yn 2001, gofynnodd Mr. Justice Butterfield pam, yn achos yr 11 Affgan a ddrwgdybiwyd o derfysgaeth a gynhaliwyd yn yr Old Bailey, bod y trethdalwr wedi gorfod ariannu CF ac is-gwnsler ar gyfer pob diffynnydd, er nad oedd rhai wedi galw tystion na rhoi tystiolaeth (ariannwyd y cyfreithwyr amddiffynnol drwy gymorth cyfreithiol). Ar yr un pryd, mae llawer o fargyfreithwyr iau yn cael anhawster cynyddol i ennill bywoliaeth dderbyniol.

Yn ôl un aelod o Gyngor y Bar, oni bai bod newidiadau yn cael eu cyflwyno: 'Byddwn yn gweld Bar llai o faint a chyffro ymhlith trwch ein haelodau'. Mae llai o arian ar gael gan y llywodraeth ar gyfer cymorth cyfreithiol. Mae llai o achosion yn cael eu cyflwyno mewn perthynas â rhai mathau o waith am nad oes cymorth cyfreithiol ar gael mwyach. Ar yr un pryd, mae cyfreithwyr ac eraill wedi cael hawliau newydd i ymddangos fel eiriolwyr, ac felly mae mwy yn cystadlu am waith.

Os ydy 'trwch yr aelodaeth' yn cael anawsterau mawr mewn gwirionedd, efallai y dylid agor marchnadoedd newydd a chanfod dulliau eraill y gall bargyfreithwyr iau roi eu sgiliau ar waith. Gellid caniatáu i ymarferwyr sifil dderbyn cyfarwyddyd mewn gwaith ymgynghorol yn uniongyrchol gan y cyhoedd. Yn ei dro, dylai hyn leihau cost gwasanaethau cyfreithiol i'r defnyddiwr.

Addaswyd o *The Guardian*, 27 Ebrill 2001 a *The Times*, 10 Hydref 2000.

Mr Ustus Butterfield

(a) **Pryd nad oedd rhaid i ddau gwnsler ymddangos pan fyddai CF yn cymryd rhan mewn achos? Beth yw'r sefyllfa bresennol? (1)**

(b) **Pam y gallai CFiaid ddadlau bod ganddynt hawl i ffioedd uwch na chyfreithwyr eraill? (4)**

(c) **Pryd ellir cyfarwyddo bargyfreithiwr heb bresenoldeb cyfreithiwr fel cyfryngwr? Pam fyddai mynediad uniongyrchol o fudd i'r defnyddiwr? (6)**

chwynion. Ceir esboniad o rôl yr LSO yn Adran 18.2 uchod.

18.4 Gweithredwyr cyfreithiol, trawsgludwyr trwyddedig a pharagyfreithwyr

Gweithredwyr cyfreithiol

Mae gweithredwyr cyfreithiol yn gweithio o fewn cwmni o gyfreithwyr, gan gyflawni gwaith cyfreithiol cymharol gyffredin dan oruchwyliaeth cyfreithiwr. Y corff proffesiynol ar gyfer gweithredwyr cyfreithiol yw Sefydliad y Gweithredwyr Cyfreithiol (ILEX) gyda'i 22,000 o aelodau. Fel rheol, mae gweithredwyr cyfreithiol yn gweithio o fewn un maes o'r gyfraith, megis trawsgludo neu brofiant.

I ddod yn weithredwr cyfreithiol cyflawn-gymwys (Cymrawd ILEX) rhaid cael o leiaf pedwar TGAU o radd C neu fwy. Gellir derbyn myfyrwyr hŷn ar sail eu profiad gwaith. Mae hyfforddiant yn digwydd wrth y gwaith, ond rhaid i hyfforddeion astudio yn rhan amser ar gyfer arholiadau hefyd. Fel rheol, mae hyfforddi'n cymryd tua phedair blynedd. Fel y trafodwyd ynghynt, gall Cymrodyr ILEX hyfforddi ymhellach i ddod yn gyfreithwyr.

Trawsgludwyr trwyddedig

Mae cymhwyster trawsgludwyr trwyddedig yn eu galluogi i drawsgludo perchenogaeth tir ac eiddo mewn tir yn unig. Nid oes ganddynt y cymhwyster i gyflawni ystod ehangach o waith yn yr un modd â bargyfreithwyr a chyfreithwyr. Gall trawsgludwyr trwyddedig weithio gyda chyfreithwyr eraill neu gael eu trwyddedu i ddelio'n uniongyrchol â'r cyhoedd. Mae'r Cyngor Trawsgludwyr Trwyddedig yn pennu gofynion hyfforddi ac yn cyflwyno trwyddedau.

Paragyfreithwyr

Paragyfreithwyr yw'r term eang a ddefnyddir i ddisgrifio'r bobl hynny sy'n gweithio o fewn ystod o sefydliadau lle mae gwybodaeth gyfreithiol yn angenrheidiol, yn fuddiol neu'n ddymunol. Un enghraifft o hyn yw fel ysgrifenyddes cyfraith o fewn swyddfa gyfraith. Mae rhai paragyfreithwyr yn gweithio o fewn llywodraeth leol, yswiriant a sefydliadau o fathau eraill. Nid oes corff proffesiynol yn bodoli ar gyfer paragyfreithwyr, ond mae ILEX ac eraill yn cynnig cyrsiau hyfforddi ar eu cyfer.

Crynodeb ●●●

1. Sut mae gwaith cyfreithiwr yn wahanol i waith bargyfreithiwr?

2. Sut mae pobl yn hyfforddi i ddod yn gyfreithwyr a bargyfreithwyr?

3. Beth yw rôl Cymdeithas y Cyfreithwyr a Chyngor y Bar?

4. Beth fyddech chi'n ei wneud pe baech yn awyddus i gwyno yn erbyn cyfreithiwr neu fargyfreithiwr?

5. Ar wahân i gyfreithwyr a bargyfreithwyr, pwy arall sy'n gweithio o fewn y gyfundrefn gyfreithiol?

Astudiaeth achos ○ Rhyw, hil, dosbarth a'r proffesiwn cyfreithiol

Eitem A Rhyw a'r proffesiwn cyfreithiol

Ers tro, mae academyddion a hyd yn oed rhai adrannau o'r sefydliad cyfreithiol wedi pryderu am y ffaith bod y proffesiwn cyfreithiol cyfan yn dod o gefndir cymdeithasol cyfyng o ran dosbarth, rhyw a hil. A oes unrhyw dystiolaeth o hyn? Ac os yw'n wir, beth yw'r goblygiadau?

Er ei bod yn wir mai menywod yw mwy na hanner y sawl sy'n cychwyn ar yrfa ym myd y gyfraith, dim ond 12 o blith yr 113 CF newydd a apwyntiwyd yn 2002 oedd yn fenywod. Dyfynnwyd geiriau Cadeirydd Cymdeithas y Bargyfreithwragedd yn *The Times* ar 2 Ebrill 2002: 'Nid yw'n syndod mai dim ond 6% o fainc yr Uchel Lys sy'n fenywod, a dim ond dau o blith 36 barnwr y Llys Apêl'. Mae'n werth nodi bod tua 15% o'r sawl sydd â mwy na 15 mlynedd o brofiad fel bargyfreithwyr yn fenywod. Mewn araith i Gymdeithas y Bargyfreithwragedd, dywedodd Arglwydd Irvine, yr Arglwydd Ganghellor ar y pryd ei fod yn cydnabod bod cyfreithwragedd yn ymdrechu'n galed i gynnal eu gyrfaoedd a magu plant ar yr un pryd. Dywedodd:

'Gallant wynebu rhagfarn - efallai bod cydweithwyr hŷn, neu eu clercod, yn credu nad yw menywod gyda chyfrifoldebau teulu yn ymrwymedig i'w gwaith. Mae'n bosibl na fyddant yn cael eu hystyried am yr achosion mwy heriol neu bwysicach. Gallant golli tir wrth geisio cystadlu â'u cydweithwyr gwrywaidd. Ond nid yw hyn yn adlewyrchu ar eu galluoedd deallusol na chyfreithiol. Mae nifer o gyfreithwragedd yn canfod bod eu gyrfaoedd yn dioddef oherwydd amgylchiadau.'

Eitem B *Ethnigrwydd a chefndir addysgol cyfreithwyr*

A oes digon o bobl groenddu ac Asiaidd yn y proffesiwn cyfreithiol? Tra bod cyfran cyfanswm poblogaeth y DU o grwpiau lleiafrif ethnig yn 8.7%, mae 5% o gyfreithwyr gyda Thystysgrifau Ymarfer yn dod o leiafrif ethnig, 9% o fargyfreithwyr a 2% o CFiaid. Yn 1994, roedd astudiaeth Cymdeithas y Cyfreithwyr am y nifer sy'n mynd i mewn i'r proffesiwn yn dangos bod 47% o fyfyrwyr gwyn yn cyflawni eu herthyglau'n llwyddiannus o gymharu â 21% o fyfyrwyr Asiaidd a 7% o fyfyrwyr croenddu. Hyd yn oed ar ôl ystyried ffactorau fel canlyniadau lefel A a math o brifysgol, roedd gwahaniaethau'n bodoli.

Mae Stephen Migdal, o Brifysgol Gorllewin Lloegr, yn dweud bod traean o'r holl swyddi mewn cwmnïau cyfreithiol masnachol yn mynd i raddedigion o Gaergrawnt a Rhydychen. Mae myfyrwyr a gafodd addysg ysgol fonedd yn llenwi Prifysgolion Rhydychen a Chaergrawnt.

Sesiwn hyfforddi ar gyfer cyfreithwyr. Dim ond 5% o gyfreithwyr sy'n groenddu neu'n Asiaidd. Roedd cyfrifiad 2001 yn dangos bod pobl groenddu ac Asiaidd yn ffurfio 8.7% o'r boblogaeth gyfan.

Beth yw'r problemau a achosir gan gefndir cymdeithasol cul cyfreithwyr? Yn gyntaf, mae perygl na fydd rhai meddyliau cyfreithiol da yn gweithio o fewn y gyfundrefn gyfreithiol am na chawsant gyfle teg oherwydd rhagfarn neu ddiffyg cyfle. Yn ail, os yw'r mwyafrif llethol o'r proffesiwn cyfreithiol yn wrywaidd, yn ddosbarth canol ac yn wyn, bydd rhai adrannau o gymdeithas yn gyndyn o droi at gyfreithiwr ac yn llai tebygol o ennill eu hawliau cyfreithiol. Yn drydydd, mae'n amlwg y bydd cyfansoddiad y proffesiwn cyfreithiol yn dylanwadu ar gyfansoddiad y farnwriaeth. Byddai llawer yn dadlau y dylai'r farnwriaeth adlewyrchu ystod eang o gefndiroedd. Wedi'r cyfan, a oes gan y gyfundrefn gyfreithiol hygrededd os bydd cyfreithwyr eu hunain yn torri cyfreithiau camwahaniaethu ar sail rhyw a hil?

Addaswyd o *The Times*, 2 Ebrill 2002; araith yr Arglwydd Ganghellor i Gymdeithas y Bargyfreithwragedd (2002); Migdal, S., *Go forth and Multiply*, UK Centre for Legal Education 2001; Halpern, D., *Entry into the Legal Professions*, Law Society, 1994; datganiad i'r wasg gan Gyngor y Bar, Ebrill 2002.

Cwestiynau

(a) Esboniwch ystyr y termau canlynol: (i) Clercod (ii) Cwrs Galwedigaethol y Bar (iii) Tystysgrifau Ymarfer. (3 marc yr un)

(b) Yn fyr, crynhowch dystiolaeth yn Eitemau A a B sy'n dangos (i) rhywiaeth a (ii) hiliaeth o fewn y proffesiwn cyfreithiol. (6)

(c) Gan ddefnyddio Eitemau A a B a rhannau eraill o'r uned, esboniwch pam fod pobl o deuluoedd incwm isel sy'n dymuno gweithio o fewn y proffesiwn cyfreithiol yn debygol o gael anawsterau. (4)

(ch) Sut gallai'r Arglwydd Ganghellor ddylanwadu ar gyfansoddiad y proffesiwn cyfreithiol? (3)

(d) O ystyried Eitemau A a B a'ch gwybodaeth chi eich hun, pam y gellid dadlau y dylai cyfreithwyr ddod o ystod eang o gefndiroedd? (8)

(dd) Nodwch faterion, ar wahân i'r posibilrwydd o gamwahaniaethu, a allai roi enw drwg i'r proffesiwn cyfreithiol. (6)

19.1 Beth yw 'Gwasanaeth Erlyn y Goron' (CPS)?

Yr heddlu sy'n penderfynu cyhuddo rhywun a ddrwgdybir o gyflawni trosedd. Nid yw cael eich cyhuddo yn golygu y gwneir cais ffurfiol am achos ar unwaith. O bosibl, bydd yr heddlu yn parhau i ymchwilio a chasglu tystiolaeth. Pan fydd yr ymchwiliad ar ben a'r dystiolaeth wedi cael ei hystyried, o bosibl dechreuir trafodion achos neu efallai tynnir y cyhuddiad yn ôl. Cyn 1986, yr heddlu lleol a benderfynai a ddylid erlyn ar ôl cyhuddo. Ar ben hynny, o ran mwyafrif yr achosion yn y Llys Ynadon, ymddangosai heddwas yn y llys ar ran yr erlyniad. Yn Llys y Goron, rhoddai'r heddlu gyfarwyddyd i fargyfreithwyr ymddangos yn yr achos ar ran yr erlyniad.

Yn 1986, sefydlwyd awdurdod erlyn ar wahân o'r enw Gwasanaeth Erlyn y Goron (y CPS). Mae'r CPS yn cynnwys Cymru a Lloegr. Er bod gan yr heddlu gyfrifoldeb i gasglu tystiolaeth a phenderfynu cyhuddo rhywun o drosedd o hyd, y CPS sy'n penderfynu erlyn ac, yn y mwyafrif o achosion, cyfreithiwr CPS yw eiriolwr yr erlyniad yn y Llys Ynadon. Y Cyfarwyddwr Erlyniadau Cyhoeddus (DPP), sef uwch-gyfreithiwr y llywodraeth yw pennaeth y CPS.

19.2 Swyddogion Cyfraith – cynghorwyr cyfreithiol y llywodraeth – a'r CPS

O fewn y llywodraeth, mae dau gyfreithiwr profiadol iawn sy'n rhoi cyngor am y gyfraith. Mae'r **Twrnai Cyffredinol**, gyda chymorth y **Cyfreithiwr Cyffredinol**, yn delio â chwestiynau cyfreithiol sy'n ymwneud â Mesurau'r llywodraeth ac yn rhoi cyngor ar bolisi cyfreithiol yn gyffredinol. Mae'r Twrnai Cyffredinol hefyd yn cynrychioli'r llywodraeth mewn achosion pwysig. Mae gan y Twrnai Cyffredinol y grym i ddod ag erlyniadau penodol i ben neu i'w mabwysiadu, gan gynnwys erlyniadau preifat. Mae'r Twrnai Cyffredinol a'r Cyfreithiwr Cyffredinol ill dau'n aelodau o Dŷ'r Cyffredin ac yn weinidogion yn y llywodraeth.

Y Cyfarwyddwr Erlyniadau Cyhoeddus (DPP)

Crëwyd swydd y Cyfarwyddwr Erlyniadau Cyhoeddus (DPP) yn gyntaf fwy na chanrif yn ôl, ond newidiodd yn raddol dros y blynyddoedd a daeth yn fwy arwyddocaol yn 1986 pan ddaeth y DPP yn Bennaeth y CPS newydd. Mae'r DPP yn atebol i'r Twrnai Cyffredinol, sy'n derbyn adroddiad ganddo neu ganddi bob blwyddyn. Bydd yr adroddiad hwn hefyd yn mynd gerbron y Senedd. Rhaid bod gan y DPP brofiad o weithio fel cyfreithiwr am o leiaf

deng mlynedd. Mae'r Twrnai Cyffredinol yn dewis ac yn apwyntio rhywun i'r swydd. Nodir pwerau'r DPP yn Neddf Erlyn Troseddau 1985.

Dadleuon yn erbyn yr heddlu fel erlynwyr

Am fwy na chanrif, roedd yr heddlu'n gyfrifol am y mwyafrif o erlyniadau. Rhestrir y dadleuon o blaid ac yn erbyn yr arfer hwn ym Mlwch 19.1.

Blwch 19.1 *Dadleuon yn erbyn yr heddlu fel erlynwyr*

1. Annhegwch

Yn 1970, dadleuodd y corff dylanwadol JUSTICE bod y ffaith bod yr heddlu yn ymchwilio a hefyd yn penderfynu a ddylid erlyn yn annheg. Eu dadl oedd ei bod yn rhy hawdd i'r heddlu boeni gormod am 'ennill neu golli' achos yn hytrach na cheisio darganfod y gwirionedd. Os na fyddai person annibynnol ac amhleidiol yn cymryd rhan mewn asesu'r dystiolaeth, roedd perygl y byddai erlyniadau yn cael eu lansio pan na ddylai hynny ddigwydd.

2. Aneffeithiolrwydd

Pan gyhoeddodd Comisiwn Brenhinol Gweithdrefn Droseddol ei adroddiad yn 1981 (a elwid yn 'Adroddiad Phillips') nododd fod y trefniadau a wnaed gan heddluoedd yn amrywio'n sylweddol o un ardal i'r llall. Roedd rhai adrannau erlyn dan ofal yr heddlu yn fwy effeithiol a chost-effeithiol nag eraill.

3. Anghysondeb

Roedd y diffyg cyfundrefn genedlaethol yn golygu y gellid erlyn person mewn un ardal, ond na fyddai'n cael ei erlyn mewn ardal arall, er bod y ffeithiau eu hachosion yr un fath. Argymhellodd Comisiwn Brenhinol Phillips y dylai Deddf Seneddol sefydlu awdurdod erlyn annibynnol newydd a weithiai i safonau unffurf ar draws y Deyrnas Unedig.

4. Profiad gwledydd eraill

Ym mhob cyfundrefn gyfreithiol arall, bron, ceir awdurdod erlyn annibynnol.

Beth yw rôl y CPS?

Mae'r CPS yn cyflogi tua 6,000 o bobl, traean ohonynt yn gyfreithwyr. Mae'r CPS yn gwbl annibynnol ar yr heddlu, er ei fod yn gweithio'n agos ag ef. Ceir amlinelliad o'i rôl ym Mlwch 19.2.

Er bod y CPS yn delio â'r mwyafrif o'r erlyniadau, mae rhai cyrff llywodraethol eraill, megis yr Awdurdod Gweithredu Iechyd a Diogelwch, hefyd yn erlyn. Gall person preifat, busnes neu sefydliadau eraill erlyn yn y llys hefyd. Er enghraifft, mae'r RSPCA yn erlyn yn aml yn sgil creulondeb i anifeiliaid.

Blwch 19.2 *Rôl y CPS*

Lleolir y CPS yn Ludgate Hill, Llundain.

Rôl y CPS yw:

- erlyn pobl a gyhuddwyd gan yr heddlu o drosedd yng Nghymru a Lloegr (yn 2000-01 deliodd y CPS ag 1.35 miliwn o achosion mewn Llysoedd Ynadon a 116,000 achos yn Llys y Goron)
- cynghori'r heddlu a ddylid erlyn person neu beidio
- adolygu ffeiliau'r heddlu i sicrhau bod y diffynyddion cywir yn cael eu herlyn am y cyhuddiadau cywir gerbron llys priodol
- paratoi achosion ar gyfer y llys
- gweithredu fel eiriolwyr yn y Llysoedd Ynadon a chyfarwyddo'r cwnsler i weithredu yn Llys y Goron ac uwch-lysoedd (mewn nifer fach ond cynyddol o achosion, mae gweithwyr CPS â thystysgrif eiriolaeth - gweler tudalen 146 - yn ymddangos yn Llys y Goron a'r uwch-lysoedd).

Cod Erlynwyr y Goron

Mae'r Cod ar gyfer Erlynwyr y Goron yn dangos beth yw'r meini prawf a ddefnyddir wrth benderfynu a ddylid erlyn neu beidio. Rhaid cyflawni gofynion dau brawf cyn erlyn.

1. Y prawf tystiolaethol

Rhaid i Erlynwyr y Goron fodloni bod digon o dystiolaeth i ddarparu rhagolwg realistig o gollfarn yn erbyn pob diffynnydd. Rhaid iddynt ystyried beth yw achos yr amddiffyniad a sut y gall hynny effeithio ar achos yr erlyniad. Rhaid i'r Erlynydd ystyried beth fyddai rheithgor neu fainc ynadon yn debygol o benderfynu. Ystyrir dibynadwyaeth a derbynioldeb y dystiolaeth. Enghraifft o fater sy'n effeithio ar ddibynadwyaeth yw'r esboniad a gynigir gan ddiffynnydd a pha mor gredadwy ydyw. Mae derbynioldeb yn ymwneud â'r rheolau cyfreithiol sy'n rheoli pa dystiolaeth y gellir ac na ellir ei rhoi mewn achos. Er enghraifft, gellir dyfarnu bod cyffes a wnaed yn ystod cyfnod yn y ddalfa yn annerbyniol lle mae'r heddlu wedi torri codau PACE (gweler Uned 12, Adran 12.4).

2. Prawf er budd y cyhoedd

Yn 1951, gwnaeth Arglwydd Shawcross, cyn-Dwrnai Cyffredinol, ddatganiad yn y Senedd ar destun budd y cyhoedd a ddilynwyd byth oddi ar hynny:

> 'Ni fu'n rheol yn y wlad hon - gobeithio na fydd byth - bod troseddau yr amheuir yn unig eu bod wedi'u cyflawni yn destun erlyn yn awtomatig.'
> (Dadleuon Tŷ'r Cyffredin, Cyf. 483, colofn 681, 29 Ionawr 1951).

Mewn rhai gwledydd, derbynnir y gall fod rheswm dros beidio â mynd â rhywun i'r llys, er bod digon o dystiolaeth i gyfiawnhau collfarn. Mae gan y CPS ddisgresiwn ynghylch a ddylai'r wladwriaeth gychwyn erlyn, nid ymrwymiad cyfreithiol pur.

Rhaid i Erlynwyr y Goron gydbwyso ffactorau o blaid ac yn erbyn erlyn yn ofalus ac yn deg. Ceir amlinelliad ym Mlwch 19.3 o enghreifftiau a nodir yn y Cod.

Blwch 19.3 *Enghreifftiau o ffactorau o blaid ac yn erbyn erlyn*

Mae ffactorau er budd y cyhoedd sy'n ffafrio erlyn yn cynnwys y canlynol:

- bydd collfarn yn arwain at ddedfryd sylweddol
- defnyddiwyd arf neu bygythiwyd trais pan gyflawnwyd y drosedd
- cyflawnwyd y drosedd yn erbyn rhywun sy'n gwasanaethu'r cyhoedd (er enghraifft, swyddog yr heddlu neu garchar, neu nyrs)
- symbylwyd y drosedd gan ryw ffurf ar gamwahaniaethu, yn erbyn tras ethnig neu genedlaethol y dioddefwr, ei ryw, credoau crefyddol, safbwyntiau gwleidyddol neu duedd rhywiol.

Mae enghreifftiau o ffactorau er budd y cyhoedd sy'n awgrymu na ddylid erlyn yn cynnwys:

- mae'r llys yn debygol o ddyfarnu cosb fach iawn
- cyflawnwyd y drosedd o ganlyniad i gamgymeriad neu gamddealltwriaeth bur (ond rhaid ystyried y ffactorau hyn mewn perthynas â difrifoldeb y drosedd)
- mae erlyn yn debygol o gael effaith gwael ar iechyd corfforol neu feddwl y dioddefwr, gan gofio bob amser am ddifrifoldeb y drosedd
- mae'r diffynnydd wedi gwneud iawn am y golled neu'r niwed a achoswyd (er na ddylai diffynyddion osgoi cael eu herlyn dim ond am eu bod yn talu iawndal)
- efallai y bydd manylion yn cael eu datgelu i'r cyhoedd a allai beryglu perthnasau rhyngwladol neu ddiogelwch y wlad.

Gweithgaredd 19.1

Ym mis Mai 1982, roedd Alan Green, a weithiai fel is-swyddog i MI5, ar wyliau cerdded ar ynys fach oddi ar ogledd yr Alban. Dros gyfnod o sawl diwrnod dechreuodd gredu bod dyn yn ei ddilyn, rhywun a welodd mewn ffotograffau gwyliadwriaeth, a weithiai mewn llysgenhadaeth gwlad yn Nwyrain Ewrop. Credwyd bod y dyn hwn yn asasin peryglus. Oherwydd yr

Alan Green.

ymchwiliad y bu'n rhan ohono cyn cymryd gwyliau, credai Alan fod ei fywyd mewn perygl. Roedd fferi nesaf yr ynys i'r tir mawr yn cyrraedd ymhen wythnos, ac roedd llinellau ffôn yr ynys wedi'u torri o ganlyniad i storm ac ni fyddai neb yn eu trwsio am ddeuddydd. Er nad oedd eto mewn perygl, elwodd Alan ar gyfle i saethu'r dyn o bellter pan oedd ar ran ddiarffordd o'r ynys. Claddodd y corff. Mewn gwirionedd, roedd wedi gwneud camgymeriad. Dyn post o Newcastle, ar wyliau cerdded, oedd yr 'asasin'. Eleni, o'r diwedd, mae'r heddlu wedi llwyddo i enwi Alan fel y llofrudd dan amheuaeth. Eu prif dyst yw ffarmwr lleol a welodd ddyn yn cyfateb i ddisgrifiad o Alan, yn agos iawn i'r man lle claddwyd y corff, a hynny ar ddiwrnod y lladd. Erbyn hyn, mae Alan yn 75 ac yn dioddef o broblem ddifrifol ar y galon. Cafodd ei gyhuddo o lofruddiaeth.

(Mae ffeithiau'r achos hwn yn gwbl ffug.)

(a) Gan ddefnyddio eich gwybodaeth am God Erlynwyr y Goron, trafodwch a ddylid erlyn Alan ai peidio. (15)

19.3 Problemau sy'n wynebu'r CPS

Yn 1983, cyhoeddodd y llywodraeth Bapur Gwyn yn amlinellu cynlluniau ar gyfer gwasanaeth erlyn annibynnol i Gymru a Lloegr. Roedd y llywodraeth o blaid gwasanaeth cenedlaethol, ond gwasanaeth a weithiai ar sail swyddfeydd lleol a wnâi benderfyniadau yn eu hardaloedd hwy yn unig.

Mae'r CPS wedi gorfod wynebu nifer o broblemau difrifol iawn ers cael ei sefydlu yn 1986, yn enwedig yn ei flynyddoedd cynnar. Bu arwydd bod pethau'n gwella dim ond yn niwedd y 1990au. Rhestrir y prif broblemau isod.

1. Tanariannu
Derbynnir yn gyffredinol nad oedd y CPS yn derbyn digon o arian gan y llywodraeth o'r cychwyn cyntaf.

Yn ystod blwyddyn ei sefydlu, roedd y sefydliad yn brin o rai cannoedd o gyfreithwyr. Yn 1987, dywedodd y

Twrnai Cyffredinol bod prinder staff o 50% yn Llundain Fewnol. Nid oedd y cyflog cystal â'r hyn y gellid ei ennill wrth ymarfer yn breifat. Roedd hyn, yn ei dro, yn golygu nad oedd safon y staff bob amser yn uchel. Mae'r problemau hyn wedi lleihau yn raddol, yn rhannol am fod cyflogau wedi codi a hefyd am fod mwy o gystadleuaeth am waith ym mhroffesiwn y gyfraith.

2. Anhrefn gweinyddol
Nid yw'n syndod bod tanariannu difrifol a phrinder staff yn golygu bod achosion wedi gorfod aros am gyfnodau hir, a bod ffeiliau wedi cael eu colli a safon yr erlyniadau'n wael. Derbyniodd y problemau hyn lawer o sylw gan y cyfryngau ac mae hyn wedi niweidio enw da'r CPS a'r gyfundrefn cyfiawnder troseddol yn gyffredinol.

Yn niwedd 1999, cyhoeddwyd adroddiad y Swyddfa Archwilio Genedlaethol am y CPS (mae'r Swyddfa yn adolygu safon gwasanaeth a gwerth am arian a roddir gan gyrff a ariennir gan y llywodraeth). Dywedodd yr adroddiad fod y berthynas waith wael rhwng yr heddlu, y CPS a'r llysoedd ar fai i raddau am y ffaith bod £55 miliwn yn cael ei wastraffu o fewn y gyfundrefn cyfiawnder troseddol bob blwyddyn. Mae cyfanswm o 750,000 o achosion sy'n ymddangos gerbron ynadon yn cael eu gohirio bob blwyddyn oherwydd camgymeriadau gan un o'r partïon. Mae gohirio'n golygu bod cyfreithwyr, diffynyddion a thystion yn mynychu'r llys ac yna'n canfod na all yr achos fynd yn ei flaen. Canfuwyd problemau tebyg yn Llysoedd y Goron.

3. Gor-ganoli
Gwneir penderfyniad am ganoli yn ôl y graddau y dirprwyir awdurdod rheoli. Mae gan sefydliad sy'n gweithredu'n genedlaethol, megis y CPS, ddewis rhwng cynnal prif swyddfa fawr a grymus (canoli) neu roi llawer o gyfrifoldeb i swyddfeydd lleol dros eu materion eu hunain (datganoli). Y teimlad oedd bod y CPS wedi'i ganoli'n ormodol. Pan fydd penderfyniadau'n gorfod cael eu pasio i lefel uwch o hyd, mae'r gweithredu'n arafach, ac weithiau ni ddefnyddir gwybodaeth leol yn llawn. Yn wreiddiol, trefnwyd y CPS yn 31 ardal, yn unol â'r gyfundrefn seiliedig ar yr ardal leol a argymhellwyd gan y Papur Gwyn. Yn 1992, ad-drefnwyd y Gwasanaeth yn 13 ardal. Roedd hyn yn golygu ei bod yn anoddach o lawer i'r CPS gael perthynas waith dda gyda'r heddlu, gan fod hyd at bum heddlu yn bodoli o fewn ardal y CPS.

4. Rhoi'r gorau i erlyn
Er y gellid disgwyl y byddai creu'r CPS yn golygu bod llai o achosion yn cael eu cychwyn, bu rhywfaint o ddadl ynghylch nifer yr erlyniadau a derfynir ganddo. Mewn gwirionedd, nid oes llawer o dystiolaeth statudol i ddangos bod cyfraddau terfynu'n rhy uchel. Mae'r Athro Zander yn nodi:

'Mae'r heddlu'n tueddu i gwyno bod y CPS yn rhoi'r gorau i ormod o achosion, ond mae rhywfaint o dystiolaeth hefyd i ddangos ei fod yn terfynu rhy ychydig.' (*Cases and Materials in the English Legal System,* Zander M., 1999, t.223)

Argymhellodd Comisiwn Brenhinol Runciman yn 1993 y dylid gwneud mwy o ymdrech i derfynu achosion ynghynt, fel na fyddai rhaid i'r diffynnydd, y dioddefwr a thyston fynychu'r llys.

Adroddiad Glidewell a diwygio'r CPS

Pan ddaeth y llywodraeth Lafur i rym yn 1997, mynegodd bryderon am berfformiad y CPS a chyhoeddodd ad-drefnu'r CPS yn 42 o ardaloedd i gyffinio'n union â ffiniau'r 42 ardal heddlu. Y bwriad oedd gwella cydweithrediad â'r heddlu. Yn ogystal, cynhaliodd y Blaid Lafur adolygiad ffurfiol o'r CPS, dan arweiniad Syr Iain Glidewell, cyn Arglwydd Ustus Apêl. Roedd Adroddiad Glidewell, a gyhoeddwyd yn 1998, yn feirniadol iawn o'r ffordd roedd y CPS yn gweithredu a gwnaeth 75 argymhelliad ar gyfer newid. Ceir amlinelliad o'i brif ddarganfyddiadau ym Mlwch 19.4.

Blwch 19.4 *Adroddiad Glidewell: prif ddarganfyddiadau*

Yn ôl Adroddiad Glidewell, ar sail yr ystadegau a oedd ar gael, 'o ran effeithiolrwydd ac effeithlonrwydd y broses erlyn, ni welwyd y gwelliant a ddisgwylid o ganlyniad i sefydlu'r CPS yn 1986'. Nid oedd yr heddlu bob amser yn rhoi ffeiliau achos i'r CPS mewn da bryd wedi i'r heddlu a'r llys gytuno ar ddyddiad yr achos. Er bod yr heddlu a'r CPS yn tueddu i feio'i gilydd am berfformio'n wael, nododd yr Adroddiad nad oedd safon ffeiliau'r heddlu bob amser yn dda.

Roedd rhaid i uwch-gyfreithwyr y CPS dreulio gormod o amser ar reoli yn hytrach na gwneud gwaith achos ac eiriolaeth. Roedd gan y CPS berthynas waith gwael â'r heddlu ac roedd gan uwch-reolwyr ormod o reolaeth ar bob cangen. Ar ôl cychwyn yn 1986 gyda rhy ychydig o staff, roedd y CPS yn raddol wedi cynyddu'r nifer. Fodd bynnag, yn dilyn toriadau gan y llywodraeth, roedd y nifer wedi disgyn i lefelau annerbyniol o isel eto erbyn canol y 1990au.

Roedd nifer annerbyniol o gyhuddiadau yn cael eu hisraddio'n amhriodol i gyhuddiadau llai difrifol (gwneir hyn fel rheol mewn ymdrech i sicrhau collfarn am drosedd llai difrifol oherwydd teimlir na ellir ennill collfarn am gyhuddiad mwy difrifol). Mewn achosion sy'n ymwneud â throsedd ddifrifol, terfynwyd nifer anghymesur o gyhuddiadau.

19.4 Datblygiadau diweddar

Yn fras, derbyniodd y llywodraeth nifer o ddarganfyddiadau ac argymhellion Adroddiad Glidewell, ac, ers 1998, mae wedi diwygio'r CPS a chynyddu maint ei gyllid.

Roedd ad-drefnu'r CPS o 13 i 42 ardal heddlu, a nodwyd uchod, yn rhan o newid yn strwythur yr arweinyddiaeth. Erbyn hyn, mae gan bob ardal Brif Erlynydd y Goron sydd wedi cael yr hawl i weithredu fel math o DPP lleol. Roedd hyn yn datrys y problemau canoli y cyfeiriwyd atynt uchod. Ar ben hyn, crëwyd rôl Prif Weithredwr y CPS yn 1998. Gwnaed hyn fel y gallai'r DPP ganolbwyntio ar erlyn a materion cyfreithiol, tra bod y Prif Weithredwr yn delio â rheoli'r sefydliad. Dan Ddeddf Arolygiaeth Gwasanaeth Erlyn y Goron 2000, mae gan arolygiaeth statudol newydd ddyletswydd i arolygu pob Ardal CPS bob dwy flynedd.

I annog gwella'r cydweithredu rhwng yr heddlu a'r CPS, a argymhellwyd gan Adroddiad Glidewell, erbyn hyn mae gan rai swyddfeydd heddlu swyddogion cyswllt y CPS wedi'u lleoli yn y swyddfa. Yn ogystal, sefydlwyd nifer fawr o Unedau Cyfiawnder Troseddol, y rhan fwyaf ohonynt mewn adeiladau'r heddlu. Timau gweinyddol a redir ar y cyd gan y CPS a'r heddlu yw'r rhain. Y nod yw sicrhau perthynas waith well, lleihau dyblygu gwaith ac oedi, gwario'r cynilion a wnaed drwy weithredu'n fwy effeithiol ar achosion mwy difrifol yn Llys y Goron, a gwella lefel y gwasanaeth i ddioddefwyr a thystion.

Crynodeb ● ● ●

1. Pryd sefydlwyd y CPS a pham?

2. Beth yw rôl y CPS?

3. Beth sy'n penderfynu a fydd achos yn mynd i'r llys?

4. Pa broblemau a wynebwyd gan y CPS?

5. Sut mae'r CPS wedi newid ers 1997?

Astudiaeth achos) (Y CPS

Y CPS

Mae David Calvert Smith CF, y Cyfarwyddwr Erlyniadau Cyhoeddus (DPP), mewn hwyliau. I raddau, mae gwaith Calvert Smith yn rhwyddach na gwaith ei ragflaenydd, y Fonesig Barbara Mills. Apwyntiwyd Prif Weithredwr fel y gall y DPP ganolbwyntio ar waith cyfreithiol. Ac mae'r Prif Weinidog yn gwrando ar ei weinidog, y Twrnai Cyffredinol. Mae'r DPP ar fin mwynhau'r cynnydd mwyaf yn arian y CPS ers ei sefydlu 14 o flynyddoedd yn ôl. Llwyddodd i gael addewidion o arian sy'n werth £100 miliwn ychwanegol gan y llywodraeth. Mae hyn yn cynrychioli cynnydd o 29.5% mewn cyllid blynyddol.

Ar un adeg, ystyriwyd bod y CPS yn fwch dihangol cyfiawnder troseddol. Heb os, dechreuodd yn wael. Yn ei adroddiad yn 1998, canfu Syr Iain Glidewell fod gan y gwasanaeth nifer o broblemau difrifol. Roedd morâl staff y CPS yn isel iawn. Ond bellach, mae fel petai wedi troi'r gornel.

Ar un adeg, ystyriwyd bod erlynwyr y CPS yn gyfreithwyr eilradd na allai ymarfer yn breifat, ond, o Ebrill 2001 ymlaen rhoddwyd codiad cyflog mawr iddynt a fydd yn eu codi i lefel cyfreithwyr amddiffyn. Mae ymgyrch fawr ar waith i ddefnyddio eiriolwyr y CPS yn Llys y Goron: y nod yw eu defnyddio mewn tua 2,900 sesiwn Llys y Goron bob blwyddyn o'u cymharu â'r lefelau

David Calvert Smith CF, y Cyfarwyddwr Erlyniadau Cyhoeddus yn 2003.

blaenorol, sef tua 750. Ac mae cynlluniau'n bodoli i alluogi cyfreithwyr y CPS i symud i mewn ac allan o ymarfer preifat - efallai i fynd yn farnwyr, hyd yn oed. O fewn ardaloedd y CPS yng Nghymru a Lloegr, nid yw erlynwyr wedi gorfod delio â chymaint o waith papur, ac felly gallant weithredu mwy fel cyfreithwyr.

Byddai Calvert Smith yn hoffi gweld cyfundrefn cyfiawnder troseddol mwy effeithiol. Gallai gwahanol rannau'r gyfundrefn gydweithio'n agosach. Mae gweinidogion sy'n gyfrifol am gyfiawnder eisoes yn ceisio rhoi hyn ar waith.

Mae meysydd dadleuol yn bodoli o hyd, fodd bynnag - yn enwedig erlyn achosion trais rhywiol ac, yn fewnol, record y CPS o ran perthnasau hiliol. Mae'r DPP yn amddiffyn record y CPS yn erbyn y cyhuddiad bod gormod o dreiswyr rhywiol yn osgoi cael eu cosbi: 'Rydym yn erlyn mwy o achosion nag a gyfiawnheir gan ganlyniadau...Nid yw'r gyfradd gollfarnu'n uchel. Ond byddwn yn parhau i ddwyn achosion lle credwn fod rheithgor rhesymol yn fwy tebygol o gollfarnu na rhyddfarnu'. Ond mae lle, mae'n cyfaddef, i wella mewn perthynas â'r ffordd mae dioddefwyr trais rhywiol a dioddefwyr eraill sy'n agored i niwed yn rhoi tystiolaeth.

Addaswyd o *The Times*, 9 Ionawr 2001.

Cwestiynau

(a) Beth oedd cyllideb flynyddol y CPS yn 2001, yn fras? (2)

(b) Beth yw rôl y Twrnai Cyffredinol? (4)

(c) Pa broblemau gyda'r CPS y tynnwyd sylw atynt gan Adroddiad Glidewell? (6)

(ch) Pa gamau a gymerwyd eisoes yn nhrefniadaeth y CPS ers 1997 er mwyn symud tuag at sicrhau bod gwahanol rannau'r gyfundrefn yn cydweithio'n agosach? (8)

(d) Beth yw Cod Erlynwyr y Goron? (8)

(dd) Mae Calvert Smith yn amddiffyn record y CPS yn erbyn y cyhuddiad bod gormod o dreiswyr rhywiol yn osgoi cael eu cosbi. Gwerthuswch a fyddai natur Cod Erlynwyr y Goron yn golygu ei bod yn anodd, weithiau, i erlyn treiswyr rhywiol. (8)

20.1 Cyflwyniad – rôl y barnwr modern

'Gwaith barnwr mewn achos sifil yw gwrando ar y dystiolaeth, gan ofyn cwestiynau i'r tyston dim ond pan fydd angen egluro unrhyw bwynt a anghofiwyd neu sy'n aneglur, gweld bod yr eiriolwyr yn ymddwyn yn briodol a chadw rheolau'r gyfraith; hepgor materion amherthnasol a cheisio atal ailadrodd, sicrhau, drwy ymyrryd yn ddoeth, ei fod yn dilyn dadleuon yr eiriolwyr ac yn gallu asesu eu gwerth; ac, ar y diwedd, benderfynu beth yw'r gwirionedd.' (Arglwydd Denning yn *Jones v The National Coal Board (1957)*)

Rhaid i farnwyr sicrhau bod achos yn cael ei gynnal yn briodol, gan gynnwys y ffordd y cyflwynir y dystiolaeth i'r llys. Rhaid iddynt sicrhau bod pob parti'n cael triniaeth deg. Yn ogystal, dylent allu dadansoddi a gwerthuso'r dadleuon a osodir gerbron y llys a dod i benderfyniad ar ddiwedd yr achos. Mewn achos sifil, rhaid i'r barnwr benderfynu a fydd yn cefnogi'r hawlydd neu'r diffynnydd a pha iawndal, os bydd iawndal o gwbl, y dylid ei ddyfarnu. Mewn achos troseddol, yn Llys y Goron, rhaid i'r barnwr grynhoi'r ffeithiau a'r gyfraith er mwyn y rheithgor, ac os ceir y diffynnydd yn euog, penderfynu ar ddyfarniad priodol.

Dyfynnwyd y geiriau uchod 50 mlynedd yn ôl, ond maent yn crynhoi rôl y barnwr modern o hyd. Wedi dweud hynny, mae barnwyr wedi derbyn tasgau newydd yn y blynyddoedd diwethaf. Er enghraifft, dan Ddeddf Hawliau Dynol 1998, rhaid i farnwyr asesu a yw deddfwriaeth yn cyd-fynd â'r hawliau a nodir yn y Confensiwn Ewropeaidd ar Hawliau Dynol (gweler Uned 4, Adran 4.4). Ac er bod llysoedd Cymru a Lloegr yn defnyddio'r dull gwrthwynebus, lle mae barnwyr yn penderfynu achos ar sail y dystiolaeth a gyflwynir iddynt gan eiriolwyr gwrthwynebus, mae diwygiadau Woolf yn peri bod gan farnwyr y llysoedd sifil ddyletswydd newydd i reoli sut y cynhelir achos (gweler Uned 16, Adran 16.5).

Sut fath o bobl yw barnwyr? Yn aml, cânt eu gwawdio am fod yn hen ddynion heb fawr o wybodaeth am fywyd beunyddiol pobl gyffredin (gweler Blwch 20.1). Un tro, dywedodd Arglwydd Brif Ustus Parker:

'Nid yw barnwr i fod i wybod unrhyw beth am ffeithiau bywyd nes i rywun eu cyflwyno fel tystiolaeth a'u hesbonio iddynt dair gwaith o leiaf.'

Er bod hyn yn gor-ddweud, nid oes amheuaeth bod y farnwriaeth yn llawn dynion gwyn mewn oed, a dreuliodd fywyd breintiedig mewn siambrau cyn byw bywyd breintiedig barnwr. Yn ôl arolwg a gynhaliwyd gan *Labour Research* ar Farnwyr Cylchdaith a barnwyr yr Uchel Lys, Llys Apêl a Thŷ'r Arglwyddi, ac a gyhoeddwyd yn Rhagfyr 2002:

- aeth 60% o farnwyr i brifysgolion Rhydychen neu Gaergrawnt
- aeth 67% i ysgol fonedd (mae'r ganran yn uwch os na chynhwysir Barnwyr Cylchdaith - aeth 83% o Farnwyr yr Uchel Lys ac uwch i Rydychen neu Gaergrawnt a 79% i ysgol fonedd)
- dim ond 8% o'r barnwyr hyn oedd yn fenywod (saith barnwr benywaidd yn unig oedd o 109 yn gweithio yn yr Uchel Lys, dwy allan o 36 yn y Llys Apêl ac nid oedd un fenyw ymhlith yr Arglwyddi Cyfraith)
- roedd llai nag 1% o'r barnwyr hyn yn dod o grŵp lleiafrif ethnig (nid oedd yr un barnwr Uchel Lys neu uwch yn dod o grŵp lleiafrif ethnig)
- ar gyfartaledd, roedd barnwyr dros eu 60 oed.

Y gred yw bod barnwyr yn brwydro dros degwch a gwirionedd gyda doethineb. Gwir neu beidio, efallai bod

---

Blwch 20.1 *Pwy yw'r barnwyr?*

'Helo, dwi'n wyn, yn hen, yn rhagfarnllyd - ac yn ddyn

- Beth dych chi'n mynd i'w wneud am y peth?'

modd cytuno â Syr John Dyson, Barnwr yr Uchel Lys, pan ysgrifennodd:

> 'Mae barnwyr yn fodau dynol cyffredin sy'n ymdrechu i wneud gwaith anodd a phwysig yn gydwybodol ac yn sensitif.' (dyfynnwyd yn *The Guardian*, 7 Mai 1996)

Beth a ddisgwylir gan farnwr? Mae Arglwydd Mackay, y cyn-Arglwydd Ganghellor, wedi dweud mai nodweddion pwysicaf barnwr yw:

> Barn ddoeth a chadarn wedi'i seilio ar wybodaeth o'r gyfraith, parodrwydd i ystyried pob dadl gyda meddwl agored, a'r gallu i ddod i benderfyniad pendant ac esbonio'r rhesymau drosto'n glir.' (o'i Ddarlith Hamlyn, 1993)

Barnwyr arweiniol

Mae pob un o'r uwch-lysoedd dan arweiniad barnwr sydd ar yr un pryd y barnwr hynaf o ran statws a hefyd yn gyfrifol am y ffordd y trefnir a gweinyddir y llys yn gyffredinol. Mae Blwch 20.2 yn rhestru'r barnwyr arweiniol yn ôl eu statws.

20.2 Barnwyr uwch

Mae dull apwyntio, hyfforddi a'r math o waith a wneir gan farnwyr yn amrywio. Mae barnwyr yn perthyn i ddau gategori, yn fras:

- barnwyr uwch
- barnwyr is.

Mae barnwyr uwch yn gweithio yn yr Uchel Lys a llysoedd uwch. Mae barnwyr is yn gweithio yn Llys y Goron a'r Llys Sirol. Gelwir y rhai sy'n eistedd ar dribiwnlysoedd a Llysoedd Ynadon hefyd yn farnwyr is. Edrychir yn fanwl ar wahanol fathau o farnwyr isod, yn ôl eu profiad o fewn yr hierarchaeth. Mae Blwch 20.2 yn dangos yr hierarchaeth gyfan.

Arglwyddi Apêl

Mae Arglwyddi Apêl yn eistedd yn Nhŷ'r Arglwyddi, ac yn gweithredu fel llys apêl uchaf y Deyrnas Unedig. Fe'u gelwir yn aml yn 'Arglwyddi Cyfraith'. Gellir cael rhwng saith a deuddeg Arglwydd Cyfraith. Gwaith yr Arglwyddi Cyfraith yw gwrando ar apeliadau am bwyntiau cyfreithiol, mewn perthynas ag achosion sifil neu droseddol. Mae gan yr Arglwydd Ganghellor yr hawl i eistedd fel barnwr yn Nhŷ'r Arglwyddi, ond nid yw'n gwneud hynny'n aml. Yn ogystal, mae gan yr Arglwyddi Cyfraith yr hawl i bleidleisio a chymryd rhan yn nadleuon Tŷ'r Arglwyddi fel siambr ddeddfwriaethol. Dylid nodi nad yw pob aelod o Dŷ'r Arglwyddi yn cael gweithredu fel barnwr, dim ond yr Arglwyddi Apêl.

Fel rheol, mae barnwyr sy'n eistedd yn Nhŷ'r Arglwyddi

Blwch 20.2 *Barnwyr arweiniol*

Yr Arglwydd Ganghellor

Yr Arglwydd Ganghellor yw'r barnwr uchaf ei statws yn y Deyrnas Unedig. Mae'r person yn y swydd hon hefyd yn weinidog y llywodraeth ac yn gofalu am adran gyda chyfrifoldeb dros:

- reoli'r llysoedd yn effeithiol
- apwyntio barnwyr, ynadon ac eraill sy'n cyflawni swyddi barnwrol
- gweinyddu cymorth cyfreithiol
- cymryd rhan mewn cyflawni ystod eang o ddiwygiadau cyfraith sifil gan y llywodraeth.

Yn ogystal, yr Arglwydd Ganghellor yw Llefarydd Tŷ'r Arglwyddi. Trafodir rôl yr Arglwydd Ganghellor yn fanylach yn Adran 20.5 isod.

Yr Arglwydd Brif Ustus

Y person sy'n dal y swydd hon yw'r ail uchaf ei statws yng nghyfundrefn gyfreithiol Cymru a Lloegr. Yr Arglwydd Brif Ustus yw Llywydd y Llys Apêl (yr Adran Droseddau) ac yn dechnegol, efe yw barnwr uchaf Adran Mainc y Frenhines yn yr Uchel Lys, er mai dim ond weithiau y mae'n eistedd yno.

Meistr y Rholiau

Mae'r person hwn yn gyfrifol am Adran Sifil y Llys Apêl (y teitl swyddogol yw 'Llywydd yr Adran Sifil'). Efallai mai'r barnwr mwyaf dylanwadol, ac yn sicr yr enwocaf, ers cyfnod y rhyfel oedd Arglwydd Denning, a fu'n Feistr y Rholiau am rai blynyddoedd.

Llywydd Adran Deuluol yr Uchel Lys

Y person sy'n dal y swydd hon yw barnwr uchaf yr Adran Deuluol, gyda chyfrifoldeb hefyd dros drefniadaeth yr Uchel Lys.

Is-Ganghellor Adran Siawnsri'r Uchel Lys

Mae'r Is-Ganghellor yn gyfrifol am weithrediad dyddiol y rhan hon o'r Uchel Lys (yn dechnegol, yr Arglwydd Ganghellor yw pennaeth yr Adran Siawnsri ond nid yw'n eistedd yno'n aml, mewn gwirionedd).

Y Barnwr Llywyddol Arweiniol dros Gymru a Lloegr

Crëwyd y swydd hon gan Ddeddf y Llysoedd a Gwasanaethau Cyfreithiol 1990. Mae'n cynnwys cyfrifoldeb dros weinyddu Llys y Goron. Apwyntir y Barnwr Llywyddol Arweiniol o blith yr Arglwyddi Ustus Apêl.

---

mewn oed, ac wedi treulio oes yn gweithio ym mhroffesiwn y gyfraith. Mae baich achosion Tŷ'r Arglwyddi yn llai o lawer na'r hyn a geir mewn llysoedd eraill. Dim ond tua 50 i 60 achos a glywir bob blwyddyn, er bod y rhain bob amser yn achosion anodd sy'n gofyn ymdrech

Blwch 20.3 *Barnwyr uwch*

Enw'r Barnwr	Llys(oedd)	Cymhwyster	Cyfundrefn apwyntio	Dull diswyddo?
Arglwyddi Apêl	Tŷ'r Arglwyddi	a) Wedi dal swydd farnwrol uchel (ee yn y Llys Apêl) ers dwy flynedd b) Eiriolwr yn yr Uchel Lys neu'n uwch ers 15 mlynedd	Apwyntir gan y frenhines ar gyngor yr Arglwydd Ganghellor	Gan y frenhines, yn dilyn pleidlais yn y ddau Dŷ
Arglwyddi Ustus Apêl	Llys Apêl	a) ar hyn o bryd, Barnwr Apêl Uchel Lys b) Eiriolwr Uchel Lys ers deng mlynedd	Apwyntir gan y frenhines ar gyngor yr Arglwydd Ganghellor	Gan y frenhines, yn dilyn pleidlais yn y ddau Dŷ
Barnwyr yr Uchel Lys	yr Uchel Lys Llys y Goron (achosion difrifol yn unig)	a) Barnwr Cylchdaith am ddwy flynedd b) Eiriolwr Uchel Lys ers deng mlynedd	Apwyntir gan y frenhines ar gyngor yr Arglwydd Ganghellor	Gan y frenhines, yn dilyn pleidlais yn y ddau Dŷ

sylweddol. Fel rheol, apwyntir barnwyr yn Nhŷ'r Arglwyddi o blith barnwyr y Llys Apêl, er y gellir hefyd apwyntio Barnwyr Uchel Lys ac eiriolwyr sydd wedi ymarfer yn y Goruchaf Lys (yr Uchel Lys neu'n uwch) am 15 mlynedd. Gan mai'r Arglwyddi yw'r llys apêl olaf o fewn cyfundrefn gyfreithiol yr Alban a Gogledd Iwerddon yn ogystal â Chymru a Lloegr, apwyntir rhai o'r Arglwyddi Cyfraith o Lys y Sesiwn yn yr Alban a Llys Apêl Gogledd Iwerddon. Er gwaethaf dyfaliadau'r cyfryngau yng Ngorffennaf 2002 ynghylch apwyntio'r fenyw gyntaf erioed yn Arglwydd Cyfraith, pan wnaed yr apwyntiad ym mis Hydref, apwyntiwyd dyn arall.

Y frenhines sy'n apwyntio Arglwyddi. Nid yw hyn yn golygu bod y frenhines yn apwyntio'r Arglwyddi Cyfraith, ond yn hytrach bod y Prif Weinidog yn gwneud penderfyniad a seiliwyd ar restr o enwau a luniwyd gan yr Arglwydd Ganghellor. Mewn gwirionedd, anaml iawn y gwrthodir dewis cyntaf yr Arglwydd Ganghellor. Nid yw'r sawl sy'n cael eu dewis i fod yn Arglwyddi Cyfraith yn gwneud cais mewn ymateb i hysbyseb swydd. Yn hytrach, fe'i gwahoddir i dderbyn y swydd, wedi ymgynghoriad â nifer o farnwyr ac eraill. Ni ddatgelwyd y broses ddewis erioed.

Arglwyddi Ustus Apêl

Mae Arglwyddi Ustus Apêl yn gwrando ar achosion yn y Llys Apêl. Fel rheol, fe'u hapwyntir o blith Barnwyr Uchel Lys. Mae'r cyfreithwyr hynny sydd wedi bod yn eiriolwr Uchel Lys ers deng mlynedd o leiaf hefyd yn gymwys, ond nid dyma'r ffordd arferol o fynd yn Farnwr Llys Apêl. Apwyntir Arglwyddi Ustus mewn modd tebyg iawn i Arglwyddi Cyfraith (drwy wahoddiad yn unig). Apwyntiwyd y fenyw gyntaf i ddod yn Farnwr Llys Apêl yng Nghymru a Lloegr, sef Elizabeth Butler-Sloss, yn 1998. Mae barnwyr mewn is-lysoedd yn tueddu i arbenigo

mewn achosion sifil neu droseddol, ond mae Arglwyddi Ustus Apêl yn eistedd yn yr Adrannau Sifil a Throseddol fel ei gilydd. Er bod lleiafrif o achosion yn cael eu hapelio i'r Llys Apêl, mae'r Arglwyddi Ustus yn delio â llawer mwy o achosion bob blwyddyn na'r Arglwyddi. Ym mis Rhagfyr 2002, roedd 36 Arglwydd Ustus Apêl.

Barnwyr Uchel Lys

Yn ogystal â gwrando achosion yn yr Uchel Lys, mae Barnwyr Uchel Lys hefyd yn gwrando ar achosion difrifol yn Llys y Goron. I fod yn gymwys i fynd yn Farnwr Uchel Lys, rhaid bod yn Farnwr Cylchdaith am ddwy flynedd neu â'r hawl i ymarfer yn yr Uchel Lys am o leiaf ddeng mlynedd. Cyflwynwyd y rheolau cymhwyster presennol gan Ddeddf y Llysoedd a Gwasanaethau Cyfreithiol 1990 (y CLSA). Roedd y Ddeddf yn cyflwyno newidiadau i hawliau cyfreithwyr i ymddangos gerbron, ac felly, y cymwysterau angenrheidiol ar gyfer mynd yn farnwr uwch. Yn ei hanfod, roedd y Ddeddf yn rhoi'r cyfle i gyfreithwyr ddod yn Farnwyr Uchel Lys am y tro cyntaf, gan eu bod yn gymwys i dderbyn tystysgrifau eiriolaeth Uchel Lys. Mae'n amlwg y bydd effaith y CLSA ar gyfansoddiad y farnwriaeth yn raddol iawn. Am y tro, mae bron pob Barnwr Uchel Lys yn gyn-fargyfreithiwr. Gydag amser, bydd gan fwy o gyfreithwyr ddeng mlynedd o brofiad o eiriolaeth yn yr Uchel Lys. Unwaith eto, y Goron sy'n apwyntio, ar ôl cael cyngor gan yr Arglwydd Ganghellor a thrwy wahoddiad yn unig.

Ym mis Rhagfyr 2002 roedd cyfanswm o 109 Farnwr Uchel Lys. Yn dechnegol, gall unrhyw farnwr eistedd mewn unrhyw Adran, ond fel rheol maent yn arbenigo mewn un o dri.

Am rai blynyddoedd, mae'r Uchel Lys wedi gorfod mynd i'r afael ag ôl-groniad o achosion, gan olygu bod rhaid i bobl ddisgwyl am gyfnodau annerbyniol. I ddelio â hyn, mae'r Arglwydd Ganghellor wedi gwneud defnydd cynyddol o Ddirprwy Farnwyr yr Uchel Lys, a apwyntir dros dro. Roedd Adroddiad Heibron yn 1993 yn feirniadol o'r arfer hwn gan ei fod yn ystyried bod perygl y byddai barnwyr llai abl yn cael eu hapwyntio, dim ond er mwyn delio ag ôl-groniad. Argymhellwyd y dylid apwyntio barnwyr Uchel Lys mwy parhaol. Er bod yr Arglwydd Ganghellor bellach wedi pennu uchafswm o ran nifer y Dirprwy Farnwyr, mae pryderon yn parhau.

20.3 Barnwyr is

Barnwyr Cylchdaith

Mae Barnwyr Cylchdaith yn gweithio yn Llys y Goron neu (o bryd i'w gilydd) yn y Llys Sirol. Un ffordd o ddod yn gymwys i fynd yn Farnwr Cylchdaith yw drwy symud o swydd barnwr fel Cofiadur. Yr ail yw bod yn berchen ar dystysgrif eiriolaeth Llys y Goron neu'r Llys Sirol am leiafswm o ddeng mlynedd. Y trydydd dull yw drwy fod wedi gweithio fel Barnwr Dosbarth, Comisiynydd Nawdd Cymdeithasol neu Gadeirydd Tribiwnlys Cyflogi am o leiaf dair blynedd. Tra bod barnwyr uwch, ymron yn ddieithriad, yn gyn-fargyfreithwyr, mae tua 10% o Farnwyr Cylchdaith wedi gweithio fel cyfreithwyr. Dewisir Barnwyr Cylchdaith, a phob barnwr is arall, drwy hysbysebion swydd a phroses ddewis gymharol agored. Ym mis Rhagfyr 2002 roedd 617 o Farnwyr Cylchdaith.

Cofiaduron a Chofiaduron Cynorthwyol

Mae'r barnwyr rhan amser hyn yn gwrando ar achosion yn Llys y Goron neu (o bryd i'w gilydd) yn y Llys Sirol. Mae eu hawdurdodaeth (hawl i wrando ar achosion) yn debyg iawn i awdurdodaeth Barnwr Cylchdaith, ond maent yn gwrando ar achosion sy'n llawer llai cymhleth neu ddifrifol. Rhaid bod ymgeiswyr wedi bod yn berchen ar dystysgrif eiriolaeth Llys y Goron neu Lys Sirol ers deng mlynedd o leiaf er, mewn gwirionedd, anaml yr apwyntir rhywun gyda llai na 15 mlynedd o brofiad. Fel rheol, apwyntir ymgeisydd fel Cofiadur Cynorthwyol am ddwy i dair blynedd cyn cael eu gwahodd i fod yn Gofiadur Llawn. Roedd 1,324 Cofiadur ym mis Mai 2002. Mae'r Arglwydd Ganghellor yn apwyntio Cofiaduron Cynorthwyol yn dilyn hysbysebion a chystadleuaeth agored.

Barnwyr Dosbarth

Mae Barnwyr Dosbarth yn gweithio yn y Llys Sirol, gan wrando ar achosion sifil syml. I fod yn Farnwr Dosbarth, rhaid bod cyfreithiwr yn berchen ar gymhwyster cyffredinol ers saith mlynedd. Mae hyn yn golygu bod ganddynt hawl i ymddangos ym mhob achos mewn unrhyw ran o'r Goruchaf Lys neu bob achos yn y Llysoedd Sirol neu Lysoedd Ynadon. Mae'r Arglwydd Ganghellor yn apwyntio, yn sgil hysbysebion a chystadleuaeth agored. Ym Mai 2002 roedd 415 o Farnwyr Dosbarth.

Barnwyr Dosbarth (Llysoedd Ynadon)

Fel rheol, mae ynadon yn lleygwyr (h.y. yn ddigyflog a heb gymwysterau cyfreithiol). Maent yn eistedd mewn llys ar sail rhan amser. Fodd bynnag, mewn rhai ardaloedd megis Llundain, mae'n anodd cael hyd i ddigon o bobl i fod yn ynadon. Oherwydd hyn, apwyntir cyfreithwyr llawn amser,

---

Blwch 20.4 *Barnwyr is*

Enw'r Barnwr	Llys(oedd)	Cymhwyster	Cyfundrefn apwyntio	Dull diswyddo?
Barnwyr Cylchdaith	a) Llys y Goron b) Llys Sirol	a) Ar hyn o bryd, cofiadur b) eiriolwr Llys y Goron Llys Sirol am ddeng mlynedd c) Barnwr Dosbarth neu swyddi barnwrol penodol llai am dair blynedd	Hysbyseb/cystadleuaeth agored ac apwyntiad gan y frenhines ar gyngor yr Arglwydd Ganghellor	Gan yr Arglwydd Ganghellor oherwydd anallu neu gamymddwyn
Cofiaduron/ Cofiaduron Cynorthwyol	a) Llys y Goron b) Llys Sirol (o bryd i'w gilydd)	eiriolwr Llys y Goron neu Llys Sirol ers deng mlynedd	Hysbyseb/cystadleuaeth agored ac apwyntiad gan yr Arglwydd Ganghellor	Gan yr Arglwydd Ganghellor oherwydd anallu neu gamymddwyn, neu gontract na chafodd ei adnewyddu
Barnwyr Dosbarth	Llys Sirol	Cymhwyster eiriolaeth saith mlynedd	Hysbyseb/cystadleuaeth agored ac apwyntiad gan yr Arglwydd Ganghellor	Gan yr Arglwydd Ganghellor oherwydd anallu cyffredinol neu gamymddwyn
Barnwyr Dosbarth (Llys Ynadon) – ynadon cyflogedig	Llys Ynadon	Cymhwyster eiriolaeth saith mlynedd	Hysbyseb/cystadleuaeth agored ac apwyntiad gan yr Arglwydd Ganghellor	Gan yr Arglwydd Ganghellor oherwydd anallu cyffredinol neu gamymddwyn

cyflogedig i wrando ar achosion. Fe'u gelwid ar un adeg yn 'ynadon cyflogedig'. Rhaid cael cymhwyster cyffredinol ers saith mlynedd. Mae'r Arglwydd Ganghellor yn apwyntio, yn sgil hysbyseb. Ym Mai 2002, roedd 103 barnwr o'r math hwn yn bodoli.

20.4 Dewis a diswyddo barnwyr

Er mwyn sicrhau bod barnwyr yn annibynnol ar y llywodraeth wrth ddyfarnu achosion, yn hytrach na gweithredu fel gweision y llywodraeth yn unig, mae'n bwysig bod ganddynt hyder bod eu swydd yn ddiogel ac na fyddant yn colli eu swydd os na fydd y llywodraeth yn cefnogi eu dyfarniad. Mae hyn yn esbonio pam mai'r Goron yn unig a all ddiswyddo barnwr Uchel Lys ac uwch, ar ôl gwneud cyflwyniad i ddau Dŷ y Senedd. Nid yw hyn wedi digwydd erioed.

Mae swyddi barnwyr is yn llai diogel. Gall yr Arglwydd Ganghellor eu diswyddo ar sail camymddwyn neu anallu. Fodd bynnag, anaml iawn mae hyn yn digwydd. Nid yw wedi digwydd ers 1983, pan gafwyd Barnwr Cylchdaith yn euog o smyglo alcohol a thybaco. Yn 1994, ysgrifennodd yr Arglwydd Ganghellor at farnwyr, yn nodi'r math o ymddygiad a allai arwain at ddiswyddo. Roedd y rhestr yn cynnwys yfed a gyrru a thramgwyddo drwy ymddygiad rhywiaethol neu hiliol.

Apwyntir rhai barnwyr, megis Cofiaduron a Dirprwy Farnwyr yr Uchel Lys, ar gontractau cyfnod penodol. Nid oes rhaid i'r Arglwydd Ganghellor roi rhesymau dros beidio ag adnewyddu contractau o'r fath. Mae hyn wedi peri i rai amau nad yw contract wedi cael ei adnewyddu am fod safbwyntiau'r barnwr yn anghydffurfio ym marn rhai, yn hytrach nag oherwydd diffyg gallu.

Dewis barnwyr

Cyn cynnig enwau i'r Prif Weinidog er mwyn apwyntio, a chyn apwyntio barnwyr i'r is-lysoedd, mae'r Arglwydd Ganghellor yn ymgynghori ag ystod o bobl eraill i gael eu safbwyntiau am yr unigolion dan sylw. Ers rhai blynyddoedd mae gwahanol Arglwyddi Canghellor wedi gwadu awgrymiadau bod y broses ymgynghori'n rhy gyfrinachol ac yn gallu gweithredu mewn ffordd annheg. Yn 1999, mynegodd Cymdeithas y Cyfreithwyr ei hanghymeradwyaeth drwy dynnu'n ôl o'r gyfundrefn apwyntio bresennol. Mae Slapper a Kelly yn crynhoi'r beirniadaethau niferus. Apwyntiwyd Arglwydd Irvine yn Arglwydd Ganghellor pan ddaeth y llywodraeth Lafur i rym yn 1997:

> 'Mae hyd yn oed taerineb cyson Arglwydd Irvine o wrthrychedd y broses apwyntiadau barnwrol wedi methu â lleihau'r amheuon bod y broses, yn y pen

draw, yn gyfyngedig, yn geidwadol ac yn annheg, yn enwedig o ran grwpiau lleiafrifol, am ei bod yn dibynnu ar farn aelodau hŷn y farnwriaeth a phroffesiynau.' (Slapper G. & Kelly D., *The English Legal System*, 2001 t.208)

Y Comisiwn Penodiadau Barnwrol

Argymhellodd ymchwiliad a gynhaliwyd yn 1992 gan y garfan bwyso Justice i'r farnwriaeth y dylid sefydlu comisiwn annibynnol i ddelio â phob penodiad barnwrol, ymhlith pethau eraill. Pan ddaeth Arglwydd Irvine yn Arglwydd Ganghellor, dywedodd ei fod yn fodlon ymchwilio i'r posibilrwydd o sefydlu corff o'r fath. Yn 1999, gofynnwyd i Syr Leonard Peach gynnal archwiliad annibynnol o'r broses benodi bresennol. Argymhellodd Peach y dylid sefydlu Comisiwn Penodiadau Barnwrol i fonitro sut mae'r broses benodi'n gweithredu'n ymarferol ac i ddelio â chwynion gan ymgeiswyr aflwyddiannus. Argymhellwyd y dylai'r Comisiwn fwrw golwg cyffredinol annibynnol dros y broses, ac nid cymryd rhan yn y broses benodi. Roedd y diwygiad hwn yn fwy ceidwadol na chynnig gwreiddiol Justice, gan mai'r Prif Weinidog a'r Arglwydd Ganghellor oedd yn gyfrifol o hyd am wneud penodiadau. Rhoddwyd argymhellion Adroddiad Peach ar waith a phenodwyd y Comisiynwyr cyntaf yn 2001.

Rhaid talu sylw i honiadau Cymdeithas y Cyfreithwyr, Cyngor y Bar ac eraill bod y broses benodi'n rhagfarnllyd ac yn annheg, gan fod nifer o'r rhai sy'n beirniadu wedi cael profiad uniongyrchol o'r system. Ar y llaw arall, gellir ystyried bod dewis barnwyr newydd drwy broses o ymgynghori gydag ystod o farnwyr sy'n gweithio ar hyn o bryd nid yn unig yn rhesymol ond mai dyna'r ffordd orau o asesu sgiliau proffesiynol y bobl dan sylw. Pe bai'r broses benodi yn nwylo pobl y tu allan i'r farnwriaeth a'r proffesiwn cyfreithiol, mae'n bosibl y byddai eu penderfyniad yn llai rhagfarnllyd ond sut allent roi barn wybodus ar, er enghraifft, ddyfnder gwybodaeth gyfreithiol ymgeisydd a'i allu i weithio dan bwysau? Mae'n bosibl bod barnwyr a chyfreithwyr sy'n gweithio ar hyn o bryd mewn safle gwell o lawer i wneud hyn.

Y drefniadaeth benodiadau barnwrol mewn perthynas â chystadlaethau agored

Pan fydd cystadleuaeth agored wedi ei hysbysebu ar gyfer penodiadau barnwrol, bydd darpar ymgeiswyr yn cael pecyn ymgeisio sy'n cynnwys ffurflen gais, disgrifiad swydd, meini prawf y penodiad a gwybodaeth am bwy fydd yn cael eu gwahodd i roi adborth am yr ymgeiswyr.

Y tri cham ar gyfer gweithdrefn penodi barnwyr i fyny at a chan gynnwys Barnwyr Cylchdaith yw cais, ymgynghori a chyfweld. Yr ymgeiswyr llwyddiannus yw'r rhai hynny sy'n dangos orau eu bod yn cyflawni'r meini prawf penodol. Rhestrir prif bwyntiau'r meini prawf ym Mlwch 20.5.

Beirniadwyd y broses ymgynghori gan rai am fod yn rhy gyfrinachol. Er enghraifft, dyma eiriau Marcel Berlins yn *The Guardian* ar 11 Rhagfyr 2000:

> 'Mae'r sawl y mae'r Arglwydd Ganghellor yn ymgynghori â hwy yn rhoi eu sylwadau'n gyfrinachol, ac yn aml nid oes gan ymgeiswyr unrhyw syniad pam y maent wedi cael eu gwrthod; nid oes ganddynt ychwaith unrhyw gyfle realistig i herio'r hyn a ddywedwyd neu a feddyliwyd amdanynt.'

Ymatebodd adran yr Arglwydd Ganghellor:

> 'Mae'n wir bod asesiadau'n cael eu gwneud yn gyfrinachol ond nid yw hynny'n anarferol mewn unrhyw gyfundrefn recriwtio. Fel rheol, gofynnir am eirda pan fydd rhywun yn ceisio am swydd ac, yn aml, ni ddatgelir cynnwys y geirda hwnnw i'r ymgeiswyr.'
> (Adran yr Arglwydd Ganghellor, *Judicial Appointments Annual Report 2000-2001*)

Mewn gwirionedd, mae'r Arglwydd Ganghellor wedi nodi'n benodol y dylid datgelu unrhyw gyhuddiad am gamymddwyn proffesiynol a wnaed am ymgeisydd yn ystod yr ymgynghori i'r ymgeisydd hwnnw ac y dylai gael y cyfle i ymateb. Bydd ymgeiswyr aflwyddiannus hefyd yn cael cyfweliadau adborth ac yn clywed am gynnwys yr asesiadau.

Hyfforddiant barnwrol

Sefydlwyd y Bwrdd Astudiaethau Barnwrol (y JSB) yn 1979, yn sgil Adroddiad Bridge a nododd mai amcan bwysicaf hyfforddiant barnwrol yw:

> 'Cyfleu, mewn ffordd gryno, y gwersi mae barnwyr profiadol wedi dysgu o'u profiad.'

Mae'r JSB yn darparu hyfforddiant ar gyfer pob barnwr llawn amser a rhan amser yng Nghymru a Lloegr i sicrhau bod ganddynt y sgiliau angenrheidiol i fod yn farnwr. Darperir yr hyfforddiant gan farnwyr i farnwyr. Darperir y mwyafrif o'r hyfforddiant ar gyfer barnwyr is ac, yn benodol, Cofiaduron. Mae hyfforddiant Cofiaduron Cynorthwyol yn orfodol. Rhaid iddynt fynychu seminarau ar drefniadaethau a dedfrydu cyn y gallant eistedd ar eu pennau eu hunain yn Llys y Goron. Rhaid iddynt hefyd fynychu hyfforddiant pellach ar ddedfrydu. Yn ogystal, mae gan y JSB rôl ymgynghorol o ran hyfforddi ynadon lleyg ac aelodau tribiwnlys.

Mae chwe phwyllgor gwahanol o fewn y JSB:

- Sifil
- Trosedd
- Tribiwnlysoedd
- Teuluol
- Ynadol
- Y Pwyllgor Ymgynghorol ar Driniaeth Gyfartal.

Gweithgaredd 20.1 — Pwy yw'r barnwyr? (1)

Tabl 1: Barnwyr dethol yn Adran Mainc y Frenhines o'r Uchel Lys

Enw	Dyddiad Geni	Dyddiad yr apwyntiad
Arglwydd Woolf (Arglwydd Brif Ustus)	2.5.33	6.6.00
Syr Patrick Neville Garland	22.7.29	14.10.85
Syr Michael John Turner	31.5.31	7.11.85
Syr Thomas Scott Gillespie Baker	10.12.37	1.1.93 (ADUL 10.10.88)
Syr Douglas Dunlop Brown	22.12.31	4.6.96 (ADUL 19.1.89 BC 11.7.80)
Syr Michael Morland	16.7.29	17.5.89

ADUL – Adran Deuluol yr Uchel Lys   BC – Barnwr Cylchdaith

Tabl 2: Cyflogau barnwrol yng Nghymru a Lloegr

Barnwr	Cyflog flynyddol (2001-02)
yr Arglwydd Brif Ustus	£171,375
Meistr y Rholiau	£162,213
Arglwyddi Apêl	£157,699
Arglwyddi Ustus Apêl	£149,897
Barnwr Uchel Lys	£132,603
Barnwyr Cylchdaith	£99,420
Barnwyr Dosbarth (y tu allan i Lundain)	£79,767

(a) Gan ddefnyddio Tabl 1, cwblhewch y tasgau canlynol:

  i)   Cyfrifwch oedran pob barnwr a restrir yn Nhabl 1 ar ddyddiad eu hapwyntiad i Fainc y Frenhines
  ii) Cyfrifwch eu hoedran presennol.
  iii) Beth mae hyn yn dweud wrthym am y farnwriaeth? (2)

(b) Gan ddefnyddio gwybodaeth am incwm cyfreithwyr a bargyfreithwyr yn Uned 18 (Adrannau 18.2 ac 18.3) a Thabl 2, gwnewch sylw ar sut y gallai materion cyflogaeth ddylanwadu ar gyfreithiwr profiadol a llwyddiannus sy'n ystyried mynd yn farnwr. (6)

Gweithgaredd 20.2 Pwy yw'r barnwyr? (2)

Barnwyr ar adeg agoriad y Senedd. Mae'r mwyafrif o farnwyr yn ddynion gwyn a addysgwyd mewn ysgol fonedd ac ym mhrifysgolion Rhydychen neu Gaergrawnt.

Tabl 1: Canran y barnwyr benywaidd (ar 1 Mehefin 2002)

Math o farnwr	Benywaidd (%)
Arglwyddi Apêl	0
Arglwyddi Ustus Apêl	6
Barnwyr yr Uchel Lys	6
Barnwyr Cylchdaith	10
Cofiaduron	12
Cofiaduron Cynorthwyol	19
Barnwyr Dosbarth	18
Barnwyr Dosbarth (Llys Ynadon)	18

Tabl 2: Canran barnwyr du neu Asiaidd (ar 1 Mehefin 2002)

Math o farnwr	Du neu Asiaidd (%)
Arglwyddi Apêl	0
Arglwyddi Ustus Apêl	0
Barnwyr yr Uchel Lys	0
Barnwyr Cylchdaith	1.1
Cofiaduron	2.9
Cofiaduron Cynorthwyol	5.8
Barnwyr Dosbarth	2.8
Barnwyr Dosbarth (Llys Ynadon)	2.9

Tabl 3: Canran y sawl a fu'n gweithio ym mhroffesiwn y gyfraith am gyfnod hir, ac sy'n fenywod neu'n ddu neu'n Asiaidd

Cyfreithwyr	% Menywod	% Du neu Asiaidd
Cyfreithwyr - mwy na 15 mlynedd o brofiad	15.4	*
Cyfreithwyr - mwy nag 20 mlynedd o brofiad	10.9	*
Bargyfreithwyr gyda mwy na 15 mlynedd o brofiad	14.4	5.4
Bargyfreithwyr gyda mwy nag 20 mlynedd o brofiad	10.8	4.4

* Nid oes ffigurau perthnasol ar gael

Noder: Ar gyfartaledd, roedd y sawl a benodwyd drwy gystadleuaeth agored yn 2000-01 wedi gweithio yn y proffesiwn ers 21 mlynedd.

Ffynhonnell: Gwefan Adran yr Arglwydd Ganghellor.

Mae tua 50% o boblogaeth y DU yn fenywaidd ac 8.7% yn dod o grwpiau lleiafrifoedd ethnig. O ystyried hyn, pa sylwadau fyddech chi'n eu gwneud ar yr wybodaeth a gyflwynir yn Nhablau 1-3? A yw'r data yn awgrymu bod yr Arglwydd Ganghellor yn methu â phenodi digon o fenywod neu bobl ddu ac Asiaidd i'r farnwriaeth? (12)

Blwch 20.5 *Prif feini prawf a ddefnyddir ar gyfer penodi barnwyr*

Dyma'r prif feini prawf a ddefnyddir ar gyfer penodi barnwyr:

- gwybodaeth a phrofiad o'r gyfraith
- gallu deallusol a dadansoddol
- pendantrwydd
- sgiliau cyfathrebu a gwrando
- didwylledd ac annibyniaeth
- tegwch ac amhleidioldeb
- dealltwriaeth o bobl a chymdeithas
- aeddfedrwydd ac anianawd cadarn
- cwrteisi
- ymrwymiad, cydwybod a diwydrwydd.

Ni chynhwysir eiriolaeth yn y meini prawf hyn gan fod Arglwydd Irvine, yr Arglwydd Ganghellor ar y pryd, wedi dangos yn glir nad yw'n ystyried bod profiad fel eiriolwr yn hanfodol ar gyfer dal swydd farnwrol. Er y disgwylir bod barnwyr wedi gweithio fel bargyfreithwyr am nifer benodol o flynyddoedd, mae'r math o waith a wnaethant yn llai pwysig. Er enghraifft, gall bargyfreithiwr a fu'n gweithio'n bennaf yn y llysoedd sifil ddod yn Farnwr Cylchdaith gan glywed achosion troseddol yn Llys y Goron.

Mae'r Pwyllgor Ymgynghorol ar Driniaeth Gyfartal, a sefydlwyd yn 1991, yn darparu cyngor a chefnogaeth ar gyfer pob pwyllgor arall. Yn 1996 lansiodd raglen o hyfforddiant am hiliaeth i farnwyr, sef y gyntaf o'i math yn y byd. Dywedodd Syr John Dyson, y cadeirydd:

> 'Mae ychydig o farnwyr wedi bod yn gyndyn o ddod i'r seminarau, gan gwyno nad ydynt yn ddall i liw croen bobl ac nad ydynt angen gwersi ar sut i gynnal achos teg. Mae'r mwyafrif, fodd bynnag, yn sylweddoli y gallant weithiau ymddwyn mewn ffordd ragfarnllyd gan dramgwyddo aelodau grwpiau lleiafrifoedd ethnig, ac y gall hyfforddiant eu helpu i leihau'r perygl o ymddwyn felly.' (*The Guardian*, 7 Mai 1996)

Ceir hyfforddiant hefyd ar faterion sy'n ymwneud â rhyw ac ymwybyddiaeth o anabledd.

20.5 Safle barnwyr yng nghyfansoddiad y DU

System o reolau yw cyfansoddiad sy'n disgrifio:

- y berthynas rhwng gwahanol rannau'r wladwriaeth (y llywodraeth, y Senedd a barnwyr)
- grymoedd y llywodraeth
- y berthynas rhwng y llywodraeth a'r dinesydd.

Mae tair egwyddor yn ffurfio sail cyfansoddiad y DU. Dyma nhw:

- didoli grymoedd
- rheolaeth y gyfraith
- sofraniaeth y Senedd (gweler Uned 2).

Barnwyr a didoli grymoedd

Dan ddamcaniaeth didoli grymoedd, mae'n hanfodol na ddylai'r sawl sydd ynghlwm wrth un rhan o'r wladwriaeth gael gormod o reolaeth a dylanwad drwy gysylltiadau â rhan arall, gan y gallai hyn arwain at lygredd neu gamddefnyddio pŵer mewn ffordd arall. Mewn cyfansoddiad lle mae didoli amlwg rhwng grymoedd, mae'r weithrediaeth, y ddeddfwrfa a'r farnwriaeth oll ar wahân ac yn annibynnol ar ei gilydd, ac felly'n fwy abl i gyfyngu ar ei gilydd er lles dinasyddion cyffredin. Nid yw'n dderbyniol cael barnwr sydd hefyd yn aelod o'r Senedd neu'r weithrediaeth, er enghraifft.

Fel y dangoswyd uchod, mae'n anodd iawn i'r llywodraeth ddiswyddo barnwyr uwch. Mae hyn yn golygu y gallant gadw pellter iach oddi wrth y llywodraeth. Gellir eu diswyddo dim ond o ganlyniad i gamymddwyn neu anallu wedi i ddau Dŷ'r Senedd gael deiseb. Mae'n amlwg, er enghraifft, nad yw dyfarniad yr Uchel Lys sy'n arwain at greu cyfraith sy'n anghyson â pholisi'r llywodraeth yn gamymddwyn. Felly, nid oes rhaid i farnwyr boeni cyn belled â'u bod yn gwneud eu gwaith yn gywir. Ar y llaw arall, dadleuir o hyd bod rôl yr Arglwydd Ganghellor yn gwbl anghyson â chysyniad didoli grymoedd.

Rôl yr Arglwydd Ganghellor a didoli grymoedd

Nid yn unig y mae'r Arglwydd Ganghellor yn gyfrifol am weinyddu'r gyfundrefn gyfiawnder, gan gynnwys apwyntio barnwyr, ond fel Llefarydd Tŷ'r Arglwyddi, mae ganddo hefyd rôl bwysig o fewn y ddeddfwrfa. Mae mwy byth o botensial ar gyfer camddefnyddio grym oherwydd bod yr Arglwydd Ganghellor, fel gweinidog o'r Cabinet, yn rhan bwysig o'r weithrediaeth. Os bydd y llywodraeth yn colli etholiad cyffredinol, bydd yr Arglwydd Ganghellor yn ildio'i le i rywun o'r blaid wleidyddol sy'n ffurfio'r llywodraeth newydd. Roedd nifer o'r cyn-Arglwyddi Canghellor yn weithredol iawn mewn gwleidyddiaeth ymhell cyn cael eu hapwyntio. Er enghraifft, roedd Arglwydd Hailsham, yr Arglwydd Ganghellor tra oedd Margaret Thatcher yn Brif Weinidog, wedi bod yn AS am nifer o flynyddoedd.

Mae beirniaid yn dadlau bod perygl bod penderfyniadau am lysoedd a wneir ar y lefel uchaf yn cael eu gwneud ar sail blaenoriaethau gwleidyddol pur. Maent yn dadlau hefyd bod gan yr Arglwydd Ganghellor rôl mewn tri maes, sy'n golygu bod perygl y bydd yn camddefnyddio'i rym. Mae Arglwydd Steyn, yr Arglwydd Cyfraith, wedi dweud:

'Nid yw'r cynnig bod rhaid cael gweinidog Cabinet fel pennaeth ar ein barnwriaeth yng Nghymru a Lloegr yn gynaliadwy mwyach, yn gyfansoddiadol nac yn bragmatig.'

Siaradodd Joshua Rozenberg, y newyddiadurwr cyfreithiol, yn blaenach:

'Mae marchogaeth tri cheffyl yn ddigon anodd ar yr adegau gorau.' (*The Daily Telegraph*, 20 Chwefror 2001)

Rhoddir enghraifft o'r problemau sy'n wynebu'r Arglwydd Ganghellor ym Mlwch 20.6

Barnwyr a rheolaeth y gyfraith

Mae'r ffaith bod pob elfen o'r wladwriaeth yn ufudd i'r gyfraith yn hanfodol o safbwynt didoli grymoedd. Mae gan egwyddor rheolaeth y gyfraith dair elfen:

- ni ddylai neb gael ei gosbi gan y wladwriaeth oni bai iddo dorri cyfraith
- dylai'r un cyfreithiau fodoli ar gyfer swyddogion y wladwriaeth a'r bobl gyffredin
- amddiffynnir hawliau unigolion gan ddyfarniadau barnwyr yn y llysoedd cyffredin.

Un agwedd ar reolaeth y gyfraith yw bod gan weinidogion y llywodraeth dim ond y grymoedd hynny a ddiffinnir gan y Senedd (y ddeddfwrfa). Gall dinasyddion ofyn i'r llysoedd atal y llywodraeth rhag gweithredu y tu hwnt i'r pwerau cyfreithiol hyn drwy gyfrwng adolygiad barnwrol a gynhelir gan Adran Mainc y Frenhines o'r Uchel Lys (gweler Uned 5, Adran 5.4 ac Uned 16, Adran 16.3).

Mae gan rôl barnwyr o ran cynnal rheolaeth y gyfraith ddimensiwn newydd o ganlyniad i'r rôl newydd a grëwyd ar gyfer y llysoedd gan Ddeddf Hawliau Dynol 1998 (yr HRA). Dan y Ddeddf, rhaid bod gweithredoedd yr awdurdodau cyhoeddus yn cyd-fynd â'r Confensiwn Ewropeaidd ar Hawliau Dynol (yr ECHR). Gall y llysoedd roi iawndal pan dorrir erthygl o'r confensiwn. Nid yw'r Senedd yn awdurdod cyhoeddus dan yr HRA, er bod y llysoedd yn awdurdodau cyhoeddus.

Ers i'r HRA ddod i rym, mae gan farnwyr rôl newydd mewn perthynas â dehongli cyfreithiau sy'n bodoli eisoes. Bellach mae ganddynt ddyletswydd i ddehongli'r gyfraith mewn ffordd sy'n gydnaws â'r egwyddorion cyffredinol a geir yn ECHR. Ar ben hynny, mae gan farnwyr bŵer newydd: i ddatgan yn agored bod darpariaeth statudol yn anghydnaws â'r ECHR. Yna rhaid i'r Senedd benderfynu a ddylid diwygio'r statud, gan nad oes gan y farnwriaeth yr awdurdod i ofyn hyn. Fodd bynnag, bydd datganiad

Blwch 20.6 *Arglwydd Irvine a mater yr 'arian am wìgiau*

Ar brydiau, beirniadwyd gweithredoedd Arglwydd Irvine, yr Arglwydd Ganghellor a apwyntiwyd pan ddaeth Llafur i rym yn 1997. Ym mis Chwefror 2001, ysgrifennodd at gyfreithwyr a oedd yn gefnogwyr amlwg o'r blaid Lafur yn eu gwahodd i ginio codi arian, lle byddai rhaid iddynt addo lleiafswm o £200 i'r Blaid Lafur. Honnai cyfreithwyr blaengar nad oedd y ffaith eu bod dan bwysau yn deg. Yn naturiol, galwai ASau'r Wrthblaid yn Nhŷr Cyffredin am i'r Arglwydd Irvine ymddiswyddo.

Derry Irvine, a ddaeth yn Arglwydd Ganghellor pan ddaeth Llafur Newydd i rym ar ôl etholiad cyffredinol 1997.

Dywedodd Michael Ancram, Cadeirydd y Blaid Geidwadol ar y pryd:

'Pan fo'r Arglwydd Ganghellor yn ymwneud â chyfreithwyr y gall eu noddi'n sylweddol yn y dyfodol, pan fydd yn penderfynu yn y pen draw pwy sydd i ddod yn farnwr, pan yw'n geidwad annibyniaeth y corff deddfu, ar un ystyr, mae'n amlwg bod rhaid iddo fod yn anwleidyddol. Y mae wedi camu dros y llinell honno.' (dyfynnwyd yn *The Daily Telegraph*, 20 Chwefror 2001)

Fodd bynnag, mae'r Arglwydd Ganghellor wedi cymryd gofal bob amser i beidio â chymryd rhan mewn achosion o natur wleidyddol neu achosion sy'n ymwneud â'r llywodraeth yn uniongyrchol. Sut bynnag, mae hyn yn angenrheidiol dan erthygl 6 o'r Cyfansoddiad Ewropeaidd ar Hawliau Dynol, sy'n mynnu bod tribiwnlys annibynnol ac amhleidiol a sefydlwyd gan gyfraith yn gwrando ar achosion. Mae cyfraith achosion wedi pennu bod 'annibynnol' yn cynnwys annibyniaeth o'r gweithrediaeth a'r ddeddfwrfa. Mae'n ymddangos pe bai'r Arglwydd Ganghellor yn eistedd fel barnwr y byddai hyn yn torri Deddf Hawliau Dynol 1998 (gweler Uned 4, Adrannau 4.4 a 4.5).

barnwrol o anghydnawsedd, yn enwedig o Dŷ'r Arglwyddi, yn rymus iawn (gweler hefyd Uned 4, Adrannau 4.4 a 4.5).

20.6 Annibyniaeth y farnwriaeth

Mae annibyniaeth y farnwriaeth yn rhan hanfodol o ddidoli grymoedd a rheolaeth y gyfraith. Beth yw ystyr annibyniaeth yn y cyd-destun hwn? Rhaid i farnwyr fod yn annibynnol mewn sawl ffordd. Dylent fod ar wahân i'r ddeddfwrfa. Dylent allu dyfarnu heb ofni cael eu diswyddo neu eu disgyblu gan y llywodraeth. Dylent fod yn imiwn i bob her gan bartïon tramgwyddedig yn y llysoedd wrth wneud eu gwaith, ac yn rhydd o bob amheuaeth o ragfarn. A yw barnwyr y DU yn annibynnol, felly?

Annibyniaeth o'r ddeddfwrfa

Nid yw barnwyr llawn amser yn cael bod yn Aelodau Tŷ'r Cyffredin. Ar y llaw arall, gall yr Arglwyddi Cyfraith gymryd rhan lawn mewn dadleuon seneddol. Gall unrhyw farnwr sy'n arglwydd bleidleisio yn Nhŷ'r Arglwyddi. Mae'n arferol i'r Arglwyddi Cyfraith beidio â chymryd rhan mewn dadleuon ar faterion gwleidyddol iawn. Fodd bynnag, yn y gorffennol, maent wedi bod yn barod iawn i weithredu ar nifer o faterion yn Nhŷ'r Arglwyddi, er enghraifft, cynigion Ceidwadol radicalaidd mewn perthynas â dedfrydu yng nghanol y 1990au. Yn ogystal, fel y nodwyd eisoes, yr Arglwydd Ganghellor yw Llefarydd Tŷ'r Arglwyddi.

Annibyniaeth o'r weithrediaeth

Nid yw barnwyr yn dangos rhagfarn wleidyddol. Yn breifat, gall fod yn barnwr yn gefnogol neu'n gwrthwynebu'r llywodraeth, ond ni ddylai hyn ddylanwadu ar ei ddyfarniadau. Mae hyn yn arbennig o wir o safbwynt achosion o adolygiad barnwrol lle mae'n bosibl y gofynnir i lys adolygu penderfyniad gweinidog y llywodraeth. Yn y math hwn o achos, ni all farnwyr osgoi'r byd gwleidyddol. Yn 1993 dywedodd Arglwydd Woolf:

'Mae adolygiad barnwrol yn ymwneud â chydbwysedd: rhwng hawliau'r unigolyn a'i angen i gael ei drin yn deg, a hawliau'r llywodraeth, yn lleol ac yn genedlaethol, i gyflawni'r hyn yr etholwyd hi i'w gyflawni. Mae angen gwneud penderfyniad sensitif a gwleidyddol iawn.' (dyfynnwyd yn *The Observer*, 9 Mai 1993)

Er bod y mwyafrif o achosion o adolygiad barnwrol yn cael eu penderfynu o blaid y llywodraeth, nid yw'r llysoedd wedi petruso rhag dyfarnu yn erbyn y llywodraeth mewn rhai achosion pwysig, ac, yn yr ystyr hwn, gellid dweud eu bod yn gymharol annibynnol. Rhoddir enghreifftiau o achosion lle dyfarnwyd yn erbyn y llywodraeth ym Mlwch 20.7.

Rhyddid o ragfarn

Nid yn unig y dylai barnwyr weithredu'n amhleidiol, ond

Blwch 20.7 *Achosion adolygiad barnwrol lle dyfarnodd y llysoedd yn erbyn y llywodraeth*

Yn **M v Home Office (1993)** dyfarnodd y Swyddfa Gartref y gellid penderfynu yn erbyn gweinidog y llywodraeth am ddirmyg llys, yn ei fywyd personol neu yn ei waith swyddogol.

Yn **R v Secretary of State for Foreign Affairs ex parte World Development Ltd (1995)**, llwyddodd Llys Adrannol Mainc y Frenhines i godi cywilydd ar y llywodraeth pan ddyfarnodd bod yr Ysgrifennydd Gwladol wedi gweithredu y tu hwnt i'w hawliau drwy ganiatáu cymorth i lywodraeth Malaysia i adeiladu Argae Pergau, er mwyn ennill cytundeb ganddi i brynu arfau gan Brydain.

Yn **R v Secretary of State ex parte Venables and Thompson (1997)**, penderfynodd Tŷ'r Arglwyddi bod yr Ysgrifennydd Cartref wedi camddefnyddio ei bwerau mewn perthynas â diffynyddion achos Jamie Bulger drwy ddyfarnu carchar iddynt tra bônt eisoes wrth foddhad Ei Mawrhydi.

Yn **R v Secretary of State for Education and Employment ex parte National Union of Teachers (2000)**, barnodd y Llys Adrannol fod y gweinidog addysg wedi gweithredu y tu hwnt i'w bwerau drwy geisio newid contract athrawon wrth gyflwyno cyflog yn gysylltiedig â pherfformiad. Dyfarnwyd hyn am nad oedd y gweinidog wedi ymgynghori'n drylwyr ag undebau athrawon.

---

hefyd ni ddylent ymddangos yn rhagfarnllyd, rhag tanseilio hyder y cyhoedd yn y llysoedd. Wedi dweud hynny, bodau dynol yw barnwyr. Mae ganddynt safbwyntiau a gwerthoedd a allai dylanwadu arnynt yn y llys, boed hynny'n isymwybodol yn unig. Gallai'r rhagfarn fod yn seiliedig ar safbwyntiau a ffurfiwyd yn sgil eu haddysg a'u cefndir, er enghraifft. Yn y 1920au, dywedodd Arglwydd Sutton:

'Nid wyf yn siarad am duedd ymwybodol, ond mae'r arferion yr ydych wedi eu dysgu, a'r bobl yr ydych yn cymysgu â hwy, yn golygu bod gennych syniadau o natur arbennig, fel na allwch ddyfarnu mor ddoeth a chywir ag y gobeithiech wrth ddelio â syniadau eraill.'

Imiwnedd rhag erlyniad

Mae gan farnwyr y grym i wneud gorchmynion llys a allai effeithio'n fawr ar fywyd y parti sydd ynghlwm wrth yr achos. Os gorchmynnir talu iawndal, gall hynny arwain at ddistryw ariannol y diffynnydd. Mewn achosion cyfraith teulu, gall rhieni gael eu gwahanu o'u plant o ganlyniad i orchymyn llys. Mae gyrru rhywun i garchar, wrth gwrs, yn cael effaith fawr. Pe na bai barnwyr yn imiwn rhag cael eu herlyn, wrth bwyso a mesur y ffeithiau a'r gyfraith wrth ystyried achos, a gwneud un o'r gorchmynion llys hynny, gallant boeni y bydd parti'n dwyn achos cyfreithiol am iawndal sylweddol yn eu herbyn, er enghraifft, oherwydd esgeuluster wrth wneud eu gwaith, neu am enllib. Yn naturiol, gallai hyn arwain at anghyfiawnder gan y byddai barnwyr yn ofni gwneud penderfyniadau o bryd i'w gilydd. Ar ben hynny, byddai mwy o achosion yn mynd gerbron y llys pe bai cyfreithwyr yn herio dull y barnwyr o weithredu yn ogystal ag, neu yn lle, yr apêl arferol. Oherwydd hyn, ni all yr hyn y mae barnwr yn ei ddweud neu'n ei wneud yn y llys fod yn destun achos llys. Er enghraifft, yn *Sirros v Moore (1975)*, gorchmynnodd y barnwr garcharu'r diffynnydd. Penderfynodd y Llys Apêl nad oedd y carchariad yn gyfreithlon ond dyfarnodd na ellid dwyn achos yn erbyn y barnwr, gan ei fod wedi gweithredu'n ddidwyll yn ôl ei swyddogaeth farnwrol.

Codwyd mater annibyniaeth y farnwriaeth gan achos Pinochet - gweler Blwch 20.8.

Beth a ddiffinnir fel rhagfarn farnwrol?

Am gyfnod byr, yn sgil achos Pinochet, roedd posibilrwydd y byddai'r llysoedd yn wynebu cynnydd yn nifer yr achosion a heriai penderfyniadau barnwrol. Fodd bynnag, yn *Locabail (UK) Ltd v Bayfield Properties Ltd and Another (1999)*, rhoddodd y Llys Apêl arweiniad clir ar yr hyn y gellid ac na ellid ei ystyried yn rhagfarn farnwrol. Dyfarnodd y Llys Apêl fod rheol cyfraith gwlad hirsefydlog yn bodoli sy'n pennu na ddylid caniatáu i farnwyr wrando ar achosion y mae ganddynt fuddiannau ariannol yn gysylltiedig â hwy. Un enghraifft fyddai bod yn berchen ar gyfranddaliadau cwmni a oedd yn un o bartïon yr achos (gweler *R v Gough (1993)*).

Roedd y dyfarniad yn cynnwys rhestr o amgylchiadau penodol eraill a allai achosi rhagfarn, (gan gynnwys crefydd, oedran, cefndir gwaith, addysg, dosbarth neu dueddau rhywiol). Ni allai'r rhain fod yn sail hawliad o ragfarn barnwrol. Byddai amgylchiadau eraill, megis bod yn aelod o gymdeithas neu gorff arall, neu erthyglau a ysgrifennwyd ganddo gynt yn gallu bod yn sail i wrthwynebiad, ond dim ond dan amgylchiadau eithriadol. Gallai cyfeillgarwch personol, adnabyddiaeth agos neu elyniaeth rhwng y barnwr ac unrhyw aelod o'r cyhoedd sy'n rhan o'r achos godi'r posibilrwydd o ragfarn.

Blwch 20.8 *Achos Pinochet*

Yn 1973 dymchwelwyd llywodraeth etholedig Chile gan coup arfog dan arweiniad y Cadfridog Augusto Pinochet. Lladdwyd Arlywydd Allende ac eraill yn ystod y brwydro. Wedi i Pinochet ddod i rym, lladdwyd ac arteithiwyd llawer mwy o bobl gan ei gymdeithion dros gyfnod o rai blynyddoedd, gyda'i sêl bendith. Erbyn 1998, fodd bynnag, roedd y wlad yn dychwelyd i ddemocratiaeth ac roedd yr Arlywydd wedi derbyn amnest yn Chile. Oherwydd ei iechyd gwael, daeth i Brydain am driniaeth feddygol.

Arglwydd Hoffman, yr Arglwydd Apêl gyda chysylltiadau ag Amnest Rhyngwladol. O ganlyniad i'r cysylltiadau hyn, ni chafodd Cadfridog Pinochet ei ystraddodi i Sbaen.

Arestiwyd Pinochet, yn ôl telerau gwarant ystraddodi a gyflwynwyd yn Sbaen, mewn perthynas â'r rhan honedig a gymerodd mewn nifer o droseddau yn y 1970au. Heriodd hyn ar sail y ffaith fod ganddo imiwnedd diplomyddol (hawl i osgoi achos llys yn y Deyrnas Unedig fel aelod o senedd dramor). Yn y diwedd, apeliwyd i Dŷ'r Arglwyddi. Cafodd Amnest Rhyngwladol, sy'n ymgyrchu ledled y byd yn erbyn arteithio a charcharu am resymau gwleidyddol, yr hawl i roi tystiolaeth ysgrifenedig. Roedd Arglwydd Hoffmann, un o'r Arglwyddi Cyfraith a wrandawai ar yr achos, yn gyfarwyddwr digyflog o Amnest ac roedd ei wraig yn weithiwr cyflogedig iddynt. Gwrthododd Tŷr Arglwyddi gais am imiwnedd diplomyddol gyda mwyafrif o 3:2. Roedd Arglwydd Hoffmann yn perthyn i'r mwyafrif.

Oherwydd y cysylltiad hwn rhwng un o'r barnwyr ac Amnest, gofynnodd cyfreithwyr ar ran Pinochet i'r Arglwyddi osod yr apêl i'r naill ochr. Dyma'r tro cyntaf i Dŷ'r Arglwyddi dderbyn cais i gynnal math o adolygiad barnwrol arno'i hun. Bu'n rhaid i'r Tŷ gydnabod bod methiant Arglwydd Hoffmann i ddangos bod ganddo fuddiant arbennig yn yr achos yn peri bod y penderfyniad yn annilys. Trefnwyd gwrandawiad newydd yn Nhŷ'r Arglwyddi, gyda phwyllgor estynedig arbennig o saith aelod. Daethpwyd i'r un penderfyniad. Nid oedd gan Pinochet imiwnedd diplomyddol, er bod sail y penderfyniad yn wahanol iawn.

Nid yw'n syndod nad yw'r mater wedi bod o fudd i Dŷ'r Arglwyddi. Er bod y mwyafrif o bobl yn cytuno bod gan Arglwydd Hoffmann yr hawl i fod yn gysylltiedig ag achos teilwng fel Amnest Rhyngwladol, dylai fod wedi datgan ei fuddiant neu dynnu'n ôl o'r achos yn y lle cyntaf. Mae'n rheol sylfaenol a hirsefydlog na ddylai neb fod yn farnwr ar achos y maent yn ymrwymedig iddo. Gelwir hyn weithiau yn **nemo judex in causa sua** (gweler Uned 16, Adran 16.3).

Gweithgaredd 20.4 Osgoi rhagfarn

Ym mis Mehefin 2000, cyhoeddodd swyddfa'r Arglwydd Ganghellor *Guidance on Outside Activities and Interests*. Mae'r ddogfen yn dechrau:

'Rhaid i farnwyr sicrhau eu bod yn ymddwyn mewn ffordd sy'n gyson ag awdurdod a safle barnwr, wrth weithio fel barnwr llawn amser. Ni ddylent, ar unrhyw ystyr, gyflawni gweithgaredd a allai danseilio, neu a allai ymddangos fel pe bai'n tanseilio, eu hannibyniaeth neu eu hamhleidioldeb barnwrol.'

Lle bydd unrhyw amheuaeth o ragfarn yn codi, rhaid i farnwyr ddilyn arweiniad achosion megis Dyfarniad y Llys Apêl a wnaed yn *Locabail (UK) Ltd a Bayfield Properties Ltd and Another (1999)*. Ni ddylai barnwyr gyflawni unrhyw waith arall am dâl, ac eithrio derbyn breindaliadau fel awdur. Ni ddylent ychwaith gymryd rhan mewn unrhyw weithgaredd sy'n cyfyngu ar eu gallu i weithredu eu dyletswyddau barnwrol. Dylent gyflawni materion personol mewn modd sy'n peri'r lleiafswm o 'wrthdrawiad neu gywilydd'. Os bydd unrhyw amheuaeth ynghylch cymhwyso'r egwyddorion hyn, dylai barnwr chwilio am arweiniad gan gydweithiwr uwch, Pennaeth Adran neu'r Arglwydd Ganghellor.

Gweithgareddau a buddiannau a ganiateir, fel rheol
Fel rheol, caniateir i farnwr fod yn berchen ar gyfranddaliadau mewn cwmni.

Mewn egwyddor, gall aelodau'r farnwriaeth siarad am faterion cyfreithiol technegol, sy'n annhebygol o fod yn faterion dadleuol, mewn darlithoedd neu gynadleddau. Cydnabyddir nad yw ysgrifennu llyfrau ac erthyglau yn anghydnaws â gweithio mewn swydd farnwrol.

Gweithgareddau a buddiannau na chaniateir, o bosibl
Ni ddylai'r un barnwr fod yn gyfarwyddwr sefydliad sy'n gwneud elw. Rhaid i berson o'r fath ymddiswyddo cyn cael ei apwyntio i swydd farnwrol. Dylai barnwyr sy'n cymryd rhan mewn gweithgareddau elusennol geisio osgoi amgylchiadau a allai bwrw amheuaeth dros eu hamhleidioldeb neu wrthdaro â'u gwaith barnwrol. Ni ddylai barnwyr gymryd rhan mewn unrhyw fath o weithgareddau gwleidyddol. Disgwylir i farnwyr roi'r gorau i bob cysylltiad proffesiynol â chyn-bartneriaid a chleientiaid ac i ddod â phob cysylltiad â'r siambrau y bu'n gweithio ynddynt i ben.

(a) Esboniwch pam fod cymryd rhan mewn 'gweithgareddau elusennol' wedi arwain at awgrym o ragfarn yn achos Pinochet. (3)

(b) Mae'r arweiniad yn dweud y dylai pob barnwr sy'n ansicr o'r rheolau ofyn am gyngor ei Bennaeth Adran. Os bydd barnwr yn gwrando ar achosion yn Adran Deulu'r Uchel Lys, pwy fydd y person hwn? (2)

(c) Mae ffotograffwyr wedi tynnu llun barnwr gwrywaidd mewn clybiau nos yn Llundain dro ar ôl tro, yn gwisgo dillad menyw. Gwnewch sylw. (4)

(ch) Mae gan Mr Ustus Pòpicoc nifer o gyfranddaliadau yn Tabledi i Bawb ccc, cwmni cyffuriau mawr a wnaeth elw mawr, hyd yn ddiweddar, drwy gynhyrchu cynnyrch arbennig, heb unrhyw gystadleuaeth. Erbyn hyn mae Gluck ccc, cystadleuydd mawr Tabledi i Bawb, wedi dechrau cynhyrchu cyffur newydd a fydd yn cael effaith andwyol ar werthiant ac elw Tabledi i Bawb. Ar yr un pryd, mae Gluck yn yr Uchel Lys fel diffynyddion mewn achos esgeuluster. Mr Ustus Pòpicoc fydd barnwr yr achos. A yw hyn yn dderbyniol? (6)

Crynodeb ● ● ●

1. Beth yw hierarchaeth farnwrol?

2. Sut mae gwahanol farnwyr yn cael eu hapwyntio a'u hyfforddi?

3. Pa fath o bobl sy'n tueddu i fynd yn farnwyr?

4. Beth yw safle barnwyr yng nghyfansoddiad Prydain?

5. Beth yw ystyr annibyniaeth farnwrol?

6. Pa feirniadaethau a wnaed am swydd yr Arglwydd Ganghellor?

Astudiaeth achos — Arglwydd Irvine Amryfal

Tair rôl yr Arglwydd Ganghellor

Tynnwyd sylw at rolau niferus yr Arglwydd Ganghellor gan fater yr 'arian am wigiau'. Arglwydd Irvine yw'r barnwr sy'n apwyntio'i gyd-farnwyr. Yn ei swyddogaeth fel barnwr, ef yw'r Arglwydd Cyfraith uchaf ei statws. Fe'i disgrifiwyd fel aelod pwysig o'r llywodraeth sy'n cadeirio pwyllgorau'r Cabinet ar ddiwygiadau cyfansoddiadol pwysig. Yn Nhŷ'r Arglwyddi, mae'n 'dyfarnu' dadleuon gwleidyddol yn rhinwedd ei swydd fel Llefarydd.

Er nad yw Arglwydd Irvine yn eistedd fel barnwr yn aml ac yn osgoi gwrando ar apeliadau sy'n ymwneud ag unrhyw adran o'r llywodraeth, mae llawer yn dweud y dylai roi'r gorau i'w waith

Mae'r Arlwydd Ganghellor yn chwarae rôl yn ngwahanol ganghennau'r llywodraeth - fel y barnwr mwyaf profiadol (y farnwriaeth), fel aelod o'r Cabinet (y weithrediaeth) ac fel Llefarydd Tŷ'r Cyffredin (y ddeddfwrfa)

barnwrol unwaith ac am byth. Yn *McGonnell v United Kingdom (2000)*, ystyriodd Llys Hawliau Dynol Ewrop amhleidioldeb ac annibyniaeth Feili Guernsey. Y Beili, a apwyntir gan y frenhines, yw pennaeth y farnwriaeth ar yr ynys. Mae'n llywyddu dros Senedd yr ynys ac yn arfer grym sylweddol o ran creu deddfwriaeth. Penderfynodd y Llys Hawliau Dynol, yng ngoleuni erthygl 6 o'r Confensiwn Ewropeaidd ar Hawliau Dynol, sy'n gofyn bod achosion yn cael eu cynnal gan lys annibynnol ac amhleidiol, na ddylai neb sy'n gysylltiedig yn uniongyrchol â chreu deddfwriaeth fod yn farnwr ar unrhyw achos sy'n ymwneud â'i rhoi ar waith. Pam ddylai sefyllfa'r Arglwydd Ganghellor ar y tir mawr fod yn wahanol?

Mewn perthynas â mater dadleuol y cinio codi arian, siaradodd Paul Boateng, Gweinidog yn y Swyddfa Gartref ar y pryd, ar ran y llywodraeth:

'Gwiriondeb pur fyddai awgrymu mai'r hyn sydd gennym yma yw camddefnyddio grym'.

Ni fyddai llawer yn amau bod Arglwydd Irvine yn apwyntio CFiaid a barnwyr oherwydd haeddiant. Mae'n werth nodi ei fod ef (cefnogwr y Blaid Lafur) yn fodlon apwyntio Edward Garnier, AS Ceidwadol, fel barnwr rhan amser. Fodd bynnag, mae'r Arglwydd Ganghellor wedi creu'r argraff anffodus nad oes unrhyw wahaniaeth rhwng diddordebau'r llywodraeth a diddordebau'r Blaid Lafur.

Addaswyd o *The Daily Telegraph*, 20 Chwefror 2001 a *The Times*, 27 Chwefror 2001

Cwestiynau

(a) Beth yw 'amryfal' rolau'r Arglwydd Ganghellor? (8)

(b) Beth yw ystyr didoli grymoedd? (6)

(c) Sut mae safle'r Arglwydd Ganghellor yn tanseilio cysyniad annibyniaeth y farnwriaeth? (6)

(ch) Crynhowch y gyfundrefn a ddefnyddir ar gyfer dewis barnwyr. Pwy arall, yn ogystal â'r Arglwydd Ganghellor, sy'n gallu dylanwadu ar y system hon? (8)

(d) Pa mor hawdd ydy hi i Arglwydd Ganghellor ddiswyddo barnwr a allai fod yn 'drafferthus' i'r llywodraeth? (6)

(dd) Pam allai problemau sy'n wynebu Beili Guernsey fod o ddiddordeb a phwys i'r Arglwydd Ganghellor? (8)

(e) Gwerthuswch y dadleuon o blaid ac yn erbyn diwygio safle'r Arglwydd Ganghellor o fewn y gyfundrefn gyfreithiol. (12)

21.1 Cyflwyniad

Grŵp o bobl a ddewisir ar hap o'r cyhoedd i benderfynu ar faterion ffeithiol mewn rhai ar faterion troseddol a sifil yw rheithgor. Mae rheithgorau yn profi achosion troseddol difrifol yn Llys y Goron. Gwaith rheithgor yw ystyried y dystiolaeth ac yna benderfynu a yw'r person dan amheuaeth yn 'euog' neu'n 'ddieuog'. Os penderfynir ei fod yn euog, bydd y barnwr yn dyfarnu dedfryd briodol o fewn y gyfraith. Fodd bynnag, y rheithgor sy'n penderfynu, yn y pen draw, a ddylid dedfrydu person neu a ddylid ei ryddhau.

Yn ogystal, mae rheithgorau yn profi rhai achosion sifil, megis enllib, yn yr Uchel Lys neu Lys y Goron. Weithiau, mae rheithgorau yn gweithredu yn Llys y Crwner.

Mae llawer o bobl o'r farn fod rheithgor yn elfen werthfawr iawn o'r gyfundrefn gyfiawnder am mai pobl gyffredin, ac nid y wladwriaeth, sy'n penderfynu a fydd person yn cael ei gollfarnu. Mae hyn yn helpu i sicrhau na all swyddogion y wladwriaeth gamddefnyddio'u grym. Mynegodd yr hanesydd E.P. Thompson farn rhai sylwebwyr pan ysgrifennodd:

'Mae rheithgor yn barnu nid yn unig y sawl a gyhuddwyd ond hefyd dynoliaeth a chyfiawnder y gyfraith.'

Mae eraill, fodd bynnag, yn dadlau bod angen diwygio'r gyfundrefn o benderfynu achos gan reithgor.

21.2 Panel y rheithgor a dewis rheithgor

Sefydlir rheithgor mewn tri cham:

1. Dewisir rheithgor ar hap o blith pobl rhwng 18 a 70 oed y mae eu henwau'n ymddangos ar y gofrestr etholiadol. Mae'r gofrestr etholiadol yn rhestru'r sawl sy'n gymwys i ethol mewn etholiadau seneddol neu awdurdod lleol.
2. O'r rhestr a ddewiswyd, crëir paneli o reithwyr, sef grwpiau o fwy na 12.
3. Yna, dewisir rheithgorau o 12 ar hap ar gyfer achosion unigol.

Dewisir pobl ar hap ar gyfer gwasanaeth rheithgor fel na ellir cyhuddo'r llys o ddewis pobl sy'n fwy tebygol o gollfarnu diffynnydd. Wrth gwrs, nid yw dewis ar hap yn golygu nad yw'r posibilrwydd o ragfarn yn bodoli. Nid oes dim sicrwydd y bydd grŵp o bobl a ddewiswyd ar hap yn cynrychioli'r boblogaeth gyfan. Gall rheithgor a ddewiswyd ar hap gynnwys dynion neu fenywod yn unig,

a chan mai dim ond tua 8% o boblogaeth Prydain sy'n groenddu neu'n Asiaidd, mae'n debygol iawn y bydd y rheithgor yn llawn pobl wyn. Mae defnyddio'r gofrestr etholiadol hefyd yn gallu achosi problemau o ran dewis rheithgor sy'n cynrychioli'r boblogaeth gyfan gan fod pobl iau a phobl groenddu ac Asiaidd, am wahanol resymau, yn cael eu tangynrychioli ar y gofrestr. Oherwydd y pryder y gallai rheithgorau heb unrhyw fath o gydbwysedd hiliol arddel rhagfarnau hiliol mewn achosion lle nad yw'r diffynnydd yn groenwyn, gwnaed galwadau am gael dewis nifer penodol o reithwyr o grwpiau lleiafrifoedd ethnig. Trafodir hyn yn fanylach isod.

Archwilio cefndir rheithgorau

Dyma'r broses o archwilio cefndir rheithgorau potensial. Defnyddir y term mewn perthynas â dau fath o wirio – gweler Blwch 21.1.

Blwch 21.1 *Archwilio cefndir rheithgor*

1. Gwiriadau gan yr heddlu

Cynhelir holiadau'r heddlu i ganfod unrhyw gollfarnau am drosedd. Fel yr esbonnir isod, gall collfarnau olygu bod person yn cael eu diarddel o fod yn rheithiwr. Ers dyfarniad y Llys Apêl yn *R v Mason (1980)*, ystyriwyd bod ymchwiliadau'r heddlu mewn perthynas â rheithwyr potensial yn gwbl gyfreithlon.

---

2. Archwilio gwleidyddol

Mae'r ail fath o archwilio rheithgor - archwilio gwleidyddol - yn ddadleuol gan ei fod yn tanseilio egwyddor dewis ar hap. Daeth i'r amlwg yn gyntaf yn 1978, mewn achos a elwid yn achos ABC (oherwydd llythrennau cyntaf enwau'r diffynyddion), a oedd yn ymwneud â thorri'r Ddeddf Cyfrinachau Swyddogol. Daeth yn hysbys bod yr heddlu wedi archwilio safbwyntiau gwleidyddol y rheithwyr er mwyn helpu'r erlyniad i ddefnyddio'i hawl i gael gwared ar unigolion penodol. Oherwydd hyn, trefnwyd ail achos. Yn 1980, cyhoeddodd y Twrnai Cyffredinol ganllawiau (gweler Uned 19, Adran 19.2) yn datgan pryd y gellid caniatáu archwilio gwleidyddol. Mae fersiwn bresennol y canllawiau yn datgan y gellir cyfiawnhau archwilio gwleidyddol dim ond:

- pan drafodir materion sy'n ymwneud â diogelwch y wladwriaeth
- lle cynhelir rhan o'r achos *in camera*, (h.y. yn y dirgel, y tu ôl i ddrysau caeedig ac nid yn agored i'r wasg neu'r cyhoedd)
- mewn achosion terfysgaeth.

Gellir archwilio'n wleidyddol dim ond gyda chaniatâd y Twrnai Cyffredinol.

Gwaharddiad

Er bod pawb dros 18 oed, bron, yn gymwys i wasanaethu ar reithgor, ni all rhai pobl fod yn aelodau rheithgor. Isod, ceir y rheolau cymhwyster ar gyfer gwasanaeth rheithgor a geir yn Neddf Rheithgorau 1974 (wedi'u diwygio yn ôl deddfwriaeth ddiweddarach).

1. Collfarnau troseddol
Mae'r sawl a ddedfrydwyd i garchar neu ddalfa i'r ifanc am gyfnod o bum mlynedd neu fwy wedi'u gwahardd am oes rhag gwasanaethu ar reithgor.

Gwaherddir y sawl a dderbyniodd ddedfrydau troseddol megis dedfryd o garchar, gorchymyn adsefydlu cymunedol neu orchmynion cymunedol eraill o fewn y deng mlynedd diwethaf (nid yw derbyn dirwy, felly, yn arwain at waharddiad). Mae'r sawl sydd ar fechnïaeth ar hyn o bryd yn gymwys ar gyfer gwasanaeth rheithgor.

2. Anhwylder meddwl neu broblemau iechyd meddwl
Nid yw pobl sy'n trigo mewn ysbyty meddwl neu sy'n derbyn triniaeth gyson am anhwylder meddwl neu broblem iechyd meddwl yn gymwys ar gyfer gwasanaeth rheithgor. Yn ogystal, mae gan farnwyr y grym i wahardd person ar sail problemau iechyd meddwl.

3. Proffesiwn cyfreithiol neu alwedigaeth berthnasol
Nid yw pobl yn gymwys ar gyfer gwasanaeth rheithgor os ydynt, neu os buont ar un adeg, yn farnwr, yn ynad lleyg neu'n rhywun a fu'n uwch-aelod tribiwnlys. Nid yw pobl a weithiodd, o fewn y deng mlynedd ddiwethaf, fel cyfreithiwr, bargyfreithiwr neu a gyflogwyd mewn un o ystod eang o swyddi o fewn y llysoedd a'r gyfundrefn cyfiawnder cyfreithiol (er enghraifft fel swyddog prawf, swyddog yr heddlu neu rywun a gyflogwyd gan y CPS) yn gymwys.

4. Y glerigiaeth
Nid yw offeiriaid a gweinidogion o unrhyw enwad yn gymwys ar gyfer gwasanaeth rheithgor, na phobl sy'n byw mewn lleiandy neu fynachdy.

5. Heb fod yn breswyl yn y DU
Nid yw pobl yn gymwys ar gyfer gwasanaeth rheithgor oni bai eu bod wedi byw yn y Deyrnas Unedig, Ynysoedd y Sianel neu Ynys Manaw am gyfanswm o bum mlynedd ers iddynt fod yn 13 oed, a'u bod yn gymwys i bleidleisio mewn etholiadau seneddol neu awdurdod lleol.

6. Anableddau corfforol
Cyn i Ddeddf Cyfiawnder Troseddol a Threfn Gyhoeddus (CJPOA) 1994 gael ei phasio, byddai barnwyr yn aml yn rhyddhau rheithwyr gydag anableddau ar sail y ffaith na fyddent yn gallu cyflawni dyletswyddau rheithiwr yn llawn. Dan y CJPOA, fodd bynnag, rhagdybir y dylai person ag anabledd wasanaethu oni bai bod y barnwr wedi dangos yn glir na fydd y person yn gallu gwneud y gwaith. Mae'r

llysoedd wedi dyfarnu y gall pobl fyddar iawn weithredu ar reithgor dim ond gyda chymorth cyfieithydd iaith y byddar, ond gan mai dim ond aelodau rheithgor a ganiateir i mewn i ystafell y rheithgor pan ystyrir y dyfarniad, mae hyn yn atal pobl fyddar iawn rhag gwasanaethu.

21.3 A yw'n bosibl osgoi gwasanaethu ar reithgor?

Gellir **gohirio** (hyd ddyddiad gwahanol o fewn y 12 mis nesaf) gwasanaeth rheithgor, neu gellir **esgusodi** person rhag cyflawni gwasanaeth rheithgor yn gyfan gwbl. Pan fydd person yn cael ei esgusodi, ni fydd yn gwasanaethu ar reithgor eto oni bai bod ei enw yn cael ei ddewis ar hap o gofrestr etholiadol unwaith eto, rywdro yn y dyfodol. Caniateir cael eich esgusodi dim ond os yw'r Swyddog Galw Rheithwyr yn fodlon ei fod yn rhesymol disgwyl bod y rheithiwr yn gwasanaethu ar reithgor yn ystod y flwyddyn ganlynol.

Er y gall rheithwyr hawlio am golli cyflog a chostau teithio, mae llawer o bobl yn ystyried bod gwasanaeth rheithgor yn anghyfleus. Er enghraifft, gall pobl hunangyflogedig sy'n poeni eu bod yn colli busnes os na fyddant ar gael i weithio, a phobl sy'n dal swyddi fel uwch-reolwyr, fod yn amharod i ymrwymo'u hunain i wasanaeth cyhoeddus digyflog. Ni allai neb ohirio gwasanaeth rheithgor drwy ddefnyddio esgusodion fel, 'Dwi'n rhy brysur' neu, 'Mae'n rhaid i mi fynd i angladd fy nghi'. Ond mae rhai rhesymau penodol pam y gallai person a gafodd wys i wasanaethu ar reithgor osgoi gwasanaethu ar y dyddiadau gofynnol. Oni bai bod person wedi cael ei esgusodi neu wedi cael caniatâd i ohirio gwasanaeth rheithgor hyd ddyddiad arall, gall methu â mynychu'r achos ar y dyddiad penodol olygu dirwy fawr. Rhestrir yr adegau pan ellid osgoi gwasanaethu ar reithgor ym Mlwch 21.2.

21.4 A all y partïon ddylanwadu ar bwy sydd ar y rheithgor?

Tybiwch fod yr amddiffyniad neu'r erlyniad, am ryw reswm, yn dod i gredu bod un neu fwy o'r rheithwyr yn debygol o fod o blaid neu yn erbyn y diffynnydd oherwydd rhagfarn. Er enghraifft, dychmygwch fod dyn pencroen (*skinhead*) ar dreial a bod yr erlyniad yn gweld person sy'n edrych fel dyn pencroen ymhlith y rheithwyr posibl neu tybiwch fod y diffynnydd wedi cael ei gyhuddo o fod wedi ymosod ar hen wraig a dwyn oddi arni, a bod pedair pensiynwraig ar y rheithgor. A all yr amddiffyniad neu'r erlyniad wneud unrhyw beth am hyn? Yr ateb yw bod y diffynnydd a'r erlyniad yn cael cyfle i weld y rheithgor dan sylw cyn i'r achos ddechrau, ac mae ganddynt hawliau penodol i ofyn i

Blwch 21.2 *Cael eich esgusodi o wasanaeth rheithgor*

1. Hawl i gael eich eithrio

Mae rhai seiliau dros esgusodi person heb orfod cael cytundeb y llys. Mae'r hawl i gael eich eithrio'n cynnwys:

- bod yn hŷn na 65 oed
- bod wedi cyflawni gwasanaeth rheithgor yn ystod y ddwy flynedd diwethaf
- bod yn Aelod Seneddol
- bod yn aelod o grŵp crefyddol nad yw ei gredoau yn gydnaws â gwasanaeth rheithgor
- bod yn gyflogedig o fewn galwedigaethau 'hanfodol' penodol, megis y proffesiwn meddygol (gan gynnwys deintyddiaeth) neu'r Lluoedd Arfog.

2. Oedi yn ôl disgresiwn y barnwr

Gall unrhyw un gyda phroblemau sy'n creu anawsterau o ran gwasanaethu ar reithgor ofyn i'r llys ganiatáu iddynt ohirio'u gwasanaeth. Mae'r rhesymau a allai fod yn dderbyniol i'r llys yn cynnwys salwch neu apwyntiadau ysbyty pwysig, a digwyddiadau teuluol megis gwyliau a drefnwyd yn barod. Fel rheol, nid yw ymrwymiadau gwaith yn rheswm dilys dros ohirio gwasanaeth.

---

berson dynnu'n ôl o'r rheithgor dan Ddeddf Rheithgorau 1974, er bod hyn yn groes i'r syniad o ddewis rheithgor ar hap.

Her am reswm gan yr amddiffyniad

Gall yr amddiffyniad herio nifer amhenodol o reithwyr 'am achos'. Hynny yw, gall yr amddiffyniad ddangos i'r barnwr bod rheswm da pam na ddylai rheithiwr penodol wasanaethu ar reithgor sy'n gwrando ar achos diffynnydd

Gweithgaredd 21.1

Dywedwch, gan gynnwys rhesymau, a oes rhaid i'r bobl ganlynol wasanaethu ar reithgor o reidrwydd:

1. Cyfreithiwr
2. Gyrrwr bws 71 oed
3. Dyn gydag apwyntiad ysbyty i gael tynnu ei ddonsiliau
4. Menyw a gafodd ddirwy flwyddyn yn ôl am ddwyn o siop
5. AS Ceidwadol
6. Landlord tafarn 40 oed
7. Dyn a gyflawnodd 12 mlynedd am ddynladdiad ond na throseddodd ers cael ei ryddhau yn 1980
8. Clerc ynad

(3 marc yr un)

penodol. Fodd bynnag, roedd Cyfarwyddyd Ymarfer a gyflwynwyd gan yr Arglwydd Brif Ustus yn datgan na ddylid eithrio rheithwyr ar sail hil, gwleidyddiaeth, galwedigaeth na chrefydd. Mae hyn yn golygu y bydd herio am achos yn digwydd, fel rheol, am nifer cyfyng o resymau. Un math o reswm derbyniol fyddai'r ffaith bod rheithiwr posibl yn adnabyddus i'r diffynnydd neu'n gysylltiedig â ffeithiau'r achos mewn rhyw ffordd.

Her am reswm gan yr erlyniad

Mae gan yr erlyniad ddwy hawl wahanol i herio. Yn gyntaf, mae gan yr erlyniad yr hawl i herio am achos (yn yr un ffordd â'r amddiffyniad). Ac yn ail, mae gan yr erlyniad yr hawl i ofyn am gael hepgor rheithwyr, heb orfod rhoi rheswm. Yn yr achos hwn, gofynnir i berson fynd i waelod y rhestr rheithwyr posibl. Yn dechnegol, gallai'r person barhau i wasanaethu ar yr achos a ddyrannwyd yn wreiddiol yn y pen draw, gan fod posibilrwydd y bydd rhaid i reithwyr eraill dynnu'n ôl, ond mae hyn yn annhebygol. Er enghraifft, mewn achos lle mae'r erlyniad yn gofyn am gael hepgor rheithiwr ond mae dau aelod o banel y rheithgor wedyn yn mynd yn sâl ac eraill yn cael eu hesgusodi drwy hawl, yna rhaid i'r rheithiwr a oedd i fod i gael ei hepgor ddychwelyd i'r rheithgor 12 aelod. Mewn gwirionedd, fodd bynnag, nid yw hyn yn digwydd yn aml.

Ar un adeg, roedd gan yr erlyniad hefyd yr hawl i ofyn am gael gwared ar hyd at dri rheithiwr heb orfod rhoi rhesymau (pan wnaed hyn gan y diffynnydd, gelwid ef yn 'her fympwyol'). Dan Ddeddf Cyfiawnder Troseddol 1988, fodd bynnag, tynnwyd yr hawl honno yn ôl. Beirniadwyd hyn yn hallt gan ei fod yn golygu bod gan yr erlyniad fwy o hawl o lawer i ddylanwadu ar gyfansoddiad y rheithgor na'r amddiffyniad. Mewn ymateb, cyflwynodd y Twrnai Cyffredinol Nodyn Ymarfer yn datgan y dylai'r Goron ofyn i reithwyr dynnu'n ôl dan ddau amgylchiad eithriadol:

- lle'r oedd rheithiwr posibl yn 'amlwg yn anaddas' - er enghraifft, person anllythrennog mewn achos cymhleth lle bydd rhaid i'r rheithgor ddarllen nifer fawr o ddogfennau
- mewn achosion sy'n ymwneud â diogelwch y wladwriaeth lle mae'r Twrnai Cyffredinol wedi rhoi sêl bendith ar archwilio rheithgor ac mae'r rheithiwr posibl i bob golwg yn peryglu'r diogelwch hwnnw.

Mae'r amddiffyniad a'r erlyniad yn herio'r rheithgor cyfan

Dan adran 5 o Ddeddf Rheithgorau 1974, gall y naill ochr neu'r llall ofyn am gael rheithgor cwbl newydd os gallant ddangos bod y rheithgor wedi cael ei ddewis mewn ffordd anghynrychiadol neu ragfarnllyd. Gelwir hyn yn herio'r 'aráe'. Yn *R v Ford (1989)* penderfynwyd na ellid defnyddio'r math hwn o her mewn ymgais i gael rheithgor amlhiliol.

Gweithgaredd 21.2

Cyn achos **R v Aperson**, achosodd y rheithgor dipyn o helynt. Taflodd un rheithiwr gusan at y diffynnydd croenddu, a chwifiodd ei fraich mewn ymateb gan waeddu 'Siwmae, Gladys!'. Gwgodd Mr Smith, rheithiwr arall a wisgai grys-T gyda slogan hiliol ar ei draws.

Esboniwch pam y gallai Gladys neu Mr Smith gael eu symud o'r rheithgor. (6)

21.5 Rôl y rheithgor mewn achosion troseddol

Defnyddir achos rheithgor mewn perthynas â throseddau ditiol a gellir ei ddefnyddio hefyd mewn achosion neillffordd. Profir achosion ditiol megis llofruddiaeth, trais rhywiol a rhai troseddau sy'n ymwneud â chyffuriau yn Llys y Goron bob amser. Troseddau neillffordd yw'r rhai lle gall y cyhuddedig ddewis a yw am gael ei brofi mewn Llys Ynadon neu Lys y Goron (gweler Uned 13, Adran 13.3). Mae troseddau neillffordd yn cynnwys nifer o droseddau sy'n ymwneud â thrais, gan gynnwys bygythiadau i ladd ac achosi niwed corfforol difrifol, ymosodiad anweddus, dwyn, a'r mwyafrif o fwrglera. Mewn gwirionedd, mae nifer yr achosion gan reithgor sy'n digwydd bob blwyddyn yn cynrychioli cyfran fach iawn o gyfanswm yr achosion troseddol. Mae ynadon yn delio gyda mwy na 95% o achosion troseddol.

Yn ystod achos Llys y Goron, mae'r rheithgor yn oddefol, gan wrando ar yr achos wrth iddo ddatblygu. Mae'r barnwr yn rheoli'r achos ac yn gyfrifol am sicrhau bod yr achos yn cael ei gyflwyno i'r rheithgor mewn ffordd hygyrch, ddealladwy a chytbwys. Mae'r barnwr hefyd yn datrys unrhyw ddadl gyfreithiol ac yn cynghori'r rheithgor am y gyfraith. Mae'r barnwr yn hidlo gwybodaeth. Fel rheol mae'n gwybod llawer mwy na'r rheithgor am yr achos am fod rhywfaint o dystiolaeth yr amddiffyniad neu'r erlyniad o bosibl wedi cael ei gwrthod ganddo, ac nid yw'r rheithgor yn cael gweld hanes troseddu'r diffynnydd.

Rôl y rheithgor yw penderfynu'r ffeithiau, nid y gyfraith.

Cwestiynau cyfreithiol a chwestiynau ffeithiol

Mewn unrhyw achos troseddol rhaid ateb dau gwestiwn sylfaenol:

1. Pa fath o ymddygiad a ddiffinnir fel ymddygiad anghyfreithlon?
2. A yw'r diffynnydd wedi ymddwyn mewn un o'r ffyrdd a ddiffinnir fel ymddygiad anghyfreithlon?

Er mwyn ateb y cwestiwn cyntaf, rhaid deall cyfraith gwlad a'r ddeddfwriaeth sy'n diffinio trosedd. Mewn llawer o achosion, nid yw hyn yn anodd iawn. Mae'r gyfraith yn nodi categorïau ymddygiad a ddylai, os dangosir bod y cyhuddiadau a wnaed yn erbyn person cyhuddedig wedi'u seilio ar ffaith (yn hytrach na chamddealltwriaethau, celwyddau neu gamgymeriadau), arwain at gollfarniad. Os bydd un person yn taro un arall, mae'r gyfraith yn dweud y bu ymosodiad. Os bydd person yn lladd un arall yn fwriadol, mae'r gyfraith yn dweud y bu llofruddiaeth. Os bydd person yn cymryd eiddo rhywun arall heb ganiatâd, mae'r gyfraith yn diffinio hyn fel lladrad. Rhan o rôl y barnwr yw sicrhau bod yr ymddygiad dan sylw yn anghyfreithlon. Mewn llawer o achosion, mae hyn yn gymharol syml.

Mae'r barnwr hefyd yn archwilio cwestiynau cyfreithiol ynglŷn â'r math o dystiolaeth y gellir ei gosod gerbron y rheithgor. Rhaid i'r barnwr fod yn effro i'r ffaith y gallai'r rheithgor gael ei ddylanwadu gan dystiolaeth sydd, wrth ei natur, yn annibynadwy. Mae hyn yn arbennig o bwysig mewn achos troseddol lle mae'n rhaid i'r erlyniad brofi eu hachos y tu hwnt i amheuaeth resymol.

Ni ellir gosod rhai mathau o dystiolaeth, er enghraifft tystiolaeth achlust, gerbron rheithgor mewn llys. Ystyr tystiolaeth achlust, yn syml, yw gwybodaeth a dderbyniwyd yn ail law – er enghraifft, tyst yn dweud: 'Dwi'n gwybod ei fod e wedi dweud hynny, achos dywedodd Ffred wrtha' i'.

Mae'r ail gwestiwn a nodwyd uchod, sef a yw'r diffynnydd wedi ymddwyn mewn ffordd a ystyrir yn anghyfreithlon, yn fater i'r rheithgor ei benderfynu. Hanfod achos yw bod yr erlyniad yn cyflwyno tystiolaeth a allai ddangos bod y diffynnydd wedi cyflawni gweithgaredd troseddol. Mae'r diffynnydd yn gwadu bod y cyhuddiadau yn seiliedig ar ffaith. Gall diffynyddion gyflwyno tystiolaeth sy'n dangos eu bod mewn man arall pan gyflawnwyd y drosedd, neu fod y cyhuddedig wedi cael ei gamadnabod, neu wadu mewn rhyw ffordd arall eu bod yn euog o'r cyhuddiad. Y rheithgor yn unig sy'n penderfynu pa fersiwn o'r ffeithiau sy'n gywir. Mae Blwch 21.3 yn rhoi enghraifft o sut mae hyn yn digwydd.

Yn ystafell y llys, arsyllwyr sy'n gwylio a gwrando'n unig yw'r rheithgor. Darperir papur a pheniau ar eu cyfer. Gellir defnyddio'r rhain yn ystafell y llys ac ystafell y rheithgor, ond ni ellir mynd â hwy adref. Ar ddiwedd yr achos, dinistrir nodiadau'r rheithgor. Pan fydd yr erlyniad a'r amddiffyniad wedi galw pob un o'u tystion a gwneud eu hareithiau cloi, mae'r barnwr yn crynhoi ffeithiau'r achos ac yn esbonio cyfreithiau perthnasol i'r rheithgor. Yna mae'r rheithgor yn mynd i ystafell y rheithgor i benderfynu a yw'r diffynnydd yn euog neu'n ddieuog.

Box 21.3 *Cwestiynau'r gyfraith* - **R v Ireland and Burstow (1997)**

Mewn rhai achosion, mae'n anoddach delio â materion y gyfraith. Er enghraifft, mae cyfraith gwlad hirsefydlog yn diffinio ymosodiad fel unrhyw weithred sy'n peri bod y dioddefwr yn ofni bod grym anghyfreithlon ar fin cael ei ddefnyddio yn eu herbyn. Mae hyn yn golygu bod rhaid bod y dioddefwr wedi ofni y byddai grym yn cael ei ddefnyddio ar unwaith. Yn y 1990au, safodd nifer o ddiffynyddion brawf am ymosod ar sail ymddygiad nad oedd yn cyd-fynd yn union â'r categori hwn o ymddygiad. Yn **R v Ireland and Burstow (1997)**, er enghraifft, aflonyddwyd y dioddefwr gan rywun a wnaeth nifer o alwadau ffôn mud. Er bod hyn yn eithriadol o anghymdeithasol, roedd rhaid penderfynu a oedd yn ymosodiad o safbwynt egwyddorion cyfreithiol. Roedd hwn yn fater cyfreithiol ar gyfer y barnwr. Pan benderfynodd y barnwr y gallai ymddygiad o'r fath gael ei alw'n ymosodiad, aeth y rheithgor ati i benderfynu a gyhuddwyd y dyn cywir, a materion ffeithiol eraill o'r un fath.

Roedd **R v Ireland and Burstow (1997)** *yn ymwneud ag aflonyddu dros y ffôn.*

Dyfarnu

Pan fydd y rheithgor yn ystyried ei ddyfarniad yn breifat, bydd yn ethol **pen-rheithiwr** (gall fod yn ddyn neu'n fenyw). Mae'r pen-rheithiwr yn siarad ar ran y rheithgor pan fydd yn rhoi dyfarniad y rheithgor gerbron y llys. Gadewir digon o amser i drafod y dystiolaeth a dyfarnu. Nid oes neb arall yn cael mynediad i'r ystafell tra bod y rheithgor yn penderfynu ac ni chaniateir unrhyw gysylltiad â'r byd allanol, ac eithrio drwy roi nodyn i'r tywysydd. Rhaid cadw'r hyn sy'n digwydd yn ystafell y rheithgor yn gyfrinachol. Dan Ddeddf Dirmyg Llys 1981 (Adran.8), mae'n drosedd derbyn neu ddatgelu unrhyw fanylion am yr hyn a ddigwyddodd tra oedd y rheithgor yn trafod.

Os yw'r rheithgor yn awyddus i'r barnwr esbonio rhywbeth ynglŷn â'r achos, gall yrru nodyn. Yna mae'r rheithgor yn dychwelyd i ystafell y llys ac mae'r barnwr yn rhoi cymaint o gymorth â phosibl, ond ni ellir rhoi tystiolaeth newydd ar hyn o bryd.

Dyfarniadau unfrydol a mwyafrifol

Rhoddir dyfarniad y rheithgor gan y pen-rheithiwr yn y llys agored. Cyn Deddf Cyfiawnder Troseddol 1967, roedd rhaid i'r rheithgor fod yn unfryd er mwyn dyfarnu, boed y dyfarniad hwnnw yn euog neu'n ddieuog. Ers Deddf Cyfiawnder Troseddol 1967, gall barnwr ganiatáu penderfyniad mwyafrifol. Yn 1967, roedd y llywodraeth o'r farn fod achosion drwy reithgor yn arwain at ormod o ryddfarnau, ac y byddai caniatáu penderfyniadau mwyafrifol yn helpu i gollfarnu mwy o droseddwyr. Er bod unfrydedd yn cyd-fynd â'r syniad o fodloni y tu hwnt i bob amheuaeth resymol, y mae hefyd yn golygu bod mwy o berygl y bydd rhywun yn cymell y rheithgor. Mae cymell rheithgor yn digwydd pan fo'r diffynnydd neu ei gymdeithion yn canfod ffordd o ddychryn neu ddylanwadu mewn ffordd arall ar aelod o'r rheithgor.

Yn y lle cyntaf, mae'r barnwr yn gofyn i'r rheithgor wneud penderfyniad unfrydol. Os nad yw'r rheithgor yn unfryd ar ôl dwyawr (mae'r barnwr yn aros am gyfnod hirach o lawer mewn achosion cymhleth), gall y barnwr alw'r rheithgor yn ôl a dweud wrth aelodau'r rheithgor bod penderfyniad mwyafrifol yn dderbyniol. Rhoddir y rheolau

---

Blwch 21.4 *Penderfyniadau mwyafrifol*

Nifer yn y rheithgor	Penderfyniad mwyafrifol
12	10 i 2 11 i 1
11	10 i 1
10	9 i 1

Beth bynnag fo'r dyfarniad, rhaid cael rheithgor llawn o 12 o bobl, a phleidlais o ddeg i ddau o leiaf, er mwyn caniatáu penderfyniad mwyafrifol. Hynny yw, gall hyd at ddau berson anghytuno â'r mwyafrif, ond bydd y dyfarniad yn dderbyniol o hyd.

Os bydd llai na 12 o bobl ar y rheithgor - er enghraifft, os bydd un neu fwy o'r rheithwyr yn mynd yn sâl yn ystod achos - yna bydd y rheolau canlynol yn berthnasol:

- lle ceir 11 rheithiwr, rhaid cael dyfarniad mwyafrifol o ddeg i un
- lle ceir deg rheithiwr, rhaid cael dyfarniad mwyafrifol o naw i un
- lle ceir dim ond naw rheithiwr rhaid i'r dyfarniad fod yn unfrydol - ni chaniateir rheithgor llai na naw o bobl.

Dan Ddeddf Rheithgorau 1974, lle mae'r rheithgor yn collfarnu diffynnydd ar sail penderfyniad mwyafrifol, rhaid i ben-rheithiwr y rheithgor roi manylion am nifer y rheithwyr sy'n cytuno neu'n anghytuno yn y llys agored. Nid oes rhaid datgan maint mwyafrif pan rhyddfernir diffynnydd.

dros benderfyniadau mwyafrifol ym Mlwch 21.4.

Os na fydd rheithgor wedi gallu cytuno ar ddyfarniad, rhywbeth a elwir yn 'rheithgor crog', mae gan yr erlyniad yr hawl i ofyn am ailachos. Mae aildreialu'n digwydd yn gymharol anaml.

A ellir herio penderfyniad rheithgor?

Er bod rheithgorau, o bryd i'w gilydd, yn gwneud penderfyniadau sydd i bob golwg yn anodd eu cyfiawnhau ar sail y dystiolaeth ger eu bron, mae'r egwyddor na all y barnwr herio penderfyniad y rheithgor wedi ei hen sefydlu. Yn *Bushell's Case (1670)*, gwrthododd barnwr yr achos dderbyn dyfarniad y rheithgor, sef bod y diffynnydd yn ddieuog, a rhoddodd gyfarwyddyd i'r rheithgor i ailystyried eu dyfarniad heb ddŵr na bwyd. Pan fynnodd y rheithgor ryddfarnu, carcharwyd hwy gan y barnwr. Yn dilyn apêl, gorchmynnodd y Llys Pleon Cyffredin bod y rheithgor yn cael ei ryddhau, a datganodd mai'r rheithgor yn unig oedd yn penderfynu a ddylid collfarnu diffynnydd neu beidio.

Os bydd afreoleidd-dra honedig yn digwydd yn ystafell y rheithgor, sy'n bwrw amheuaeth ar sut y gwnaed y penderfyniad, mae'r cwestiwn yn codi a yw hyn yn sail i wrthdroi penderfyniad ar apêl. Yn *R v Thompson (1962)*, honnwyd bod y pen-rheithiwr wedi perswadio rheithgor a oedd ar fin rhyddfarnu diffynnydd i newid eu meddwl, drwy gyflwyno rhestr o gollfarnau blaenorol. Cydnabu'r Llys Apêl ei fod yn hanfodol na ddylid datgelu hanes troseddu'r diffynnydd i'r rheithgor. Ond ar yr un pryd, dyfarnodd y byddai caniatáu ymchwiliad i sut y daeth y rheithgor i'w penderfyniad yn groes i egwyddor annibyniaeth y rheithgor ac yn tanseilio hyder y cyhoedd yn y gyfundrefn. Yn yr achos hwn, a nifer o achosion eraill, nid yw'r Llys Apêl wedi bod yn barod i ymchwilio i anghysonderau honedig yn ystafell y rheithgor.

21.6 Rôl y rheithgor mewn achosion sifil

Hyd ganol y bedwaredd ganrif ar bymtheg, penderfynwyd pob achos a ymddangosai mewn llysoedd cyfraith gwlad gan farnwr a rheithgor. Ers hynny, bu dirywiad cyson yn y defnydd a wneir o reithgorau mewn achosion sifil. Heddiw, dan Ddeddf y Goruchaf Lys 1981, cynhelir achosion gan reithgor dim ond mewn achosion difenwi, camgarcharu, erlyn maleisus a thwyll. Hyd yn oed yn yr achosion hyn, gall barnwr wrthod i'r hawlydd achos gan reithgor am resymau penodol, er enghraifft archwilio dogfennau dros gyfnod hir neu dystiolaeth wyddonol, gymhleth. Dan Ddeddf y Llysoedd Sirol 1984, gellir cynnal achosion gan reithgor yn y Llys Sirol yn ogystal â'r Uchel Lys. Defnyddir rheithgorau hefyd mewn Llysoedd y Crwner (llysoedd sy'n ymchwilio i amgylchiadau marwolaeth).

Mewn achosion sifil, mae gan reithgorau ddwy rôl. Yn gyntaf, mae'r rheithgor yn penderfynu ai gan yr hawlydd neu gan y diffynnydd mae'r achos cryfaf. Fel sy'n digwydd mewn achos troseddol, felly, mae'r rheithgor yn penderfynu materion sy'n ymwneud â ffeithiau. Yn ail, mewn achosion sifil mae'r rheithgor yn penderfynu beth fydd maint yr iawndal a delir.

Ceir crynodeb o'r beirniadaethau a wneir o'r defnydd o reithgorau mewn achosion sifil ym Mlwch 21.5.

Blwch 21.5 *Beirniadaethau a wneir o'r defnydd o reithgorau mewn achosion sifil*

Y brif feirniadaeth a wneir o'r defnydd o reithgorau mewn achosion sifil yw ei bod yn anodd rhagweld eu penderfyniad wrth ddyfarnu iawndal. Rhaid i farnwr benderfynu ar faint yr iawndal drwy fwrw golwg dros achosion tebyg, ond nid oes rhaid i reithgorau wneud hynny. Gall y swm a ddyfernir i barti mewn achos gan reithgor amrywio'n eang ac mae'n anodd i gyfreithwyr ragweld pa iawndal a roddir i'w cleientiaid. Yn 1975, mynegodd Pwyllgor Faulks amheuon ynghylch a ddylid defnyddio rheithgorau i asesu iawndal. Heb os, mae'n ymddangos bod rheithgorau, ar adegau, wedi dyfarnu symiau afresymol o uchel, yn enwedig mewn achosion difenwi. Yn *Aldington v Watts and Tolstoy (1989)* dyfarnwyd iawndal o £1.5 miliwn gan reithgor. Aed â'r achos hwn i Lys Hawliau Dynol Ewrop, a ddyfarnodd fod y swm a ddyfarnwyd mor anghymesur fel ei fod gyfystyr ag amharu ar hawl Tolstoy i gael rhyddid i lefaru dan erthygl 10 y Confensiwn Ewropeaidd ar Hawliau Dynol (gweler Uned 4 am fanylion am y confensiwn hwn). Enghraifft arall o iawndal eithafol yw *John v Mirror Group Newspapers Ltd (1996)*, lle dyfarnwyd £350,000 am enllib.

Oherwydd achosion fel hyn, dan adran 8 o Ddeddf y Llysoedd a Gwasanaethau Cyfreithiol 1990, cafodd llysoedd apêl yr hawl i newid maint yr iawndaliadau a wnaed gan reithgorau. Yna, yn 1996, estynnwyd rôl barnwyr mewn achosion enllib gan y Ddeddf Difenwi. Roedd hyn yn cynnwys rhoi'r hawl i farnwyr osod lefelau iawndal lle cynigiodd diffynnydd wneud iawn.

A ellir gwrthdroi penderfyniadau rheithgorau mewn achosion sifil?

Yn *Grobbelar v News Group Newspapers Ltd (2001)*, cyhuddwyd yr hawlydd, cyn gôl-geidwad clwb pêl-droed Lerpwl, gan bapur newydd *The Sun* o dderbyn arian i drefnu canlyniad gemau pêl-droed, a hynny cyn eu chwarae. Er gwaethaf dadleuon cryf yr erlyniad, cafodd ei ryddfarnu mewn achos troseddol ac yna aeth ati i ddwyn achos enllib yn erbyn *The Sun*. Yn yr achos sifil hwn, canfu'r rheithgor bod Grobbelar wedi cael ei enllibio a dyfarnodd iawndal o £85,000. Mae'n bwysig cofio wrth ystyried y penderfyniad hwn bod safon y prawf a ddisgwylir mewn achos sifil yn is na'r hyn a ddisgwylir mewn achos troseddol. Ni allai'r Llys Apêl dderbyn dyfarniad y rheithgor, a dywedodd, gan gydbwyso'r tebygolrwydd, na allai'r un rheithgor rhesymol fethu â chredu bod y stori a argraffwyd yn *The Sun* yn wir yn ei hanfod (os dangosir bod datganiad enllibus honedig yn wir, ni chyflawnwyd enllib). Dyma enghraifft brin o achos lle osododd y barnwyr apêl benderfyniad y rheithgor i'r naill ochr, er bod Tŷ'r Arglwyddi wedi gwrthdroi'r penderfyniad yn ddiweddarach.

21.7 A ddylid diwygio'r gyfundrefn reithgor?

Yn draddodiadol, mae cyfundrefn treialu gan reithgor wedi'i pharchu'n fawr fel ffordd o ddod â synnwyr a barn dda pobl gyffredin i'r gyfundrefn gyfreithiol. Mae rhai barnwyr ac academyddion wedi pwysleisio ei phwysigrwydd yng nghyfraith Cymru a Lloegr, ac weithiau hawlir ei bod yn nodwedd hanfodol o bob cymdeithas ddemocrataidd. Yn ôl Arglwydd Devlin, rheithgorau yw'r 'llusern sy'n dangos bod rhyddid yn fyw'. Ar yr un pryd, beirniadwyd y cyfiawnder a geir yn sgil achos gan reithgor. Ystyrir cryfderau a gwendidau rheithgorau ym Mlwch 21.6.

> **Blwch 21.6** *Cryfderau a gwendidau rheithgor – crynodeb*

Cryfderau

1. Mae gan y cyhoedd barch tuag at dreialu gan reithgor.
2. Mae defnyddio aelodau cyffredin o'r cyhoedd i benderfynu a yw'r cyhuddedig yn euog neu'n ddieuog yn gallu osgoi penderfyniadau rhagfarnllyd, os ystyrir bod barnwyr yn rhy debygol o gefnogi safbwynt yr erlyniad.
3. Mewn achosion megis achos Ponting (a drafodir isod), gellir ystyried bod dyfarniadau rheithgorau yn cael yr effaith o gywiro cyfreithiau annheg neu anghyfiawn.

Gwendidau

1. Mae ymchwil Comisiwn Runciman yn 1992 yn awgrymu bod rheithgorau'n cael anhawster deall neu gofio tystiolaeth yn aml.
2. Dangosodd astudiaeth Baldwin a McConville, yn achos 25% o benderfyniadau a wnaed gan reithgorau, bod gweithwyr proffesiynol cyfreithiol a gymerodd ran yn yr achosion hynny yn meddwl bod y dyfarniad yn debygol o fod yn anghywir.
3. Mae rhai beirniaid yn dadlau bod gormod o bobl yn llwyddo i osgoi gorfod gwasanaethu ar reithgor.
4. Mewn achosion sy'n derbyn llawer o sylw gan y cyfryngau, gall rheithgor gael ei ddylanwadu'n fawr gan sylwadau'r wasg cyn yr achos.
5. Nid yw dewis ar hap yn gwarantu bod y rheithgor yn cynrychioli'r boblogaeth gyfan. Gallai hyn roi diffynyddion croenddu ac Asiaidd dan anfantais.

Gweithgaredd 21.3

Rheithgorau mewn achosion difenwi

Elton John

Pan ddyfarnwyd £350,000 i Elton John yn erbyn y *Sunday Mirror* gan reithgor yn achos **John v Mirror Group Newspapers (1995)**, nid oedd gan y Llys Apêl unrhyw amheuaeth fod y swm yn ormodol mewn cymhariaeth â'r swm a ddyfernid gan farnwr mewn achos niwed corfforol. Lleihawyd yr iawndal i £75,000. Wrth draddodi dyfarniad y llys, dywedodd Syr Thomas Bingham:

> 'Yn ein barn ni, mae'n ffiaidd yng ngolwg y cyhoedd - ac felly y dylai fod - bod pleintydd difenwi yn gallu ennill iawndal am niwed i enw da sy'n fwy - yn fwy o lawer efallai - na'r hyn y byddai'r pleintydd wedi ei ennill am gael ei adael yn gloff a diymadferth neu fel llysieuyn disynnwyr.'

Yn ogystal, yn ôl Arglwydd Bingham, nid oedd canllawiau gan y barnwr yn awgrymu uchafswm ac isafswm, yn golygu na allai'r rheithgor ddewis ffigur y tu hwnt i'r terfynau hyn, ond 'Byddai'r broses o awgrymu ffigurau, yn ein barn ni, yn creu naws o realaeth'. Daeth y Llys Apêl i gasgliad tebyg yn **Thompson v Metropolitan Police Commissioner (1997)** sef achos yn ymwneud â gweithredoedd anghyfreithlon gan yr heddlu, math arall o achos lle mae rheithgorau wedi dyfarnu symiau eithriadol i hawlwyr ar brydiau.

Pan archwiliodd Pwyllgor Faulks y defnydd o reithgorau mewn achosion difenwi ar ddechrau'r 1970au, argymhellodd y byddai barnwr a eisteddai ar ei ben ei hun yn well na defnyddio barnwr a rheithgor mewn rhai achosion enllib ac athrod, megis achosion cymhleth a rhai yn cynnwys pwyntiau cyfreithiol technegol. Ni awgrymodd, fodd bynnag, na ddylid defnyddio rheithgorau o gwbl mwyach. O ran pennu lefelau iawndal, credai Pwyllgor Faulks na ddylai'r rheithgorau wneud hyn mwyach. Nid oedd ganddynt ddigon o wybodaeth na phrofiad. Awgrymwyd y dylai'r rheithgor benderfynu a ddylai'r iawndal fod yn 'sylweddol/canolig/mewn enw yn unig neu'n ddirmygus' ac y dylai'r barnwr bennu'r swm penodol.

(a) **Ym mha fathau o achosion y mae rheithgor yn pennu maint yr iawndal?**

(b) **Pam fod y Llys Apêl, yn John v Mirror Group Newspapers, yn teimlo bod swm yr iawndal a ddyfarnwyd gan reithgor yn rhy uchel? (4)**

(c) **Pryd mae gan farnwr yr hawl i bennu lefel yr iawndal, dan Ddeddf Difenwi 1996?**

(ch) **Sut mae awgrymiadau ar gyfer pennu lefel iawndal yn wahanol rhwng y Llys Apêl a Phwyllgor Faulks? (6)**

Ymchwil ac adroddiadau ar reithgorau

Rhaid seilio cynigion am ddiwygio'r gyfundrefn reithgor ar wybodaeth am ei chryfderau a'i gwendidau. Ond cyfyngir ar ymchwil a dadansoddi'r gyfundrefn yng Nghymru a Lloegr gan Ddeddf Dirmyg Llys 1981 (Adran 8) sy'n datgan ei fod yn drosedd i ymchwilio i'r hyn sy'n digwydd yn ystafell y rheithgor. Byddai'n anghywir, fodd bynnag, dweud na wnaed unrhyw ymchwil ar berfformiad rheithgorau, gan fod swm sylweddol o ymchwil ar reithgorau go iawn yn bodoli mewn gwledydd eraill megis UDA. Yn ogystal, mae rhai ymchwilwyr yn y DU wedi canfod dulliau o gynnal ymchwil defnyddiol ar destun rheithgorau heb dorri'r gyfraith. Crynhoir yr ymchwil hwn ym Mlwch 21.7.

Blwch 21.7 *Ymchwil i reithgorau*

1. McCabe & Purves (1974)

Yn 1974, cynhaliodd Sarah McCabe a Robert Purves astudiaeth a seiliwyd ar 30 achos a glywyd gan reithgorau cysgod neu ffug. Fe'u gwyliwyd yn ceisio dod i benderfyniad ar ôl gwrando ar achosion go iawn. Dywedodd yr ymchwilwyr:

> 'Dangosodd y rheithgorau cysgod benderfyniad cryf wrth chwilio am dystiolaeth y gellid seilio collfarnau arni.'

Roeddent hefyd yn ymwybodol o'r perygl o ddibynnu ar argraff o euogrwydd. Yn ôl y crynodeb o'r canlyniadau:

> 'Nid oedd fawr o dystiolaeth o benderfyniadau troedig terfynol yn y deg grŵp ar hugain hyn.'
> (Sarah McCabe a Robert Purves
> *The Shadow Jury at Work*, 1974, t.60)

---

2. Baldwin & McConville (1979)

Nid oedd ymchwil John Baldwin a Michael McConville, a gynhaliwyd yn 1979, yn rhoi darlun cystal o reithgorau. Gwnaed ymchwil i 370 o achosion gan reithgor. Gofynnodd yr ymchwilwyr i farnwr yr achos, cyfreithwyr yr amddiffyniad a'r erlyniad, yr heddlu a'r diffynnydd a oedd ganddynt unrhyw amheuon am benderfyniad y rheithgor. Awgrymodd yr astudiaeth bod anghytundeb sylweddol rhwng rheithgorau a phobl allweddol eraill yr achos. Roedd tri neu fwy o'r atebyddion yn 25% o achosion yn barnu bod rhyddfarnau'n amheus iawn. Teimlai Baldwin a McConville bod eu hastudiaeth yn dangos bod dyfarniad y rheithgor, mewn rhai achosion, yn cael ei ddylanwadu gan gydymdeimlad tuag at y diffynnydd neu elyniaeth tuag at y dioddefwr.

Bu dau ymholiad pwysig i'r gyfundrefn reithgor yn ystod y blynyddoedd diwethaf. Yn gyntaf, cynhaliodd Gomisiwn Brenhinol Cyfiawnder Troseddol, a elwid yn **Gomisiwn Runciman**, arolwg pwysig o 800 o achosion yn Llys y Goron yn 1992. Gwnaeth nifer o argymhellion ynghylch diwygio rheithgorau. Yn ail, yn 2001, cyhoeddwyd

Adolygiad Llysoedd Trosedd pellgyrhaeddol, a elwid yn **Adroddiad Auld**, gan yr Arglwydd Ustus Auld. Lluniodd Darbyshire, Maughan a Stewart adolygiad o'r holl ymchwil pwysig a wnaed hyd 2001 ar gyfer Adroddiad Auld. Cyfeirir at ganfyddiadau ac argymhellion Auld a Runciman yn y drafodaeth ar faterion penodol isod. Mabwysiadwyd rhai o'r cynigion allweddol a wnaed yn Adroddiad Auld gan y llywodraeth yn y cynigion ar gyfer deddfwriaeth a gafwyd yn y Papur Gwyn, *Justice for All*, ym mis Gorffennaf 2002.

Cymeradwyaeth y cyhoedd a chynrychioli'r cyhoedd

Mae tystiolaeth sylweddol yn dangos bod y boblogaeth yn gyffredinol yn bleidiol i achosion gan reithgorau, ac yn credu eu bod yn gwneud gwaith da. Mae Helena Kennedy wedi dadlau bod y cyhoedd yn gallu ymddiried a hyderu yn y gyfraith am eu bod yn cael y cyfle i weld y llysoedd ar waith a chymryd rhan yn y broses honno. Yn ôl arolwg o 900 o bobl a gomisiynwyd gan Gyngor y Bar, Cymdeithas y Cyfreithwyr a Chymdeithas y Bar Troseddol, roedd 85% yn credu bod achos gan reithgor yn decach nag achos gan farnwr yn unig, ac 81% yn credu bod cyfundrefn a ddefnyddiai reithgorau'n sicrhau cyfiawnder gwell. Mae'n werth nodi hefyd bod 66% o'r sawl a gafodd eu cyfweld yn gwrthwynebu cynigion Adroddiad Auld, a fyddai wedi lleihau nifer yr achosion gan reithgor o ddwy ran o dair.

Er hyn, mae Adroddiad Auld wedi nodi rhesymau pwysig dros wrthod y safbwynt na ddylid diwygio achos gan reithgor. Ceir crynodeb ohonynt ym Mlwch 21.8.

Blwch 21.8 *Dadleuon Adroddiad Auld yn erbyn achosion gan reithgor*

Arglwydd Auld (Robin Auld, CF) Arglwydd Ustus Apêl

1. Nid yw'r rheithgor yn ddemocrataidd mewn gwirionedd ac nid yw'n cynrychioli pob adran o'r gymdeithas gan fod rheithwyr yn cael eu dewis ar hap. Dim ond y sawl a ddewisir sy'n cymryd rhan ym mhroses yr achos.

2. Yn ystod y ddwy ganrif ddiwethaf, 'mae barnwyr wedi bod yn well cyfrwng na rheithgorau i ddatgan ac amddiffyn hawliau dinasyddion'.

3. Ni wnaeth y defnydd o reithgorau atal y camweinyddu cyfiawnder a ddaeth i'r fei yn y 1980au a'r 1990au cynnar, a ddigwyddodd, yn bennaf, oherwydd ffugio neu guddio tystiolaeth (gweler Uned 12, Adran 12.1 am fwy o wybodaeth am y camweddau hyn).

4. Os yw cyfundrefn reithgor mor werthfawr, pam fod rheithgor yn gwrando ar dim ond 1% o'r holl droseddau a erlynir?

A yw rheithgorau'n sicrhau tegwch pan fo'r gyfraith yn anghyfiawn?

Gan nad yw rheithgorau, yn wahanol i farnwyr, yn gorfod dilyn cynsail neu statud, nac yn gorfod rhoi rhesymau dros eu dyfarniadau, maent yn gallu rhyddfarnu neu gollfarnu person ar sail yr hyn sy'n deg yn eu barn hwy fel unigolion. Mae rhai achosion yn bodoli lle ni ellir esbonio dyfarniad y rheithgor oni bai ei fod wedi anwybyddu ffeithiau'r achos neu'r gyfraith. Gelwir y dyfarniadau hyn yn '**rheithfarnau gwrthnysig**'.

Mae achos *Ponting (1984)* yn enghraifft o reithfarn wrthnysig. Roedd Ponting yn was sifil a gyhuddwyd dan Ddeddf Cyfrinachau Cyhoeddus 1911 o ryddhau gwybodaeth am suddo un o longau'r Ariannin, y *General Belgrano*, yn ystod Rhyfel Ynysoedd y Malfinas. Nid oedd hyn yn peryglu llwyddiant y Lluoedd Arfog yn y rhyfel, ond, i bob golwg, roedd yn peri i'r llywodraeth edrych yn ffôl. Yn ystod ei achos, ni wadodd Ponting ei fod wedi rhyddhau gwybodaeth ond honnai ei fod yn ddieuog, gan ei fod wedi gweithredu er budd y cyhoedd. Teimlai y dylai'r cyhoedd wybod yn union beth ddigwyddodd, yn hytrach na'r hyn oedd yn y fersiwn swyddogol. Dywedodd y barnwr nad oedd y fath amddiffyniad yn bodoli dan y Ddeddf. Golygai hyn fod rhaid i'r rheithgor gollfarnu Ponting, gan iddo gyfaddef ei fod wedi troseddu. Er hyn, cafodd ei ryddfarnu. Roedd rhai o'r farn mai dyma'r peth iawn i'w wneud, er ei fod yn mynd yn groes i'r gyfraith.

Mae Adroddiad Auld yn feirniadol o'r 'syniad deniadol o frwydro dros gyfiawnder' sy'n gysylltiedig â rheithfarnau gwrthnysig, ym marn llawer o bobl. Mae'n tynnu sylw at y ffaith y gallai'r rheithfarnau hyn fod yn seiliedig ar ffactorau amherthnasol neu ddadl afresymol na ellir eu cywiro yn ystod apêl, am nad oes rhaid i reithgorau gyfiawnhau eu penderfyniadau ac na ellir gwrthdroi dyfarniadau rheithgorau. Ar ben hyn, mae'n nodi nad yw rheithgorau'n ddemocrataidd ac na ddylid caniatáu iddynt orredeg ewyllys y Senedd:

> 'Yn fy marn i, mae'n afreal ystyried dewis 12 rheithiwr ar hap, yn hytrach na'u hethol, o un ardal fach yn enghraifft o ddemocratiaeth; "senedd fach" i'w gosod yn erbyn ewyllys y genedl.'

Argymhellodd Adroddiad Auld y dylid newid y gyfraith fel nad oedd gan reithgor yr hawl i ryddfarnu diffynyddion yn groes i'r gyfraith neu gan ddiystyru'r dystiolaeth, ond mae'n ymddangos nad yw'r llywodraeth wedi mabwysiadu'r syniad hwn.

Dylanwad y cyfryngau

Dylai rheithwyr wrando ar dystiolaeth ac ystyried eu dyfarniad gyda meddwl agored, heb gael eu dylanwadu gan ragdybiaethau am yr achos a'r diffynnydd. Yn ymarferol, gall hyn fod yn anodd lle bu'r cyfryngau'n canolbwyntio ar yr hanes cyn iddi droi'n achos. Y cwestiwn pwysig yw a yw hyn yn atal diffynyddion rhag derbyn achos teg. Mae Blwch 21.9 yn ymchwilio i'r mater hwn.

Blwch 21.9 *Sylw'r cyfryngau ac achosion drwy reithgor*

Roedd *R v West (1996)* yn enghraifft dda o achos a gafodd sylw mawr gan y cyfryngau. Roedd Rosemary West yn gysylltiedig â llofruddio deg merch a menyw. Wedi i'r cyrff gael eu darganfod, talodd y papurau newydd a'r teledu lawer o sylw i'r achos. Byddai wedi bod yn amhosibl, bron, i ddod o hyd i 12 o bobl nad oedd wedi clywed am West ac a fyddai felly wedi arddel safbwynt

Fred a Rosemary West.

gwbl ddiragfarn. Ar ôl i Lys y Goron ei chollfarnu, apeliodd West gan honni bod sylw'r cyfryngau wedi ei hatal rhag cael achos teg. Gwrthododd y Llys Apêl gan ddweud na fyddai diffynyddion achosion llofruddiaeth erchyll yn cael eu collfarnu fyth pe baent yn caniatáu'r apêl. Mewn achosion o'r fath, gall y barnwr rybuddio'r rheithgor yn erbyn ystyried safbwyntiau a ffurfiwyd oherwydd sylw'r cyfryngau wrth drafod eu dyfarniad.

A yw rheithwyr yn deall neu'n cofio tystiolaeth?

Nid yw cyfreithwyr yn enwog am or-symleiddio pethau. Gall achos yn Llys y Goron gynnwys tystiolaeth wyddonol faith a phwyntiau cyfreithiol cymhleth. Bydd rhai rheithwyr yn cael anhawster dilyn y dystiolaeth ac, o bosibl, efallai na fyddant yn gallu dyfarnu ar ôl ystyried y dystiolaeth. Mae ymchwil wedi awgrymu bod problemau o'r fath yn digwydd yn aml.

Yn yr astudiaeth o Lys y Goron a gyflawnwyd ar ran Comisiwn Runciman, gofynnwyd i reithwyr:

> **A oeddech chi'n meddwl bod y rheithgor i gyd yn gallu deall y dystiolaeth?**

Dim ond 56% ddywedodd bod pob aelod o'r rheithgor yn gallu deall y dystiolaeth, tra oedd 41% o'r farn nad oedd y rheithgor yn cael unrhyw anhawster.

Ar y llaw arall, roedd mwy na 90% o fargyfreithwyr yr amddiffyniad a'r erlyniad a gafodd eu harolygu, yn credu nad oedd y rheithgor yn cael unrhyw anhawster i ddeall y dystiolaeth.

Nid yw'n syndod bod canran y rheithwyr a gâi anhawster cofio'r achos yn cynyddu yn ôl hyd yr achos. Pan oedd yr achos yn parhau am lai na diwrnod, dim ond 4-5% o'r

Gweithgaredd 21.4

Llofruddiaeth Jill Dando a chollfarn Barry George

Jill Dando.

A ydych chi'n cofio lle'r oeddech chi pan ddarlledwyd y newyddion ar y teledu a'r radio bod Jill Dando, y cyflwynydd teledu, wedi cael ei saethu'n farw? Yn araith gloi Michael Mansfield ar ran yr amddiffyniad yn nhreial Barry George, a gyhuddwyd o lofruddio Dando, dywedodd y gellid cymharu ei marwolaeth, mewn ystyr, â marwolaeth y Dywysoges Diana.

Saethwyd Dando yn farw ar garreg drws ei chartref yn Llundain. Nid oedd unrhyw dystion i'r llofruddiaeth, ac ni chafwyd llawer o gliwiau. Yn ystod ymchwiliad gan yr heddlu a barhaodd am flwyddyn, roedd y cyfryngau yn cyhoeddi straeon 'chwilio am lofrudd Jill' yn ddyddiol. Gwahoddwyd y cyhoedd i bendroni uwchben dyfaliadau manwl am bwy oedd y dyn amheus mewn siwt las a welwyd yn rhedeg o'r ardal. Ymhen amser, cyhoeddwyd damcaniaeth fanwl am asasin Serbiaidd gyda chymhellion gwleidyddol yn lladd rhywun a ystyriwyd yn 'llais y BBC'. Credai'r heddlu fod gan y llofrudd ddau guddfan, o bosibl. Ar un pwynt, ataliwyd heddwas rhag gweithio am iddo ollwng gwybodaeth i'r cyfryngau. Yna, arestiwyd Barry George, dyn ynysig, ecsentrig. Dwysaodd y dyfalu cyn ei achos, pan ddaeth manylion am ei gefndir, gan gynnwys obsesiynau gyda phobl enwog, i'r amlwg.

Rhoddwyd rhybudd i reithwyr yr achos i beidio â chael eu dylanwadu gan yr awydd i ddial ar rywun am farwolaeth Dando wrth benderfynu ar eu rheithfarn. Dywedodd Mr Justice Gage wrth y rheithgor y dylai anwybyddu'r cyhoeddusrwydd am farwolaeth Dando a rhoi unrhyw deimladau o ddicter, cydymdeimlad neu ragfarn i'r naill ochr. Gofynnodd i'r rheithgor ganolbwyntio ar y dystiolaeth a glywsant yn y llys gyda 'hunanfeddiant a barn bwyllog'.

Yng Ngorffennaf 2001, collfarnwyd Barry George am lofruddio Jill Dando, ar ôl achos a barodd wyth wythnos. Roedd llawer o'r cyfreithwyr a'r newyddiadurwyr a fynychodd yr achos wedi disgwyl rhyddfarn, ond collfarnwyd gyda mwyafrif o 10:1, wedi i'r rheithgor dreulio rhai oriau yn ystyried ei ddyfarniad. Flwyddyn yn ddiweddarach, cytunodd y Llys Apêl i adolygu'r gollfarn ar y sail bod tystiolaeth allweddol gan yr erlyniad wedi cael ei phrofi'n annibynadwy.

(a) Pa broblemau fyddai rheithgor yr achos hwn wedi eu hwynebu wrth geisio cyflawni eu gwaith? **(6)**

(b) Pe bai'r achos wedi cael ei brofi gan farnwr yn unig, heb reithgor, a fyddai'r broses benderfynu wedi bod yn fwy gwrthrychol, yn eich barn chi? **(6)**

rheithwyr a gyfaddefodd eu bod yn cael ychydig o anhawster cofio'r dystiolaeth. Pan oedd yr achos yn parhau am fwy na phythefnos, 27% oedd y ffigur. Mae achosion twyll yn achosi problemau arbennig. Weithiau maent yn cynnwys tystiolaeth gymhleth am ddulliau cyfrifo a allai ddrysu rheithgor. Yn ogystal, mae achosion twyll yn tueddu i barhau'n gymharol hir. Yn ôl Adroddiad Auld, roedd achosion twyll cymhleth yn 'dir ffrwythlon ar gyfer camgymeriadau ac anghyfiawnder sydd, ar y cyfan, yn amhosibl eu datgelu drwy apêl'.

Roedd Adroddiad Auld yn argymell y dylai barnwyr gael y grym i roi cyfres o gwestiynau ffeithiol ysgrifenedig i reithgor, wedi'u teilwra i'r gyfraith a materion a thystiolaeth yr achos. Byddai'r barnwr yn gallu gofyn i reithgor ateb pob un o'r cwestiynau hyn mewn llys agored, fel ffordd o wybod a oeddent wedi rhesymu eu rheithfarn yn briodol. Argymhelliad arall a wnaed gan yr Adroddiad oedd y dylai'r barnwr gael y grym i gyfarwyddo achos gan farnwr yn unig, fel dewis arall i achos gan farnwr a rheithgor mewn achosion twyll difrifol a chymhleth. Mabwysiadwyd yr argymhelliad hwn mewn Papur Gwyn cyfiawnder troseddol yn y man.

Cyfansoddiad rheithgorau

Yn Adroddiad Auld, mynegwyd pryder ynghylch y niferoedd mawr o bobl sy'n cael gwys i wneud gwasanaeth rheithgor ond yna'n cael eu hesgusodi, neu'n cael ei ohirio. Yn ôl prosiect ymchwil gan y Swyddfa Gartref yn 1999, mewn sampl o 50,000 o bobl a gafodd wys i wneud gwasanaeth rheithgor ym Mehefin a Gorffennaf 1999, dim ond traean oedd ar gael i wasanaethu, ac roedd tua hanner o'r rhain yn cael gohirio'u gwasanaeth. Ceir dadansoddiad o'r ddwy ran o dair a oedd yn weddill ym Mlwch 21.10.

Blwch 21.10 *Canran y bobl nad oedd yn gwasanaethu ar reithgorau*

Anghymwys, wedi'u diarddel neu wedi'u hesgusodi	13
Wedi methu â mynychu neu gwysiadau wedi'u dychwelyd, heb eu dosbarthu	15
Wedi'u hesgusodi	38

Canrannau yw'r holl ffigurau.

Roedd Adroddiad Auld yn pryderu bod rheithgorau, yn rhy aml, yn brin o brofiad a sgiliau ystod eang o bobl broffesiynol a phobl lwyddiannus a phrysur mewn meysydd eraill. Teimlai Auld bod y nifer fawr o reithwyr a gâi eu hesgusodi yn creu'r argraff bod: 'gwasanaeth rheithgor dim ond ar gyfer y rhai nad ydynt yn ddigon pwysig nac yn ddigon clyfar i ddod allan ohoni'. Argymhellodd Adroddiad Auld y dylid cymryd camau i sicrhau bod gorfodaeth lem ac amlwg o'r rhwymedigaeth gyfreithiol i wasanaethu ar reithgor os byddai galw am hynny.

Yn ogystal, argymhellodd Adroddiad Auld y dylai pawb fod yn gymwys ar gyfer gwasanaeth rheithgor, ac eithrio pobl â salwch meddwl, ac y dylid diwygio'r gyfraith yn unol â hynny. Mabwysiadwyd hyn gan y llywodraeth yn ei Phapur Gwyn yn 2002.

Pobl groenddu ac Asiaidd a rheithgorau

Mewn achosion lle mae rheithgor gwbl wyn yn cymryd rhan yn nhreial person du neu Asiaidd, rhaid ystyried a yw'r person du neu Asiaidd yn gallu teimlo'n hyderus y bydd yn cael achos teg, gan fod perygl y bydd gan rai o'r rheithgor safbwyntiau sy'n rhagfarnu canlyniad yr achos. Yn ôl dadansoddiad Dr Penny Darbyshire o ymchwil a wnaed ar reithgorau ar gyfer Adroddiad Auld, mae tystiolaeth y gall hil rheithwyr gael effaith anffafriol ar y dyfarniad mewn achosion lle mae'r diffynnydd neu'r dioddefwr o hil wahanol i'r rheithgor. Un ateb i'r broblem fyddai caniatáu i'r diffynnydd ddefnyddio'i hawl i ofyn am gael hepgor rheithwyr. Un arall fyddai rhoi'r hawl i'r barnwr ofyn am gael rhai rheithwyr o'r un grŵp ethnig â'r diffynnydd neu ddioddefwr neu dyst.

Dan y gyfraith bresennol, fodd bynnag, nid yw'n bosibl mynd ati'n fwriadol i greu rheithgor amlhiliol. Yn *Thomas (1989)*, dyfarnodd y Llys Apêl na allai barnwr ddylanwadu ar gyfansoddiad rheithgor drwy ofyn am gael ffurfio panel rheithgor amlhiliol. Dywedodd Arglwydd Lane nad oedd unrhyw egwyddor y dylai rheithgor fod yn gytbwys o ran ei hiliau gan fod hynny'n rhagdybio y byddai rheithwyr o hil arbennig yn methu â rhoi dyfarniad di-ragfarn. Yn 1993, fodd bynnag, argymhellodd Comisiwn Runciman y dylid newid y gyfraith. Ceir braslun o'r cynnig hwn ym Mlwch 21.11.

Blwch 21.11 *Cynnig Comisiwn Runciman*

Argymhellodd Comisiwn Runciman yn 1993 y dylai fod gan farnwr yr hawl, mewn achosion eithriadol gyda 'dimensiwn hiliol' sy'n ymwneud â diffynnydd neu ddioddefwr croenddu neu Asiaidd, i orchymyn rheithgor a fyddai'n cynnwys hyd at dri pherson o grwpiau lleiafrif ethnig, pan fyddai'n credu bod angen hynny. Gwnaeth Adroddiad Auld argymhellion tebyg a hefyd awgrymodd ddulliau o ehangu'r dewis o reithwyr posibl er mwyn cynnwys gynrychiolaeth well o bobl groenddu ac Asiaidd ledled y wlad. Un ddadl yn erbyn diwygiadau o'r fath yw y byddai hyn yn ymyrryd ar yr egwyddor o ddewis ar hap.

21.8 Dewisiadau eraill yn lle achos gerbron rheithgor

Mesur Dull y Treial

Yn 1999, cyflwynodd y llywodraeth Fesur Cyfiawnder Troseddol (Dull y Treial) i Dŷ'r Arglwyddi. Dyma'r gyntaf o ddwy ymgais ddeddfwriaethol aflwyddiannus i gael gwared ar allu'r diffynnydd i ddewis treial gan reithgor mewn achosion neillffordd. Amcangyfrifwyd y byddai hyn yn golygu 12,000 yn llai o achosion Llys y Goron, ac yn arbed £105 miliwn bob blwyddyn. Cynigiwyd mai'r llysoedd, ac nid y diffynnydd, fyddai'n penderfynu a ddylid profi'r diffynnydd gan farnwr a rheithgor neu gan ynadon. Roedd y mwyafrif o weithwyr proffesiynol a weithiai ym myd trosedd, sefydliadau hawliau sifil a grwpiau du ac Asiaidd yn gwrthwynebu'r Mesur yn llym. Methodd y ddwy fersiwn o'r Mesur yn y Senedd, yn bennaf ar y sail bod hawl hirsefydlog a sylfaenol dinesydd i achos gan reithgor yn ymddangos fel pe bai dan fygythiad.

Er nad yw llywodraeth Lafur, i bob golwg, yn dymuno rhoi rhai o gynigion mwy radical Adroddiad Auld mewn perthynas â threial gan reithgor ar waith, mae'r Papur Gwyn, *Justice for All*, a gyhoeddwyd yn 2002, yn cynnwys nifer o gynigion ar gyfer deddfwriaeth a fyddai'n lleihau nifer yr achosion gan reithgor ymhellach.

Os derbynnir nad yw achos gan reithgor bob amser yn beth da, gallai dewisiadau eraill gynnwys achos gan:

- farnwr yn unig
- panel o farnwyr
- barnwyr ac aseswyr lleyg gyda'i gilydd.

Achos gan farnwr yn unig

Un posibilrwydd fyddai bod barnwr unigol o Lys y Goron yn gweithredu fel barnwr y gyfraith a'r ffeithiau. Un ddadl yn erbyn hyn yw y gallai barnwyr 'galedu'. Hynny yw, gallent deimlo'n sinigaidd am yr angen i dybio bod diffynnydd yn ddieuog nes profir fel arall am ei fod yn gwrando ar nifer fawr o achosion tebyg. Credir hefyd na fyddai gan farnwr unigol yr un ystod eang o ddealltwriaeth a phrofiad â 12 o bobl o gefndiroedd gwahanol.

Ar y llaw arall, mae barnwyr yn cael eu hyfforddi i werthuso achosion fel cyfreithwyr, ac felly nid ydynt yn cael yr un anawsterau â rheithgorau wrth ddelio ag achosion twyll. Mewn gwirionedd, gall diffynyddion achosion o'r fath ddewis achos gan farnwr yn unig mewn nifer o wledydd eraill. Mae hyn yn boblogaidd, yn rhannol, am fod y broses yn symlach ac yn gyflymach nag achos gan reithgor. Gall barnwyr drin a deall ffeithiau cymhleth yn gynt na rheithwyr. Mae achosion cyflymach hefyd yn rhatach. Un o fanteision caniatáu i farnwyr benderfynu materion ffeithiol

Blwch 21.12 *Llysoedd Diplock*

Arglwydd Diplock.

Yn 1973, pasiwyd Deddf Gogledd Iwerddon (Darpariaethau mewn Argyfwng), yn diddymu treialu gan reithgor mewn achosion terfysgaeth yng Ngogledd Iwerddon gan roi achos gan farnwr unigol yn lle. Roedd hynny oherwydd diffyg hyder yng ngallu rheithwyr i ddyfarnu'n deg. Cynhaliwyd ymchwiliad i'r broblem dan arweiniad Arglwydd Diplock. Nododd ei adroddiad amryw o broblemau, gan gynnwys terfysgwyr yn brawychu tystion a'r perygl y byddai terfysgwyr a oedd yn Deyrngarwyr yn cael rhyddfarnau gwrthnysig gan reithgorau o Brotestaniaid. Mewn arolwg o'r holl achosion a brofwyd yn chwe mis cyntaf 1973 ym Melffast, dangoswyd mai 16% oedd y gyfradd ryddfarnu ar gyfer diffynyddion Protestannaidd, o'i chymharu â dim ond 6% yn achos diffynyddion Pabyddol. Argymhellodd Pwyllgor Diplock y dylid defnyddio barnwyr yn lle rheithgorau yn achosion rhai troseddau penodol. Gelwid y llysoedd hyn yn 'Llysoedd Diplock'.

Dadleuai adroddiad Auld fod Llysoedd Diplock wedi haeddu 'derbyniad da gan y cyhoedd'. Argymhellodd y dylai diffynyddion, gyda chydsyniad y llys ar ôl clywed dadleuon y ddwy ochr, allu dewis achos gan farnwr yn unig ym mhob achos a brofwyd erbyn hyn ar dditiad. Mabwysiadodd Papur Gwyn 2002, *Justice for All*, y cynnig hwn. Cynigiodd hefyd y dylid cynnal achos gan farnwr yn unig 'mewn achosion twyll difrifol a chymhleth, ac mewn rhai achosion cymhleth a hir eraill, neu pan oedd y rheithgor mewn perygl o gael eu brawychu'.

yw y byddai'n rhaid iddynt roi rhesymau dros eu dyfarniadau, a gellir herio penderfyniadau barnwyr yn y llysoedd apêl, rhywbeth na ellir ei wneud yn achos rheithfarnau.

Rhoddwyd cynnig ar achos gan farnwr yn y gorffennol. Mae Blwch 21.12 yn edrych ar yr hyn a ddigwyddodd.

Panel o farnwyr

Byddai defnyddio panel o farnwyr yn cynnig yr un manteision â phe bai barnwr unigol yn cymryd lle rheithgor. Gellid esbonio'r dyfarniad, byddai'r barnwyr yn fwy abl i ddadansoddi a deall y gyfraith, a byddai'r achos yn gyflymach ac yn rhatach nag achos gan reithgor. Mae'r

anfanteision hefyd yn debyg. Mae posibilrwydd o hyd y bydd barnwyr wedi'u caledu ac mae bron pob barnwr yn dod o gefndir cymdeithasol tebyg (ac felly ni fyddai panel o farnwyr yn dangos yr ystod eang o brofiad a geir mewn rheithgor). O bosibl hefyd, byddai'n anodd dod o hyd i ddigon o farnwyr addas, a byddai cyfundrefn o'r fath yn ddrutach nag achos gan farnwr unigol.

Defnyddio ynadon neu aseswyr lleyg eraill gyda barnwyr

Y newid mwyaf i'r gyfundrefn cyfiawnder troseddol a gynigiwyd yn Adroddiad Auld oedd creu llys canolog i ddelio â throseddau neillffordd, gan gynnwys barnwr a dau ynad lleyg (gweler hefyd Uned 13, Adran 13.4). Yn ôl y cynigion hyn, y barnwr yn unig fyddai'n gallu penderfynu cwestiynau cyfreithiol. Ni fyddai'r barnwr yn crynhoi'r achos ond yn hytrach byddai'n ymneilltuo gyda'r ynadon i ddyfarnu. Mewn gwirionedd, ni fabwysiadodd y Papur Gwyn *Justice for All* y syniad o gael llys canolog.

Yn ôl Adroddiad Auld, byddai'r llys canolog hwn yn gwneud y mwyaf o gryfderau cael achos gerbron farnwr a defnyddio ynadon lleyg. Er nad ydynt wedi cael eu hyfforddi yn y gyfraith, mae ynadon yn y bôn yn farnwyr gwirfoddol rhan amser. Un o fanteision cyfundrefn o'r fath, felly, fyddai achosion byrrach o lawer na'r hyn a geid drwy ddefnyddio barnwr a rheithgor, gan y byddai'r ynadon yn gyfarwydd â threfnau'r llys, yn ogystal â llawer o'r gyfraith dan sylw. Fodd bynnag, os credir ei fod yn bwysig defnyddio amrywiaeth eang o bobl a gwahanol safbwyntiau mewn llys, byddai'r ffaith bod ynadon yn dod o gefndiroedd dosbarth canol ac uwch ar y cyfan (er nad o'r un cefndiroedd cymdeithasol cyfyng â barnwyr o reidrwydd) yn anfantais. Pan ddewisir rheithwyr ar hap o'r gofrestr etholiadol, maent yn cynnwys ystod ehangach o bobl, wrth reswm.

Crynodeb

1. Sut dewisir rheithgorau?

2. A all pobl osgoi gwasanaethu ar reithgorau?

3. A yw'r partïon yn gallu dylanwadu ar bwy sydd ar reithgor?

4. Pa rôl a gyflawnir gan reithgor mewn (a) achosion troseddol a (b) achosion sifil?

5. A ddylid diwygio'r gyfundrefn reithgor?

6. Beth yw'r dewisiadau eraill, yn hytrach na defnyddio rheithgor?

Astudiaeth achos — Treial gan reithgor

Eitem A Problem cyfrinachedd

"Rhaid i'r rheithgor anwybyddu'r sylw diwethaf..."

Beth sy'n digwydd y tu ôl i ddrysau caeedig ystafell y rheithgor a sut mae 12 person cyffredin yn cyrraedd rheithfarn a allai roi rhywun yn y carchar am flynyddoedd? Pe baech yn gofyn iddynt, gallech wynebu dirwy a chyfnod yn y carchar. Yn 1992, cafwyd y *Mail on Sunday* yn euog o ddirmyg llys a bu'n rhaid talu dirwy o £75,000 am gyhoeddi cyfweliadau â rheithwyr yn achos twyll Blue Arrow, ynghylch sut y penderfynwyd ar eu rheithfarn.

Nid oes neb yn amau'r egwyddor gyffredinol sy'n dweud y dylid *dangos* bod cyfiawnder yn cael ei gyflawni yn ogystal â'i fod yn cael ei gyflawni go iawn. Ac eto, mae ystafell y rheithgor yn lle llawn cyfrinachau. Gwaherddir ymchwilwyr rhag holi rheithwyr i ddysgu sut mae'r gyfundrefn yn gweithio a sut y gellid ei gwella. Mae'r Llys Apêl hyd yn oed wedi gwrthod cynnal ymholiad i'r hyn a ddigwyddodd mewn ystafell reithgor pan hawliwyd bod rhyw anghysondeb wedi peri bod collfarn yn anniogel. Yng ngeiriau Arglwydd Devlin, y rheithgor yw'r 'llusern sy'n dangos bod rhyddid yn fyw'. Ond, medd Clare Dyer, golygydd cyfreithiol *The Guardian*, 'Ni ddylai'r llusern fod yn rhy lachar - gallai ddangos y gwendidau, a niweidio hyder y cyhoedd'.

Yn Seland Newydd, mae'r gyfraith yn llai llym a chaniateir ymchwil i reithgorau. Cynhaliwyd astudiaeth bwysig yno ar gyfer Comisiwn y Gyfraith Seland Newydd yn 2000. Aeth y tîm ymchwil ati i gyfweld â 312 o reithwyr yn ogystal â nifer o farnwyr. Un o'r canfyddiadau allweddol a wnaed oedd bod llawer o reithwyr yn cael anhawster deall gofynion y gyfraith. Yn ystod trafodaethau 35 o'r 48 achos, daeth camddealltwriaethau 'cymharol sylfaenol' o ran y gyfraith i'r amlwg. A yw'n syndod bod pobl gyffredin yn cael anhawster deall cysyniadau anodd - er enghraifft y baich prawf a safon y prawf, yr elfennau angenrheidiol er mwyn profi trosedd a rheolau tystiolaeth - pan glywyd hwy unwaith yn unig gan farnwr, heb unrhyw gofnod ysgrifenedig? Mae cynigion awduron yr adroddiad yn cynnwys mwy o arweiniad ar gyfer pen-rheithwyr, darparu crynodeb ysgrifenedig o grynodeb y barnwr o'r gyfraith ar gyfer y rheithgor, mwy o gymorth gyda siartiau llif a chymhorthion eraill mewn achosion lle ceir nifer o ddiffynyddion, a mwy o anogaeth i ofyn cwestiynau i'r barnwr.

Addaswyd o *Juries in Criminal Trials*, Comisiwn y Gyfraith Seland Newydd, 2000.

Eitem B *Gwrthwynebu diwygio*

Roedd yr arolwg a gomisiynwyd gan broffesiwn y gyfraith yn 2002 i bob golwg yn ddiwedd y daith i'r cynigion Dull y Treial amhoblogaidd ar gyfer troseddau canolig, a ymddangosodd ar ffurf fwy eithafol o lawer yn adolygiad Arglwydd Ustus Auld o'r llysoedd trosedd. O ystyried poblogrwydd rheithgorau ymhlith y cyhoedd, nid yw'n syndod bod y sawl a gyfwelwyd wedi gwrthwynebu cynnig Arglwydd Ustus Auld o ddau i un. Byddai o werth i'r llywodraeth nodi y byddai'n well gan y cyhoedd gadw achosion gan reithgor na lleihau costau.

Mae llyfr diweddar David Blunkett, *Politics and Progress: Renewing Democracy and Civil Society*, yn nodi bod y llywodraeth yn dibynnu ar gyfraniad gweithredol dinasyddion er mwyn cynnal democratiaeth. Dylai'r Ysgrifennydd Cartref annog y llywodraeth i roi ei egwyddorion ar waith a chynnal yr hawl i gael achos gerbron rheithgor.

Addaswyd o erthygl gan David Bean CF yn *The Times*, 5 Chwefror 2002.

Cwestiynau

(a) Edrychwch ar Eitem A ac atebwch y cwestiynau canlynol.

   i) Dan ba Ddeddf y DU y mae holi rheithwyr am yr hyn a ddigwyddodd yn ystafell y rheithgor yn anghyfreithlon? (2)

   ii) Ym mha fath o achosion y mae rheithwyr fwyaf tebygol o gael anawsterau? (6)

   iii) Sut gall rheithgor geisio cymorth ar ôl ymneilltuo i ystyried ei ddyfarniad? (3)

   iv) Pa ddadleuon y gellid eu rhoi dros wneud y gyfraith yn fwy hyblyg o ran ymchwilio i reithgorau? (6)

   v) Beth yw'r dadleuon yn erbyn diwygiad o'r fath? (6)

(b) Gan ddefnyddio Eitem B, cwblhewch y tasgau canlynol.

   i) Beth yw ystyr 'troseddau canolig'? (3)

   ii) Beth yw 'cynigion Dull y Treial' y llywodraeth? Pam fod gweinidogion wedi gweld cymaint o wrthwynebiad i'r cynigion hyn, yn eich barn chi? (8)

   iii) Ym mha ffordd yr oedd y diwygiadau a gynigiwyd gan Adroddiad Auld i achos troseddau canolig yn fwy eithafol na rhai'r llywodraeth? (6)

   iv) Dywedir y bydd lleihau nifer yr achosion gan reithgor yn lleihau costau. I raddau helaeth, byddai hynny o ganlyniad i achosion Llys y Goron cyflymach. Awgrymwch pa ddewis arall yn lle treial gan reithgor fyddai'r rhataf, o bosibl, a sut y byddai defnyddio'r dewis arall hwnnw'n cyflymu achosion. (10)

   v) Trafodwch y cysyniad bod treial gan reithgor yn ymwneud â chyfraniad gweithredol dinasyddion i sicrhau bod y cyhoedd yn parhau i gymryd rhan yng ngweinyddiaeth cyfiawnder. (10)

22.1 Cyflwyniad

Mae pobl leyg - pobl nad ydynt yn gyfreithwyr proffesiynol - yn chwarae rhan bwysig o ran gweinyddu cyfiawnder yng nghyfundrefn y gyfraith. Gallant fod yn aelod o reithgor (gweler Uned 21). Gallant eistedd ar dribiwnlysoedd gweinyddol (gweler Uned 17). Neu o bosibl gallant wrando ar achosion yn un o nifer o'r Llysoedd Ynadon lleol. Mae'r uned hon yn archwilio rôl ynadon, a elwir weithiau yn 'Ynadon Heddwch' (JPs) yng Nghymru a Lloegr.

Mae gwefan Adran yr Arglwydd Ganghellor yn cynnwys arweiniad sylfaenol am waith ynad. Mae'n datgan:

'Gwneir a gorfodir cyfreithiau'r wlad hon ar ran y bobl. Mae'n draddodiad bod pobl gyffredin, heb eu hyfforddi yn y gyfraith, yn cymryd rhan yn y broses gyfreithiol – naill ai fel aelodau o reithgorau neu fel ynadon.'

Yn aml, mae'r gair 'traddodiad' yn awgrymu bod rhywbeth yn haeddu parch neu'n cael ei werthfawrogi dim ond am iddo fod yno am gyfnod hir. Mae hyn yn wir o ran defnyddio ynadon i wrando ar achosion, sydd wedi digwydd yng Nghymru a Lloegr ers 800 mlynedd o leiaf. Ond ar ben hynny, mae'r dyfyniad uchod yn awgrymu bod gan yr ynadaeth rôl wrth weinyddu'r gyfraith am ei bod yn cael ei gweld fel dull mwy democrataidd a chynrychioladol na defnyddio barnwyr cyflogedig, llawn amser.

Beth yw gwaith ynadon?

Mae ynadon yn ymwneud â barnu materion am ffaith a chyfraith mewn achos (mae Uned 21, Adran 21.5 yn esbonio'r gwahaniaeth rhwng cwestiynau ffeithiol a chyfreithiol). Yn wahanol i reithgor yn Llys y Goron, mae ynadon hefyd yn penderfynu ar ddedfryd briodol. Fel rheol, mae ynadon yn gweithredu ar fainc o dri, gan gael cymorth a chyngor ar faterion cyfreithiol gan gynghorydd cyfreithiol a elwir yn 'glerc'. Cadeirydd y fainc sy'n gyfrifol am gynnal yr achos, ac mae'n cael cymorth gan ddau ynad arall, a elwir yn 'asgellwyr'. Mae pob un o'r ynadon yn cael dweud ei ddweud wrth ddyfarnu, ac wrth benderfynu ar y ddedfryd. Mae'r Llysoedd Ynadon yn profi tua 95% o achosion troseddol. Gwrandewir ar bob trosedd ddiannod mewn Llys Ynadon. Mae ynadon hefyd yn gwrando ar y mwyafrif o droseddau achosion neillffordd (gweler Uned 13, Adran 13.3). Rheithgor yn unig sy'n gwrando ar y troseddau mwyaf difrifol, a elwir yn droseddau ditiol. Mae'r Llys Ynadon hefyd yn gweithredu fel Llys Ieuenctid, i wrando ar achosion troseddol sy'n ymwneud â phobl dan 18 oed. Defnyddir ynadon o banel arbennig at y pwrpas hwn.

Ceir amlinelliad o waith arall ynadon ym Mlwch 22.1.

Blwch 22.1 *Gwaith a wneir gan ynadon (ar wahân i wrando ar achosion troseddol)*

1. Cyflwyno gorchmynion ymddygiad gwrthgymdeithasol

Ers cyflwyno Deddf Trosedd ac Anhrefn 1998, mae'r Llysoedd Ynadon wedi gallu cyflwyno gorchmynion ymddygiad gwrthgymdeithasol (gweler Uned 15, Adran 15.9). Gorchmynion sifil yw'r rhain, ond gellir defnyddio dedfrydau troseddol os torrir y gorchmynion.

2. Gwrando ar achosion sifil

Mae ynadon hefyd yn delio â mathau penodol o achosion sifil. Maent yn gwrando ar achosion sifil sy'n ymwneud â:

- gorfodi dirwyon sy'n ddyledus i gwmnïau cyfleustodau (nwy, trydan a dŵr)
- dyledion i awdurdodau lleol am y dreth gyngor
- methu talu trwyddedau teledu.

3. Gwrando ar achosion sy'n ymwneud â chyfraith y teulu

Mae rhai ynadon, sy'n rhan o'r panel teulu arbennig, yn arbenigo mewn achosion sy'n ymwneud â chyfraith y teulu. Mae'r rhain yn cynnwys:

- rhai achosion dan Ddeddf Plant 1989 (ceisiadau mabwysiadu ac am orchmynion er mwyn byw neu gysylltu â'r plant)
- pennu taliadau cynhaliaeth (ar gyfer priod a phlant)
- dyfarnu gorchmynion diogelu personol a gorchmynion eithrio ar gais dioddefwyr trais yn y cartref, dan Ddeddf Achosion Teuluol a Llysoedd Ynadon 1978.

4. Caniatáu, adnewyddu a dileu trwyddedau

Mae ynadon yn caniatáu, yn adnewyddu ac yn dileu trwyddedau ar gyfer gwerthu alcohol mewn tafarndai, siopau trwyddedig ac adeiladau trwyddedig eraill.

Disgwylir i ynadon wneud cyfran deg o waith y Fainc (y grŵp o ynadon) y maent yn perthyn iddi. Rhaid i ynad eistedd am 26 hanner diwrnod bob blwyddyn o leiaf, a cheisio bod ar gael am hyd at 35 hanner diwrnod bob blwyddyn. Yn ogystal, gofynnir i ynadon dderbyn rhywfaint o hyfforddiant.

Pwy all fod yn ynad?

Mae'r Arglwydd Ganghellor yn apwyntio ynadon ar ôl

ymgynghori gyda Phwyllgorau Ymgynghorol lleol, sy'n cynnal proses ddewis. Gall ymgeiswyr cymwys wneud cais neu gellir cynnig eu henwau i'w hystyried. Fel rheol, ni fydd yr Arglwydd Ganghellor yn apwyntio person dan 27 neu dros 65 oed. Rhaid i ynadon ymddeol ar ôl cyrraedd 70 oed.

Rhaid i ymgeiswyr fyw yn yr ardal lle maent yn dymuno bod yn ynad. Dylai fod ganddynt wybodaeth resymol o'r ardal y dymunant ei gwasanaethu ac mae disgwyl eu bod wedi byw yno am flwyddyn o leiaf. Dylent fod yn iach fel y gallant wrando a chanolbwyntio ar achosion am gyfnod hir. Ni cheisir darbwyllo pobl ag anableddau i ymatal rhag ymgeisio.

Dan a.50 Deddf Hawliau Cyflogi 1996, rhaid i gyflogwyr ganiatáu cyfnod rhesymol o'r gwaith i weithwyr sy'n dymuno bod yn ynadon, er nad oes rhaid eu cyflogi yn ystod y cyfnod hwnnw.

Nid yw'r bobl hyn yn gymwys i fod yn ynadon:

- Aelodau Seneddol
- aelodau o'r Lluoedd Arfog
- pobl sy'n gweithio (yn wirfoddol, hyd yn oed) yn y gyfundrefn cyfiawnder troseddol megis swyddogion yr heddlu, swyddogion carchar neu weithwyr Gwasanaeth Erlyn y Goron (nid yw ymgeiswyr gyda phriod neu bartner sy'n gwneud y gwaith hwn yn gymwys ychwaith)
- pobl a gollfarnwyd am drosedd ddifrifol neu nifer o droseddau llai
- methdalwyr heb eu rhyddhau (sef y sawl a wnaed yn fethdalwyr ac mae eu materion ariannol yn parhau i fod dan reolaeth gorchymyn llys).

Nid yw hon yn rhestr gyflawn. Gall rhesymau eraill dros beidio ag ystyried ffurflen gais ddod i'r amlwg yn ystod y broses ddewis.

Pa nodweddion personol sydd eu hangen ar gyfer bod yn ynad?

Mae ffactorau megis galwedigaeth yn llai pwysig o lawer na phersonoliaeth a chymeriad cyffredinol. Chwilir am chwe nodwedd allweddol yn y broses ddewis. Ceir amlinelliad ohonynt ym Mlwch 22.2.

22.2 Cefndir cymdeithasol ynadon

Yn y cyflwyniad i'r uned hon, awgrymwyd bod gan ynadon rôl yn y gyfraith oherwydd y teimlad bod hynny'n fwy democrataidd a chynrychioladol na defnyddio barnwyr cyflogedig, llawn amser. Os yw hyn yn wir, dylai cyfansoddiad y fainc ym mhob ardal adlewyrchu, gymaint â phosibl, nodweddion y boblogaeth yn gyffredinol, a

Blwch 22.2 *Y chwe nodwedd allweddol sy'n angenrheidiol er mwyn dod yn ynad*

Argraff artist yn dangos yr ynad Timothy Workman wrth ei waith yn y Llys Ynadon Bow Street yn Llundain, Ionawr 2003.

1. **Cymeriad personol**
   Er enghraifft, rhaid bod eraill yn parchu ac yn ymddiried yn yr ymgeisydd, a rhaid i'r ymgeisydd ei hun allu cadw gwybodaeth yn gyfrinachol.
2. **Dealltwriaeth a chyfathrebu**
   Y math o bethau y gofynnir amdanynt yw'r gallu i ddeall dogfennau, gweld beth sy'n berthnasol a beth sy'n amherthnasol, a'r gallu i gyfathrebu'n effeithiol.
3. **Ymwybyddiaeth gymdeithasol**
   Mae hyn yn cynnwys parch tuag at wahanol ddiwylliannau, a dealltwriaeth o'r gymuned leol.
4. **Aeddfedrwydd ac anianawd cadarn**
   Nid yw aeddfedrwydd yn golygu bod mewn oed, ond yn hytrach nodweddion megis parch tuag at eraill, y gallu i ddysgu o gyngor a'r gallu i weithio gydag eraill. Mae 'anianawd cadarn' yn cyfeirio at nodweddion megis cwrteisi a phenderfyniad.
5. **Barn gadarn**
   Mae hyn yn golygu'r gallu i feddwl yn rhesymegol ac ystyried penderfyniadau mewn ffordd wrthrychol, heb ragfarn.
6. **Ymrwymiad a dibynadwyaeth**
   Mae'n bwysig bod yr ymgeisydd yn fodlon rhoi o'i amser ei hun a dod i'r llys pan fo angen. Yn ogystal, bydd rhaid i'r ymgeisydd ddangos bod ei gyflogwr yn cefnogi'r cais.

nodweddion y boblogaeth leol yn benodol. Gellir asesu i ba raddau mae'r ynadaeth yn gynrychioladol mewn sawl ffordd, gan gynnwys ei rhyw, dosbarth cymdeithasol, incwm, oedran a tharddiad ethnig. Ers y 1960au, mae Arglwyddi Canghellor hefyd wedi ceisio creu'r cydbwysedd iawn o ran credoau gwleidyddol.

A yw'r ynadaeth yn gynrychioladol?

Yn ôl Adroddiad Auld:

'Mae'r ffaith nad yw'r ynadaeth yn adlewyrchiad teg o'r boblogaeth genedlaethol na chymunedau lleol wedi ei chadarnhau gan nifer o astudiaethau.'

Y brif astudiaeth y cyfeiriwyd ati oedd yr un a gyflawnwyd gan Morgan a Russell ar gyfer y Swyddfa Gartref yn 2000.

Dangosodd Morgan a Russell fod yr ynadaeth yn gytbwys o ran rhyw, o leiaf. Mae bron 50% o ynadon yn fenywod. Mae Harry Mawdsley, Cadeirydd Cymdeithas yr Ynadon, wedi tynnu sylw at y ffaith mai'r ynadaeth leyg, ar hyn o bryd, yw'r unig le y gall menywod wneud cyfraniad i'r gyfundrefn cyfiawnder troseddol, gan fod dynion yn dominyddu'r farnwriaeth broffesiynol.

Yn genedlaethol, mae pobl groenddu ac Asiaidd wedi eu tangynrychioli. Roedd cyfrifiad 2001 yn dangos bod pobl ddu ac Asiaidd yn ffurfio tua 8.7% o'r boblogaeth gyfan. Yn genedlaethol, cyfran yr ynadon o blith grwpiau croenddu ac Asiaidd yn 2002 oedd:

- 2% o ynadon Affricanaidd-Caribïaidd
- 2% o is-gyfandir India neu o darddiad Asiaidd
- 1% o ynadon eraill, heb fod yn wyn eu croen.

Mae amrywiadau lleol sylweddol yn bodoli hefyd. Yn Llundain, er enghraifft, nid yw cymunedau lleiafrif ethnig yn cael eu cynrychioli, o bell ffordd, ymhlith yr ynadaeth leyg mewn cyfrannedd â'r nifer o fewn poblogaeth gyffredinol y ddinas.

O safbwynt statws neu ddosbarth economaidd-gymdeithasol, mae Morgan a Russell yn casglu bod ynadon yn dod, i raddau helaeth iawn, o grwpiau proffesiynol a rheolwyr. O ganlyniad, maent yn 'ddosbarth canol i raddau anghymesur, ac ymron yn ddieithriad yn gefnog, o'u cymharu â'r boblogaeth gyffredinol'.

Nid yw'r ynadaeth yn cynrychioli'r boblogaeth gyffredinol o ran oedran ychwaith. Mae dwy ran o bump o ynadon wedi ymddeol. Mae'r diffyg cydbwysedd yn waeth o ganlyniad i'r ffaith eu bod yn gallu eistedd yn amlach na phobl sy'n gweithio.

Mae'n ymddangos bod y mwyafrif o ynadon yn debygol o bleidleisio i'r blaid Geidwadol mewn etholiadau, hyd yn oed yn yr ardaloedd hynny lle mae'r blaid Lafur yn draddodiadol gryf. Gallai hyn ddangos bod y mwyafrif o ynadon yn ddosbarth canol.

Mae llawer o broblemau yn codi wrth geisio sicrhau cydbwysedd gwleidyddol. Un o'r problemau yw bod y sawl sy'n ymgeisio i fod yn ynadon yn gwrthod rhoi gwybodaeth am eu teyrngarwch gwleidyddol. Problem arall yw bod Pwyllgorau Ymgynghorol yn gweithio gyda gwybodaeth am batrymau pleidleisio lleol mewn etholiadau cyffredinol. Weithiau bydd maint y bleidlais ar gyfer un parti neu'r llall yn amrywio'n fawr o un etholiad i'r llall, ond ni fyddai'n ymarferol i newid cyfansoddiad y Fainc leol ar ôl pob etholiad.

Pam nad yw'r ynadaeth yn gynrychioladol?

Dangosodd y cyn-Arglwydd Ganghellor, Derry Irvine, yn glir ei fod yn awyddus i'r ynadaeth fod yn fwy cynrychioladol, a chymerodd gamau i geisio annog ystod ehangach o bobl i gymryd rhan. Ond pam fod y broblem wedi codi? Rhoddir amlinelliad o'r ffactorau sy'n cyfrannu at y sefyllfa hon ym Mlwch 22.3.

Blwch 22.3 *Ffactorau sy'n sicrhau nad yw'r ynadaeth yn gynrychioladol*

I. Colli cyflog

Nid yw pobl sy'n ennill llai o gyflog yn debygol o allu fforddio bod yn ynadon. Er bod lwfans ar gael ar gyfer teithio a phrydau bwyd, mae'r lwfans colli cyflog yn fach. Nid oes rhaid i gyflogwyr dalu staff tra bônt yn gwneud gwaith ynadol.

2. Yr amser a dreulir yn gweithio fel ynad

Nid yw pawb yn fodlon nac yn gallu ymrwymo eu hunain i leiafswm o ddau hanner diwrnod bob mis, yn enwedig os bydd hyn yn golygu colli cyflog. Mae'r gweithiwr Prydeinig wedi tueddu i weithio oriau hirach yn y blynyddoedd diwethaf, sy'n amlwg yn cyfrannu at y sefyllfa hon.

3. Diffyg ymwybyddiaeth gyhoeddus

Roedd Adroddiad Auld yn beirniadu'r swm a wariwyd ar geisio denu aelodau o'r cyhoedd i fynd yn ynadon. Tynnodd sylw at y ffaith bod y llywodraeth yn gwario £4.7 miliwn ar gyhoeddusrwydd ar gyfer y Fyddin Diriogaethol, ond dim ond £35,000 a wariwyd ar godi ymwybyddiaeth o'r ynadaeth.

4. Dull anghyson o weithredu

Mae Pwyllgorau Ymgynghorol yn cael dyfeisio eu dulliau eu hunain o recriwtio ynadon. Nododd Adroddiad Auld bod amrywiadau sylweddol yn nulliau'r pwyllgorau o wneud hyn, o ardal i ardal. Honnir bod rhai yn dibynnu gormod ar dynnu o rwydwaith o'r 'pwysigion a'r mawrion', megis cynghorwyr lleol, llywodraethwyr ysgolion ac ati.

22.3 Hyfforddi ynadon lleyg

Er nad oes rhaid i ynadon lleyg gael cymwysterau cyfreithiol, rhaid iddynt fynychu cyrsiau hyfforddi. Mae'r Bwrdd Astudiaethau Barnwrol (gweler Uned 20, Adran 20.4) yn arolygu'r hyfforddiant, er nad ef sy'n ei ddarparu. Amlinellir prif elfennau'r hyfforddiant hwn ym Mlwch 22.4.

Blwch 22.4 *Prif elfennau hyfforddiant ynadon*

1. Menter Hyfforddiant Newydd Ynadon (yr MNTI)

Mae'r MNTI yn gynllun hyffordi a gwerthuso 'ar sail cymhwysedd'. Mae hyn yn pwysleisio sgiliau ymarferol angenrheidiol, megis y gallu i grynhoi tystiolaeth a dulliau o ddelio â thystion. Mae ynadon a hyfforddwyd yn benodol yn gwylio ac yn asesu recriwtiaid newydd wrth eu gwaith.

2. Arweiniad cenedlaethol

Mae ynadon yn cael arweiniad cenedlaethol ar faterion penodol o bryd i'w gilydd. Er enghraifft, cyn i Ddeddf Hawliau Dynol 1998 ddod i rym, cafodd ynadon hyfforddiant sylweddol.

3. Cyrsiau hyffordi cenedlaethol

Darperir cyngor a chyrsiau hyfforddiant cenedlaethol preswyl i Gadeiryddion meinciau pan gânt eu dewis.

4. Cronfa ddata

Sefydlwyd cronfa ddata o ddeunyddiau hyffordi wedi'u cymeradwyo.

Yn 2001, roedd gan y Bwrdd Astudiaethau Barnwrol gyllideb bitw ar gyfer hyffordi ynadon: £175,000 allan o gyfanswm o dros £5 miliwn. O gofio bod ynadon yn gwrando ar 95% o achosion troseddol, mae beirniaid yn dadlau bod hyn yn annerbyniol. Yn ogystal, beirniadwyd yr MNTI, gan Adroddiad Auld ac eraill, am fod yn rhy gymhleth. Rhaid cyflawni dim llai na 104 o 'gymwyseddau'. Dywedwyd hefyd nad yw'r MNTI wedi cael ei gweithredu'n gyson ledled y wlad - mae rhai ardaloedd yn darparu gwell hyfforddiant nag eraill. Mae Cymdeithas yr Ynadon, grŵp sy'n cynrychioli a chefnogi ynadon, yn gweithio'n galed i geisio gwneud iawn am natur fratiog a diffyg cysondeb yr hyfforddiant, gyda'i huned hyffordi ei hun.

22.4 Barnwyr Dosbarth (Llysoedd Ynadon)

Mae'r mwyafrif o ynadon yn bobl leyg. Ond mae nifer fach o ynadon yn gyfreithwyr proffesiynol a gyflogir i weithio fel ynadon pan gafwyd anhawster recriwtio niferoedd digonol o ynadon lleyg. Gelwir ynad o'r math hwn yn 'Farnwr Dosbarth' (mae dau fath o Farnwr Dosbarth - mae'r math arall yn gwrando ar achosion yn Llys y Goron

Gweithgaredd 22.1

Y broblem recriwtio

O bosibl, ni fydd cwmnïau llai eu maint yn barod i ryddhau eu staff er mwyn iddynt fynd yn ynadon. 'Roeddwn i'n ysgrifenyddes yng nghwmni fy ngŵr, ac roedd e bob amser yn dweud na fyddai byth wedi caniatáu amser i ffwrdd pe bawn i'n un o'r gweithwyr arferol', meddai Anne Knight, Ynad Heddwch. Mae cynghorau lleol, a sefydliadau megis banciau a chymdeithasau adeiladu, yn fwy pleidiol i'r syniad. Ond mae ysgolion yn fwy cyndyn o hyd i roi amser i'w staff eistedd ar y fainc leol. Mae gan lawer o benaethiaid ysgolion gyllidebau bach ac nid ydynt yn awyddus iawn i gyflogi athrawon dros dro. O ganlyniad, erbyn hyn rhaid i athrawon eistedd yn ystod eu gwyliau ysgol. Mae'r ymrwymiad o ran amser yn sylweddol. Rhaid i ynad fynychu am leiafswm o 25 hanner diwrnod y flwyddyn, er bod 35 yn fwy derbyniol. Mae perygl mai dim ond uwch-swyddogion y fyddin sydd wedi ymddeol a phobl ddi-waith fydd yn awyddus i fod yn ynadon, er y bydd gan bobl nad ydynt yn gweithio oriau busnes arferol, megis pobl mewn canolfannau galw neu'r diwydiant hamdden, a'r hunangyflogedig, lai o broblem, o bosibl.

Addaswyd o The Guardian, 3 Hydref 2001

(a) A ellir mynnu bod cyflogwr yn caniatáu amser i ffwrdd er mwyn i weithiwr fod yn ynad? **(3)**

(b) Os yw cyflogwr yn gyndyn o ganiatáu i rywun ddechrau hyffordi fel ynad, a fydd hyn yn golygu ei fod yn llai tebygol o gael ei ddewis? **(2)**

(c) Mae Dave yn beintiwr ac addurnwr hunangyflogedig gyda gwraig a thri o blant. Pa mor rhwydd y byddai iddo ymrwymo'i hun i fod yn ynad? **(6)**

- gweler Uned 20, Adran 20.3). Ar un adeg, gelwid Barnwyr Dosbarth yn 'ynadon cyflogedig'. Ym Mai 2002, roedd 103 o Farnwyr Dosbarth, o'u cymharu â mwy na 30,000 o ynadon lleyg.

Mae'r Arglwydd Ganghellor yn apwyntio Barnwyr Dosbarth. Dim ond bargyfreithwyr neu gyfreithwyr sydd wedi ymarfer ers saith mlynedd sy'n gymwys. Mae'r mwyafrif yn gyfreithwyr. Mae Barnwyr Dosbarth yn tueddu i fod yn wrywaidd (tua 84%), gwyn eu croen (tua 98%) ac yn ganol oed (mae mwy na 50% rhwng 45 a 54 oed, er eu bod, ar y cyfan, yn ieuengach nag ynadon). Argymhellodd Adroddiad Auld a Chomisiwn Brenhinol Runciman fel ei gilydd y dylid trin rôl y barnwyr proffesiynol hyn yn fwy systematig yn y gyfundrefn achosion diannod er mwyn elwa i'r eithaf ar eu sgiliau a'u cymwysterau arbennig. Fodd bynnag, mae rhai yn beirniadu defnyddio ynadon proffesiynol, gan ddweud na fyddai'r angen na'r dymuniad amdanynt pe bai cyfundrefnau gwell yn bod ar gyfer canfod ynadon lleyg.

Gweithgaredd 22.2

Roedd Adroddiad Auld ar gyfiawnder troseddol, a gyhoeddwyd yn 2001, yn nodi bod rhaid ystyried ystod eang o syniadau amhendant a gorgyffyrddol wrth ystyried ai cyfiawnder lleyg neu broffesiynol sydd orau. Roedd y syniadau hyn, dywedodd, yn cynnwys 'hyder y cyhoedd, cyfiawnder lleyg, cyfiawnder y bobl neu ddinasyddion, "democratiaeth gyfranogol", cyfiawnder "lleol" neu gymuned, ynadon fel "rheithwyr dirprwyol", annibyniaeth farnwrol a'r

Arglwydd Auld (Robin Auld CF), Arglwydd Ustus Apêl.

hawl i achos "teg".Yn ôl Adroddiad Auld, roedd nodweddion cadarnach 'cyfreithlondeb, cysondeb, cyflymder ac effeithlonrwydd ac effeithiolrwydd eraill' o blaid Barnwyr Dosbarth.Argymhellodd Adroddiad Auld y dylid rhannu'r gwaith, mewn achosion diannod, rhwng Barnwyr Dosbarth ac ynadon fel y nodir isod:

- ni ddylai Barnwyr Dosbarth ac ynadon glywed achosion gyda'i gilydd bob tro, ond efallai y byddai hyn o fantais ar brydiau
- ni ddylai nifer y Barnwyr Dosbarth gynyddu'n sylweddol
- dylai Barnwyr Dosbarth ddelio ag achosion cyfreithiol neu ffeithiol gymhleth, achosion pwysig ac achosion hir.

Mae Harry Mawdsley, Cadeirydd Cymdeithas yr Ynadon, yn cydnabod y byddai achosion sy'n ymwneud â chysyniadau cyfreithiol anodd ac achosion sy'n debygol o barhau am gyfnod hir yn cael eu trin yn fwy effeithiol a chyda mwy o arbenigedd gan Farnwr Dosbarth. Ond mae'n nodi bod teimlad ymhlith ei aelodau y dylai'r ynadon cyflogedig hyn wneud eu cyfran o waith mwy diflas hefyd. 'Dylent wneud rhywfaint o achosion trafnidiaeth ffordd, ac ni ddylem eu gweld yn cymryd darn mawr o waith sydd ar eu cyfer nhw yn unig', meddai. Mae Mawdsley yn dadlau y bydd nifer yr Ynadon Heddwch yn gostwng os caniateir iddynt ddelio dim ond â throseddau arferol.

Addaswyd o Auld Report, *Review of the Criminal Courts of England and Wales*, 2001 a *The Times*, 9 Ionawr 2001.

(a) Beth yw'r gwahaniaethau rhwng Barnwr Dosbarth ac ynad lleyg? (3)

(b) Pa fanteision posibl fyddai gan Farnwyr Dosbarth o'u cymharu ag ynadon lleyg? (5)

(c) Beth yw anfanteision posibl defnyddio Barnwyr Dosbarth? (8)

22.5 Clercod yr ynadon a chynghorwyr cyfreithiol eraill

Mae pob llys yn cael cymorth cynghorydd cyfreithiol, neu glerc, sy'n gyfrifol am weinyddu'r llys a rhoi cyngor cyfreithiol, pan fo angen hynny, i'r ynadon. Er bod gan lawer o'r clercod hyn gymhwyster cyfreithiol, nid yw hyn yn wir am bob un. Penderfynodd y llywodraeth bod rhaid i bob cynghorydd cyfreithiol ymgymhwyso fel bargyfreithiwr neu gyfreithiwr o fewn deng mlynedd.

Yn ogystal, mae cynghorwyr cyfreithiol yn cael eu goruchwylio gan glerc yr ynadon (a elwir hefyd yn 'uwch-glerc') sydd bob amser yn fargyfreithiwr neu'n gyfreithiwr cymwys. O ganlyniad i ad-drefnu diweddar, lleihawyd nifer clercod yr ynadon yn sylweddol, gan olygu bod llawer ohonynt bellach yn gwasanaethu nifer o feinciau a channoedd o ynadon dros ardal ddaearyddol eang.

22.6 Gwerthuso gwaith ynadon

Cynrychiadol?

Fel y nodwyd uchod, nid yw adrannau allweddol o'r boblogaeth yn cael eu cynrychioli mewn cyfrannedd â maint pob grŵp. Gall hyn gael effaith niweidiol ar safon y broses benderfynu. Er enghraifft, mae'n bosibl y bydd gan ynad croenwyn, canol oed a dosbarth canol argraff aneglur yn unig o ymddygiad ac agweddau tyst neu ddiffynnydd croenddu, ifanc, dosbarth gweithiol.

Ar y llaw arall, gellid dadlau y dylai ynadon fod yn gynrychioladol yn yr ystyr mai'r hyn sydd bwysicaf yw eu bod yn ceisio ymddwyn mewn ffordd sy'n adlewyrchu pryderon a diddordebau eu cymuned leol yn gyffredinol. Hynny yw, dylai ynadon wneud penderfyniadau sy'n adlewyrchu lles pawb, ac nid lles yr hil, y genhedlaeth a'r dosbarth y maent yn perthyn iddynt yn unig. Yn ôl y ddadl hon, nid yw'r hyn y mae pobl weddus, 'ddeddfgadwol' ei angen gan y gyfundrefn cyfiawnder troseddol yn amrywio o un grŵp cymdeithasol i'r llall. O ystyried hyn, gall ynadon fod yn gynrychiadol neu fel arall. Nid oes unrhyw dystiolaeth gadarn dros y naill ddadl na'r llall.

Hyder y cyhoedd?

Rheswm arall a gynigir yn draddodiadol dros gadw'r ynadaeth leyg yw'r honiad bod gan y cyhoedd fwy o hyder mewn cyfiawnder lleyg na mewn barnwyr proffesiynol. Mewn gwirionedd, mae tystiolaeth sylweddol i ddangos bod aelodau'r cyhoedd yn anwybodus iawn ynghylch achosion trosedd. Yn 2001, cynhaliwyd arolwg ar raddfa eang gan yr Athro Andrew Sanders ar gyfer Sefydliad Ymchwil Polisi Cyhoeddus (yr IPPR). Yn ôl yr arolwg:

'Nid yw'r cyhoedd yn gwybod llawer am sut mae'r ynadaeth yn gweithredu. Nid oedd traean...yn gwybod bod y mwyafrif o ynadon yn bobl leyg. Yn ogystal, credent fod cyfran lai o achosion o lawer na'r gyfran wirioneddol yn digwydd yn yr is-lysoedd. Nid yw rôl yr ynadaeth yn amlwg i'r cyhoedd.'

Cost effeithiol?

Mae achos sy'n defnyddio ynadon lleyg yn rhatach o lawer nag achos yn Llys y Goron gerbron barnwr a rheithgor. Pe bai Barnwyr Dosbarth yn cymryd lle ynadon yn gyfan gwbl, byddai'n rhaid recriwtio miloedd o farnwyr newydd. Byddai rhaid talu cyflog sylweddol i bob barnwr. Ar hyn o bryd, mae Barnwr Dosbarth yn ennill tua £90,000 y flwyddyn. Yn ogystal, gallai anawsterau godi o ran recriwtio digon o gyfreithwyr gyda'r gallu a'r profiad priodol. Ar y llaw arall, gall Barnwyr Dosbarth ddelio ag achosion yn gyflymach o lawer nag ynadon lleyg ac felly gallai'r gost fod yn llai nag a dybir.

Gwybodaeth leol?

Weithiau awgrymir bod gan ynadon fantais oherwydd eu gwybodaeth leol. Gall hyn fod o ddefnydd, er enghraifft, pan fo gwybod am safonau'r ffyrdd lleol yn gymorth i ddeall tystiolaeth a gyflwynir yn y llys. Ar y llaw arall, mae ynadon lleol yn fwy tebygol o adnabod troseddwyr a droseddodd fwy nag unwaith. O bosibl, bydd ganddynt safbwyntiau cryf am faterion lleol - er enghraifft, problemau ar ystadau tai penodol. Gallai'r math hwn o wybodaeth beri ei bod yn anoddach i'r ynad fod yn wrthrychol wrth ystyried a yw diffynnydd yn ddieuog ac wrth roi dedfryd deg.

Cyfraddau collfarnu uchel?

Mae rhai beirniaid yn dadlau bod ynadon lleyg, yn annhebyg i reithgorau, mewn perygl o arddel perthynas rhy agos â'r heddlu a Gwasanaeth Erlyn y Goron, gan olygu eu bod yn tueddu o blaid yr erlyniad. Wrth gwrs, mae ynadon yn cyfarfod â phobl o'r ddau sefydliad yn gyson. Ond mae cefnogwyr y gyfundrefn bresennol yn dadlau bod cyhuddiad o'r fath yn annheg o ran y mwyafrif o ynadon, yn bennaf am fod eu hyfforddiant yn eu gwneud yn ymwybodol o berygl o'r fath.

Os byddai ynadon yn tueddu i gredu'r erlyniad yn fwy na'r amddiffyniad, gellid disgwyl y byddai'r gyfradd gollfarnu'n uchel o'i chymharu ag achosion a brofwyd gan reithgor. Dangosodd astudiaeth o 305 achos mewn Llysoedd Ynadon a 320 achos yn Llysoedd y Goron a gynhaliwyd yn 1985 gan Julie Vennard ar gyfer y Swyddfa Gartref mai 57% oedd cyfradd ryddfarnu Llys y Goron o'i chymharu â 30% yn y Llysoedd Ynadon. Fodd bynnag, nid oedd Vennard yn gallu esbonio'r gwahaniaeth amlwg hwn.

Gall olygu bod rheithgorau yn rhy barod i ryddfarnu, yn hytrach na bod ynadon yn rhy barod i gollfarnu.

Dedfrydu anghyson?

Mynegwyd pryder ynghylch sut mae arferion dedfrydu yn amrywio'n sylweddol o un fainc i'r llall. Ar un ystyr, nid yw'r anghysondeb hwn yn syndod, o gofio'r nifer helaeth o achosion y mae ynadon yn delio â hwy bob blwyddyn. O bosibl, bydd gan ynadon mewn un ardal agweddau llymach na rhai mewn ardal arall wrth ddedfrydu am drosedd benodol, am fod y drosedd yn fwy cyffredin. Er enghraifft, cyhoeddwyd ymchwil gan y Swyddfa Gartref yn 1995 a oedd yn dangos bod 70% o'r sawl a yrrodd car er iddynt gael eu diarddel rhag gyrru wedi'u carcharu yng Ngorllewin Derbyshire, ond aeth neb i'r carchar am y drosedd honno yn Cirencester, Caerloyw na Beverley.

A oes gan gynghorwyr cyfreithiol ormod o ddylanwad?

Bu rhai amheuon bod gan glercod llys ormod o ddylanwad dros broses benderfynu ynadon. Yn aml, mae gan glercod gymwysterau cyfreithiol ac maent yn fwy profiadol bob amser nag ynadon lleyg o ran gwaith y llysoedd. Yn aml, bydd rhai clercod yn mynd gyda'u hynadon pan fyddant yn ymgilio i ystyried eu dyfarniad, er y gallant wneud hynny dim ond ar gais y fainc.

Gan gofio hyn, nododd Cyfarwyddyd Ymarfer a gyhoeddwyd yn 2000 reolau yn atal clercod rhag dylanwadu ynadon mewn ffordd annheg, 'y tu ôl i ddrysau caeedig'. Dyma'r rheolau:

- gall ynadon ofyn am gyngor eu cynghorydd cyfreithiol, gan gynnwys cyfeiriadau at nodiadau
- dylid rhoi cyngor o'r fath mewn llys agored, fel rheol
- dylid ailadrodd unrhyw gyngor cyfreithiol a roddwyd y tu allan i lys agored yn y llys agored, a gall partïon yr achos roi sylwadau ar y cyngor.

Crynodeb

1. Beth yw gwaith ynadon?

2. Pwy yw ynadon a pha sgiliau sydd ganddynt?

3. Pa mor gynrychiadol yw ynadon?

4. Beth yw rôl Barnwyr Dosbarth, clercod a chynghorwyr eraill?

5. Beth yw'r dadleuon o blaid ac yn erbyn defnyddio ynadon i farnu'r mwyafrif helaeth o achosion a ddygir gerbron y llysoedd?

Astudiaeth achos — Cyfiawnder y bobl?

Y Llys Ynadon ar waith

Yn Llys 3, Llys Ynadon Bexley, barbwr o dde Llundain yw un o'r diffynyddion. Tua 20 oed ydyw, o darddiad Affricanaidd-Caribïaidd, wedi ei wisgo'n drwsiadus, heb unrhyw gollfarnau blaenorol. Gyrrodd gar heb yswiriant ac nid oes ganddo drwydded. Yn ogystal â phledio'n euog, ysgrifennodd y dyn ifanc lythyr o esboniad i'r llys. Roedd perthynas angen ei help ar frys, ac felly gyrrodd ei gar, ond erbyn hyn, mae'n edifarhau gwneud hynny. Pan ddarllenir y llythyr yn y llys, mae'n sefyll gyda'i ddwylo y tu ôl i'w gefn, fel pe bai'n gwisgo cyffion llaw, gyda'i ben wedi'i blygu mewn edifeirwch. Pan ofynna'r Cadeirydd gwestiynau iddo, mae'n ateb yn gwrtais. Byddai barnwr proffesiynol a oedd wedi'i galedu

Llys Un yn Llys Ynadon Bow Street. Ni chaniateir defnyddio camera yn y llys pan fydd y llys wedi ymgynnull.

yn ei gosbi ar unwaith. Ond mae'r tri ynad yn mwynhau ei berfformiad ardderchog ac yn gadael iddo fynd, gan godi dirwy fach yn unig. Dyma beth yw cyfiawnder y bobl.

Mae ynadon yn amaturiaid ac, er bod y clercod, tywyswyr, cyfreithwyr a swyddogion diogeledd sy'n eu parchu cymaint yn derbyn cyflog, mae'r sawl sy'n eistedd ar y fainc yn cael costau yn unig (ac mae rhai yn dewis peidio â'u hawlio). Mae paratoi at y gwaith yn cynnwys mynychu nosweithiau cynefino, dyddiau hyfforddi ac ymweliadau â charchardai a Sefydliadau Troseddwyr Ifainc. Wedi i ynad gael ei archwilio, ei gymeradwyo, ei hyfforddi ac wedi iddo dyngu llw, rhywbeth a all gymryd hyd at ddwy flynedd, mae gwerthusiadau cyson yn digwydd dan yr MNTI. Hyd yn oed wedyn, ni fyddant yn ddim mwy nag 'asgellwyr'. I fod yn Gadeirydd, sef y person yn y canol sy'n siarad, rhaid bod gennych o leiaf bum mlynedd o brofiad.

Pam fyddai unrhyw un yn dymuno bod yn ynad? Dywedodd un person: 'Fi yw'r math o dwpsyn sy'n rhoi ei law i fyny os bydd angen gwirfoddolwyr', a soniodd un arall am gyrraedd oedran lle 'dych chi'n teimlo ei bod hi'n hen bryd rhoi rhywbeth yn ôl'. Roedd trydydd 'yn ysu am gael datrys bywydau pobl'.

Mae ynadon ledled y wlad yn stryffaglu i ddelio â'r baich gwaith ac, yn ystod y blynyddoedd diwethaf, bu ymgyrch gan y llywodraeth i foderneiddio sut y gweinyddir y llysoedd. Bu tueddiad i gyfuno a chau llysoedd. Yn ôl yn y 1960au, roedd tua 800 o Lysoedd Ynadon yng Nghymru a Lloegr. Ddegawd yn ôl, roedd 600. Erbyn hyn, mae ychydig mwy na 400 ac maent yn parhau i ddiflannu ar gyflymder o tua 20 y flwyddyn. Y syniad yw creu gwell effeithlonrwydd: safle llys modern wedi'i chanoli yn lle adeiladau Fictorianaidd, gwasgaredig. Ond pan fo rhaid i bobl deithio 20 milltir i'r dref nesaf am nad yw ei llys lleol yno mwyach, anodd yw gweld y manteision. Mae'r enillion ariannol yn fach o'u cymharu â'r hyn sy'n diflannu, sef cysyniad cyfiawnder lleol a gweladwy - 'cyfiawnder y bobl, gan y bobl, er mwyn y bobl'. Beth yw ystyr hyn os yw barnwyr yn dod o ardaloedd dosbarth canol, cefnog, a'r rhai sy'n cael eu barnu'n byw ar fudd-daliadau ar ystadau peryglus? Byddai caniatáu i weithwyr proffesiynol gymryd lle pobl leyg yn gwneud dim mwy na chynyddu'r gwahaniaeth cymdeithasol. Er gwaethaf y dryswch a'r arafwch, mae'r gyfundrefn bresennol yn gweithio'n gymharol dda.

Wedi'i addasu o erthygl yn *The Guardian*, 4 Ebrill 2002.

Cwestiynau

(a)   Esboniwch ystyr y byrfoddau a'r termau canlynol a ddefnyddir yn y deunydd: (i) MNTI, (ii) JP, (iii) asgellwr (iv) clerc (3 marc yr un)

(b)   Ym mha ffordd y mae 'cyfiawnder lleol' i'w weld dan fygythiad? (4)

(c)   Beth mae'r deunydd yn ei awgrymu am y ffordd mae ynadon lleyg yn gweld diffynyddion o'i chymharu â'r ffordd y mae 'barnwyr proffesiynol' yn eu gweld? Ydy'r gwahaniaeth hwn yn beth da neu beidio? (8)

(ch)   Rhoddir tri chymhelliad gwahanol ar gyfer bod yn ynad. Esboniwch pa un sy'n ymddangos i chi fel yr un mwyaf priodol, o gofio'r meini prawf a ddefnyddir i ddewis ynadon. (8)

(d)   Beth yw ystyr 'cyfiawnder y bobl'? (5)

(dd) Gan ddefnyddio'r deunydd hwn a rhannau eraill o'r uned, crynhowch y dadleuon o blaid ac yn erbyn defnyddio ynadon lleyg i ddarparu 'cyfiawnder y bobl'. (12)

23.1 Cyflwyniad

Os yw cyfraith ein gwlad yn rhwymo pawb (gweler Blwch 23.1), mae'n ymddangos yn deg fod pawb yn cael mynediad i gyngor a chymorth cyfreithwyr. Mae hyn yn bwysig mewn achosion sifil ac yn bwysicach fyth mewn achosion troseddol lle mae enw da a rhyddid y cyhuddedig yn aml yn y fantol. Er hyn, mae perygl bob amser y bydd rhai pobl, yn enwedig aelodau tlotach a llai addysgedig cymdeithas, yn cael anhawster neu'n methu derbyn y cyngor a'r cymorth hwn. Mae nifer o resymau pam, yn ymarferol, na ellir cael mynediad i'r cymorth hwn.

Yn gyntaf, mae cael eich cynrychioli gan gyfreithiwr yn gallu bod yn ddrud. Os bydd hawlydd yn ennill ei achos drwy gyflogi cyfreithiwr, gall ymddangos ei fod wedi cael gwerth am arian. Fel rheol, gellir adennill costau gan y sawl a gollodd yr achos. Ond mae llawer o bobl sy'n gysylltiedig â hawliadau cyfreithiol yn nerfus, wrth reswm, y byddant yn gorfod gwario symiau uchel iawn i frwydro achos, ac yna'n colli'r achos yn y diwedd. Yn yr achos hwn, mae costau cyfreithiol yn wastraff arian. O bosibl, bydd y sawl sy'n ennill cyflogau bach yn teimlo na allant fforddio gweithredu'r gyfraith, er bod ganddynt achos cryf, am eu bod yn ofni colli eu cynilion neu greu dyledion.

Yn ail, mae pobl gyffredin yn aml yn meddwl bod byd y gyfraith yn frawychus, yn annealladwy ac yn anodd cael mynediad iddo. Nid ydynt yn sicr pa wasanaeth y gall cyfreithiwr ei ddarparu. Ac o bosibl bydd rhai pobl, er enghraifft, pobl sy'n byw mewn ardaloedd gwledig, yn cael anhawster dod o hyd i gyfreithiwr sy'n gallu eu helpu, yn enwedig mewn perthynas ag achosion mwy arbenigol.

Blwch 23.1 Mynediad i'r gyfundrefn gyfreithiol

Dywedodd barnwr un tro bod llysoedd cyfraith Cymru a Lloegr yn agored i bawb, fel drysau Gwesty'r Ritz.

Er gwaethaf yr ofnau hyn, mae sawl ffordd y gall pobl heb fawr o arian gael cymorth arbenigwr cyfreithiol. Mae nifer o grwpiau elusennol a gwirfoddol, megis y Ganolfan Gynghori, yn cynnig rhywfaint o gyngor a chymorth cyfreithiol (gweler Uned 24, Adran 24.4). Weithiau mae cyfreithwyr yn gwneud cyfran o'u gwaith heb godi tâl. Yn bwysicach na dim, fodd bynnag, mae ariannu gan y llywodraeth, neu Gymorth cyfreithiol, yn cynnig mynediad rhad ac am ddim neu gymorthdaledig i gyfreithwyr ar gyfer pobl ar incwm is. Yn ddiweddar, newidiodd natur cymorth cyfreithiol yng Nghymru a Lloegr yn ddramatig, felly mae'n werth cychwyn drwy fwrw brasolwg dros yr hen gyfundrefn.

Hanes cymorth cyfreithiol, yn fyr

Ers 1945, mae'r wladwriaeth wedi darparu rhywfaint o gymorth i dalu costau cyfreithiol pobl gyffredin. Mae hyn wedi bod ar ffurf rhoi cymhorthdal i dalu'r ffioedd a ofynnir gan weithwyr proffesiynol cyfreithiol sy'n ymarfer yn breifat, yn hytrach nag ariannu cyfreithwyr i weithio i'r llywodraeth yn unig. Mae argaeledd y cymorth hwn wedi amrywio dros y blynyddoedd, ond yn wreiddiol roedd ar gael i'r tlawd yn unig. Yr oedd hefyd ar gael i bobl ar incwm isel. Pan lansiwyd y cynllun gyntaf, yn 1949, roedd tua 80% o'r boblogaeth yn gymwys ar gyfer rhywfaint o gymorth cyfreithiol, er bod hyn ar gael ar gyfer achosion sifil yn unig, ar y dechrau. Mae cymorth cyfreithiol wedi bod ar gael ar gyfer achosion troseddol ers 1964.

Am gyfnod hir, Cymdeithas y Cyfreithwyr oedd yn gyfrifol am weinyddu cymorth cyfreithiol. Yna, yn 1988, cydgrynhowyd Deddfau blaenorol gan Ddeddf Cymorth cyfreithiol, gan olygu bod corff llywodraethol newydd, y Bwrdd Cymorth cyfreithiol, yn rheoli cymorth cyfreithiol sifil. Roedd y mwyafrif o'r gwariant ar gymorth cyfreithiol trosedd, fodd bynnag, yn cael ei awdurdodi gan y llysoedd trosedd eu hunain.

Roedd bod yn gymwys am gymorth cyfreithiol yn dibynnu ar brawf moddion, ac mae hyn yn wir heddiw hefyd. Asesir incwm a chynilion person. Os ydynt islaw lefelau penodol, gellir rhoi cymorth cyfreithiol. Yn ogystal â phrawf moddion, roedd rhai achosion yn destun prawf haeddiant. Mae prawf haeddiant yn golygu asesu pa mor gryf yw achos y cleient, ac a ddylai'r wladwriaeth ariannu'r achos. Defnyddir y syniad o brawf rhinweddau yn y gyfundrefn bresennol hefyd.

Hyd yn ddiweddar iawn, roedd cymorth cyfreithiol yn seiliedig ar yr athroniaeth ei fod 'yn ôl galw'. Roedd hyn yn golygu bod y llywodraeth yn ariannu pob hawlydd cymorth cyfreithiol a ymgeisiai, cyn belled â'i fod yn cyd-fynd â'r rheolau cymhwyso. Hynny yw, cafodd y Bwrdd Cymorth cyfreithiol siec wag. Roedd hyn yn deg mewn egwyddor, ond am wahanol resymau roedd maint arian y trethdalwr a wariwyd ar gymorth cyfreithiol yn cynyddu i lefelau a ystyriwyd yn annerbyniol gan lawer. O'r 1970au ymlaen, newidiodd y llywodraeth y prawf moddion yn gyson fel bod cyfran lai a llai o'r boblogaeth yn gallu hawlio cymorth cyfreithiol. Erbyn 1993, dim ond 40% o'r boblogaeth oedd yn gymwys ar gyfer cymorth cyfreithiol.

Dan yr hen gyfundrefn, talwyd cyfreithwyr yn ôl achos, fel rheol yn ôl cyfraddau neu ffioedd a osodwyd mewn rheoliadau, ond mewn rhai achosion ar yr un sail â chyfreithwyr a ariannwyd yn breifat. Ar ôl i gymorth cyfreithiol gael ei ganiatáu, nid oedd llawer o ddulliau na chymhellion i hyrwyddo gwerth am arian na monitro ansawdd y gwasanaeth a ddarparwyd gan gyfreithwyr. Talwyd cyfreithiwr yn ôl yr awr. Efallai y byddent yn gweithio'n effeithlon ac yn effeithiol, ond efallai ddim. Mewn cyfweliad â'r BBC, dywedodd Arglwydd Irvine, yr Arglwydd Ganghellor ar y pryd:

> 'Drwg yr hen gyfundrefn cymorth cyfreithiol oedd y gallech gerdded i mewn i swyddfa cyfreithiwr mewn unrhyw le yn y wlad ac os oeddech yn gymwys ar gyfer cymorth cyfreithiol, gallai'r cyfreithiwr fynd â'r achos yn ei flaen o'r dechrau i'r diwedd, hyd yn oed os nad oedd ganddo'r sgiliau na'r profiad i wneud hynny.'

Pa mor analluog bynnag oedd y cyfreithiwr, felly, roedd rhaid i'r Bwrdd Cymorth cyfreithiol dalu.

Ar ddiwedd y 1990au, cynigiodd y llywodraeth newidiadau radicalaidd i'r gyfundrefn cymorth cyfreithiol am fod gwariant cymorth cyfreithiol fel pe bai wedi mynd drwy'r to. Dros gyfnod o chwe blynedd, cynyddodd cyfanswm y gwariant ar gymorth cyfreithiol gan £529 miliwn - o £1,093 miliwn yn 1992/93 i £1,622 miliwn yn 1998/99, sef cynnydd o 48%. Dros yr un cyfnod, 16% oedd chwyddiant pris cyffredinol. Roedd teimlad hefyd nad oedd rhai achosion haeddiannol yn derbyn cymorth cyfreithiol, tra bod eraill mwy amheus yn ei gael.

23.2 Deddf Mynediad at Gyfiawnder 1999 – egwyddorion cyffredinol

Cyflwynodd Deddf Mynediad at Gyfiawnder 1999, a ddaeth i rym yn 2000, gyfundrefn cymorth cyfreithiol gwbl newydd. Yn yr adrannau hynny o'r Ddeddf sy'n delio â chymorth cyfreithiol, nod anamlwg y ddeddfwriaeth oedd newid darpariaeth yn ôl galw, a rhoi yn ei lle y cysyniad o wariant wedi'i reoli a'i gynllunio. Mae'r llywodraeth wedi ceisio ymbellhau o gymorthdalu practisiau preifat i wneud cymaint o waith cymorth

Blwch 23.2 *Newidiadau a gyflwynwyd gan Ddeddf Mynediad at Gyfiawnder 1999*

1. Diddymwyd y Bwrdd Cymorth cyfreithiol. Yn ei le, crëwyd corff newydd gyda mwy o hawliau, a elwid yn **Gomisiwn Gwasanaethau Cyfreithiol (yr LSC)**. Mae'r LSC yn atebol i'r Arglwydd Ganghellor.

2. Mae'r LSC wedi cael cyfrifoldeb dros **Wasanaeth Cyfraith** y Gymuned. Mae cronfa Gwasanaeth Cyfreithiol Cymunedol yn darparu cymorth cyfreithiol mewn achosion sifil a theulu dan drefniadau sy'n wahanol iawn i'r rhai a fodolai cyn 2000.

3. Mae'r LSC hefyd yn rheoli'r **Gwasanaeth Amddiffyn Troseddol**, sy'n darparu cyfundrefn cymorth cyfreithiol droseddol ddiwygiedig.

4. Rhaid pennu blaenoriaethau gwariant. Pennir terfyn ar gyfanswm gwariant ac yna rhaid i'r LSC, mewn partneriaeth ag eraill, sicrhau bod yr arian hwn yn cael ei dargedu at yr angen mwyaf.

5. Rhaid i'r LSC roi'r gwerth gorau posibl am arian wrth brynu gwasanaethau cyfreithiol. Mae hyn yn cynnwys gweithio gyda sefydliadau y tu allan i'r proffesiwn cyfreithiol, megis cynghorau lleol a grwpiau gwirfoddol, sydd hefyd yn rhan o ddarparu gwasanaethau cyfreithiol (gweler Uned 24, Adran 24.4).

6. Dim ond darparwyr gwasanaeth cyfraith a ddangosodd eu bod yn cwrdd â'r safonau ansawdd a bennwyd gan yr LSC sy'n cael adennill costau o'r gwaith y maent wedi'u contractio i'w wneud ar gyfer Gwasanaeth Cyfreithiol Cymunedol a'r Gwasanaeth Amddiffyn Troseddol.

7. Creodd y Ddeddf reolau newydd i gynyddu'r defnydd o **gytundebau ffi amodol** rhwng cyfreithwyr a chleientiaid mewn achosion anafiadau corfforol. Dan delerau'r cytundebau hyn, a elwir hefyd yn gontractau 'heb ennill, heb dâl', nid yw cyfreithwyr yn codi tâl, neu mae'n llai o lawer nag arfer, oni bai eu bod yn ennill yr achos.

cyfreithiol ag y dymunent. Mae cyfanswm yr arian sydd ar gael erbyn hyn yn gyfyngedig, ac mae'r corff ariannu yn ceisio rheoli sut mae cyfreithwyr yn cyflawni gwaith cymorth cyfreithiol. Mae'r Ddeddf yn cyflwyno newidiadau a amlinellir ym Mlwch 23.2.

Gweithgaredd 23.1

Mae gwariant cymorth cyfreithiol yn mynd drwy'r to

Michael Mansfield CF.

Yn ôl adroddiad y Swyddfa Archwilio Cenedlaethol yn 1999, o'r £597 miliwn a roddwyd y flwyddyn flaenorol yn gymorth cyfreithiol gan Lysoedd Ynadon Cymru a Lloegr, a oedd yn brin o arian beth bynnag, rhoddwyd £78 miliwn ohono heb dystiolaeth, neu fawr ddim tystiolaeth, fod gan yr ymgeisydd yr hawl i'r arian. Dyma'r seithfed flwyddyn yn olynol i'r swyddfa archwilio feirniadu sut y dyrannwyd yr arian o ran cymorth cyfreithiol troseddol.

Ar ddiwedd y 1990au, ymchwiliodd yr Arglwyddi i'r symiau a godwyd ar gymorth cyfreithiol gan fargyfreithwyr blaengar mewn pedwar achos gwahanol. Mewn un apêl yn Nhŷ'r Arglwyddi, cododd Michael Mansfield CF £416 yr awr mewn achos a ariannwyd gan gymorth cyfreithiol. Lleihaodd swyddogion y llys y swm o hanner. Cododd Mr Mansfield £20,000 am ei waith ar apêl wedi collfarn am lofruddiaeth. Roedd hyn yn talu am 48 awr o baratoi a'r diwrnod cyntaf yn y llys. Mewn achos arall, roedd y ffioedd a godwyd gan gwnsler wedi codi o 400% wrth i'r achos fynd drwy'r gyfundrefn apelio. Gwnaed un cynnig na ddylai CFiaid achosion troseddol allu ennill mwy na £200,000 y flwyddyn o waith cymorth cyfreithiol. Mae hyn yn cyfateb i gyflog uwch-ymgynghorydd ysbyty. Ond a fyddai hyn yn deg i'r hawlwyr a'r diffynyddion hynny sydd ar gymorth cyfreithiol?

Addaswyd o erthyglau ar wefan BBC News, 5 Chwefror 1999 a 18 Mehefin 1998.

(a) Pa ganran o'r cyfanswm a ganiateir gan ynadon ar gyfer cymorth cyfreithiol troseddol yn 1998 a dalwyd mewn ffordd amhriodol? (2)

(b) Gan ddefnyddio'r deunydd hwn, rhowch ddau esboniad dros wariant cyhoeddus gormodol ar gymorth cyfreithiol. (6)

(c) Mae rhai bargyfreithwyr amlwg sy'n ymarfer yn breifat, yn enwedig mewn achosion sifil, yn gallu ennill mwy o lawer nag uwch-ymgynghorydd ysbyty. Pa ddadleuon y gellid eu cynnig o blaid ac yn erbyn y cynnig i roi uchafswm ar eu hincwm o gymorth cyfreithiol, wedi iddynt gyrraedd £200,000? (8)

Blwch 23.3 *Enghreifftiau o rai o ofynion y contract CDS*

Dyma rai o'r gofynion a nodir yn y contract CDS:

- yn hytrach na bod y cyfreithiwr yn penderfynu faint o amser a dreulir ar dasg benodol, mae'r contract yn rhoi arweiniad ar ba mor hir y disgwylir i'r dasg fod (er enghraifft, disgwylir bod paratoi adroddiad ysgrifenedig i gwnsler yn gofyn am gyngor am apêl yn cymryd tua thair awr)

- rhaid caniatáu i'r CDS gyflawni arolygon bodlonrwydd cleient

- dim ond staff hyfforddedig sy'n cael ymweld â chleient yng ngorsaf yr heddlu dan gynllun y Cyfreithiwr ar Ddyletswydd (gweler isod)

- mae gan y cwmni contractio rwymedigaeth i sicrhau ei fod yn llenwi'r cyfnodau a ddyrannwyd iddo ar rota'r Cyfreithiwr ar Ddyletswydd ar gyfer ardal benodol.

23.3 Y Gwasanaeth Amddiffyn Troseddol (y CDS)

Pwrpas y CDS yw sicrhau bod gan bobl a ddrwgdybir neu a gyhuddir o gyflawni trosedd fynediad at gyngor, cymorth a chynrychiolaeth, yn enw cyfiawnder. Mae pedair ffordd wahanol y gall person gael cymorth cyfreithiol gan y Gwasanaeth Amddiffyn Troseddol. Esbonnir pob un ohonynt isod.

1. Cynllun Cyfreithiwr ar Ddyletswydd

Mae gan bobl sy'n cael eu harestio a'u cymryd i orsaf yr heddlu yr hawl i gysylltu â'u cyfreithiwr eu hunain am gymorth neu, fel arall, i gael cyngor a chymorth cyfreithiol am ddim gan gyfreithiwr gyda chwmni sy'n cymryd rhan yn y cynllun Cyfreithiwr ar Ddyletswydd. Mae hwn yn rota sy'n cynnwys rhai o gyfreithwyr yr ardal a gytunodd i fod ar alwad ar adegau penodol er mwyn bod ar gael i bobl mewn gorsaf heddlu wedi iddynt gael eu harestio. Gall Cyfreithiwr ar Ddyletswydd roi cyngor am hawliau'r heddlu i garcharu, natur unrhyw gyhuddiadau a wnaed, pa hawliau sydd gan y person yn ystod ei garchariad a chwestiynu'r heddlu ac ati (gweler hefyd Uned 12, Adran 12.4). Yn ogystal, mae'r cynllun ar gael i ddiffynyddion heb gynrychiolaeth sydd angen cyngor a chymorth sylfaenol erbyn iddynt ymddangos fel diffynyddion yn y Llysoedd Ynadon. Mae'r cynllun ar gael am ddim i'r defnyddiwr.

2. Cynllun Cyngor a Chymorth

Os bydd person angen mwy o gymorth gan gyfreithiwr ar ôl gadael gorsaf yr heddlu, gallant wneud cais am hynny dan y cynllun Cyngor a Chymorth. Er enghraifft, gall y cyhuddedig gael cyngor cyfreithiol cyffredinol, cymorth gydag ysgrifennu llythyron, cymorth gyda delio â'r heddlu, cael barn bargyfreithiwr a pharatoi achos ysgrifenedig. Ni ellir talu am gynrychiolaeth yn y llys dan y cynllun hwn. Mae'r cynllun yn cynnwys prawf moddion. Mae'r cyfreithiwr yn llenwi ffurflen sy'n dangos manylion o faint o arian sydd gan y cleient a chyfrifir cymhwyster ar sail hyn (ceir esboniad manwl o'r prawf moddion ym Mlwch 23.4).

3. Cymorth Eiriolaeth

Mae Cymorth Eiriolaeth yn cynnwys cyfreithiwr i baratoi'r achos a chynrychiolaeth ar ddechrau'r achos yn y Llys Ynadon neu Lys y Goron, ond nid yw'n cynnwys gwaith sy'n gysylltiedig ag unrhyw apêl. Gellir defnyddio Cymorth Eiriolaeth hefyd ar gyfer gwrandawiadau disgyblu carchar. Mae'n dibynnu ar brawf moddion.

4. Cynrychiolaeth

Mae cynrychiolaeth yn cynnwys cost cyfreithiwr sy'n paratoi'r achos ar gyfer y llys ac yn ymddangos yn y llys, gan gynnwys apêl. Os bydd angen, telir cost bargyfreithiwr hefyd. I wneud cais am y cymorth hwn, rhaid i gyfreithiwr lenwi ffurflen yn dangos manylion incwm a chyfalaf yr hawlydd a'i gyrru at y llys lle gwrandewir yr achos. Bydd y llys yn caniatáu'r math hwn o gymorth cyfreithiol pan fydd hynny er lles cyfiawnder. Mae hyn yn cynnwys rhoi cymorth i'r sawl a allai fynd i'r carchar neu golli eu swydd, y sawl sy'n methu siarad Saesneg, neu sydd ag achosion sy'n ymwneud â dadleuon sylweddol ar bwyntiau cyfraith. O bosibl, bydd y barnwr yn gofyn i berson dalu cyfraniad os bydd yr achos yn arwain at wrandawiad mewn llys arall yn hytrach na'r Llys Ynadon.

23.4 Gwasanaeth Cyfreithiol Cymunedol

Mae'r Gwasanaeth Cyfreithiol Cymunedol (y CLS) yn rhoi arian ar gyfer cyngor a chynrychiolaeth gyfreithiol mewn achosion sifil gan gyfreithwyr sy'n gweithredu dan gontract y Comisiwn Gwasanaeth Cyfraith (weithiau fe'u gelwir yn gyfreithwyr "breindal"). Mae nifer o wahanol fathau o gymorth ar gael dan Wasanaeth Cyfraith y Gymuned. Mae pob un ohonynt yn dibynnu ar brawf moddion a'r mwyafrif yn dibynnu ar brawf rhinweddau. Rhoddir manylion am y prawf moddion ym Mlwch 23.4.

Mae'r ffigurau a ddefnyddir ar gyfer uchafsymiau ac isafsymiau yn amrywio rhwng un math o gymorth cyfreithiol a math arall, ond, i gyffredinoli, nid yw person sy'n ennill mwy na £25,000 yn debygol o gael arian.

Blwch 23.4 *Y prawf moddion*

Mae 'moddion' yn cyfeirio at gyfanswm yr arian sydd ar gael i'r ymgeisydd. Gellir ystyried adnoddau'r ymgeisydd dan ddau bennawd: incwm a chyfalaf. Rhaid rhoi manylion am incwm a chyfalaf yn y ffurflenni cais a yrrir gan gyfreithwyr i'r LSC ar ran eu cleientiaid. Mae cyfalaf yn cyfeirio at bethau fel cynilion, cyfranddaliadau, pethau gwerthfawr fel gemwaith, ac, mewn rhai achosion, gwerth tŷ. Pa gymorth bynnag y gofynnir amdano, cyfrifir cymhwyster yn yr un ffordd:

- os bydd incwm a chyfalaf yr ymgeisydd uwchlaw'r uchafswm a ganiateir, nid ydynt yn gymwys

- os bydd incwm a chyfalaf rhwng yr uchafswm a'r isafswm, gyda rhai mathau o gymorth cyfreithiol, rhaid i'r ymgeisydd wneud cyfraniad i gostau'r cyfreithwyr. Bydd y swm a gyfrennir yn dibynnu ar union incwm a chyfalaf yr ymgeisydd (gelwir hyn yn 'raddfa symudol' cyfraniadau)

- os bydd adnoddau ariannol yr ymgeisydd islaw'r isafswm, nid oes rhaid iddynt gyfrannu at y costau o gwbl.

Defnyddir incwm gwario yn hytrach na 'chrynswth' yr incwm i fesur hawl. Mae hyn yn golygu bod pethau fel ad-daliad morgais a chostau byw hanfodol eraill yn cael eu tynnu o'r incwm er mwyn gweld faint sydd gan yr ymgeisydd yn weddill i'w wario ar bethau dianghenraid.

Y prawf haeddiant

Mae'r prawf haeddiant yn ymwneud ag asesu'r tebygolrwydd y bydd yr ymgeiswyr yn ennill eu hachos. Gellir ariannu'r mwyafrif o achosion dim ond os credir bod tebygolrwydd o 50% neu fwy o ennill. Mewn achosion amheus, gellir caniatáu arian os yw achos o bwys sylweddol i'r cyhoedd neu i'r cleient, er enghraifft am fod diogelwch corfforol y cleient yn y fantol. Bydd y Comisiwn Gwasanaethau Cyfreithiol hefyd yn ystyried a yw'r arian y gellid ei ennill drwy ennill achos yn cyfiawnhau'r costau tebygol. Dan hen Ddeddf Cymorth Cyfreithiol 1988, roedd yn haws cwrdd â gofynion y prawf haeddiant. Yn y bôn, roedd rhaid i ymgeiswyr ddangos i'r Bwrdd Cymorth Cyfreithiol bod ganddynt sail resymol dros ymladd achos.

Tâl statudol

Yn achos rhai mathau o gymorth cyfreithiol sifil, defnyddir tâl statudol. Mae hyn yn golygu os bydd ymgeisydd cymorth cyfreithiol yn ennill achos a ariannwyd gan y CLS, rhaid iddynt ddefnyddio rhywfaint neu'r cyfan ohono i ad-dalu'r CLS. Dangosir isod ym mha achosion mae'r tâl statudol yn berthnasol.

Cymorth Cyfreithiol a Chymorth yn y Llys

Mae'r ddau wasanaeth hyn yn galluogi pobl i gael cymorth cyfreithiwr nes bod eu costau'n cyrraedd cyfanswm o £500. Gellir defnyddio Cymorth Cyfreithiol ar gyfer cyngor cyffredinol, ysgrifennu llythyron, trafod, cael barn bargyfreithiwr a pharatoi achos ysgrifenedig os bydd rhaid i'r cleient ymddangos gerbron llys neu dribiwnlys. Gellir defnyddio Cymorth yn y Llys ar gyfer ymddangos mewn gwrandawiad penodol, heb weithredu'n swyddogol ar ran cleient yn yr achos cyfan. Mae'r ddau wasanaeth yn dibynnu ar brawf moddion. Er nad oes rhaid i gleient gyfrannu, mae'r tâl statudol yn berthnasol mewn perthynas ag achosion teuluol neu esgeuluster clinigol.

Cynrychiolaeth Gyfreithiol

Pan fydd person angen mynd i'r llys, mae'n bosibl y bydd eu cyfreithiwr yn eu cynghori i wneud cais am y lefel ariannu uwch sydd ar gael drwy Gynrychiolaeth Gyfreithiol. Mae Cynrychiolaeth Gyfreithiol yn gysylltiedig â phrofion moddion a rhinweddau. Ceir braslun o'r ddau fath o ddarpariaeth ym Mlwch 23.5.

Cyfryngu i Deuluoedd

Mae cyfryngu yn digwydd pan fydd trydydd parti yn helpu'r ddwy ochr i ddod i gyfaddawd (yn achos cyfryngu i deuluoedd, gŵr a gwraig ar ganol ysgaru) (gweler Uned 17, Adran 17.3). Mae'r llywodraeth o blaid defnyddio cyfryngu, gan ei fod yn rhatach bob amser nag achos llys. Gellir defnyddio Cyfryngu i Deuluoedd ar gyfer anghydfodau teulu sy'n ymwneud â phlant, arian ac eiddo. Gellir defnyddio cyfryngu hefyd yn ogystal â Chymorth Cyfreithiol neu Gymorth i Deuluoedd Cydnabyddedig. Mae'n dibynnu ar brawf moddion, ond nid oes rhaid gwneud cyfraniad.

Cymorth Cydnabyddedig i Deuluoedd

Nid yw Cymorth Cydnabyddedig i Deuluoedd yn Gynrychiolaeth Lawn, ond mae'n darparu cymorth cyfreithiol mewn achosion teuluol pan frwydrir achos llys. Mae dwy ffurf iddo:

1. Cymorth gyda Chyfryngu, wedi'i gyfyngu i roi'r cyngor a'r cymorth cyfreithiol sydd eu hangen, yn aml, cyn ac yn ystod Cyfryngu i Deuluoedd. Nid oes angen cyfrannu.
2. Cymorth Cyffredinol i Deuluoedd, sy'n cynnwys trafodaethau lle nad oes cyfryngu.

Yn y ddau achos, mae cymorth ar gael dim ond tan fydd costau'r cyfreithiwr yn cyrraedd swm penodol. Os rhoddir

---

Blwch 23.5 *Y ddau fath o Gynrychiolaeth Gyfreithiol*

1. Cymorth Ymchwiliol

Pan nad yw'n glir a fydd hawliad yn llwyddiannus, gellir defnyddio Cymorth Ymchwiliol i ganfod cryfder hawliad arfaethedig. Fe'i caniateir dim ond pan nad yw'n glir a fydd yr achos yn llwyddo a phan fydd ymchwiliad gan gyfreithiwr yn debygol o fod yn ddrud. Nid yw Cymorth Ymchwiliol ar gael ar gyfer achosion teuluol.

2. Cynrychiolaeth Lawn

Mewn egwyddor, gall Cynrychiolaeth Lawn gynnwys yr holl waith sy'n angenrheidiol ar gyfer profi achos llys mewn treial ac apêl, er y gall yr LSC bennu amodau o ran maint yr arian a roddir. Dyfernir hwn yn amlach na Chymorth Ymchwiliol. Mae'r tâl statudol yn berthnasol pan adenillir arian.

Er y gellir defnyddio Cynrychiolaeth Gyfreithiol ym mhob llys, bron, NID yw ar gael ar gyfer y mwyafrif o achosion yn y categorïau hyn:

- achosion anafiadau corfforol o ganlyniad i esgeuluster (ac eithrio esgeuluster clinigol) - fel rheol, dylid brwydro'r achosion hyn dan gytundebau ffi amodol
- achosion busnes
- achosion sy'n ymwneud ag anghydfodau am gwmni, ymddiriedolaeth neu bartneriaeth.

Nid yw ar gael ar gyfer y materion hyn:

- anghydfodau sy'n ymwneud â ffiniau
- enllib ac athrod.

Cymorth Cyffredinol i Deuluoedd, mae'n bosibl y bydd rhaid talu'r tâl statudol.

Cyllid Cymorth

Mae Cyllid Cymorth yn ariannu'n rhannol achosion niwed corfforol (ac eithrio esgeuluster meddygol) a rhai achosion aml-barti (achos lle mae nifer fawr o bobl yn dwyn achosion o'r un fath) dan amgylchiadau penodol. Dyma pan fydd y cleient yn dwyn achos dan 'gytundeb ffi amodol', ond mae'r achos yn anarferol o ddrud ac felly'n cyfiawnhau rhywfaint o gymorth gan yr LSC. Mae'r achos yn parhau yn breifat ond telir symiau cyfyngedig i'r cyfreithiwr gan yr LSC yn ystod yr achos tuag at gyfanswm y costau cyfreithiol. Pwrpas hyn yw gwneud y perygl o golli'r achos yn fwy derbyniol i gyfreithiwr gan

Blwch 23.6 *Mathau o gymorth a ariennir gan y llywodraeth*

Tabl 1: Crynodeb o Wasanaeth Amddiffyn Troseddol

Math o gymorth	Yn cynnwys	A oes rhaid cyfrannu?
Cynlluniau Cyfreithiwr ar Ddyletswydd	Cyngor a chymorth sylfaenol yn yr orsaf heddlu neu'r Llys Ynadon yn rhad ac am ddim.	Nac oes
Cyngor a Chymorth	Cymorth gan gyfreithiwr, ond nid yw'n ymddangos yn y llys. Yn ddibynnol ar brawf moddion.	Nac oes
Cymorth Eiriolaeth	Paratoi achos a chynrychiolaeth yn y lle cyntaf mewn Llys Ynadon neu Lys y Goron. Dibynnol ar brawf moddion.	Nac oes
Cynrychiolaeth	Talu'r gost o baratoi achos ar gyfer llys ac ymddangos mewn llys, gan gynnwys apêl. Nid oes prawf moddion ond gall y llys ei gymeradwyo dim ond pan fo hynny er lles cyfiawnder.	Oes

Tabl 2: Crynodeb o Wasanaeth Cyfraith y Gymuned

Math o gymorth	Yn cynnwys	Cyfraniad?	Tâl statudol
Cymorth Cyfreithiol a chymorth yn y Llys (hyd at £500 mewn gwerth)	Cyngor cyffredinol yn bennaf.	Nac oes	Oes (ac eithrio rhai achosion teuluol)
Cynrychiolaeth gyfreithiol	Y gwaith sy'n angenrheidiol er mwyn dwyn achos cyfreithiol i achos (ac apêl).	Oes	Oes (ac eithrio rhai achosion teuluol)
Cyfryngu i'r Teulu	Anghydfodau teuluol sy'n ymwneud â phlant, arian ac eiddo.	Nac oes	Nac oes
Cymorth Cydnabyddedig i'r Teulu	'Cymorth gyda chyfryngu' (cyngor yn unig). 'Cymorth cyffredinol i'r teulu' (trafodaethau lle ni cheir cyfryngu).	Nac oes Oes	Nac oes Oes
Cyllid Cymorth	Ariannu yn rhannol achosion sy'n eithriadol o ddrud.	Oes	Oes

nad yw cleientiaid, fel rheol dan gytundeb ffi amodol, yn gorfod talu eu cyfreithiwr os collir yr achos. Mae dau fath o Gyllid Cymorth:

1. Cymorth Ymchwiliol
2. Cymorth Cyfreitha.

Mae'r tâl statudol yn berthnasol.

Mae Blwch 23.6 yn crynhoi'r gwahanol fathau o gymorth sydd ar gael.

23.5 Manteision ac anfanteision y gyfundrefn cymorth cyfreithiol newydd

Dyma fanteision y gyfundrefn cymorth cyfreithiol newydd:

1. Dylai'r gyfundrefn newydd roi mwy o werth am arian

Dan yr hen gyfundrefn, talwyd cyfreithwyr, beth bynnag oedd safon eu gwaith. Dylai'r ffaith bod rhaid i ddarparwyr cymorth cyfreithiol gadw at safonau ansawdd olygu bod arian trethdalwyr yn cael ei ddefnyddio mewn ffordd fwy cost effeithiol.

2. Pennwyd uchafswm gwariant cymorth cyfreithiol

Ni fydd y cynnydd blynyddol yng nghyfanswm gwariant cymorth cyfreithiol yn digwydd mwyach.

3. Llawer o achosion y tu hwnt i gwmpas cymorth cyfreithiol

Nid yw cymorth cyfreithiol ar gael mwyach ar gyfer achosion anafiadau corfforol. Mae'r llywodraeth yn disgwyl y defnyddir cytundebau ffi amodol yn lle hyn. Mae hyn yn lleihau'r peryglon ariannol sy'n aml yn atal pobl rhag lansio achos llys drud. Ystyrir bod y defnydd cynyddol a wneir o ffioedd amodol yn ffordd o gynyddu mynediad at gyfiawnder wrth leihau'r angen am gymorth cyfreithiol a

Gweithgaredd 23.2

(a) Nodwch pa fath o gymorth cyfreithiol y gallai'r bobl hyn ei ddefnyddio:

Mae Derek wedi cael ei arestio a'i gymryd i orsaf yr heddlu.

Prynodd Serena gar ail law gan garej leol yn ddiweddar. Ar ôl 50 milltir, disgynnodd y peiriant ar y ffordd. Gwrthododd y garej drwsio'r car, ac mae Serena eisiau gwybod a yw'n gallu dwyn achos llys yn erbyn y cwmni.

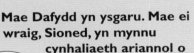

Mae Dafydd yn ysgaru. Mae ei wraig, Sioned, yn mynnu cynhaliaeth ariannol o faint afresymol, ym marn Dafydd. Mae cyfreithiwr Dafydd wedi awgrymu y gellid setlo'r mater heb orfod cynnal achos llys drud.

Mae Jane yn dymuno pledio'n ddieuog i gyhuddiad o siopladrad a glywir yn y Llys Ynadon lleol.

Mae Dilip yn ofni na fydd yn cael gweld ei blant yn gyson ar ôl iddo ysgaru. Mae'n fodlon bod yn rhan o broses gyfryngu ond mae arno angen llawer iawn o gyngor ynglŷn â'i safle cyfreithiol yn gyntaf.

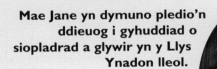

(b) Pa brofion y mae'n rhaid eu bodloni cyn y caniateir cymorth cyfreithiol yn yr achosion hyn? (5)

---

maint y gyllideb cymorth cyfreithiol. Fodd bynnag, mae adrannau o'r proffesiwn cyfreithiol wedi beirniadu trefniadau ffi amodol (gweler Uned 24, Adran 24.2).

Dyma anfanteision y gyfundrefn cymorth cyfreithiol newydd:

1. Beirniedir y prawf haeddiant newydd mewn achosion sifil

Beirniadwyd y prawf newydd ar y sail nad ystyried tebygolrwydd llwyddiant achos yw'r unig ffordd o benderfynu a yw'n haeddu cael ei ariannu.

2. Y cynnydd mewn biwrocratiaeth a chyflog is

Ers gweithredu'r Ddeddf newydd, mae cyfreithwyr wedi cwyno am y ffaith bod cyfraddau cymorth cyfreithiol a delir gan yr LSC wedi cael eu rhewi. Ni chafwyd dechrau da i gontractio, gan fod cyfreithwyr wedi bygwth achos llys oherwydd y taliadau troseddol a gynigiwyd. Bu cwynion hefyd am fiwrocratiaeth a'r safonau llym iawn a fynnir gan yr LSC.

3. Llai o gwmnïau'n cynnig gwaith sy'n ymwneud â chymorth cyfreithiol

Yn 2000, amcangyfrifwyd na fyddai 5,000 o blith yr 11,000 o gwmnïau cyfreithwyr a gynigiai gwasanaethau cymorth cyfreithiol yn gwneud hynny yn y dyfodol. Dadleuodd yr Arglwydd Ganghellor ar y pryd, Derry Irvine, y byddai llai o ddarparwyr, ond y byddant yn darparu gwasanaeth gwell. Ar y llaw arall, mae Cymdeithas y Cyfreithwyr wedi datgan pryder na fydd digon o gyfreithwyr cymorth cyfreithiol i gwrdd ag anghenion y cyhoedd cyn bo hir.

4. Bydd peidio ag ariannu yn ôl galw yn golygu llai o fynediad at gyfiawnder

Mae gosod terfynau llym ar wariant cymorth cyfreithiol yn creu'r posibilrwydd y gallai rhai ymgeiswyr am gymorth cyfreithiol gael eu gwrthod am fod yr arian wedi dod i ben. Mae'r dull 'cyntaf i'r felin gaiff falu' yn ymddangos yn annheg.

Crynodeb ● ● ●

1. Sut oedd y gyfundrefn cymorth cyfreithiol yn gweithio cyn 2000?

2. Sut mae'r gyfundrefn cymorth cyfreithiol wedi gweithio ers 2000?

3. Pa fath o gymorth a roddir gan y CDS a'r CLS ac o dan ba amgylchiadau?

4. Beth fu effaith cyflwyno cyfundrefn newydd o ddarparu cymorth cyfreithiol?

Astudiaeth achos — *Cymorth cyfreithiol*

Eitem A *Y rheolau newydd (1)*

'Ni ddylai cymdeithas sy'n dogni ei gwasanaeth iechyd wrthwynebu dogni cyfiawnder sifil. Nid yw'r un wlad arall yn gwario cymaint ar ei chyfundrefn cyfiawnder sifil â'r DU. Mae'r gyllideb cymorth cyfreithiol wedi dyblu yn y degawd olaf a bellach mae'n fwy na £1.6 biliwn. Mae'n enwog am ei gwastraff.'

Taflen a gynhyrchwyd gan y Gwasanaeth Amddiffyn Troseddol

Dyna eiriau un o brif erthyglau *The Guardian* ar Ebrill 27 1999, wrth i Fesur Mynediad at Gyfiawnder gyrraedd Cyfnod y Pwyllgorau yn Nhŷ'r Cyffredin. Aeth y *Guardian* ymlaen i nodi dau o'r achosion diweddar mwyaf anghredadwy: anghydfod dros ffin yn ymwneud â darn bach o dir yn Swydd Stafford a barhaodd am 11 mlynedd, gan gostio £100,000 i'r trethdalwr, ac achos a ddygwyd gan bobl a orddibynnai, ar un adeg, ar dawelyddion neu dabledi cysgu, achos a ddaeth i ben cyn cyrraedd y llys. Costiodd hwnnw £40 miliwn. Yn Adroddiad Woolf, dangoswyd mai £10,000 oedd ffioedd cyfreithiol yr enillwyr mewn 40% o hawliadau anafiadau corfforol o lai na £12,500.

Croesawyd rhai rhannau o'r Mesur, sef:

- y rheolau llym newydd sy'n ystyried tebygolrwydd llwyddo cyn rhoi cymorth
- y ffaith y byddai mewnfudo, cyflogaeth a lles yn flaenoriaethau.

Ond roedd rhannau eraill yn fwy dadleuol. Er enghraifft, cyfyngu achosion anafiadau corfforol i sail 'heb ennill, heb dâl'. A oedd yn iawn i gyfyngu categori cyfan o gyfiawnder sifil i'r 'dull casino' hwn? Yn fwy na dim, ystyriwyd bod y penderfyniad i bennu uchafswm ar y gyllideb cymorth cyfreithiol a gosod terfyn ar gyfanswm y gwariant yn annerbyniol. Roedd hyn yn creu potensial ar gyfer anghyfiawnderau mawr.

Eitem B *Y rheolau newydd (2)*

Pan roddwyd rheolau cymhwyso newydd ar waith yn 2001, cynyddodd nifer y bobl a oedd yn gymwys ar gyfer cyngor a chynrychiolaeth gyfreithiol a ariannwyd gan y cyhoedd o 16 i 21 miliwn. Bydd rhai pobl yn cael gwasanaethau cyfreithiol yn rhad ac am ddim. Bydd eraill yn ei dderbyn ar lai o gost. Llongyfarchodd cyrff megis Cymdeithas y Cyfreithwyr a Chymdeithas Genedlaethol y Ganolfan Gynghori (NACAB) adran yr Arglwydd Ganghellor ar y newid, a ddaeth ar ôl dwy ddegawd o ddirywiad mewn cymorth gan y wladwriaeth. Dywedodd y cyfreithiwr trosedd, Rodney Warren, sy'n cadeirio Pwyllgor Mynediad at Gyfiawnder Cymdeithas y Cyfreithwyr:

'Ugain mlynedd yn ôl, byddai bron pawb a ddeuai at fy nghwmni - ymarfer bach mewn stryd fawr - wedi bod yn gymwys am gymorth cyfreithiol. Ond yn y man, daeth i'r pwynt lle nad oedd neb yn gymwys oni bai eu bod yn ddi-waith.'

Mae llawer o gyfreithwyr yn pryderu y gall y newidiadau hyn fod yn arwynebol, fodd bynnag. Un broblem fawr yw bod miloedd o gwmnïau cyfreithiol wedi rhoi'r gorau i wneud gwaith a ariennir yn gyhoeddus am nad oedd y gyfundrefn a ddaeth yn lle cymorth cyfreithiol, yn eu barn hwy, yn eu talu'n ddigonol ac yn golygu gormod o waith papur. Hanerodd nifer y cwmnïau a gynigiai gwasanaethau cyfreithiol drwy gymorth cyfreithiol dros gyfnod o ddwy flynedd. Dywedodd Alison Green o NACAB: 'Mae'n dipyn o loteri o ran daearyddiaeth. Gallai olygu bod rhai pobl yn wynebu siwrnai o 50 milltir i gael cymorth cyfreithiol.'

Problem arall yw na fu cynnydd yn y gyllideb gyffredinol gan y Comisiwn Gwasanaethau Cyfreithiol (yr LSC), er bod y rheolau cymhwyso yn fwy hyblyg. Er bod y mwyafrif o gwmnïau yn gobeithio helpu pawb sy'n dod atynt am gyngor, mae'n debyg y bydd rhaid iddynt gyflwyno meini prawf newydd i benderfynu pwy i helpu gyda gwaith achos mwy cymhleth, yn enwedig os bydd angen cynrychioli cleient mewn llys neu dribiwnlys. Mae'n bosibl na fydd rhai pobl yn cael cymorth. Bydd y rhai sy'n darparu gwasanaethau a ariennir gan yr LSC yn gorfod blaenoriaethu.

Addaswyd o *The Guardian*, 27 Ebrill 1999 a *The Observer*, 2 Rhagfyr 2001.

Cwestiynau

(a) Gan ddefnyddio Eitem A atebwch y cwestiynau canlynol.

   i)   Beth yw ystyr 'heb ennill, heb dâl'? Ym mha fath o achosion y defnyddir trefniadau o'r fath? (4)

   ii) Sut fyddai'r rheolau llym newydd a nodwyd uchod yn atal achosion megis yr un a lansiwyd gan y sawl a oedd yn gaeth i dawelyddion a thabledi cysgu rhag digwydd? (4)

   iii) Gan ddefnyddio'r deunydd hwn a rhannau eraill o'r uned, beth yw manteision ac anfanteision diwygiadau cymorth cyfreithiol y Ddeddf Mynediad at Gyfiawnder? (15)

(b) Gan ddefnyddio Eitem B, cwblhewch y tasgau canlynol

   i)   Beth yw'r 'Comisiwn Gwasanaethau Cyfreithiol'? (2)

   ii) Esboniwch pam y bydd rhai pobl yn cael gwasanaethau cyfreithiol yn rhad ac am ddim ac eraill yn gorfod talu tuag at gostau cyfreithiol. (6)

   iii) Pa gynllun (neu gynlluniau) Gwasanaeth Cyfreithiol Cymunedol penodol y bydd person sy'n chwilio am gynrychiolaeth gan gyfreithiwr yn gwneud cais amdano? (4)

   iv) Trafodwch i ba raddau y bydd y newidiadau i natur cymorth cyfreithiol yng Nghymru a Lloegr yn cynyddu mynediad at gyfiawnder. (12)

24.1 Cyflwyniad

Diwygiodd Deddf Mynediad at Gyfiawnder 1999 (gweler Uned 23, Adran 23.2) y gyfundrefn darparu cymorth cyfreithiol a ariannwyd gan y wladwriaeth. Fodd bynnag, mae dulliau eraill o gael cyngor neu gynrychiolaeth gyfreithiol yn rhad ac am ddim nad ydynt yn dibynnu ar wariant gan y llywodraeth. Mae rhai cwmnïau cyfreithwyr yn darparu gwasanaethau cyfreithiol ar sail cytundeb ffi amodol. Mae rhai cyfreithwyr a grwpiau gwirfoddol yn darparu cymorth cyfreithiol yn rhad ac am ddim.

24.2 Trefniadau ffi amodol

Gelwir ffioedd amodol hefyd yn gytundebau 'heb ennill, heb dâl'. Mae cyfreithiwr yn darparu gwasanaethau cyfreithiol proffesiynol ar gyfer y cleient ar sail y ddealltwriaeth na chodir ffioedd arnynt oni bai yr enillir yr achos. Caniatawyd hyn gan gyfraith Cymru a Lloegr ers Deddf y Llysoedd a Gwasanaethau Cyfreithiol 1990, ond cynlluniwyd y newidiadau i annog defnydd ehangach o lawer o gyfundrefn o'r fath. Gall cyfreithwyr gynnig trefniadau ffi amodol i'w cleientiaid ym mhob achos sifil ac eithrio'r rhai sy'n ymwneud â chyfraith y teulu. Nid yw cymorth cyfreithiol bellach ar gael ar gyfer achosion niwed corfforol, ac eithrio os ydynt yn ymwneud ag esgeuluster meddygol. Mae'r llywodraeth yn disgwyl y bydd ffioedd amodol yn cael eu defnyddio yn lle hyn yn y dyfodol. Dyma esbonio'r rhesymeg dros hyn.

Mae costau cyfreithiol dwyn achos llys, neu amddiffyn un, yn sylweddol iawn ac mae hyn yn atal rhai pobl rhag gorfodi eu hawliau. Os collir achos llys, gwariwyd arian yn ofer. Dylid cofio bod yr ochr sy'n colli, fel rheol, yn gorfod talu costau'r enillwr. Dan drefniant ffi amodol, fodd bynnag, nid yw'r cleient yn wynebu cymaint o berygl ariannol. Gellir dadlau bod caniatáu'r fath drefniadau yn cynyddu mynediad at gyfiawnder. Mae llawer o bobl sydd ar incwm cymharol isel, na fyddai fel arall yn barod i fentro er bod ganddynt achos cryf o ran y gyfraith, bellach yn gallu cyfiawnhau defnyddio cyfreithiwr.

Beth yw'r ffioedd os enillir yr achos?

Mae cyfreithwyr sy'n derbyn achosion ar sail gweithdrefn ffi amodol yn codi ffi uwch nag arfer. Yr enw ar y gwahaniaeth rhwng ffi arferol a'r ffi amodol yw '**ffi lwyddo**' neu '**ymgodiad**'. Fel rheol, po fwyaf ansicr yw'r achos, po uchaf mae'r ffi lwyddo yn debygol o fod. Ers Gorchymyn Trefniadau Ffioedd Amodol 1998, 100% yw mwyafswm yr ymgodiad. Mae'r mwyafrif o gyfreithwyr wedi mabwysiadu argymhelliad Cymdeithas y Cyfreithwyr y dylai'r ffi lwyddio gyfateb i 25% ar y mwyaf o'r iawndal a ddyfernir i'r hawlydd llwyddiannus. Gelwir hwn 'y cap'. Mae Blwch 24.1 yn dangos enghraifft.

Blwch 24.1 *Trefniadau ffi amodol (1)*

Mae Lewis wedi cael niwed corfforol yn y gwaith ac yn teimlo y gallai hawlio iawndal oherwydd esgeuluster ei gyflogwr. Mae'n chwilio am gyngor gan gyfreithiwr. Mae hi'n casglu manylion am yr achos ac, ar ôl ystyried yn ofalus, mae'n dweud: 'Fel rheol, os bydd rhaid mynd i'r llys, byddwn yn codi £5,000 i frwydro achos fel hwn. Fodd bynnag, ar sail heb ennill, heb dâl, byddwn i'n codi £10,000, gan gadw mewn cof na fyddaf yn codi unrhyw ffi am fy ngwaith pe baech chi'n colli'r achos. Os enillwn yr achos, £5,000 fyddai'r ymgodiad.'

Beth am gostau'r ochr arall?

Fel y nodwyd uchod, rhaid i'r sawl sy'n colli'r achos dalu costau'r parti sy'n ennill. Mae hyn yn creu problem amlwg yn achos rhywun sydd wedi gwneud trefniant ffi amodol gyda'i gyfreithiwr ei hun ond sy'n colli'r achos. Er nad oes rhaid iddo dalu ffioedd cyfreithiol i'w gyfreithiwr, rhaid iddo dalu costau'r ochr arall a threuliau (costau eraill sy'n gysylltiedig â'r achos, megis ffioedd a delir i dystion arbenigol) y ddwy ochr. Mae polisïau yswiriant ar gael i ddelio â hyn, er bod y taliadau premiwm yn gallu bod yn uchel iawn. Oherwydd hyn, nid yw trefniadau ffi amodol yn gwbl ddiogel. Gallai parti i achos wario swm sylweddol ar yswiriant.

A all y parti buddugol adennill y premiwm yswiriant gan y parti sy'n colli?

Ar un adeg, ni ellid adennill cost yswiriant o'r ochr arall. Felly, os oedd hawlydd llwyddiannus yn adennill iawndal a chostau gan y diffynnydd, lleihawyd gwerth yr iawndal a dderbyniwyd yn ôl maint unrhyw bremiwm yswiriant. Ers i Ddeddf Mynediad at Gyfiawnder ddod i rym, fodd bynnag, gall y parti buddugol adennill ei gostau ei hun, gan gynnwys unrhyw ymgodiad a chost yswiriant ffi amodol o'r ochr arall. Rhoddir enghraifft ym Mlwch 24.2.

Manteision ffioedd amodol

O safbwynt yr hawlwyr, mae manteision ffioedd amodol yn cynnwys:

- nid oes rhaid poeni am dalu costau cyfreithiol enfawr
- gan fod yr achos ar sail heb ennill, heb dâl, mae gan y cyfreithiwr gymhelliad amlwg i geisio ennill yr achos
- nid oes unrhyw oedi o ran prosesu cais am gymorth cyfreithiol.

Blwch 24.2 *Trefniadau ffi amodol (2)*

Ar ôl cyfarfod â'i gyfreithiwr, dywedir wrth Lewis y gall ddisgwyl ennill iawndal o £25,000 gan ei gyflogwr. Gan ddefnyddio'r ffigurau o'r enghraifft ym Mlwch 24.1, os enillir yr achos bydd rhaid i'r diffynnydd (y cyflogwr) dalu'r symiau canlynol i Lewis: iawndâl (£25,000); costau cyfreithiol Lewis (£10,000); a'r premiwm yswiriant a dalwyd gan Lewis (£1,500, dyweder). Dyma gyfanswm o £50,000.

Ar y llaw arall, pe bai'n colli'r achos, rhaid i Lewis wario'r symiau canlynol: costau cyfreithiol y cyflogwr (£10,000, a adenillir o'r cwmni yswiriant); a'r premiwm yswiriant (£1,500). Er na fydd angen i Lewis dalu ffioedd ei gyfreithiwr ei hun, bydd yr achos wedi costio £1,500 iddo.

Ar un ystyr, mae diffynyddion yn elwa hefyd, gan fod y gyfundrefn ffi amodol yn debygol o leihau nifer yr hawlwyr sy'n gwneud hawliadau anhaeddiannol.

Yn olaf, mae'r trethdalwr yn elwa, gan fod nifer yr achosion a ariennir drwy gymorth cyfreithiol yn lleihau.

Anfanteision ffioedd amodol

Mae beirniaid y dull ffioedd amodol wedi tynnu sylw at yr anfanteision a amlinellir ym Mlwch 24.3.

Blwch 24.3 *Anfanteision ffioedd amodol*

1. Yn UDA, lle mae cyfreithwyr niwed corfforol wedi gallu cynnig rhywbeth tebyg i ffioedd amodol ers rhai blynyddoedd, mae diwylliant 'hela damweiniau' annymunol wedi ymddangos, i raddau. Mae hyn wedi amharu ar ddelwedd gyhoeddus proffesiwn y gyfraith. I bob golwg, mae cyfreithwyr sy'n awyddus iawn i gael eu talu wedi manipwleiddio cleientiaid. Bu cyhuddiadau o dwyll, gan gynnwys ffugio tystiolaeth.

2. Mae perygl y bydd cyfreithwyr yn barod i setlo achos am iawndaliadau llai o faint nag y dylid eu derbyn fel y gallant adennill eu ffi.

3. Ni fydd rhai achosion niwed corfforol a fyddai, o bosibl, wedi cael eu hariannu gan gymorth cyfreithiol yn y gorffennol, yn mynd gerbron y llys am nad yw'r hawlydd yn gallu dod o hyd i gyfreithiwr sy'n barod i dderbyn trefniant ffi amodol ac yn methu â thalu'r costau cyfreithiol.

4. Fel y trafodwyd uchod, weithiau bydd premiwm yswiriant uchel ar gyfer y polisi a fydd yn talu costau cyfreithiol yr ochr arall yn atal hawlwyr haeddiannol rhag cychwyn achos llys o bryd i'w gilydd. Nid yw trefniadau ffi amodol yn rhydd o berygl bob tro, o safbwynt yr hawlwyr.

Gweithgaredd **24.1**

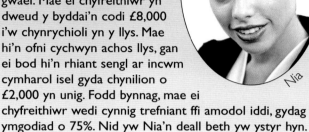

Mae Nia wedi cael cyngor yn dweud y gallai erlyn ei chyngor lleol am anafiadau corfforol a gafodd pan ddisgynnodd i lawr grisiau mewn adeiladau cyngor a oedd mewn cyflwr gwael. Mae ei chyfreithiwr yn dweud y byddai'n codi £8,000 i'w chynrychioli yn y llys. Mae hi'n ofni cychwyn achos llys, gan ei bod hi'n rhiant sengl ar incwm cymharol isel gyda chynilion o £2,000 yn unig. Fodd bynnag, mae ei chyfreithiwr wedi cynnig trefniant ffi amodol iddi, gyda ymgodiad o 75%. Nid yw Nia'n deall beth yw ystyr hyn.

a) **Gan ddefnyddio ffigurau priodol, esboniwch i Nia beth yw ei dewisiadau. (4)**

b) **Pa mor debygol yw hi y bydd cyfreithiwr Nia'n ymladd am bob ceiniog o'r iawndal? (3)**

24.3 Cymorth a gynigir gan broffesiwn y gyfraith

1. Cyfweliadau rhad

Mae llawer o gyfreithwyr yn cynnig 'syrjeri' yn eu swyddfeydd, lle gall unigolion ddod am hanner awr i drafod problem gyfreithiol am ddim neu am gost is nag arfer. Mae hyn yn ymwneud mwy â chreu busnes i'r cwmni na chynnig gwasanaeth i'r cyhoedd, efallai, ond, er hynny, gall olygu bod y rhai na fyddai fel arall wedi mynd at gyfreithiwr yn cael gwell fynediad at gyfiawnder. Yn ogystal, mae Cymdeithas y Cyfreithwyr wedi cefnogi gwasanaeth ffôn masnachol o'r enw Accident Line. Os bydd rhywun yn credu bod ganddynt sail ar gyfer hawliad anaf corfforol, gallant ffonio a threfnu cyfarfod â chyfreithiwr er mwyn ymgynghori am ddim. Mae hon yn ffordd hawdd o ddod â darpar hawlwyr a chyfreithwyr at ei gilydd, yn aml ar sail ffi amodol.

2. Cyngor a chynrychiolaeth pro bono

Defnyddir y term '*pro bono*' pan fydd bargyfreithiwr yn gweithredu ar ran rhywun heb ofyn am arian. Mae llawer o aelodau'r Bar wedi gwneud gwaith di-dâl yn y gorffennol yn anffurfiol ond, yn 1996, sefydlwyd Uned *Pro Bono* y Bar. Mae'r uned yn cynnig gwasanaethau bargyfreithwyr sy'n barod i roi cyngor a chynrychiolaeth gyfreithiol mewn achosion teilwng lle nad oes arian cyhoeddus ar gael neu lle nad yw'r ymgeisydd yn gallu fforddio cymorth cyfreithiol. Ers ei sefydlu, mae mwy na 1,500 o bobl wedi derbyn cymorth.

24.4 Asiantaethau Cynghori

Canolfannau Cynghori (CAB)

Mae pum miliwn o bobl yn chwilio am gyngor gan un o 2,000 o swyddfeydd bob blwyddyn. Mae llawer o'r bobl hyn yn mynd i'r CAB am gyngor am ystod eang o faterion cyfreithiol. Mae'r mwyafrif o'r rhai sy'n gweithio mewn swyddfeydd CAB yn wirfoddolwyr. Mae Cymdeithas Cenedlaethol Canolfannau Cynghori yn gymdeithas o elusennau sy'n dibynnu ar roddion, er bod gan y Comisiwn Gwasanaethau Cyfreithiol a sefydlwyd yn ddiweddar (gweler Uned 23, Adran 23.2) gynlluniau i ddarparu arian ar gyfer rhywfaint o waith y CAB yn y dyfodol.

Gellir cynnig cyngor ac arweiniad ar ystod o faterion, er enghraifft, problemau sy'n ymwneud â dyledion a chyngor am fudd-daliadau. Mae CAB hefyd yn gallu cysylltu pobl â sefydliadau ac asiantaethau eraill, megis cyfreithwyr lleol sy'n gwneud gwaith cymorth cyfreithiol.

Canolfannau Cyfraith

Mae Canolfannau Cyfraith yn ceisio darparu cyngor rhad ac am ddim, ac, o bosibl cynrychiolaeth, mewn ardaloedd lle mae pobl yn annhebygol o allu fforddio talu cyfreithiwr. Mae Canolfannau Cyfraith yn darparu'r math o wasanaeth sydd eu hangen ar drigolion lleol. Yn amlach na pheidio, maent yn delio ag achosion sy'n ymwneud â thai, lles, cyflogaeth, camwahaniaethu a mewnfudo. Er bod llawer o'r rhai sy'n gweithio mewn Canolfannau Cyfraith yn wirfoddolwyr, gall cyfreithwyr cymwys helpu mewn rhai o'r sesiynau. Ar hyn o bryd, mae tua 50 o ganolfannau cyfraith yng Nghymru, Lloegr a Gogledd Iwerddon, er bod hanner o'r rhain yn Llundain. Mae'r Ffederasiwn Canolfannau Cyfraith yn gweithredu fel corff cyd-drefnu a llais ar ran Canolfannau Cyfraith. Yn y gorffennol, er bod Canolfannau Cyfraith wedi cael rhai grantiau gan y llywodraeth, yn aml, roeddent yn ymdrechu'n galed i ennill digon o arian i oroesi. Yn ddiweddar, mae'r Comisiwn Gwasanaethau Cyfreithiol wedi dechrau darparu contractau i wneud gwaith a ddylai sicrhau llif arian gwell.

Undebau Llafur a sefydliadau eraill

Mae aelodau llawer o undebau llafur yn gallu cael cyngor a chymorth cyfreithiol rhad ac am ddim, neu rhad iawn, am faterion cyflogi gan gyfreithiwr, am eu bod yn aelod o'r undeb. Mae cymdeithasau megis yr AA yn gallu cynnig cymorth gyda'r gyfraith mewn perthynas â gyrru, ac mae rhai elusennau'n cynnig cymorth arbenigol ar faterion y maent ynghlwm â hwy.

Crynodeb

1. Beth yw trefniadau ffi amodol?

2. Beth yw manteision ac anfanteision trefniadau ffi amodol?

3. Pa fath o gymorth cyfreithiol a gynigir gan broffesiwn y gyfraith?

4. Pa fath o gymorth cyfreithiol a gynigir gan asiantaethau cynghori?

Astudiaeth achos   Cymorth cyfreithiol y tu allan i'r llywodraeth

Eitem A Hela damweiniau neu'r ffordd i gyfiawnder? (1)

Dadleuodd Mr David Lock, gweinidog iau yn Adran yr Arglwydd Ganghellor, yn gryf o blaid trefniadau ffi amodol pan roddodd dystiolaeth i bwyllgor o ASau. Dywedodd fod trefniadau ffi amodol yn delio â phroblem sylfaenol cyfundrefn gyfreithiol Prydain, sef ei bod yn agored i ychydig o bobl yn unig, oni bai eu bod yn cael cymorth cyfreithiol:

'Mae'r mwyafrif o bobl - y rhai uwchlaw lefel ategu incwm - wedi methu ag ymgyfreitha am na allant fforddio talu ffioedd cyfreithwyr os collant eu hachos. Yn ymarferol, maent wedi cael eu heithrio o fyned at gyfiawnder... mae trefniadau ffi amodol yn sicrhau bod cannoedd ar filoedd o bobl na allai ystyried ymgyfreitha cyn hyn yn cael mynediad at gyfiawnder.'

Etholwyd David Lock yn AS Llafur dros Wyre Forest yn 1997 a gwasanaethodd fel Ysgrifennydd Seneddol yn Adran yr Arglwydd Ganghellor. Cafodd ei drechu gan Dr Richard Taylor yn etholiad cyffredinol 2001.

Eitem B *Hela damweiniau neu'r ffordd i gyfiawnder? (2)*

Mae Arglwydd Irvine, y cyn-Arglwydd Ganghellor, hefyd wedi dadlau'n gryf o blaid defnyddio ffioedd amodol mewn achosion anaf personol yn hytrach na chymorth cyfreithiol. Ond pan ofynnwyd iddo a fyddai'r llywodraeth yn caniatáu'r defnydd o ffioedd cyfwng, dywedodd y byddai'n anodd iawn ei berswadio bod hyn yn syniad da. Mae ffi cyfwng, o'i gymharu â ffi amodol, yn golygu bod y cyfreithiwr yn derbyn cyfran o'r iawndal a ddyfernir mewn hawliad llwyddiannus, yn hytrach na derbyn ffi llwyddo arbennig, yn ogystal â'r ffi arferol y byddai'n ei chodi fel arfer. Mae'r elfen 'heb ennill, heb dâl' yr un fath ond mae'r cyfreithiwr yn derbyn 'rhai o'r enillion' yn lle swm penodol. Er enghraifft, os bydd cleient yn ennill £1 miliwn o iawndal ac mae'r cyfreithiwr wedi cytuno i dderbyn ffi cyfwng o 25%, bydd yn derbyn £250,000. Defnyddir y dull hwn yn UDA, mewn perthynas ag achosion anaf personol.

Yn y DU, rheolir ffioedd amodol am fod Cymdeithas y Cyfreithwyr yn pennu'r rheolau am faint ymgodiad rhesymol. Ni reolir ffioedd cyfwng yn yr un ffordd. Yn ôl Arglwydd Irvine:

Arglwydd Irvine.

'Mae'r trefniant ffi cyfwng o fudd gormodol i'r cyfreithiwr o ran y dyfarniad. Mae ganddo ormod i'w golli. Mae cyfundrefn ffi cyfwng yn peri bod y cyfreithiwr yn wynebu temtasiwn annerbyniol.'

I bob golwg, mae Arglwydd Irvine wedi bod yn cyfeirio at y posibilrwydd bod ffioedd cyfwng yn creu'r potensial ar gyfer ymarfer yn anfoesegol gan eiriolwyr sy'n barod i wneud unrhyw beth er mwyn ennill achos.

Ffynonellau: 1. Tystiolaeth a roddwyd gan David Lock i Bumed Pwyllgor Sefydlog Tŷ'r Cyffredin ar Ddeddfwriaeth Ddirprwyedig, 16 Mawrth 2000. 2. Tystiolaeth a roddwyd gan Arglwydd Irvine o Laing i'r Pwyllgor Sefydlog ar Faterion Cartref, 16 Hydref 2001.

Cwestiynau

(a)   Beth yw dadl David Lock o blaid trefniadau ffi amodol yn Eitem A? (3)

(b)   Mae'r llywodraeth yn awyddus i gynyddu mynediad at gyfiawnder. Os yw'n wir bod 'y mwyafrif o bobl - y rhai uwchlaw lefel ategu incwm - wedi methu ag ymgyfreitha', pa ddewis arall sydd gan y llywodraeth, ac eithrio annog defnyddio ffioedd amodol? Defnyddiwch Eitemau A a B yn eich ateb. (2)

(c)   O ystyried Eitem B, beth yw'r gwahaniaeth rhwng ffi cyfwng a ffi amodol? (6)

(ch) Awgrymwch resymau pam fod Arglwydd Irvine yn Eitem B yn meddwl bod ffioedd amodol yn dderbyniol ond bod ffioedd cyfwng yn mynd yn rhy bell. Esboniwch beth a olygai Arglwydd Irvine drwy gyfeirio at 'demtasiwn annerbyniol', yn eich barn chi, a rhowch enghraifft o ymddygiad anfoesegol mewn perthynas â hyn. (8)

(d)   Os nad yw hawlydd anaf personol yn gymwys am gymorth cyfreithiol, yn fras nodwch dair ffordd y gallent gael cyngor a chymorth cyfreithiol, ar wahân i wneud trefniant ffi amodol. Defnyddiwch Eitemau A a B yn eich ateb. (9)